EUROPA-FACHBUCHREIHE
für wirtschaftliche Bildung

Rechtsanwalts- und Notarfachangestellte

Informationsband

1. Ausbildungsjahr

Behr   Grillemeier   Leible   Weiten

2. Auflage

VERLAG EUROPA-LEHRMITTEL
Nourney, Vollmer GmbH & Co. KG
Düsselberger Straße 23
42781 Haan-Gruiten

Europa-Nr.: 71859

Autoren

> Andreas Behr, 55593 Rüdesheim
> Sandra Grillemeier, 40211 Düsseldorf
> Klaus Leible, 79224 Umkirch
> Ellen Weiten, 56479 Westernohe

Verlagslektorat

> Anke Hahn

2. Auflage 2019

Druck   5 4 3 2 1

Alle Drucke derselben Auflage sind parallel einsetzbar, da sie bis auf die Behebung von Druckfehlern untereinander unverändert sind.

ISBN 978-3-8085-2188-5

© 2019 by Verlag Europa-Lehrmittel, Nourney, Vollmer GmbH & Co. KG, 42781 Haan-Gruiten

Umschlag, Satz, Grafiken: Satz+Layout Werkstatt Kluth GmbH, 50374 Erftstadt
Umschlagkonzept: tiff.any GmbH, 10999 Berlin
Umschlagfoto: © Baloncici – shutterstock.com
Druck: Drukarnia Dimograf Sp.zo.o., 43-300 Bielsko-Biała (PL)

Vorwort

Dieses Unterrichtswerk ist ein zum **neuen Rahmenlehrplan vom 27. Juni 2014** entwickeltes Lehr- und Lernbuch für die Ausbildungsberufe

> Rechtsanwaltsfachangestellter und Rechtsanwaltsfachangestellte
> Notarfachangestellter und Notarfachangestellte
> Rechtsanwalts- und Notarfachangestellter und Rechtsanwalts- und Notarfachangestellte
> Patentanwaltsfachangestellter und Patentfachanwaltsangestellte.

Die neuen Inhalte wurden konsequent auf die **neue Lernfeldkonzeption** des Lehrplans und die **Vermittlung von beruflichen Handlungskompetenzen** in diesen Berufen ausgerichtet.

Der vorliegende **Informationsband** für das 1. Ausbildungsjahr ist Bestandteil des umfassenden Europa-Programms und wird ergänzt durch das **Arbeitsbuch** mit umfangreichen Lernsituationen und Vertiefungsaufgaben zu jedem Lernfeld. Beide Titel sind an einer Didaktik ausgerichtet, die Handlungsorientierung betont und Lernende zu selbstständigem Planen, Durchführen, Kontrollieren und Beurteilen von Lernsituationen und Arbeitsaufgaben führt. Alle Kompetenzdimensionen werden dabei berücksichtigt. Entsprechend den Vorgaben und Inhalten des Rahmenlehrplans wird hierbei die berufliche Wirklichkeit als Ganzes mit den damit verbundenen ökonomischen, ökologischen, rechtlichen und sozialen Aspekten erfasst.

Der Informationsband zum 1. Ausbildungsjahr umfasst die **Lernfelder 1–4** des Rahmenlehrplans:

> Lernfeld 1: **Beruf und Ausbildungsbetrieb präsentieren.**
> Lernfeld 2: **Arbeitsabläufe im Team organisieren.**
> Lernfeld 3: **Schuldrechtliche Regelungen bei der Vorbereitung und Abwicklung von Verträgen anwenden.**
> Lernfeld 4: **Ansprüche außergerichtlich geltend machen.**

Die im Informationsband enthaltenen Inhalte sind schülergerecht, klar, übersichtlich und verständlich aufbereitet und dargestellt. Ergänzt durch anschauliche Beispiele, Tabellen, Struktogramme und kurze Zusammenfassungen werden die Lerninhalte verständlich präsentiert. Den einzelnen **Lernfeldern** sind Aufgaben zugeordnet, um das Verständnis für das Gelernte zu vertiefen. Mit dem Arbeitsheft kann der Lernende selbstständig anhand realitätsnaher Lernsituationen und Aufgabenstellungen sein Wissen anwenden. In beiden Bänden sind kommunikative Aspekte eingeflossen, beispielsweise Fachsprache und Fremdsprache als integrative Bestandteile. Ebenso ist die Informationsverarbeitung im Anwendungszusammenhang dargestellt, sodass die Entwicklung einer ganzheitlichen und prozessorientierten Handlungskompetenz unterstützt wird.

Die **systematisierenden Darstellungen** stellen die zur Bewältigung der Lernsituationen notwendigen Wissensbestände sämtlich bereit und greifen darüber hinaus auch über die Situationsbezüge hinaus. Hinweise auf die gesetzlichen Bestimmungen sind enthalten und soweit zweckmäßig zitiert.

Mit dieser 2. Auflage wird der Informationsband auf den Rechtsstand 2019 aktualisiert.

Ihr Feedback ist uns wichtig! Das Autorenteam freut sich über Hinweise, Anregungen und Unterstützung durch Kritik oder zustimmende Kommentare und wünscht erfolgreiches Arbeiten mit dem neuen Werk.

Juli 2019   Autoren und Verlag

Inhaltsverzeichnis

LERNFELD 1

Beruf und Ausbildungsbetrieb präsentieren

1. RECHTLICHE GRUNDLAGEN

1.1 Arbeiten mit dem Gesetz

1.1.1 Begriff des BGB

Das Bürgerliche Gesetzbuch (BGB) ist das Kernstück des Privatrechts. Es regelt die Rechtsverhältnisse aller im Gebiet der Bundesrepublik Deutschland lebenden deutschen und ausländischen Bürger untereinander.

Alle anderen Gebiete des Privatrechts schließen an die im BGB enthaltenen Grundregeln an. So gelten beispielsweise allgemeine Regeln des BGB über den Abschluss von Verträgen auch im Handels- oder Arbeitsrecht. Bevor man sich mit Spezialgebieten des Privatrechts (z. B.: Handels- und Gesellschaftsrecht, Teilen des Arbeitsrechts oder Versicherungsrecht) befasst, kommt man nicht umhin, sich zunächst die Grundregeln des BGB anzueignen.

1.1.2 Entstehung des BGB

Nach Jahrhunderten der Rechtszersplitterung, gab der Bundesrat des deutschen Kaiserreichs 1874 den Entwurf eines neuen Gesetzes über die Rechtsverhältnisse der Bürger in Auftrag. Es sollte ein „Gesamtband" des in Deutschland geltenden Privatrechts entstehen. Ein Kreis aus hohen Richtern, Rechtsprofessoren, Ministerialräten der preußischen Regierung, aber auch aus den Regierungen der anderen deutschen Länder arbeiteten an dem neuen Gesetz, welches am 18. August 1896 vom Reichstag unter dem Namen „Bürgerliches Gesetzbuch (BGB)" beschlossen wurde. Das Gesetz trat mit Wirkung vom 1. Januar 1900 in Kraft.

1.1.3 Aufbau des BGB

Das BGB enthält knapp 2.400 Paragrafen. Eine erste Orientierung zum Auffinden einer bestimmten Vorschrift bietet die Gliederung in fünf Bücher, die sich in groben Zügen am Verlauf des Lebens orientiert.

1. BUCH: ALLGEMEINER TEIL, §§ 1–240 BGB

Der Allgemeine Teil legt allgemeine Begriffe wie die Delikts- oder Geschäftsfähigkeit fest. Zudem finden sich Vorschriften zur Willenserklärung, zum Vertragsschluss oder zur Verjährung. Die Definitionen und Regelungen des Allgemeinen Teils gelten für das gesamte BGB und wurden vor die Klammer gezogen um Doppelungen zu vermeiden.

Bei der Systematik von Gesetzen gilt wie beim Auffinden von Paragrafen der Grundsatz „vom Allgemeinen zum Speziellen". Genau nach dieser Systematik ist auch das BGB aufgebaut. Bei der Lösung von Rechtsfällen ist also stets zunächst nach einer passenden Vorschrift im Allgemeinen Teil (1. Buch) und erst dann in den nachfolgenden vier Büchern zu suchen.

2. BUCH: SCHULDRECHT, §§ 241–853 BGB

Im Schuldrecht geht es um rechtliche Beziehungen zwischen Personen, die ein Schuldverhältnis (= Vertrag) geschlossen haben. Ein Schuldverhältnis liegt vor, wenn eine Person zu einer Leistung verpflichtet ist (= Schuldner) und die andere Person einen Anspruch (= Gläubiger) auf eine Leistung hat. Das Schuldrecht gliedert sich wiederum in einen Allgemeinen und einen Besonderen Teil. Auch hier gilt:

> Im **Allgemeinen Schuldrecht, §§ 241–432 BGB,** werden Regelungen für das gesamte Schuldrecht sowie die nachfolgenden Bücher festgelegt. Darunter finden sich etwa die Leistungsmodalitäten eines Vertrags, wie Leistungsinhalt, -ort und -zeit, das Erlöschen schuldrechtlicher Verpflichtungen durch Erfüllung oder Erfüllungssurrogate (z. B. Aufrechnung) oder die Rechtsfolgen von Pflichtverletzungen.

> Das **Besondere Schuldrecht** (§§ 433 ff.) behandelt häufig vorkommende Verträge, wie etwa Kauf-, Miet-, Dienst- oder Werkvertrag. Dafür sind hier spezielle Regelungen aufgestellt, die das allgemeine Schuldrecht ergänzen bzw. verdrängen.

3. BUCH: SACHENRECHT, §§ 854–1296 BGB

Im Sachenrecht werden die tatsächlichen (= Besitz) und rechtlichen Beziehungen (= Eigentum) zwischen Personen und Sachen geregelt (= dingliche Rechte). Das Sachenrecht ist eng mit dem Schuldrecht verbunden, da viele schuldrechtliche Verpflichtungen sachenrechtlich erfüllt werden, §§ 433, 929 BGB.

Zudem enthält das Sachenrecht verschiedene Schutzvorschriften für den Eigentümer einer Sache:
> Herausgabeanspruch nach § 985 BGB,
> Beseitigungs- und Unterlassungsanspruch nach § 1004 BGB,
> Schadensersatzanspruch nach § 823 Abs. 1 BGB.

Ein ebenfalls wichtiger Bestandteil des Sachenrechts ist der Eigentumserwerb an unbeweglichen Sachen (= Grundstücke) sowie deren Belastung mit Dienstbarkeiten, Reallasten, Hypotheken oder Grundschulden.

4. BUCH: FAMILIENRECHT, §§ 1297–1921 BGB

Das Familienrecht enthält hauptsächlich Regelungen für die Rechtsbeziehungen von Verwandten. Dazu befasst es sich chronologisch mit den Themen Verlobung, Ehe, Scheidung und deren Folgen. Dazu kommen Vorschriften zur Adoption, Vormundschaft, Betreuung und Pflegschaft.

5. BUCH: ERBRECHT, §§ 1922 – 2385 BGB

Das Erbrecht regelt den Übergang des Vermögens eines Verstorbenen (= Erbfolge).

1.1.4   Juristische Abkürzungen

Juristische Bezeichnungen haben meist eine gebräuchliche Abkürzung, die von Richtern, Rechtsanwälten und Professoren einheitlich verwendet wird. Dies gilt für **Gesetze** und **Gerichtsbezeichnungen.** Auch **andere Begriffe,** die im Rechtsverkehr eine wichtige Rolle spielen werden häufig abgekürzt, so schreibt man für Handelsregister kurz HR.

Tipp

Mit Abkürzungen sparen Sie in Klausuren Zeit.
Sind Sie jedoch unsicher, ob oder wie ein Begriff abgekürzt wird, schreiben Sie ihn besser aus!

Beispiele für gebräuchliche Abkürzungen:

Abkürzung	Bedeutung	Abkürzung	Bedeutung
BGB	Bürgerliches Gesetzbuch	HR	Handelsregister
ZPO	Zivilprozessordnung	AGB	Allgemeine Geschäftsbedingungen
StGB	Strafgesetzbuch	GbR	Gesellschaft bürgerlichen Rechts
StPO	Strafprozessordnung	e.V.	Eingetragener Verein
HGB	Handelsgesetzbuch	EV	Eidesstattliche Versicherung
RVG VV	Rechtsanwaltsvergütungsgesetz Vergütungsverzeichnis	KFB	Kostenfestsetzungsbeschluss
GVG	Gerichtsverfassungsgesetz	PfÜB	Pfändungs- und Überweisungsbeschluss
AG	Amtsgericht	PKH	Prozesskostenhilfe
LG	Landgericht	BRAK	Bundesrechtsanwaltskammer
OLG	Oberlandesgericht	BRAO	Bundesrechtsanwaltsordnung
BGH	Bundesgerichtshof	RA/RAin	Rechtsanwalt/Rechtsanwältin
ArbG	Arbeitsgericht	RAuN	Rechtsanwalt und Notar
VerwG	Verwaltungsgericht	ReNO	Rechtsanwalts- und Notarfachangestellte(r)
BVerfG	Bundesverfassungsgericht		
EuGH	Europäischer Gerichtshof	RiAG	Richter am Amtsgericht

1.1.5   Zitieren von Rechtsnormen

Das Zitieren von Rechtsnormen ist einheitlich geregelt und dient dazu, dem Leser das Überprüfen einer Aussage mithilfe des Gesetzes zu erleichtern. Dafür ist es wichtig, dass Rechtsquellen so genau wie möglich angegeben werden.

Zunächst ist das Gesetz zu nennen, aus welchem die zitierte Vorschrift stammt. Davor wird das §-Zeichen gesetzt, welches aus zwei ineinandergefügten „S" besteht (= signum sectionis). Manche Gesetze, vor allem Verfassungsurkunden wie das Grundgesetz oder die UN-Charta enthalten Artikel. Paragrafen und Artikel können aus mehreren Absätzen bzw. Nummern, jeder Absatz aus mehreren Sätzen bzw. Nummern und/ oder Buchstaben bestehen.

BEISPIEL

§ 543 Abs. 2 S.1 Nr. 3 b) BGB

Gesprochen:
Paragraf 543 Absatz 2
Satz 1 Nummer 3
Buchstabe b BGB

Als Zitierweise haben sich folgende Abkürzungen entwickelt:

Abkürzung	Bedeutung	Beispiel
Art.	Artikel	Art. 5 GG
§	Paragraf	§ 1 BGB
§§	Mehrere Paragrafen	§§ 1 und 2 BGB
f.	folgender Paragraf (= zwei Paragrafen)	§§ 1 f. BGB (= § 1 und § 2 BGB)
ff.	fortfolgende Paragrafen (= mehrere Paragrafen, solange ein sachlogischer Zusammenhang besteht.)	§§ 1 ff. BGB (= § 1, § 2, § 3 BGB usw.)
Abs.1 oder I	Absatz 1	§ 823 Abs. 1 BGB oder § 823 I BGB
S.	Satz	§ 440 S. 1 BGB
HS.	Halbsatz	§ 963 2. HS BGB
Nr. oder Ziff.	Nummer oder Ziffer (Bedeutung gleich)	§ 437 Nr. 2 BGB
Buchst. a)	Nummern können in Buchstaben unterteilt werden.	§ 438 I Nr. 2 a) BGB
Alt. oder Var.	Alternative oder Variante (Bedeutung gleich): Eine Vorschrift enthält zwei unterschiedliche Möglichkeiten und nur auf eine soll Bezug genommen werden.	§ 961 2. Alt. BGB

MERKE

Beim Nachlesen einer zitierten Rechtsquelle ist darauf zu achten, dass immer ein grammatikalisch vollständiger Satz gelesen wird.

BEISPIEL

§ 543 Abs. 2 S. 1 Nr. 3 b) BGB

§ 543 BGB – Außerordentliche fristlose Kündigung aus wichtigem Grund

(1) [1]Jede Vertragspartei kann das Mietverhältnis aus wichtigem Grund außerordentlich fristlos kündigen. [2]Ein wichtiger Grund liegt vor, wenn dem Kündigenden unter Berücksichtigung aller Umstände des Einzelfalls, insbesondere eines Verschuldens der Vertragsparteien, und unter Abwägung der beiderseitigen Interessen die Fortsetzung des Mietverhältnisses bis zum Ablauf der Kündigungsfrist oder bis zur sonstigen Beendigung des Mietverhältnisses nicht zugemutet werden kann.

BEISPIEL

(2) ¹Ein wichtiger Grund liegt insbesondere vor, wenn

1. dem Mieter der vertragsgemäße Gebrauch der Mietsache ganz oder zum Teil nicht rechtzeitig gewährt oder wieder entzogen wird,

2. der Mieter die Rechte des Vermieters dadurch in erheblichem Maße verletzt, dass er die Mietsache durch Vernachlässigung der ihm obliegenden Sorgfalt erheblich gefährdet oder sie unbefugt einem Dritten überlässt oder

3. der Mieter

   a) für zwei aufeinander folgende Termine mit der Entrichtung der Miete oder eines nicht unerheblichen Teils der Miete in Verzug ist oder

   b) in einem Zeitraum, der sich über mehr als zwei Termine erstreckt, mit der Entrichtung der Miete in Höhe eines Betrages in Verzug ist, der die Miete für zwei Monate erreicht.

²(…)

1.1.6   Das Auffinden von Rechtsnormen

Um eine konkrete Vorschrift in einem Gesetz zu finden, hilft Ihnen das Inhaltsverzeichnis. Im BGB werden dort zu jedem der fünf Bücher Abschnitte und dazu Titel und Untertitel geführt, hinter denen jeweils ein Stichwort zu finden ist. Anhand dieser Stichwörter können Sie den passenden Paragrafen zum gesuchten Thema auffinden.

BEISPIEL

Auffinden einer Vorschrift anhand eines Sachverhalts:

Julian behauptet gegenüber Nina: „Wenn ich deinen Hamster töte, dann ist das nur Sachbeschädigung. Denn Tiere werden vom Gesetzgeber wie Sachen behandelt, das steht im BGB." Nina möchte das nicht glauben und im BGB nachschauen. Aber wo? Und wer hat recht?

| **Lösung** | **1. Buch:** Allgemeiner Teil | **Abschnitt 2:** Sachen und Tiere | **§ 90 BGB:** Sachen | **§ 90a BGB:** Tiere | **Ergebnis:** Julian hat recht. |

Tipp

Können Sie eine Rechtsnorm mithilfe des Inhaltsverzeichnisses nicht finden, schauen Sie im **Sachverzeichnis** am Ende des BGB nach. Dort finden Sie alphabetisch geordnete Stichwörter, die je nach Zusammenhang einem Gesetz und dort einem Paragrafen zugeordnet werden. Sie können sich auch eine eigene Suchstrategie entwickeln und z. B. ein **Karteikartensystem** für häufig vorkommende Paragrafen anlegen.

3-Schritt-Methode zum Auffinden von Paragrafen

Fallbeispiel: Ninas Eltern streiten oft und denken darüber nach, sich scheiden zu lassen. Nina möchte wissen, in welchen Paragrafen sie etwas über die Scheidung nachlesen kann?

© Rudie – Fotolia.com

1. Schritt	2. Schritt	3. Schritt
Welchem Gesetz kann der Fall thematisch zugeordnet werden?	*Welchem Buch des BGB kann der Fall thematisch zugeordnet werden?*	*Welche(r) Paragraf(en) ist/sind auszuwählen?*
Im Fallbeispiel: Die Ehescheidung findet zwischen Privatleuten statt und ist dem BGB zuzuordnen.	*Im Fallbeispiel:* Die Ehescheidung gehört zum Familienrecht und ist damit im 4. Buch zu finden.	*Im Fallbeispiel:* Die Vorschriften über die Scheidung der Ehe beginnen mit § 1564 BGB. Dort kann Nina sich über die Voraussetzungen und Rechtsfolgen informieren.

1.1.7 Die Struktur von Rechtsnormen

Rechtsnormen sind hoheitliche Anordnungen, die für eine Vielzahl von Personen allgemein verbindliche Regelungen beinhalten. Man unterscheidet verschiedene Arten von Rechtsnormen:

Arten von Rechtsnormen

Legaldefinition	Tatbestand und Rechtsfolge	Anspruchsgrundlagen
Vom Gesetzgeber selbst festgelegte Definitionen zu Rechtsbegriffen. Diese Normen folgen keiner bestimmten Struktur.	Eine Rechtsfolge (ein bestimmter Zustand, kein Anspruch) wird an das Vorliegen bestimmter Voraussetzungen geknüpft. Der Inhalt einer Rechtsnorm kann in einen „wenn, dann" – Satz umformuliert werden.	Die Anspruchsgrundlage unterscheidet sich vom Tatbestand nur dadurch, dass ihre Rechtsfolge eine bestimmte Forderung eines Rechtssubjekts (Anspruchsinhaber) gegen ein anderes Rechtssubjekt (Anspruchsgegner) darstellt. Diese wird als Anspruch bezeichnet, der auch gerichtlich geltend gemacht werden kann.
Beispiel: § 13 BGB – Begriff des Verbrauchers		

Beispiel: § 1 BGB lässt sich umformulieren: Wenn die Geburt des Menschen vollendet ist (Voraussetzung), dann ist er rechtsfähig (Rechtsfolge).

Beispiel: Die Rechtsfolge des § 823 Abs. 1 BGB besteht in einem Anspruch auf Schadensersatz. Sie ist an sieben Voraussetzungen geknüpft:

Voraussetzung 1: *Rechtsgutverletzung* eines anderen

Voraussetzung 2: *Verletzungshandlung* des Anspruchsgegners

Voraussetzung 3: *Ursächlichkeit* zwischen Verletzungshandlung und Rechtsgutsverletzung

Voraussetzung 4: *widerrechtlich*

Voraussetzung 5: fahrlässig **oder** vorsätzlich

Voraussetzung 6: *Schaden:* bestimmter Eurobetrag

Voraussetzung 7: *Ursächlichkeit* zwischen Rechtsgutsverletzung und Schaden

Rangfolge bei der Prüfung mehrerer Anspruchsgrundlagen	
1. Vertragliche Ansprüche	Aus jeder Vertragsart ergeben sich **Primäransprüche** auf Vertragserfüllung (beim Kaufvertrag z. B. aus § 433 Abs. 1 BGB) und **Sekundäransprüche** wegen Leistungsstörungen bei der Vertragserfüllung (beim Kaufvertrag z. B. aus § 437 BGB).
2. Vertragsähnliche Ansprüche	Hierbei handelt es sich um quasivertragliche Ansprüche, z. B. aus vorvertraglicher Haftung, lateinisch auch culpa in contrahendo, kurz „c.i.c." genannt (§§ 280 Abs. 1, 241 Abs. 2, 311 Abs. 2 Nr. 1 BGB).
3. Ansprüche aus Geschäftsführung ohne Auftrag (GoA)	Die Geschäftsführung ohne Auftrag ist die Wahrnehmung von Geschäften des Geschäftsherrn durch den Geschäftsführer, ohne dass dieser durch den Geschäftsherrn hierzu beauftragt wurde. Anspruchsgrundlagen finden sich in §§ 677 ff. BGB.
4. Dingliche Ansprüche	Dingliche Ansprüche können als **Herausgabeansprüche**, z. B. aus § 985 BGB oder als **Beseitigungs- und Unterlassungsansprüche,** z. B. aus §§ 1004 Abs. 1, 862 Abs. 1 BGB auftreten.
5. Deliktische Ansprüche	Das Deliktsrecht bezeichnet ein Rechtsgebiet, das sich mit den Rechtsfolgen unerlaubter Handlungen beschäftigt. Anspruchsgrundlagen finden sich in §§ 823 ff. BGB.
6. Ansprüche aus ungerechtfertigter Bereicherung	Das Bereicherungsrecht befasst sich mit der Rückabwicklung von Vermögensverschiebungen ohne Rechtsgrund. Anspruchsgrundlagen finden sich in §§ 812 ff. BGB.

1.1.8   Die Anwendung von Rechtsnormen (Subsumtion)

Sicherlich haben Sie sich schon einmal gewundert, warum juristische Texte so seltsam formuliert sind. Dies liegt an der sog. Subsumtionstechnik, bei der Paragrafen nach einem bestimmten Muster auf den tatsächlichen Sachverhalt angewendet werden. Hierbei werden ein Obersatz, ein Untersatz und ein Schlusssatz gebildet.

Die Subsumtionstechnik

Fallbeispiel: Nina hat aus Versehen die Musikanlage von Florian vom Regal gestoßen und sie dabei beschädigt. Florian verlangt von Nina die Reparaturkosten in Höhe von 50,00 Euro.

Fallfrage: **Wer will was von wem woraus?**

Im Fallbeispiel: Florian könnte einen Anspruch auf Schadensersatz in Höhe von 50,00 Euro gegen Nina aus § 823 Abs. 1 BGB haben.

Der Obersatz: **Er greift ein Tatbestandsmerkmal des Paragrafen heraus und definiert es.**

Im Fallbeispiel: Dann müsste zunächst die erste Voraussetzung des § 823 Abs. 1 BGB vorliegen. Nina müsste ein Rechtsgut eines anderen verletzt haben. Unter einem Rechtsgut versteht man unter anderem das Eigentum.

Der Untersatz: **Er nimmt auf den Sachverhalt Bezug und stellt fest, ob das Tatbestandmerkmal erfüllt ist.**

Im Fallbeispiel: Nina hat die Musikanlage beschädigt. Dabei handelt es sich um das Eigentum und somit das Rechtsgut eines anderen, denn sie gehört Florian.

| **Der Schlusssatz:** | Er stellt die Schlussfolgerung aus Ober- und Untersatz dar und enthält daher eine neue Aussage. |

Im Fallbeispiel: Nina hat eine Rechtsgutsverletzung begangen.

| **Ergebnis:** | Die komplette Falllösung erfordert die Wiederholung dieser Schritte für jedes Tatbestandsmerkmal. Erst dann kann das Endergebnis festgestellt werden, welches die Fallfrage mit Ja oder Nein beantwortet. |

Im Fallbeispiel: Florian hat gegen Nina einen Anspruch auf Schadensersatz i.H.v. 50,00 Euro aus § 823 Abs.1 BGB.

© fotomek – Fotolia.com

- -

1.1.9   Die Auslegung von Rechtsnormen

Häufig sind gesetzliche Tatbestandsmerkmale so formuliert, dass sie auf eine Vielzahl von Fällen anwendbar sind. Dann müssen sie ausgelegt werden.

Die 4 Auslegungsmethoden

Grammatische Auslegung	Systematische Auslegung	Historische Auslegung	Teleologische Auslegung
Der Wortsinn wird ermittelt.	Der Zusammenhang mit anderen Rechtsnormen wird ermittelt.	Der ursprüngliche Wille des Gesetzgebers wird ermittelt.	Der Sinn und Zweck einer Vorschrift wird ermittelt.
Die Regeln der Grammatik, der allgemeine Sprachgebrauch und die besondere Fachsprache der Juristen sind zu berücksichtigen. Auf diese Weise können Ungenauigkeiten oder Versehen des Gesetzgebers kompensiert werden. Diese liegen immer dann vor, wenn ein anderer als vom Gesetzgeber gewollter Wortlaut ins Gesetz gelangt ist.	Sie beruht auf dem Gedanken, dass die Rechtsordnung als Ganzes widerspruchsfrei aufgebaut sein muss und deshalb keine Rechtsnorm einer anderen widersprechen darf. Ziel ist es immer, den wirklichen Willen des Gesetzgebers festzustellen. Diesem kommt man näher, indem man den Zusammenhang und das Verhältnis der auszulegenden Vorschrift zu anderen Bestimmungen betrachtet.	Sie kann wichtige Hinweise auf den wirklichen Willen des Gesetzgebers geben. Sie berücksichtigt Vorläufernormen, Gesetzesentwürfe und Protokolle. Auch die Entwicklung eines Gesetzes durch Gesetzesänderungen seit der Entstehung können Hinweise geben. Die Grenze markiert dabei das Inkrafttreten der anzuwendenden Norm. „Neue" Normen dürfen ebenso wenig berücksichtigt werden, wie die spätere Anwendungspraxis durch die Normadressaten.	Sie stellt häufig das Kernstück der Auslegung dar, die im Zweifel den Ausschlag gibt. Sie stellt auf den Sinn und Zweck einer Vorschrift ab. Es ist also festzustellen, welches Ziel objektiv in einer Vorschrift zum Ausdruck kommt. Dieses kann sich bei älteren Vorschriften im Laufe der Zeit auch geändert haben.

1.1.10 Zusammenfassung und Aufgaben

ZUSAMMENFASSUNG

Vom Sachverhalt zur Lösung

1. Sachverhalt sorgfältig lesen	Komplexe Sachverhalte können Sie mit einem Schaubild verdeutlichen.	*Aufgabenstellung beachten! Es ist nur die konkrete Frage zu beantworten.*
2. Anspruchs-grundlagen finden	Nutzen Sie die 3-Schritt-Methode (siehe Kapitel 1.1.6)	*Beachten Sie die in Kapitel 1.1.7 dargestellte Prüfungsreihenfolge bei mehreren in Betracht kommenden Anspruchsgrundlagen.*
3. Fallfrage bilden	„Wer will was von wem woraus?"	*Füllen Sie diesen Satz mit Leben, indem Sie ihn auf den Sachverhalt anwenden.*
4. Lösungsskizze erstellen	Stellen Sie in Stichpunkten die Voraussetzungen der Anspruchs-grundlage dar und gleichen Sie diese mit dem Sachverhalt ab.	*Nutzen Sie für Ihre Überlegungen ein Schmierblatt und fassen Sie Ihre Überlegungen kurz.*
5. Lösung aus-formulieren	Nutzen Sie die Subsumtionstechnik (siehe Kapitel 1.1.8).	*Vergessen Sie nicht das Ergebnis am Ende der Lösung festzuhalten.*

Tipps

AUFGABEN

1. Finden Sie für folgende Sachverhalte den passenden Paragrafen im BGB und geben Sie auch das richtige Buch und dessen Namen an.

a. Nina kauft sich in der Goethe-Buchhandlung ein BGB. Dadurch schließt sie mit der Buchhandlung einen Kaufvertrag.

b. Nina ist Mitglied in einem (nichtwirtschaftlichen) Handballverein. Sie möchte wissen, wo der Begriff des Vereins im BGB geregelt ist.

c. Nina (19) hat sich mit Dominik (21) verlobt. Sie möchte sich informieren, was im BGB zum Verlöbnis geregelt ist.

d. Nina und Dominik haben ihre erste eigene Wohnung gemietet und einen Mietvertrag unterschrieben.

e. Nina hat gehört, dass jeder Vertrag durch zwei übereinstimmende Willenserklärungen zustande kommt. Sie möchte wissen, wo sie im BGB nachlesen kann, was unter einer Willenserklärung zu verstehen ist.

f. Nina möchte wissen, wo der Begriff „Besitz" im BGB geregelt ist.

g. Ninas Eltern haben sich verschuldet und mussten eine Hypothek auf ihr Grundstück aufnehmen. Nina weiß, dass Grundstücke unter das Immobiliarsachenrecht fallen. Da sie sich darunter nichts vorstellen kann, möchte sie wissen, was der gesetzliche Inhalt einer Hypothek ist. Wo kann sie nachlesen?

h. Ninas Eltern streiten oft und denken darüber nach, sich scheiden zu lassen. Nina fragt Sie, wo sie im BGB etwas über die Scheidung lesen kann?

i. Nina (16) und Dominik (18) möchten heiraten. Nina möchte wissen, ob sie ehefähig ist.

j. Nina ist in dem Testament ihrer Großtante als Erbin eingesetzt worden und möchte wissen, was ein Testament ist.

2. Wodurch unterscheidet sich eine Anspruchsgrundlage von einer „normalen" Rechtsnorm?

3. Stellen Sie für folgende Rechtsnormen Tatbestand und Rechtsfolge dar.
   a. § 105 BGB
   b. § 118 BGB

1.2 Einführung in das Recht

1.2.1 Begriff des Rechts

Recht regelt die rechtlichen Beziehungen der Menschen untereinander oder zu den Hoheitsträgern in einer staatlichen Gemeinschaft. Es ist daher eng mit dem Staat verknüpft.

Danach gehören zum Recht
› staatlich erlassene Rechtssätze: Gesetze, Rechtsverordnungen etc.
› staatlich anerkannte Rechtssätze in einem Rechtsgebiet: Kirchenrecht oder Handelsgewohnheitsrecht

LERNFELD 1

Für das Recht spielen auch Sitte, Moral und Religion eine wichtige Rolle. Sie können durch staatliche Akte zu Rechtsnormen werden. Da veränderte Wertvorstellungen in Gesetzesänderungen einfließen können, ist Recht dem kulturellen Wandel unterworfen.

1.2.2   Funktionen des Rechts

Recht erfüllt zahlreiche Funktionen, von denen hier nur einige dargestellt werden.

Die Spielregeln sorgen beim Fußballspiel für einen geordneten Ablauf. Sie werden vom Schiedsrichter umgesetzt.

1.2.2.1   Ordnungsfunktion

Das Recht hat eine Ordnungsfunktion, da es die Funktionsfähigkeit des Staates garantieren soll, indem es die Grundregeln des gesellschaftlichen Zusammenlebens regelt. Es schreibt also Verhaltensregeln für die in einer staatlichen Gemeinschaft lebenden Personen vor, um ein geordnetes und friedliches Zusammenleben zu sichern. Diese Regeln sind in Rechtsnormen festgehalten und gelten für alle Bürger gleich. Zusätzlich stellen diese Rechtsnormen Lösungsmöglichkeiten bei Konflikten zur Verfügung, durch die die Ordnung im Streitfall wiederhergestellt werden soll. Dies soll den einzelnen Bürger vor Willkür schützen, denn das Gewaltmonopol liegt allein beim Staat.

BEISPIEL

Die Straßenverkehrsordnung regelt die Ordnung im Straßenverkehr.

1.2.2.2   Sicherheitsfunktion (Schutzfunktion)

In jedem Staat muss grundsätzlich damit gerechnet werden, dass gegen geltende Rechtsvorschriften verstoßen wird, z. B. durch Diebstahl, Mord oder Sachbeschädigung. Dies stört die staatliche Ordnung sowie das friedliche Zusammenleben. Die Sicherheitsfunktion erlaubt staatlichen Organen wie der Polizei oder den Gerichten, den Rechtsfrieden durch Zwangsmaßnahmen wiederherzustellen. Sie wird auch Schutzfunktion genannt, da sie einzelne Rechtsgüter wie das Leben, die Gesundheit oder das Eigentum vor Angriffen und Verletzungen schützen soll. Denn nur wenn sichergestellt ist, dass ein Verstoß gegen Regeln auch Konsequenzen (Bußgeld, Geld- oder Freiheitsstrafe) hat, hält sich die Mehrzahl der Bürger an die Rechtsvorschriften. Der Einzelne kann sich sicher sein, dass sein Gegenüber sich ebenfalls an bestehende Rechtsvorschriften hält, da auch er weiß, dass er bei Verstößen zur Verantwortung gezogen wird. Zudem wird der gesellschaftliche und soziale Frieden in einem Rechtsgebiet gesichert, denn Konflikte können vor einem Gericht ausgetragen werden. Dies soll Selbstjustiz verhindern.

Die Straßenverkehrsordnung regelt den Rechtsfrieden im Straßenverkehr (Ordnungsfunktion). Bei Verstoß folgt meist ein Bußgeld. Das verhindert Selbstjustiz und Streit unter den Bürgern (Sicherheitsfunktion).

1.2.2.3 Ausgleichsfunktion

Die Ausgleichsfunktion greift, wenn eine Person durch einen Verstoß gegen die Ordnungs- oder Sicherheitsfunktion einen Schaden erlitten hat. Da es ungerecht wäre, wenn der Geschädigte für den erlittenen Schaden selbst aufkommen müsste, soll die Ausgleichsfunktion diesen rechtlichen Missstand beseitigen. Damit soll Wiedergutmachung erreicht werden, ohne dazu Gewalt oder andere Zwangsmittel anwenden zu müssen.

© fotomek – Fotolia.com

Bei einem Unfall im Straßenverkehr kann der Geschädigte vom Schädiger den Ausgleich des ihm entstandenen Schadens verlangen.

1.2.2.4 Weitere Funktionen

Weitere Funktionen des Rechts

Freiheitsfunktion	Legitimationsfunktion	Wertfunktion
Recht sichert dem Einzelnen Freiräume zu und gibt ihm ein Abwehrrecht gegen Zugriffe Dritter und staatlicher Machtausübung. *Beispiel:* Art. 13 Grundgesetz (GG): Die Wohnung ist unverletzlich.	Recht wird seitens der Regierung auch genutzt, um staatliches Handeln zu rechtfertigen (legitimieren). Die Legitimation kann sich auf die konkrete Herrschaftsstruktur im Ganzen oder auf einzelne Entscheidungen beziehen. *Beispiel:* Das Grundgesetz regelt unsere politische Herrschaftsstruktur.	Recht dient der Aufrechterhaltung von Werten, die einer Gesellschaft zugrunde liegen. *Beispiel:* Abschaffung der Todesstrafe.

1.2.3 Rechtsquellen

1.2.3.1 Das geschriebene Recht

Für den Bürger schafft das geschriebene Recht ein hohes Maß an Rechtssicherheit, da er jederzeit nachlesen kann, welche Rechte und Pflichten ihn betreffen. Das geschriebene Recht lässt sich je nach Normgeber in Gesetze, Rechtsverord-

© Picture-Factory – Fotolia.com

nungen und Satzungen einteilen. Über allen Rechtsquellen steht die deutsche Verfassung (das Grundgesetz).

Das geschriebene Recht

Die Verfassung

Gesetze	Rechtsverordnungen	Satzungen
werden vom parlamentarischen Gesetzgeber (Legislative) in dem in der Verfassung dafür vorgesehenen Verfahren erlassen. Es gibt Bundes- und Landesgesetze. Ein förmliches Gesetzgebungsverfahren dauert mehrere Monate.	werden von der vollziehenden Gewalt (Exekutive) auf der Grundlage einer Ermächtigungsgrundlage (= gesetzliche Befugnis) erlassen. Zuständig hierfür ist die Bundes- oder die jeweilige Landesregierung. In den meisten Fällen kann eine Verordnung schneller als ein Gesetz erlassen werden. Inhaltlich wird die Verordnung zwar wesentlich durch das Gesetz bestimmt; sie kann jedoch Einzelheiten zur konkreten Durchführung des Gesetzes regeln und ist detaillierter und damit spezieller.	sind Regelungen, die von juristischen Personen des öffentliches Rechts (z. B. Gemeinde, Universität) oder privaten Vereinen zur Regelung ihrer eigenen Angelegenheiten erlassen werden. Im Gegensatz zur Rechtsverordnung ist die Satzung nicht staatlich. Satzungen sind öffentlich bekannt zu machen, etwa im Amtsblatt.
Rechtsquelle: Art. 70 ff. GG	**Rechtsquelle:** Art. 80, 82 GG	**Rechtsquelle:** Keine. Die Erlaubnis ergibt sich aus der gesetzlichen Autonomie.
Beispiele: BGB, HGB, ZPO, StVG	*Beispiele:* Ausbildungsordnung, Verordnung zur Durchführung der Bundesrechtsanwaltsordnung	*Beispiele:* Satzung der Rechtsanwaltskammer, Haushaltssatzung, Satzung des Sportvereins

1.2.3.2   Die Rechtsprechung

Die Rechtsprechung wird auch als Richterrecht bezeichnet und erfolgt durch die Gerichte, genauer gesagt durch die Richter. Sie äußern in Urteilen oder Beschlüssen ihre Rechtsauffassung, die sich nur auf einen speziellen Fall bezieht. Ein rechtskräftiges Urteil bindet daher nur die im Rubrum (= Urteilskopf, vergleichbar mit Betreffzeile) aufgeführten Parteien des Rechtsstreits und nicht etwa alle Bürger. Zudem muss sich ein anderes Gericht nicht an die Rechtsauffassung des einen Gerichts halten und kann in einem ähnlich gelagerten Fall genau andersherum entscheiden. In der Praxis werden jedoch in der Regel höchstrichterliche Entscheidungen (von den Bundesgerichten) von den Landesgerichten (Amts-, Land- und Oberlandesgericht) als Leitfaden herangezogen.

© Africa Studio – Fotolia.com

1.2.3.3 Gewohnheitsrecht

Dieses sog. ungeschriebene Recht entstand ohne schriftliche Fixierung durch langjährige Übung, wodurch es allgemein anerkannt wurde. Es darf allerdings nicht gegen das geschriebene Recht verstoßen. Auch heute wird das menschliche Verhalten in unterschiedlichem Umfang von ungeschriebenen Regeln bestimmt, die nicht bindend sind. Die in ihnen verankerten Werte werden in unsere Gesetze transportiert, sodass das Gewohnheitsrecht selbst nur noch selten zur Anwendung kommt.

1.2.3.4 Sitte, Moral und Religion

Auch Sitte, Moral und Religion geben uns ungeschriebene Regeln vor, die nicht bindend sind, sondern von der Überzeugung des Einzelnen abhängen. Einige Regeln haben Einzug ins geschriebene Recht gefunden, so ist z. B. das erste christliche Gebot „Du sollst nicht töten" im StGB verankert.

© Aquir – Fotolia.com

Sitte	Moral	Religion
Regeln, die aufgrund von Gebräuchen und Gewohnheiten ein nicht erzwingbares Verhalten steuern	persönliche Einstellungen aufgrund von eigener Überzeugung, Weltanschauung	religiöse Wertvorstellungen prägen unser Verhalten
Beispiele: Platz in der Bahn anbieten, Tür aufhalten	Auffassung über soziale Verhaltensweisen	*Beispiele:* 10 Gebote, freitags kein Fleisch essen, fasten
	Beispiele: vegetarisch essen, Fairtrade kaufen, Geld an bestimmte Einrichtungen spenden	

1.2.4 Unterteilungen des Rechts

Das Recht lässt sich nach unterschiedlichen Kriterien unterteilen. Diese Unterteilung dient dazu das Recht näher zu beschreiben.

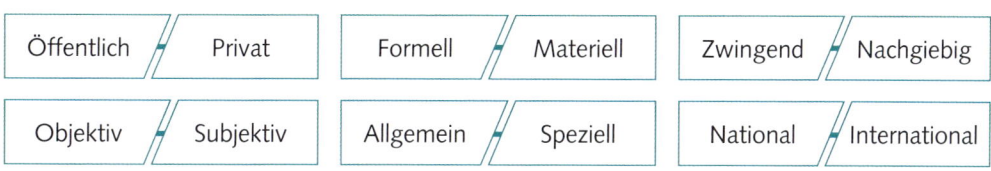

Unterteilungen des Rechts

Öffentlich / Privat	Formell / Materiell	Zwingend / Nachgiebig
Objektiv / Subjektiv	Allgemein / Speziell	National / International

1.2.4.1 Privates Recht – Öffentliches Recht

Privates Recht	Öffentliches Recht
Bürger/Unternehmer ⟷ Bürger/Unternehmer	Staat ⇕ Bürger/Unternehmer Staat = Bund, Länder, Gemeinden, Kreise, Städte, Verwaltungsbehörden und Ämter sowie deren Organe.
Gleichordnungsverhältnis	**Über- und Unterordnungsverhältnis**
Das **Privatrecht** regelt die Rechtsbeziehungen der Bürger untereinander, wobei das Prinzip der Gleichordnung herrscht. Dies bedeutet, dass sich Personen auf gleicher Ebene gegenüberstehen, indem sie beispielsweise einen Vertrag aushandeln. Die Interessen des einzelnen Bürgers stehen gegenüber staatlichen Interessen im Vordergrund. Da private Unternehmen von Privatpersonen bzw. Kaufleuten und nicht vom Staat gegründet werden, haben sie keinen staatlichen Charakter. Somit gehören auch die Geschäfte zweier Unternehmer (HGB) zum Privatrecht. Das gleiche gilt für das Individualarbeitsrecht, also das Verhältnis zwischen Arbeitgeber und Arbeitnehmer.	Das **öffentliche Recht** regelt die Rechtsbeziehungen des Staates zu den Bürgern und umgekehrt. Es ist durch ein Über- und Unterordnungsverhältnis gekennzeichnet, bei dem staatliche Interessen gegenüber Interessen des Einzelnen im Vordergrund stehen. Dem Staat kommt als Inhaber hoheitlicher Gewalt die übergeordnete Rolle zu, da er dem Bürger im Interesse der Allgemeinheit Ge- und Verbote auferlegt. Dies kann etwa per Bescheid geschehen, den der untergeordnete Bürger zu befolgen hat. Daneben zählt auch das Verhältnis der Verwaltungsträger untereinander zum öffentlichen Recht.
Beispiele: BGB, HGB, GmbHG, AktG, UrhG, UWG, Arbeitsrecht	*Beispiele:* GG, StGB, StVO, GewO, BauGB, Steuergesetze, ZPO, StPO

BEISPIEL

Das Land NRW kauft von Landwirt Huber ein Grundstück.

ACHTUNG: Auch der Staat kann als Privatmann auftreten. Das ist der Fall, wenn der Staat nicht hoheitliche Aufgaben erfüllt, sondern wie ein Privatmann handelt. Hierbei spricht man von **fiskalischem Handeln.** Dann ist Privatrecht, nicht öffentliches Recht anwendbar.

1.2.4.2 Materielles Recht – Formelles Recht

Materielles Recht	Formelles Recht
Unter **materiellem Recht** wird die Gesamtheit aller Rechtsnormen verstanden, die die Entstehung von Rechtsverhältnissen zwischen Personen oder auch einer Person zum Staat begründen. Diese Vorschriften beantworten die Frage danach, welche Rechte einer Person zustehen. Diese Vorschriften regeln also den Erwerb von Rechten und die daraus entstehenden Verpflichtungen und Ansprüche.	Zum **formellen Recht** zählen alle Rechtsvorschriften, die der Durchführung und Durchsetzung von materiellem Recht dienen. Denn häufig führt der materielle Anspruch allein nicht zum Ziel, z. B. dann nicht, wenn der andere den Anspruch bestreitet. Dann muss der Anspruch gerichtlich geltend gemacht werden und verfahrensrechtliche Rechtsnormen kommen zum Tragen.

Materielles Recht	Formelles Recht
Merke: Das materielle Recht regelt das „WAS", also den rechtlichen Inhalt einer Forderung. („Recht haben")	**Merke: Das formelle Recht regelt das „WIE", also die rechtliche Durchsetzung einer Forderung. („Recht bekommen")**
Beispiele: BGB, StGB	*Beispiele:* ZPO, StPO

1.2.4.3 Zwingendes Recht – Nachgiebiges Recht

Zwingendes Recht	Nachgiebiges Recht
Zwingendes Recht liegt vor, wenn die rechtlich vorgeschriebene Regelung von den Beteiligten nicht geändert oder ausgeschlossen werden kann. Dies ist häufig im Verfahrensrecht und im sonstigen öffentlichen Recht der Fall, aber teilweise auch im materiellen Privatrecht.	Das **nachgiebige Recht** wird auch dispositives Recht genannt. Es liegt vor, wenn rechtlich vorgeschriebene Regelungen von den Beteiligten übereinstimmend geändert oder ausgeschlossen werden können. Dies ist beispielsweise im bürgerlich-rechtlichen Vertragsrecht der Fall, wodurch eine freie Vertragsgestaltung ermöglicht werden soll.
Beispiel: Die Übertragung eines Grundstücks bedarf immer der notariellen Beurkundung, § 311b Abs. 1 S.1 BGB. Davon darf nicht abgewichen werden, auch wenn sich beide Parteien einig sind.	*Beispiel:* Die Übertragung eines Autos ist formfrei. Dies bedeutet, die Parteien müssen keinen, können aber einen schriftlichen Vertrag schließen. Dies ist zu Beweiszwecken ratsam.

Zwingendes Recht ist an den Formulierungen „muss", „hat" oder „ist" zu erkennen, wohingegen bei nachgiebigem Recht die Formulierungen „kann" oder „soll" verwendet werden. Viele Paragrafen enthalten aber keine dieser Formulierungen und können daher nur aus dem Zusammenhang oder mit Hintergrundwissen zugeordnet werden.

MERKE

1.2.4.4 Objektives Recht – Subjektives Recht

Objektives Recht	Subjektives Recht
Objektives Recht umfasst die Gesamtheit aller Rechtsnormen, die auch Rechtsordnung genannt wird und von allen zu beachten ist. Hierzu zählt zum einen das geschriebene Recht, also Gesetze, Rechtsverordnungen und Satzungen. Zudem sind das Richterrecht und das Gewohnheitsrecht umfasst, soweit es von den Beteiligten anerkannt ist.	**Subjektives Recht** gibt einer konkreten Person einen konkreten Rechtsanspruch auf ein Tun oder Unterlassen. Dies können Rechte oder Pflichten sein, die dem einzelnen Bürger von der Rechtsordnung verliehen wurden.
Beispiel: Nach § 104 Nr. 1 BGB ist geschäftsunfähig, wer nicht das siebente Jahr vollendet hat. Dieses Gebot ist von allen zu beachten.	*Beispiel:* Nach § 433 Abs. 1 BGB hat der Käufer einer Sache den Anspruch auf Übergabe und Verschaffung des Eigentums an der Sache.

- -
1.2.4.5 Allgemeines Recht – Spezielles Recht

Allgemeines Recht	Spezielles Recht
Allgemeines Recht enthält generelle Regelungen und hat einen übergeordneten Charakter.	**Spezielles Recht** beinhaltet Regelungen, die aus den allgemeinen übergeordneten Regelungen für spezielle Fälle entwickelt wurden, um den jeweiligen aktuellen Umständen gerecht werden zu können.
Beispiel: Das BGB enthält allgemeine Regelungen zum Kaufvertrag, §§ 433 ff. BGB.	*Beispiel:* Das HGB enthält spezielle, häufig strengere Regelungen zum Kaufvertrag. Diese treffen aber nur den Kaufmann, der z. B. nach § 377 HGB eine spezielle Prüf- und Rügepflicht bei Lieferung der Ware hat.

- -
1.2.4.6 Nationales Recht – Internationales Recht

Nationales Recht	Internationales Recht
Nationales Recht gilt nur in einem Staatsgebiet. In diesem Zusammenhang ist der Merksatz „Bundesrecht bricht Landesrecht" (Art. 31 GG) bedeutsam. Danach dürfen Gesetze auf Landesebene nicht gegen Gesetze auf Bundesebene verstoßen. Dies gilt auch auf internationaler Ebene, denn Bundesrecht darf wiederum nicht gegen Europarecht verstoßen und das Europarecht nicht gegen internationales Recht. Verstößt dennoch eine nachrangige Rechtsvorschrift gegen eine vorrangige Rechtsvorschrift, so ist erstere als nichtig zu betrachten.	**Internationales Recht** hat einen größeren territorialen Geltungsbereich als das nur im deutschen Staatsgebiet geltende nationale Recht. Die Grenzen sind im jeweiligen Gesetz festgelegt. So gilt das Europarecht grundsätzlich nur innerhalb der Mitgliedstaaten der Europäischen Union und hat in anderen europäischen Staaten keine Gültigkeit. Andere Vorschriften gehen über die Grenzen Europas hinaus und gelten jeweils in den Staaten, die diese Rechtsvorschriften durch Ratifizierung anerkannt haben.
Beispiel: Zum deutschen Bundesrecht gehören alle Gesetze des deutschen Gesetzgebers, auch Rechtsverordnungen und Satzungen.	*Beispiel:* Charta der Vereinten Nationen oder das internationale Privat- oder Handelsrecht.

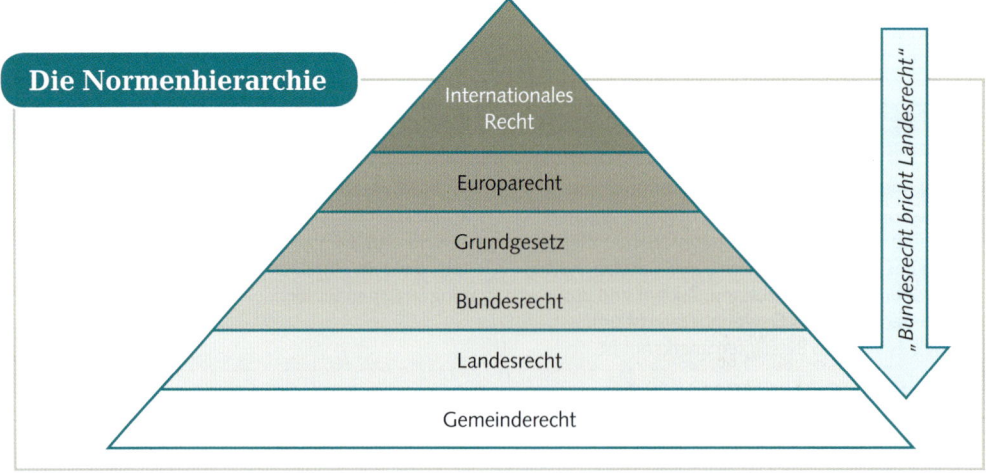

Die Normenhierarchie

Internationales Recht
Europarecht
Grundgesetz
Bundesrecht
Landesrecht
Gemeinderecht

„Bundesrecht bricht Landesrecht"

1.2.5 Zusammenfassung und Aufgaben

ZUSAMMENFASSUNG

Funktionen und Ziele des Rechts

1. Ordnungsfunktion	**2. Sicherheitsfunktion**	**3. Ausgleichsfunktion**
Recht gibt für alle Bürger Rechtsnormen vor, die ein friedliches Zusammenleben garantieren sollen = Rechtsordnung	Recht sichert das friedliche Zusammenleben, denn Konflikte können vor Gericht ausgetragen werden	Bei einem Rechtsverstoß tritt meist ein Schaden an einer Person oder Sache ein.
Recht bietet Lösungsmöglichkeiten bei Konflikten	Rechtsgüter sollen geschützt werden, z. B.: Leben, Gesundheit, Eigentum	Der Schaden soll vom Schädiger ersetzt werden, z. B.: Schadensersatz
Beispiele: Straßenverkehrsgesetz (StVG), StGB, BGB	Aufrechterhaltung durch staatliche Zwangsmaßnahmen, z. B.: Bußgeld, Freiheitsstrafe	
	Selbstjustiz soll verhindert werden	

Rechtsquellen

geschriebenes Recht	**Rechtsprechung**	**Gewohnheitsrecht**
Gesetze: sind von der Legislative geschaffen und binden alle Bürger, den Staat und die Richter (Art. 20 II GG)	**Urteile** der Gerichtsbarkeiten binden nur die jeweiligen Parteien des Rechtsstreits.	Es entsteht durch **andauernde Anwendung** von Rechtsvorstellungen oder Regeln, die von den Beteiligten als verbindlich akzeptiert worden sind.
Verordnungen: auf der Grundlage eines Gesetzes von der Bundesregierung (= Exekutive) geschaffen	Je höher das Gericht ist, desto mehr Gewicht hat sein Urteil.	*Beispiele:* > deutsches Wappenrecht > Jedermannsrecht, die Natur zu genießen, egal wem das Grundstück gehört.
Satzungen: aufgrund einer gesetzlich eingeräumten Befugnis von juristischen Personen des öffentlichen Rechts geschaffen		**Sitte, Moral und Religion** sind rechtlich nicht bindend, bestimmen aber oftmals unser Handeln.

Unterteilungen des Rechts

Unterteilung	Bedeutung in Kurzform
Öffentliches Recht	regelt die Rechtsbeziehungen zwischen Bürger und Staat (Über- und Unterordnungsverhältnis)
Privates Recht	regelt die Rechtsbeziehungen zwischen Bürgern (Gleichordnungsverhältnis)
Materielles Recht	Rechtsnormen, die die Rechtsbeziehungen der Einzelnen untereinander und zum Staat regeln
Formelles Recht	Rechtsnormen, die der Durchsetzung des materiellen Rechts dienen
Zwingendes Recht	Das Recht kann nicht abgeändert oder ausgeschlossen werden
Nachgiebiges Recht	Das Recht gibt Gestaltungsmöglichkeiten
Objektives Recht	Die Rechtsordnung, also Gesamtheit aller Normen, die zu beachten sind
Subjektives Recht	Rechtsnormen, die dem Einzelnen einen Anspruch auf ein Tun oder Unterlassen geben
Allgemeines Recht	beinhaltet generelle übergeordnete Regelungen
Spezielles Recht	enthält aus dem allgemeinen Recht entwickelte speziellere Vorschriften
Nationales Recht	gilt nur innerhalb der territorialen Grenzen eines Staatsgebiets
Internationales Recht	gilt in mehreren Staaten und zwar in denjenigen, die die Vorschriften anerkannt haben

AUFGABEN

1. Erläutern Sie die Ordnungs-, Sicherheits- und Ausgleichfunktion am Beispiel des folgenden Zeitungsartikels.

Anabel Werth bei Reitunfall verletzt

Baden-Baden – Bei ihrem täglichen Reittraining im Baden-Badener Stadtwald wurde die beliebte Springreiterin Anabel Werth am Rücken verletzt, als der rücksichtslose Spaziergänger Harry Hirsch seinen Rottweiler auf dem abgetrennten und deutlich gekennzeichneten Reitweg des Waldes ohne Leine laufen ließ. Der Hund erschreckte das Reitpferd, welches die Reiterin in hohem Bogen abwarf. Werth war in Begleitung ihres Trainers Bernd Brinkmann, der dem Hundebesitzer sofort mit einem schweren Schirm auf den Kopf schlug, sodass er eine Platzwunde erlitt. Werth fordert nun von dem Hundebesitzer Schadensersatz für die Krankenhauskosten und für eine ausgefallene Reitvorstellung. Harry Hirsch macht ebenfalls Schadensersatz wegen der Platzwunde geltend.

2. Beurteilen Sie in folgendem Fall, ob das Arbeitsgericht bei der Beurteilung an die Entscheidung des Bundesarbeitsgerichts gebunden ist.

> Dr. Stefan Frank (52) erhält eine Stelle als Chefarzt in einer Klinik mit einem garantierten Jahreseinkommen von 220.000,00 Euro brutto. Vor der Einstellung unterzeichnete er die Erklärung, dass er nicht vorbestraft sei. In Wirklichkeit wurde er Jahre zuvor wegen fahrlässiger Tötung eines Neugeborenen zu einer Geldstrafe von 13.500,00 Euro verurteilt, weil er einen Kaiserschnitt zu spät eingeleitet hatte. Als die Klinikleitung davon aus der Presse erfährt, kündigte sie ihm fristlos. Dr. Frank klagt dagegen vor dem zuständigen Arbeitsgericht Düsseldorf. Sein Anwalt weist ihn darauf hin, dass das Bundesarbeitsgericht 2006 bereits höchstrichterlich entschieden hatte, dass eine Kündigung in diesem Fall wirksam sei. Ist das Arbeitsgericht Düsseldorf bei der Beurteilung an die Entscheidung des Bundesarbeitsgerichts gebunden?

3. Ordnen Sie die folgenden Sachverhalte durch Ankreuzen dem Öffentlichen Recht (Ö) oder dem Privatrecht (P) zu.

Sachverhalt	Ö	P
Die Stadt Moers erhöht die Gebühren für die Müllabfuhr.		
Der 20-jährige stadtbekannte Sprayer Banksy besprüht einen Waggon der Deutschen Bahn und verursacht damit einen Sachschaden von 15.000,00 Euro. Die Deutsche Bahn stellt Strafanzeige.		
Der frisch ernannte Bürgermeister der Stadt Duisburg kauft nach Dienstschluss im Getränkemarkt für seine Beförderungsfeier im Kollegenkreis ein.		
Regina Wolke überfährt mit ihrem privaten PKW eine rote Ampel. Als sie merkt, dass ein Polizeiwagen hinter ihr steht, gibt sie Gas und kann der Polizei zunächst entkommen.		
Der betrunkene Herbert Juhnke zahlt in einer öffentlichen Gaststätte seine Rechnung nicht. Der Wirt verlangt Zahlung und droht mit Klage.		
Peter Prinz bekommt von der Stadt Mönchengladbach einen Bußgeldbescheid wegen Falschparkens.		
Julian Riese (16) kauft sich im Kaufhaus einen Rasierapparat.		
Egon Unruh wird vom Amtsgericht Mönchengladbach wegen Diebstahls zu einer Geldstrafe von 2.000,00 Euro verurteilt.		
Petra Pause wird von der Stadtverwaltung ordnungsgemäß gekündigt, da sie mehrfach zu spät aus der Pause an ihren Arbeitsplatz zurückkehrte.		
Bernd Schimmerlos arbeitet im Rechtsamt der Stadtverwaltung Mönchengladbach. Vom Bauplanungsamt der Stadt Mönchengladbach erhält er eine Baugenehmigung für ein Einfamilienhaus, in welches er privat mit seiner Familie einziehen will.		

4. Lesen Sie die Gesetzesauszüge aus der Hessischen Landesverfassung und dem Grundgesetz und begründen Sie, welches Recht gilt.

> Artikel 21 der aktuellen Verfassung des Landes Hessen:
>
> (1) Ist jemand einer strafbaren Handlung für schuldig befunden worden, so können ihm auf Grund der Strafgesetze durch richterliches Urteil die Freiheit und die bürgerlichen Ehrenrechte entzogen oder beschränkt werden. Bei besonders schweren Verbrechen kann er zum Tode verurteilt werden
>
> (...)
>
> Artikel 102 GG: Die Todesstrafe ist abgeschafft.

1.3 Die Rechtspflege

Unter dem Begriff Rechtspflege versteht man die Ausübung der Gerichtsbarkeit (siehe Kapitel 1.4 Die Gerichtsbarkeit) durch die dazu berufenen Organe (siehe Kapitel 1.5 Personen der Rechtspflege).

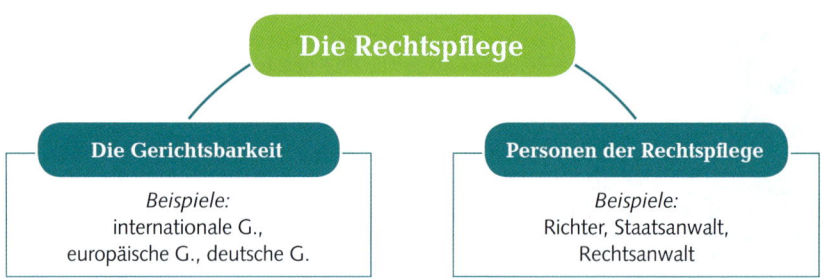

Die Rechtspflege

Die Gerichtsbarkeit	Personen der Rechtspflege
Beispiele: internationale G., europäische G., deutsche G.	*Beispiele:* Richter, Staatsanwalt, Rechtsanwalt

Die Rechtspflege wird teilweise mit dem Begriff Justiz synonym gebraucht. Sie wendet Recht im Einzelfall durch Rechtsprechung und andere Tätigkeiten wie der Zwangsvollstreckung an.

Die Rechtspflege umfasst folgende **Institutionen:**

› Die gesamte Judikative, also die Gerichte aller Gerichtsbarkeiten
› Personen der Rechtsberatung und Notare
› Teile der Exekutive, z. B. Staatsanwälte oder Gerichtsvollzieher.

Die Rechtspflege hat folgende **Funktionen:**

› Schutz und Durchsetzung von Rechten sowie Abwehr und Ahndung von Unrecht durch die Gerichte (streitentscheidende Tätigkeit der Gerichte, Strafrechtspflege und Vollstreckung von Entscheidungen)
› Tätigkeiten der freiwilligen Gerichtsbarkeit
› Rechtsvorsorge, z. B. durch das Betreuungsrecht oder durch die Tätigkeit der Notare, zu deren Aufgaben die Beurkundung von Rechtsvorgängen gehört.

Der Rechtspflege liegt das **Prinzip der Gewaltenteilung** zugrunde. Dies dient in modernen demokratischen Rechtsstaaten wie der Bundesrepublik Deutschland der gegenseitigen Kontrolle der staatlichen Gewalten, um Machtbegrenzung und die Sicherung von Freiheit und Gleichheit zu gewährleisten. In Deutschland zeichnet sich die Gewaltenteilung zum einen durch die Unabhängigkeit der drei Gewalten aus (horizontale Gewaltenteilung). Zusätzlich ist die Macht zwischen Bund, Ländern und Gemeinden (vertikale Gewaltenteilung) verteilt. So sind die Länder auch an der Gesetzgebung des Bundes beteiligt, indem der Bundesrat als Ländervertreter auf Bundesebene Gesetzesvorschläge einbringen kann. Eine derartige Verzahnung wird auch als Gewaltenverschränkung bezeichnet.

	Legislative (gesetzgebende Gewalt)	Exekutive (vollziehende Gewalt)	Judikative (rechtsprechende Gewalt)
Bund	**Bundestag Bundesrat**	**Bundesregierung** (= Kanzlerin und Bundesminister) **Bundesverwaltung** (z. B. Bundespolizei oder Bundeswehrverwaltung)	**Gerichte des Bundes** (= Bundesverfassungsgericht und oberste Gerichte des Bundes)
Länder/ Stadtstaaten	**Landtage Stadträte**	**Landesregierungen** (= Ministerpräsidenten und Landesminister) **Landesverwaltungen** (z. B. Landespolizei, Schulen, Unis)	**Oberlandesgerichte**
Kommunen	**Kreistag Gemeindevertretungen Stadtverordnetenversammlung Gemeinderäte Stadträte**	**Landräte Oberkreisdirektoren Kreisausschüsse Oberstadtdirektoren Gemeindevorstände Magistrate**	**Amtsgerichte Landgerichte**

1.4 Gerichtsbarkeit

Unter Gerichtsbarkeit wird die auf Verwirklichung der bestehenden Rechts-ordnung gerichtete Tätigkeit der Gerichte verstanden. Sie ist unterteilt in Tä-tigkeit der Gerichte und die der Justizverwaltung. Daher werden als Gerichts-barkeit im engeren Sinne die Gerichte bezeichnet, die der Rechtsprechung oder der sonstigen Rechtspflege dienen. Es gibt auf internationaler Ebene eine Vielzahl von Gerichten, wobei die europäische Gerichtsbarkeit von der sonsti-gen internationalen Gerichtsbarkeit zu unterscheiden ist. Daneben gibt es die nationale Gerichtsbarkeit. Für den Kläger stellt sich also die Frage, welcher Ge-richtszweig einer Gerichtsbarkeit für seine Klage die richtige ist. Dies wird als Rechtsweg bezeichnet. Die häufigsten Formulierungen sind die von der „Er-öffnung des Rechtswegs" zu einem bestimmten Gericht oder die „Beschrei-tung des Rechtswegs". Eine Frage der näheren Ausgestaltung des Rechtswe-ges ist es, welche Instanz innerhalb des jeweiligen Gerichtszweigs eröffnet ist.

1.4.1 Internationale Gerichtsbarkeit

Die internationalen Gerichte werden auch als supranationale Gerichte be-zeichnet. Voraussetzung dafür ist stets, dass die beteiligten Staaten ihre Recht-sprechungsgewalt auf die überstaatliche Organisation übertragen, welche das Gericht trägt, und ihre Souveränität insoweit aufgeben. Auf internationaler Ebene gibt es eine Vielzahl von Gerichten und Organen, die mit der Beilegung von Streitigkeiten betraut sind.

Der Internationale Gerichtshof in Den Haag ist das Hauptrechtsprechungsorgan der Vereinten Nationen. Es ist für Rechtsstreitigkeiten zwischen Staaten zuständig, die das UN-Statut ratifiziert haben und die Zuständigkeit des Internationalen Gerichtshofs anerkannt haben.

© lappenno – Fotolia.com

1.4.2   Europäische Gerichtsbarkeit

Das Gerichtssystem der Europäischen Union umfasst drei Gerichtszweige: den Gerichtshof, das Gericht und die Fachgerichte. Diese EU-Gerichte stellen sicher, dass das EU-Recht ordnungsgemäß ausgelegt und angewendet wird.

Gericht	Aufgaben
Der Europäische Gerichtshof (EuGH)	Der EuGH ist das oberste rechtsprechende Organ der EU und hat zwei Standorte: In Straßburg sind die Richter für Menschenrechtsverletzungen zuständig und in Luxemburg für Fragen des Gemeinschaftsrechts. Dazu prüft der EuGH in Zusammenarbeit mit den Gerichtsinstanzen der Mitgliedstaaten, ob das Recht der EU in allen Mitgliedstaaten angewendet wird. Dem EuGH gehören derzeit 28 Richter an, aus jedem EU-Mitgliedstaat einer.
Das Gericht der Europäischen Union	Das Gericht der Europäischen Union ist dem EuGH nachgeordnet und wurde urspünglich als Gericht in erster Instanz bezeichnet. Es wird kurz nur „das Gericht" genannt. Das Gericht wurde 1988 zur Entlastung des EuGH geschaffen und ist für alle Rechtssachen zuständig, die nicht an die Fachgerichte oder direkt an den Gerichtshof verwiesen werden. Es ist in zweiter Instanz auch zuständig für Rechtsmittel gegen die (erstinstanzlichen) Entscheidungen der Fachgerichte. Das Gericht hat seinen Sitz in Luxemburg und besteht aus mindestens einem Richter je Mitgliedstaat, derzeit 28 Richtern.
Fachgerichte	Die Europäische Rechtspflege in der EU ist grundsätzlich Aufgabe der oben genannten Gerichte. Infolge der zunehmenden Arbeitsbelastung dieser beiden Gerichte wurden 2001 die Fachgerichte geschaffen. Durch sie wurde unterhalb der genannten Gerichte eine zusätzliche Instanz (damals noch gerichtliche Kammern genannt) für besondere Sachbereiche geschaffen. Für Rechtsmittel gegen ihre Entscheidungen ist das Gericht der Europäischen Union zuständig.

ACHTUNG: Der Gerichtshof der Europäischen Union ist nicht mit dem **Europäischen Gerichtshof für Menschenrechte (EGMR)** zu verwechseln. Der EGMR ist kein Gericht der EU, sondern gilt als internationales Gericht. Es sitzt in Straßburg und ist dafür zuständig, die Europäische Gesetzgebung, Rechtsprechung und Verwaltung auf Menschenrechtsverletzungen zu überprüfen.

1.4.3 Deutsche Gerichtsbarkeit gemäß dem Grundgesetz

Dem Rechtsstaat der Bundesrepublik liegt das Prinzip der Gewaltenteilung zugrunde, welches im Grundgesetz verankert ist. Das Grundgesetz regelt im Einzelnen die Aufgaben und Zuständigkeiten der drei Gewalten.

› Die Legislative erlässt Gesetze (Art. 70 ff. GG).
› Die Exekutive erlässt Rechtsverordnungen (Art. 80 GG).
› Der Judikative obliegt die Rechtsprechung (Art. 92 ff. GG).

Der Staat hat die Verpflichtung, ein effektives rechtsstaatliches Verfahren zu garantieren. Diese Verpflichtung erfüllt er durch die Einrichtung von neutralen und völlig selbstständigen Gerichten, die mit unabhängigen Richtern besetzt sind. Bei der Entwicklung der Gerichtszweige wurden die verfassungsrechtlichen Leitprinzipien des Grundgesetzes berücksichtigt, die sich im Wesentlichen aus Art. 20 GG ergeben. Zu diesen Prinzipien zählen unter anderem die Demokratie und/oder die Bundes-, Rechts- und Sozialstaatlichkeit.

Folgende **Zweige der Gerichtsbarkeit** haben sich daraus entwickelt:

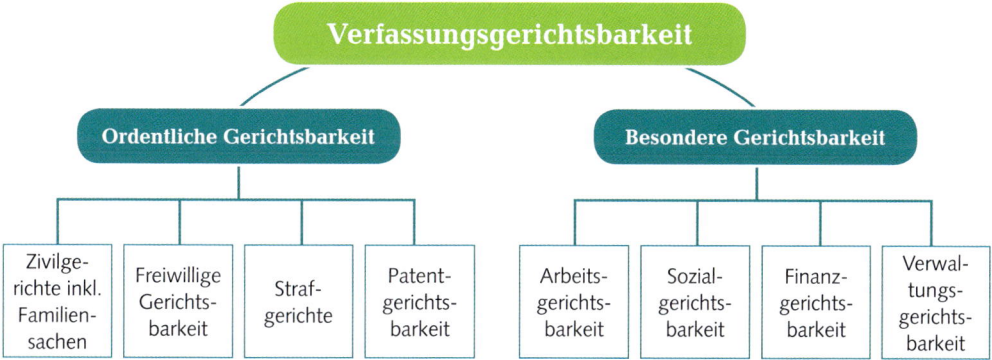

Die **Verfassungsgerichtsbarkeit** nimmt eine übergeordnete Rolle ein, denn das Bundesverfassungsgericht mit Sitz in Karlsruhe ist als höchstes deutsches Gericht der Hüter der Verfassung. Es wacht als unabhängiges Staatsorgan über die Einhaltung des Grundgesetzes und prüft dazu die Vereinbarkeit von Gesetzen mit der Verfassung. Es hat die Möglichkeit, Gesetze als verfassungswidrig zu erklären. Gleichzeitig ist es Teil der judikativen Staatsgewalt auf dem speziellen Gebiet des Staats- und Völkerrechts und führt somit eine Doppelrolle aus. Obwohl das Bundesverfassungsgericht die Entscheidungen anderer Gerichte kontrolliert, gehört es nicht zum Instanzenzug, denn es überprüft nicht, ob die Fachgerichte das Recht richtig angewendet haben; es prüft lediglich, ob das getroffene Urteil mit dem Grundgesetz in Einklang steht. Ist dies nicht der Fall, so hebt das Bundesverfassungsgericht die Entscheidung auf und verweist die Sache zur nochmaligen Überprüfung an die Fachgerichte zurück. Seine Entscheidungen binden alle Verfassungsorgane des Bundes und der Länder sowie alle Verwaltungsbehörden und Bürger.

LERNFELD 1

Verfahrensarten vor dem Bundesverfassungsgericht

Verfassungsbeschwerde

Jeder, der sich durch die öffentliche Gewalt in seinen Grundrechten verletzt fühlt, kann eine Verfassungsbeschwerde erheben. Sie kann sich gegen die Maßnahme einer Behörde, gegen das Urteil eines Gerichts oder gegen ein Gesetz richten. Die Verfassungsbeschwerde muss jedoch vom Bundesverfassungsgericht zur Entscheidung angenommen werden. Die Beschwerde ist anzunehmen, wenn ihr grundsätzliche verfassungsrechtliche Bedeutung zukommt, wenn der geltend gemachten Grundrechtsverletzung besondere Bedeutung zukommt oder durch die Versagung eines Rechts ein besonders schwerer Nachteil entsteht. Voraussetzung ist außerdem, dass die sonst zuständigen Gerichte vorher erfolglos angerufen wurden. Es besteht kein Anwaltszwang. Das Verfahren ist kostenlos.

Normenkontrolle

In einem sog. Normenkontrollverfahren wird festgestellt, ob ein Gesetz mit der Verfassung übereinstimmt. Diese Feststellung darf nur das Bundesverfassungsgericht treffen. Wenn ein anderes Gericht ein Gesetz für verfassungswidrig hält und es deshalb nicht anwenden will, muss es zuvor die Entscheidung des Bundesverfassungsgerichts einholen **(konkrete Normenkontrolle)**. Darüber hinaus können die Bundesregierung, eine Landesregierung oder ein Viertel der Mitglieder des Bundestages die Verfassungsmäßigkeit einer Rechtsnorm überprüfen lassen, ohne dass eine subjektive Rechtsverletzung vorliegt **(abstrakte Normenkontrolle)**.

Verfassungsstreit

Das Bundesverfassungsgericht ist außerdem zuständig für Meinungsverschiedenheiten zwischen Verfassungsorganen **(Organstreit)** oder zwischen Bund und Ländern **(Bund-Länder-Streit)** über die gegenseitigen verfassungsmäßigen Rechte und Pflichten.

Aufbau und Besetzung des Bundesverfassungsgerichts sind im Grundgesetz und im Bundesverfassungsgerichtsgesetz (BVerfGG) geregelt.

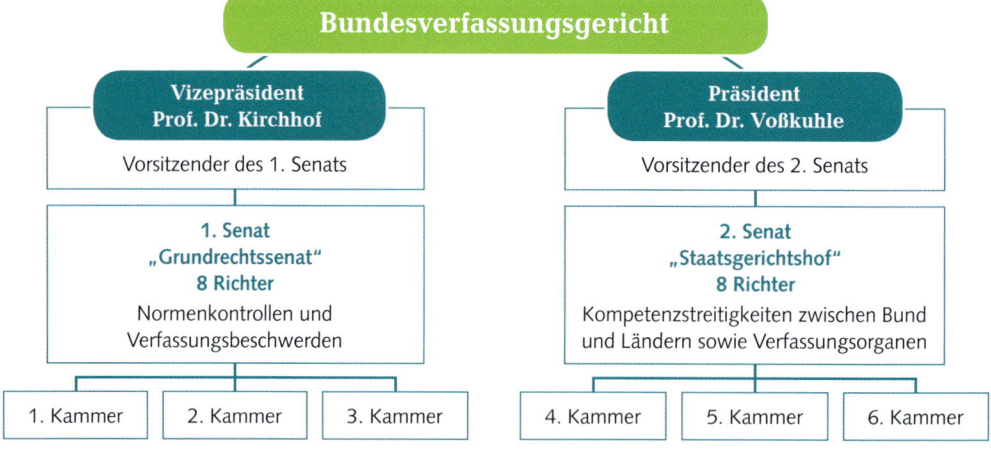

Demnach hat (vereinfacht gesagt) der Erste Senat die Zuständigkeit für Normenkontrollen, in denen es im Kern um die Vereinbarkeit einer Vorschrift mit Grundrechten geht, und für Verfassungsbeschwerden. Der Zweite Senat hat insbesondere die Zuständigkeit für Kompetenzstreitigkeiten zwischen Bund und Ländern sowie der Verfassungsorgane untereinander. Der Erste Senat sollte demnach in erster Linie ein „Grundrechtssenat" sein, der Zweite Senat die Funktion eines „Staatsgerichtshofs" erfüllen.

1.4.4 Ordentliche Gerichtsbarkeit

Die ordentliche Gerichtsbarkeit (§ 13 GVG)	
Bürgerliche Rechtsstreitigkeiten	Bürgerliche Rechtsstreitigkeiten sind solche des Privatrechts (siehe Kapitel 1.2.4.1), bei denen sich Bürger oder Unternehmer in einem Gleichordnungsverhältnis gegenüberstehen.
Familiensachen	Verfahren in Familiensachen richten sich nicht nach der ZPO, sondern nach dem Gesetz über das Verfahren in Familiensachen und in Angelegenheiten der freiwilligen Gerichtsbarkeit (FamFG). Sie werden in erster Instanz vor dem Amtsgericht in der Abteilung für Familienrecht (Familiengericht) verhandelt. Die Familiensachen sind in § 111 FamFG festgelegt › Ehesachen › Kindschaftssachen › Abstammungssachen › Adoptionssachen › Ehewohnungs- und Haushaltssachen › Gewaltschutzsachen › Versorgungsausgleichssachen › Unterhaltssachen › Güterrechtssachen › sonstige Familiensachen › Lebenspartnerschaftssachen
Angelegenheiten der freiwilligen Gerichtsbarkeit (Zivilsachen)	siehe Kapitel 1.4.6
Strafsachen, die nicht die Zuständigkeit von Verwaltungsbehörden oder -gerichten begründen	Das Strafrecht gehört zum Öffentlichen Recht und ist durch ein Über- und Unterordnungsverhältnis geprägt. Hat ein Bürger eine Straftat begangen, ermittelt der Staat durch seine Organe von Amts wegen. Ist der Bürger der Straftat hinreichend verdächtig, wird er vom Staatsanwalt angeklagt und die Strafsache vor dem zuständigen Strafgericht verhandelt. Die Gerichte entscheiden, ob eine strafbare Handlung vorliegt und wie das Strafmaß zu bemessen ist. Die Strafverfolgung und die Strafvollstreckung obliegen der Staatsanwaltschaft. Verfahrensrechtlich gelten in Strafprozessen die Vorschriften der Strafprozessordnung (StPO) und des Gerichtsverfassungsgesetzes (GVG).
Patentgerichtsbarkeit	Die Patentgerichtsbarkeit ist ein besonderer Zweig der ordentlichen Gerichtsbarkeit. Patentgericht ist das Bundespatentgericht in München. Es entscheidet in bestimmten Rechtsstreitigkeiten über gewerbliche Schutzrechte wie Patente auf Erfindungen und Marken. Das Bundespatentgericht gehört formell als einziges bundesrechtlich bestimmtes besonderes Gericht zur **ordentlichen Gerichtsbarkeit,** weil es gemäß Art. 96 Abs. 1 und 3 GG im Rechtszug unter dem Bundesgerichtshof eingeordnet ist. Rechtsmittelinstanz ist damit der Bundesgerichtshof. Organisation und Verfahren richten sich nach §§ 65 ff. Patentgesetz, subsidiär gelten die Vorschriften des Gerichtsverfassungsgesetzes und der ZPO.

§ 12 GVG regelt, durch welche Gerichte die ordentliche Gerichtsbarkeit ausgeübt wird. Die ordentlichen Gerichte sind vierstufig aufgebaut:

Amtsgericht

Zivilverfahren: Einzelrichter   *Strafverfahren:* Strafrichter oder Schöffengericht

Landgericht

Zivilverfahren: Zivilkammer oder Kammer für Handelssachen   *Strafverfahren:* Kleine Strafkammer oder Große Strafkammer

Oberlandesgericht	
Zivilverfahren: Zivilsenate	*Strafverfahren:* Strafsenate

Bundesgerichtshof
oberster Gerichtshof des Bundes (Art. 95 Abs. 1 GG) 12 Zivilsenate, 5 Strafsenate sowie 8 weitere Senate für Spezialgebiete

1.4.5   Besondere Gerichtsbarkeit

Rechtsstreitigkeiten, die von den Richtern spezielle Fachkenntnisse verlangen, werden vor der besonderen Gerichtsbarkeit verhandelt. Dabei handelt es sich um folgende Gerichtszweige:

Arbeitsgerichtsbarkeit

› entscheidet in arbeitsrechtlichen Fragen zwischen Arbeitgeber und Arbeitnehmer oder Gewerkschaften und Tarifvertragsparteien.

Beispiel: Die Rechtsanwaltsfachangestellte Tina Tillmann erhält von ihrem Chef die Kündigung, weil sie regelmäßig ihre Pausenzeiten um einige Minuten überzogen hat. Sie fühlt sich ungerecht behandelt.

Instanzen: Arbeitsgerichte – Landesarbeitsgerichte – Bundesarbeitsgericht (Erfurt)

Rechtsquelle: Arbeitsgerichtsgesetz (ArbGG)

Finanzgerichtsbarkeit

› entscheidet über Streitigkeiten wegen Abgabeangelegenheiten (Steuern und Zölle) und kann von dem einzelnen Steuerbürger angerufen werden.

Der Bundesfinanzhof ist nicht zu verwechseln mit dem Bundesrechnungshof (BRH), der das Ausgabenverhalten des Staates und seiner Einrichtungen kontrolliert. Der BRH ist kein Gericht, sondern nimmt als Bundesbehörde zum einen Verwaltungsaufgaben wahr, steht aber als Finanzkontrolleur außerhalb der drei Gewalten.

Beispiel: Die Steuerrückzahlung im Steuerbescheid von Heiner Böll fällt niedriger aus als erwartet, weil das Finanzamt seine geltend gemachten Fahrtkosten nicht berücksichtigt hat.

Instanzen: Finanzgerichte – Bundesfinanzhof (München)

Rechtsquelle: Finanzgerichtsordnung (FGO)

Sozialgerichtsbarkeit

› entscheidet über Fragen zur gesetzlichen Sozialversicherung, also Kranken-, Renten-, Unfall-, Pflege- und Arbeitslosenversicherung.

Beispiel: Die Agentur für Arbeit hat die Zahlung von Arbeitslosengeld an Karsten Winter eingestellt, da dieser seinen Meldepflichten nicht nachgekommen ist. Er klagt.

Instanzen: Sozialgerichte – Landessozialgerichte – Bundessozialgericht (Kassel)

Rechtsquelle: Sozialgerichtsgesetz (SGG)

| **Verwaltungsgerichtsbarkeit** | › entscheidet in öffentlich-rechtlichen Streitigkeiten nicht verfassungsrechtlicher Art, wie dem Baurecht, Gewerberecht, Gaststättenrecht oder dem Polizei- und Ordnungsrecht. Die |

öffentliche Verwaltung entscheidet über Bürgerbegehren häufig durch Verwaltungsakt, in Form eines Bescheids. Sie kann aber auch Allgemeinverfügungen erlassen oder öffentlich-rechtliche Verträge schließen. Gegen alle Formen des Verwaltungshandelns steht der Rechtsweg zur Verwaltungsgerichtsbarkeit offen.

Beispiel: Hanno Harbers vergrößert sein Haus ohne Genehmigung um einen Wintergarten, der weit in den Garten hineinragt. Er erhält von der Stadt eine Abrissverfügung, gegen die er sich wehren möchte.

Instanzen: Verwaltungsgerichte – Oberverwaltungsgerichte – Bundesverwaltungsgericht (Leipzig)

Rechtsquelle: Verwaltungsgerichtsordnung (VwGO)

1.4.6 Streitige und freiwillige Gerichtsbarkeit

Streitige Gerichtsbarkeit

Sie dient der Durchsetzung bestehender Rechte. Sie entscheidet im Wesentlichen über privatrechtliche Streitigkeiten (Zivilprozesse), bei denen sich zwei gleichberechtigte Parteien gegenüberstehen, die um bürgerlich-rechtliche Ansprüche streiten. Verfahrensrechtlich gelten die Vorschriften der Zivilprozessordnung (ZPO) und des Gerichtsverfassungsgesetzes (GVG).

Beispiele:
› Klagen auf Lieferung aus Kaufvertrag
› Klagen auf Zahlung eines Werklohns
› Klagen auf Räumung von Wohnraum

Freiwillige Gerichtsbarkeit

Sie bezeichnet die von Gerichten der ordentlichen Gerichtsbarkeit, aber auch von Notaren und in geringem Umfang von anderen Behörden ausgeübte Tätigkeit in bestimmten Angelegenheiten der Rechtspflege. Verfahren der freiwilligen Gerichtsbarkeit richten sich nicht nach der ZPO, sondern nach dem Gesetz über das Verfahren in Familiensachen und in den Angelegenheiten der freiwilligen Gerichtsbarkeit (FamFG). Die Angelegenheiten der freiwilligen Gerichtsbarkeit sind in § 23a Abs. 2 GVG geregelt. In der freiwilligen Gerichtsbarkeit gibt es keine Klage. Vielmehr werden die Gerichte von Amts wegen **(Amtsverfahren)** oder auf Antrag hin **(Antragsverfahren)** tätig. Statt Kläger und Beklagten gibt es Beteiligte, die teilweise auch als Betroffene oder Antragsteller und Antragsgegner bezeichnet werden. In den meisten Fällen herrscht kein Anwaltszwang. Das Gericht entscheidet nicht durch Urteil, sondern durch Beschluss.

Beispiele:
› Betreuungssachen
› Nachlass- und Teilungssachen
› Registersachen
› Grundbuchsachen

1.4.7 Anwaltszwang

Ein Anwaltszwang besteht nur in sogenannten Anwaltsprozessen, in denen das Gesetz vorsieht, dass sich die Parteien oder auch nur eine Partei von einem Rechtsanwalt vertreten lassen müssen. Ohne anwaltliche Vertretung können die Parteien in diesen Fällen einen Prozess weder als Kläger noch als Beklagter führen, keine Schriftsätze einreichen und werden in der mündlichen Verhandlung behandelt, als wenn sie nicht erschienen wären (Versäumnisurteil). Da die Parteien in diesen Fällen keine wirksamen Prozesserklärungen abgeben können, spricht man von mangelnder Postulationsfähigkeit.

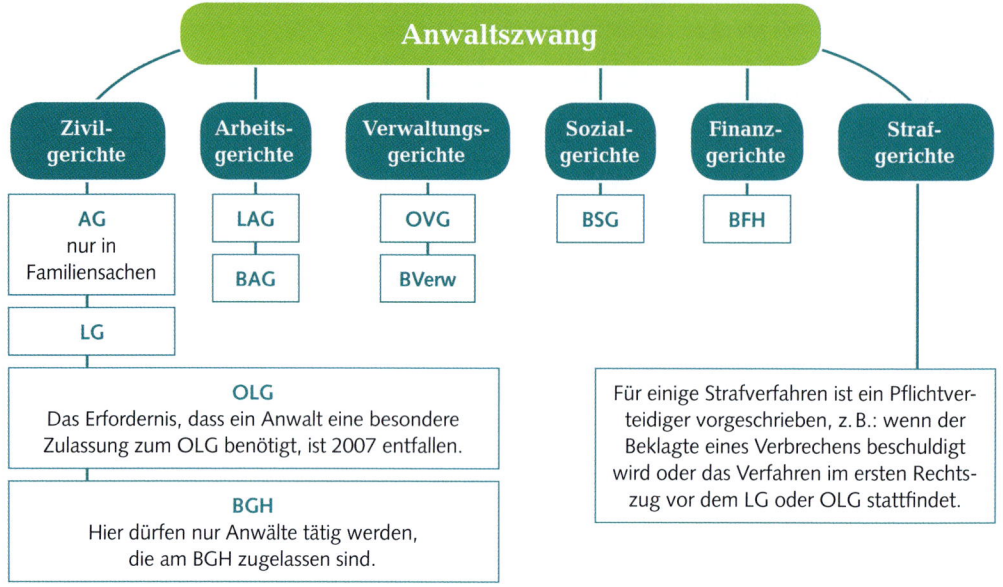

1.4.8 Zuständigkeiten der Zivilgerichte

Die Zuständigkeiten der Zivil- und auch der Strafgerichte werden Sie im 2. Ausbildungsjahr ausführlicher kennenlernen. An dieser Stelle erhalten Sie bereits einen kurzen Überblick über die **sachliche Zuständigkeit** der Zivilgerichte. Sie regelt, welches Gericht für welchen Streitgegenstand zuständig ist.

Übersicht über die sachliche Zuständigkeit der Gerichte in Zivilsachen

Bundesgerichtshof, §§ 123 ff. GVG

Zuständig für die Entscheidung über die Rechtsmittel der

› **Revision** gegen Berufungsurteile der Landgerichte und Oberlandesgerichte (III. Instanz), § 133 GVG.

› **Sprungrevision** gegen erstinstanzliche Endurteile der Amts- und Landgerichte (II. Instanz), § 133 GVG, § 566 ZPO.

› **Rechtsbeschwerde** falls die Vorinstanz sie zugelassen hat oder wenn sie im Gesetz ausdrücklich vorgesehen ist (III. Instanz), § 133 GVG.

› **Beschwerde** gegen Entscheidungen des Berufungsgerichts hinsichtlich der Unzulässigkeit der Berufung (Nichtzulassungsbeschwerde), § 544 ZPO.

› **Sprungrechtsbeschwerde** (II. Instanz), § 133 GVG.

Oberlandesgericht, §§ 115 ff. GVG

Zuständig für Entscheidungen über Rechtsmittel (nur II. Instanz) der
> **Beschwerde** gegen Entscheidungen der Amtsgerichte in den von Familiengerichten entschiedenen Sachen, § 119 Abs. 1 Nr.1a GVG.
> **Beschwerde** gegen Entscheidungen der Amtsgerichte in Angelegenheiten der freiwilligen Gerichtsbarkeit mit Ausnahme der Freiheitsentziehungssachen und den von den Betreuungsgerichten entschiedenen Sachen, § 119 Abs. 1 Nr. 1b GVG.
> **Berufung** und der **Beschwerde** gegen Entscheidungen der Landgerichte in I. Instanz, § 119 Abs. 1 Nr. 2 GVG.

Landgericht, §§ 59 ff. GVG

Zuständig

I. Instanz:
> für vermögensrechtliche Streitigkeiten **über 5.000,00 Euro,** soweit keine ausschließliche Zuständigkeit des Amtsgerichts begründet ist, §§ 23, 71 Abs. 1 GVG.
> ohne Rücksicht auf den Wert des Streitgegenstandes **(ausschließliche Zuständigkeit),** z. B. bei:
>   – Streitigkeiten über Amtspflichtverletzungen von Richtern und Beamten, § 71 Abs. 2 Nr. 2 GVG.
>   – bei Anfechtungs- und Nichtigkeitsklagen gegen Hauptversammlungsbeschlüsse einer Aktiengesellschaft, §§ 249 Abs. 1, 246 Abs. 3 S. 1 AktG.
>   – Auflösungs- und Anfechtungsklagen gegen eine GmbH, § 61 Abs. 3 GmbHG.
>   – Ansprüche wegen unwahrer Angaben bei Emissionen von Wertpapieren, § 71 Abs. 2 Nr. 3 GVG.

II. Instanz:
> für die **Berufung** gegen Urteile der Amtsgerichte, außer in Familiensachen und Angelegenheiten der freiwilligen Gerichtsbarkeit, § 72 Abs. 1 S. 1 GVG.
> für die **Beschwerden** gegen Beschlüsse der Amtsgerichte, außer in Familiensachen und Angelegenheiten der freiwilligen Gerichtsbarkeit, § 72 Abs. 1 S. 1 GVG.
> für die **Beschwerden** in Freiheitsentziehungssachen und in den von den Betreuungsgerichten entschiedenen Sachen, § 72 Abs. 1 S. 2 GVG.

Die Landgerichte können **Kammer für Handelssachen (KfH)** bilden. Diese sind für Streitigkeiten aus dem kaufmännischen Bereich (Handelssachen) zuständig, § 95 GVG.

Amtsgericht, §§ 22 ff. GVG

Zuständig

> für vermögensrechtliche Streitigkeiten **bis einschließlich 5.000,00 Euro,** § 23 Nr. 1 GVG
> ohne Rücksicht auf den Wert des Streitgegenstandes **(ausschließliche Zuständigkeit),** § 23 Nr. 2 GVG, z. B. für
>   – Mietstreitigkeiten über Wohnraum.
>   – Streitigkeiten aus Reiseverkehr.
>   – Ansprüche aus Wildschaden.
>   – Entscheidungen über **Familiensachen** als Familiengericht und Angelegenheiten der freiwilligen Gerichtsbarkeit, § 23a GVG
> für besondere Verfahren wie
>   – das Mahnverfahren, § 689 ZPO.
>   – das selbstständige Beweisverfahren, § 486 Abs. 3 ZPO.
>   – das Aufgebotsverfahren, § 433 ff. FamFG.

- -

1.4.9   Zusammenfassung und Aufgaben

ZUSAMMENFASSUNG

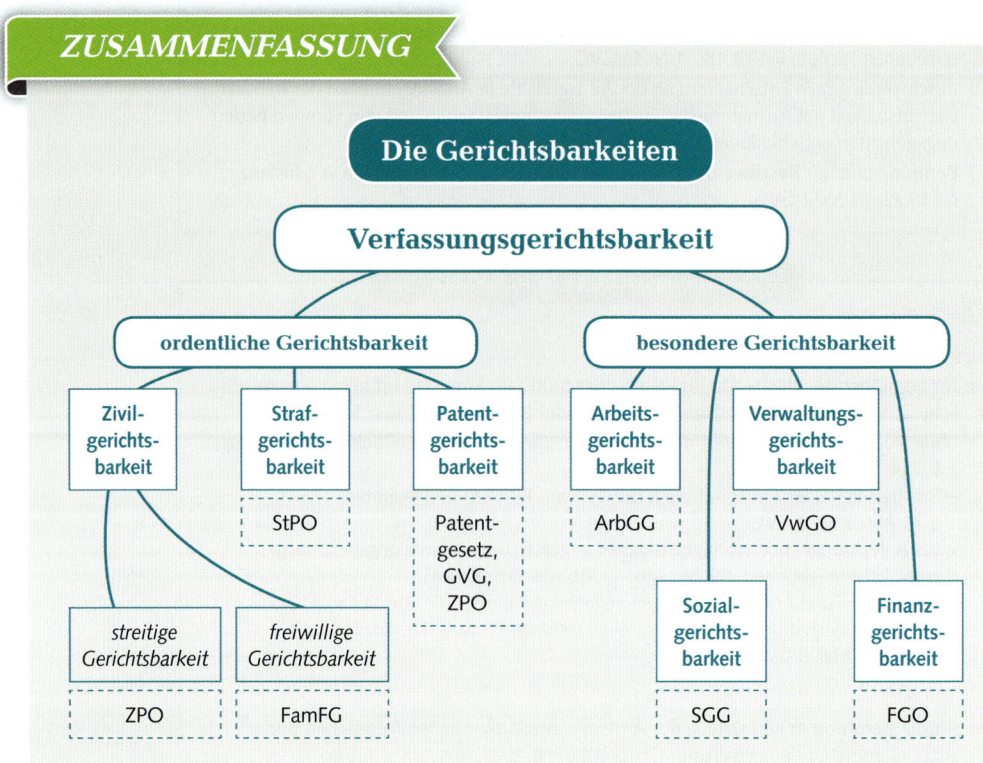

AUFGABEN

1. Legen Sie fest, welche Gerichtsbarkeit in den folgenden Fällen betroffen ist und vor welchem Bundesgericht die Fälle letztinstanzlich verhandelt würden?

   a. Klaas Klever hat von seinem Chef eine Abmahnung erhalten, weil er ohne Entschuldigung 20 Minuten zu spät zur Arbeit erschien.

   b. Klaas Klever hat eine Baugenehmigung für eine überdachte Garage beantragt. Die Baubehörde versagt ihm diese per Bescheid.

   c. Klaas Klever klagt auf Schadensersatz wegen verspäteter Lieferung aus Kaufvertrag.

   d. Klaas Klever ist 16 und möchte an der nächsten Bundestagswahl teilnehmen. Da das Grundgesetz ihm dies verbietet, klagt er.

e. Klaas Klever wurde wegen schwerer Körperverletzung zu einer Freiheitsstrafe von 1 Jahr und 6 Monaten auf Bewährung verurteilt. Da er der Ansicht ist, in Notwehr gehandelt zu haben, möchte er sich gegen dieses Urteil wehren.

f. Klaas Klever klagt, weil Dagobert Duck ihm seine Erfindung geklaut hat.

g. Klaas Klever will gegen seinen Steuerbescheid vorgehen, weil er sein Arbeitszimmer steuerlich nicht geltend machen konnte.

h. Rechtsanwalt Klever klagt, weil er seine Rentenversicherungsbeiträge in die Rechtsanwaltsversorgungskammer und nicht in die Bundesanstalt für Arbeit (BfA) einzahlen möchte.

2. Entscheiden Sie unter Angabe der passenden Vorschriften, welches Gericht sachlich zuständig ist. Legen Sie, falls notwendig, dazu die Höhe des Streitwerts fest.

a. Alfons klagt gegen Erich auf Zahlung von ausstehenden Mietschulden in Höhe von 6000,00 Euro.

b. Alfons klagt gegen Egon auf Zahlung von 4.300,00 Euro für ein gebraucht verkauftes Auto. Zusätzlich klagt er auf Zahlung von 800,00 Euro für neue Winterreifen.

c. Alfons klagt am 14.5.2011 gegen Egon auf Zahlung einer Kaufpreisforderung in Höhe von 5.000,00 Euro. Bis zur ersten mündlichen Verhandlung haben sich Zinsen in Höhe von 99,00 Euro und Bankkosten in Höhe von 20,00 Euro angehäuft. Alfons will deshalb, dass seine Sache vor dem Landgericht verhandelt wird. Zu recht?

d. Alfons und Bertha möchten sich scheiden lassen. Sie streiten um die Modalitäten der Scheidung, insbesondere um die Aufteilung eines Gesamtvermögens von 1,2 Millionen Euro.

e. Herr Kruse wohnt in Essen und möchte gegen Herrn Mayr aus München eine Mietforderung in Höhe von 5.000,01 Euro aus der Vermietung einer Düsseldorfer Mietwohnung im Mahnverfahren geltend machen.

Personen der Rechtspflege

Zu den Personen der Rechtspflege gehören alle Mitarbeiter innerhalb der Justiz sowie alle Personen, die beruflich zur Rechtsberatung befugt sind.

- -

1.5.1 Der Richter

Nach Art. 92 S. 1 GG ist die rechtsprechende Gewalt den Richtern anvertraut. Das Amt des Richters, seine Ausbildung und seine besondere Stellung im Staat sind im Deutschen Richtergesetz (DRiG) geregelt. Danach wird die rechtsprechende Gewalt durch die Berufsrichter und die ehrenamtlichen Richter ausgeübt, § 1 DRiG.

Berufsrichter kann nur werden, wer deutscher Staatsbürger ist und die Befähigung zum Richteramt erlangt hat. Sie wird nach einem Universitätsstudium durch Bestehen des ersten juristischen Staatsexamens sowie nach einem zurzeit zweijährigen Vorbereitungsdienst durch Bestehen des zweiten juristischen Staatsexamens erworben. Zum Richteramt ist außerdem jeder ordentliche Professor der Rechtswissenschaften an einer deutschen Universität befähigt.

Nach dem Erwerb der Befähigung zum Richteramt durchläuft ein Bewerber für das Richteramt eine Eignungsprüfung, in der die persönliche Eignung und die Anerkennung der freiheitlich-demokratischen Grundordnung im Sinne des Grundgesetzes geprüft werden. Sodann wird er für drei Jahre als Richter zur Probe eingestellt und kann danach zum Richter auf Lebenszeit ernannt werden, § 10 DRiG. Es ist aber auch möglich, sich Zeiten anrechnen zu lassen, in denen man beispielsweise als Rechtsanwalt, als Hochschulprofessor oder Beamter des höheren Dienstes tätig war.

Nach § 38 DRiG hat der Richter vor Ausübung des Richteramtes einen Eid zu leisten.

Ich schwöre, das Richteramt getreu dem Grundgesetz und getreu dem Gesetz auszuüben, nach bestem Wissen und Gewissen ohne Ansehen der Person zu urteilen und nur der Wahrheit und Gerechtigkeit zu dienen (so wahr mir Gott helfe).

© Yael Weiss – Fotolia.com

Der Richter hat unparteiische Urteile zu sprechen. Um dies zu gewährleisten ist er in seinen Entscheidungen unabhängig und gemäß Art. 97 GG bzw. § 38 DRiG nur dem Gesetz und seinem Gewissen unterworfen. Keine staatliche Stelle hat das Recht, den Richter bei seiner Urteilsfindung zu beeinflussen oder gegen bzw. ohne seinen Willen ein Urteil zu sprechen. Richter unterstehen daher dienstrechtlich nur dem Vorgesetzten, wenn die richterliche Unabhängigkeit nicht berührt wird. An Weisungen seines Vorgesetzten ist er also nur gebunden, wenn sie die ordnungsgemäße Amtsführung betreffen, nicht aber seine richterlichen Entscheidungen. Durch diese sachliche Unabhängigkeit unterscheidet er sich vom Beamten.

Persönliche Unabhängigkeit	Sachliche Unabhängigkeit
Der Richter ist bei der Urteilsfindung unabhängig und weisungsfrei. Er ist nur dem Gesetz und seinem Gewissen unterworfen. Eine Beeinflussung von außen ist nicht statthaft.	Ein Richter auf Lebenszeit kann nicht aufgrund eines Richterspruchs entlassen oder versetzt werden. Dies ist nur möglich, wenn er seine Aufgaben nicht ordnungsgemäß erfüllt.

Besteht die Besorgnis, dass ein Richter persönlich oder sachlich nicht unabhängig ist, können die Parteien die Ablehnung des Richters beantragen. Die erfolgreiche Ablehnung hat zur Folge, dass der abgelehnte Richter an der Entscheidung nicht mehr mitwirken darf.

Ablehnung eines Richters wegen	
gesetzlicher Ausschlussgründe, § 41 ZPO	Befangenheit, § 42 Abs. 2 ZPO
› in Sachen, in denen der Richter selbst Partei ist › in Sachen, in denen der Ehegatte des Richters Partei ist › in Sachen, in denen ein Verwandter oder Schwager Partei ist › in Sachen, in denen der Richter als Zeuge oder Sachverständiger vernommen wurde › in Sachen, in denen der Richter bereits in einer früheren Instanz mitgewirkt hat.	Befangenheit liegt vor, wenn ein Grund vorliegt, Misstrauen gegen die Unparteilichkeit eines Richters zu rechtfertigen: › wenn der Richter einer Partei bzw. dessen Anwalt subjektiv nah steht, z. B. weil er derselben politischen Partei angehört › wenn der Richter dem Streitgegenstand subjektiv nah steht, z. B. weil er in einer ähnlichen Sache selbst Betroffener war.

Neben den Berufsrichtern gibt es **ehrenamtliche Richter** (Laienrichter). Hintergrund ist, dass in einer Demokratie auch das Volk an der Rechtsprechung beteiligt werden soll. Zudem bringen Laienrichter Lebenserfahrung und Sachnähe in die Urteilsfindung mit ein. Sie werden in der Strafgerichtsbarkeit „Schöffen" genannt. Laienrichter üben ein Ehrenamt aus und erhalten kein Gehalt, sondern nur eine Aufwandsentschädigung. Sie müssen für die Ausübung ihres Ehrenamtes vom Arbeitgeber freigestellt werden. Ehrenamtliche Richter sind ebenso unabhängig und weisungsfrei wie die Berufsrichter und können aus den gleichen Gründen abgelehnt werden.

- -

1.5.2 Der Staatsanwalt

Die Staatsanwaltschaft, auch Anklagebehörde genannt, ist eine von den Gerichten unabhängige, selbstständige Justizbehörde (§ 150 GVG), die als solche zur Exekutive gehört. Der Staatsanwalt ist dem Richter somit weder über- noch unterstellt. Er ist Beamter im höheren Justizdienst und vertritt im Strafverfahren die Interessen des Staates als oberster Vertreter der Anklage. Die Staatsanwaltschaft ist aber nicht nur Anklagebehörde, sondern auch Vollstreckungsbehörde.

© Gerhard Seybert – Fotolia.com

Staatsanwalt kann nur werden, wer die Befähigung zum Richteramt hat, § 122 DRiG. Mit der Einstellung durchläuft er eine dreijährige Probezeit und wird danach zum Staatsanwalt ernannt. Er ist im Gegensatz zum Richter weisungsgebunden und hat den dienstlichen Weisungen seines Vorgesetzten nachzukommen, § 146 GVG.

Die Staatsanwaltschaft ist gleichzeitig staatliche Ermittlungs- und Anklagebehörde sowie Strafvollstreckungsbehörde. Als solche nimmt sie folgende Aufgaben wahr:

Ermittlungs- und Anklagebehörde

> Die Staatsanwaltschaft ermittelt von Amts wegen sobald sie Kenntnis von einer Straftat erlangt hat. Kenntnis kann sie entweder erlangen durch Strafanzeige eines Bürgers, durch die Polizei oder durch Eigeninitiative. Letzteres liegt z. B. vor, wenn der Staatsanwalt im Internet auf eine Straftat aufmerksam wird.

> Sie leitet ein Ermittlungsverfahren ein, wobei sie von der Polizei als Hilfsbeamte der Staatsanwaltschaften unterstützt wird.

> Nach Abschluss des Ermittlungsverfahrens erhebt die Staatsanwaltschaft Anklage, erlässt einen Strafbefehl oder stellt das Verfahren ein.

> Im Hauptverfahren ist der Staatsanwalt Vertreter der Anklage. Er wirkt bei der Beweisaufnahme mit, stellt Anträge und hält das Abschlussplädoyer.

Vollstreckungsbehörde

Die Staatsanwaltschaft hat dafür zu sorgen, dass die in einem rechtskräftigen Urteil verhängte Strafe auch vollstreckt wird. Diese Überwachung der Strafvollstreckung wird den Rechtspflegern bei der Staatsanwaltschaft übertragen.

1.5.3 Der Rechtsanwalt

© WavebreakMediaMicro – Fotolia.com

Der Rechtsanwalt ist nach § 1 Bundesrechtsanwaltsordnung (BRAO) ein Organ der Rechtspflege. Er übt gemäß § 2 BRAO einen freien Beruf aus und seine Tätigkeit ist kein Gewerbe. Gemäß § 3 BRAO ist der Rechtsanwalt ein berufener selbstständiger und unabhängiger Berater und Vertreter in allen Rechtsangelegenheiten. Jedermann hat das Recht, sich in allen Rechtsangelegenheiten vor Gerichten und Behörden anwaltlich beraten zu lassen. Rechtsanwälte sind auf der anderen Seite jedoch grundsätzlich nicht verpflichtet, die Vertretung einer Partei zu übernehmen. Lehnt er ein Mandat ab, muss er dies der Partei aber schnellstmöglich mitteilen, § 44 BRAO. Eine Ausnahme besteht z. B. in Strafsachen, wenn der Anwalt vom Gericht als Pflichtverteidiger bestellt wurde, § 49 BRAO. Dann darf er das Mandat nicht ablehnen. Vorschriften zum Beruf des Rechtsanwalts finden sich neben der BRAO auch in der Berufsordnung für Rechtsanwälte (BORA).

Die Tätigkeit als Rechtsanwalt kann nur ausüben, wer die Befähigung zum Richteramt erworben hat. Zusätzlich muss der Volljurist bei der Rechtsanwaltskammer (RAK), in deren Bezirk er tätig werden will, die **Zulassung** als Rechtsanwalt beantragen. Die Kammer erteilt die Zulassung, wenn die Voraussetzungen des § 4 BRAO vorliegen, der Klammerbeitrag gezahlt und die Berufshaftpflichtversicherung abgeschlossen ist. Außerdem muss der Rechtsanwalt einen Eid leisten und schwören, dass er die verfassungsgemäße Ordnung wahren und die Pflichten eines Rechtsanwalts gewissenhaft erfüllen wird. Nach § 27 BRAO hat der zugelassene Rechtsanwalt grundsätzlich eine Kanzleipflicht, d.h., dass er im Bezirk der Kammer, in der er Mitglied ist, eine Kanzlei einrichten muss. Er kann in anderen Bezirken Zweigstellen eröffnen. Die Kanzlei wird, sobald der Rechtsanwalt seine Zulassungsurkunde erhalten hat, in das elektronische Verzeichnis der zuständigen Rechtsanwaltskammer eingetragen.

Die **Hauptaufgabe** eines Rechtsanwalts ist es, seinem Mandanten mit rechtsstaatlichen Mitteln zu seinem Recht zu verhelfen. Dazu muss er seine Auftraggeber über die Rechtslage, seine Erfolgschancen, die Möglichkeiten einer Beweissicherung und die anfallenden Kosten sowie das Kostenrisiko beraten.

Der Anwalt kann im Wesentlichen folgende **Tätigkeiten** ausüben:

Einige Anwälte haben sich auf ein bestimmtes Fachgebiet spezialisiert und eine Zusatzausbildung zum **Fachanwalt** absolviert. Damit die Rechtsanwaltskammer einem Anwalt die Erlaubnis erteilt, diesen Titel zu führen, muss der Anwalt auf diesem Gebiet besondere theoretische und praktische Erfahrung nachweisen. Näheres regelt die Fachanwaltsordnung (FAO). Ein Fachanwalt kann beispielsweise in folgenden Rechtsbereichen erworben werden:

© bluedesign – Fotolia.com

> Familienrecht
> Arbeitsrecht
> Steuerrecht

> Versicherungsrecht
> Insolvenzrecht

Um den Titel „Fachanwalt für …recht" zu behalten, muss der Fachanwalt jährlich gegenüber der Rechtsanwaltskammer nachweisen, dass er sich auf seinem Gebiet fortgebildet hat.

Jeder Rechtsanwalt trägt gegenüber seinen Mandanten ein hohes Maß an Verantwortung, welche sich aus dem durch das Mandatsverhältnis entgegengebrachten Vertrauen des Mandanten ergibt. Daher treffen den Rechtsanwalt besondere Pflichten, die auch **Standespflichten** genannt werden. Dies sind z. B.:

Standespflichten eines Rechtsanwalts

> Er hat seinen Beruf gewissenhaft auszuüben.
> Er darf nicht bewusst dem Unrecht dienen.
> Er darf dem Richter die Rechtsfindung nicht erschweren.
> Er darf keine widerstreitenden Interessen vertreten.
> Er darf sich nicht von Gewinnstreben leiten lassen. Er darf daher seine Kollegen nicht unterbieten oder eine Erfolgsbeteiligung am Prozess verlangen.
> Er ist zur Verschwiegenheit verpflichtet, ebenso seine Mitarbeiter.
> Er muss den Auftraggeber über alle wichtigen Maßnahmen und Vorgänge in der Sache unverzüglich unterrichten.
> Er darf nur Werbung machen, die über seine berufliche Tätigkeit sachlich informiert.
> Er muss Handakten anlegen, die ein geordnetes Bild der von ihm entfalteten Tätigkeit in der Sache geben sollen.

© Gina Sanders – Fotolia.com

Als Anhänger der freien Berufe sind die Rechtsanwälte Pflichtmitglieder in der zuständigen **Rechtsanwaltskammer.** Der Bezirk einer Kammer entspricht dem des jeweiligen Oberlandesgerichtsbezirks oder eines Teils desselben. Derzeit gibt es in Deutschland 27 regionale Anwaltskammern und eine regionale Anwaltskammer beim Bundesgerichtshof in Karlsruhe. Eine Rechtsanwaltskammer ist eine Körperschaft des öffentlichen Rechts. Sie nimmt als Teil der mittelbaren Staatsverwaltung die ihr durch Gesetz übertragenen staatlichen Aufgaben wahr.

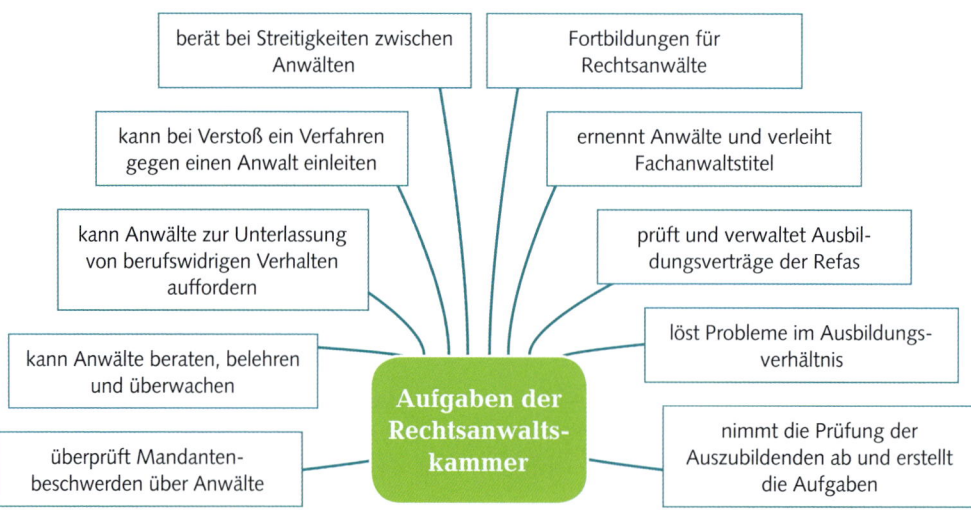

berät bei Streitigkeiten zwischen Anwälten

Fortbildungen für Rechtsanwälte

kann bei Verstoß ein Verfahren gegen einen Anwalt einleiten

ernennt Anwälte und verleiht Fachanwaltstitel

kann Anwälte zur Unterlassung von berufswidrigen Verhalten auffordern

prüft und verwaltet Ausbildungsverträge der Refas

kann Anwälte beraten, belehren und überwachen

löst Probleme im Ausbildungsverhältnis

Aufgaben der Rechtsanwaltskammer

überprüft Mandantenbeschwerden über Anwälte

nimmt die Prüfung der Auszubildenden ab und erstellt die Aufgaben

Sie finanziert sich durch den von den Rechtsanwälten zu leistenden Kammer-beitrag. Jede Kammer wird von einem ehrenamtlichen Vorstand geleitet, den die Kammermitglieder aus ihrer Mitte wählen. Die einzelnen Rechtsanwalts-kammern sind in dem Dachverband der Bundesrechtsanwaltskammer mit Sitz in Berlin und Vertretung bei der EU in Brüssel zusammengeschlossen. Den Kammern sind **Anwaltsgerichte** angeschlossen, die über berufsrechtlich rele-vante Verfehlungen von Rechtsanwälten entscheiden. Ein Anwaltsgericht ist ausschließlich mit Rechtsanwälten besetzt. Neben Verwarnungen und Geld-strafen können auch Berufsverbote gegen Anwälte ausgesprochen werden.

1.5.4   Der Notar

Der Notar ist nach § 1 Bundesnotarordnung (BNotO) der un-abhängige Träger eines öffentlichen Amtes. Die Organisation des Notarwesens ist in den einzelnen Bundesländern verschie-den und richtet sich nach den Landesjustizverwaltungen. Man unterscheidet gemäß § 3 BNotO:

© B. Wylezich – Fotolia.com

Hauptberufliche Notare	**Anwaltsnotare**
Sie dürfen keine weitere bezahlte Amtstätigkeit oder einen weiteren gewerblichen Beruf ausüben. Sie werden auf Lebenszeit bestellt und führen ein sog. Nur-Notariat oder Rheinisches Notariat. Dies gilt etwa in Teilen von NRW, Bayern, Rhein-land-Pfalz oder Hamburg.	Sie üben zugleich zwei Berufe aus: Sie sind Rechts-anwälte und gleichzeitig Notare. Wegen der unterschiedlichen Pflichten in beiden Berufsständen, müssen sie nach außen klar zum Ausdruck bringen, in welcher Funktion sie tätig werden. Anwaltsnotare gibt es etwa in Berlin, Hessen oder Niedersachsen.

Notar kann nur werden, wer die deutsche Staatsangehörigkeit besitzt und die Befähigung zum Richteramt erworben hat. Um hauptberuflicher Notar zu werden, muss man sich um eine Stelle als Notarassessor bei der Landes-justizverwaltung bewerben, in dem man später als Notar arbeiten will. Zum Notarassessor wird nur bestellt, wer fachlich und persönlich geeignet ist. Um Anwaltsnotar zu werden, muss der Rechtsanwalt mindestens 5 Jahre Berufs-erfahrung aufweisen und in dem Amtsbereich, in dem er tätig werden möch-te, 3 Jahre ununterbrochen als hauptberuflicher Rechtsanwalt tätig gewesen sein. Zudem muss er bestimmte Fortbildungen absolviert und die notarielle Fachprüfung bestanden haben. Nach § 4 BNotO werden nur so viele Notare bestellt wie es eine geordnete Rechtspflege und die Altersstruktur erfordern. Amtsbezirk ist der Oberlandesgerichtsbezirk, in dem der Notar seinen Amtssitz hat. Der Notar hat gemäß § 13 BNotO unter Eid zu schwören, dass er die ver-fassungsgemäße Ordnung wahrt und die Pflichten des Notars gewissenhaft und unparteiisch erfüllen wird.

Zu den **Aufgaben eines Notars** gehört die Beurkundung und Beglaubigung von Rechtsvorgängen. Zudem nimmt er etwa folgende Tätigkeiten in der vorsorgen-den Rechtspflege wahr:

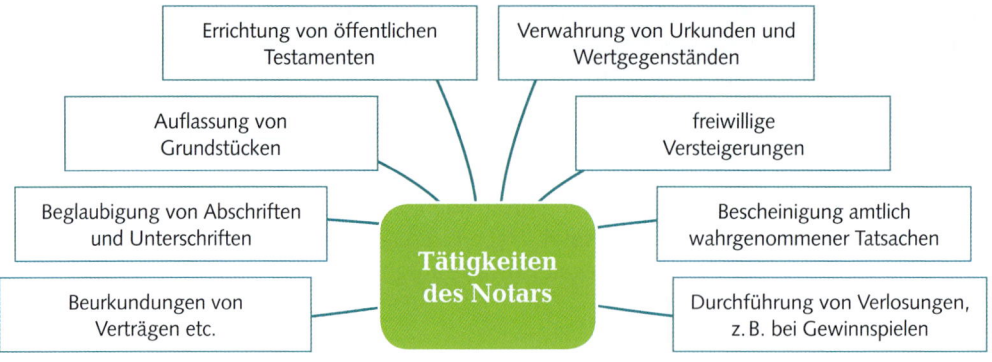

Errichtung von öffentlichen Testamenten

Verwahrung von Urkunden und Wertgegenständen

Auflassung von Grundstücken

freiwillige Versteigerungen

Beglaubigung von Abschriften und Unterschriften

Bescheinigung amtlich wahrgenommener Tatsachen

Tätigkeiten des Notars

Beurkundungen von Verträgen etc.

Durchführung von Verlosungen, z. B. bei Gewinnspielen

Im Gegensatz zum Rechtsanwalt treffen den Notar andere **Pflichten:** Er ist gemäß § 14 BNotO unparteiischer Betreuer einer Partei und darf nicht die Interessen nur einer Partei vertreten. Er ist zudem nach § 18 BNotO verpflichtet, über seine Tätigkeit Stillschweigen zu bewahren. Das gilt auch für seine Mitarbeiter. Notare müssen für ihre Tätigkeit bundeseinheitliche Gebühren nach dem Gerichts- und Notarkostengesetz (GNotKG) erheben. Abweichende Kostenvereinbarungen sind verboten und unwirksam. Für Notare gilt außerdem die Dienstordnung für Notare (DONot). Ihre allgemeine Amtsführung wird von den Präsidenten des jeweiligen Landgerichts und Oberlandesgerichts beaufsichtigt. Jedoch sind Notare genau wie Richter sachlich und persönlich unabhängig und bei ihrer Amtsausführung nur dem Gesetz unterworfen.

1.5.5   Der Patentanwalt

© fotogestoeber – Fotolia.com

Der Patentanwalt ist nach der Patentanwaltsordnung (PatAnwO) ein unabhängiges Organ der Rechtspflege. Er gehört ebenfalls den freien Berufen an. Im Unterschied zum Rechtsanwalt braucht der Patentanwalt kein Jurastudium, sondern ein abgeschlossenes naturwissenschaftliches Studium und absolviert dann eine juristische Zusatzausbildung. Wenn er die Zulassungsvoraussetzung erfüllt, wird er von der Patentanwaltskammer in München vereidigt und erhält eine Zulassungsurkunde. Erst dann darf er sich Patentanwalt nennen und sich als solcher niederlassen. Seine technische Befähigung ist besonders wichtig, da er zur Ausführung seiner Tätigkeit komplexe technische Vorgänge verstehen und beurteilen muss.

Der Patentanwalt nimmt alle Tätigkeiten wahr im Zusammenhang mit der Erteilung, Erhaltung oder Anfechtung von ...	
Patenten	Patentierbar sind Erfindungen, also neue gewerblich anwendbare, nicht naheliegende Lehren zum technischen Handeln. **Beispiele:** Glühbirne, Nylonstrümpfe

Der Patentanwalt nimmt alle Tätigkeiten wahr im Zusammenhang mit der Erteilung, Erhaltung oder Anfechtung von ...	
Gebrauchs-mustern	Sie sind der „kleine Bruder des Patents" und beziehen sich auf einfache technische Erfindungen, die keine Verfahren beinhalten und schnell angemeldet werden sollen. **Beispiele:** Handyzubehör, Frisbeescheibe
Designs	Dies sind neue gewerbliche Designs (vor 2014: Geschmacksmuster), also Muster und Modelle, die neu und eigentümlich sind. **Beispiele:** Design von Kleidung oder Möbeln
Urheber-rechten	Hierdurch wird geistiges Eigentum an einem Werk geschützt. Ein solches Werk darf von Dritten nicht ohne Genehmigung des Urhebers verwendet oder vervielfältigt werden. **Beispiele:** Filme, Bücher, PC-Spiele

1.5.6 Der Steuerberater

Der Steuerberater (StB) gehört den freien Berufen an und be- rät in **steuerrechtlichen** und **betriebswirtschaftlichen** Fragen.

© DOC RABE Media – Fotolia.com

Den Beruf des Steuerberaters darf nur ausüben, wer von der zuständigen Steuerberaterkammer als Steuerberater bestellt ist. Bestellt werden kann, wer die Steuerberaterprüfung vor der Oberfinanzdirektion bestanden hat oder von dieser Prü- fung befreit worden ist. Nach § 36 StBerG wird zu der Prü- fung nur zugelassen, wer ein juristisches oder wirtschafts- wissenschaftliches Studium absolviert hat und praktische Berufserfahrung im Steuerrecht vorweisen kann. Daneben muss der Antragstel- ler persönlich geeignet sein und z. B. geordnete wirtschaftliche Verhältnisse vor- weisen. Zudem benötigt er eine Berufshaftpflichtversicherung. Sodann erfolgt die Bestellung durch Aushändigung einer Urkunde.

Neben Steuerberatern dürfen auch Rechtsanwälte und Wirtschaftsprüfer ge- schäftsmäßig Hilfeleistung in Steuersachen leisten, § 3 StBerG.

Nach § 2 StBerG hat der Steuerberater die **Aufgabe,** Hilfeleistung in Steuer- angelegenheiten auszuüben. Dazu gehört hauptsächlich die vorausschauende Beratung für eine optimale Steuergestaltung, die Erstellung von Buchführungen, Jahresabschlüssen und Steuererklärungen sowie die anschließende Überprüfung von Steuerbescheiden und in Streitfällen mit dem Finanzamt die Vertretung des Mandanten vor dem Finanzgericht.

1.5.7 Der Mediator

Die Mediation ist ein strukturiertes freiwilliges Verfahren zur konstruktiven Bei- legung eines Konfliktes. Es findet in der Regel **vor** einem Gerichtsverfahren statt, um die geschäftliche oder private Beziehung der Konfliktparteien so wenig wie möglich zu belasten. Ziel der Parteien ist es, schneller und günstiger als in einem

Gerichtsverfahren zu einer gemeinsamen Vereinbarung zu gelangen, die ihren Bedürfnissen und Interessen entspricht. Der Mediator trifft als neutraler Vermittler keine eigenen Entscheidungen bezüglich des Konflikts, sondern leitet das Verfahren. Die Mediation findet nicht öffentlich statt und ihr Inhalt ist vertraulich. Zudem gibt es keine Formvorschriften. Ein Nachteil ist jedoch, dass der erzielte Vergleich kein vollstreckbarer Titel ist.

Als Mediator können Rechtsanwälte tätig werden, die die Ausbildung zum Mediator absolviert haben. Als reine Vermittlungstätigkeit ist die Mediation jedoch keine Rechtsdienstleistung und kann auch von anderen Berufsgruppen, etwa von Psychologen oder Pädagogen mit entsprechender Ausbildung ausgeübt werden.

1.5.8 Gütestellen/Schiedsämter

Nach § 15a EGZPO können die Länder durch eigene Gesetze bestimmen, dass eine Klage erst zulässig ist, wenn bei einer Gütestelle versucht wurde, den Streit einvernehmlich beizulegen. Dies soll die Gerichte entlasten.

Dies gilt vor allem für

> vermögensrechtliche Streitigkeiten bis 750,00 Euro
> Nachbarschaftsstreitigkeiten
> Verletzungen der persönlichen Ehre, die nicht in Presse und Rundfunk begangen wurden.

Von der Möglichkeit, Gütestellen einzurichten haben einige Bundesländer Gebrauch gemacht, u.a. Bayern und Hessen. Auch in NRW gibt es Gütestellen, jedoch hat das dortige Landesgesetz die Streitwertgrenze von 750,00 Euro wieder abgeschafft. Alle Gütestellen werden von den jeweiligen Landesjustizbehörden beim Amtsgericht eingerichtet. Sie sind mit Schlichtern besetzt, die eine außergerichtliche Streitbeilegung herbeiführen sollen. Als Schlichter können z. B. Rechtsanwälte eingesetzt werden. Sie sind aus ihrer täglichen Praxis damit vertraut, komplexe Sachverhalte zu erfassen, Vergleichsvorschläge zu entwerfen und diese mit ihren rechtlichen Konsequenzen den Rechtsuchenden zu erläutern. Wird in dem Schlichtungsverfahren keine Einigung erzielt, erhält der Antragsteller eine Bescheinigung und kann daraufhin Klage erheben.

1.5.9 Berufe des gehobenen Justiz(vollzugs)dienstes

Die Berufe des gehobenen Justizdienstes bzw. des gehobenen Dienstes im Justizvollzug sind vielfältig. Sie setzen in der Regel die Fachhochschulreife, eine intensive Zusatzausbildung bzw. Berufserfahrung voraus.

Der **Diplom-Rechtspfleger (FH)** ist das bekannteste Berufsbild des gehobenen Justizdienstes und soll hier eingehender vorgestellt werden.

Rechtspfleger arbeiten bei Gerichten, Staatsanwaltschaften und Justizverwaltungen und können darüber hinaus auch an Verwaltungsfachhochschulen beschäftigt sein. In der Justizverwaltung können sie auch Führungsaufgaben übernehmen, z. B. als Geschäfts- oder Gruppenleiter.

An Gerichten nehmen die Rechtspfleger neben dem Richter Tätigkeiten der Rechtspflege wahr, die im Rechtspflegergesetz (RPflG) festgelegt sind. Die Rechtspfleger üben Tätigkeiten aus, die ihnen von den Richtern übertragen werden, §§ 3, 20 RPflG. Dabei entscheiden sie als Organ der Rechtspflege in eigener Verantwortung. Ebenso wie Richter sind sie sachlich unabhängig und in ihren Entscheidungen nicht von Weisungen eines Vorgesetzten abhängig und nur an das Gesetz gebunden. Eine Ausnahme dazu bildet die Arbeit in der Strafvollstreckung bei den Staatsanwaltschaften. Im Gegensatz zu Richtern sind Rechtspfleger aber nicht persönlich unabhängig und können beispielsweise ohne Zustimmung an ein anderes Gericht versetzt werden.

Der Rechtspfleger nimmt sowohl Aufgaben der freiwilligen als auch der streitigen Gerichtsbarkeit wahr, wobei der Schwerpunkt auf der freiwilligen Gerichtsbarkeit liegt. Die Aufgaben ergeben sich aus dem Rechtspflegergesetz.

Tätigkeitsbereiche des Rechtspflegers in der

Freiwilligen Gerichtsbarkeit

> Nachlasssachen
> Betreuungssachen
> Vormundschaftssachen
> Familiensachen
> Grundbuchsachen
> Registersachen (z. B. Handels-, Vereins- oder Güterrechtsregister)

Streitigen Gerichtsbarkeit

> Mahnverfahren
> Zwangsvollstreckung
> Zwangsversteigerung
> Zwangsverwaltung
> Insolvenzverfahren

Entscheidungen des Rechtspflegers können mit dem **Rechtsbehelf der Erinnerung** an den Richter angefochten werden, soweit kein anderes Rechtsmittel statthaft ist, § 11 Abs. 2 RPflG.

Die **Ausbildung** zum Rechtspfleger wird an Fachhochschulen für öffentliche Verwaltung und Rechtspflege der Bundesländer, an Gerichten und bei Staatsanwaltschaften durchgeführt. Der 3-jährige Vorbereitungsdienst wird von den Bundesländern angeboten und mit einer Rechtspflegerprüfung abgeschlossen.

Weitere Berufe des gehobenen Justizdienstes

Amtsanwalt

Die Laufbahn des Amtsanwalts ist eine Sonderlaufbahn innerhalb des gehobenen Justizdienstes. Sie sind bei einer Staatsanwaltschaft tätig (s. o.)

Buchhalter bei der StA

Buchhalter leisten mit ihren buchhalterischen Kenntnissen als Sachbearbeiter bei den Staatsanwaltschaften einen Beitrag zur effektiven Bekämpfung der Wirtschaftskriminalität.
Sie unterstützen die Wirtschaftsreferenten, indem sie z. B. sichergestellte Beweismittel asservieren und überwachen, Akten und Bankunterlagen auswerten, die Vollständigkeit der Buchführung anhand der Konten und Belege überprüfen. Daneben erfassen Buchhalter auch die Kosten-, Kreditoren- und Schadensaufstellungen. Vorausgesetzt wird eine abgeschlossene kaufmännische Ausbildung, vorzugsweise zum Steuerfachangestellten oder Berufserfahrung im Bereich Buchhaltung.

Bewährungshelfer

Ein Bewährungshelfer wird einem verurteilten Straftäter von Amts wegen zur Seite gestellt, wenn die Vollstreckung der Strafe zur Bewährung ausgesetzt ist oder die Person unter Führungsaufsicht steht. Der Bewährungshelfer steht helfend und betreuend zur Seite und überwacht die Einhaltung von gerichtlichen Auflagen und Weisungen. Es gibt haupt- und ehrenamtliche Bewährungshelfer. Voraussetzung für die Tätigkeit sind ein Studium der Sozialen Arbeit und die staatliche Anerkennung.

Berufe des gehobenen Dienstes im Justizvollzug

Diplom-Verwaltungswirt (FH)

Der Titel Diplom-Verwaltungswirt (FH) wird von den Fachhochschulen für öffentliche Verwaltung nach Abschluss eines dualen Studiums verliehen. Die Studenten erhalten meist Blockunterricht und arbeiten nebenbei Vollzeit in einer Behörde. Für Diplom-Verwaltungswirte gibt es verschiedene Einsatzmöglichkeiten. Sie leiten beispielsweise die Verwaltungsdienststellen in einer Justizvollzugsanstalt und sind verantwortlich für die Verwaltungen der Justizvollzugsanstalten.

Diplom-Sozialarbeiter

Diplom-Sozialarbeiter können in der Jugendgerichtshilfe, im Strafvollzug oder in der Bewährungshilfe tätig sein. Im Einzelnen wirken sie z. B. bei der Gestaltung des Vollzugs mit und beraten Straffällige während der Haft. Zudem bereiten sie Inhaftierte auf die Entlassung vor und helfen bei der Wiedereingliederung, indem sie Entlassene nach der Haft betreuen. Diplom-Sozialarbeiter benötigen die (Fach-)Hochschulreife und ein Fachhochschulstudium der sozialen Arbeit.

1.5.10 Berufe des mittleren Justizdienstes

Berufe des mittleren Justizdienstes

Der Urkundsbeamte der Geschäftsstelle (UdG)

Bei den Staatsanwaltschaften und Gerichten sind Geschäftsstellen eingerichtet, § 153 GVG, die mit Urkundsbeamten – auch Justizsekretäre genannt – besetzt sind. Urkundsbeamten gehören je nach Schwierigkeitsgrad ihrer Tätigkeit dem gehobenen, in der Regel aber dem mittleren Justizdienst an. Sie übernehmen die Aufgaben, die weder dem Richter, Staatsanwalt noch dem Rechtspfleger zugeordnet sind. Zu den Aufgaben des UdG gehören das Anlegen und Verwalten von Akten, die Abwicklung von Publikumsverkehr, die Mitwirkung in Prozessverfahren, die Ausfertigung von Urteilen und Beschlüssen und/oder die Berechnung und Einziehung von Gerichtskosten.

Entscheidungen der Urkundsbeamten können mit dem **Rechtsbehelf der Erinnerung** angefochten werden, § 573 ZPO.

Um Urkundsbeamter zu werden, ist die Ernennung zum Beamten des mittleren Justizdienstes erforderlich. Diese setzt einen 2-jährigen Vorbereitungsdienst voraus, der mit bestandener Prüfung abgeschlossen sein muss. Zum Vorbereitungsdienst wird nur zugelassen, wer eine Ausbildung zum Justizfachangestellten oder zu einem anderen geeigneten Büroberuf abgeschlossen hat. Zudem müssen Anwärter mindestens den Schulabschluss der Klasse 10 nachweisen können, eine Eignungsprüfung bestanden haben, deutsch und höchstens 35 Jahre alt sein.

Der Gerichtsvollzieher

Der Gerichtsvollzieher (GV) ist gemäß § 154 GVG ein selbstständiges Organ der Rechtspflege und wird beim Bundesgerichtshof durch den Bundesminister der Justiz und bei den Landesgerichten durch die Landesjustizverwaltung bestimmt.

Seine Hauptaufgabe ist es, Urteile und andere Vollstreckungstitel zwangsweise zu vollstrecken sowie Schriftstücke zuzustellen. Der Gerichtsvollzieher ist damit Zustellungs- und Vollzugsbeamter für einen bestimmten Bezirk. Bei den Amtsgerichten bestehen Gerichtsvollzieher-Verteilerstellen, die Vollstreckungsaufträge der Gläubiger an die Gerichtsvollzieher im jeweiligen Amtsgerichtsbezirk sammeln und diese dann dem jeweils zuständigen Gerichtsvollzieher zuweisen. Ein Gläubiger kann aber auch direkt an den zuständigen Gerichtsvollzieher herantreten. Seine Aufgaben sind gesetzlich festgelegt.

Der Beruf des Gerichtsvollziehers verlangt einen 2-jährigen Vorbereitungsdienst, der erfolgreich mit einer mündlichen und schriftlichen Prüfung abzuschließen ist. Die Zulassungsvoraussetzungen variieren in den Bundesländern. Voraussetzung ist meist, dass der Anwärter mindestens 23 und höchstens 40 bzw. 45 Jahre alt ist, wirtschaftlich in geordneten Verhältnissen lebt und der Tätigkeit körperlich gewachsen ist. Zudem muss er eine juristische oder wirtschaftliche Ausbildung absolviert und drei bis fünf Jahre in diesem Beruf gearbeitet haben. Eine spätere Beförderung zum Obergerichtsvollzieher ist möglich.

Neben der Beamtenbesoldung erhält der Gerichtsvollzieher einen Teil der eingenommenen Gebühren sowohl als Vergütung als auch als Entschädigung für die Unterhaltung eines Geschäftszimmers und die Bezahlung eigener Angestellter.

1.5.11 Berufe des einfachen Justizdienstes

Berufe des einfachen Justizdienstes

Justizfachangestellte

Justizfachangestellte nehmen büroorganisatorische und verwaltende Aufgaben bei Gerichten und Staatsanwaltschaften wahr. Sie sind überwiegend in Serviceeinheiten in den Fachgebieten Zivilprozess, Zwangsvollstreckung, Insolvenzen, Ehe- und Familiensachen, Strafprozess, Grundbuch, Nachlass, Vormundschaft und Betreuungen sowie Register tätig. Dort sind sie Ansprechpartner für ratsuchende Bürger. Zu ihren wesentlichen Aufgaben gehört das Führen von Registraturarbeiten, Dateien und Karteien, die Bearbeitung der Post, das Berechnen und Überwachen von Fristen, die Protokollerstellung und/oder das Fertigen und Beglaubigen von Schriftstücken. Eingangsvoraussetzung für diesen Ausbildungsberuf ist, je nach Bundesland, der Hauptschulabschluss oder die Fachoberschulreife. Die Ausbildung dauert in der Regel drei Jahre, ist in manchen Bundesländern aber auf zwei Jahre und sechs Monate verkürzt.

Justizwachtmeister

Justizwachtmeister sind bei Gerichten und Staatsanwaltschaften tätige Beamte des einfachen Dienstes oder mit diesen Aufgaben betraute Angestellte. Sie sind als Vollzugsdienstkräfte des Landes befugt, in Ausübung öffentlicher Gewalt im Rahmen des Gesetzes unmittelbaren Zwang auszuüben. Als Rechtsquelle dient die jeweilige Justizwachtmeisterdienstordnung der Länder. Zu ihren Aufgaben gehört der Sitzungs-, Vorführ-rungs-, Sicherheits- und Ordnungsdienst. Die Ausbildung zum Justizwachtmeister beträgt sechs Monate. Sie ist je nach Bundesland unterschiedlich geregelt. Überall umfasst sie jedoch theoretische und praktische Ausbildungsinhalte. Je nach Land wird die theoretische Ausbildung entweder an Gerichten und Staatsan-waltschaften oder an Bildungseinrichtungen der Justiz vermittelt.

1.5.12 Zusammenfassung und Aufgaben

ZUSAMMENFASSUNG

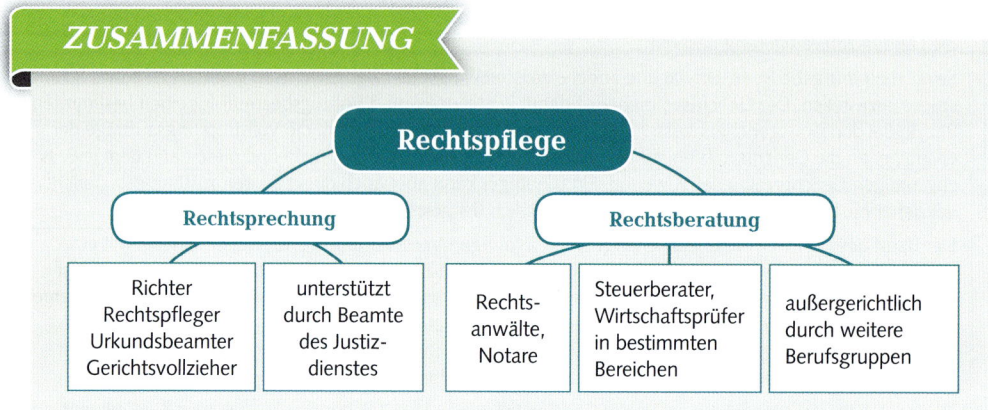

AUFGABEN

1. Um welche Person der Rechtspflege handelt es sich in den nachfolgenden Beispielen?

   a. Er berät Rechtsuchende in steuerrechtlichen und betriebswirtschaftlichen Fragen. Er hat die Befähigung zum Richteramt.

   b. Er ist als Beamter des gehobenen Dienstes in der rechtsprechenden Gewalt tätig. Sein Schwerpunkt liegt im Bereich der freiwilligen Gerichtsbarkeit. Zum Beispiel bearbeitet er Grundbuch- oder Betreuungssachen.

   c. Er hat eine Sonderlaufbahn des gehobenen Justizdienstes eingeschlagen und ist bei der Staatsanwaltschaft tätig.

d. Er übt die rechtsprechende Gewalt aus. Er ist in seinen Entscheidungen unabhängig. Bei seiner Tätigkeit ist er lediglich dem Gesetz und dem Gewissen unterworfen.

e. Er ist Zustellungs- und Vollstreckungsbeamter. Ihm obliegen insbesondere die Zwangsvollstreckung in das bewegliche Vermögen des Schuldners oder die Abnahme der Vermögensauskunft.

f. Er fertigt Urteile und Beschlüsse aus und zieht die Gerichtskosten ein. Um seinen Beruf auszuüben ist die Ernennung zum Beamten des mittleren Dienstes erforderlich.

g. Er ist befugt, Rechtsuchende in allen Rechtsangelegenheiten zu beraten. Er darf keine widerstreitenden Interessen vertreten und muss in manchen Prozessen von Gesetzes wegen hinzugezogen werden.

h. Er wird einem verurteilten Straftäter von Amts wegen zur Seite gestellt, wenn die Vollstreckung der Strafe zur Bewährung ausgesetzt ist. Er ist im gehobenen Justizdienst tätig.

i. Er hat die Befähigung zum Richteramt und vertritt im Strafprozess die Interessen des Staates. Er gehört der Anklage- und Vollstreckungsbehörde an.

j. Er soll die Gerichte entlasten und wird vor einem Gerichtsprozess tätig. Seine Arbeitsstelle ist nicht in jedem Bundesland vertreten.

2. Till Frohmann hat eine Klageschrift beim zuständigen Landgericht Duisburg eingereicht. Das Gericht schickt ihm die Klageschrift mit dem Hinweis zurück, er solle sich einen Rechtsanwalt nehmen. Till Frohmann ist empört. Begründen Sie, unter Angabe der passenden Vorschrift, ob seine Empörung berechtigt ist.

3. Begründen Sie, wodurch sich im Strafprozess die Stellung des Staatsanwalts von der des Strafrichters unterscheidet.

2. BERUF UND AUSBILDUNGSBETRIEB ALS BESTANDTEIL DER RECHTSPFLEGE PRÄSENTIEREN

2.1 Stellung und Bedeutung des Rechtsanwalts in der Rechtspflege

Bereits in Kapitel 1.5.3 wurde der Rechtsanwalt als Person der Rechtspflege ausführlich dargestellt.

◄ LF 1 | 1.5.3

Der Rechtsanwalt/Die Rechtsanwältin

Er/Sie ist unabhängiges Organ der Rechtspflege.	Er/Sie übt einen freien Beruf aus, seine/ihre Tätigkeit ist kein Gewerbe.	Das anwaltliche Berufsrecht und die wesentlichen berufsständischen Aufgaben sind in der BRAO und der BORA geregelt.	Das Ausüben der Tätigkeit unter der Berufsbezeichnung Rechtsanwalt bedarf der Zulassung durch die Rechtsanwaltskammer. Mit Erlöschen der Zulassung endet die Befugnis, die Berufsbezeichnung „Rechtsanwalt" oder „Rechtsanwältin" zu führen.	Er/Sie ist verpflichtet, im Bezirk der RAK, deren Mitglied er/sie ist, eine Kanzlei einzurichten und zu unterhalten.

© Gina Sanders – Fotolia.com

Der Rechtsanwalt hat vor der Rechtsanwaltskammer den Eid zu leisten: „Ich schwöre bei Gott dem Allmächtigen und Allwissenden, die verfassungsmäßige Ordnung zu wahren und die Pflichten eines Rechtsanwalts/einer Rechtsanwältin gewissenhaft zu erfüllen, so wahr mir Gott helfe." Die religiöse Beteuerung ist nicht zwingend erforderlich.

Die Zulassung zur Rechtsanwaltschaft wird wirksam mit der Aushändigung einer von der Rechtsanwaltskammer ausgestellten Urkunde.

EXKURS

Die Rechtsanwaltskammer (RAK)

Der Rechtsanwalt wird mit Zulassung zur Rechtsanwaltschaft Mitglied der zulassenden und für ihn damit zuständigen Rechtsanwaltskammer (RAK). Die Rechtsanwaltskammer ist eine Körperschaft des öffentlichen Rechts mit Selbstverwaltung. Die Staatsaufsicht über die Rechtsanwaltskammer führt die jeweilige Landesjustizverwaltung.

Die Rechtsanwaltskammer ist für den Bezirk des Oberlandesgerichts (OLG) gebildet. Mitglieder sind die von dieser Rechtsanwaltskammer zugelassenen oder aufgenommenen Rechtsanwälte und Rechtsanwaltsgesellschaften, die im Bezirk des Oberlandesgerichts ihren Sitz haben. Die Landesjustizverwaltung kann in dem Bezirk eines Oberlandesgerichts eine weitere Rechtsanwaltskammer errichten, wenn in dem Bezirk mehr als 500 Rechtsanwälte oder Rechtsanwaltsgesellschaften zugelassen sind.

»

Die derzeit 27 regionalen Rechtsanwaltskammer und die Rechtsanwaltskammer am Bundesgerichtshof (BGH) sind zu der Bundesrechtsanwaltskammer (BRAK) mit Sitz in Berlin zusammengeschlossen.

Die Rechtsanwaltskammer führt für den Rechtsanwalt jederzeit von ihm einsehbare Personalakten. Sie führt ein elektronisches Verzeichnis der in ihrem Bezirk zugelassenen Rechtsanwälte und gibt diese Daten in das von der Bundesrechtsanwaltskammer (BRAK) geführte Gesamtverzeichnis ein. Diese Verzeichnisse dienen der Information der Behörden, der Gerichte, der Rechtsuchenden sowie anderer am Rechtsverkehr Beteiligter. Eine Einsicht in die Verzeichnisse steht jedem unentgeltlich zu.

Bundesrechtsanwaltskammer

27 regionale Rechtsanwaltskammern

Rechtsanwaltskammer beim Bundesgerichtshof

2.1.1 Einschränkungen der anwaltschaftlichen Tätigkeit

Rechtsanwälte haben die Aufgabe, ihren Mandanten mit rechtsstaatlichen Mitteln zu ihrem Recht zu verhelfen. Jedermann kann sich beraten lassen und in jedem Verfahren vor Behörden oder Gerichten durch einen Rechtsanwalt vertreten lassen.

Voraussetzungen unter denen der Rechtsanwalt beispielsweise nicht tätig werden kann:

> Wenn er bereits in derselben Rechtssache als Richter, Schiedsrichter, Staatsanwalt, Angehöriger des öffentlichen Dienstes, Notar, Notarvertreter oder Notariatsverwalter tätig geworden ist;

> wenn er als Notar, Notarvertreter oder Notariatsverwalter eine Urkunde aufgenommen hat und deren Rechtsbestand oder Auslegung streitig ist oder die Vollstreckung aus ihr betrieben wird;

> wenn er gegen den Träger des von ihm verwalteten Vermögens vorgehen soll in Angelegenheiten, mit denen er bereits als Insolvenzverwalter, Nachlassverwalter, Testamentsvollstrecker, Betreuer oder in ähnlicher Funktion befasst war;

> wenn er in derselben Angelegenheit außerhalb seiner Anwaltstätigkeit oder einer sonstigen Tätigkeit im Sinne des § 59 a Abs. 1 Satz 1 BRAO bereits beruflich tätig war, sofern die berufliche Tätigkeit nicht inzwischen beendet ist;

> wenn er eine andere Partei in derselben Rechtssache im widerstreitenden Interesse bereits beraten oder vertreten hat oder mit dieser Rechtssache in sonstiger Weise im Sinne der §§ 45, 46 BRAO beruflich befasst war.

2.1.2 Vergütung

Der Rechtsanwalt erhält für seine Tätigkeit eine Vergütung gemäß den Bestimmungen des **Rechtsanwaltsvergütungsgesetz** (RVG). Er darf keine geringere Gebühren und Auslagen vereinbaren oder fordern als das Vergütungsgesetz vorsieht. Im Einzelfall darf besonderen Umständen, die in der Person des Auftraggebers liegen (z. B. dessen Bedürftigkeit) Rechnung getragen werden durch Ermäßigung oder Erlass von Gebühren bzw. Auslagen nach Erledigung des Auftrags. Vereinbarungen, durch die eine Vergütung oder deren Höhe vom Ausgang der Sache oder vom Erfolg der anwaltlichen Tätigkeit abhängig gemacht wird oder nach denen der Rechtsanwalt einen Teil des erstrittenen Betrages als Honorar erhält (Erfolgshonorar), sind unzulässig, soweit das RVG nichts anderes bestimmt (§ 4a RVG). Der Rechtsanwalt darf keine Gerichtskosten, Verwaltungskosten oder Kosten anderer Beteiligter tragen.

> *MERKE*
>
> Ein Erfolgshonorar liegt nicht vor, wenn lediglich vereinbart wird, dass sich die gesetzlichen Gebühren ohne weitere Bedingungen erhöhen.

EXKURS

Wenn sich die vom Rechtsanwalt zu erhebenden Gebühren nach dem Gegenstandswert richten, hat der Rechtsanwalt vor Übernahme des Auftrags hierauf hinzuweisen.

Spätestens mit Beendigung des Mandats hat der Rechtsanwalt gegenüber dem Mandanten und/oder Gebührenschuldner über Honorarvorschüsse unverzüglich abzurechnen.

2.2 Geschäftsfelder des Rechtsanwalts

Es ist vorrangig Aufgabe der Rechtsanwaltschaft, Rechtsdienstleistungen sowohl gerichtlich als auch außergerichtlich zu erbringen.

> *MERKE*
>
> Rechtsdienstleistung ist jede Tätigkeit in konkreten fremden Angelegenheiten, die eine rechtliche Prüfung des Einzelfalls erfordert.

Die **Rechtsdienstleistungen im gerichtlichen Verfahren** sind in den jeweiligen Verfahrensordnungen geregelt. Die Befugnis, **außergerichtliche Rechtsdienstleistungen** zu erbringen, ist umfassend im Rechtsdienstleistungsgesetz (RDG) festgelegt.

Rechtsdienstleistungen

| Außergerichtlich (RDG) | Gerichtlich (Verfahrensordnungen, z.B. ZPO) |

2.2.1 Das Rechtsdienstleistungsgesetz (RDG)

Der Bereich der außergerichtlichen Rechtsberatung ist in größerem Umfang für Nicht-Anwälte geöffnet worden. Das 2008 in Kraft getretene Rechtsdienstleistungsgesetz (RDG) dient dazu, die Rechtsuchenden, den Rechtsverkehr und die Rechtsordnung vor unqualifizierten Rechtsdienstleistungen zu schützen. Es regelt, wie und durch wen die selbstständige Erbringung außergerichtlicher Rechtsdienstleistungen erfolgen darf.

© Kzenon – Fotolia.com

Die selbstständige Erbringung außergerichtlicher Rechtsdienstleistungen ist nur in dem Umfang zulässig, in dem sie durch das RDG oder anderer Gesetze erlaubt wird.

◀ **LF 1** | 1.5.3

MERKE

Das RDG regelt wie und durch wen die selbstständige Erbringung außergerichtlicher Rechtsdienstleistungen erfolgen darf.

Erlaubte Rechtsdienstleistungen durch nicht registrierte Personen

| Unentgeltliche Rechtsdienstleistungen (§ 6 RDG) | Durch Berufs- und Interessenvereinigungen, Genossenschaften (§ 7 RDG) | Durch öffentliche und öffentlich anerkannte Stellen (§ 8 RDG) |

2.2.2 Berufspflichten des Rechtsanwalts

MERKE

Allgemeine Berufspflicht: Der Rechtsanwalt übt seinen Beruf frei, selbstbestimmt und unreglementiert aus, soweit Gesetz und Berufsordnung ihn nicht besonders verpflichten (§ 1 Abs. 1 BORA).

Verschwiegenheitspflicht

Recht und Pflicht zur Verschwiegenheit beziehen sich auf alles, was dem Rechts-anwalt in Ausübung seines Berufs bekannt geworden ist, und bestehen nach Beendigung des Mandats fort. Dies gilt nicht für Tatsachen, die offenkundig sind oder keiner Geheimhaltung bedürfen. Rechtsvorschriften lassen Ausnahmen von der Verschwiegenheitspflicht zu, z. B. wenn die Durchsetzung oder Abwehr von Ansprüchen aus dem Mandatsverhältnis oder die Verteidigung des Rechts-anwalts in eigener Sache die Offenbarung erfordert.

Die Verschwiegenheitspflicht obliegt auch sämtlichen Mitarbeitern des Rechts-anwalts. Er hat seine Mitarbeiter und alle sonstigen Personen, die bei seiner beruflichen Tätigkeit mitwirken, zur Verschwiegenheit ausdrücklich zu verpflich-ten und anzuhalten. Dies geschieht üblicherweise durch Unterzeichnung einer schriftlichen Verschwiegenheitsverpflichtung. Diese Verschwiegenheitspflicht wird z. B. dokumentiert durch das Zeugnis-verweigerungsrecht aus beruflichen Grün-den gemäß §§ 53 Abs. 1 Ziff. 3, 53 a StPO, §§ 383 Abs. 1 Ziff. 6, Abs. 3, 385 Abs. 2 ZPO, § 29 Abs. 2 FamFG.

© DOC RABE Media – Fotolia.com

Anlage und Verwaltung von Handakten

Durch das Anlegen von Handakten muss der Rechtsanwalt ein geordnetes Bild über die von ihm entfaltete Tätigkeit geben kön-nen.

MERKE

Handakten sind nur die Schriftstücke, die der Rechtsanwalt aus Anlass seiner beruflichen Tätigkeit von dem Auftraggeber oder für ihn erhalten hat. Hierzu zählen nicht Briefwechsel mit seinem Auftraggeber und Schriftstücke, die der Auftraggeber bereits in Urschrift oder Abschrift erhalten hat.

Die Handakte kann mittels elektronischer Datenverarbeitung geführt werden. Sie ist auf die **Dauer von 6 Jahren** nach Beendigung des Auftrags **aufzubewah-ren.** Die Frist beginnt mit Ablauf des Kalenderjahres, in dem der Auftrag been-det wurde. Wenn der Rechtsanwalt den Auftraggeber auffordert, die Handakte in Empfang zu nehmen, und er dieser Aufforderung binnen 6 Monaten nicht nachkommt, erlischt die Verpflichtung zur Aufbewahrung.

Die Herausgabe der Handakten kann vom Rechtsanwalt verweigert werden, bis er seine Gebühren und Auslagen erhalten hat. Dies gilt nicht, soweit die Vorenthaltung der Handakte oder einzelner Schriftstücke nach den Umständen unangemessen wäre.

2.2.3 Weitere Berufspflichten

Nach der BORA ergeben sich weitere Berufspflichten, z. B.:

> Zur Verwaltung von Fremdgeldern hat der Rechtsanwalt Anderkonten zu führen.

> Der Rechtsanwalt hat auf Briefbögen seine Kanzleianschrift anzugeben.

> Der Mandant ist über alle für den Fortgang der Sache wesentlichen Vorgänge und Maßnahmen unverzüglich zu unterrichten.

> Die Anfragen des Mandanten sind unverzüglich zu beantworten.

> Der Rechtsanwalt darf nicht ohne Einwilligung des Rechtsanwalts eines anderen Beteiligten mit diesem unmittelbar Verbindung aufnehmen oder verhandeln.

> Der Rechtsanwalt ist verpflichtet, bei begründetem Anlass auf die Möglichkeit von Beratungs- und Prozesskostenhilfe hinzuweisen.

> Der Rechtsanwalt darf nach Bewilligung von Prozesskostenhilfe oder bei Inanspruchnahme von Beratungshilfe von seinem Mandanten oder Dritten Zahlungen oder Leistungen nur annehmen, die freiwillig und in Kenntnis der Tatsache gegeben werden, dass der Mandant oder der Dritte zu einer solchen Leistung nicht verpflichtet ist.

> Wenn der Rechtsanwalt Originalunterlagen von Gerichten oder Behörden zur Einsichtnahme erhält, darf er sie nur an Mitarbeiter aushändigen. Diese Unterlagen sind sorgfältig zu verwahren und unverzüglich zurückzugeben. Bei deren Ablichtung oder sonstiger Vervielfältigung ist sicherzustellen, dass Unbefugte keine Kenntnis erhalten. Ablichtungen und Vervielfältigungen dürfen Mandanten überlassen werden, soweit keine Beschränkungen der die Akten aushändigenden Stelle für das Akteneinsichtsrecht bestehen.

Besonderes elektronisches Anwaltspostfach (beA)

Gemäß § 31a BRAO richtet die Bundesrechtsanwaltskammer für jedes im Gesamtverzeichnis eingetragene Mitglied einer Rechtsanwaltskammer ein besonderes elektronisches Anwaltspostfach empfangsbereit ein. Die Bundesrechtsanwaltskammer stellt sicher, dass der Zugang zu dem beA nur durch ein sicheres Verfahren mit zwei voneinander unabhängigen Sicherungsmitteln möglich ist. Somit verfügt jeder in Deutschland zugelassene Rechtsanwalt über ein beA. Seit 01. Januar 2018 ist der Inhaber des beA verpflichtet, die für dessen Nutzung erforderlichen technischen Einrichtungen vorzuhalten sowie Zustellungen und den Zugang von Mitteilungen über das beA zur Kenntnis zu nehmen. Dieses System ermöglicht eine sichere elektronische Kommunikation zwischen Rechtsanwälten und anderen Akteuren des elektronischen Rechtsverkehrs (ERV). Über das beA ist somit die Kommunikation mit angeschlossenen Gerichten möglich.

2.2.4   Zusammenfassung und Aufgaben

ZUSAMMENFASSUNG

Rechte und Pflichten des Rechtsanwalts

Rechtsanwälte dürfen generell jedermann vertreten. Unter bestimmten Voraussetzungen darf der Rechtsanwalt für eine Partei nicht tätig werden.	Die Vergütung des Rechtsanwalts bestimmt sich nach dem Rechtsanwaltsvergütungsgesetz (RVG). Die Vereinbarung eines Erfolgshonorars ist nicht zulässig.	Der Rechtsanwalt arbeitet in spezifischen Geschäftsfeldern: Er erbringt gerichtliche und außergerichtliche Rechtsdienstleistungen. › Gerichtlich: Es gilt die jeweilige Verfahrensordnung. › Außergerichtlich: Es gilt das Rechtsdienstleistungsgesetz (RDG).	Die Ausübung des Berufes ist mit besonderen Rechten und Pflichten verbunden, z. B. Verschwiegenheitspflicht, Pflicht zur Anlage von Handakten.

AUFGABEN

1. Stellen Sie dar, was die Verschwiegenheitspflicht des Rechtsanwalts und seiner Mitarbeiter bedeutet.

2. Nennen und erläutern Sie 4 Berufspflichten des Rechtsanwalts.

3. Stellen Sie den Aufbau der Rechtsanwaltskammern dar.

2.3   Berufliche Zusammenarbeit

Rechtsanwälte dürfen sich mit Mitgliedern einer Rechtsanwaltskammer und der Patentanwaltskammer, mit Steuerberatern, Steuerbevollmächtigten, Wirtschaftsprüfern und vereidigten Buchprüfern zur gemeinschaftlichen Berufsausübung im Rahmen der eigenen beruflichen Befugnisse verbinden **(Sozietät, Bürogemeinschaft).**

Gesellschaften mit beschränkter Haftung, deren Unternehmensgegenstand die Beratung und Vertretung in Rechtsangelegenheiten ist, können als **Rechtsanwaltsgesellschaften** zugelassen werden.

Eine Zusammenarbeit ist auch überregional möglich, indem mit anderen **Kanzleien kooperiert** und zusammengearbeitet wird. Dies gilt sowohl auf nationaler als auch internationaler Ebene.

© DOC RABE Media – Fotolia.com

2.4 Mitarbeiter des Rechtsanwalts

Der Rechtsanwalt kann in seiner Kanzlei Rechtsanwälte, andere Mitarbeiter und Auszubildende beschäftigen. Die Bedingungen müssen für alle Beschäftigten angemessen sein.

2.4.1 Rechtsanwaltsfachangestellte/r

Der Rechtsanwalt wird bei seiner Tätigkeit von der/dem Rechtsanwaltsfachangestellten unterstützt. Die Aufgaben sind vielschichtig, beginnen am Empfang der Kanzlei mit der ersten Kontaktaufnahme mit dem Rechtsuchenden, der weiteren Mandantenpflege, Organisation der Kanzlei, Aktenführung, Überwachung von Fristen und Terminen bis zur Abwicklung des Zahlungsverkehrs. Das Erledigen des Schriftverkehrs mit Mandanten, Behörden und Gerichten gehört neben anderen Tätigkeiten zum Kanzleialltag wie auch das Erstellen von Kostenrechnungen.

© Kzenon – Fotolia.com

2.4.2 Rechtsfachwirt/in

Ein(e) Rechtsfachwirt/Rechtsfachwirtin leitet die Kanzlei und trägt damit erheblich zur Entlastung des Rechtsanwalts bei. Rechtsfachwirte sind auch mit fachübergreifenden Aufgaben (Bearbeitung von Kostenbeschwerden oder Vollstreckungsverfahren) befasst und verantwortlich für die gesamte Büroorganisation. Rechtsanwaltsfachangestellte können sich zum durch Rechtsverordnung anerkannten Abschluss Geprüfter Rechtsfachwirt/Geprüfte Rechtsanwaltsfachwirtin fortbilden.

2.4.3   Referendar

Der Rechtsanwalt soll in angemessenem Umfang an der Ausbildung der Referendare (Vorbereitungsdienst) mitwirken und den Referendar in den Aufgaben eines Rechtsanwalts unterweisen, ihn anleiten und ihm Gelegenheit zu praktischer Arbeit geben.

2.4.4   Auszubildende/r

Der Rechtsanwalt bildet in seiner Kanzlei Auszubildende aus. Wenn der Rechtsanwalt Ausbildungsverhältnisse eingeht, hat er zu gewährleisten, dass die Tätigkeit eines Auszubildenden in der Kanzlei auf die Erreichung des Ausbildungsziels ausgerichtet ist.

2.4.5   Weitere Mitarbeiter

Darüber hinaus können in der Kanzlei Gehilfen, Praktikanten und sonstige Mitarbeiter beschäftigt sein.

2.4.6   Zusammenfassung und Aufgaben

ZUSAMMENFASSUNG

Mitarbeiter des Rechtsanwalts

Der Rechtsanwalt kann in seiner Kanzlei Rechtsanwälte beschäftigen.	Der Rechtsanwalt kann in seiner Kanzlei Rechtsanwaltsfachangestellte und Rechtsfachwirte beschäftigen.	Der Rechtsanwalt kann in seiner Kanzlei Referendare im Vorbereitungsdienst beschäftigen.	Der Rechtsanwalt kann in seiner Kanzlei Auszubildende beschäftigen.

AUFGABEN

1. Stellen Sie zwei wesentliche Aufgaben der Rechtsanwaltsfachangestellten dar.

2. Erläutern Sie, was der Rechtsanwalt bei Durchführung eines Ausbildungsverhältnisses mit einer Rechtsanwaltsfachangestellten insbesondere zu beachten hat.

2.5 Die eigene Kanzlei präsentieren, Präsentationen vorbereiten und durchführen

Arbeitsaufträge bestehen im Berufsalltag der Kanzlei oftmals in der Präsentation von Ergebnissen. Im Rahmen des Berufsschulunterrichts ist unter anderem auch der Ausbildungsbetrieb zu präsentieren.

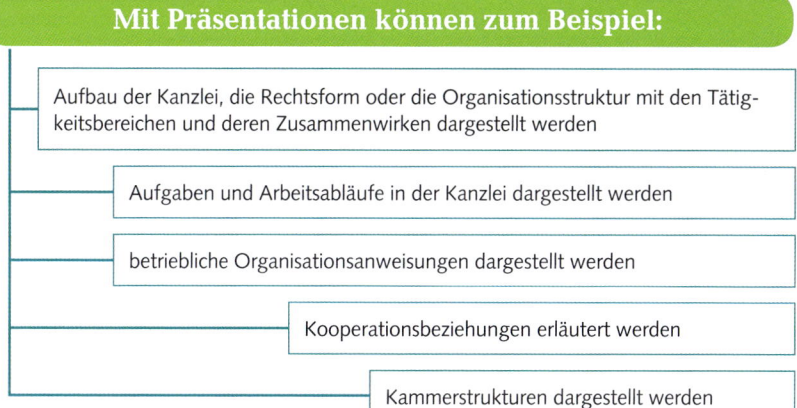

Mit Präsentationen können zum Beispiel:

- Aufbau der Kanzlei, die Rechtsform oder die Organisationsstruktur mit den Tätigkeitsbereichen und deren Zusammenwirken dargestellt werden
- Aufgaben und Arbeitsabläufe in der Kanzlei dargestellt werden
- betriebliche Organisationsanweisungen dargestellt werden
- Kooperationsbeziehungen erläutert werden
- Kammerstrukturen dargestellt werden

Je mehr Sinneskanäle beim Zuhörer einer Präsentation angesprochen werden, umso effizienter und effektiver speichert das Gedächtnis. Durch Visualisierung der Informationen können die Zuhörer die Inhalte besser aufnehmen, länger und nachhaltiger im Gedächtnis speichern und sich an die Inhalte leichter erinnern.

2.5.1 Informationen und Informationsquellen suchen und bewerten

Um den eigenen Betrieb oder die Kanzlei angemessen präsentieren zu können, müssen die hierzu erforderlichen Informationen beschafft werden. Vor Beginn der Recherche sollte überlegt werden, auf welchem Wege zeitnah und mit angemessenem Aufwand die richtigen Informationen erhalten werden sollen.

© Astock – Fotolia.com

MERKE

Die beschafften Informationen sollen auf die jeweilige Zielgruppe zugeschnitten und in angemessener Art und Weise präsentiert werden.

LERNFELD 1

2.5.2   Informationsbeschaffungsstrategie

Zunächst ist der konkrete Informationsbedarf zu bestimmen und zu überlegen, für welche Zielgruppe welche Informationen mit welcher Zielsetzung beschafft werden sollen.

Befragung anderer Personen: Ausbilder, Rechtsanwalt, Mitarbeiter

Presseberichte über den Ausbildungsbetrieb

Informationsbeschaffung zum Beispiel durch

Internet (Homepage, Fremddarstellungen)

Prospekte oder Veröffentlichungen des Ausbildungsbetriebs

Die heutige Informationsvielfalt birgt auch Gefahren; so ist

› Wichtiges von Unwichtigem zu unterscheiden,

› Aktuelles von Veraltetem zu unterscheiden,

› Glaubwürdiges von Unglaubwürdigem zu trennen.

Damit, bezogen auf den eigentlichen Informationszweck, die richtigen und geeigneten Informationen zusammengestellt werden können, ist eine selektive Informationsbeschaffungsstrategie sinnvoll. Ebenso ist zu berücksichtigen, dass an Unterlagen urheberrechtliche Ansprüche bestehen können, diese also nicht ohne weiteres übernommen werden dürfen. Gleichfalls ist der Datenschutz zu berücksichtigen.

MERKE

Planvolle Informationsbeschaffungsstrategie umfasst unter anderem:

› Festlegung der Zielgruppe

› Festlegung der Zielsetzung

› Identifikation der benötigten Informationen

› Auswahl der Informationsquellen

› Bewertung der zusammengestellten Informationen

› Auswahl der Informationen für konkrete Zielsetzungen in angemessenem Umfang

Selektive Informationsbeschaffungsstrategie

Die gesammelten Informationen werden bewertet.

Die gesammelten Informationen werden gezielt ausgewählt.

2.5.3 Elaborationsstrategie

Damit die gesammelten Informationen mit den bisherigen eigenen Erkenntnissen in einen sinnvollen Zusammenhang gebracht und für eine Präsentation aufbereitet werden können, ist eine eigenständige Bearbeitung der Informationen erforderlich (Elaborationsstrategie).

Aus den zusammengestellten Informationen werden

> **Querverbindungen** zwischen bereits vorher Bekanntem und Neuem hergestellt,
> logische **Schlussfolgerungen** gezogen,
> **Formulierungen** in eigene Worte gefasst,
> **Medien** festgelegt, mit denen die Informationen präsentiert (visualisiert) werden sollen.

Die präsentierten Informationen sollen vom Präsentierenden selbst so gut verstanden worden sein, dass er Rückfragen der Zuhörer selbstständig und sicher beantworten kann.

Die ausgewählten Informationen können dabei beispielsweise folgendermaßen umgesetzt werden:

2.5.4 Präsentationsformen

Die Präsentationsform soll geeignet sein, die Inhalte in der vorgegebenen Zeit

- sachgerecht zu vermitteln
- verständlich zu vermitteln
- anschaulich und interessant zu vermitteln

Dazu können **verschiedene Formen** zweckmäßig sein, beispielsweise Vortrag, Referat, Plakat, Broschüre, Rollenspiel.

Häufig werden auch Medien genutzt, um durch Visualisierung (z.B. Bilder, Zeichnungen, Schemata) zu einem besseren Verständnis bei den Zuhörern zu führen. Der Einsatz von Medien sollte aber sachgerecht und zielorientiert gewählt werden. Also kein Einsatz von Medien um der Medien willen.

2.5.5 Auswahl von Präsentationsmedien

Verschiedenste Medien stehen zur Verfügung, deren wichtigste nachfolgend kurz dargestellt sind. Es ist vorab zu prüfen,

> welche Medien bei der Präsentation eingesetzt werden können,
> ob sie sich für den Zuhörerkreis und die Räumlichkeiten eignen,
> ob die Größe des Zuhörerkreises den Einsatz zulässt.

Wandtafel/White Board

Die Wandtafel oder das White Board ist einfach zu handhaben und ermöglicht eine **dynamische Entwicklung von Sachverhalten.** Das Löschen und Korrigieren ist jederzeit möglich. Sie ist geeignet für farbige Darstellungen von Schrift und Skizzen. Soweit die entsprechende Technik vorhanden ist, kann auch eine fotografische Sicherung erfolgen. Die feste Montage der Tafel erfordert eine bestimmte Sitzordnung, damit die Zuhörer ausreichende Sicht haben. Durch die Gleichzeitigkeit von Tafelanschrieb und Sprechen wird die Kommunikation mit dem Publikum möglicherweise erschwert.

Flipchart

Das Flipchart ist ein Block mit Papierbögen, die zur Präsentation auf einem Ständer mit einer Klemmvorrichtung angebracht wird. Flipcharts sind einfach in der Handhabung, transportierbar und flexibel aufstellbar. Während des Vortrags können Sachzusammenhänge entwickelt und spontane Beiträge aufgenommen werden. Flipchartbögen können vorbereitet werden, Ergänzungen sind möglich, die Bögen lassen sich verwahren und bei Bedarf wieder verwenden.

Moderationswand/ Pinnwand

Die Moderationswand/Pinnwand ist in der Regel eine Stellwand. Hilfsmittel, z. B. Plakate, Karten, Wolken, Pushpins/Nadeln, Sprechblasen, können vorbereitet und genutzt werden. Ergänzungen und Änderungen sind während eines Vortrags möglich.

Overhead-/ Tageslichtprojektor

Der Overheadprojektor projiziert eine beschreibbare, transparente Folie auf eine Leinwand oder weiße Fläche. Er ist relativ einfach zu bedienen und zu transportieren, ermöglicht Blickkontakt zum Publikum und ist auch für größere Räume geeignet. Die wiederverwendbaren Folien können mittels Folienstiften oder als Kopien vorbereitet und mit Bildern und Grafiken ergänzt werden. Es sollen nur wenige gut strukturierte Informationen in hinreichend großer Schrift präsentiert werden. Während der Präsentation können zusätzliche Gedanken/Stichpunkte hinzugefügt werden.

PC/Notebook/Beamer

Präsentationen in der Kombination von PC/Notebook und Beamer haben sich etabliert. Der mit dem PC/Notebook verbundene Beamer zeigt auf der Projektionsfläche die Präsentation, die mit einer Software erstellt wurde (z. B. PowerPoint). Die Präsentationen werden in Dateien gespeichert, die verändert werden können, aktualisiert oder auf einen anderen Zuhörerkreis zugeschnitten. Die Präsentation kann mit Texten, Bildern, Grafiken, Diagrammen, Filmausschnitten, Effekten und Animationen vorgeführt werden.

Smartboards

Ein Smartboard kann als Kombination aus Beamer und Flipchart angesehen werden. Über das Smartboard können verschiedenste Präsentationen, beispielsweise PowerPoint, wiedergegeben werden.

2.5.6 Präsentationsregeln

Eine gute Präsentation

> stellt eine Kommunikation mit den Zuhörern (Zielgruppe) her
> berücksichtigt deren Interessen und Bedürfnisse
> informiert sachlich, motiviert, ist überzeugend.

Entscheidend dafür sind eine klare Struktur, ein logischer Aufbau, eine angemessene Visualisierung und der überzeugende Vortrag. Im Mittelpunkt der Präsentation sollte immer der Zuhörer stehen.

2.5.7 Aufbau und Struktur

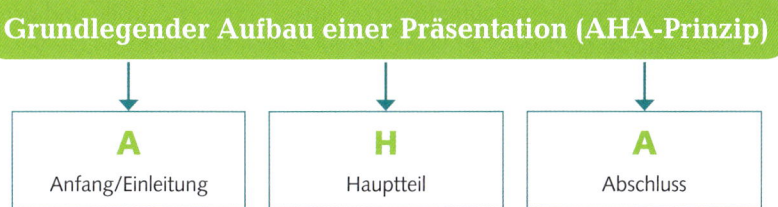

Anfang/Einleitung Wichtig ist der richtige Einstieg in die Präsentation, um Aufmerksamkeit bei den Zuhörern zu erwecken, zu motivieren, Interesse hervorzurufen und zum eigentlichen Thema der Präsentation hinzuführen. Eine positive Stimmung zu Beginn einer Präsentation schafft Akzeptanz, gibt Sicherheit, baut Lampenfieber ab und ist mitentscheidend für den Erfolg. Grundsätzlich sollte der Einstieg in eine Präsentation möglichst kurz sein, um die Spannung und Erwartungshaltung dynamisch in den Hauptteil zu überführen.

Hauptteil Im Hauptteil wird das eigentliche Präsentationsthema dargestellt. Die Inhalte sollten deutlich und nachvollziehbar mit einem logischen Aufbau gegliedert sein. Die Zuhörer müssen Ihre Kernbotschaft wahrnehmen und den roten Faden Ihrer Präsentation erkennen können. Dazu sollten folgende Hinweise beachtet werden:

> Die Gliederung sollte klar, zielführend und in sich logisch sein.
> Die Anzahl der Gliederungspunkte sollte möglichst gering und übersichtlich gehalten sein.
> Es sollten nur Informationen ausgewählt werden, die für die Zielgruppe bedeutsam sind.
> Kerninhalte sollten wiederholt und mit geeigneten Visualisierungen verstärkt werden.

> Unwichtiges sollte weggelassen werden (keine Überfrachtung mit Folien).
> Der Nutzen für die Adressaten sollte herausgestellt werden.
> Sachverhalte sollten möglichst einfach dargestellt werden (KISS = Keep It Short and Simple).
> Der Zeitrahmen sollte unbedingt eingehalten werden.

 Tipp   Der rote Faden soll stets erkennbar sein.

Schluss   Der Schlussteil rundet die Präsentation ab. Es kann sich beispielsweise anbieten, die Kernaussagen des Hauptteils kurz zusammenzufassen, es können Schlussfolgerungen gezogen werden mit Hinweisen auf offene Fragen und einem Ausblick auf konkrete Maßnahmen, die nun zu ergreifen sind. Gegebenenfalls können die Zuhörer aufgefordert werden, Fragen zu stellen und damit eine Diskussion zu eröffnen. Der Dank für die Aufmerksamkeit und die Verabschiedung gehören selbstverständlich zum Schluss der Präsentation hinzu.

- -

2.5.8 Visualisierung

© DOC RABE Media – Fotolia.com

Der Einsatz von Präsentationsprogrammen, z. B. PowerPoint, bietet eine Fülle von Möglichkeiten zur **Visualisierung mit Texten, Farben, Hervorhebungen, Grafiken, Bildern, Cliparts, Animationen, Geräuschen etc.** Vorlagen für Layouts oder Design unterstützen die Gestaltung der Präsentation. Doch mit Texten und Effekten ist sparsam umzugehen. Eine Visualisierung muss zweckgebunden sein und darf die Aufmerksamkeit des Publikums nicht ablenken.

 Tipp   Ein schlichtes, klar gestaltetes Foliendesign ist besser geeignet, den inhaltlichen Aussagen zu folgen, als ein Übermaß an visuellen Elementen.

Visualisierung ist kein Selbstzweck, entscheidend sind Lesbarkeit, Aussagekraft und Deutlichkeit der Darstellung.

Tipp

Hinweise zur Visualisierung

> Wählen Sie für alle Vorlagen ein **einheitliches Layout.**

> Schaffen Sie eine **Ordnung** durch Anordnung von zusammengehörigem (Sinnblöcke, Rahmungen, Farbunterlegungen).

> Erstellen Sie für jede Folie eine **prägnante Titelbezeichnung** als Überschrift, Unterschrift oder in der Mitte stehend.

> **Vermeiden** Sie **textlastige** Folien.

> Langweilen Sie nicht mit ständigen **Bulletpoint-Aufzählungen.**

> Wählen Sie eine einfache Schrift und lesbare Schriftgrößen.

> Nutzen Sie **einheitliche Schriftarten, -größen** und **-farben** für die jeweiligen Gliederungsebenen.

> Verwenden Sie **kontrastreiche** Farben, ohne bunt zu werden.

> Setzen Sie **Farben funktionsbezogen** ein (gleiche Farbe signalisiert gleiche Bedeutung).

> Arrangieren Sie **Text-Bild-Kombinationen.**

> Bild schlägt Wort: Gestalten Sie aussagekräftig, aber gehen Sie zweckmäßig und **sparsam mit Bildern,** Fotos, Diagrammen, Grafiken, Tabellen um.

© XtravanT – Fotolia.com

> **Überfordern** Sie die Zuhörer nicht mit visuellen Elementen.

> **Testen Sie Ihre Präsentation.**

Folie 1

Layout der Folien gestalten

ERIK HAUSER
RECHTSANWALT

- **Folienmaster: individuelle, aber einheitliche Gestaltung**
  - Menüband, Register ANSICHT ①
  - Gruppe MASTERANSICHTEN ②
  - Schaltfläche FOLIENMASTER ③

Ansicht ①

Folienmaster Handzettelmaster Notizenmaster

Masteransichten ②

Titelmasterformat durch Klicken bearbeiten

ERIK HAUSER
RECHTSANWALT

- Textmasterformat bearbeiten
  - Zweite Ebene
    - Dritte Ebene
      - Vierte Ebene
        » Fünfte Ebene

Folienmaster öffnen und alle grundlegenden Formate gestalten: Hintergrund, Schrift- und Absatzformate, Fußzeile etc.

Folie 2

Layout der Folien gestalten

§ ERIK HAUSER
RECHTSANWALT

- **Hintergrund: einfach, hell und ansprechend**
  - Befehl **HINTERGRUNDFORMATE**①
  - Farben über den Befehl **HINTERGRUND FORMATIEREN,** ② Option **FARBVERLAUF** anpassen
  - eventuell Corporate Design einbeziehen, z. B. Farben und ggf. Logo (Register **EIN-FÜGEN**, Gruppe **BILDER**)

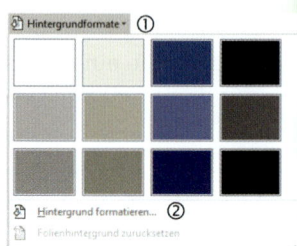

2

Folie 3

Layout der Folien gestalten

§ ERIK HAUSER
RECHTSANWALT

- **Masterformate: gleichbleibende Positionen und Größen**
  - Masterformat aktivieren: Linksklick auf Rahmen
  - Menüband, Register **ZEICHENTOOLS/FORMAT**
  - Aufgabenbereich **FORM FORMATIEREN** öffnen: Gruppe **GRÖSSE**, Startprogramm
  - Befehl **POSITION**

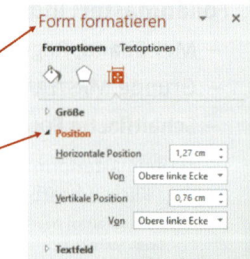

3

Layout der Folien gestalten

Folie 4

- **Schrift: einfach und lesbar**
  - Menüband, Register START
  - Gruppe SCHRIFTART

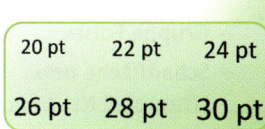

  - Schriftart
    - serifenlos, z. B.: Arial, Calibri, Tahoma
    - Groß- und Kleinbuchstaben
  - Schriftfarben und -größen
    - gezielt und sparsam
    - dunkle Schriftfarben
    - lesbare Schriftgrößen ab 20 pt

20 pt	22 pt	24 pt
26 pt	28 pt	30 pt

Layout der Folien gestalten

Folie 5

- **Absatzformate: gleichbleibend und klar gegliedert**
  - Menüband, Register START
  - Gruppe ABSATZ
  - Schaltflächen NUMMERIERUNG bzw. AUFZÄHLUNGSZEICHEN: ①
    - Format der Nummerierung bzw. des Aufzählungszeichens
  - **Startprogramm
    für das Dialogfeld ABSATZ:** ②

    - **EINZUG:** Positionen für Nummerierungen und Aufzählungen (auch: Zeilenlineal)
    - **ABSTAND VOR/ABSTAND NACH** (Absatzabstand)
    - **ZEILENABSTAND** (auch Schaltfläche ZEILENABSTAND③)

Folie 6

Inhalte einfügen und gestalten

- **Folienmaster schließen** ①
  - Menüband, Register **FOLIENMASTER**
  - Gruppe **SCHLIESSEN**
  - Schaltfläche **MASTERANSICHT SCHLIESSEN**
- **Neue Folie einfügen** ②
  - Menüband, Register **START**
  - Gruppe **FOLIEN**
  - Schaltfläche bzw.
    Listenpfeil **NEUE FOLIE**

Folie 7

Inhalte einfügen und gestalten

- **Text: Ebene der Aufzählung/Nummerierung wechseln**
  - Menüband, Register **START**
  - Gruppe **ABSATZ**
  - Schaltflächen **LISTENEBENE VERRINGERN:** ◁≡
    bzw. **LISTENEBENE ERHÖHEN:** ▷≡
- **Gestaltungselemente einfügen**
  - Menüband, Register **EINFÜGEN**
  - Gruppen **TABELLEN, BILDER, ILLUSTRATIONEN,
    LINKS, TEXT, SYMBOLE** oder **MEDIEN**

Präsentation animieren

§ ERIK HAUSER RECHTSANWALT

Folie 8

- **Folienübergang einrichten**
  - Menüband, Register **ÜBERGÄNGE**
  - Gruppe **ÜBERGANG ZU DIESER FOLIE**
  - ⇨ Überschriften nicht zusätzlich animieren
- **Animationen hinzufügen**
  - gut durchdenken
  - sinnvoll und ruhig animieren
  - Register **ANIMATIONEN**
  - Gruppe **ANIMATION** bzw.
    Schaltfläche **ANIMATION HINZUFÜGEN**

Merke!

Weniger ist mehr. Animieren Sie Gleichartiges gleich. Dadurch wirkt die Bildschirmpräsentation ruhig und gleichmäßig. Sie und der Inhalt Ihres Vortrages bleiben der Mittelpunkt Ihrer Präsentation.

8

2.5.9 Erstellung eines Handouts zur Präsentation

Zur Vorbereitung eines Vortrags gehört es in der Regel auch, ein Handout (Handreichung, Handzettel, Tischvorlage) mit einem systematischen Überblick über die Inhalte der Präsentation zu erstellen. Es gibt keine allgemein gültigen Regeln, wann das Handout ausgeteilt wird, sondern dies ist anhand der jeweiligen Präsentation zu entscheiden. Ein gutes Handout ist keine bloße Wiederholung des Vortrags, sondern eine knappe Zusammenfassung der Präsentation. Es sind deshalb nur die zentralen Leitgedanken, Informationen und Zusammenhänge, die für das Verständnis Ihres Themas wichtig sind, darzustellen. Es versteht sich von selbst, dass der Umfang des Handouts möglichst knapp zu halten ist.

Inhalt	Optik	Sonstiges
› Überladen Sie das Handout nicht mit Informationen. › Vermeiden Sie lange Sätze. › Bilden Sie Themenblöcke, die Sie optisch voneinander abgrenzen.	› Achten Sie auf eine gute Qualität von Fotos, Screen-shots, Scans. › Fügen Sie bei mehreren Seiten Seitenzahlen ein.	› Wie soll das Handout unter den Zuhörern verteilt werden?

2.5.10 Vortrag

Die beste Visualisierung ist ohne einen gelungenen Vortrag nicht allzu viel wert. Visualisierung und Vortrag müssen zueinander passen und die Zielgruppe adressatengerecht ansprechen. So wird der Vortrag unterschiedlich ausfallen, ob ein Fachpublikum anwesend ist oder Zuhörer ohne besondere Fachkenntnisse. Wer

© Jenner – Fotolia.com

mit Vorträgen nicht vertraut ist, ist häufig nervös. Ungeübte haben oftmals die Befürchtung, den Text ihres Vortrags zu vergessen, sich zu verhaspeln, beim Publikum nicht anzukommen. Intensive Vorbereitung, präzise Planung und mehrmaliges Üben sind deshalb für ein sicheres Auftreten hilfreich. Neben einer ansprechenden sprachlichen Vortragstechnik sind auch das Outfit und die Körpersprache als Ausdruck der eigenen Selbstsicherheit für den Erfolg maßgeblich entscheidend.

Tipp

Die folgenden Empfehlungen sind Anregungen für die Gestaltung eines guten Vortrags:

› Bereiten Sie Ihren Vortrag mit einem **Manuskript** vor (z. B. Stichworte auf Karteikarten).

› Halten Sie Kontakt zum Publikum **(Blickkontakt).** Reden Sie nicht zur Leinwand, zum Laptop oder zum Manuskript.

› Lernen Sie die ersten 2 bis 3 Sätze auswendig.

› Sprechen Sie möglichst frei, langsam und deutlich und machen Sie Pausen.

› Vermeiden Sie lange Sätze und Füllwörter wie „äähm, hm".

› Tragen Sie akzentuiert vor (keine monotone Sprechweise).

› Achten Sie auf Ihre Körperhaltung, zappeln Sie nicht und vermeiden Sie übertriebene Gesten.

› Vermeiden Sie es, Inhalte der Folien vorzulesen.

› Verdecken Sie nicht die Projektionsfläche.

› Halten Sie die Zeitvorgaben ein.

2.5.11 Bewertung von Präsentationen

Präsentationen werden durch die Zuhörer immer bewertet (bewusst oder unbewusst). Eine erste, spontane Bewertung geschieht quasi automatisch nach Beendigung des Vortrags. Der Präsentierende gewinnt zwar einen eigenen Eindruck von seiner Präsentation, es macht aber Sinn, sie nicht nur intuitiv, sondern ausdrücklich zu evaluieren. So lässt sich erfahren, wie die Zielgruppe die Präsentation wahrgenommen hat, worin die Stärken der Präsentation lagen, aber auch, welchen Verbesserungsbedarf die Zuhörer sehen.

© Rido – Fotolia.com

Längerfristiges Ziel ist es, Selbst- und Fremdbild abzugleichen und allmählich immer sicherer darin zu werden, schon beim Erstellen der Präsentation die wahrscheinliche Reaktion der Zuhörer vorwegnehmen und berücksichtigen zu können.

LERNFELD 1

2.5.12 Bewertungsmethoden

Um Präsentationen zu bewerten, gibt es unterschiedliche Evaluationsinstrumente. Das für eine bestimmte Präsentation geeignete ist situativ zu bestimmen. Eine Evaluation kann mündlich oder schriftlich erfolgen.

Für eine schriftliche Evaluation eignen sich beispielsweise folgende Vorgehensweisen:

Kartenabfrage

Jeder Zuhörer erhält zwei Karteikarten, eine für positive Eindrücke, die andere für negative Eindrücke. Auf jeder Karte wird nur ein Aspekt notiert. Die Zuhörer konzentrieren sich somit auf wesentliche Kritik und Anmerkungen.

© sunnychicka – Fotolia.com

Bewertungsbogen

Ein Bewertungsbogen gibt einen differenzierten Einblick in die Stärken und Schwächen einer Präsentation. Er kann unterschiedlich angelegt sein und zum Beispiel offene Fragen, Ergänzungsfragen oder Ankreuzfragen enthalten. Drei wesentliche Bereiche können abgefragt werden:

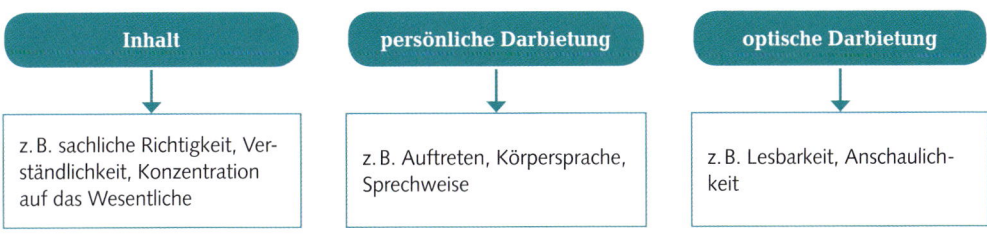

Inhalt	persönliche Darbietung	optische Darbietung
z. B. sachliche Richtigkeit, Verständlichkeit, Konzentration auf das Wesentliche	z. B. Auftreten, Körpersprache, Sprechweise	z. B. Lesbarkeit, Anschaulichkeit

Sinnvollerweise werden bei der Festlegung der Kriterien eine auf die eigenen Bedürfnisse zugeschnittene Auswahl getroffen, Schwerpunkte gesetzt und die Gewichtung festgelegt. Bei der Festlegung der Skala wird häufig eine an Schulnoten angelegte Einteilung von 1 (sehr gut) bis 6 (ungenügend) verwendet. Denkbar ist auch eine einfache Einteilung, beispielsweise in „trifft zu – trifft teilweise zu – trifft nicht zu".

Blitzlicht

Für eine spontane, ausschließlich mündliche Evaluation bietet sich das Blitzlicht an. Jeder Zuhörer gibt in einem oder höchstens zwei Sätzen eine Antwort auf eine zuvor festgelegte Frage. Diese könnte beispielsweise lauten: „Was hat Ihnen an der Präsentation besonders gut gefallen?". Kennzeichen dieser Methode sind, dass die Äußerungen nicht kommentiert oder diskutiert und auch nicht weiterverarbeitet werden, sondern als Momentaufnahme stehen bleiben.

- -

2.5.13 Bewertungsregeln

Eine ehrliche Rückmeldung durch die Zuhörer ist notwendig. Gleichwohl fühlen sich diejenigen, die evaluiert werden, häufig unwohl in ihrer Rolle, weil sie herabwürdigende Kritik befürchten, die sie als verletzend empfinden. Um das möglichst auszuschließen, sollten in der Gruppe vorab Regeln für das Feedback vereinbart werden.

Feedback geben

Jeder Vortrag hat Stärken. Diese Stärken benennen zu müssen hat gleich mehrere positive Wirkungen: Die Zuhörer konzentrieren sich nicht ausschließlich auf die Schwächen des Vortrags, sondern sind gezwungen, gut Gelungenes aktiv wahrzunehmen. Zusätzlich erfährt der Feedback-Nehmer eine Würdigung seiner Leistungen. Sich anerkannt zu fühlen, schafft Sicherheit. Ohne diese Grundlage wird man wenig Offenheit für negative Kritik erwarten dürfen.

Stellen Sie in der Gruppe klar, dass der Sprecher seine individuelle Sicht der Dinge wiedergibt. Dazu eignen sich insbesondere Ich-Botschaften, zum Beispiel: „Ich fand…; Mir hat gefallen…; Aus meiner Sicht…; Ich hätte gerne noch mehr erfahren über…"

Seien Sie bei Ihrer Bewertung ehrlich, aber nicht verletzend, und bleiben Sie sachlich.

Das entsprechende Motto könnte lauten: „Ich meine was ich sage. Aber ich muss nicht alles sagen, was ich meine." Jede Präsentation und jeder, der präsentiert, hat Schwächen. Jede Person reagiert auf negative Kritik anders, oftmals empfindlich. Dieses Dilemma lässt sich am ehesten lösen, indem man ausdrücklich eine Sache und nicht die Person kritisiert. Das Feedback sollte konstruktiv sein und im besten Falle Verbesserungsvorschläge mitliefern.

Feedback annehmen

Man erhält selbst ein Gefühl dafür, wie die Präsentation angekommen ist, oft bereits während des Vortrags. Ein Feedback kann dennoch hilfreich sein, weil die eigene Reflexion in einigen Punkten vielleicht zu kritisch oder auch zu unkritisch ausfällt.

Wer ein Feedback einholt, sollte wissen wollen, wie er von anderen wahrgenommen wird. Wenn nicht klar wird, was der andere mit seinen Aussagen meint, können durchaus Nachfragen hilfreich sein. Ziel eines Feedbacks ist es nicht, im Nachhinein die Wahrnehmung der Zuhörer durch Rechtfertigungsversuche des eigenen Verhaltens verändern zu wollen. Ein gelungenes Feedback wird viele Facetten für Optimierungsmöglichkeiten eröffnen. Zu entscheiden ist dann, welche der kritisierten Aspekte zukünftig verbessert werden sollen. Dabei wird man sich

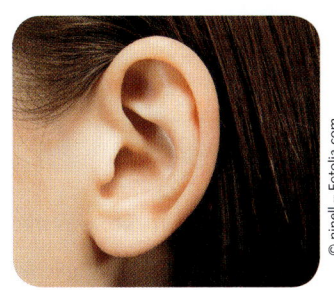
© ninell – Fotolia.com

> **MERKE**
> Der eigene Eindruck (die Selbstevaluation) ist wichtig, und die Eindrücke der Zuhörer (Fremdevaluation) ernst zu nehmen, kann uns nur bereichern!

beispielsweise daran orientieren, wie häufig ein bestimmter Aspekt angesprochen oder kritisiert wurde, welche Wichtigkeit man selbst dieser Kritik zuschreibt und nicht zuletzt, wie man die Chance einschätzt, tatsächlich etwas verändern zu wollen und zu können.

> **MERKE**
> Ein Feedback ist ein Angebot, etwas darüber zu erfahren, inwieweit man seine Zielgruppe erreicht hat. Also nichts anderes als eine Chance dazuzulernen.

2.5.14 Zusammenfassung und Aufgaben

ZUSAMMENFASSUNG

Präsentation				
Für eine Präsentation müssen Informationen und Informationsquellen gesucht und bewertet werden.	Der konkrete Informationsbedarf ist in Abhängigkeit von der Zielgruppe der Präsentation zu bestimmen.	Die Informationen sind mit eigenen Erkenntnissen in einen sinnvollen Zusammenhang zu bringen und für die Präsentation aufzubereiten.	Für die Präsentation ist eine geeignete Präsentationsform zu wählen und die Präsentationsmedien zu bestimmen.	Das Feedback rundet eine Präsentation ab.

AUFGABEN

1. Erläutern Sie, was man unter der Elaborationsstrategie versteht.

2. Nennen Sie Möglichkeiten, wie Informationen für eine Präsentation beschafft werden können.

3. Erläutern Sie, was für die Auswahl von Präsentationsmedien wichtig ist.

4. Erläutern Sie, weshalb ein Feedback für eine Präsentation wichtig ist.

3. BERUFSBILDUNG, ARBEITS-, SOZIAL- UND TARIFRECHT

3.1 Berufsausbildung im dualen System

© Jenner – Fotolia.com

Die Wirtschaftsordnung der Bundesrepublik Deutschland gibt jedem die Handhabe, frei über seine Berufsausbildung und Berufstätigkeit zu entscheiden. Die Berufsausbildung stellt somit eine Grundlage für die Qualifizierung am Arbeitsmarkt dar und gibt die Möglichkeit, persönliche Perspektiven für die eigene berufliche Tätigkeit und das spätere Leben zu entwickeln. **Betriebliche** und **schulische Ausbildung** sollen auf berufliche und gesellschaftliche Aufgaben vorbereiten.

§ 1 Abs. 3 BBiG

Die Berufsausbildung hat die für die Ausübung einer qualifizierten beruflichen Tätigkeit in einer sich wandelnden Arbeitswelt notwendigen beruflichen Fertigkeiten, Kenntnisse und Fähigkeiten (berufliche Handlungsfähigkeit) in einem geordneten Ausbildungsgang zu vermitteln. Sie hat ferner den Erwerb der erforderlichen Berufserfahrungen zu ermöglichen.

Die Berufsausbildung für die Rechtsanwaltsfachangestellten, Notarfachangestellten, Rechtsanwalts- und Notarfachangestellten sowie Patentanwaltsfachangestellte erfolgt im System der **dualen Berufsausbildung,** also beim Rechtsanwalt, beim Notar oder Patentanwalt und in der Berufsschule.

MERKE

Die parallele Ausbildung in Betrieb und Berufsschule stellt das System der dualen Berufsausbildung dar.

LERNFELD 1

§ 2 Abs. 1 BBiG   **Berufsbildung wird durchgeführt**

1. in Betrieben der Wirtschaft, in vergleichbaren Einrichtungen außerhalb der Wirtschaft, insbesondere des öffentlichen Dienstes, der Angehörigen freier Berufe und in Haushalten (betriebliche Berufsbildung),

2. in berufsbildenden Schulen (schulische Berufsbildung) und

3. in sonstigen Berufsausbildungseinrichtungen außerhalb der schulischen und betrieblichen Berufsbildung (außerbetriebliche Berufsbildung).

3.1.1   Schulische Berufsbildung

Die schulische Berufsbildung findet in der **Berufsschule** statt, der die Aufgabe zukommt, im Rahmen der Berufsausbildung vor allem fachtheoretische Kenntnisse zu vermitteln und die allgemeine Bildung zu vertiefen und zu erweitern (z. B. § 10 Abs. 1 SchulG Bad.-Württ.). Der durch die Konferenz der Kultusminister der Länder beschlossene, mit der korrespondierenden Ausbildungsordnung abgestimmte **Rahmenlehrplan** ist Grundlage des berufsbezogenen Unterrichts. Die Berufsschule ist **eigenständiger Lernort,** der als **gleichberechtigter Partner** mit den anderen an der Berufsausbildung Beteiligten zusammenarbeitet und die Aufgabe hat, den Schülern berufsbezogene und berufsübergreifende Handlungskompetenz zu vermitteln. Damit werden die Schüler zur Erfüllung der spezifischen Aufgaben im Beruf sowie zur Mitgestaltung der Arbeitswelt und der Gesellschaft in sozialer, ökonomischer und ökologischer Verantwortung, insbesondere vor dem Hintergrund sich wandelnder Anforderungen, befähigt.

MERKE

Handlungskompetenz wird verstanden als die Bereitschaft und Befähigung des Einzelnen, sich in beruflichen, gesellschaftlichen und privaten Situationen sachgerecht durchdacht sowie individuell und sozial verantwortlich zu verhalten.

Berufliche Handlungskompetenz

Fachkompetenz

Bereitschaft und Fähigkeit, auf der Grundlage fachlichen Wissens und Könnens Aufgaben und Probleme zielorientiert, sachgerecht, methoden-geleitet und selbstständig zu lösen und das Ergebnis zu beurteilen.

Beispiele:
Fachwissen, Fachsprache, PC-Kenntnisse …

Sozialkompetenz

Bereitschaft und Fähigkeit, soziale Beziehungen zu leben und zu gestalten, Zuwendungen und Spannungen zu erfassen, zu verstehen sowie sich mit anderen rational und verantwortungsbewusst auseinanderzusetzen und zu verständigen. Hierzu gehört auch die Entwicklung sozialer Verantwortung und Solidarität.

Beispiele:
Teamfähigkeit, Kooperationsbereitschaft, Fairness, Kritikfähigkeit …

Selbstkompetenz

Bereitschaft und Fähigkeit, als individuelle Persönlichkeit die Entwicklungschancen, Anforderungen und Einschränkungen in Familie, Beruf und öffentlichem Leben zu klären, zu durchdenken und zu beurteilen, eigene Begabung zu entfalten sowie Lebenspläne zu fassen und fortzuentwickeln. Zu ihr gehören auch die Entwicklung durchdachter Wertvorstellungen und die selbstbestimmte Bindung an Werte.

Beispiele:
Zuverlässigkeit, Verantwortungsbewusstsein, Sorgfalt, Einsatzfreude, Pflichtbewusstsein …

Methodenkompetenz, kommunikative Kompetenz und Lernkompetenz sind immanenter Bestandteil der drei Dimensionen.

Methodenkompetenz

z. B. Arbeitstechniken, Entscheidungen treffen, Informationen verarbeiten

kommunikative Kompetenz

z. B. Wahrnehmungsfähigkeit, Umgang mit Meinungsverschiedenheiten

Lernkompetenz

z. B. Entwicklung von Lerntechniken und Lernstrategien, lebenslanges Lernen

EXKURS

Schulgesetze sind Gesetze der Länder. In den einzelnen Bundesländern gibt es deshalb Unterschiede im Hinblick auf Schulsystem und Organisation.

3.1.2 Aufgaben der Fachangestellten im Bereich der Rechtspflege

Zu den Aufgaben der Fachangestellten zählen:
> rechtsanwendende Aufgaben,
> organisatorische Aufgaben,
> kaufmännische Aufgaben,
> Vorbereiten von Schriftsätzen und Akten,
> Planen und Überwachen von Terminen,
> Berechnung von Fristen und Gebühren,
> Erfassen komplexer rechtlicher Zusammenhänge und mit Rechtsvorschriften sicher umgehen,
> Überblicken des Geschäfts- und Arbeitsprozesses und die Auswirkungen ihrer Tätigkeit auch unter wirtschaftlichen Aspekten zu beurteilen.

Sorgfalt, Verschwiegenheit und Verantwortungsbewusstsein sind wichtige Grundlagen für die Ausübung des Berufs. Die Fachangestellten sind in der Lage, die genannten Aufgaben dienstleistungs- und auftraggeberorientiert auszuführen. Im Rahmen der Kommunikation entwickeln sie Empathie und Toleranz sowie Verständnis für soziokulturelle Unterschiede.

3.1.3 Betriebliche Berufsbildung

In den einzelnen Ausbildungsberufen unterscheidet sich die Bezeichnung der Arbeitsstätten, weshalb von der Ausbildung im Betrieb gesprochen wird – gemeint ist also die Ausbildung beim Rechtsanwalt, Notar, Patentanwalt. Gesetzliche Grundlage für die betriebliche Ausbildung bildet das BBiG als Bundesgesetz, sodass alle Ausbildungsbetriebe in staatlich anerkannten Ausbildungsberufen an diese Bestimmungen gebunden sind.

Die **Berufsausbildung** bezweckt folglich die **fachliche Spezialisierung** in theoretischen und praktischen Anforderungen des jeweiligen Berufsfelds; sie hat in einem **geordneten Ausbildungsgang** (entsprechend der jeweiligen Ausbildungsordnung) zu erfolgen. Praktische Berufserfahrungen werden ermöglicht durch schrittweise Einbeziehung des Auszubildenden in den Arbeitsprozess.

> **MERKE**
>
> Die Ausbildung im Betrieb erfolgt auf Grundlage der jeweiligen berufsspezifischen Ausbildungsordnung.

§ 4 Abs. 1 BBiG
Als Grundlage für eine geordnete und einheitliche Berufsausbildung kann das Bundesministerium für Wirtschaft und Energie oder das sonst zuständige Fachministerium im Einvernehmen mit dem Bundesministerium für Bildung und Forschung durch Rechtsverordnung, die nicht der Zustimmung des Bundesrates bedarf, Ausbildungsberufe staatlich anerkennen und hierfür Ausbildungsordnungen nach § 5 erlassen.

LERNFELD 1

| Erlass der Rechtsverordnung (Ausbildungsordnung) | → | Der Ausbildungsberuf wird staatlich anerkannt. |

Damit wird für den Ausbildungsberuf Rechtssicherheit geschaffen, indem ein anerkannter Berufsabschluss erworben wird und die Ausbildung nach der spezifischen Ausbildungsordnung gestaltet werden muss. Die Ausbildung erfolgt für einen bestimmten Beruf somit nach einheitlichen Kriterien und mit Mindestinhalten.

© Nazzalbe – Fotolia.com

Tipp   Das Bundesinstitut für Berufliche Bildung führt ein öffentliches Verzeichnis anerkannter Ausbildungsberufe.

3.1.4   Der anerkannte Ausbildungsberuf

Mit Erlass der Ausbildungsordnung ist ein bestimmter Ausbildungsberuf staatlich anerkannt.

Für einen anerkannten Ausbildungsberuf…

| ...darf nur nach der Ausbildungsordnung ausgebildet werden (§ 4 Abs. 2 BBiG). | ...dürfen Jugendliche unter 18 Jahren ausgebildet werden (§ 4 Abs. 3 BBiG). |

Die Verordnung über die Berufsausbildungen

> zum Rechtsanwaltsfachangestellten und zur Rechtsanwaltsfachangestellten,
> zum Notarfachangestellten und zur Notarfachangestellten,
> zum Rechtsanwalts- und Notarfachangestellten und zur Rechtsanwalts- und Notarfachangestellten sowie
> zum Patentanwaltsfachangestellten und zur Patentanwaltsfachangestellten

(ReNoPat-Ausbildungsverordnung – ReNoPatAusbV) in der aktuellen Fassung vom 29. August 2014 bildet damit die Grundlage für diese Berufsausbildungen.

Die **Ausbildungsordnung** legt demnach für den jeweiligen Beruf folgende Inhalte fest:

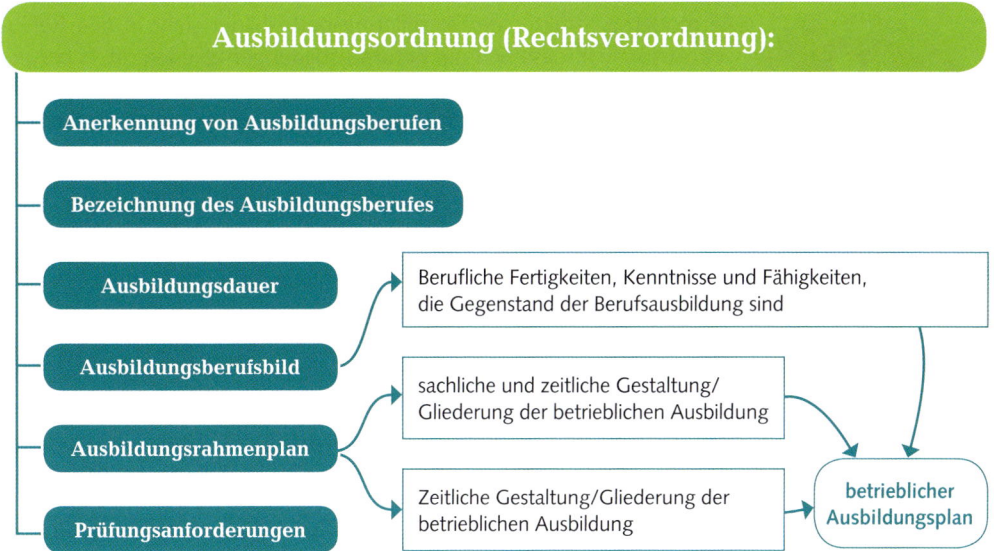

- -

3.1.5   Der Ausbildungsrahmenplan und der Ausbildungsplan

Die ReNoPatAusbV enthält als Anlage den Ausbildungsrahmenplan (ARP). Die darin genannten Fertigkeiten, Kenntnisse und Fähigkeiten (berufliche Handlungsfähigkeit) sind Gegenstand der Berufsausbildung. Der ARP nennt damit die Mindestinhalte der Ausbildung, sodass weitere Inhalte vermittelt werden können, z. B. betriebsspezifische Besonderheiten. Eine vom ARP abweichende Organisation der Berufsausbildung ist zulässig, wenn betriebspraktische Besonderheiten die Abweichung erfordern.

© vege – Fotolia.com

Der Ausbildende (der Betrieb) hat unter Zugrundelegung des ARP für den Auszubildenden einen (individuellen und betriebsbezogenen) Ausbildungsplan zu erstellen (§ 5 Abs. 2 ReNoPatAusbV).

§ 3 ReNoPatAusbV

LERNFELD 1

3.1.6   Das Ausbildungsberufsbild

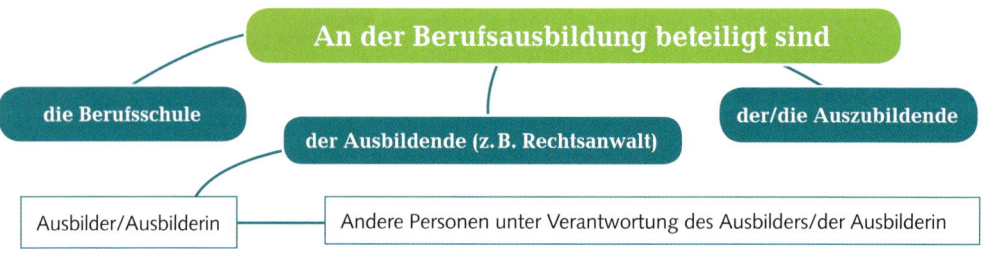

Die moderne Struktur der Ausbildungsberufsbilder sieht in § 4 ReNo-PatAusbV vor, dass sich die Berufsausbildungen gliedern in 1. berufsübergreifende berufsprofilgebende Fertigkeiten, Kenntnisse und Fähigkeiten, 2. weitere berufsprofilgebende Fertigkeiten, Kenntnisse und Fähigkeiten des jeweiligen Ausbildungsberufes sowie 3. berufsübergreifende integrative Fertigkeiten, Kenntnisse und Fähigkeiten.

Die berufsübergreifenden berufsprofilgebenden Fertigkeiten, Kenntnisse und Fähigkeiten sind in Abs. 2 gelistet.

Weitere berufsprofilgebende Fertigkeiten, Kenntnisse und Fähigkeiten im Ausbildungsberuf Rechtsanwaltsfachangestellter und Rechtsanwaltsfachangestellte sind in Abs. 3 aufgeführt. In Abs. 4 sind weitere berufsprofilgebende Fertigkeiten, Kenntnisse und Fähigkeiten im Ausbildungsberuf Notarfachangestellter und Notarfachangestellte und in Abs. 5 weitere berufsprofilgebende Fertigkeiten, Kenntnisse und Fähigkeiten im Ausbildungsberuf Rechtsanwalts- und Notarfachangestellter und Rechtsanwalts- und Notarfachangestellte aufgeführt. Abs. 6 listet weitere berufsprofilgebende Fertigkeiten, Kenntnisse und Fähigkeiten im Ausbildungsberuf Patentanwaltsfachangestellter und Patentanwaltsfachangestellte.

Die berufsübergreifenden integrativen Fertigkeiten, Kenntnisse und Fähigkeiten sind in Abs. 7 genannt.

3.1.7   Die Beteiligten der Berufsausbildung

An der Berufsausbildung beteiligt sind

- die Berufsschule
- der Ausbildende (z. B. Rechtsanwalt)
- der/die Auszubildende

Ausbilder/Ausbilderin —— Andere Personen unter Verantwortung des Ausbilders/der Ausbilderin

Der **Betrieb** wird als Ausbildender bezeichnet (§ 10 Abs. 1 BBiG). Ausbildender können ein Betriebsinhaber (natürliche Person), eine juristische Person (zum Beispiel GmbH) oder die Gesellschafter einer Personengesellschaft sein. Wird die Ausbildung bei einem Rechtsanwalt durchgeführt, ist er Ausbildender. Die betriebliche Ausbildung findet vorrangig beim Rechtsanwalt, beim Notar oder Patentanwalt statt.

Auszubildende sind zur Berufsausbildung eingestellte Personen. Zwischen dem Ausbildenden und dem Auszubildenden wird ein Berufsausbildungsvertrag geschlossen (§ 10 Abs. 1 BBiG).

Ausbilder/Ausbilderin ist die im Betrieb für die Vermittlung der Ausbildungsinhalte unmittelbar verantwortliche Person. Ausbilder kann der ausbildende Rechtsanwalt selbst sein oder ein von ihm ausdrücklich beauftragter Ausbilder (§ 14 Abs. 1 Ziff. 2 BBiG).

Bei der Berufsausbildung können noch weitere Personen mitwirken, wenn sie die erforderlichen Fertigkeiten, Kenntnisse und Fähigkeiten für die ihnen übertragenen Teilbereiche der Ausbildungsinhalte besitzen. Verantwortlich bleibt aber der Ausbilder.

Nur wenn der Betrieb geeignet ist, darf ausgebildet werden (§ 27 BBiG).

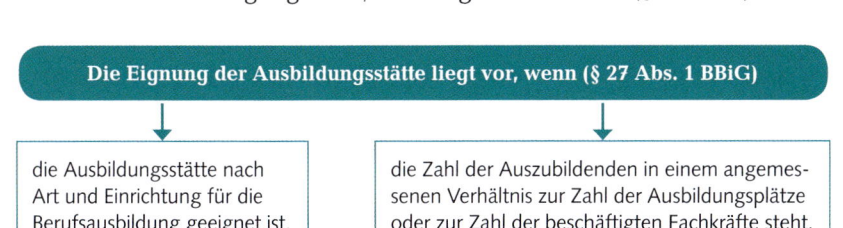

§ 27 (1) BBiG

Der **Ausbildende** muss persönlich geeignet sein, wenn er Auszubildende einstellen will (§ 28 Abs. 1 BBiG). Die persönliche Eignung fehlt insbesondere bei demjenigen der (§ 29 BBiG)

› Kinder und Jugendliche nicht beschäftigen darf (§ 25 JArbSchG),

› wiederholt oder schwer gegen das BBiG oder die aufgrund des BBiG erlassenen Vorschriften und Bestimmungen verstoßen hat.

Bei juristischen Personen ist die persönliche Eignung der vertretungsberechtigten natürlichen Person maßgeblich.

Der **Ausbilder/die Ausbilderin** muss persönlich und fachlich geeignet sein (§ 28 Abs. 1 BBiG). Die fachliche Eignung besitzt, wer die beruflichen sowie die berufs- und arbeitspädagogischen Fertigkeiten, Kenntnisse und Fähigkeiten besitzt, die für die Vermittlung der Ausbildungsinhalte erforderlich sind (§ 30 Abs. 1 BBiG).

Andere Mitarbeiter des Betriebs, die den Ausbilder bei Durchführung der Ausbildung in Teilbereichen unterstützen, müssen persönlich geeignet sein und für die Vermittlung von Ausbildungsinhalten (in diesen Teilbereichen) erforderliche berufliche Fertigkeiten, Kenntnisse und Fähigkeiten besitzen (§ 28 Abs. 3 BBiG).

- -

3.1.8 Überwachung der Eignung zur Ausbildung, zuständige Stelle

§ 71 Abs. 4 BBiG Für die Berufsbildung der Fachangestellten im Bereich der Rechtspflege sind jeweils für ihren Bereich die Rechtsanwalts-, Patentanwalts- und Notarkammern und für ihren Tätigkeitsbereich die Notarkassen zuständige Stelle im Sinne dieses Gesetzes.

Gemäß dem BBiG hat die zuständige Stelle darüber zu wachen, dass die Eignung der Ausbildungsstätte sowie die persönliche und fachliche Eignung des Ausbildenden und des Ausbilders vorliegen. Wer zuständige Stelle ist, hängt vom jeweiligen Ausbildungsberuf ab.

Die **zuständige Stelle** hat verschiedene **Aufgaben,** z. B.:

> Entscheidung über Abkürzung und/oder Verlängerung der Ausbildungszeit (§ 8 BBiG),

> Überwachung der Eignung der Ausbildungsstätte (§ 32 Abs.1 BBiG),

> Überwachung der persönlichen und fachlichen Eignung von Ausbildenden und Ausbildern (§ 32 Abs. 1 BBiG),

> Führen des Verzeichnisses der Berufsausbildungsverhältnisse für anerkannte Ausbildungsberufe (§ 34 Abs. 1 BBiG),

> Abnahme der Zwischenprüfung und Abschlussprüfung (§§ 39 Abs. 1, 48 Abs. 1 BBiG),

> Entscheidung über die Zulassung zur Abschlussprüfung (§ 46 Abs. 1 BBiG),

> Erlass einer Prüfungsordnung für die Abschlussprüfung als Satzung § 47 Abs. 1 BBiG).

- -

3.1.9   Zusammenarbeit der Beteiligten, Auslandsaufenthalt, Ausbildungsmaßnahme außerhalb der Ausbildungsstätte

§ 2 Abs. 2 BBiG

Berufsschule und Betrieb sind zur **Kooperation** verpflichtet, die Ausbildungen sind also aufeinander abzustimmen (§ 2 Abs. 2 BBiG).

Teile der Berufsausbildung können im **Ausland** durchgeführt werden, wenn dies dem Ausbildungsziel dient. Ihre Gesamtdauer soll ein Viertel der in der Ausbildungsordnung festgelegten Ausbildungsdauer nicht überschreiten (§ 2 Abs. 3 BBiG).

Wenn in einer Ausbildungsstätte die gemäß der Ausbildungsordnung erforderlichen beruflichen Fertigkeiten, Kenntnisse und Fähigkeiten nicht in vollem Umfang vermittelt werden können, können diese Ausbildungsmaßnahmen auch außerhalb der Ausbildungsstätte vermittelt werden (z. B. **überbetriebliche Ausbildung).** Ebenso können mehrere natürliche oder juristische Personen in einem Ausbildungsverbund zusammenwirken **(Verbundausbildung).**

- -

3.1.10 Zusammenfassung und Aufgaben

ZUSAMMENFASSUNG

Berufsausbildung im dualen System

Duale Ausbildung bedeutet Ausbildung im Betrieb und in der Berufsschule.	Gesetzliche Bestimmungen für die Berufsschule enthalten die Gesetze der einzelnen Länder.	Fachangestellte im Bereich der Rechtspflege haben wesentliche Aufgaben in der Kanzlei.	Das BBiG bildet die gesetzliche Grundlage für die Ausbildung im Betrieb/ beim Ausbildenden.	Ein Ausbildungsberuf wird durch eine Rechtsverordnung staatlich anerkannt.

Die ReNoPatAusbV ist Grundlage für die Ausbildung der Fachangestellten der Rechtspflege.	Der Ausbildungsrahmenplan benennt die zu vermittelnden Fertigkeiten, Kenntnisse und Fähigkeiten.	Die Kammer überwacht als zuständige Stelle die Eignung des Ausbildenden und der Ausbilder.

Der Ausbildende muss persönlich geeignet sein; der Ausbilder muss persönlich und fachlich geeignet sein.	Die Ausbildungsstätte muss geeignet sein.

LERNFELD 1

AUFGABEN

1. Beschreiben Sie anhand der ReNoPatAusbV, welche Fertigkeiten, Kenntnisse und Fähigkeiten Inhalt der Berufsausbildung sind.

2. Erläutern Sie, ob bei der Ausbildung zum Rechtsanwaltsfachangestellten ein schriftlicher Ausbildungsnachweis geführt werden muss.

3. Ihr Ausbildungsbetrieb hat eine Kooperation mit einer ausländischen Rechtsanwaltskanzlei. Erläutern Sie, ob Sie einen Anspruch haben, einen Teil Ihrer Ausbildung in dieser ausländischen Rechtsanwaltskanzlei durchzuführen.

3.2   Der Berufsausbildungsvertrag

§ 10 Abs. 1 BBiG

Die rechtliche Grundlage für das zwischen Ausbildendem und Auszubildendem bestehende privatrechtliche Rechtsverhältnis ist der Berufsausbildungsvertrag (§ 10 Abs. 1 BBiG).

Ausbildungsvertrag

Vereinbarung zwischen

Auszubildenden ← → Ausbildenden

zuständigen Stellen

Das Ausbildungsverhältnis untersteht grundsätzlich den für das Arbeitsverhältnis geltenden Bestimmungen, sodass der Auszubildende gleich einem Arbeitnehmer geschützt wird. Weil der Ausbildungszweck im Vordergrund steht und die Arbeitsleistung des Auszubildenden von nachgeordneter Bedeutung ist, wird das Ausbildungsverhältnis einem Arbeitsverhältnis aber nicht gleichgestellt.

- -

3.2.1   Abschluss des Berufsausbildungsvertrages

§ 11 Abs. 1 BBiG

Für den Abschluss des nicht formgebundenen Berufsausbildungsvertrages gelten die allgemeinen Bestimmungen zum Vertragsschluss (Angebot und Annahme). Bei Minderjährigen sind die Bestimmungen zur beschränkten Geschäftsfähigkeit zu beachten (Einwilligung des gesetzlichen Vertreters). Der Ausbildende muss gemäß § 11 Abs. 1 BBiG unverzüglich nach Abschluss

© seen – Fotolia.com

des Berufsausbildungsvertrages, spätestens vor Beginn der Berufsausbildung den **wesentlichen Inhalt des Vertrags schriftlich niederlegen** (darin ist aber keine Formvorschrift zu sehen).

Die vom Ausbildenden zu fertigende Niederschrift des Berufsausbildungsvertrages ist zu unterzeichnen

| vom Ausbildenden | vom Auszubildenden | bei Minderjährigkeit des Auszubildenden von dessen gesetzlichen Vertretern |

Eine Ausfertigung der unterzeichneten Niederschrift des Berufsausbildungsvertrages ist den Auszubildenden und deren gesetzlichen Vertretern unverzüglich auszuhändigen. Das Gleiche gilt bei Änderungen des Berufsausbildungsvertrages.

- -

3.2.2 Inhalt des Berufsausbildungsvertrages

Berufsausbildungsvertrag

- Vordruck der Kammern
- Individuell formulierter Vertrag

© fotodo – Fotolia.com

Nach § 11 BBiG muss der Ausbildungsvertrag u. a. folgende Mindestanforderungen enthalten:

Mindestanforderungen	Erläuterung
Art, sachliche und zeitliche Gliederung sowie Ziel der Berufsausbildung	z. B. Ausbildungsberuf, Fachrichtung, Hinweise auf Ausbildungsordnung und Ausbildungsplan
Beginn und Dauer der Berufsausbildung	Dauer gemäß Ausbildungsordnung unter Berücksichtigung von Anerkennung und Verkürzung
Ausbildungsmaßnahmen außerhalb der Ausbildungsstätte	z. B. außerbetriebliche Maßnahmen wie Seminare, Lehrgänge und Schulungen
Dauer der regelmäßigen täglichen Ausbildungszeit	Regelungen durch Arbeitsrecht, Tarifverträge und Jugendarbeitsschutzgesetz
Dauer der Probezeit	Probezeit mindestens 1 Monat bis maximal 4 Monate
Zahlung und Höhe der Vergütung	Regelung durch tarifliche und gesetzliche Bestimmungen (z. B. Tarifvertrag)
Dauer des Urlaubs	Regelung durch tarifliche und gesetzliche Bestimmungen (z. B. JArbSchG)
Kündigungsvoraussetzungen	Bedingungen für eine Kündigung während und nach der Probezeit
Hinweise auf die Tarifverträge, Betriebs- oder Dienstvereinbarungen	Hinweise auf branchen- und betriebsspezifische Vereinbarungen
Die Form des Ausbildungsnachweises	Berichtsheft

LERNFELD 1

Enthält der Berufsausbildungsvertrag Bestimmungen, die gegen zwingende gesetzliche oder tarifvertragliche Regelungen verstoßen, können diese nichtig sein.

§ 12 BBiG

Nichtig sind gemäß § 12 BBiG insbesondere:

> wenn Auszubildende für die Zeit nach Beendigung des Berufsausbildungsverhältnisses in der Ausübung ihrer beruflichen Tätigkeit beschränkt werden – dies gilt nicht, wenn sich Auszubildende innerhalb der letzten 6 Monate des Berufsausbildungsverhältnisses dazu verpflichten, nach dessen Beendigung mit den Ausbildenden ein Arbeitsverhältnis einzugehen;

> Vereinbarungen über die Verpflichtung Auszubildender, für die Berufsausbildung eine Entschädigung zu zahlen;

> Vertragsstrafen;

> Ausschluss oder Beschränkung von Schadenersatzansprüchen;

> Festsetzung der Höhe eines Schadenersatzes in Pauschbeträgen.

Zugunsten des Auszubildenden kann von gesetzlichen oder tarifvertraglichen Bestimmungen abgewichen werden.

- -

3.2.3   Dauer und Beendigung des Berufsausbildungsvertrages

Der Berufsausbildungsvertrag ist dem Grunde nach ein **befristeter Vertrag.** Er beginnt mit dem individuell vereinbarten Ausbildungsbeginn und endet mit Ablauf der Ausbildungszeit (§ 21 Abs. 1 BBiG). Die Dauer der Ausbildungszeit ergibt sich aus der jeweiligen AusbildungsO, gemäß § 2 ReNoPatAusbV drei Jahre.

§ 21 Abs. 1 BBiG

§ 2 ReNoPatAusbV

Eine berufliche Vorbildung kann auf die Ausbildungszeit angerechnet werden, wenn eine dementsprechende Rechtsverordnung im jeweiligen Bundesland besteht und Auszubildender und Ausbildender dies gemeinsam bei der zuständigen Stelle (Kammer) beantragen.

Abkürzung und Verlängerung der Ausbildungszeit

Auf gemeinsamen Antrag der Auszubildenden und Ausbildenden hat die zuständige Stelle die Ausbildungszeit zu kürzen, wenn zu erwarten ist, dass das Ausbildungsziel in der gekürzten Zeit erreicht wird (§ 8 Abs. 1 BBiG).	In Ausnahmefällen kann die zuständige Stelle auf Antrag Auszubildender die Ausbildungszeit verlängern, wenn die Verlängerung erforderlich ist, um das Ausbildungsziel zu erreichen. Vor der Entscheidung sind die Ausbildenden zu hören (§ 8 Abs. 2 BBiG).

§ 20 BBiG

Das Berufsausbildungsverhältnis beginnt mit der **Probezeit** (mindestens 1 Monat und höchstens 4 Monate); eine **Kündigung** ist während der Probezeit ohne Einhalten einer Kündigungsfrist möglich.

Wenn Auszubildende vor Ablauf der Ausbildungszeit die Abschlussprüfung bestehen, endet das Berufsausbildungsverhältnis mit Bekanntgabe des Ergebnisses durch den Prüfungsausschuss.

EXKURS

Die Berufsausbildung beinhaltet auch die Abschlussprüfung, die im Falle des Nichtbestehens zweimal wiederholt werden kann (§ 37 Abs. 1 BBiG). Der Prüfling erhält ein Zeugnis durch die zuständige Stelle. Die Ausbildungsordnung ist zu Grunde zu legen. Für die Abnahme der Abschlussprüfung wird durch die zuständige Stelle ein aus mindestens 3 Mitgliedern bestehender Prüfungsausschuss errichtet.

Zur Abschlussprüfung ist zuzulassen

> wer die Ausbildungszeit zurückgelegt hat oder wessen Ausbildungszeit nicht später als 2 Monate nach dem Prüfungstermin endet,

> wer an vorgeschriebenen Zwischenprüfungen teilgenommen sowie einen vom Ausbilder und Auszubildenden abgezeichneten Ausbildungsnachweis nach § 13 Satz 2 Nr. 7 vorgelegt hat und

> wessen Berufsausbildungsverhältnis in das Verzeichnis der Berufsausbildungsverhältnisse eingetragen oder aus einem Grund nicht eingetragen ist, den weder die Auszubildenden noch deren gesetzliche Vertreter oder Vertreterinnen zu vertreten haben.

Wenn die Leistungen dies rechtfertigen, können Auszubildende nach Anhörung der Ausbildenden und der Berufsschule vor Ablauf ihrer Ausbildungszeit zur Abschlussprüfung zugelassen werden (§ 45 Abs. 1 BBiG). Sämtliche Ausbildungsabschnitte müssen dann in der verkürzten Zeit durchlaufen und alle Fertigkeiten, Kenntnisse und Fähigkeiten vermittelt werden.

LERNFELD 1

Bestehen Auszubildende die **Abschlussprüfung nicht,** verlängert sich das Berufsausbildungsverhältnis auf ihr Verlangen bis zur nächstmöglichen Wiederholungsprüfung, höchstens um ein Jahr.

© forkART Photography – Fotolia.com

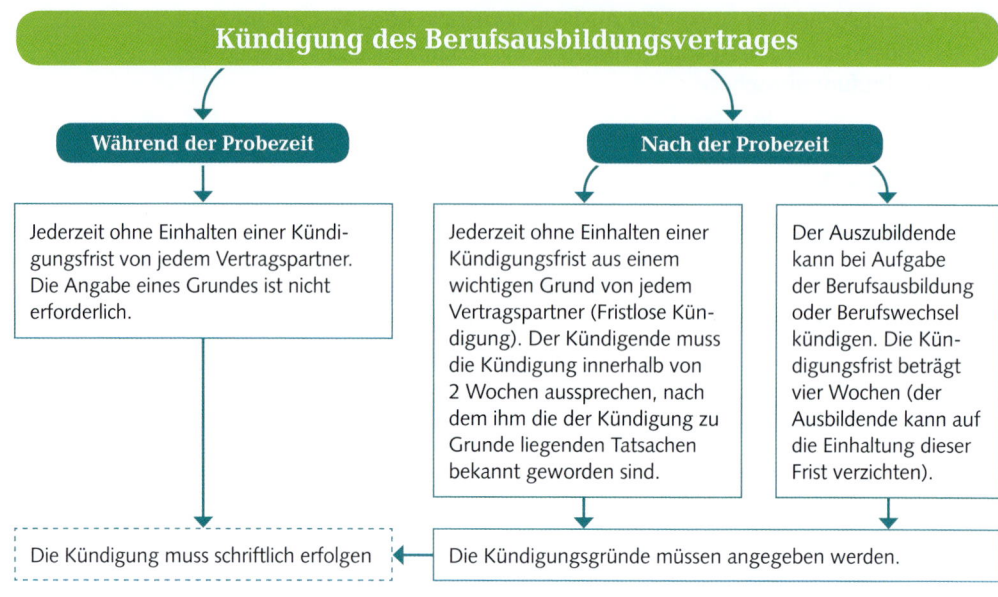

Werden Auszubildende im Anschluss an das Berufsausbildungsverhältnis weiter beschäftigt, ohne dass hierüber ausdrücklich etwas vereinbart worden ist, so gilt ein Arbeitsverhältnis auf unbestimmte Zeit als begründet (§ 24 BBiG).

§ 24 BBiG

3.2.4   Pflichten der Auszubildenden und des Ausbildenden

Aus dem BBiG ergeben sich Rechte und Pflichten für die Vertragspartner. Wichtig sind vor allem folgende Regelungen:

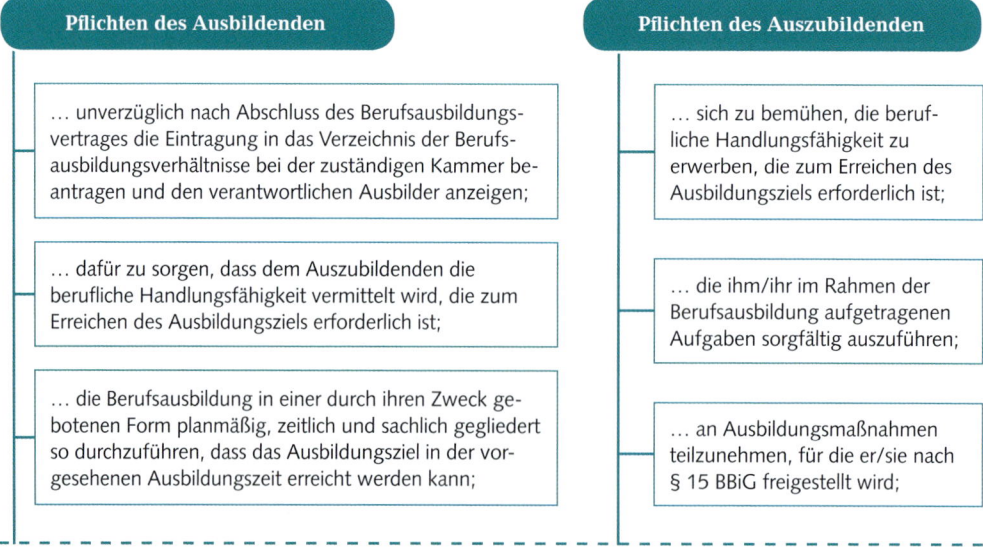

… selbst auszubilden oder einen Ausbilder/eine Ausbilderin ausdrücklich damit zu beauftragen;

… Auszubildenden kostenlos die Ausbildungsmittel zur Verfügung zu stellen, die zur Berufsausbildung und zum Ablegen von Zwischen- und Abschlussprüfungen, auch soweit solche nach Beendigung des Berufsausbildungsverhältnisses stattfinden, erforderlich sind;

… Auszubildende zum Besuch der Berufsschule anzuhalten;

… Auszubildende zum Führen der Ausbildungsnachweise nach § 13 Satz 2 Nr.7 anzuhalten und diese regelmäßig durchzusehen. Den Auszubildenden ist Gelegenheit zu geben, den Ausbildungsnachweis am Arbeitsplatz zu führen.

… dafür zu sorgen, dass Auszubildende charakterlich gefördert sowie sittlich und körperlich nicht gefährdet werden;

… Auszubildenden nur Aufgaben zu übertragen, die dem Ausbildungszweck dienen und ihren körperlichen Kräften angemessen sind;

… Auszubildende für die Teilnahme am Berufsschulunterricht und an Prüfungen sowie Ausbildungsmaßnahmen außerhalb der Ausbildungsstätte freizustellen;

… Auszubildenden bei Beendigung des Berufsausbildungsverhältnisses ein schriftliches Zeugnis auszustellen;

… Auszubildenden eine angemessene Vergütung zu gewähren.

… den Weisungen zu folgen, die ihm/ihr im Rahmen der Berufsausbildung vom Ausbildenden, vom Ausbilder oder von anderen weisungsberechtigten Personen erteilt werden;

… die für die Ausbildungsstätte geltende Ordnung zu beachten;

… Werkzeug, Maschinen und sonstige Einrichtungen pfleglich zu behandeln (hierzu gehören auch Büromaschinen und sonstiges Inventar der Ausbildungsstätte);

… über Betriebs- und Geschäftsgeheimnisse Stillschweigen zu wahren (für die Berufsausbildung im Bereich der Rechtspflege kommt die besondere Verschwiegenheitspflicht hinzu);

… einen schriftlichen oder elektronischen Ausbildungsnachweis zu führen.

Darüber hinaus besteht für Auszubildende ein **gesetzliches Wettbewerbsverbot** analog einem Arbeitnehmer (§ 60 HGB).

Entsprechend den Schulgesetzen muss der Ausbildende den Auszubildenden bei der zuständigen Berufsschule anmelden. Während des Bestehens des Berufsausbildungsverhältnisses ist der Ausbildende verpflichtet, den Auszubildenden rechtzeitig zur Zwischen- und Abschlussprüfung anzumelden.

© Marco Herrndorff – Fotolia.com

Weitere Verpflichtungen können sich unter anderem aus gesetzlichen Bestimmungen, dem individuellen Berufsausbildungsvertrag oder einem anzuwendenden Tarifvertrag ergeben.

3.2.5 Vergütungsanspruch

Auszubildende haben Anspruch auf eine angemessene Vergütung, die nach deren Lebensalter so zu bemessen ist, dass sie mit fortschreitender Berufsausbildung, mindestens jährlich ansteigt (§ 17 Abs. 1 BBiG). Die Vergütung wird frei vereinbart, richtet sich oft aber nach tariflichen Regelungen oder Empfehlungen der Kammer.

Eine über die vereinbarte regelmäßige tägliche Ausbildungszeit hinausgehende Beschäftigung des Auszubildenden ist besonders zu vergüten oder durch entsprechende Freizeit auszugleichen.

§ 19 BBiG

Die Vergütung für den laufenden Kalendermonat ist spätestens am letzten Arbeitstag des Monats zu bezahlen. Auszubildenden ist die Vergütung auch zu zahlen (§ 19 BBiG),

› für die Zeit der Freistellung (Berufsschulunterricht, Prüfungen, Ausbildungsmaßnahmen außerhalb der Ausbildungsstätte),

› bis zur Dauer von 6 Wochen, wenn sie sich für die Berufsausbildung bereithalten, diese aber ausfällt oder aus einem sonstigen, in ihrer Person liegenden Grund unverschuldet verhindert sind, ihre Pflichten aus dem Berufsausbildungsverhältnis zu erfüllen,

› im Falle krankheitsbedingter Arbeitsunfähigkeit für die Dauer von bis zu 6 Wochen und wenn die Arbeitszeit infolge eines gesetzlichen Feiertages ausfällt (§§ 1, 2, 3 EFZG).

3.2.6 Zusammenfassung und Aufgaben

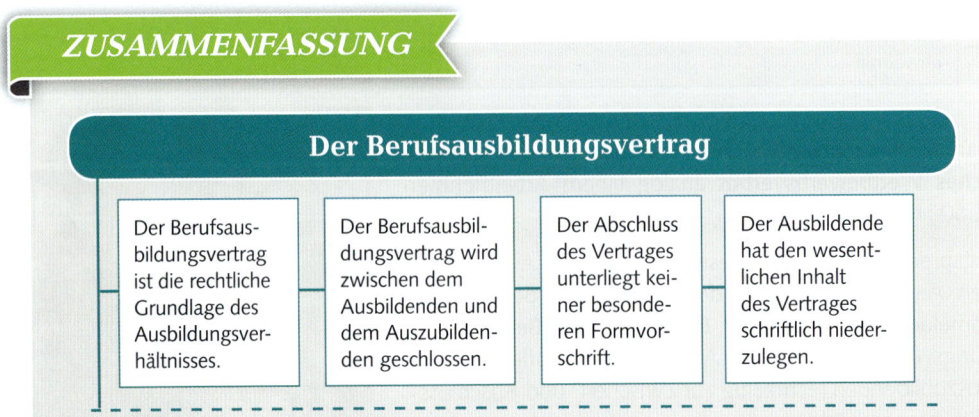

ZUSAMMENFASSUNG

Der Berufsausbildungsvertrag

Der Berufsausbildungsvertrag ist die rechtliche Grundlage des Ausbildungsverhältnisses.	Der Berufsausbildungsvertrag wird zwischen dem Ausbildenden und dem Auszubildenden geschlossen.	Der Abschluss des Vertrages unterliegt keiner besonderen Formvorschrift.	Der Ausbildende hat den wesentlichen Inhalt des Vertrages schriftlich niederzulegen.

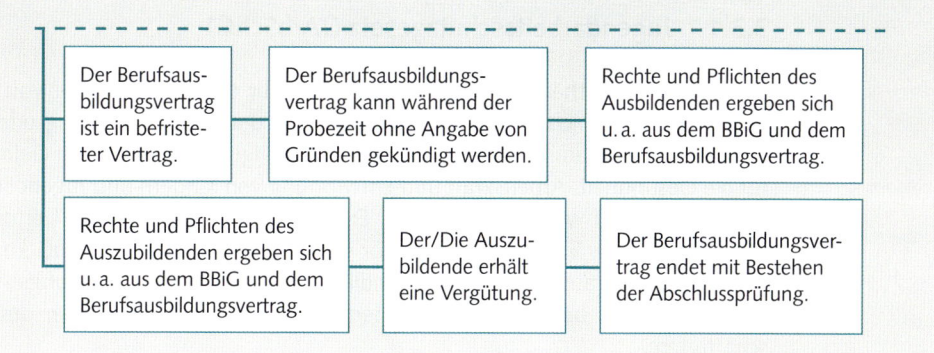

Der Berufsaus- bildungsvertrag ist ein befriste- ter Vertrag.	Der Berufsausbildungs- vertrag kann während der Probezeit ohne Angabe von Gründen gekündigt werden.	Rechte und Pflichten des Ausbildenden ergeben sich u. a. aus dem BBiG und dem Berufsausbildungsvertrag.
Rechte und Pflichten des Auszubildenden ergeben sich u. a. aus dem BBiG und dem Berufsausbildungsvertrag.	Der/Die Auszu- bildende erhält eine Vergütung.	Der Berufsausbildungsver- trag endet mit Bestehen der Abschlussprüfung.

AUFGABEN

1. Erläutern Sie, ob der Berufsausbildungsvertrag nur dann wirksam ist, wenn er schriftlich abgeschlossen wird.

2. Beschreiben Sie, welcher Zweck mit der Abschlussprüfung verfolgt wird.

3.3 Anwendung arbeitsrechtlicher Vorschriften

Gemäß § 10 Abs. 2 BBiG sind auf den Be- rufsausbildungsvertrag, soweit sich aus sei- nem Wesen und Zweck und aus den BBiG nichts anderes ergibt, die für den Arbeits- vertrag geltenden Rechtsvorschriften und Rechtsgrundsätze anzuwenden. Hierzu ge- hören beispielsweise das Allgemeine Gleich- behandlungsgesetz (AGG), Arbeitsschutz- gesetz (ArbSchG), Betriebsverfassungsgesetz (BetrVG), Bürgerliche Gesetzbuch (BGB), EU-DSGVO, Bundesdatenschutzgesetz (BDSG), Bundeselterngeld- und Elternzeitge-  setz (BEEG), Entgeltfortzahlungsgesetz (EFZG). Es können hier nicht sämtliche arbeitsrechtliche Vorschriften erläutert werden, weshalb nur einige dargestellt werden sollen.

© rcx – Fotolia.com

3.3.1 Jugendarbeitsschutzgesetz (JArbSchG)

Das JArbSchG enthält besondere Vorschriften für die Beschäftigung von Personen, die noch nicht 18 Jahre alt sind (z. B. in der Berufsausbildung oder als Arbeitnehmer). Damit soll den von einer Beschäftigung ausgehenden Gefahren für die Gesundheit, Arbeitskraft und Entwicklung von Kindern und Jugendlichen entgegengewirkt werden und die zur Entwicklung der Persönlichkeit erforderliche Freizeit gewährleistet bleiben. Für die Anwendung des JArbSchG kommt es also nicht darauf an, ob der Jugendliche in einem Berufsausbildungs- oder Arbeitsverhältnis beschäftigt ist, sondern ausschließlich auf das Alter des Beschäftigten.

Kind, Jugendlicher gemäß dem JArbSchG (§ 2)

- **Kind ist, wer noch nicht 15 Jahre alt ist.**
- **Jugendlicher ist, wer 15, aber noch nicht 18 Jahre alt ist.**
- **Auf Jugendliche, die der Vollzeitschulpflicht unterliegen, finden die für Kinder geltenden Vorschriften Anwendung.**

Die Beschäftigung von Kindern ist grundsätzlich verboten (§ 5 Abs. 1 JArbSchG). Das Gesetz bestimmt Ausnahmen, z. B. dürfen Kinder im Rahmen des Betriebspraktikums während der Vollzeitschulpflicht oder wenn sie der Vollzeitschulpflicht nicht mehr unterliegen in einem Berufsausbildungsverhältnis beschäftigt werden.

Das JArbSchG enthält besondere Regelungen für jugendliche Arbeitnehmer, beispielsweise:

§ 4 JArbSchG	**Arbeitszeit**	Tägliche Arbeitszeit ist die Zeit vom Beginn bis zum Ende der täglichen Beschäftigung ohne Ruhepausen. Bei Beschäftigung von mehreren Arbeitgebern werden die Arbeitszeiten und Arbeitstage zusammengerechnet.
§ 8 JArbSchG	**Dauer der Arbeitszeit**	Jugendliche dürfen nicht mehr als 8 Stunden täglich und nicht mehr als 40 Stunden wöchentlich beschäftigt werden.
		Wenn an einzelnen Werktagen nicht gearbeitet wird, damit die Beschäftigten eine längere zusammenhängende Freizeit haben, darf die ausfallende Arbeitszeit auf die Werktage von 5 zusammenhängenden Wochen verteilt werden (durchschnittliche Wochenarbeitszeit dieser 5 Wochen maximal 40 Stunden, tägliche Arbeitszeit höchstens achteinhalb Stunden). Wenn an einzelnen Werktagen die Arbeitszeit auf weniger als 8 Stunden verkürzt ist, können Jugendliche an den übrigen Werktagen derselben Woche 8,5 Stunden beschäftigt werden.
§ 9 JArbSchG	**Berufsschule**	Der Arbeitgeber hat den Jugendlichen für die Teilnahme am Berufsschulunterricht freizustellen. Er darf Jugendliche nicht beschäftigen
		› vor einem vor 9:00 Uhr beginnenden Unterricht; dies gilt auch für Personen, die über 18 Jahre alt und noch berufsschulpflichtig sind,

	› an einem Berufsschultag mit mehr als 5 Unterrichtsstunden von mindestens je 45 Minuten, einmal in der Woche, › in Berufsschulwochen mit einem planmäßigen Blockunterricht von mindestens 25 Stunden an mindestens 5 Tagen; zusätzliche betriebliche Ausbildungsveranstaltungen bis zu 2 Stunden wöchentlich sind zulässig. Der Besuch der Berufsschule wird auf die Arbeitszeit gemäß Abs. 2 angerechnet; ein Entgeltausfall darf durch den Besuch der Berufsschule nicht eintreten.	
Prüfungen, außerbetriebliche Ausbildungsmaßnahmen	Der Arbeitgeber hat den Jugendlichen für die Teilnahme an Prüfungen und außerbetrieblichen Ausbildungsmaßnahmen freizustellen. Eine Freistellung hat auch an dem Arbeitstag, der der schriftlichen Abschlussprüfung unmittelbar vorangeht, zu erfolgen. Ein Entgeltausfall darf nicht eintreten.	*§ 10 JArbSchG*
Ruhepausen, Aufenthaltsräume	Jugendlichen müssen im Voraus feststehende Ruhepausen von angemessener Dauer gewährt werden. Die Ruhepausen müssen mindestens betragen › 30 Minuten bei einer Arbeitszeit von mehr als 4,5 bis zu 6 Stunden, › 60 Minuten bei einer Arbeitszeit von mehr als 6 Stunden. Als Ruhepause gilt nur eine Arbeitsunterbrechung von mindestens 15 Minuten. Die Ruhepausen müssen in angemessener zeitlicher Lage gewährt werden, frühestens 1 Stunde nach Beginn und spätestens 1 Stunde vor Ende der Arbeitszeit. Länger als viereinhalb Stunden hintereinander dürfen Jugendliche nicht ohne Ruhepause beschäftigt werden. Der Aufenthalt während der Ruhepausen in Arbeitsräumen darf den Jugendlichen nur gestattet werden, wenn die Arbeit in diesen Räumen während dieser Zeit eingestellt ist und auch sonst die notwendige Erholung nicht beeinträchtigt wird.	*§ 11 JArbSchG*
Tägliche Freizeit	Nach Beendigung der täglichen Arbeitszeit dürfen Jugendliche nicht vor Ablauf einer ununterbrochenen Freizeit von mindestens 12 Stunden beschäftigt werden.	*§ 13 JArbSchG*
Nachtruhe	Jugendliche dürfen nur in der Zeit von 6 bis 20 Uhr beschäftigt werden (mit Ausnahmen).	*§ 14 JArbSchG*
Fünf-Tage-Woche	Jugendliche dürfen nur an 5 Tagen in der Woche beschäftigt werden. Die beiden wöchentlichen Ruhetage sollen nach Möglichkeit aufeinander folgen.	*§ 15 JArbSchG*
Samstagsruhe	An Samstagen dürfen Jugendliche nicht beschäftigt werden (mit Ausnahmen).	*§ 16 JArbSchG*
Sonntagsruhe	An Sonntagen dürfen Jugendliche nicht beschäftigt werden (mit Ausnahmen).	*§ 17 JArbSchG*
Feiertagsruhe	Am 24. und 31. Dezember nach 14 Uhr und an gesetzlichen Feiertagen dürfen Jugendliche nicht beschäftigt werden (mit Ausnahmen).	*§ 18 JArbSchG*
Erstuntersuchung	Ein Jugendlicher, der in das Berufsleben eintritt, darf nur beschäftigt werden, wenn › er innerhalb der letzten 14 Monate von einem Arzt untersucht worden ist (Erstuntersuchung) und › dem Arbeitgeber eine von diesem Arzt ausgestellte Bescheinigung vorliegt.	*§ 32 JArbSchG*

LERNFELD 1

§ 33 JArbSchG

Erste Nachuntersuchung

Ein Jahr nach Aufnahme der ersten Beschäftigung hat sich der Arbeitgeber die Bescheinigung eines Arztes darüber vorlegen zu lassen, dass der Jugendliche nachuntersucht worden ist (Erste Nachuntersuchung). Die Nachuntersuchung darf nicht länger als 3 Monate zurückliegen. Der Arbeitgeber soll den Jugendlichen 9 Monate nach Aufnahme der ersten Beschäftigung nachdrücklich auf den Zeitpunkt, bis zu dem der Jugendliche ihm diese ärztliche Bescheinigung vorzulegen hat, hinweisen und ihn auffordern, die Nachuntersuchung bis dahin durchführen zu lassen.

© Alexander Raths – Fotolia.com

Exkurs: Wenn die ärztliche Bescheinigung über die erste Nachuntersuchung nicht spätestens am Tage der Anmeldung zur Zwischenprüfung oder zum ersten Teil der Abschlussprüfung zur Einsicht vorgelegt wird, hat die zuständige Stelle die Eintragung des Berufsausbildungsvertrages im Verzeichnis zu löschen, was dazu führt, dass der Auszubildende nicht zur Zwischenprüfung/Abschlussprüfung zugelassen wird. Wenn bei Auszubildenden unter 18 Jahren die ärztliche Bescheinigung über die Erstuntersuchung nicht zur Einsicht vorgelegt wird, fehlt eine wesentliche Voraussetzung zur Eintragung des Berufsausbildungsvertrages in das Verzeichnis der zuständigen Stelle (§ 35 Abs. 1 BBiG).

Besondere Verpflichtungen des Arbeitgebers aus dem JArbSchG

Wird regelmäßig mindestens ein Jugendlicher beschäftigt, sind ein Abdruck des JArbSchG und die Anschrift der zuständigen Aufsichtsbehörde an geeigneter Stelle im Betrieb zur Einsicht auszulegen oder auszuhängen.	Werden regelmäßig mindestens 3 Jugendliche beschäftigt, ist ein Aushang über Beginn und Ende der regelmäßigen täglichen Arbeitszeit und der Pausen der Jugendlichen an geeigneter Stelle im Betrieb anzubringen.	Arbeitgeber haben Verzeichnisse der bei ihnen beschäftigten Jugendlichen zu führen und der Aufsichtsbehörde Auskünfte zu erteilen.

3.3.2   Weitere wichtige arbeitsrechtliche Gesetze

© Alexander Raths – Fotolia.com

Mutterschutzgesetz (MuSchG)

Zum Schutz der erwerbstätigen Frauen enthält das MuSchG besondere gesetzliche Bestimmungen zum Schutz vor Gefahren für Leben und Gesundheit von Mutter und Kind, vor Entgelteinbußen aufgrund Schwangerschaft oder Mutterschaft und vor Arbeitsplatzverlust. Dem MuSchG unterliegen Beschäftigte weiblichen Geschlechts in einem Arbeits- oder Berufsausbildungsverhältnis.

Wesentliche Bestimmungen des MuSchG

Schutzfristen vor und nach der Entbindung	Der Arbeitgeber darf eine schwangere Frau in den letzten sechs Wochen vor der Entbindung nicht beschäftigen (Schutzfrist vor der Entbindung), soweit sie sich nicht zur Arbeitsleistung ausdrücklich bereit erklärt. Sie kann diese Erklärung jederzeit mit Wirkung für die Zukunft widerrufen. Der Arbeitgeber darf eine Frau bis zum Ablauf von acht Wochen nach der Entbindung nicht beschäftigen (Schutzfrist nach der Entbindung).	§ 3 MuSchG
Verbot der Mehrarbeit; Ruhezeit	Der Arbeitgeber darf eine schwangere oder stillende Frau, die 18 Jahre oder älter ist, nicht mit einer Arbeit beschäftigen, die die Frau über achteinhalb Stunden täglich oder über 90 Stunden in der Doppelwoche hinaus zu leisten hat. Der Arbeitgeber muss der schwangeren oder stillenden Frau nach Beendigung der täglichen Arbeitszeit eine ununterbrochene Ruhezeit von mindestens elf Stunden gewähren.	§ 4 MuSchG
Verbot der Nachtarbeit	Der Arbeitgeber darf eine schwangere oder stillende Frau nicht zwischen 20 Uhr und 6 Uhr beschäftigen. Sonderregelungen für Ausbildungsstellen finden sich in Abs.2.	§ 5 MuSchG
Verbot der Sonn- und Feiertagsarbeit	Der Arbeitgeber darf eine schwangere oder stillende Frau nicht an Sonn- und Feiertagen beschäftigen (mit Ausnahmen).	§ 6 MuSchG
Freistellung für Untersuchungen und zum Stillen	Der Arbeitgeber hat eine Frau für die Zeit freizustellen, die zur Durchführung der Untersuchungen im Rahmen der Leistungen der gesetzlichen Krankenversicherung bei Schwangerschaft und Mutterschaft erforderlich sind.	§ 7 MuSchG
Gestaltung der Arbeitsbedingungen; unverantwortbare Gefährdung	Der Arbeitgeber hat bei der Gestaltung der Arbeitsbedingungen einer schwangeren oder stillenden Frau alle aufgrund der Gefährdungsbeurteilung erforderlichen Maßnahmen für den Schutz ihrer physischen und psychischen Gesundheit sowie der ihres Kindes zu treffen.	§ 9 MuSchG
Beurteilung der Arbeitsbedingungen; Schutzmaßnahmen	Im Rahmen der Beurteilung der Arbeitsbedingungen nach § 5 ArbSchG hat der Arbeitgeber besondere Bestimmungen für schwangere oder stillende Frauen zu beachten.	§ 10 MuSchG
Unzulässige Tätigkeiten und Arbeitsbedingungen für schwangere Frauen	Der Arbeitgeber darf eine schwangere Frau keine Tätigkeiten ausüben lassen und sie keinen Arbeitsbedingungen aussetzen, bei denen sie einem Maß Gefahrstoffen ausgesetzt ist oder sein kann, dass dies für sie oder für ihr Kind eine unverantwortbare Gefährdung darstellt.	§ 11 MuSchG
Mitteilungen und Nachweise der schwangeren und stillenden Frauen	Eine schwangere Frau soll ihrem Arbeitgeber ihre Schwangerschaft und den voraussichtlichen Tag der Entbindung mitteilen, sobald sie weiß, dass sie schwanger ist. Eine stillende Frau soll ihrem Arbeitgeber so früh wie möglich mitteilen, dass sie stillt. Auf Verlangen des Arbeitgebers soll eine schwangere Frau als Nachweis über ihre Schwangerschaft ein ärztliches Zeugnis oder das Zeugnis einer Hebamme oder eines Entbindungspflegers vorlegen.	§ 15 MuSchG

LERNFELD 1

§ 16 MuSchG	**Ärztliches Beschäftigungsverbot**	Der Arbeitgeber darf eine schwangere Frau nicht beschäftigen, soweit nach einem ärztlichen Zeugnis ihre Gesundheit oder die ihres Kindes bei Fortdauer der Beschäftigung gefährdet ist.
§ 17 MuSchG	**Kündigungsverbot**	Die Kündigung gegenüber einer Frau ist unzulässig 1. während ihrer Schwangerschaft, 2. bis zum Ablauf von vier Monaten nach einer Fehlgeburt nach der 12. Schwangerschaftswoche und 3. bis zum Ende ihrer Schutzfrist nach der Entbindung, mindestens jedoch bis zum Ablauf von vier Monaten nach der Entbindung, wenn dem Arbeitgeber zum Zeitpunkt der Kündigung die Schwangerschaft, die Fehlgeburt nach der 12. Schwangerschaftswoche oder die Entbindung bekannt ist oder wenn sie ihm innerhalb von zwei Wochen nach Zugang der Kündigung mitgeteilt wird. In besonderen Fällen, die nicht mit der Schwangerschaft im Zusammenhang stehen, kann die für den Arbeitsschutz zuständige oberste Landesbehörde oder die von ihr bestimmte Stelle ausnahmsweise eine Kündigung für zulässig erklären.
§ 18 MuSchG	**Mutterschutzlohn**	Eine Frau, die wegen eines Beschäftigungsverbotes außerhalb der Schutzfristen vor oder nach der Entbindung teilweise oder gar nicht beschäftigt werden darf, erhält von ihrem Arbeitgeber Mutterschutzlohn.
§ 19 MuSchG	**Mutterschaftsgeld**	Eine Frau, die Mitglied einer gesetzlichen Krankenkasse ist, erhält für die Zeit der Schutzfristen vor und nach der Entbindung sowie für den Entbindungstag Mutterschaftsgeld nach dem SGB V. Während ihres bestehenden Beschäftigungsverhältnisses erhält sie vom Arbeitgeber noch einen Zuschuss zum Mutterschaftsgeld (§ 20).
§ 26 MuSchG	**Aushang des Gesetzes**	Wenn regelmäßig mehr als drei Frauen beschäftigt werden, hat der Arbeitgeber eine Kopie des MuSchG an geeigneter Stelle zur Einsicht auszulegen oder auszuhändigen.
§ 27 MuSchG	**Mitteilungs- und Aufbewahrungspflichten des Arbeitgebers**	Der Arbeitgeber hat die Aufsichtsbehörde unverzüglich zu benachrichtigen, wenn eine Frau ihm mitgeteilt hat, dass sie schwanger ist.

Bundesurlaubsgesetz (BUrlG)

© Alexander Raths – Fotolia.com

Das BUrlG enthält besondere gesetzliche Bestimmungen zum Urlaub. Demnach hat jeder Arbeitnehmer und zur Berufsausbildung Beschäftigter in jedem Kalenderjahr Anspruch auf bezahlten Erholungsurlaub, jährlich mindestens 24 Werktage, bezogen auf eine Sechs-Tage-Woche (Werktage sind alle Kalendertage, die nicht Sonn- oder gesetzliche Feiertage sind). Bei der heutzutage üblichen Fünf-Tage-Woche besteht demnach ein Anspruch auf mindestens 20 Urlaubstage.

Wesentliche Bestimmungen des BUrlG

Wartezeit	Der volle Urlaubsanspruch wird erstmalig nach sechsmonatigem Bestehen des Arbeitsverhältnisses erworben.	§ 4 BUrlG
Teilurlaub	Anspruch auf 1/12 des Jahresurlaubs für jeden vollen Monat des Bestehens des Arbeitsverhältnisses hat der Arbeitnehmer	§ 5 BUrlG
	› für Zeiten eines Kalenderjahres, für die er wegen Nichterfüllung der Wartezeit in diesem Kalenderjahr keinen vollen Urlaubsanspruch erwirbt;	
	› wenn er vor erfüllter Wartezeit aus dem Arbeitsverhältnis ausscheidet;	
	› wenn er nach erfüllter Wartezeit in der ersten Hälfte eines Kalenderjahres aus dem Arbeitsverhältnis ausscheidet.	
Ausschluss von Doppelansprüchen	Der Anspruch auf Urlaub besteht nicht, soweit dem Arbeitnehmer für das laufende Kalenderjahr bereits von einem früheren Arbeitgeber Urlaub gewährt worden ist.	§ 6 BUrlG
Zeitpunkt, Übertragbarkeit, Abgeltung des Urlaubs	Bei der zeitlichen Festlegung des Urlaubs sind die Urlaubswünsche des Arbeitnehmers zu berücksichtigen, es sei denn, dass ihrer Berücksichtigung dringende betriebliche Belange oder Urlaubswünsche anderer Arbeitnehmer, die unter sozialen Gesichtspunkten den Vorrang verdienen, entgegenstehen.	§ 7 BUrlG
	Der Urlaub muss im laufenden Kalenderjahr gewährt und genommen werden. Eine Übertragung des Urlaubs auf das nächste Kalenderjahr ist nur statthaft, wenn dringende betriebliche oder in der Person des Arbeitnehmers liegende Gründe dies rechtfertigen. Im Falle der Übertragung muss der Urlaub in den ersten 3 Monaten des folgenden Kalenderjahres gewährt und genommen werden.	
	Kann der Urlaub wegen Beendigung des Arbeitsverhältnisses ganz oder teilweise nicht mehr gewährt werden, so ist er abzugelten.	
Erkrankung während des Urlaubs	Erkrankt ein Arbeitnehmer während des Urlaubs, so werden die durch ärztliches Zeugnis nachgewiesenen Tage der Arbeitsunfähigkeit auf den Jahresurlaub nicht angerechnet.	§ 9 BUrlG
Urlaubsentgelt	Das Urlaubsentgelt bemisst sich nach dem durchschnittlichen Arbeitsverdienst, dass der Arbeitnehmer in den letzten 13 Wochen vor dem Beginn des Urlaubs erhalten hat, mit Ausnahme des zusätzlich für Überstunden gezahlten Arbeitsverdienstes.	§ 11 BUrlG

LERNFELD 1

Von den Bestimmungen des BUrlG kann durch Tarifverträge abgewichen werden, ebenso wenn zugunsten des Arbeitnehmers abgewichen wird (z. B. Gewährung von mehr Urlaubstagen).

Für jugendliche Arbeitnehmer beträgt der Urlaubsanspruch gemäß § 19 JArbSchG

mindestens 30 Werktage, wenn der Jugendliche zu Beginn des Kalenderjahres noch nicht 16 Jahre alt ist.	mindestens 27 Werktage, wenn der Jugendliche zu Beginn des Kalenderjahres noch nicht 17 Jahre alt ist.	mindestens 25 Werktage, wenn der Jugendliche zu Beginn des Kalenderjahres noch nicht 18 Jahre alt ist.

Berufsschülern soll der Urlaub in der Zeit der Berufsschulferien gegeben werden.

Arbeitszeitgesetz (ArbZG)

Gesetzliche Bestimmungen zur Arbeitszeit der Arbeitnehmer und der zur Berufsbildung Beschäftigten finden sich im ArbZG.

MERKE

Die werktägliche Arbeitszeit der Arbeitnehmer darf 8 Stunden nicht überschreiten. Sie kann auf bis zu 10 Stunden nur verlängert werden, wenn innerhalb von 6 Kalendermonaten oder innerhalb von 24 Wochen im Durchschnitt 8 Stunden werktäglich nicht überschritten werden (§ 3 ArbZG).

© Les Cunliffe – Fotolia.com

Arbeitszeiten mehrerer Beschäftigungsverhältnisse werden zusammengerechnet. Das ArbZG legt somit als Obergrenze der zulässigen werktäglichen Arbeitszeit des Arbeitnehmers 10 Stunden fest, und dass die über 8 Stunden hinausgehende Arbeitszeit durch entsprechende Freizeit auszugleichen ist.

Wesentliche weitere Bestimmungen des ArbZG

§ 4 ArbZG	Ruhepausen	Die Arbeit ist durch im Voraus feststehende Ruhepausen von mindestens 30 Minuten bei einer Arbeitszeit von mehr als 6 bis zu 9 Stunden und 45 Minuten bei einer Arbeitszeit von mehr als 9 Stunden insgesamt zu unterbrechen. Die Ruhepausen können in Zeitabschnitte von jeweils mindestens 15 Minuten aufgeteilt werden. Länger als 6 Stunden hintereinander dürfen Arbeitnehmer nicht ohne Ruhepause beschäftigt werden.
§ 5 ArbZG	Ruhezeit	Die Arbeitnehmer müssen nach Beendigung der täglichen Arbeitszeit eine ununterbrochene Ruhezeit von mindestens 11 Stunden haben (mit Ausnahmen).
§ 9 ArbZG	Sonn- und Feiertags-ruhe	Arbeitnehmer dürfen an Sonn- und gesetzlichen Feiertagen von 0 bis 24 Uhr nicht beschäftigt werden (mit Ausnahmen).
§ 16 ArbZG	Aushang und Arbeitszeit-nachweise	Der Arbeitgeber ist verpflichtet, einen Abdruck des ArbZG, der aufgrund des ArbZG erlassenen, für den Betrieb geltenden Rechtsverordnungen und der für den Betrieb geltenden Tarifverträge und Betriebs- und Dienstvereinbarungen an geeigneter Stelle im Betrieb zur Einsichtnahme auszulegen oder auszuhängen. Der Arbeitgeber ist verpflichtet, die über die werktägliche Arbeitszeit des § 3 Satz 1 ArbZG hinausgehende Arbeitszeit der Arbeitnehmer aufzuzeichnen.

LF 1 | 3.3.1 ▶ Besondere Bestimmungen ergeben sich für jugendliche Arbeitnehmer hinsichtlich der Arbeitszeit aus dem JArbSchG.

3.3.3 Tarifrecht

Gemäß § 1 Tarifvertragsgesetz (TVG) regeln Tarifverträge die Rechte und Pflichten der **Tarifvertragsparteien** (Gewerkschaften, einzelne Arbeitgeber, Vereinigungen von Arbeitgebern oder deren Spitzenorganisationen). Sie enthalten Rechtsnormen, die den Inhalt, den Abschluss und die Beendigung von Arbeitsverhältnissen sowie betriebliche und betriebsverfassungsrechtliche Fragen ordnen können. Tarifverträge bedürfen gemäß § 1 Abs. 2 TVG der Schriftform.

§ 1 TVG

Bestimmungen in Tarifverträgen sind für Arbeitgeber und Arbeitnehmer (Auszubildende) verbindlich, wenn		
beide Vertragsparteien tarifgebunden sind.	ein Tarifvertrag für allgemeinverbindlich erklärt ist.	im Arbeitsvertrag/Berufsausbildungsvertrag auf tarifvertragliche Regelungen verwiesen wird.

Das **Günstigkeitsprinzip** (§ 4 Abs. 3 TVG) stellt ein allgemeines Prinzip des Arbeitsrechts dar, wodurch das Verhältnis von Bestimmungen auf verschiedenen Regelungsstufen bestimmt wird.

Die Arbeitgeber sind verpflichtet, die für ihren Betrieb maßgeblichen Tarifverträge an geeigneter Stelle im Betrieb auszulegen.

3.3.4 Entgeltabrechnung und Sozialversicherungspflicht

Der Auszubildende erhält eine angemessene, zwischen den Vertragsparteien frei aushandelbare Vergütung (§ 17 Abs. 1 S. 1 BBiG).

Die Vergütung ist nach der Rechtsprechung angemessen

wenn sie nach der Verkehrsauffassung für den Lebensunterhalt des Auszubildenden eine fühlbare Unterstützung bildet

und zugleich eine Mindestentlohnung für die in dem jeweiligen Gewerbezweig bestimmbare Leistung eines Auszubildenden darstellt

LERNFELD 1

© jogyx – Fotolia.com

Die **Kammern** machen Vorschläge für die Aus-
bildungsvergütungen, deren Unterschreitung
sie für unangemessen erachten. Anspruch auf
gesetzlichen Mindestlohn hat der Auszubildende nicht (§ 22 Abs. 3 MiLoG).

Gesetzliche Sozialversicherung

Mit dem Beginn des Berufsausbildungsverhältnisses werden Auszubildende wie alle Arbeitnehmer in allen Zweigen der gesetzlichen Sozialversicherung versicherungspflichtig.

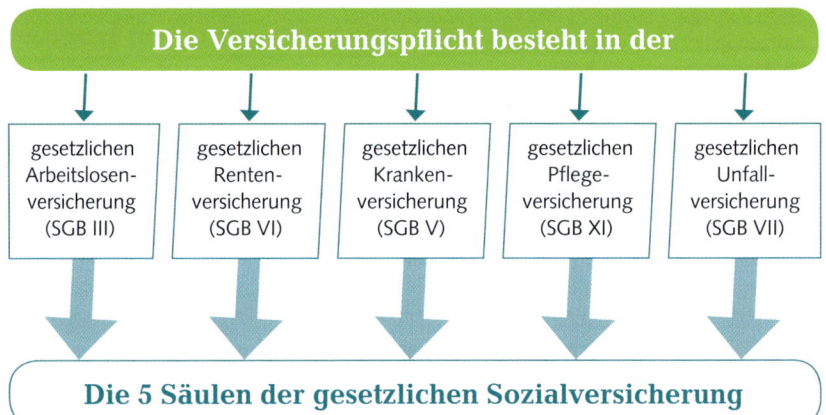

Die Versicherungspflicht besteht in der

| gesetzlichen Arbeitslosen- versicherung (SGB III) | gesetzlichen Renten- versicherung (SGB VI) | gesetzlichen Kranken- versicherung (SGB V) | gesetzlichen Pflege- versicherung (SGB XI) | gesetzlichen Unfall- versicherung (SGB VII) |

Die 5 Säulen der gesetzlichen Sozialversicherung

MERKE

Die gesetzliche Sozialversicherung wird durch Beiträge der
Arbeitgeber (Ausbildenden) und der Arbeitnehmer (Auszubil-
denden) getragen. Diese richten sich nach dem Einkommen des
Arbeitnehmers und werden in Prozentsätzen ausgedrückt.

Die Beiträge zu den gesetzlichen Sozialversicherungen (mit Ausnahme der gesetzlichen Unfallversicherung) berechnen sich nach den beitragspflichtigen
Einnahmen des Versicherten, also der Bruttovergütung (entspricht der im Ausbildungsvertrag festgelegten Ausbildungsvergütung) zuzüglich Sondervergü-
tungen wie Urlaubsgeld, Weihnachtsgeld etc. Die Beitragssätze sind in den einzelnen Sozialversicherungen unterschiedlich und werden vom Ausbildenden und
Auszubildenden jeweils hälftig bezahlt (Ausnahme: in der gesetzlichen Kranken-
versicherung bezahlt der Auszubildende einen Zusatzbeitrag von 0,9 %).

Mit Beginn seiner Berufsausbildung ist der/die Auszubildende auch in der gesetzlichen Unfallversicherung versichert, also bei Arbeitsunfällen und Berufskrankheiten. Die Beiträge zur gesetzlichen Unfallversicherung trägt der Ausbildende/Arbeitgeber alleine.

Entgeltabrechnung

Dem Arbeitnehmer/Auszubildenden ist bei Zahlung des Arbeitsentgelts eine Abrechnung in Textform zu erteilen (§ 108 GewO).

Die **Vergütungsabrechnung muss mindestens enthalten**

> Angaben über Abrechnungszeitraum und Zusammensetzung des Arbeitsentgelts, insbesondere Angaben über Art und Höhe
  – der Zuschläge, Zulagen, sonstiger Vergütungen,
  – der Abzüge,
  – der Abschlagszahlungen sowie Vorschüsse.

Die Vergütungsabrechnung weist somit die im Ausbildungsvertrag vereinbarte Ausbildungsvergütung (Bruttovergütung) und die gesetzlichen Abzüge aus. Die **Vergütungsabrechnung** enthält unter anderem folgende Angaben:

> Name und Anschrift des Arbeitgebers,
> Name, Anschrift, Geburtsdatum des Arbeitnehmers,
> Sozialversicherungsnummer des Arbeitnehmers,
> Datum des Beginns der Beschäftigung,
> Abrechnungszeitraum und die darin enthaltenen Steuer- und Sozialversicherungstage,
> Steuerklasse, Zahl der Kinderfreibeträge, Steuerfreibeträge, Steueridentifikationsnummer,
> Bruttovergütung,
> zusätzliche Leistungen des Arbeitgebers (vermögenswirksame Leistungen, geldwerte Vorteile, Sachbezüge, betriebliche Altersvorsorge),
> Beiträge zur Sozialversicherung,
> Lohnsteuer, Kirchensteuer, Solidaritätszuschlag,
> Nettovergütung, Auszahlungsbetrag.

© Joachim Lechner – Fotolia.com

3.3.5   Zusammenfassung und Aufgaben

ZUSAMMENFASSUNG

Anwendung arbeitsrechtlicher Vorschriften

Auf den Berufsausbildungsvertrag sind die für den Arbeitsvertrag geltenden Rechtsvorschriften und Rechtsgrundsätze anzuwenden.	Das JArbSchG enthält besondere Vorschriften für die Beschäftigung von Personen, die noch nicht 18 Jahre alt sind.	Das MuSchG enthält besondere Bestimmungen zum Schutz erwerbstätiger Frauen.	Das BUrlG enthält Bestimmungen zum Urlaub des Arbeitnehmers oder Auszubildenden. Jeder Arbeitnehmer/Auszubildender hat Anspruch auf jährlichen Erholungsurlaub.
Das ArbZG enthält Bestimmungen zur Arbeitszeit des Arbeitnehmers und des Auszubildenden.	Tarifverträge können für ein Arbeitsverhältnis verbindlich sein.	Der Auszubildende erhält eine angemessene Ausbildungsvergütung.	Der Auszubildende ist Mitglied der gesetzlichen Sozialversicherungen.	Der Auszubildende erhält eine Abrechnung seiner Ausbildungsvergütung in Textform.

AUFGABEN

1. Stellen Sie dar, welche Verpflichtungen der Ausbildende hinsichtlich der ersten ärztlichen Nachuntersuchung bei Jugendlichen hat.

2. Erläutern Sie, welche Beschäftigten durch das JArbSchG besonders geschützt sind.

3. Nennen Sie drei für eine werdende oder stillende Mutter geltende Beschäftigungsverbote.

4. Karin Alt ist seit 4 Jahren als Rechtsanwaltsfachangestellte bei Rechtsanwältin Jung beschäftigt. Für den Urlaub enthält der Arbeitsvertrag keine besonderen Bestimmungen. Sie kündigt das Arbeitsverhältnis zum 30. September 2019. Erläutern Sie, welchen Urlaubsanspruch Karin Alt im Jahr 2019 hat.

4. KONFLIKTSITUATIONEN ANALYSIEREN UND LÖSEN

4.1 Konfliktsituationen am Arbeitsplatz und in der Ausbildung

4.1.1 Konfliktsituationen

Wer kennt die Situation nicht? Die Küchen-spüle, ob im Betrieb oder zu Hause, steht voller benutzter und oftmals klebriger Tassen. Mein Chef erkennt meine Leistung einfach nicht an und lobt ständig die Kollegin gegenüber. Da baut sich schnell Verärgerung und Frustration auf. Doch wie darauf reagieren?

© WavebreakMediaMicro – Fotolia.com

Überall wo Menschen zusammenleben gibt es Konflikte. Sie betreffen alle Lebensbereiche und gehören zu unserem Alltag. Wir können sie weder weg definieren und oftmals können wir uns ihnen auch nicht entziehen. Deshalb ist es wichtig zu lernen, möglichst sachgerecht mit Konflikten umzugehen.

Begriff

Der **Begriff Konflikt** ist sehr vielschichtig und daher nur schwer zu erfassen. Ihm liegt der Prozess der Auseinandersetzung zugrunde, der von entgegengesetzten Interessen von Individuen und sozialen Gruppierungen geprägt ist und in unterschiedlicher Weise institutionalisiert und ausgetragen wird. Vereinfacht könnte er als ein Zusammenprallen widerstrebender Kräfte verstanden werden, sei es dass dies innerhalb einer Person, z. B. zwischen Verstand und Gefühl oder Wollen und Können, oder zwischen verschiedenen Personen, z. B. durch widerstreitende Meinungen, Ziele, Werte, Wünsche, geschieht.

Ein Konflikt ist im Wesentlichen durch vier Merkmale gekennzeichnet:

> **Gegensätzlichkeit,** die Beteiligten sind sich bewusst, dass ihr Verhalten und ihre Interessen nicht vereinbar sind,

> **Unvereinbarkeit,** es besteht Unvereinbarkeit der Handlungspläne, das heißt, die Gegensätze lassen sich nicht ausgleichen,

> **Zwangsläufigkeit,** die Austragung des Konflikts ist unvermeidlich, er ist nicht zu umgehen,

> **Gleichzeitigkeit,** die widerstrebenden Interessen, Wünsche etc. treffen gleichzeitig aufeinander.

Beteiligte und Betroffene

Bei der Frage nach den **Beteiligten und Betroffenen** kann zwischen intrapersonellen und interpersonellen Konflikten unterschieden werden. Als **intrapersonelle Konflikte** bezeichnet man solche, die sich beispielsweise innerhalb einer Person, etwa in Form von Gewissensbissen abspielen. An interpersonellen Konflikten dagegen sind immer mindestens zwei Personen beteiligt. Beispiel hierfür ist ein **„Zweier-Konflikt"** in einer Kanzlei, der sich oftmals sehr schnell ausweitet und immer mehr Personen einbezieht, wenn beide Konfliktparteien um Verbündete buhlen oder versuchen, einen Entscheider für sich zu gewinnen. Ein Zweier-Konflikt kann dadurch leicht zu einem **Gruppenkonflikt,** der eine Organisationseinheit in zwei Lager spalten kann, eskalieren. In kleineren Organisationseinheiten, z. B. Kanzleien, gelangen Konflikte aufgrund der begrenzten Mitarbeiter- und damit Verbündetenanzahl daher tendenziell schneller zum „Chef", während in größeren Organisationsformen hier noch Zwischenebenen, z. B. Gruppen oder Abteilungen, dazwischen geschaltet sind, bevor ein Konflikt zur Chefsache wird. Je nachdem wie viele Mitarbeiter in einen Konflikt eingebunden sind, ob sie Partei ergreifen, neutral bleiben, ihren eigenen Nutzen aus der Situation zu ziehen versuchen oder mit welchen Mitteln und Strategien die verschiedenen Lager ihre unterschiedlichen Meinungen und Ziele zu verfolgen versuchen und dabei gegeneinander zu arbeiten, wird ein ungelöster Konflikt in jedem Fall das Betriebsklima beeinträchtigen, was auch auf die Arbeitsqualität durchschlagen kann.

© photowahn – Fotolia.com

Konfliktgegenstand und Konfliktursache

Konflikte können sich häufig schon an Kleinigkeiten entzünden. Von einer vermeintlich kleinen Meinungsverschiedenheit bis zu einem Konflikt ist es dann oftmals nur ein kurzer Weg. **Konfliktgegenstand und Konfliktursache** sind meist eng miteinander verbunden.

Konfliktgegenstand kann beispielsweise in einem Zweipersonenbüroraum der neue Schreibtisch der Kollegin Müller sein, während der alte von Frau Mayer noch weiterhin von ihr genutzt werden muss. Konfliktursache bzw. Auslöser für den Konflikt, also **Konfliktgegenstand** wäre in diesem Fall der neue Schreibtisch. Die **Konfliktursachen** dagegen können woanders liegen, z. B. in einem schon lange schwelenden Konkurrenzdenken, Neid, angesammeltem Ärger über Verhaltensweisen der Kollegin, die dieser noch nicht einmal bewusst sein müssen.

Der Konflikt in seinen möglicherweise schon länger schwelenden Ursachen wurde in diesem Fall auf den Gegenstand verschoben (meint: entzündet sich an ihm). Um einen solchen Konflikt dauerhaft zu lösen und gleichzeitig vorzubeugen, dass er sich an jedem beliebigen anderen Konfliktgegenstand erneut entzündet, würde es also kaum ausreichen Frau Mayer lediglich auch einen neuen Schreibtisch zuzugestehen. Es wäre notwendig, die eigentlichen Konfliktursachen zu erkennen, zu thematisieren und Lösungen für diese zu erarbeiten.

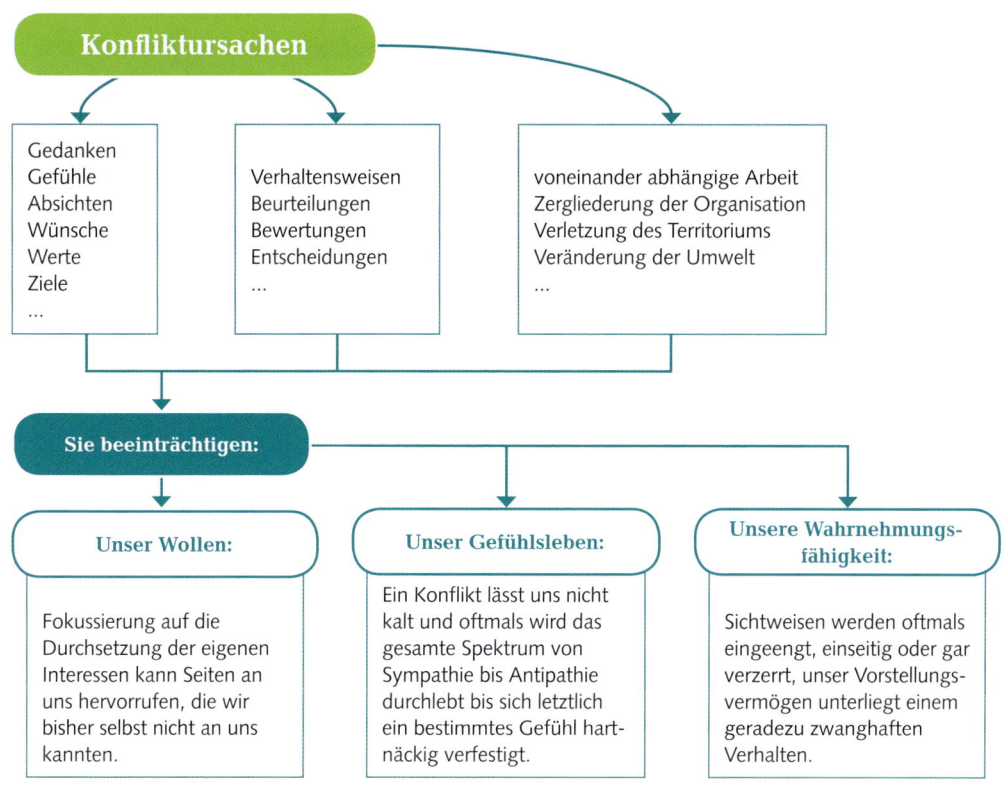

Konfliktursachen

Gedanken, Gefühle, Absichten, Wünsche, Werte, Ziele, ...

Verhaltensweisen, Beurteilungen, Bewertungen, Entscheidungen, ...

voneinander abhängige Arbeit, Zergliederung der Organisation, Verletzung des Territoriums, Veränderung der Umwelt, ...

Sie beeinträchtigen:

Unser Wollen:
Fokussierung auf die Durchsetzung der eigenen Interessen kann Seiten an uns hervorrufen, die wir bisher selbst nicht an uns kannten.

Unser Gefühlsleben:
Ein Konflikt lässt uns nicht kalt und oftmals wird das gesamte Spektrum von Sympathie bis Antipathie durchlebt bis sich letztlich ein bestimmtes Gefühl hartnäckig verfestigt.

Unsere Wahrnehmungsfähigkeit:
Sichtweisen werden oftmals eingeengt, einseitig oder gar verzerrt, unser Vorstellungsvermögen unterliegt einem geradezu zwanghaften Verhalten.

Konfliktarten

Funktionale (konstruktive) und dysfunktionale (destruktive) Konflikte:

Funktionale Konflikte zeichnen sich dadurch aus, dass sie den Konfliktparteien in der Regel bewusst sind und dass alle Beteiligten bereit und motiviert sind, auf ein gemeinsames Ziel hinzuarbeiten, nämlich einer konstruktiven Konfliktlösung. Da alle Seiten aktiv beteiligt sind, gehört werden, Impulse einbringen können und so Verantwortung übernehmen, ziehen solcherart gelöste Konflikte häufig nicht nur ein Klima gegenseitiger Wertschätzung nach sich, sondern können auch zu erheblichen Verbesserungen von Arbeitsabläufen und Arbeitsqualität führen.

Im Gegensatz dazu stehen **dysfunktionale Konflikte,** die sich meist destruktiv auf das Arbeitsklima und die Arbeitsergebnisse auswirken, zum Beispiel in Form von Fehlern und Versäumnissen. Sie können somit dem Außenbild und Renommee einer Kanzlei gegenüber Kunden und Mandanten schaden. Als Beispiel hierfür stelle man sich die Bildung zweier oder mehrerer Konfliktparteien innerhalb einer Kanzlei vor, die sich unversöhnlich gegenüberstehen, sich gegenseitig Fehler und Versäumnisse nachzuweisen versuchen oder diese schlimmstenfalls sogar zu provozieren versuchen.

Latente und manifeste Konflikte

Latente Konflikte sind solche, die ohne wirklich aufzufallen vor sich hin schwelen. Indizien für das Vorhandensein solcher Konflikte können hoher Krankenstand oder hohe Fluktuation in einer Abteilung oder einer Kanzlei sein. Von einem offenen oder **manifesten Konflikt** wird gesprochen, wenn Gegensätze offen zu Tage treten, den Beteiligten subjektiv bewusst sind und die Austragung des Konflikts bereits begonnen hat, z. B. in Form von Teamgespräch über den Konflikt, oder im fortgeschrittenen Fall von Protest oder Streik.

Konflikte auf der Sach-, Beziehungs- oder Machtebene

Ein Konflikt auf der **Sachebene** dreht sich um eine Sache (eine Ressource), z. B. wenn die Position einer Rechtsanwaltsfachangestellten in einer Kanzlei neu besetzt werden soll und zwei kurz vor der Prüfung stehende Auszubildende der Kanzlei deswegen miteinander konkurrieren.

Von einem **Beziehungskonflikt** wird gesprochen, wenn Antipathie bzw. Verfeindung immer wieder dazu führen, dass es wegen Kleinigkeiten zwischen zwei verfeindeten Parteien zu unversöhnlichen, eskalierenden Auseinandersetzungen kommt.

In Machtkonflikten innerhalb von Kanzleien oder Firmen wird oft um die eigene Positionierung im hierarchischen Gefüge am Arbeitsplatz gerungen. Ein wichtiger Faktor dabei ist in der Regel, dass jeder Mitarbeiter bestrebt ist, die einmal erarbeitete bzw. eingenommene Position im Machtgefüge beizubehalten und gegebenenfalls zu verbessern. Dies könnte sich zum Beispiel darin äußern, dass eine Konkurrentin bei einer bevorstehenden Beförderung gegenüber dem Vorgesetzten diskreditiert wird, in dem ihm Informationen über Fehler, Versäumnisse, Lebenswandel oder Ähnliches zugespielt werden. Die Basis für Machtkonflikte liegt oftmals in Konkurrenzdenken, in Angst vor Abhängigkeit, wenn z. B. befürchtet wird, die neue Vorgesetzte könnte ihre Position gegen mich ausnutzen, oder bei Führungskräften in der Angst vor Autoritätsverlust, wenn z. B. eine vom Vorgesetzten getroffene Fehlentscheidung bekannt wird.

Intrapersonelle und Interpersonelle Konflikte

Von einem **intrapersonellen Konflikt** wird gesprochen, wenn ein und dieselbe Person in derselben Situation zwei gegensätzliche

> Antriebe (Motive) bzw.
> Handlungstendenzen (Entscheidungszwang) oder
> Verhaltenserwartungen (soziale Rollen)

auftreten. Die Folge hieraus sind emotionale Spannungen. Die Lust sich mit Freunden zu treffen kann der Motivation für die Prüfung zu lernen entgegenwirken. Die Notwendigkeit einer Überstunde, um einen Konflikt mit dem Chef zu vermeiden, kann mit dem Wunsch kollidieren, sich wie verabredet mit dem Freund zu treffen, um diesen nicht zu verärgern.

Ein **interpersoneller Konflikt** entsteht, wenn

> zwischen zwei oder mehreren Personen ein Spannungsverhältnis entsteht oder besteht,
> die Beteiligten in ihrer Zielerreichung voneinander abhängig sind,
> sie versuchen, ihre unvereinbaren Handlungspläne durchzusetzen und
> sie sich ihrer Gegnerschaft bewusst sind.

Bei zwischenmenschlichen Konflikten spielen generell Gefühle, das Rollenverhalten und auch die Grundeinstellungen gegenüber anderen Menschen eine große Rolle. Bei Konflikten im Beruf kommt als verstärkendes Merkmal hinzu, dass die Arbeit des einzelnen Mitarbeiters oder mehrerer Mitarbeiter oftmals abhängig ist, von der Arbeit der anderen. Der damit zusammenhängende Koordinationszwang und ein begrenztes Budget an finanziellen, technischen, organisatorischen Mitteln sowie an Zeit können Konflikte zwischen den Mitarbeitern entstehen lassen. Diese Konflikte lassen sich im Wesentlichen in zwei Konfliktarten einteilen:

> Bedürfniskonflikte: Die Erfüllung der eigenen Bedürfnisse wird behindert, z. B. weil mein Vorgesetzter mir die zu bearbeitende Akte erst viel zu spät gibt und ich nicht pünktlich Feierabend machen kann, oder das Verhalten einer anderen Person wird als Störung empfunden, z. B. weil die Kollegin regelmäßig ihre schmutzige Kaffeetasse auf meinem Schreibtisch stehen lässt.
> Wertkonflikt: Er ist gekennzeichnet durch einen Widerspruch zwischen zwei oder mehreren Werten. Ein Sachverhalt wird z. B. durch mehrere Rechtsanwälte einer Kanzlei völlig unterschiedlich bewertet und es bestehen demzufolge völlig unterschiedliche Meinungen zum weiteren Verhalten und der Vorgehensweise. Hierdurch ergibt sich keine direkte persönliche Auswirkung auf eine Person, allerdings besteht jedoch der unbedingte Wunsch, dass eine oder mehrere Personen ihr Verhalten ändern.

4.1.2 Konflikthandhabung

Basierend auf den Informationsgrundlagen zu Konfliktsituationen sollen nun im Folgenden einige Möglichkeiten und Verhaltensstrategien zur konstruktiven Konfliktbewältigung aufgezeigt werden, die sich schwerpunktmäßig auf den innerbetrieblichen bzw. ausbildungsmäßigen Bereich beziehen. Anschließend werden diese im Hinblick auf das Verhältnis gegenüber Dritten und Mandanten erweitert.

© contrastwerkstatt – Fotolia.com

Das Umfeld

Die Gestaltung des Arbeitsumfeldes hat, wie in allen Bereichen in denen Menschen aufeinandertreffen, auch im Bereich Arbeit und Ausbildung einen erheblichen Einfluss darauf wie konfliktträchtig es ist. Auch in einem noch so gut durchdachten und strukturierten Arbeitsumfeld besteht keine Garantie dafür, dass Konflikte vollkommen ausgeschlossen werden können. Es bietet aber eine gute Möglichkeit, sie bereits in der Entstehung aufzudecken, um in geeigneter Weise darauf reagieren zu können.

Bedingungen für ein möglichst konfliktfreies Umfeld

Interaktionen	Kooperation	Erfolgserlebnisse
› Meetings	› Aktionen, Projekte	› erreichbare Ziele
› Absprachen	› Reflexionen	› Anerkennung
› Diskussionen	› Kontakte	
	› Teamgeist	

In einem Umfeld, das durch offene Kommunikationsprozesse zwischen Auszubildenden, Ausbildern und Mitarbeitern geprägt ist, in dem angemessene Handlungsspielräume und realistische Zielvorgaben, klare Kompetenzverteilungen und Absprachen, statt Konkurrenz- eine Kooperationshaltung besteht, in dem auf den Ausbildungs- und Leistungsstand sowie Bedürfnisse des Auszubildenden eingegangen wird, fällt es deutlich leichter, mit Konflikten angemessen umzugehen bzw. sie erst gar nicht aufkommen zu lassen.

© Robert Kneschke – Fotolia.com

Der Konfliktmoderator

Hier kommt vor allem dem Ausbilder eine doppelte Funktion zu. Zum einen liegt es an ihm, betriebliche Strukturen und Rahmenbedingungen zu schaffen, die der Entstehung von Konflikten präventiv entgegenwirken. Zum anderen sollte er die Rolle des Konfliktmoderators übernehmen können, wenn es zu Konflikten zwischen mehreren Auszubildenden oder zwischen Auszubildenden und Mitarbeitern kommt, sofern er nicht selbst Konfliktpartei ist.

Eine dritte, neutrale, nicht betroffene Partei zur Lösung eines Konflikts heranzuziehen ist besonders ratsam, wenn einer der Konfliktbeteiligten

› sich unterlegen oder von anderen abhängig fühlt, also ein Machtgefälle besteht,

› keine oder nur wenig Kompetenzen und Erfahrung in der Konfliktbewältigung hat,

› sehr emotional betroffen ist und sich nur unzureichend beherrschen kann.

Das Hinzuziehen eines Dritten als Konfliktmoderator sollte günstigerweise vorher besprochen und mit Zustimmung der Konfliktparteien vereinbart werden. Dabei sollte auch Einigkeit darüber erzielt werden, wer für diese Aufgabe hinzugezogen wird. Neben dem Ausbilder könnten das z. B. auch ein anderer Auszubildender, ein Mitarbeiter, ein Vertrauensmann etc. sein, sofern diese eine neutrale Position einnehmen können.

Für eine **erfolgreiche Konfliktmoderation** haben sich folgende **Grundsätze** als hilfreich erwiesen:

© Kzenon – Fotolia.com

LERNFELD 1

> Es sollte vermieden werden, alte und bekannte Geschichten immer wieder durchzugehen. Stattdessen sollte das Gespräch auf den aktuellen Konflikt, seinen Auslöser und das Erzielen einer möglichst für alle tragbaren Lösung fokussiert sein.

> Ein Konfliktmoderator sollte strikt neutral bleiben und übergeordnete Interessen (z. B. Betriebsfrieden, bessere Zusammenarbeit, größere emotionale und betriebliche Zufriedenheit) anvisieren und benennen, nicht nur auf die Interessen der Konfliktparteien eingehen.

> Flexibilität in der Position, Kompromissbereitschaft und positive Beweglichkeit von Beteiligten sollten positiv hervorgehoben und bestärkt werden; das Ankämpfen gegen Sturheit bewirkt meist nur eine Verhärtung der Positionen.

> Zur Förderung der Kooperations- und Kompromissbereitschaft wirkt es motivierend hervorzuheben, dass beide Seiten und der Betrieb bei einer einvernehmlichen Kompromisslösung gewinnen (Win-Win-Situation).

> Ein Moderator sollte die Positionen der Parteien neutral zusammenfassen und wiedergeben, dabei keiner der Konfliktparteien Vorwürfe machen oder sie bloßstellen.

> Eine Lösung sollte nach Möglichkeit so sein, dass beide Seiten sie als fair erleben und ihr zustimmen können.

> Zum Abschluss des Konfliktlösungsgesprächs und -prozesses sollte die erzielte Einigung ausformuliert werden. Sie kann auch schriftlich in einem Protokoll festgehalten werden, um zum Schluss die Zustimmung beider Konfliktparteien nochmals ausdrücklich bestätigen zu lassen.

> Personen, die selbst in den Konflikt involviert und damit Partei oder parteiisch sind, sind für die Rolle eines Konfliktmoderators ungeeignet.

Die Konfliktbeteiligten

Jeder Mitarbeiter einer Kanzlei kann dazu beitragen, dass ein möglichst konfliktfreies bzw. ein im Umgang mit Konflikten konstruktives Klima herrscht, indem er sich bemüht, die folgenden **Kompetenzen** zu erlernen und zu entwickeln:

> Ein Gespür bzw. Sensibilität für Konflikte und Konfliktsituationen, das heißt Konflikte möglichst früh wahrzunehmen und analysieren,

> Konflikte durch konstruktives Handeln lösen und überwinden,

> destruktives Konfliktverhalten vermeiden,

› das Vorhandensein von Konflikten akzeptieren, also sie nicht leugnen oder verdrängen.

Ein Unterdrücken oder Verdrängen von Konflikten mag zwar kurzfristig reizvoll erscheinen, weil eine Auseinandersetzung vermieden werden kann. Langfristig jedoch schwelen solche Konflikte oft im Untergrund und erzeugen Unzufriedenheit, ein angespanntes soziales Klima, können sich negativ auf die Arbeitsmotivation und das Betriebsergebnis auswirken oder gar einen erhöhten Krankenstand bzw. eine vermehrte Personalfluktuation bewirken.

© jesadaphorn – Fotolia.com

Durch **konstruktives Verhalten** und sozial kompetentes Handeln in Konfliktsituationen können alle Beteiligten dazu beitragen, dass ein Konflikt angemessen angegangen wird, umso eine zufriedenstellende Lösung zu erarbeiten. Dabei haben sich folgende **Verhaltensweisen** als hilfreich erwiesen:

› Jeder sollte sich möglichst aktiv und positiv ausgerichtet am Gespräch beteiligen.

› Sein Gegenüber nicht verbal in „Du-Botschaften" mit Vorwürfen angreifen und ihn damit in die Defensive oder zur Gegenoffensive drängen, z. B.: „Du hast mal wieder alles stehen und liegen lassen, statt wie es sich gehört Ordnung zu schaffen!"

› Sein Gegenüber nicht verletzen, z. B. durch Vorwürfe wie: „Du bist einfach zu schlampig!"

› Positive und negative Gefühle, Meinungen, Wünsche und Eindrücke in „Ich-Botschaften" ausdrücken, z. B.: „Ich fühle mich benachteiligt, wenn…; ich ärgere mich, darüber, dass…; ich freue mich sehr darüber, dass Du mir zustimmst…; ich fände gut, wenn Du die Sachen, die Du gebraucht hast wieder wegräumst, sodass sie nicht da liegen, wenn ich den Tisch brauche."

› Es sollte vermieden werden, sich selbst gleich angegriffen zu fühlen. Stattdessen sollte versucht werden, sich innere Distanz zu verschaffen, in dem ich erstmal tief und ruhig durchatme, mich darauf besinne bei der Sache zu bleiben anstatt zurückzuschlagen. Gegebenenfalls kann auch nachgefragt werden: „Habe ich richtig verstanden, dass Du meinst, …?" Hierdurch kann ein spontanes Überreagieren vermieden werden.

› Negative und konflikterhaltende Impulse sind zu vermeiden, z. B. Racheimpulse („Dem zeig ich es!").

› Übertreibungen, durch Wörtchen wie z. B. „immer", „nie" oder „dauernd" sollten vermieden werden, weil sie den anderen in der Regel dazu provozieren, sich zu verteidigen und damit vom eigentlichen Thema ablenken.

› Meine Wortbeiträge wirken ernsthafter und bedeutsamer, wenn ich mit deutlich wahrnehmbarer, fester Stimme angemessen laut (nicht zu leise, nicht zu laut) spreche und dabei mit den anderen Beteiligten Blickkontakt aufnehme (immer wieder mal hinschauen, nicht stieren).

> Die anderen ausreden lassen, ihnen nicht ins Wort fallen oder sie gar über-brüllen, sondern sich merken, was ich evtl. zum Beitrag den anderen sagen möchte, mir evtl. Notizen bzw. Stichworte mache und warte bis er seinen Beitrag beendet hat.

Auch die Frage wie ein **Konfliktgespräch** anzugehen ist, sollte nicht dem Zufall überlassen werden. Aus der Vielzahl der bestehenden Modelle werden folgende drei heraus gegriffen:

(1) Das **Gordon-Modell** ist ein Kommunikationsmodell zur niederlagenlosen Lö-sung von Konflikten. Dies basiert auf der Kernidee, dass eine Konfliktsituation in einzelnen Schritten analysiert und gelöst werden kann. Die folgende Reihen-folge geht auf seinen Ansatz zurück:

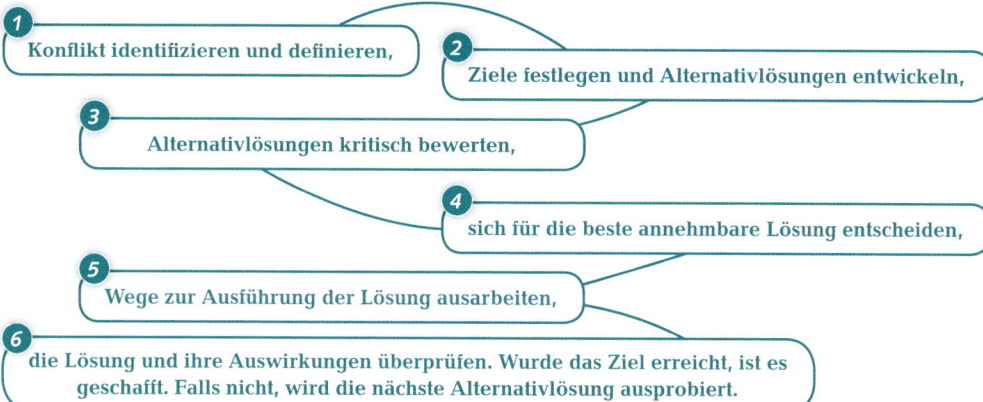

1. Konflikt identifizieren und definieren,
2. Ziele festlegen und Alternativlösungen entwickeln,
3. Alternativlösungen kritisch bewerten,
4. sich für die beste annehmbare Lösung entscheiden,
5. Wege zur Ausführung der Lösung ausarbeiten,
6. die Lösung und ihre Auswirkungen überprüfen. Wurde das Ziel erreicht, ist es geschafft. Falls nicht, wird die nächste Alternativlösung ausprobiert.

Eine besondere Bedeutung haben dabei die Ich- und die Du-Botschaften. Ich-Botschaften sind neutrale, sachliche Aussagen, durch ich meinem Gegen-über etwas über mich selbst mitteile. Dies kann eine Aussage, ein Zustand oder auch ein Gefühl sein. Es gehört zweifelsohne auch etwas Mut dazu, Dinge über sich preiszugeben, allerdings wird durch sie der andere nicht so in die Ecke ge-drängt oder sogar angeprangert wie dies bei einer Du-Botschaft der Fall ist. Beispielsweise macht es einen Unterschied, ob ich jemanden mit „Du hast im-mer" … „Du sollst nicht immer" … in die Enge treibe oder ob ich ihm meine Befindlichkeit in der Form mitteile, dass ich ihn darauf aufmerksam mache: „Mir gefällt nicht, dass … Du etwas bestimmtes getan hast."

(2) Ein anderes, mehr **beziehungsorientiertes Kommunikationsmodell** sieht 7 Schritte vor:

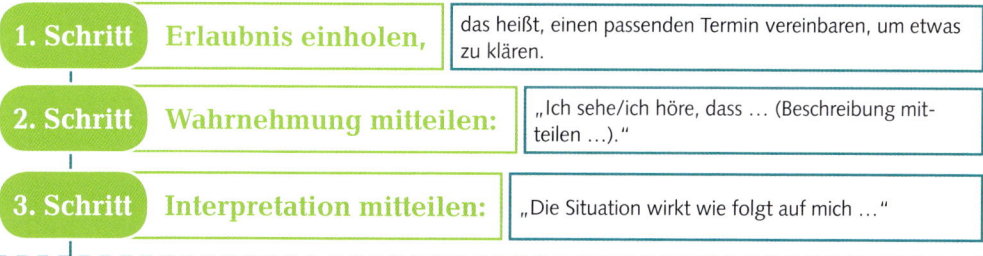

1. Schritt	Erlaubnis einholen,	das heißt, einen passenden Termin vereinbaren, um etwas zu klären.
2. Schritt	Wahrnehmung mitteilen:	„Ich sehe/ich höre, dass … (Beschreibung mit-teilen …)."
3. Schritt	Interpretation mitteilen:	„Die Situation wirkt wie folgt auf mich …"

4. Schritt	Überprüfung vornehmen,	ob die eigene Interpretation richtig ist.
5. Schritt	Gefühl ausdrücken:	„Ich fühle mich dadurch z. B. unterlegen…"
6. Schritt	Absichten erkennen lassen:	„Meine Absicht ist … z. B. die Situation zu klären."
7. Schritt	Aktion vorschlagen:	„Ich schlage vor, dass … (Vorschlag unterbreiten…)."

(3) Die **Harvard-Methode** ist die Methode des sachbezogenen Verhaltens. Ziel dieser Methode ist es, eine konstruktive und friedliche Lösung zu finden, die für beide Parteien eine Win-Win-Situation darstellt. Für beide Parteien soll ein größtmöglicher beiderseitiger Nutzen erzielt werden, was über den klassischen Kompromiss hinausgeht. Dabei sollen ganz allgemein vier Bedingungen eingehalten werden:

› Menschen und Interessen bzw. Sachfragen sind getrennt voneinander zu behandeln.

› Der Fokus sollte auf die Interessen der Beteiligten und nicht auf ihre Position gerichtet sein.

› Es sollten Entscheidungsmöglichkeiten entwickelt werden.

› Es sollten objektive Beurteilungskriterien verwendet werden, um zu einer Übereinkunft zu gelangen, die die guten Beziehungen untereinander erhält, bei der beide Parteien erhalten (oder fair teilen) was sie brauchen und bei der zeiteffizient vorgegangen wird.

Schlechte Übereinkünfte oder faule Kompromisse sind zu vermeiden. Es muss fair und sachlich verhandelt werden. Eine Gesprächsführung, in der faule Tricks oder verbale Angriffe oder bei der der andere unter Druck gesetzt wird, ist als solche zu thematisieren, um wieder zu einem normalen Gesprächsklima zurückzufinden. Es kann bisweilen auch sinnvoll und hilfreich sein, ein Gespräch auf eine hypothetische Ebene zu heben und durchzuspielen, um herauszufinden, wo vielleicht Lösungsansätze liegen könnten.

MERKE

Übergreifend sollten bei jedem Konfliktgespräch folgende Grundelemente bedacht werden:

› gegenseitiger Respekt,

› Klärung strittiger Punkte,

› erreichen einer Übereinstimmung,

› eine Lösung sollte als gemeinsames Ergebnis gesehen werden, Ziele sollten gemeinsam formuliert werden.

4.2 Exkurs: Auf Beschwerden professionell reagieren

© Monkey Business – Fotolia.com

Das Ausgangsproblem

Alltag in einem Rechtsanwaltsbüro: Ein Mandant ruft an und beschwert sich, weil der Chef nicht sofort für ihn erreichbar ist. Ein anderer Mandant versteht den Aufbau der Gebührenrechnung nicht und beschwert sich wegen der Höhe. Ein dritter Mandant beschwert sich, weil ihm seine Vertragsunterlagen noch nicht zugeschickt worden sind. Wie hiermit umgehen?

Unzufriedenheit tritt bei einem Mandanten auf, wenn das, was er als Leistung von der Kanzlei erwartet von dem abweicht, was ihm tatsächlich geboten wird bzw. was er als solches wahrnimmt. Diese Unzufriedenheit kann sich auf die verschiedensten Bereiche beziehen: die Honorarabrechnung, die Art und Weise wie eine Dienstleistung erbracht wird (z. B. schnell, korrekt, zuverlässig) oder auch auf die Frage, wie der Mandant sich betreut fühlt, z. B. fühlt er sich ernst genommen, ist der Umgangston freundlich, wird er mit seinen Anliegen gehört.

Bei Unzufriedenheit stehen ihm als Reaktion grundsätzlich mehrere Möglichkeiten zur Verfügung:

> Er nimmt von einer Beanspruchung der Dienstleistung Abstand, er **wandert ab.** Dies wird insbesondere dann geschehen, wenn er die Auseinandersetzung wegen einer Unzufriedenheit scheut. Dieses Mandat wird vielfach als endgültig verloren anzusehen sein, da es zum einen eine Zeit lang dauern kann, bis die Abwanderung überhaupt bemerkt wird und zum anderen, weil der Kündigungsgedanke und -grund sich dann auch schon bei ihm verfestigt hat.

> Er wird seinen Unmut vielfach durch **negative Mundwerbung** kundtun, was sich insbesondere im Anwaltsbereich sehr nachteilig auswirken kann, da Rechtsanwälte nur sehr eingeschränkt Werbung für ihre Kanzlei machen dürfen und somit auf eine positiv funktionierende Mundpropaganda angewiesen sind. Abwanderung und negative Mundwerbung liegen in der Regel eng beieinander. Im Marketing gilt schon seit langem die Faustregel: Ein unzufriedener Kunde teilt in der Regel 10 anderen Kunden seinen Unmut mit, die dann auch wiederum als „Negativ-Multiplikatoren" tätig sein können und somit ein Schneeballsystem auslösen können. Durch Negativkommentare oder -bewertungen im Internet ist diese Gefahr noch um ein vielfaches vergrößert worden.

> Er kann in eine passive, inaktive Rolle verfallen und abwarten, möglicherweise weiteren Unmut ansammeln.

> Er beschwert sich.

Die **Beschwerde** ist vielfach nur die Spitze des Eisbergs, ihr liegt vielfach ein Prozess des „Sich-Aufstauens" zugrunde. Es ist eine empirisch belegte Tendenz für den Dienstleistungsbereich allgemein, dass sich oftmals trotz Unzufriedenheit nur ein geringer Prozentsatz tatsächlich beschwert. Nicht selten wird der leise Weg des Abwanderns präferiert.

Insofern sollte eine Beschwerde nicht unbedingt nur als das angesehen werden, was sie auf den ersten Blick ist: lästig, eckig, unbequem, unangenehm. Vielmehr sollte sie auch als Chance begriffen werden, um einen unzufriedenen Mandanten zu halten und das Vertrauensverhältnis nicht nur zurückzugewinnen, sondern sogar zu festigen.

Das Produkt

Im Gegensatz zu Sachleistungen sind Dienstleistungen dadurch gekennzeichnet, dass der Mandant bei der Leistungserbringung mit einem **hohen Interaktionsteil** unmittelbar einbezogen ist, z. B. bei einer mündlichen Beratung. Außerdem erfolgt die Dienstleistung **individuell.** Jedes Mandat ist eben anders gelagert. Anders als bei einem Einzelhandelsbetrieb, in dem ein fehlerhaftes Produkt eines Herstellers einfach umgetauscht wird, wird dies im Dienstleistungssektor, insbesondere im Rechtsbereich nicht möglich sein. Da der Kunde bei der Leistungserstellung oftmals mitgewirkt hat, wird es auch schwierig sein, im Rahmen von Schuldzuweisungen zu klären, wer jetzt letztlich den Fehler verursacht hat. Die Qualität von Dienstleistungen lässt sich demzufolge nicht in dem Maße vergleichen wie die von Sachgütern. Die Qualität z. B. von Klageschriften einer Kanzlei wird man nie in dem Maße vergleichen können, wie man dies beispielsweise bei der Qualität von Schrauben tun kann. Da rechtliche Problemstellungen oftmals von einem Mandanten gar nicht nachvollzogen oder beurteilt werden können, ist es für ihn vielfach auch allein schon deswegen nicht möglich, eine Aussage zu treffen, ob eine Kanzlei gut oder eher schlechter gearbeitet hat. Er kann aber sehr wohl beurteilen, ob Zusagen eingehalten wurden, ob sich jemand für sein Anliegen Zeit nimmt, ob die Unterlagen und Schriftsätze, die ihm zugesendet wurden, professionell wirken und vor allem, ob bzw. wie auf Beschwerden reagiert wird. Er merkt sehr schnell in einem Gespräch, ob sich sein Gesprächspartner als interessierter und engagierter Dienstleister mandantenorientiert verhält oder ob dieser nur ohne eine entsprechende innere Grundeinstellung seinen Dienst erbringt.

© Halfpoint – Fotolia.com

Bei der Beurteilung aus der Sicht eines Mandanten werden daher in verstärktem Maße subjektive Kriterien, Wahrnehmungen und Erfahrungswerte Einfluss nehmen. Es wird sich daher der Prozess, das heißt die Art und Weise wie die Leistung erbracht wurde, besonders im Wahrnehmungsbereich des Mandanten verfestigen, z. B. durch freundliche und höfliche Behandlung, Zuvorkommenheit, Ansprechbarkeit, Erreichbarkeit, Engagement, fachlich kompetente Beratung ohne in unverständliches Fachchinesisch zu verfallen, persönliche Betreuung, Verlässlichkeit und Pünktlichkeit, Einhaltung von Zusagen und Terminen, Wertschätzung zeigen, Aufmerksamkeit schenken. Insofern kommt auch der richtigen Art und Weise, wie mit Beschwerden umgegangen wird, eine besonders tragende Rolle zu.

Beschwerden entgegennehmen und Lösungsmöglichkeiten anbieten

Wenn ein Beschwerdeanruf in einer Kanzlei eingeht, dann prallen oftmals zwei Gefühlswelten aufeinander:

Mandant ist unzufrieden, weil z. B.:	Mitarbeitersituation, z. B.:
› Leistung wurde fehlerhaft erbracht. › Informationen oder Unterlagen wurden verspätet oder gar nicht überbracht. › Es hat sich Unmut aufgestaut. › Er wurde bereits mehrfach nicht richtig angehört. › Er hat den Eindruck, als Nörgler zu gelten. › Er fühlt sich nicht richtig betreut und wahrgenommen. › Er fühlt sich als Bittsteller und nicht als Auftraggeber.	› Er oder sie bearbeitet gleichzeitig andere Dinge, z. B. eine dringende Terminsache. › Er oder sie ist gestresst, privat oder beruflich. › Er oder sie ist überlastet. › Er oder sie kommt nicht zum arbeiten, weil permanent das Telefon klingelt. › Er oder sie muss gleich zum Chef. › Er oder sie muss Krankheitsvertretung mitmachen. › „Heute ist hier die Hölle los." › „Jeder will etwas von mir."

Ein Beschwerdeanruf in diesem Klima führt leicht dazu, dass der Mitarbeiter dem Mandanten schnell eine genervte Haltung vermittelt und dieser wiederum schnell in eine Angriffshaltung übergeht. Von Seiten des Mitarbeiters muss dies nicht unbedingt eine genervte Äußerung sein, oftmals genügt ein genervt klingendes Seufzen oder eine bestimmte Stimmlage, um dem Mandanten das Gefühl eines Nörglers zu vermitteln. Die Gefahr, dass sich das Ganze dann hochschaukelt, ist extrem hoch. Der Mandant fühlt sich nicht ernst genommen und ist verärgert, dies umso mehr, wenn er bereits zuvor ähnliche Erfahrungen gemacht hatte. Eine schlimme Konsequenz wäre dann, dass er das Gespräch abbricht, das Mandat kündigt und als „Negativ-Multiplikator" anderen seinen Unmut mitteilt.

© shock – Fotolia.com

Sofern ein Mandant eine Beschwerde vorträgt ist zunächst oberstes Gebot, freundlich zu reagieren und ihn und sein Anliegen ernst zu nehmen. Falsch ist es, den Mandanten spüren zu lassen, dass man selbst gerade gestresst ist und insofern eigentlich gar keine Zeit für sein Anliegen hat.

Ein **situationsgerechtes Verhalten** sollte folgende Elemente berücksichtigen:

› schnelles Handeln,

› den Mandant spüren lassen, dass sein Anliegen ernst genommen wird, dass Sie sich darum kümmern, dass Sie nicht vorhaben, ihn nur zu vertrösten und unverrichteter Dinge wegzuschicken,

› serviceorientiert reagieren, z. B. den Mandanten an einem separaten Tisch außerhalb des Eingangsbereichs bitten Platz zu nehmen, um sich besser seinem Problem widmen zu können,

› einen Fehler umgehend und gründlich beheben; sofern dies aufgrund der Art des Fehlers nicht sofort möglich sein sollte oder nicht auf Anhieb ersichtlich ist, ob ein Fehler der Kanzlei vorliegt oder nicht, dem Mandanten zusichern, dass sein Anliegen sofort dem Rechtsanwalt vorgelegt wird,

› sachlich handeln und auf keinen Fall den Konflikt auf sich selbst beziehen,

© Ingo Bartussek – Fotolia.com

> eine Auseinandersetzung vermeiden, den Konflikt auch bei einer emotionalen Reaktion des Mandanten versuchen, wieder auf eine sachbezogene Ebene zu bringen,

> es geht nicht darum wer gewinnt, sondern um eine sachgerechte Lösung in einem Konflikt.

Ein Mandant kündigt ein Beschwerdegespräch selten vorher an, sondern es wird wohl in der Praxis eher so aussehen, dass es unverhofft beispielsweise durch einen Anruf im Raum steht, Sie aus ihrer bisherigen Arbeit herausgerissen werden und sofort mandantenorientiert darauf reagieren müssen. Deshalb erleichtert es den Umgang mit solchen Situationen, wenn Sie sich bestimmte Verhaltensroutinen verinnerlicht haben, auf die Sie in einer solchen Situation zurückgreifen können. Idealtypischerweise könnte ein **Beschwerdegespräch** in den folgenden Phasen ablaufen:

1   Entschuldigung und Verständnis bekunden

> Den Mandanten ausreden und sein Problem vorbringen lassen.

> Freundlich bleiben.

> Ihm durch Körpersprache und Blickkontakt signalisieren, dass Sie ihm zuhören.

> Verständnis signalisieren.

> Sachlich antworten, sich nicht persönlich angegriffen fühlen.

> Bei einem Fehler sich im Namen der Kanzlei entschuldigen.

> Hierdurch die Situation entspannen und zu erkennen geben, dass Sie seinem Anliegen schnellst möglich nachgehen werden.

2   Suche nach Gründen für die Beschwerde

> Je nach Art des Fehlers sollte durch Nachfragen versucht werden, die Gründe für den Fehler herausfinden, z. B. könnte diese Beschwerde nur die Spitze eines „Unzufriedenheits-"Eisberges gewesen sein.

> Sinnvollerweise sollten hierzu offene Fragen gestellt werden, die nicht nur kurz mit ja oder nein beantwortet werden können, z. B. „Wann …, wo …, warum …?"

> Anhand seiner Schilderung besteht die Möglichkeit, dem Mandanten zu erläutern, warum der Fehler aufgetreten ist und welche Konsequenzen hieraus gezogen werden könnten bzw. werden.

3   Lösung finden

> Sofern es sich nicht um einen Fehler handelt, den Sie sofort lösen können, sollten dem Mandanten Lösungsmöglichkeiten aufgezeigt werden.

> Die Vorschläge des Mandanten sollten dabei miteinbezogen werden.

› Sofern schnell ersichtlich ist, dass der Beschwerdegrund nur durch den Rechtsanwalt selbst behoben werden kann und dieser möglicherweise z. B. gerade einen Gerichtstermin wahrnimmt, so sollte dem Mandanten zugesichert werden, dass sein Anliegen sofort vorgelegt und diesem schnellstmöglich nachgegangen wird.

4 Gespräch abschließen

› Sofern das Problem sofort behoben werden konnte, sollte gegenüber dem Mandanten auch geäußert werden, dass Sie froh darüber sind, schnell eine zufriedenstellende Lösung gefunden zu haben.

› Dem Mandant sollte für seine Offenheit und seine ehrliche Rückmeldung gedankt werden. Je nach Art des Fehlers, kann es auch sein, dass diese Information für die Kanzlei wichtig war, um künftig an dieser Stelle Fehler zu vermeiden. Zumindest wird es vom Mandanten positiv registriert, dass ein großes Bemühen besteht, diesen Fehler auszumerzen.

› Verbunden hiermit sollte auch das Interesse bekundet werden, ihn auch weiterhin als zufriedenen Mandanten behalten zu wollen. Dabei kann auch auf die bisherige gute und vertrauensvolle Zusammenarbeit und den Wunsch verwiesen werden, diese auch künftig fortsetzen zu wollen.

Wenn ein Mandant sich serviceorientiert behandelt und ernst genommen fühlt ist er schneller bereit, über einen Fehler oder ein sonstiges Ärgernis hinwegzusehen. Ein professioneller Umgang mit einer Beschwerde kann durchaus auch dazu führen, dass die ursprünglich nur negativ wirkende Beschwerde als ein Baustein im Hinblick auf ein künftig intensiviertes Vertrauensverhältnis wirken kann.

LERNFELD 1

4.3 Zusammenfassung und Aufgaben

ZUSAMMENFASSUNG

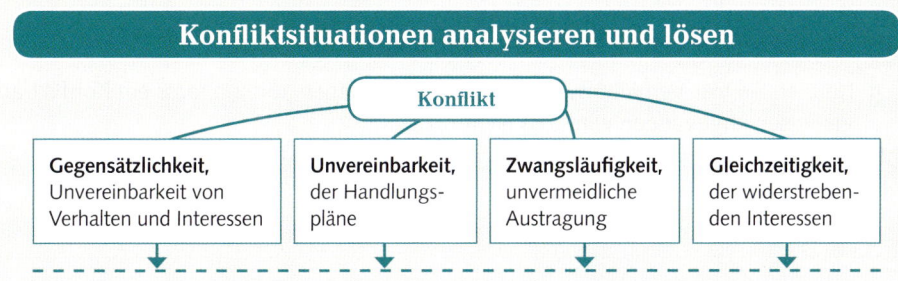

Konfliktsituationen analysieren und lösen

Konflikt

| Gegensätzlichkeit, Unvereinbarkeit von Verhalten und Interessen | Unvereinbarkeit, der Handlungspläne | Zwangsläufigkeit, unvermeidliche Austragung | Gleichzeitigkeit, der widerstrebenden Interessen |

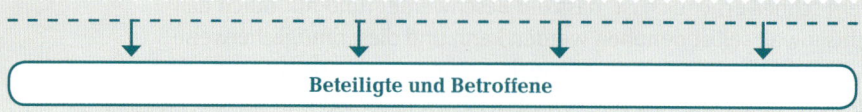

Beteiligte und Betroffene

Konfliktursachen

beeinträchtigen: z. B. Unser(e):

> Wollen,
> Absichten
> Gefühlsleben,
> Bewertungen

> Wahrnehmungs-
  fähigkeit
> Abhängigkeiten
  in der Arbeit

Konfliktarten

> funktionale und dysfunktionale
> latente und manifeste
> auf Sach-, Beziehungs- oder
  Machtebene
> intrapersonelle und interpersonelle

Konflikthandhabung

Konfliktfreies Umfeld schaffen,
ggf. Konfliktmoderator einschalten

Konfliktbeteiligte:

> Kompetenzen zum Umgang mit Kon-
  flikten erlernen bzw. entwickeln
> konstruktives Verhalten
> Konfliktgespräch gestalten (z. B. Gor-
  don-Modell, Harvard-Methode)

Konflikte mit Mandanten

Beschwerde

Beschwerde entgegennehmen und Lösungsmöglichkeiten anbieten, Situationsgerechtes,
serviceorientiertes Verhalten, Serviceorien-
tierte, professionelle Verhaltensroutinen
verinnerlichen:

> Entschuldigung und Verständnis bekunden
> Suche nach Gründen für die Beschwerde
> Lösung finden
> Gespräch abschließen

AUFGABEN

1. Welche maßgeblichen Merkmale kennzeichnen einen Konflikt?
2. Nennen Sie die wichtigsten Konfliktarten.
3. Welche Stellung kommt einem Konfliktmoderator zu?
4. Nennen Sie vier Verhaltensweisen, die dazu beitragen können, dass ein Konflikt angemessen angegangen wird und nicht eskaliert.
5. Durch welche Phasen sollte ein konstruktiv geführtes Beschwerdegespräch idealtypischerweise gekennzeichnet sein?

LERNFELD 2

Arbeitsabläufe im Team
organisieren

1. HANDELS- UND GESELLSCHAFTS-RECHTLICHE GRUNDLAGEN

Für die Organisation eines Betriebes oder Unternehmens stehen verschiedene Rechtsformen zur Wahl, für die die jeweils einschlägigen besonderen gesetzlichen Bestimmungen zu beachten sind, z. B. für die GmbH das GmbHG. Für Kaufleute gilt ergänzend zu anderen gesetzlichen Bestimmungen das HGB.

1.1 Gewerbefreiheit

Die Ausübung eines Gewerbes unterliegt der Gewerbeordnung (GewO). Grundsätzlich ist der Betrieb eines Gewerbes jedermann gestattet, soweit nicht gesetzliche Ausnahmen oder Beschränkungen bestehen (§ 1 GewO). Der Begriff Gewerbe ist nicht allgemeingültig definiert und muss deshalb entsprechend dem Inhalt und Zweck der jeweiligen Vorschrift bestimmt werden. Im handelsrechtlichen Sinne liegt ein Gewerbe vor, wenn verschiedene Merkmale erfüllt sind.

© contrastwerkstatt – Fotolia.com

Folgende Merkmale sprechen für ein Gewerbe im handelsrechtlichen Sinne

Selbstständigkeit

Selbstständig ist, wer im Wesentlichen frei seine Tätigkeit gestalten und seine Arbeitszeit bestimmen kann. Für eine Selbstständigkeit spricht daneben, dass der Handelnde das Unternehmerrisiko trägt. Ausschlaggebend sind damit persönliche unternehmerische Freiheit und Verantwortung. Bei natürlichen Personen dient dieses Merkmal z. B. der Abgrenzung von Arbeitnehmern. Bei juristischen Personen, Handelsgesellschaften und anderen nicht natürlichen Unternehmensträgern liegt die Selbstständigkeit als Wesensmerkmal vor.

Nach außen gerichtete Tätigkeit, Marktorientierung

Kennzeichnend für ein Gewerbe ist eine erkennbar nach außen gerichtete Tätigkeit unter Teilnahme am Wettbewerb. Dies beinhaltet auch den Abschluss entgeltlicher Rechtsgeschäfte. Deshalb ist beispielsweise die bloße Verwaltung eigenen Vermögens keine gewerbliche Tätigkeit.

Planmäßigkeit

Die Tätigkeit muss planmäßig erfolgen, also auf eine gewisse Dauer angelegt sein und grundsätzlich auf eine unbestimmte Vielzahl von Geschäften gerichtet. Es muss eine unternehmerische Tätigkeit, also ein Mindestmaß an Kontinuität vorhanden sein. Die Planmäßigkeit kann auch bestehen, wenn die Tätigkeit nur saisonal oder zeitlich befristet (z. B. anlässlich einer Messe) ausgeübt wird. Irrelevant ist gleichfalls, ob es sich um eine Haupt- oder Nebentätigkeit handelt.

> **Entgeltlichkeit**
>
> Dieses Merkmal involviert, dass die Tätigkeit auf den Abschluss von Rechtsgeschäften gerichtet ist. Nach früherer Rechtsprechung war damit auch eine Gewinnerzielungsabsicht verbunden, die mittlerweile jedoch nicht mehr als Voraussetzung einer Entgeltlichkeit gesehen wird.

BEISPIEL

Anita Gerst betreibt ein Café, sie hat fünf Mitarbeiter. Die wesentlichen Kriterien für eine gewerbliche Tätigkeit sind erfüllt, sie arbeitet selbstständig (mit Arbeitnehmern), ihre Tätigkeit ist nach außen gerichtet (sie bietet erkennbar Leistungen an), der Betrieb des Cafés ist planmäßig (auf Dauer angelegt) und sie verlangt für ihre Leistungen Geld (Entgeltlichkeit). Damit betreibt sie ein Gewerbe in Form eines Cafés.

Eine freiberufliche Tätigkeit ist grundsätzlich kein Gewerbe, weshalb Rechtsanwalt, Notar und Patentanwalt kein Gewerbe ausüben. § 2 BRAO regelt ausdrücklich, dass der Rechtsanwalt einen freien Beruf ausübt und seine Tätigkeit kein Gewerbe ist. Auch Tätigkeiten auf dem Gebiet der Wissenschaft und Kunst sind keine gewerblichen Tätigkeiten. Unter die freien Berufe fallen beispielsweise auch Ärzte, Heilpraktiker, Steuerberater (§ 1 Abs. 2 PartGG).

1.2 Unternehmensformen

Als Unternehmensform wird die rechtliche Verfassung, also die Rechtsform des Unternehmens verstanden. Durch die Unternehmensform wird die Rechtsbeziehung des Unternehmens im Innen- und Außenverhältnis geregelt.

© fotodo – Fotolia.com

Rechtsformen von Unternehmen		
Einzelunternehmen	**Gesellschaftsunternehmen**	
Personengesellschaften	**Kapitalgesellschaften**	**Sonderformen**
› Gesellschaft bürgerlichen Rechts (GbR) › Partnerschaftsgesellschaft (Partnerschaft)	› Gesellschaft mit beschränkter Haftung (GmbH) › Unternehmergesellschaft (UG haftungsbeschränkt)	› Genossenschaft (e. G.) › Versicherungsverein auf Gegenseitigkeit (VVaG)

Personengesellschaften	Kapitalgesellschaften
› Europäische wirtschaftliche Interessenvereinigung (EWIV) › Offene Handelsgesellschaft (OHG) › Kommanditgesellschaft (KG) › GmbH & Co. KG › AG & Co. KG › Stille Gesellschaft (st. Ges.)	› Aktiengesellschaft (AG) › Kommanditgesellschaft auf Aktien (KG aA) › Deutsche Europäische Aktiengesellschaft (SE)

© kasto – Fotolia.com

© lenets_tan – Fotolia.com

Durch die Unternehmensform ergeben sich rechtliche Konsequenzen, z. B.

› Vertretung des Unternehmens;
› Geschäftsführung des Unternehmens;
› Kapitalausstattung des Unternehmens;
› Haftung für Verbindlichkeiten;
› Registereintragung.

MERKE

Die Vertretung ist eine nach außen gerichtete Tätigkeit, beispielsweise zum Abschluss von Rechtsgeschäften oder Führung von Prozessen. Die Vertretungsmacht ist eng an die Bestimmungen nach §§ 164 ff. BGB gebunden. Der Begriff der Geschäftsführung umfasst alle rechtsgeschäftlichen und tatsächlichen Handlungen, die zur Förderung des Gesellschaftszwecks für die Gesellschaft vorgenommen werden. Die Vertretung ist damit Teil der Geschäftsführung.

Für eine juristische Person ergibt sich regelmäßig aus dem jeweiligen Gesetz, wer vertretungsberechtigt ist. Beispielsweise vertreten nach § 35 GmbHG die Geschäftsführer die GmbH sowohl gerichtlich als auch außergerichtlich.

Gleichfalls ist den spezifischen gesetzlichen Bestimmungen zu entnehmen,

› ob für eine Unternehmensform eine Kapitalausstattung vorgeschrieben ist,
› wer für die Verbindlichkeiten der Gesellschaft haftet und
› ob die Gesellschaft in ein Register einzutragen ist.

1.2.1 Einzelunternehmen

Ein Einzelunternehmen wird von einer einzelnen natürlichen Person (auch Inhaber genannt) gegründet und geführt. Besondere gesetzliche Bestimmungen für die Gründung eines Einzelunternehmens bestehen nicht, sodass auf die allgemeinen gesetzlichen Regelungen zu verweisen ist; ist der Einzelunternehmer aber zugleich Kaufmann, gilt für ihn das Handelsgesetzbuch (HGB). Ein Mindestkapital ist nicht gesetzlich vorgesehen. Die Geschäfte werden vom Einzelunternehmer üblicherweise unter seinem Namen auf eigene Rechnung und eigenes Risiko geführt. Er haftet unbeschränkt auch mit seinem Privatvermögen. Meist wird dem Namen ein Zusatz hinzugefügt mit dem Geschäftsinhalt, z. B. „Hans Ruh, Fliesenlegermeister". Der Einzelunternehmer schließt Verträge ab, beispielsweise mit seinen Arbeitnehmern, und kann Vollmachten gemäß §§ 164 ff. BGB erteilen. Ist er zugleich Kaufmann, kann er auch Vollmachten nach dem HGB erteilen (z. B. Prokura gemäß § 48 HGB).

Auch der in einer Einzelkanzlei tätige Rechtsanwalt ist demnach Einzelunternehmer.

1.2.2 Personengesellschaften

Eine Personengesellschaft entsteht, wenn sich mindestens zwei natürliche und/oder juristische Personen zur Erreichung eines gemeinsamen Zwecks in der Rechtsform der Gesellschaft zusammenschließen. Die Personengesellschaft ist (obwohl keine juristische Person) Träger von Rechten und Pflichten. Eine rechtsfähige Personengesellschaft ist mit der Fähigkeit ausgestattet, Rechte zu erwerben und Verbindlichkeiten einzugehen (§ 14 Abs. 2 BGB).

© puhhha – Fotolia.com

Allgemeine Merkmale einer Personengesellschaft sind

> Keine strikte Trennung zwischen der Gesellschaft und den Gesellschaftern.
> Keine juristische Person.
> Das Gesellschaftsvermögen wird Gesamthandvermögen der Gesellschafter.
> Die Gesellschafter führen die Geschäfte; Geschäftsführung und Vertretung erfolgen durch die Gesellschafter (Selbstorganschaft).
> Es werden mindestens zwei Personen/Gesellschafter benötigt.
> Die Haftung besteht mit dem Gesellschaftsvermögen und die Gesellschafter haften persönlich und unbeschränkt.
> Es ist kein Mindestkapital gesetzlich vorgeschrieben.

1.2.2.1 Die Gesellschaft bürgerlichen Rechts (GbR)

Die GbR ist dadurch gekennzeichnet, dass sich die Gesellschafter durch den Gesellschaftsvertrag gegenseitig verpflichten, die Erreichung eines gemeinsamen Zweckes in der durch den Vertrag bestimmten Weise zu fördern, insbesondere die vereinbarten Beiträge zu leisten (§ 705 BGB). Sie ist die Grundform der Personengesellschaft und setzt voraus, dass die für andere Gesellschaftsformen erforderlichen Voraussetzungen fehlen.

BEISPIEL

Wenn mit Gründung der Gesellschaft ein Handelsgewerbe betrieben werden soll, kann dies nicht in Form einer GbR geschehen, sondern z. B. als OHG.

Daraus folgt, dass, wenn die besonderen Voraussetzungen einer anderen Gesellschaftsform wegfallen, eine GbR entsteht, wenn die Gesellschafter ihre Tätigkeiten fortsetzen.

© jro-grafik – Fotolia.com

GbR

› Entsteht mit der vertraglichen Einigung der Gründungsgesellschafter. Eine besondere Form ist zum Abschluss dieses Gesellschaftsvertrages nicht gesetzlich bestimmt.
› Gegenstand des Zusammenschlusses kann jeder beliebige Zweck sein. Auf die Dauer kommt es nicht an, so kann eine GbR für eine bestimmte Gelegenheit gegründet werden oder für längere Dauer.
› Die Gesellschafter haben Rechte und Pflichten.
› Sie kann Inhaberin von Rechten (Eigentum, Forderungen) sein.
› Sie kann Gesellschafter einer juristischen Person sein.
› Geschäftsführung und Vertretung stehen den Gesellschaftern gemeinschaftlich zu.
› Die Gesellschafter haften persönlich und als Gesamtschuldner.
› Das dem Gesellschaftszweck gewidmete Vermögen der Gesellschafter wird Gesellschaftsvermögen.
› Es ist kein Mindestkapital vorgeschrieben.
› Beteiligung der Gesellschafter an Gewinn und Verlust zu gleichen Teilen.

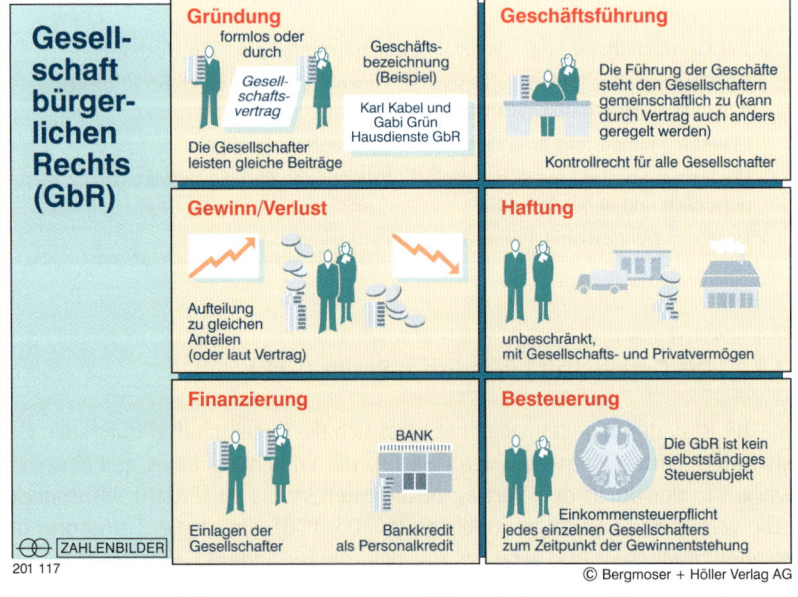

© Bergmoser + Höller Verlag AG

BEISPIEL

Zwei Rechtsanwälte schließen sich zu einer Sozietät zusammen (§ 59 a BRAO); dies geschieht regelmäßig in Form einer GbR.

1.2.2.2 Die Partnerschaftsgesellschaft (Partnerschaft)

Die Partnerschaft ist eine Gesellschaft, in der sich Angehörige freier Berufe zur Ausübung ihrer Tätigkeit zusammenschließen. Die gesetzliche Grundlage ist das Partnerschaftsgesellschaftsgesetz (PartGG).

BEISPIEL

Drei Rechtsanwälte schließen sich zu einer Partnerschaft zusammen.

Partnerschaft

> Sie übt kein Handelsgewerbe aus.
> Angehörige einer Partnerschaft können nur natürliche Personen sein.
> Ein Mindestkapital ist nicht vorgeschrieben.
> Der Name der Partnerschaft muss den Namen mindestens eines Partners, den Zusatz „und Partner" oder „Partnerschaft" sowie die Berufsbezeichnungen aller in der Partnerschaft vertretenen Berufe enthalten.
> Der Partnerschaftsvertrag bedarf der Schriftform.
> Die Partnerschaft ist in das Partnerschaftsregister einzutragen.
> Die Partnerschaft entsteht im Verhältnis zu Dritten mit ihrer Eintragung.
> Die Partnerschaft kann unter ihrem Namen Rechte erwerben und Verbindlichkeiten eingehen, Eigentum und andere dingliche Rechte an Grundstücken erwerben, vor Gericht klagen und verklagt werden.
> Zur Geschäftsführung und Vertretung der Partnerschaft ist jeder Partner berechtigt.
> Die Partnerschaft kann als Prozess- oder Verfahrensbevollmächtigte beauftragt werden.
> Für Verbindlichkeiten der Partnerschaft haften den Gläubigern neben dem Vermögen der Partnerschaft die Partner als Gesamtschuldner.

© Syda Productions – Fotolia.com

1.2.2.3 Die Europäische wirtschaftliche Interessenvereinigung (EWIV)

Die EWIV ist eine auf dem Recht der Europäischen Union basierende Gesellschaft, die in Deutschland als Personengesellschaft angesehen wird. Sie kann nach EU-Recht in Verbindung mit nationalem Recht gebildet werden. In Deutschland ist das EWIV-Ausführungsgesetz Rechtsgrundlage, ergänzend gelten die Vorschriften für eine offene Handelsgesellschaft.

Mit dieser Unternehmensform haben kleinere und mittlere Unternehmungen aus EU-Mitgliedstaaten die Möglichkeit, grenzüberschreitende Kooperationen zu betreiben. Die EWIV ist eine juristische Person.

EWIV

> Sie gilt als Handelsgesellschaft im Sinne des HGB.
> Sie ist in das Handelsregister (HRA) einzutragen.
> Mit Registereintragung erlangt die EWIV in der gesamten Gemeinschaft Rechtsfähigkeit.
> Sie wird durch die Geschäftsführer vertreten.
> Sie kann Verträge abschließen, klagen oder verklagt werden.
> Ein Mindestkapital ist nicht vorgeschrieben.
> Die Mitglieder haften unbeschränkt und gesamtschuldnerisch für die Verbindlichkeiten der EWIV.

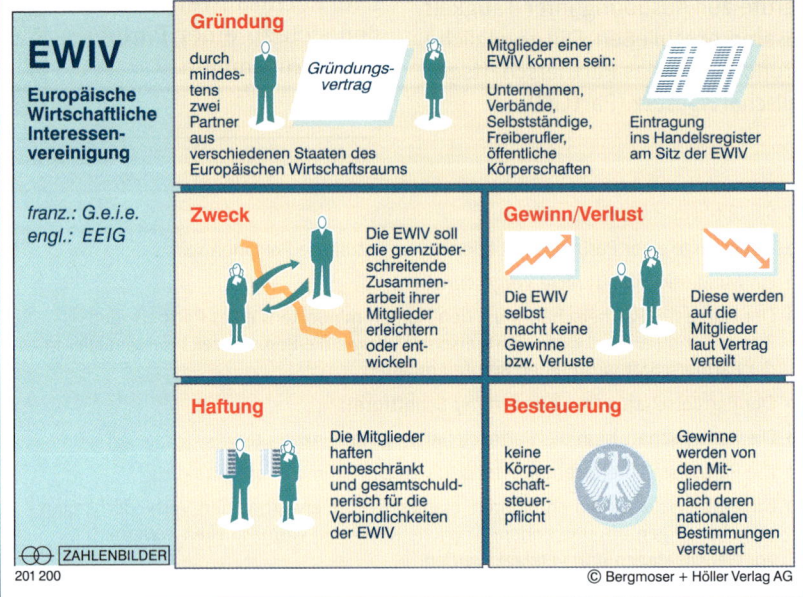

1.2.2.4 Die Offene Handelsgesellschaft (OHG)

Die OHG ist eine Gesellschaft, deren Zweck auf den Betrieb eines Handelsgewerbes unter gemeinschaftlicher Firma gerichtet ist (§ 105 Abs. 1 HGB). Ergänzend zu den gesetzlichen Bestimmungen der §§ 105 ff. HGB gelten die Normen des BGB zur GbR (§ 705 ff. BGB). Die OHG ist eine rechtsfähige Gesamthandelsgesellschaft und ein eigenes Rechtssubjekt, das durch seine Organe handelt.

OHG

> Die Gesellschafter haften gegenüber den Gesellschaftsgläubigern persönlich und unbeschränkt.
> Sie entsteht mit dem Abschluss eines nicht formgebundenen Gesellschaftsvertrags.
> Sie ist Kaufmann im Sinne des HGB.
> Sie hat eine Firma mit dem auf die Gesellschaftsform hinweisenden Zusatz.

> Im Außenverhältnis beginnt die Gesellschaft, sobald ein Gesellschafter Geschäfte in ihrem Namen tätigt, spätestens mit Eintragung ins Handelsregister.

> Sie ist in das Handelsregister (HRA) einzutragen.

> Ein Mindestkapital ist gesetzlich nicht vorgeschrieben.

> Die Gesellschafter unterliegen einem Wettbewerbsverbot.

> Zur Geschäftsführung und Vertretung sind alle Gesellschafter berechtigt und verpflichtet (Einzelvertretung kann vereinbart werden).

> Sie kann unter ihrer Firma Rechte erwerben und Verbindlichkeiten eingehen, Eigentum und andere dingliche Rechte an Grundstücken erwerben, vor Gericht klagen und verklagt werden.

© jro-grafik – Fotolia.com

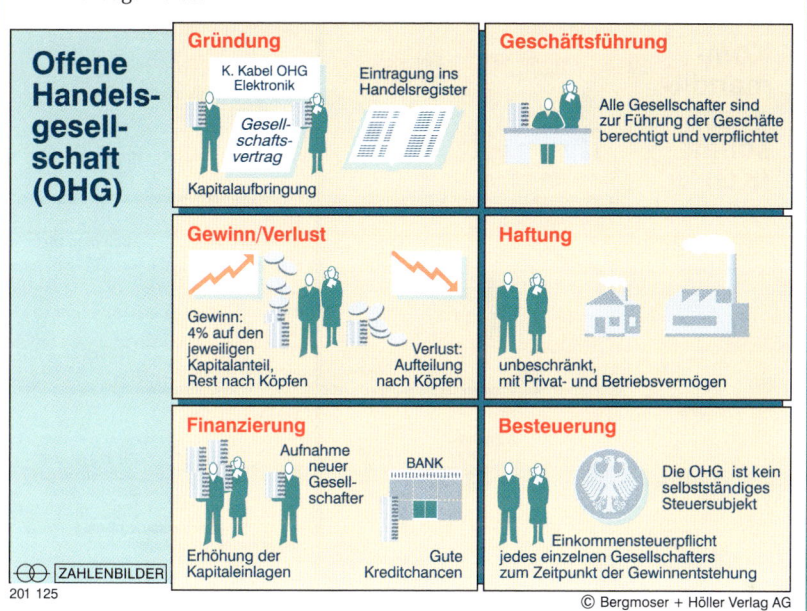

Offene Handelsgesellschaft (OHG)

Gründung
K. Kabel OHG Elektronik
Gesellschaftsvertrag
Kapitalaufbringung
Eintragung ins Handelsregister

Geschäftsführung
Alle Gesellschafter sind zur Führung der Geschäfte berechtigt und verpflichtet

Gewinn/Verlust
Gewinn: 4% auf den jeweiligen Kapitalanteil, Rest nach Köpfen
Verlust: Aufteilung nach Köpfen

Haftung
unbeschränkt, mit Privat- und Betriebsvermögen

Finanzierung
Erhöhung der Kapitaleinlagen
Aufnahme neuer Gesellschafter
BANK
Gute Kreditchancen

Besteuerung
Die OHG ist kein selbstständiges Steuersubjekt
Einkommensteuerpflicht jedes einzelnen Gesellschafters zum Zeitpunkt der Gewinnentstehung

ZAHLENBILDER
201 125

© Bergmoser + Höller Verlag AG

LERNFELD 2

1.2.2.5 Die Kommanditgesellschaft (KG)

Die KG kann als eine Sonderform der OHG angesehen werden, auch deren Zweck ist auf den Betrieb eines Handelsgewerbes unter gemeinschaftlicher Firma gerichtet (§ 161 HGB). Im Gegensatz zur OHG sind bei der KG zwei Gesellschafterarten zu unterscheiden: der Komplementär haftet persönlich und unbeschränkt, der Kommanditist haftet beschränkt mit seiner Vermögenseinlage. Ergänzend zu den besonderen Vorschriften der § 161 ff. HGB finden die für die OHG geltenden Vorschriften Anwendung.

> Zur Geschäftsführung und Vertretung sind nur die Komplementäre berechtigt und verpflichtet.

> Nur der Komplementär unterliegt einem Wettbewerbsverbot.

> Der Komplementär haftet gegenüber den Gesellschaftsgläubigern persönlich und unbeschränkt.

KG

> Der Kommanditist haftet gegenüber den Gesellschaftsgläubigern mit seiner Einlage.

> Sie entsteht mit dem Abschluss eines nicht formgebundenen Gesellschaftsvertrags.

> Sie ist Kaufmann im Sinne des HGB.

> Sie hat eine Firma mit dem auf die Gesellschaftsform hinweisenden Zusatz.

> Im Außenverhältnis beginnt die Gesellschaft mit Eintragung in das Handelsregister.

> Sie ist in das Handelsregister (HRA) einzutragen.

> Ein Mindestkapital ist nicht gesetzlich vorgeschrieben.

> Sie kann unter ihrer Firma Rechte erwerben und Verbindlichkeiten eingehen, Eigentum und andere dingliche Rechte an Grundstücken erwerben, vor Gericht klagen und verklagt werden.

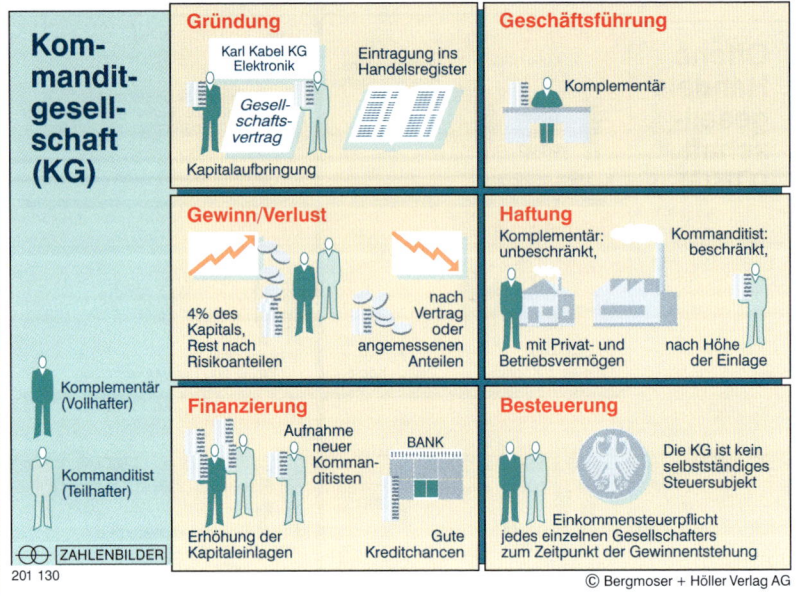

Sonderformen einer KG stellen die GmbH & Co. KG und die AG & Co. KG dar. Die Besonderheit dieser Unternehmensformen liegt darin, dass der Komplementär der KG eine juristische Person (GmbH oder AG) ist. Somit besteht rechtlich zwar eine unbeschränkte und persönliche Haftung des Komplementärs, allerdings ist diese Haftung faktisch aber beschränkt auf das Gesellschaftsvermögen der juristischen Person. Die Firma einer solchen KG muss eine Bezeichnung enthalten, welche die Haftungsbeschränkung kennzeichnet – dies geschieht regelmäßig durch Benennung der Gesellschaftsform der juristischen Person. Indem die KG durch den Komplementär vertreten wird, obliegt die Geschäftsführung folglich dem Vertretungsorgan der juristischen Person.

BEISPIEL

Gesellschafter der 1+1 GmbH und Co. KG sind die 1+1 Verwaltungs GmbH (Komplementär) und Karl Ible als Kommanditist. Die Vertretung der KG obliegt dem Komplementär, also der 1+1 Verwaltungs GmbH, diese wird ihrerseits vertreten durch den Geschäftsführer.

1.2.2.6 Die stille Gesellschaft

Eine stille Gesellschaft kann als eine besondere Form der GbR gesehen werden und ist gekennzeichnet durch den Zusammenschluss von mindestens zwei Personen zur Verfolgung des gemeinsamen Zwecks, das Handelsgewerbe des tätigen Gesellschafters zu betreiben.

Der stille Gesellschafter beteiligt sich am Handelsgewerbe des Inhabers indes nur mit einer Einlage, die in das Vermögen des Inhabers übergeht (§ 230 Abs. 1 HGB). Folglich bleibt der ursprünglich tätige Gesellschafter alleiniger Inhaber des Handelsgewerbes, nur er ist im Handelsregister eingetragen. Die stille Gesellschaft muss als solche nicht nach außen in Erscheinung treten und es bedarf keiner Eintragung in das Handelsregister. Die stille Gesellschaft ist deshalb keine Handelsgesellschaft, sondern lediglich eine schlichte Personengesellschaft.

1.2.3 Kapitalgesellschaften

Eine Kapitalgesellschaft entsteht mit deren Gründung und Eintragung in das Handelsregister. Im Gegensatz zur Personengesellschaft kann eine Kapitalgesellschaft unter Umständen auch aus einem Gesellschafter bestehen. Für die einzelnen Formen der Kapitalgesellschaft bestehen jeweils gesetzliche Bestimmungen, aus denen sich unter anderem die Vorschriften zur Gründung und Auflösung, Geschäftsführung, Rechte und Pflichten der Gesellschafter, ergeben.

© scusi – Fotolia.com

LERNFELD 2

Allgemeine Merkmale einer Kapitalgesellschaft sind

› Sie ist eine juristische Person.
› Es besteht eine strikte Trennung zwischen der Gesellschaft und den Gesellschaftern.
› Sie entsteht mit Eintragung in das Handelsregister (HRB).
› Es bestehen gesetzliche Bestimmungen zur Kapitalaufbringung (Stamm- oder Grundkapital).
› Sie verfügt über eigenes Vermögen.
› Die Haftung ist auf das Gesellschaftsvermögen beschränkt.
› Geschäftsführung und Vertretung erfolgen durch besondere Leitungsorgane (Fremdorganschaft).
› Sie ist unabhängig vom Gesellschafterbestand.
› Die Gesellschafter entscheiden in einer Gesellschafterversammlung entsprechend den ihnen durch Gesetz und Satzung übertragenen Rechten und Pflichten.

1.2.3.1 Die Gesellschaft mit beschränkter Haftung (GmbH)

Die GmbH kann zu jedem gesetzlich zulässigen Zweck durch eine oder mehrere Personen errichtet werden. Rechtsgrundlage ist das GmbHG.

GmbH

› Gründung durch in notarieller Form errichteten Gesellschaftsvertrag (Satzung), der von sämtlichen (Gründungs-)Gesellschaftern zu unterzeichnen ist.

› Die Firma muss die Bezeichnung „Gesellschaft mit beschränkter Haftung" oder eine allgemein verständliche Abkürzung dieser Bezeichnung enthalten.

› Das Stammkapital beträgt mindestens 25.000 Euro, Sacheinlagen sind möglich.

› Jeder Gesellschafter erwirbt mindestens einen Geschäftsanteil – die Summe aller Geschäftsanteile entspricht nominal dem Stammkapital.

› Die Haftung der Gesellschafter ist auf ihre Einlage begrenzt.

› Sie ist Kaufmann im Sinne des HGB.

› Sie ist zur Eintragung in das Handelsregister (HRB) anzumelden.

› Sie ist eine juristische Person.

› Für die Verbindlichkeiten der Gesellschaft haftet nur das Gesellschaftsvermögen.

› Die Gesellschaft ist Handelsgesellschaft im Sinne des HGB.

› Die Geschäftsanteile sind veräußerlich und vererblich.

› Geschäftsführung und Vertretung obliegen den Geschäftsführern.

› Rechte und Aufgaben der Gesellschafter ergeben sich aus dem Gesetz und dem Gesellschaftsvertrag.

› Ein Aufsichtsrat kann gemäß dem Gesellschaftsvertrag bestellt werden, unter bestimmten Voraussetzungen ist die Bestellung eines Aufsichtsrates Pflicht.

› Die Gesellschafter sind an Gewinn und Verlust beteiligt.

© fotodo – Fotolia.com

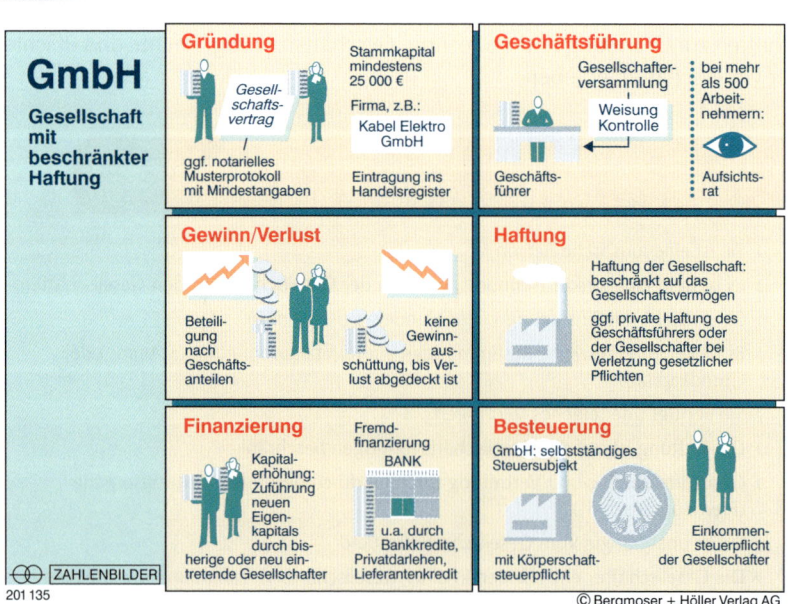

© Bergmoser + Höller Verlag AG

1.2.3.2 Die Unternehmergesellschaft (UG haftungsbeschränkt)

Eine Sonderform der GmbH stellt die Unternehmergesellschaft dar (§ 5 a GmbHG). Es handelt sich hierbei um eine Gesellschaft, die mit einem Stammkapital gegründet wird, das den Betrag des Mindeststammkapitals der GmbH unterschreitet. Die Firma enthält bei dieser Gesellschaftsform den Zusatz „haftungsbeschränkt". Für diese Gesellschaft gelten im Übrigen die Bestimmungen des GmbHG mit folgenden Besonderheiten:

> die Anmeldung zum Handelsregister (HRB) darf erst erfolgen, wenn das Stammkapital in voller Höhe einbezahlt ist;

> Sacheinlagen sind ausgeschlossen;

> es ist eine gesetzliche Rücklage zu bilden, die nur zu bestimmten Zwecken Verwendung finden darf, insbesondere zur Erhöhung des Stammkapitals;

> die Gründung kann durch Verwendung eines Musterprotokolls beschleunigt werden.

Wenn die Unternehmergesellschaft ein Stammkapital in Höhe von mindestens 25.000 Euro erreicht, kann sie sich in eine GmbH umwandeln (dies geschieht nicht automatisch).

© psdesign1 – Fotolia.com

LERNFELD 2

1.2.3.3 Die Aktiengesellschaft (AG)

Die Aktiengesellschaft ist eine Gesellschaft mit eigener Rechtspersönlichkeit, deren Gesellschafter (Aktionäre) mit Einlagen am in Aktien unterteilten Grundkapital beteiligt sind. Gesetzliche Grundlage ist das AktG.

> Die Gründung erfolgt durch eine oder mehrere Personen mittels notariell beurkundetem Gesellschaftsvertrag (Satzung) und Übernahme der Aktien gegen Einlagen; Sacheinlagen sind möglich.

> Für die Verbindlichkeiten der AG haftet den Gläubigern nur das Gesellschaftsvermögen.

> Sie ist Handelsgesellschaft.

> Sie ist juristische Person.

> Sie ist Kaufmann im Sinne des HGB.

> Die Firma muss die Bezeichnung „Aktiengesellschaft" oder eine allgemein verständliche Abkürzung enthalten.

> Der Mindestnennbetrag des Grundkapitals beträgt 50.000 Euro.

> Sie ist zur Eintragung in das Handelsregister (HRB) anzumelden.

> Geschäftsführung und Vertretung erfolgen durch den Vorstand.

> Es wird ein Aufsichtsrat gebildet.

> Die Aktionäre üben ihre Aufgaben und Rechte in der Hauptversammlung aus.

AG

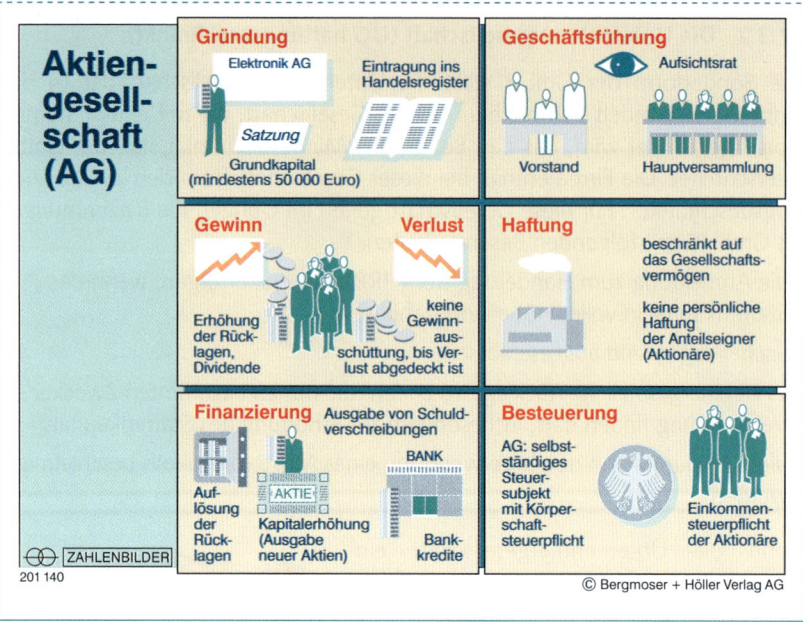

1.2.3.4 Kommanditgesellschaft auf Aktien (KGaA)

Die KGaA ist eine Gesellschaft mit eigener Rechtspersönlichkeit, bei der mindestens ein Gesellschafter den Gesellschaftsgläubigern unbeschränkt haftet (Komplementär), die anderen Gesellschafter sind mit Einlagen auf das in Aktien zerlegte Grundkapital beteiligt und haften somit für die Verbindlichkeiten der Gesellschaft nur mit ihrer Einlage.

KGaA

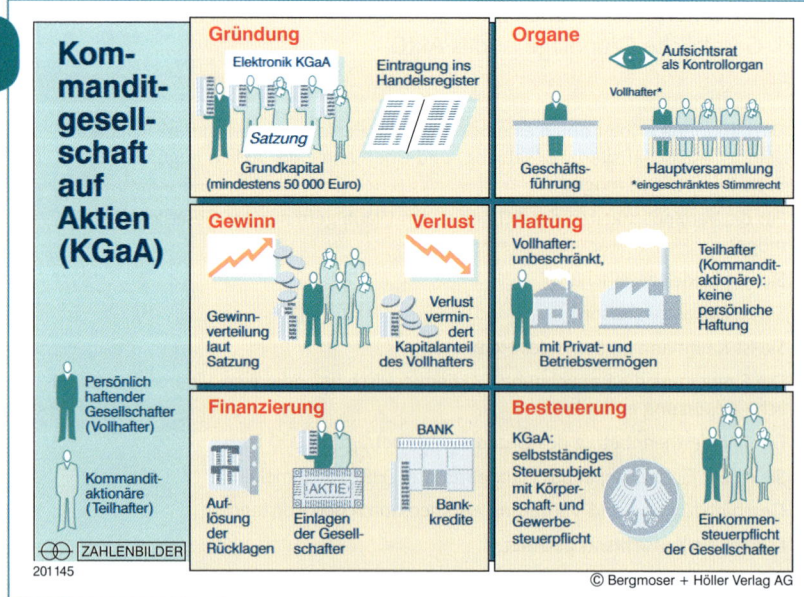

> Die Satzung muss durch notarielle Beurkundung festgelegt werden.
> Die Firma muss den Zusatz „Kommanditgesellschaft auf Aktien" oder eine allgemein verständliche Abkürzung dieser Bezeichnung enthalten.
> Sie ist juristische Person.
> Sie ist Kaufmann im Sinne des HGB.
> Sie ist zur Eintragung in das Handelsregister (HRB) anzumelden.
> Die persönlich haftenden Gesellschafter sind kraft Gesetz Vorstand.
> Es wird ein Aufsichtsrat gegründet.
> Die Kommanditaktionäre üben ihre Rechte in der Hauptversammlung aus.

1.2.3.5 Die Deutsche Europäische Aktiengesellschaft (Societas Europaea, SE)

Die Europäische Gesellschaft ist eine Gesellschaftsform europäischen Rechts, in Gestalt einer Aktiengesellschaft. Rechtsgrundlage ist die EGVO 2157/2001. Für Deutschland wird diese Verordnung ergänzt durch das SE-Einführungsgesetz.

Die SE bietet Unternehmen mit Sitz in einem EU-Staat die Möglichkeit, als rechtliche Einheit mit nationalen Betriebsstätten aufzutreten. Die Verordnung der EU bildet den rechtlichen Rahmen, der durch nationale Gesetzgebung spezifiziert wird.

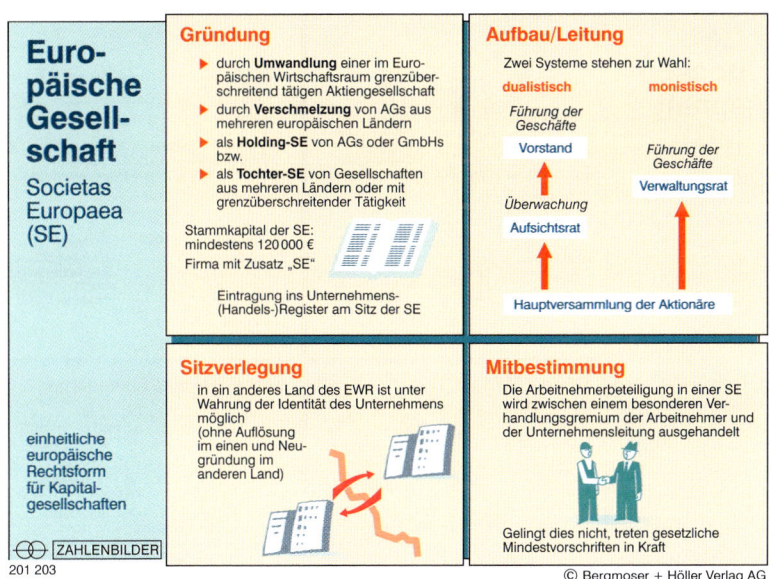

SE

Europäische Gesellschaft

Societas Europaea (SE)

einheitliche europäische Rechtsform für Kapitalgesellschaften

ZAHLENBILDER
201 203

Gründung
- durch **Umwandlung** einer im Europäischen Wirtschaftsraum grenzüberschreitend tätigen Aktiengesellschaft
- durch **Verschmelzung** von AGs aus mehreren europäischen Ländern
- als **Holding-SE** von AGs oder GmbHs bzw.
- als **Tochter-SE** von Gesellschaften aus mehreren Ländern oder mit grenzüberschreitender Tätigkeit

Stammkapital der SE: mindestens 120 000 €
Firma mit Zusatz „SE"

Eintragung ins Unternehmens-(Handels-)Register am Sitz der SE

Aufbau/Leitung
Zwei Systeme stehen zur Wahl:
dualistisch   monistisch
Führung der Geschäfte
Vorstand   Führung der Geschäfte
                        Verwaltungsrat
Überwachung
Aufsichtsrat

Hauptversammlung der Aktionäre

Sitzverlegung
in ein anderes Land des EWR ist unter Wahrung der Identität des Unternehmens möglich (ohne Auflösung im einen und Neugründung im anderen Land)

Mitbestimmung
Die Arbeitnehmerbeteiligung in einer SE wird zwischen einem besonderen Verhandlungsgremium der Arbeitnehmer und der Unternehmensleitung ausgehandelt

Gelingt dies nicht, treten gesetzliche Mindestvorschriften in Kraft

© Bergmoser + Höller Verlag AG

> Sie besitzt eigene Rechtspersönlichkeit und ist juristische Person.
> Für Verbindlichkeiten haftet den Gläubigern nur das Gesellschaftsvermögen.
> Sie muss zur Eintragung in das Handelsregister (HRB) angemeldet werden.
> Sie ist Kaufmann im Sinne des HGB.
> Das Mindestkapital beträgt 120.000 Euro.
> Das Grundkapital ist in Aktien zerlegt.
> Jeder Aktionär haftet nur bis zur Höhe des von ihm gezeichneten Kapitals.

> Ihr Sitz muss in einem Staat der Europäischen Union (EU) oder des Europäischen Wirtschaftsraum (EWR) liegen.
> Die Aktionäre üben ihre Aufgaben und Rechte in der Hauptversammlung aus.
> Geschäftsführung und Vertretung erfolgen entweder durch den Vorstand oder den Verwaltungsrat und geschäftsführende Direktoren.

1.2.4 Sonderformen

Als Sonderformen sind zu nennen die Genossenschaft und der Versicherungsverein auf Gegenseitigkeit.

1.2.4.1 Die Genossenschaft

Die Genossenschaft ist eine Gesellschaft nicht geschlossener Mitgliederzahl, die den Erwerb oder die Wirtschaft ihrer Mitglieder (Genossen) oder deren soziale oder kulturelle Belange durch gemeinschaftlichen Geschäftsbetrieb fördert. Rechtsgrundlage ist das GenG.

Beispiele sind eine Einkaufsgenossenschaft oder Bankgeschäfte.

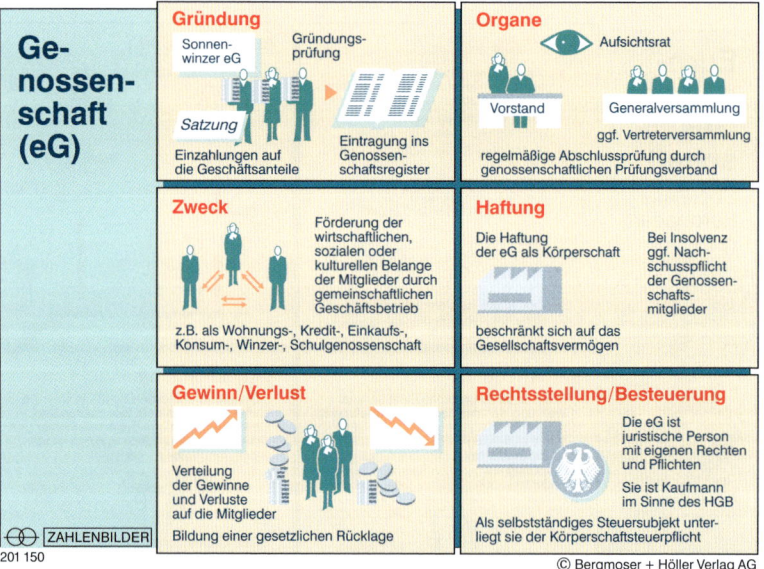

Genossenschaft

Genossenschaft (eG)

Gründung
Sonnenwinzer eG
Gründungsprüfung
Satzung
Einzahlungen auf die Geschäftsanteile
Eintragung ins Genossenschaftsregister

Organe
Aufsichtsrat
Vorstand
Generalversammlung
ggf. Vertreterversammlung
regelmäßige Abschlussprüfung durch genossenschaftlichen Prüfungsverband

Zweck
Förderung der wirtschaftlichen, sozialen oder kulturellen Belange der Mitglieder durch gemeinschaftlichen Geschäftsbetrieb
z.B. als Wohnungs-, Kredit-, Einkaufs-, Konsum-, Winzer-, Schulgenossenschaft

Haftung
Die Haftung der eG als Körperschaft
Bei Insolvenz ggf. Nachschusspflicht der Genossenschaftsmitglieder
beschränkt sich auf das Gesellschaftsvermögen

Gewinn/Verlust
Verteilung der Gewinne und Verluste auf die Mitglieder
Bildung einer gesetzlichen Rücklage

Rechtsstellung/Besteuerung
Die eG ist juristische Person mit eigenen Rechten und Pflichten
Sie ist Kaufmann im Sinne des HGB
Als selbstständiges Steuersubjekt unterliegt sie der Körperschaftsteuerpflicht

ZAHLENBILDER
201 150
© Bergmoser + Höller Verlag AG

> Die Gründung erfolgt durch mindestens drei Mitglieder, die in schriftlicher Form eine Satzung aufstellen.
> Sie ist juristische Person.
> Sie ist zur Eintragung in das Genossenschaftsregister anzumelden.
> Sie ist mit Eintragung in das Genossenschaftsregister errichtet.
> Sie ist Kaufmann im Sinne des HGB.
> Für die Verbindlichkeiten der Genossenschaft haftet den Gläubigern nur das Vermögen der Genossenschaft.

> ❭ Die Firma muss die Bezeichnung „eingetragene Genossenschaft" oder die Abkürzung „eG" enthalten.
> ❭ Mitglieder können natürliche und juristische Personen sein.
> ❭ Die Satzung bestimmt, bis zu welchem Betrag mit wie viel Geschäftsanteilen sich ein Genosse beteiligen kann.
> ❭ In der Satzung kann eine Nachschusspflicht bestimmt werden.
> ❭ Geschäftsführung und Vertretung erfolgen durch den Vorstand.
> ❭ Ein Aufsichtsrat muss gebildet werden.
> ❭ Die Genossen nehmen ihre Aufgaben und Rechte in der Generalversammlung wahr.

1.2.4.2 Versicherungsverein auf Gegenseitigkeit (VVaG)

Der VVaG ist ein rechtsfähiger wirtschaftlicher Spezialverein, dessen Geschäftszweck in der Versicherung seiner Mitglieder nach dem Grundsatz der Gegenseitigkeit besteht. Als Versicherungsunternehmen unterliegt er der Versicherungsaufsicht. Rechtsgrundlage sind die §§ 15 bis 53 b Versicherungsaufsichtsgesetz (VAG). Er ist juristische Person und wird im Handelsregister eingetragen. Die Rechtsfähigkeit erlangt er dadurch, dass ihm die Aufsichtsbehörde erlaubt, als „Versicherungsverein auf Gegenseitigkeit" Geschäfte zu betreiben. Die Verfassung wird durch die notariell zu beurkundende Satzung bestimmt. In der Firma oder in einem Zusatz ist auszudrücken, dass Versicherung auf Gegenseitigkeit betrieben wird. Für die Verbindlichkeiten haftet den Gläubigern nur das Vereinsvermögen. Die Organe werden in der Satzung bestimmt, mindestens Vorstand, Aufsichtsrat und eine oberste Vertretung. Geschäftsführung und Vertretung erfolgen durch den Vorstand.

LERNFELD 2

1.3 Der Kaufmann

Wer ein Unternehmen gründet oder betreibt, kann die Kaufmannseigenschaft erwerben. Wenn die gesetzlichen Voraussetzungen vorliegen, wird die Kaufmannseigenschaft schon bei Gründung oder Betrieb des Unternehmens erworben. Wesentliche Rechtsfolge ist für den Kaufmann die zwingende Anwendung des HGB (in Ergänzung zu anderen rechtlichen Bestimmungen).

Erwerb der Kaufmannseigenschaft

◀ LF 2 | 1.1

> ❭ Als Istkaufmann gemäß § 1 HGB durch den Betrieb eines Handelsgewerbes;
> ❭ als Kannkaufmann gemäß § 2 HGB durch (freiwillige) Eintragung der Firma/des Unternehmens in das Handelsregister;
> ❭ als Land- und Forstwirtschaft; Kannkaufmann gemäß § 3 HBG durch (freiwillige) Eintragung der Firma/des Unternehmens in das Handelsregister;

> › Kraft Eintragung gemäß § 5 HGB durch bereits erfolgte Eintragung der Firma in das Handelsregister;
>
> › als Handelsgesellschaft, Formkaufmann gemäß § 6 HGB durch Errichtung einer Gesellschaft, die aufgrund besonderer Vorschriften als solche in das Handelsregister eingetragen werden muss; hierzu zählen sowohl Personenhandelsgesellschaften (OHG, KG, GmbH & Co. KG, EWIV) als auch Kapitalgesellschaften (AG, GmbH, Unternehmergesellschaft (haftungsbeschränkt), KGaA, SE) und die eG.

Nicht jedes Unternehmen hat Kaufmannseigenschaft. Die Kaufmannseigenschaft kann freiwillig erworben werden oder zwingend, wenn die gesetzlichen Voraussetzungen vorliegen. Liegt Kaufmannseigenschaft vor, bestehen besondere Rechte und Pflichten, beispielsweise kann nur der Inhaber eines Handelsgeschäfts oder sein gesetzlicher Vertreter Prokura erteilen.

Wesentliche Bestimmungen des HGB für einen Kaufmann sind:

› der Kaufmann ist zur Eintragung im Handelsregister verpflichtet;

› der Kaufmann führt eine Firma; das ist der Name, unter dem er seine Geschäfte betreibt und die Unterschrift abgibt – die Firma enthält gegebenenfalls einen Zusatz, der auf die Rechtsform hinweist;

› erlangt ein Einzelunternehmer Kaufmannseigenschaft, muss die Firma die Bezeichnung „eingetragener Kaufmann", „eingetragene Kauffrau" oder eine allgemein verständliche Abkürzung dieser Bezeichnung enthalten („e.K.", „e.Kfm.", „e.Kfr.");

› der Kaufmann kann unter seiner Firma klagen und verklagt werden werden;

› die Firma kann nicht ohne das Handelsgeschäft, für welches sie geführt wird, veräußert werden;

› bei Änderung im Gesellschafterbestand kann die bisherige Firma fortgeführt werden;

› die Erteilung einer Prokura oder Handlungsvollmacht ist möglich.

1.4 Register

Oftmals ist es erforderlich, über Unternehmen und Gesellschaften verlässliche Informationen zu erhalten, die von den Mandanten nicht ohne weiteres eingeholt werden können. Wenn zum Beispiel Klage gegen eine GmbH erhoben werden soll, ist es erforderlich, neben der Firmierung auch den oder die Geschäftsführer als Vertreter zu benennen. Zur Einholung solcher Informationen können öffentliche Register eingesehen werden. Ein wesentliches Merkmal solcher Register ist, dass die enthaltenen Tatsachen als zutreffend angenommen werden können, ohne dass es darüber hinaus weiterer Nachforschungen bedarf.

1.4.1 Das Handelsregister

Das Handelsregister ist ein öffentliches Register, das von den Gerichten elektronisch geführt wird (§ 8 HGB). Es dient der Offenlegung bestimmter, für den Rechtsverkehr wesentlicher Rechtstatsachen und -verhältnisse auf dem Gebiet des Handels- und Gesellschaftsrechts und erfüllt damit eine wichtige Publizitätsfunktion (§ 15 HGB). Durch die Eintragung im Handelsregister werden nach außen wirkende Rechtsverhältnisse des Unternehmens in rechtserheblicher Weise öffentlich gemacht. Das Handelsregister erfüllt somit auch eine Beweis-, Kontroll- und Schutzfunktion.

Abteilung A	Abteilung B
Eintragungen der Einzelkaufleute und Personengesellschaften unter Registernummer HRA	Eintragungen der Kapitalgesellschaften und des VVaG unter Registernummer HRB

Das zuständige Registergericht führt in seinem Bezirk das Handelsregister. Der Inhalt des Handelsregisters ist standardisiert und beschränkt sich damit auf bestimmte Daten.

Antragsverfahren

Grundsätzlich besteht nach den gesetzlichen Bestimmungen für die Verantwortlichen die Verpflichtung bestimmte Tatsachen des Unternehmens beim Handelsregister anzumelden (z. B. Anmeldung der Firma gemäß § 29 HGB). In diesem

Falle muss eine Anmeldung zur Eintragung in das Handelsregister erfolgen, und zwar elektronisch in öffentlich beglaubigter Form (§ 12 HGB). Kommt der Verantwortliche seiner Pflicht zur Anmeldung oder zur Einreichung von Dokumenten zum Handelsregister nicht nach, kann das Registergericht ein Zwangsgeld festsetzen. Zu den eintragungspflichtigen Tatsachen gehören beispielsweise

> Rechtsform des Unternehmens und Firma,
> Gegenstand des Unternehmens,
> Sitz des Unternehmens,
> der Betrieb von Niederlassung und Zweigniederlassungen,
> vertretungsberechtigte Personen,
> Grund- oder Stammkapital,
> Gesellschafter,
> Prokura.

Amtswegiges Verfahren

Bestimmte Tatsachen sind von Amts wegen einzutragen, z. B. die Einleitung des Insolvenzverfahrens.

Wirkung der Registereintragung

Konstitutiv	Deklaratorisch
Mit Eintragung einer Tatsache ist der Eintritt einer bestimmten Rechtsfolge verbunden.	Die relevante Tatsache ist bereits eingetreten und hinsichtlich der Rechtswirksamkeit nicht an die Eintragung gebunden.
Beispiel: Entstehen einer GmbH erst mit Eintragung im HR.	*Beispiel:* Eintragung einer Prokura.

Die Einsichtnahme in das Handelsregister sowie in die zum Handelsregister eingereichten Dokumente ist jedermann zu Informationszwecken gestattet. Die Daten können im elektronischen Informations- und Kommunikationssystems abgerufen werden, z. B. über www.handelsregister.de.

1.4.2   Das Unternehmensregister

Das vom Bundesministerium der Justiz und Verbraucherschutz elektronisch geführte Unternehmensregister ist ein Sammelregister, das Informationen aus verschiedenen anderen Registern enthält, beispielsweise dem elektronischen Bundesanzeiger. Über die Internetseite des Unternehmensregisters **(www.unternehmensregister.de)** sind verschiedene rechtlich relevante Unternehmensdaten zugänglich, z. B. Eintragungen im Handelsregister, Eintragungen im Genossenschaftsregister, Eintragungen im Partnerschaftsregister, Unterlagen der Rechnungslegung etc. (§ 8b HGB).

Die Einsichtnahme in das Unternehmensregister ist jedermann zu Informationszwecken gestattet.

- -

1.4.3 Genossenschafts-, Partnerschafts-, Vereinsregister

Als weitere öffentliche Register, aus denen Informationen über wesentliche Rechtsverhältnisse von Unternehmen erlangt werden können, sind zu nennen:

Das Genossenschaftsregister ist ein öffentliches Register, das über die Rechtsverhältnisse einer eingetragenen Genossenschaft (e. G.) Auskunft gibt. Das Register wird bei den Amtsgerichten für ihren Bezirk geführt. Das Genossenschaftsregister enthält unter anderen Angaben über Firma, Rechtsform, Sitz, Gegenstand des Unternehmens, Vorstand, Vertretungsregelungen, Erteilung oder Widerruf von Prokura, Insolvenzverfahren, Auflösung und Erlöschen der Genossenschaft. Einträge in das Genossenschaftsregister erfolgen aufgrund einer in notariell beglaubigter Form elektronisch beim Registergericht einzureichenden Anmeldung. Die Einsichtnahme in das Genossenschaftsregister ist jedermann zu Informationszwecken gestattet.

Das Genossenschaftsregister

Das Partnerschaftsregister ist ein öffentliches Register über wesentliche Rechtsverhältnisse einer Partnerschaft. Es wird bei den Amtsgerichten für ihren Bezirk geführt. Es gibt beispielsweise Auskunft über den Namen der Partnerschaft, wer die Partner sind, wer die Partnerschaft vertreten darf, Sitz, Gegenstand, allgemeine Vertretungsregelungen, die Rechtsform. Die Eintragungen im Partnerschaftsregister erfolgen durch in notariell beglaubigter Form elektronisch einzureichende Anmeldungen. Die Einsichtnahme in das Partnerschaftsregister ist jedermann zu Informationszwecken gestattet.

Das Partnerschaftsregister

Das Vereinsregister ist ein öffentliches Register, das wesentliche Rechtsverhältnisse der nach den Vorschriften des BGB gebildeten Vereine enthält. Voraussetzung ist, dass die Eintragung in das Register beantragt wird und der Zweck des Vereins nicht auf einen wirtschaftlichen Geschäftsbetrieb gerichtet ist. Eine Eintragungspflicht besteht nicht. Das Vereinsregister wird bei den Amtsgerichten für ihren Bezirk geführt. Eingetragen werden beispielsweise Name des Vereins, Sitz, Tag der Errichtung der Satzung, Vorstand, Vertretungsregelungen. Mit Eintragung in das Vereinsregister erlangt der Verein die Rechtsfähigkeit, kann also Träger von Rechten und Pflichten sein. Eintragungen in das Vereinsregister sind in notariell beglaubigter Form einzureichen. Die Einsichtnahme in das Vereinsregister ist jedermann zu Informationszwecken gestattet.

Das Vereinsregister

LERNFELD 2

1.5   Zusammenfassung und Aufgaben

ZUSAMMENFASSUNG

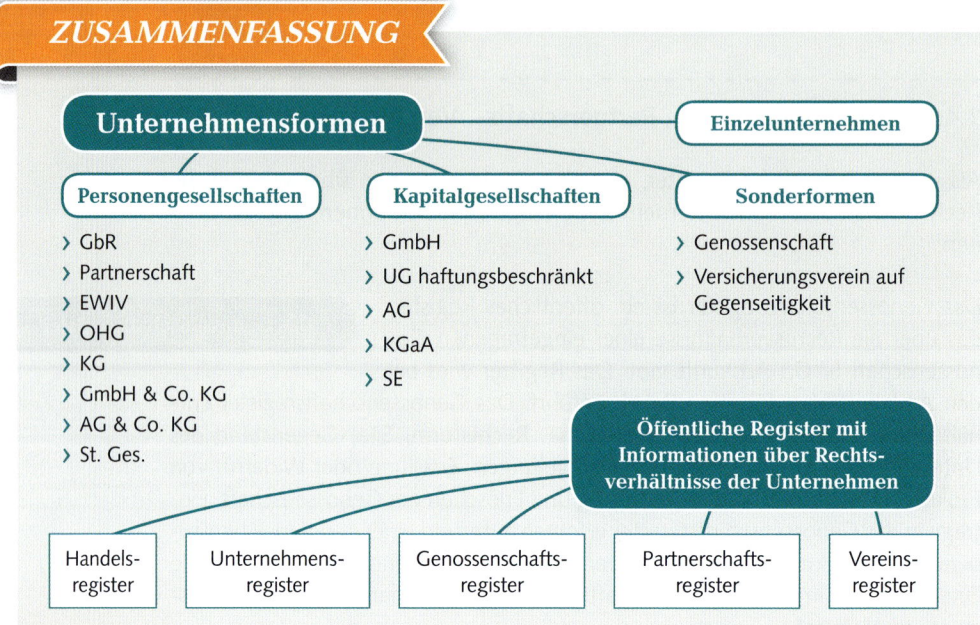

AUFGABEN

1. Erläutern Sie, aufgrund welcher Bestimmungen im Grundgesetz die Gewerbefreiheit hergeleitet wird.

2. Stellen Sie dar, wer für die Verbindlichkeiten einer GmbH haftet.

3. Erläutern Sie, wie ein Einzelunternehmer für die Verbindlichkeiten seines Unternehmens haftet.

4. Nennen Sie drei Beispiele für eine GbR.

5. Ein Steuerberater möchte sich mit einer Steuerberatungs-GmbH zu einer Partnerschaft zusammenschließen. Beurteilen Sie, ob dies zulässig ist.

6. Nennen Sie vier öffentliche Register, aus denen Informationen über rechtserhebliche Daten von Unternehmen erhalten werden können.

2. DIE ORGANISATIONSSTRUKTUR DER BETRIEBE DARSTELLEN

2.1 Grundbegriffe und Grundsätze der betrieblichen Organisation

© scusi – Fotolia.com

Die Erreichung und Sicherung der betrieblichen Ziele erfordert ein optimales Zusammenwirken u. a. von Mitarbeitern und Sachmitteln.

Es ist Aufgabe der **Organisation,** auf Dauer angelegte Regelungen zu schaffen, die die betrieblichen Abläufe zielorientiert steuern. Wiederkehrende Aufgaben können so zeitsparend, rationell und kostengünstig erledigt werden.

Organisation = dauerhafte Regelungen

LERNFELD 2

BEISPIEL

Die Rechtsanwaltsfachangestellte Müller vertritt grundsätzlich den Bürovorsteher bei Abwesenheit.

Im Gegensatz dazu bezeichnet die **Improvisation** die Regelung von vorübergehenden, ungeplanten oder unerwarteten Fällen.

Improvisation = provisorische Regelung

BEISPIEL

Der Rechtsanwaltsfachangestellte Schneider ist plötzlich erkrankt. Da er an einer sehr dringenden Angelegenheit arbeitete, wird bei der morgendlichen Besprechung kurzfristig die Rechtsanwaltsfachangestellte Müller vom Rechtsanwalt mit der Bearbeitung beauftragt.

In vielen Fällen müssen auch im Rahmen einer Dauerregelung einmalige Entscheidungen getroffen werden, um sich flexibel einer bestimmten Situation anzupassen. Eine solche fallweise Regelung wird **Disposition** genannt.

Disposition = fallweise Regelungen

BEISPIEL

Frau Müller ist in einer größeren Kanzlei mit der Telefonzentrale, mit der Bearbeitung des Postein- und -ausgangs und mit fallweisen Kopier- und Archivaufgaben betraut. Da sie in Stoßzeiten nur Telefondienst machen kann, erhält die neu eingestellte Rechtsanwaltsfachangestellte Klein wie üblich den Auftrag, Frau Müller bei der Postbearbeitung und dem Kopieren zu unterstützen.

Organisation, Improvisation und Disposition sind gleichermaßen Bestandteil der Organisationsstruktur. Sie ergänzen einander,

> sorgen für Stabilität und Flexibilität,
> vermeiden Über- und Unterorganisation und
> dienen der Wirtschaftlichkeit und Zweckmäßigkeit sowie der Klarheit.

MERKE

Die Organisationsstruktur unterscheidet **unterschiedliche Organisationsgrade** (Organisation, Improvisation, Disposition) die zur Erreichung der betrieblichen Ziele aufgabenbezogen miteinander zu verbinden sind.

Im Rahmen der betrieblichen Organisation unterscheidet man die zwei Teilbereiche **Aufbau-** und **Ablauforganisation.** Die **Aufbauorganisation** schafft die Organisationsstruktur durch die Bildung organisatorischer Einheiten (z. B. Abteilungen) und Hierarchieebenen. Die **Ablauforganisation** beschreibt die Aufgabenerledigung durch die beteiligten Mitarbeiter und Sachmittel.

2.2 Aufbauorganisation

Die Aufbauorganisation bildet das hierarchische Gerüst eines Unternehmens oder einer Kanzlei (Über- bzw. Unterordnung). Eine optimale Gliederung und Ordnung im Aufbau wird durch Aufspaltung der Gesamtaufgabe in sinnvolle Haupt- und Teilaufgaben und anschließender Bündelung von zusammengehörenden Teilaufgaben zu Stellen herbeigeführt. Den Stellen und Abteilungen werden Zuständigkeiten und Verantwortung sowie Leitungsbefugnisse übertragen.

Stellen und Abteilungen werden durch **Aufgabenanalyse** und **Aufgabensynthese** gebildet.

Analyse	Synthese
Auflösung, Zergliederung eines Ganzen in seine Teile	Zusammenfügung gleichartiger Teile

> ## MERKE
>
> Eine **Stelle** ist die kleinste Organisationseinheit in einem Unternehmen.
>
> Durch Zusammenfassung von Stellen entstehen **Abteilungen.**
>
> Stellen, die weisungsbefugt sind, werden als **Instanzen** bezeichnet.

Stellenbildung

Nach Ermittlung der **Teilaufgaben** durch die Aufgabenanalyse werden in der Aufgabensynthese Teilaufgaben, die dem normalen Leistungsvermögen eines Mitarbeiters (Stelleninhabers) entsprechen, nach sachlichen Gesichtspunkten **zu einer Stelle gebündelt.**

Die Aufgaben einer Kanzlei lassen sich nach verschiedenen Kriterien gliedern, wobei das Ausmaß der Gliederungstiefe von der Größe der Kanzlei und dem Grad der Arbeitsteilung bestimmt wird.

In einer kleinen Kanzlei werden nur wenige Stellen benötigt, um die anfallenden Büroaufgaben zu bewältigen. Die Anforderungen an das organisatorische Gesamtsystem sind daher überschaubar und weniger formal als in Großkanzleien. Dem Rechtsanwalt sind nach einer von ihm festgelegten Arbeitsaufteilung in der Regel nur wenige Mitarbeiter unterstellt. Die Gliederung der Aufgaben erfolgt somit nach den von den Mitarbeitern zu vertretenden Aufgabengebieten:

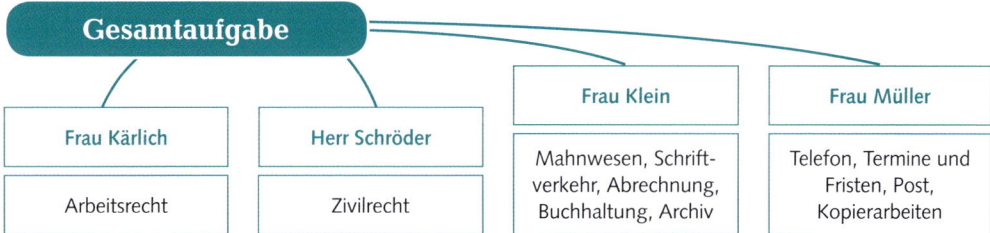

Im anwaltlichen Bereich ist es auch möglich, eine Aufgabengliederung entsprechend der zu erstellenden Leistung vorzunehmen.

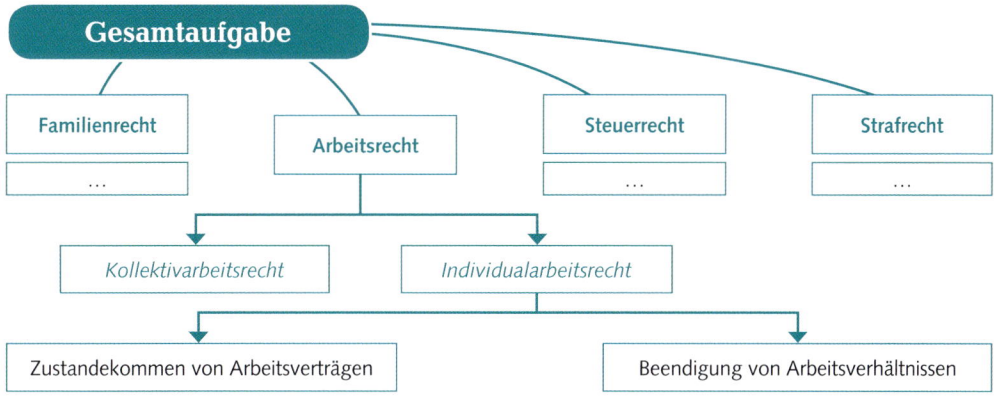

Abteilungsbildung

Abteilungen entstehen durch die **Zusammenfassung von mehreren Stellen** zu überschaubaren Bereichen unter einer einheitlichen Leitung. Die Abteilungsbildung kann nach unterschiedlichen Gesichtspunkten, die auch bei der Aufgabenanalyse zugrunde gelegt werden können, vorgenommen werden.

Leitungssysteme

Die Organisationsstruktur eines Unternehmens mit Entscheidungs- und Weisungsbefugnissen (Instanzenaufbau) wird grafisch in **Organigrammen** dargestellt. Dabei sind zu unterscheiden:

> **Linienstellen,** die **mit Weisungsbefugnis** vertikal in die Betriebshierarchie eingebunden sind.

> **Stabsstellen,** die horizontal **ohne Weisungsbefugnis** einem Aufgabenträger zugeordnet sind.

Einliniensystem

Bei einem **Einliniensystem** bekommt jede Stelle nur von der unmittelbar vorgesetzten Stelle Anweisungen.

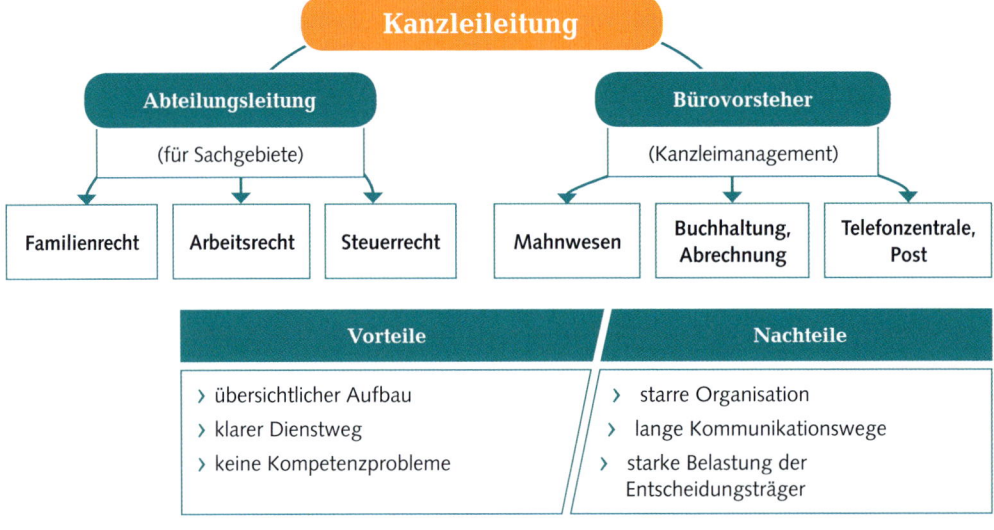

Vorteile	Nachteile
> übersichtlicher Aufbau > klarer Dienstweg > keine Kompetenzprobleme	> starre Organisation > lange Kommunikationswege > starke Belastung der Entscheidungträger

Mehrliniensystem

Bei einem **Mehrliniensystem** hat der Mitarbeiter verschiedene Vorgesetzte, von denen er nach sachlichen Gesichtspunkten seine Anweisungen erhält.

Vorteile	Nachteile
> Spezialwissen der Vorgesetzten > kurze Kommunikationswege	> Kompetenzüberschneidungen > hoher Koordinationsaufwand > Anordnungskonflikte

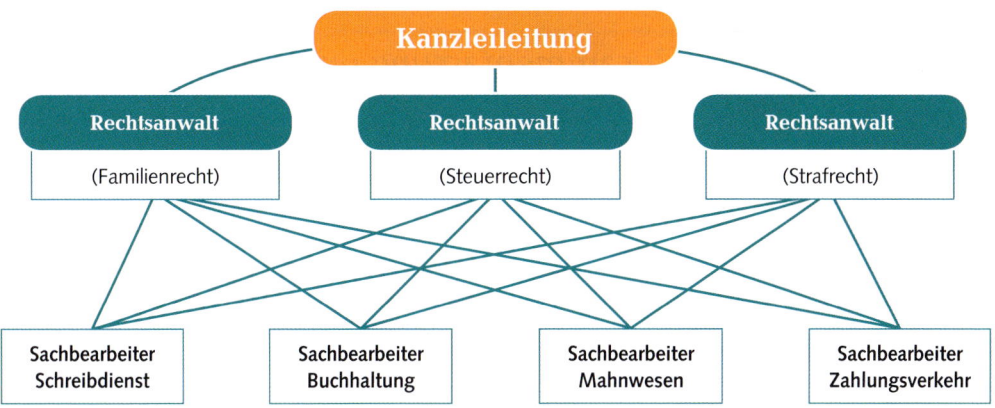

2.3 Ablauforganisation

Die Ablauforganisation befasst sich mit der Strukturierung von Arbeits-/Geschäftsprozessen. Die Erledigung von wiederkehrenden Aufgaben in der Kanzlei wird unter inhaltlichen, räumlichen und zeitlichen Aspekten beschrieben. Ziel der Ablauforganisation ist die effiziente, zweckmäßige und wirtschaftliche Gestaltung der Arbeitsabläufe.

Die **Ablauforganisation** legt u. a. fest,

> welche Arbeitsschritte vorgenommen werden,
> wo diese Arbeiten erledigt werden,
> welche Organisationseinheiten zuständig sind,
> in welcher Reihenfolge die Tätigkeiten durchgeführt werden,
> welche Hilfsmittel eingesetzt werden.

Für die Bearbeitung des Posteingangs wird folgender Arbeitsablauf festgelegt:

1. Vorsortieren der Eingangspost in Geschäftsbriefe, Privatbriefe, Irrläufer etc.

2. Öffnen der Geschäftsbriefe

3. Entnehmen des Inhalts

4. Kontrollieren: Leerkontrolle, Anlagenkontrolle, Datumskontrolle

5. Stempeln: Eingangsstempel rechts neben dem Anschriftfeld
   Private oder öffentliche Urkunden, wie z. B. Kaufverträge, Geburts-, Heirats- oder Sterbeurkunden sowie Grundstückskaufverträge, Grundbuch- und Handelsregisterauszüge etc. erhalten keinen Stempel; in diesen Fällen wird ggf. die Briefhülle gestempelt und aufbewahrt

6. Eintragen in das Posteingangsbuch

7. Sortieren nach Abteilungen und/oder Sachbearbeitern

8. Verteilen der Post in der Kanzlei

BEISPIEL

2.4 Zusammenfassung und Aufgaben

Grundbegriffe und Grundsätze der betrieblichen Organisation

> Betriebliche **Organisation** bedeutet, dauerhafte Regelungen zu schaffen, die zielorientiert die betrieblichen Abläufe steuern.

> **Improvisation:** Regelungen von vorübergehenden, ungeplanten oder unerwarteten Fällen

> **Disposition:** fallweise Regelung

> **Grundsätze der Organisation:** Stabilität und Flexibilität, Vermeidung von Über- und Unterorganisation, Wirtschaftlichkeit und Zweckmäßigkeit, Klarheit

Bereiche der Organisation

Die Aufbauorganisation

schafft eine Organisationsstruktur durch die Bildung organisatorischer Einheiten (Stellen, Abteilungen) und Hierarchieebenen (Leitungssysteme).

Die Ablauforganisation

beschreibt die Aufgabenerledigung und strukturiert dadurch Arbeits- bzw. Geschäftsprozesse.

Stellen und Abteilungen

Aufgabenanalyse und **Aufgabensynthese** führen zu Stellen- und Abteilungsbildung.

Stelle
kleinste Organisationseinheit in einem Unternehmen

Instanzen
Stellen, die weisungsbefugt sind

Abteilungen
Zusammenfassung von Stellen; Abteilungen können gebildet werden nach Funktion/Verrichtung, Objekten/Produkten, Personen, Phasen.

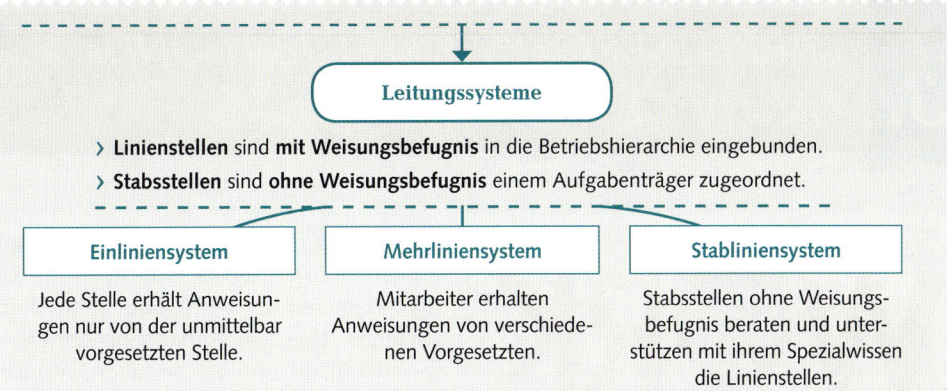

> **Linienstellen** sind **mit Weisungsbefugnis** in die Betriebshierarchie eingebunden.
> **Stabsstellen** sind **ohne Weisungsbefugnis** einem Aufgabenträger zugeordnet.

Einliniensystem	Mehrliniensystem	Stabliniensystem
Jede Stelle erhält Anweisungen nur von der unmittelbar vorgesetzten Stelle.	Mitarbeiter erhalten Anweisungen von verschiedenen Vorgesetzten.	Stabsstellen ohne Weisungsbefugnis beraten und unterstützen mit ihrem Spezialwissen die Linienstellen.

AUFGABEN

1. Prüfen Sie die folgenden Aussagen auf ihre Richtigkeit. Die Antwort ist jeweils zu begründen.

a. Aufgabe der Organisation ist es, auf Dauer angelegte Regelungen zu schaffen, die zielorientiert die betrieblichen Abläufe steuern.

b. Die Regelung von vorübergehenden, ungeplanten oder unerwarteten Fällen wird als Disposition bezeichnet.

c. Eine Abteilung ist die kleinste Organisationseinheit in einem Unternehmen.

d. Instanzen und Stabsstellen sind niemals weisungsbefugt.

e. Durch die Aufgabensynthese ermittelt man die Teilaufgaben in einem Unternehmen.

f. Bei einem Einliniensystem bekommt jede Stelle nur von der unmittelbar vorgesetzten Stelle Anweisungen.

g. Im Mehrliniensystem sind die Vorgesetzten zur Kommunikation untereinander verpflichtet.

h. Stabliniensysteme nutzen zur Verbesserung von Entscheidungen den Rat von Experten.

2. Erläutern Sie die Grundsätze der Organisation.

3. Unterscheiden Sie Aufbau- und Ablauforganisation.

4. Erläutern Sie die Bildung von Stellen durch Aufgabenanalyse und Aufgabensynthese anhand eines Beispiels aus Ihrem Ausbildungsbetrieb.

5. Beschreiben Sie die bekannten Leitungssysteme und erklären Sie jeweils Vor- und Nachteile.

6. Erstellen Sie ein Organigramm Ihrer Kanzlei.

7. In der Ablauforganisation wird u. a. die Reihenfolge von Arbeitsschritten festgelegt. Skizzieren Sie die Arbeitsschritte beim Postausgang.

LERNFELD 2

3. ARBEITSPROZESSE EFFIZIENT UND AKTIV GESTALTEN

Jeder kennt den Umstand, dass man Aufgaben erledigen wollte und nur noch wenig Arbeitszeit zur Verfügung steht. Umso wichtiger ist es, die vorhandene Zeit effektiv zu nutzen und zu gestalten. Manche Aufgaben und Tätigkeiten haben einen höheren Stellenwert als andere und müssen daher zeitnah oder sogar am gleichen Arbeitstag erledigt werden. Ältere Kollegen gestalten ihre Arbeitszeit meist durch ihre eigenen Erfahrungen unbewusst und setzen Prioritäten, um die anfallenden Aufgaben abzuarbeiten. Diese unbewusste Handlung wird als **Zeitmanagement** verstanden.

3.1 Zeitmanagement bei bürowirtschaftlichen Abläufen

Die richtige Zeiteinteilung ist von jedem Menschen selbst abhängig. Jeder hat andere Arbeitsgewohnheiten bzw. Routinen entwickelt. Des Weiteren geht jeder mit Stresssituationen, größerem Arbeitsaufwand oder Umwelteinflüssen unterschiedlich um.

Allgemein beinhaltet jedes funktionierende Zeitmanagement einzelne Schritte, die aneinander anknüpfen und nacheinander ablaufen. Nachfolgend wird der grundsätzliche **Ablauf** dargestellt.

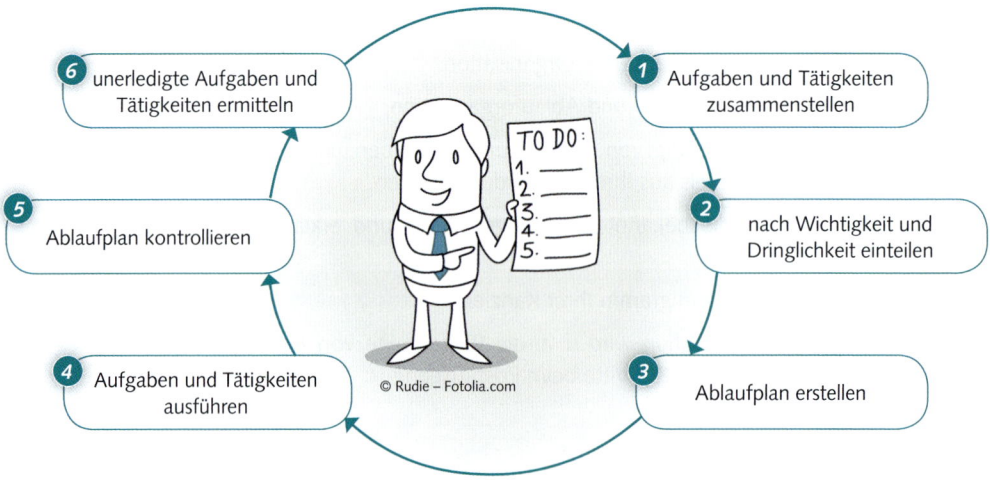

Arbeitsschritte des Zeitmanagements

In den einzelnen Arbeitsschritten erfolgt jeweils die Tätigkeit des Mitarbeiters.

	Arbeitsschritt	Tätigkeit
1	Aufgaben und Tätigkeiten zusammenstellen	In diesem Arbeitsschritt werden die zu erledigenden Tätigkeiten und Aufgaben zusammengestellt. Diese Informationen werden in Terminplänen, Terminmappen, Arbeitsmappen, eigenen Notizen usw. ermittelt.
2	nach Wichtigkeit und Dringlichkeit einteilen	Wenn alle Aufgaben und Tätigkeiten zusammengestellt sind, werden diese nach Wichtigkeit und Dringlichkeit eingeteilt. Ausschlaggebend für die Einteilung sind Termine, Fristen, Anweisungen, Zeitpläne usw.
3	Ablaufplan erstellen	Nachdem eine Rangordnung vorgenommen wurde, kann ein Ablaufplan erstellt werden. Solch ein Plan sollte möglichst mit einer entsprechenden Software, z. B. Word oder Excel, angefertigt werden, um noch nachträgliche Änderungen oder Ergänzungen vornehmen zu können. Zusätzlich sollte ein Zeitpuffer berücksichtigt werden.
4	Aufgaben und Tätigkeiten ausführen	Dieser Punkt erfordert das Fachwissen und die Kompetenz des jeweiligen Mitarbeiters, damit die Aufgaben und Tätigkeiten korrekt ausgeführt werden.
5	Ablaufplan kontrollieren	Nachdem die Arbeiten – so weit wie möglich – ausgeführt wurden, können die einzelnen Aufgaben oder Tätigkeiten abgehakt werden.
6	unerledigte Aufgaben und Tätigkeiten ermitteln	Es kommt immer vor, dass Tätigkeiten nicht erledigt wurden oder nicht erledigt werden konnten. Faktoren können sein: Arbeitszeit ist verstrichen, Urlaub, Rückfragen usw., Unerledigtes muss zusammengestellt und neu eingeplant werden, um es abzuarbeiten.

ERIK HAUSER
RECHTSANWALT

Tagesablauf für den 15.09.20..

Priorität Nr.	Aufgabe/Tätigkeit	Hinweis	Erledigt	
1.			☐ Ja	☐ Nein
2.			☐ Ja	☐ Nein
3.			☐ Ja	☐ Nein

Beispiel für eine Checkliste „Tagesablaufplanung" nach Prioritäten

3.2 Methoden des Zeitmanagements

Die verschiedenen Methoden des Zeitmanagements eröffnen Ihnen unterschiedliche Strategien und Hilfestellungen, Ihre Aufgaben und Tätigkeiten systematisch zu organisieren. Gestalten Sie Ihren Arbeitstag durch eine gute Planung und Zeiteinteilung stressfreier. Sie sparen Zeit, behalten den Überblick, arbeiten effizienter und erreichen Ihre Ziele schneller.

3.2.1   Pareto-Prinzip

Das Pareto-Prinzip wurde nach dem italienischen Ökonomen und Soziologen *Vilfredo Pareto* benannt. Dieser stellte fest, dass 80 % der italienischen Bevölkerung 20 % des gesamten Vermögens von Italien besitzen.

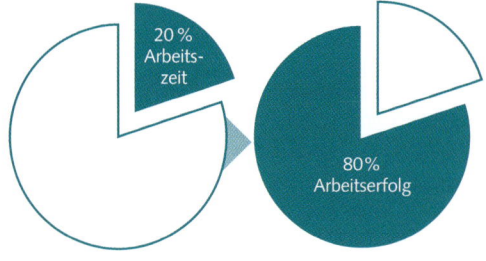

Im Umkehrschluss heißt dies, dass 20 % der italienischen Bevölkerung 80 % des gesamten Vermögens von Italien besitzen. Nach dieser Erkenntnis wurde die **80-zu-20-Regel** definiert.

Abgeleitet auf das Zeitmanagement und auf die Klassifizierung der Tätigkeiten und Aufgaben bedeutet dies, dass **20 % der eingesetzten Arbeitszeit bereits 80 % des Arbeitserfolges erbringen.** Beim Pareto-Prinzip müssen die Arbeiten und Tätigkeiten ausfindig gemacht werden, die 80 % des Arbeitserfolges ausmachen. Nach der Einordnung sollten genau diese bedeutsamen Arbeiten und Tätigkeiten vorrangig ausgeführt werden. Das heißt aber keineswegs, dass die anderen Arbeiten und Tätigkeiten auf der Strecke bleiben. Sie werden mit einer geringeren Priorität erledigt oder werden delegiert.

3.2.2   ABC-Analyse

Mithilfe der ABC-Analyse teilen Sie die anstehenden Aufgaben und Tätigkeiten nach ihrer Wichtigkeit ein. Die Methode unterscheidet zwischen A-, B- und C-Aufgaben.

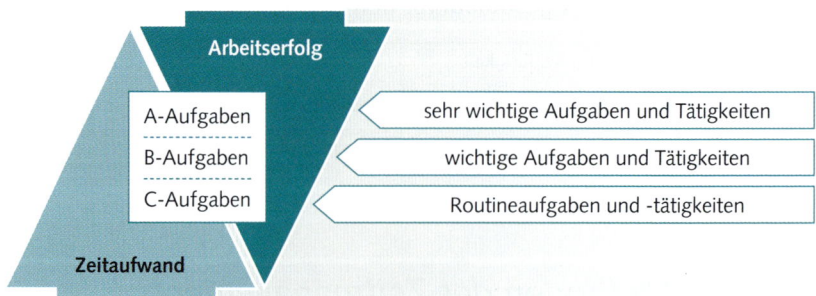

Wie schon beim Pareto-Prinzip ist der Zeitbedarf bei A-Aufgaben gering und diese Aufgaben und Tätigkeiten tragen zum Arbeitserfolg am meisten bei. Bei B-Aufgaben sind der Zeitaufwand und der Ertrag ausgewogen. Bei C-Aufgaben wird viel Zeit benötigt und diese Aufgaben und Tätigkeiten tragen zum Arbeitserfolg einen geringeren Teil bei.

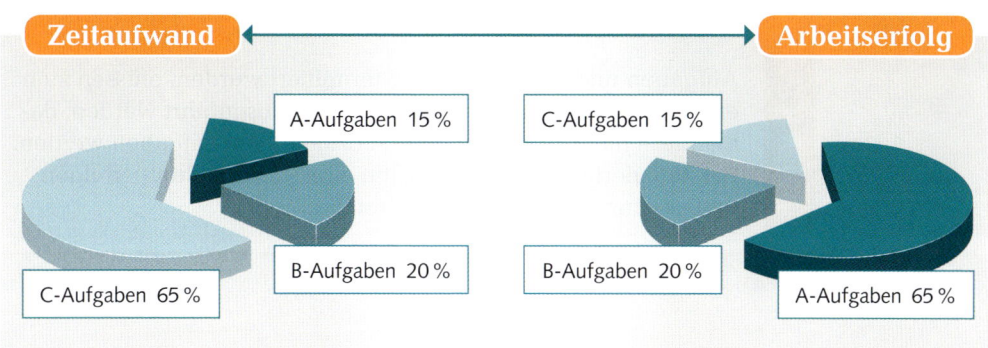

3.2.3 Eisenhower-Prinzip

Wie die ABC-Analyse ordnet das Eisenhower-Prinzip Aufgaben und Tätigkeitebn in Kategorien ein. Das Prinzip wurde nach dem 34. US-Präsidenten und General Dwight David Eisenhower benannt, der es praktizierte und selbst lehrte. Zunächst wird entschieden, wie wichtig bzw. dringend eine Aufgabe oder Tätigkeit ist. Anschließend wird sie einer der vier Kategorien zugeordnet und entsprechend bearbeitet:

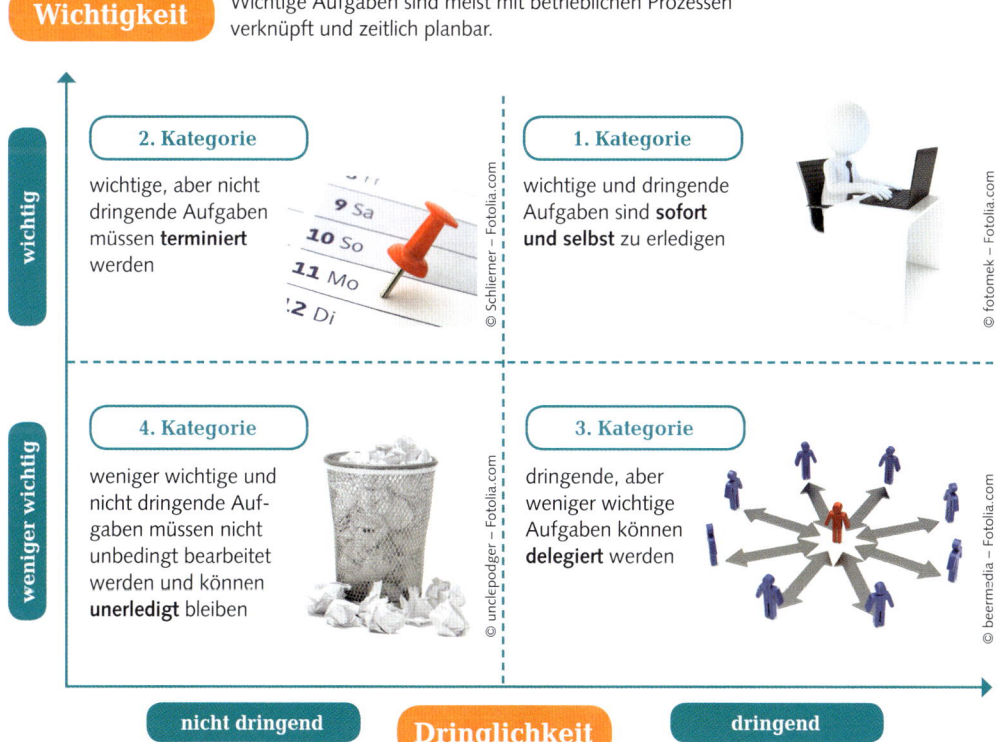

Aufgaben und Tätigkeiten, die terminiert wurden, müssen zum entsprechenden Zeitpunkt erledigt und ausgeführt werden, damit diese nicht zu wichtigen und dringenden Aufgaben werden. Bei delegierten Tätigkeiten sollte eine Rückmeldung erfolgen und sie sind bei Bedarf zu kontrollieren.

3.2.4 SMART-Methode

© fotomek – Fotolia.com

Die SMART-Methode hat ihren Ursprung im Projektmanagement. Dennoch kann diese auch für reguläre Aufgaben und Tätigkeiten im Büro verwendet werden. Sie teilt die Arbeiten nicht nur in einen Zeitplan ein, sondern verlangt vielmehr eine klare Spezifizierung der zu erreichenden Ziele, um diese messbar und überprüfbar zu machen. Dabei muss auch ein klarer Termin gesetzt werden, aber keinesfalls sollen Ziele unrealistisch sein oder zu Demotivation führen.

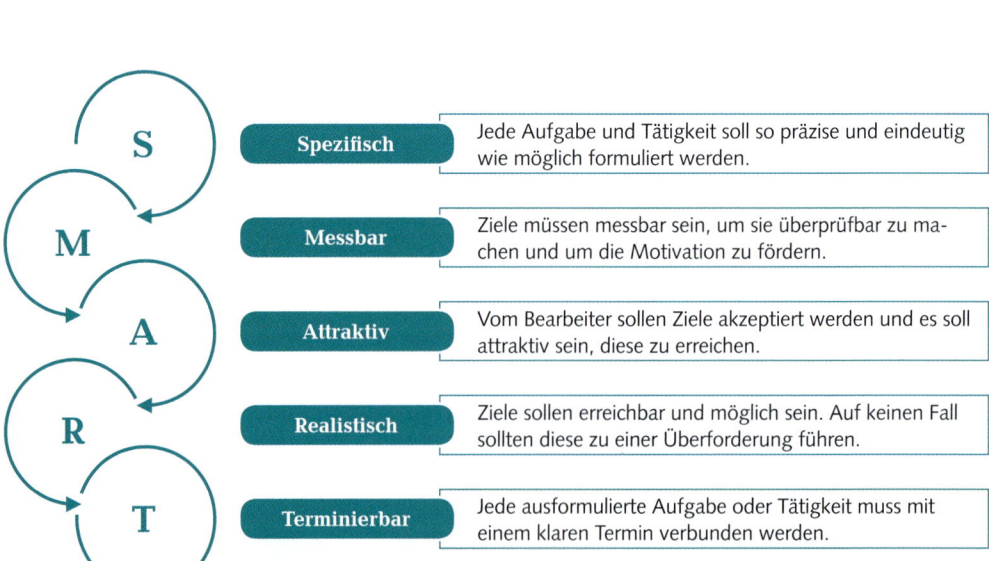

S	**Spezifisch**	Jede Aufgabe und Tätigkeit soll so präzise und eindeutig wie möglich formuliert werden.
M	**Messbar**	Ziele müssen messbar sein, um sie überprüfbar zu machen und um die Motivation zu fördern.
A	**Attraktiv**	Vom Bearbeiter sollen Ziele akzeptiert werden und es soll attraktiv sein, diese zu erreichen.
R	**Realistisch**	Ziele sollen erreichbar und möglich sein. Auf keinen Fall sollten diese zu einer Überforderung führen.
T	**Terminierbar**	Jede ausformulierte Aufgabe oder Tätigkeit muss mit einem klaren Termin verbunden werden.

3.2.5 ALPEN-Methode

Die ALPEN-Methode ist eine einfache und schnell durchführbare Methode zur Zeiteinplanung, die aber dennoch effektiv ist. In der Regel dient sie der Tagesplanerstellung und nimmt wenig Arbeitszeit in Anspruch.

A

Aufgaben, Aktivitäten, Termine z. B. in Checklisten, To-Do-Listen oder Tagesablaufplanern aufschreiben

L

Länge und Zeitaufwand für die einzelnen Aufgaben bzw. Tätigkeiten realistisch einschätzen

P

Pufferzeiten einplanen, um Unvorhergesehenes aufgreifen bzw. auffangen zu können

E

Entscheidungen zu den Prioritäten der Aufgaben und Tätigkeiten treffen, sie ggf. auch delegieren oder weglassen

N

Nachkontrolle der Arbeiten, um nicht bearbeitete Aufgaben neu einzuplanen

In der ersten Phase der ALPEN-Methode müssen Pläne mit einzelnen Aufgaben und Tätigkeiten zusammengestellt werden. In der zweiten Phase müssen die Arbeiten mit einer realistischen Zeiteinschätzung für die Bearbeitung versehen werden. In der dritten Phase wird je nach Aufgabe jeweils ein Zeitpuffer zugeordnet, um Störungen oder unvorhergesehene Probleme zu berücksichtigen. In der vierten Phase werden Prioritäten vergeben, Tätigkeiten delegiert oder Aufgaben komplett ausgesondert.

© Trueffelpix – Fotolia.com

Die letzte Phase erfolgt nach der Abarbeitung der Aufgaben und Erledigung der Tätigkeiten. Es werden die einzelnen Ausführungen kontrolliert und unbearbeitete Aufgaben ermittelt. Diese können für neue Tagespläne vorgemerkt oder durch veränderte Gegebenheiten angepasst oder komplett ausgesondert werden.

Tipp zur Vorgehensweise:

Welche Methode für das persönliche Zeitmanagement die beste Wahl ist, kann man nur selbst herausfinden. Finden Sie Ihre persönlichen Favoritinnen heraus, indem Sie die unterschiedlichen Methoden oder auch Kombinationen daraus ausprobieren.

Tipp

3.3 Mögliche Störungen, Zeitdiebe und Zeitfallen bei Arbeitsprozessen erkennen

© Rudie – Fotolia.com

Jeder noch so gute Zeitplan oder jede Einteilung der Arbeit hilft nur bedingt beim Erfüllen der gesetzten Ziele. In der täglichen Büropraxis gibt es zum einen Einwirkungen von außen, die man schwer beeinflussen kann, und zum anderen Zeitdiebe oder Zeitfallen, die man selbst mehr oder weniger verursacht oder bewirkt hat.

Einige **Störungen**, **Zeitdiebe** und **Zeitfallen** sind:

> Ziele zu ungenau oder falsch gesetzt
> Prioritäten nicht richtig festgelegt
> keine Organisation der Aufgaben
> Aufgaben wurden nicht zu Ende gebracht
> zu großes Arbeitspensum
> Unterlagen nicht richtig abgelegt
> unwichtige Informationen stören die Arbeit
> Unterbrechungen durch Telefonate
> Unterbrechung durch unangemeldete Personen
> Ablenkung, Lärm, private Gespräche usw.
> Konzentrationsschwäche durch Übermüdung
> Ungeduld, Hast, Unvermögen usw.
> fehlende Selbstdisziplin

Sägeblatteffekt

Vom **Sägeblatteffekt** spricht man, wenn ein Arbeitsprozess ständig durch Störungen unterbrochen wird. Nach jeder Unterbrechung muss man sich wieder neu in seine Tätigkeit eindenken bzw. einarbeiten und verliert dadurch Zeit. Zusätzlich kann die Qualität des Arbeitsergebnisses leiden. Insbesondere für die Bearbeitung wichtiger, anspruchsvoller Aufgaben kann es daher sinnvoll sein, täglich eine „Stille Stunde" einzuplanen. In dieser Zeit kann durch das Fernhalten von Störungen intensiv an einer Aufgabe gearbeitet werden. Klären Sie im Vorfeld mit Ihren Kolleginnen und Kollegen, dass und wann Sie ungestört arbeiten möchten, stellen Sie das Telefon um oder schalten Sie Informationen über E-Mail-Eingänge aus.

3.4 Techniken des Selbstmanagements kennenlernen

Die Einteilung von Arbeiten bzw. die Organisation von Aufgaben und Tätigkeiten ist ein wichtiger Prozess. Zusätzlich bedarf es jedoch einer Analyse des Selbstmanagements, um die eigene Kompetenz und Entwicklung weiter voranzutreiben und die Effizienz zu steigern.

© Gina Sanders – Fotolia.com

> **Kontrollieren** Sie unbedingt regelmäßig Ihren Tages- bzw. Arbeitsplan.

> **Ermitteln** Sie die nicht erledigten Aufgaben und Tätigkeiten.

> **Analysieren** Sie, WARUM Sie sie nicht bearbeiten konnten. Dies kann u. a. an den bereits genannten Zeitdieben oder Zeitfallen liegen. Nur, wenn Sie diese erkennen, können Sie zukünftig Ihre Planung optimieren.

Ein gutes Zeitmanagement und eine gute Selbstorganisation sind zwei wichtige Elemente, um Stresssituationen im Berufsalltag vorzubeugen.

- -

3.4.1 Selbstkontrolle durch Selbstbeobachtung im Büro

Selbstbeobachtung ist eine Technik zur Selbstkontrolle. Mit dieser Technik sollen Arbeitsabläufe und die eigenen offenen oder verdeckten Verhaltensweisen erkannt werden. Grundsätzlich soll die Selbstkontrolle den Ist- mit dem Sollzustand vergleichen und die Effektivität der Arbeit nachhaltig verbessern.

© XtravaganT – Fotolia.com

Die **Dokumentation** des Ist-Zustandes sollte umfassen:

> Art der Tätigkeit
> tatsächlicher Zeitaufwand
> Grund für die Nichtbearbeitung
> Uhrzeit der Bearbeitung

> Außeneinwirkungen
> Methode der Ausführung
> Nutzen der Tätigkeit und Aufgabe
> Zustand des Bearbeiters

Nachdem Sie den Ist-Zustand dokumentiert haben, vergleichen Sie ihn mit dem gewünschten oder vorher festgelegten Soll-Zustand. Bei diesem Vergleich ist es wichtig, die Abweichungen festzustellen und die Gründe dafür zu analysieren. Je genauer die Aufzeichnungen und Dokumentationen sind, desto größer kann die Selbsterkenntnis für den Betroffenen sein.

Durch die Selbstbeobachtung können folgende **Erkenntnisse** gewonnen werden:

> organisatorische Mängel werden aufgedeckt
> Bearbeitungszeiten sind zu lang
> fehlerhafte Arbeitsabläufe werden erkannt
> Störfaktoren können ermittelt werden

Durch eine gründliche Analyse ermitteln Sie nicht nur die Mängel. Sie bietet Ihnen gleichzeitig die Chance, neue Ideen bzw. Lösungsansätze für die zukünftige Planung und Bearbeitung Ihrer Aufgaben und Tätigkeiten zu ermitteln.

3.4.2 Zeitprotokoll als Analyseinstrument nutzen

Ein **Zeitprotokoll** dient dazu, die verwendete **Arbeitszeit** für einzelne Arbeiten **transparent** zu machen. Führen Sie zunächst für einen oder auch mehrere Tage eine **Bestandsaufnahme** bzw. **Ist-Analyse** durch. Der Vorteil einer mehrtägigen Beobachtung ist, dass Sie Vergleichswerte und damit genauere Ergebnisse erhalten. Die Bestandsaufnahme muss Angaben zu den Uhrzeiten, den Aufgaben bzw. Tätigkeiten, zum Zeitaufwand und zu eventuellen Vorkommnissen enthalten.

Beispielformular für eine Bestandsaufnahme/Ist-Analyse

**ERIK HAUSER
RECHTSANWALT**

Bestandsaufnahme/Ist-Analyse

Uhrzeit	Aufgabe/Tätigkeit	Zeitaufwand	Vorkommnisse

Im Anschluss an die Ist-Analyse ermitteln Sie die Aufgaben und Tätigkeiten, die einen hohen Zeitaufwand erfordern. Dabei ist es wichtig, dass Sie auch die notierten Vorkommnisse einbeziehen. Oft lassen sich dadurch Zeitdiebe und Zeitfallen erkennen. Zusätzlich können Sie alle Arbeiten mit einer Gewichtung versehen. Sind sie bedeutsam und wichtig oder weniger wichtig? Mithilfe des Eisenhower-Prinzips können Sie z. B. ermitteln, welche Aufgaben und Tätigkeiten eine größere bzw. weniger große Bedeutung haben, indem Sie sie mit einer der jeweiligen Kategorien kennzeichnen. Im nächsten Schritt der Analyse erarbeiten Sie Strategien und Lösungen, die zu einer Zeiteinsparung führen. Ob diese Erfolg haben, zeigt sich in der täglichen Büropraxis.

Führen Sie erneut eine Bestandsaufnahme durch, um zu kontrollieren, ob die gewünschten Veränderungen eingetreten sind.

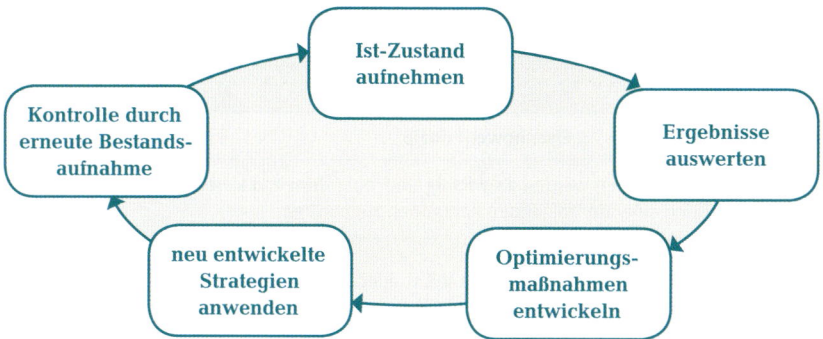

3.5 Zusammenfassung und Aufgaben

ZUSAMMENFASSUNG

Zeitmanagement bei bürowirtschaftlichen Abläufen

Die Arbeitszeit im Büro ist ein vergängliches Gut und muss effektiv genutzt und gestaltet werden.

- -

Ein funktionierendes Zeitmanagement beinhaltet folgende Schritte, die aneinander anknüpfen:

› Aufgaben, Aktivitäten und Tätigkeiten zusammenstellen

› nach Wichtigkeit und Dringlichkeit einteilen

› Ablaufplan erstellen

› Aufgaben und Tätigkeiten ausführen

› Ablaufplan kontrollieren

› unerledigte Aufgaben und Tätigkeiten ermitteln

- -

Methoden des Zeitmanagements

Pareto-Prinzip	ABC-Analyse
20 % der eingesetzten Arbeitszeit erbringen bereits 80 % des Arbeitserfolges.	Für die Aufgaben und Tätigkeiten werden je nach Wichtigkeit Prioritäten gesetzt.

> **A-Aufgaben:**   sehr wichtige Aufgaben und Tätigkeiten; Zeitaufwand: 15 %; Arbeitserfolg: 65 %
> **B-Aufgaben:**   wichtige Aufgaben und Tätigkeiten;   Zeitaufwand: 20 %, Arbeitserfolg: 20 %
> **C-Aufgaben:**   Routine-Aufgaben und -Tätigkeiten;   Zeitaufwand: 65 %, Arbeitserfolg: 15 %

Eisenhower-Prinzip

Aufgaben und Tätigkeiten werden als **wichtig** und/oder **dringend** klassifiziert
und einer der folgenden Kategorien zugeordnet:

> **Kategorie 1:** wichtig und dringend → sofort und selbst erledigen

> **Kategorie 2:** wichtig, aber nicht dringend → terminieren

> **Kategorie 3:** nicht wichtig, aber dringend → delegieren

> **Kategorie 4:** weder wichtig noch dringend → nicht bearbeiten

---

SMART-Methode

Mit dieser Methode werden klare und eindeutige Kriterien für ein Ziel aufgestellt,
damit es erreichbar wird. Ziele sind SMART, wenn sie:

S **Spezifisch** → (Ziele müssen eindeutig und präzise formuliert sein)

M **Messbar** → (Ziele müssen überprüfbar sein)

A **Attraktiv** → (es muss sich lohnen, die Ziele zu erreichen)

R **Realistisch** → (es ist möglich, die Ziele zu erreichen)

T **Terminiert** → (es gibt einen konkreten und realistischen Zeitplan)

sind.

ALPEN-Methode

Diese Methode ermöglicht es, auf einfache Weise Tagesabläufe effizient zu planen.
Strukturieren Sie Ihren Tagesablauf, indem Sie

A **Aufgaben,** Aktivitäten und Termine aufschreiben, die

L **Länge** der aufzubringenden Arbeitszeit schätzen,

P **Pufferzeiten** für Unvorhergesehenes einplanen,

E **Entscheidungen** treffen – Prioritäten setzen, Aufgaben delegieren oder aussondern – und eine

N **Nachkontrolle** durchführen – nicht bearbeitete Aufgaben ermitteln und ggf. neu einplanen,
Zeitansätze, Pufferzeiten und Entscheidungen prüfen

Störungen, Zeitdiebe und Zeitfallen bei Arbeitsprozessen

In der täglichen Büroarbeit gibt es zum einen Ereignisse von außen, die man schwer beeinflussen kann, und zum anderen Zeitdiebe oder Zeitfallen, die man selbst mehr oder weniger verursacht hat.

Techniken des Selbstmanagements

Ein Zeitprotokoll ist eine Bestandsaufnahme und dient als Analyseinstrument, um für einzelne Arbeiten die verwendete Arbeitszeit transparent zu machen. Dadurch lassen sich Zeitdiebe und Zeitfallen erkennen.

AUFGABEN

LERNFELD 2

1. Prüfen und erläutern Sie die folgenden Aussagen auf Ihre Richtigkeit.

a. Die Arbeitszeit effektiv zu nutzen, erlernt man in der Ausbildung.

b. Die zu erledigenden Aufgaben und Tätigkeiten müssen zur Einteilung der Arbeitszeit anhand von Terminplänen, Terminmappen, Arbeitsmappen und eigenen Notizen zusammengestellt werden.

c. Bei der Ausführung von Arbeiten kommt es nur auf die Schnelligkeit des Bearbeiters an.

d. Das Pareto-Prinzip besagt, dass 80 % Arbeitszeit erforderlich sind, um 20 % des Arbeitserfolges zu erreichen.

e. Die ALPEN-Methode ist eine einfache und schnell durchführbare Methode zur Zeitplanung, die dennoch effektiv ist.

f. Bei der Erstellung von Ablaufplänen sollen Prioritäten bei den einzelnen Aufgaben und Tätigkeiten vergeben werden.

2. Nennen und erläutern Sie die einzelnen Schritte, die jedes funktionierende Zeitmanagement hat.

3. Erstellen Sie in Word oder Excel einen Tagesablaufplan für Ihre Kanzlei.

4. Erläutern Sie, welche Aufgaben und Tätigkeiten beim Pareto-Prinzip als Erstes erledigt und durchgeführt werden sollen.

5. Erläutern Sie die Einteilung der Aufgaben bei der ABC-Analyse.

6. Welcher Zusammenhang besteht beim Pareto-Prinzip und der ABC-Analyse?

7. Erläutern Sie die Einteilung der Aufgaben beim Eisenhower-Prinzip.

8. Erläutern Sie die einzelnen Stufen der SMART-Methode.

9. Erläutern Sie den Ablauf der ALPEN-Methode.

10. Nennen Sie sechs Zeitdiebe und Zeitfallen.

FRISTEN UND TERMINE IN DER KANZLEI ORGANISIEREN

4.

Bei der täglichen Büroarbeit ist eine gute und präzise Organisation gefragt. Nicht nur beim Ablauf von Tätigkeiten und Aufgaben, sondern auch bei der sinnvollen Planung von Terminen.

4.1   Begriffe und Bedeutung

Begriffe

MERKE

Termine sind bestimmte Zeitpunkte, an denen z. B. bestimmte Rechtshandlungen vorzunehmen sind oder die für unterschiedlichste Gesprächsanlässe festgelegt werden. **Fristen** sind abgegrenzte bestimmte oder unbestimmte Zeiträume, wobei diese nicht zwingend zusammenhängend sein müssen.

BEISPIEL

Beispiele für Termine:
> Gesprächstermin beim Rechtsanwalt
> Termin zur Gerichtsverhandlung

Beispiele für Fristen:
> Notfristen, z. B. bei der Berufung oder der Revision
> Rechtsmittel- und Rechtsbehelfsfristen, z. B. für die Berufung oder den Einspruch
> Rechtsmittel- oder Rechtsbehelfsbegründungsfristen, z. B. für die Berufung
> richterliche Fristen

LF 10, 11 ▶   Die detaillierte Darstellung der Fristen erfolgt in Lernfeld 10 und 11.

Bevor man einen Termin festlegt oder an einem Termin teilnimmt, sollte man sich darüber im Klaren sein, um welchen Termin es sich handelt. Dabei können folgende Leitfragen behilflich sein:

> Warum soll der Termin stattfinden?

> Welcher Personenkreis nimmt an dem Termin teil?

> Zu welchem Datum und zu welcher Uhrzeit soll der Termin stattfinden?

> An welchem Ort soll der Termin stattfinden?

> Welcher Zeitrahmen wird für den Termin benötigt?

> Welches Ergebnis wird angestrebt?

> Werden Medien, Unterlagen usw. für den Termin benötigt?

Tipp

© fotomek – Fotolia.com

Bedeutung

Die Einhaltung von Fristen und Terminen hat für die Berufspraxis im Rechtsanwaltsbereich einen sehr hohen Stellenwert, da Versäumnisse hier zu Schadensersatzansprüchen des Mandanten gegenüber dem Rechtsanwalt führen können. Sofern zum Beispiel eine Notfrist wegen eines schuldhaften Versäumnisses des Rechtsanwalts nicht eingehalten werden kann, gibt es keine Verlängerungsmöglichkeit mehr, sodass der Rechtsanwalt vom eigenen Mandanten in Regress genommen werden kann. Für diese Fälle hat der Rechtsanwalt zwar eine entsprechende Haftpflichtversicherung abzuschließen, dennoch ist zumindest der Ruf der Kanzlei beschädigt. Nach § 5 BORA ist der Rechtsanwalt verpflichtet, die für seine Berufsausübung erforderlichen sachlichen, personellen und organisatorischen Voraussetzungen in der Kanzlei vorzuhalten. Um Haftungsfälle zu vermeiden, ist er darauf angewiesen, gut ausgebildete und zuverlässig eingewiesene und arbeitende Mitarbeiter zu beschäftigen. Die haftungsrechtlichen Einzelfragen im Rahmen der Wiedereinsetzung in den vorigen Stand werden im Lernfeld 11 ausführlich dargestellt.

◄ LF 11

4.2 Koordinieren und überwachen von Fristen und Terminen

Auch beim Überwachen und Koordinieren von Terminen werden feste und bewegliche Termine unterschiedlich berücksichtigt. Da sich feste Termine in der Regel wiederholen, können diese längerfristig in den **Terminplänen** berücksichtigt werden. Bewegliche Termine hingegen werden kurzfristig geplant und vereinbart und müssen mit den bereits vorhandenen festen Terminen in Einklang gebracht werden. Diese sollten unmittelbar nach der Vereinbarung eingetragen bzw. fixiert werden, damit es bei weiteren Terminanfragen zu keiner Überschneidung kommt.

4.2.1   Koordinieren von Fristen und Terminen

Ein Abstimmprozess von Terminen ist schwierig, z. B. wenn der Vorgesetzte einen **Terminkalender** hat und Termine von ihm selbst sowie von einer weiteren Person geplant und festgelegt werden. Häufig kommt es mit klassisch geführten Terminkalendern zu **Überschneidungen** oder der **Abstimmprozess** nimmt erhöhten Zeitaufwand in Anspruch.

© fotomek – Fotolia.com

Probleme in der Organisation entstehen bei:

- falsch eingetragenen oder vergessenen Terminen oder Fristen,
- Doppelbelegung von Terminen,
- falsch eingetragener Termindauer oder Fristablauf,
- Terminen, die nicht wahrgenommen werden können.

Durch den Einsatz von **digitalen Terminkalendern,** die sich ständig aktualisieren und somit auf dem neuesten Stand sind, können solche Probleme vermieden werden. Durch diese Terminkoordination wird die Professionalität in einer Kanzlei gefördert und demzufolge werden Probleme in der Organisation weitestgehend vermieden. Freiräume werden erkannt und können mit kurzfristigen oder unangemeldeten Terminen in die Tagesplanung integriert werden. Für die Nutzer der digitalen Terminkalender entsteht eine höhere Flexibilität bei der Terminverwaltung.

© Detlef – Fotolia.com

Neben dem digitalen Terminkalender gibt es noch weitere Hilfsmittel für die Terminfixierung. Diese können sein:

Art	Erläuterung
klassische Papierkalender	in Papierform geführter Kalender, z. B. Tisch-, Wand-, Buchkalender
Terminmappen	Mappen mit gekennzeichneten Trennblättern von 1 bis 31 für den laufenden Monat oder 1 bis 12 für die Monate eines Jahres

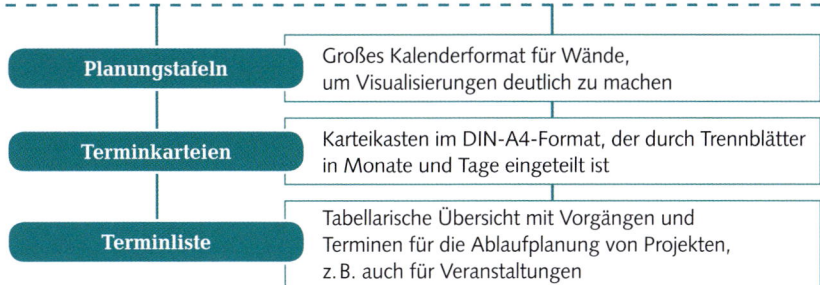

Planungstafeln	Großes Kalenderformat für Wände, um Visualisierungen deutlich zu machen
Terminkarteien	Karteikasten im DIN-A4-Format, der durch Trennblätter in Monate und Tage eingeteilt ist
Terminliste	Tabellarische Übersicht mit Vorgängen und Terminen für die Ablaufplanung von Projekten, z. B. auch für Veranstaltungen

Vor der letztendlichen Festlegung eines Termins müssen folgende Fragen geklärt sein:

Tipp

> Ist jeder Terminteilnehmer für die Zeit verfügbar?
> Welcher Zeitraum muss für den Termin geblockt werden?
> Wird für den Termin eventuell ein Zeitpuffer benötigt?
> Ist ein Zeitfenster zum nächsten Termin offenzuhalten?
> Welche Anreisezeit wird bei dem Termin benötigt?
> Wird eine Übernachtung benötigt? Wenn ja, sind noch Unterkünfte verfügbar?
> Sind Ferien- bzw. Urlaubszeiten, Feier- oder Brückentage zu berücksichtigen?
> Stehen private Termine entgegen?

4.2.2 Überwachen von Fristen und Terminen

Allgemein

Nicht nur die Koordination von Terminen hat eine große Bedeutung in der Kanzlei. Vielmehr ist die stetige Überwachung von Terminen unabdingbar für eine gute und effiziente Terminplanung.

Der Überwachungsgrund bei einem Termin kann unterschiedlich sein und muss differenziert je nach Termin/Ereignis bearbeitet werden.

© fotomek – Fotolia.com

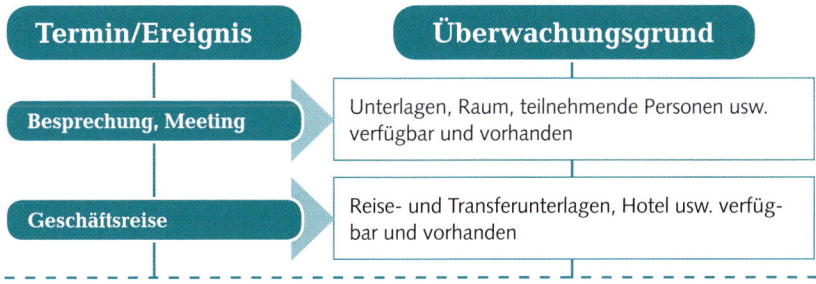

Termin/Ereignis	Überwachungsgrund
Besprechung, Meeting	Unterlagen, Raum, teilnehmende Personen usw. verfügbar und vorhanden
Geschäftsreise	Reise- und Transferunterlagen, Hotel usw. verfügbar und vorhanden

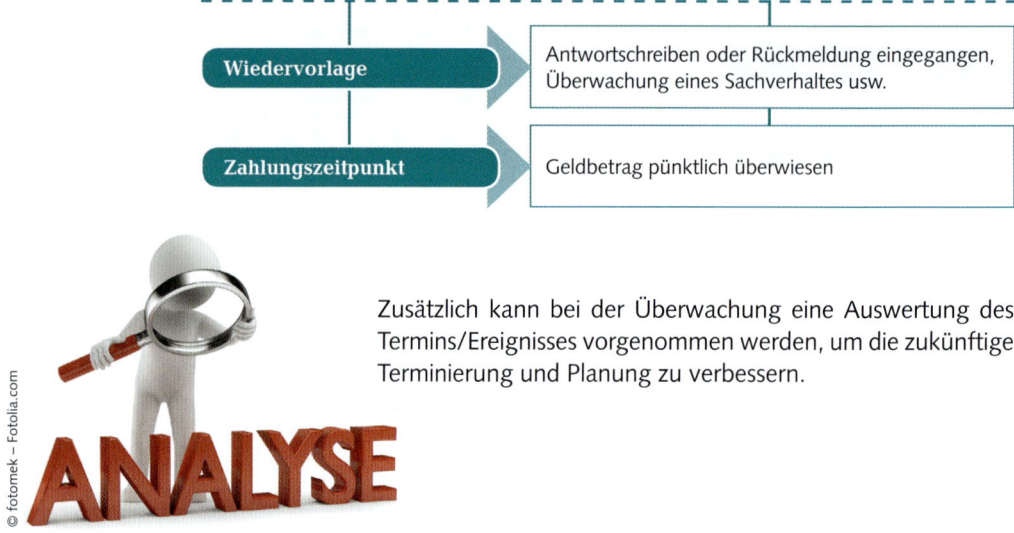

| Wiedervorlage | Antwortschreiben oder Rückmeldung eingegangen, Überwachung eines Sachverhaltes usw. |
| Zahlungszeitpunkt | Geldbetrag pünktlich überwiesen |

Zusätzlich kann bei der Überwachung eine Auswertung des Termins/Ereignisses vorgenommen werden, um die zukünftige Terminierung und Planung zu verbessern.

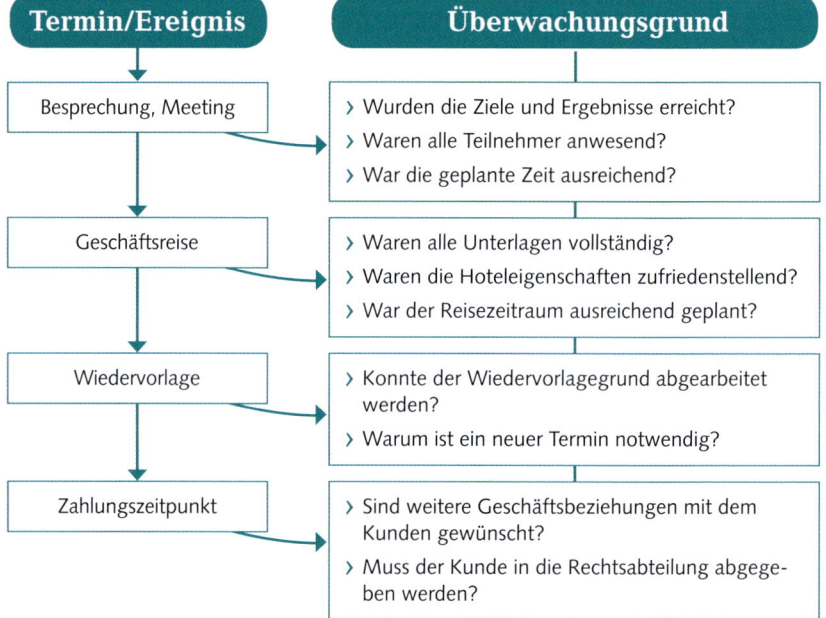

Termin/Ereignis	Überwachungsgrund
Besprechung, Meeting	› Wurden die Ziele und Ergebnisse erreicht? › Waren alle Teilnehmer anwesend? › War die geplante Zeit ausreichend?
Geschäftsreise	› Waren alle Unterlagen vollständig? › Waren die Hoteleigenschaften zufriedenstellend? › War der Reisezeitraum ausreichend geplant?
Wiedervorlage	› Konnte der Wiedervorlagegrund abgearbeitet werden? › Warum ist ein neuer Termin notwendig?
Zahlungszeitpunkt	› Sind weitere Geschäftsbeziehungen mit dem Kunden gewünscht? › Muss der Kunde in die Rechtsabteilung abgegeben werden?

Besondere Anforderungen im Rechtsanwaltsbereich

Der Fristenkontrolle kommt ein sehr hoher Stellenwert zu. Daher sind folgende Arbeitsschritte notwendig:

› Jedes eingehende Schriftstück hat einen Posteingangsstempel und den Hinweis auf eine Zustellungsurkunde oder ein Empfangsbekenntnis zu tragen.

› Bei öffentlichen und privaten Urkunden, die nicht gestempelt werden dürfen, ist ggf. die Briefhülle zu stempeln und aufzubewahren.

> Eingehende Schriftstücke sind sofort beim Posteingang auf Fristen und Termine durchzusehen, diese sind sogleich der entsprechenden Akte zuzuordnen und zwar so, dass sie nicht verloren gehen können.

> Die Frist und eine evtl. Vorfrist sind direkt beim Posteingangsstempel auf dem Schriftstück zu vermerken und im Termin- und Fristenkalender einzutragen. Es empfiehlt sich, auch in den Schreiben einen Hinweis auf die Frist zu setzen.

> Sofern die Eintragung der Frist im Kalender erfolgt ist, ist auf dem Posteingangsstempel zu vermerken, dass die Frist ordnungsgemäß eingetragen wurde und auch wer die Eintragung vorgenommen hat. Außerdem ist die Frist (Art und Fristablauf) auch auf dem Handaktenvorblatt bzw. in der elektronischen Akte zu vermerken.

> Die Fristenakten und Fristenkalender sind dem Rechtsanwalt unverzüglich vorzulegen. Die Fristeintragungen und -berechnungen sind von ihm zu überprüfen und abzuzeichnen (Handzeichen, Datum). Je nach Art und Häufigkeit der Frist kann dies auch auf gewissenhaft arbeitende Mitarbeiter übertragen werden oder im Rahmen einer Stichprobenkontrolle durchgeführt werden.

MERKE

Sofern Schriftstücke zugefaxt werden, reicht der bloße Sendebericht als alleiniger Nachweis für den Zugang nicht aus.

LERNFELD 2

4.3 Erstellen von Terminplänen

Termine müssen frühzeitig vorbereitet und eventuell dazugehörige Unterlagen bereitgestellt werden. Dies kann durch die Erstellung eines täglichen **Terminablaufplans** erfolgen. Durch solch eine **To-Do-Liste** kann man die täglichen Aufgaben übersichtlich darstellen und anschließend abarbeiten, überwachen und bei Bedarf auch verschieben.

Sinnvollerweise sollte diese Vorbereitung mindestens einen oder zwei Tage vor den eigentlichen Terminen erfolgen. Jedoch nicht zu früh, damit eventuelle Verschiebungen oder Änderungen berücksichtigt werden können. Bei der Planung können zusätzlich Prioritäten bei den zu erledigenden Aufgaben gesetzt werden.

MERKE

Durch eine frühzeitige Planung können Probleme erkannt und schon im Vorfeld aus dem Weg geräumt werden.

ERIK HAUSER
RECHTSANWALT

Terminablaufplan für den 15.09.20..

Termine

Uhrzeit	Dauer	Angelegenheit	Anmerkungen
08:00			
08:15			
08:30			
09:00			
…			

Aufgaben (Wiedervorlagen, Zahlungstermine etc.)

Aufgabe/Tätigkeit	ABC	☑

4.4   *Elektronischer Terminkalender*

Mit einer entsprechenden Software für die Terminplanung lassen sich viele Kriterien einer effektiven Terminplanung umsetzen. Solch eine Standardsoftware unterstützt die Terminplanung und die Erstellung von Terminplänen.

Verschiedene Programme wie z. B. Lotus Notes oder Outlook bieten Gesamtlösungen an und integrieren in ihrer Software einen Kalender, ein Terminverwal-

© Kurhan – Fotolia.com

tungswerkzeug und eine E-Mail-Funktion. Daneben bieten diese Gesamtlösungen die Möglichkeit, gemeinsame Kalender für mehrere Beschäftigte (Teams, Gruppen usw.) einzurichten oder auch nur bestimmten Personen Zugriffsrechte zu gewähren.

Rechtsanwalt Erik Hauser hat seinen persönlichen digitalen Terminkalender für seine Sekretärin Katrin Müller freigegeben. Somit kann Frau Müller jederzeit von ihrem Computer auf seinen Kalender zugreifen und Termine verwalten. Dadurch muss sie nicht ständig Herrn Hauser bei seiner Arbeit unterbrechen.

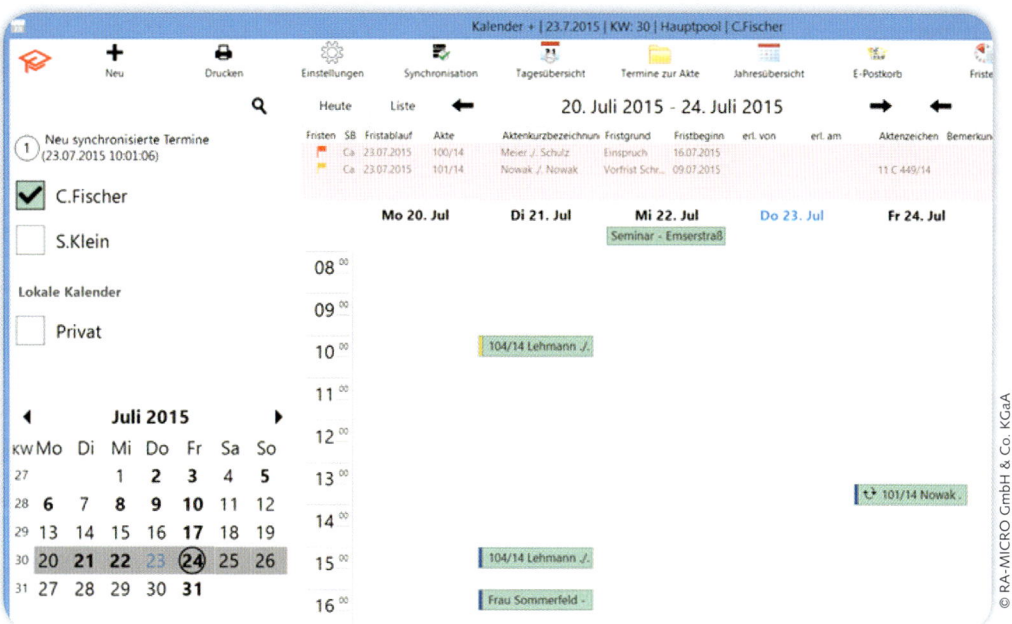

Beispiel für einen Termineintrag

© RA-MICRO GmbH & Co. KGaA

LERNFELD 2

Neben der Vernetzung von digitalen Terminkalendern und der E-Mail-Funktion bieten diese Softwareprodukte in der Regel folgende weitere Funktionen:

> Kontakte erstellen und verwalten,
> Termine und Terminserien am Computer eintragen und verwalten,
> Tagesaufgaben eintragen und verwalten,
> Tages-, Arbeitswochen-, Wochen-, Monats- und Planungsansicht,
> Termine per E-Mail versenden,
> Erinnerungsfunktion durch akustische Signale,

© bloomua – Fotolia.com

> › Ausdruck der Termine im Tages-, Wochen- oder Monatsformat,
> › Ausdruck von Tagesablaufplänen mit Tagesaufgaben,
> › Verwaltung und Zugriff mit ständigem mobilem Abgleich per Smartphone.

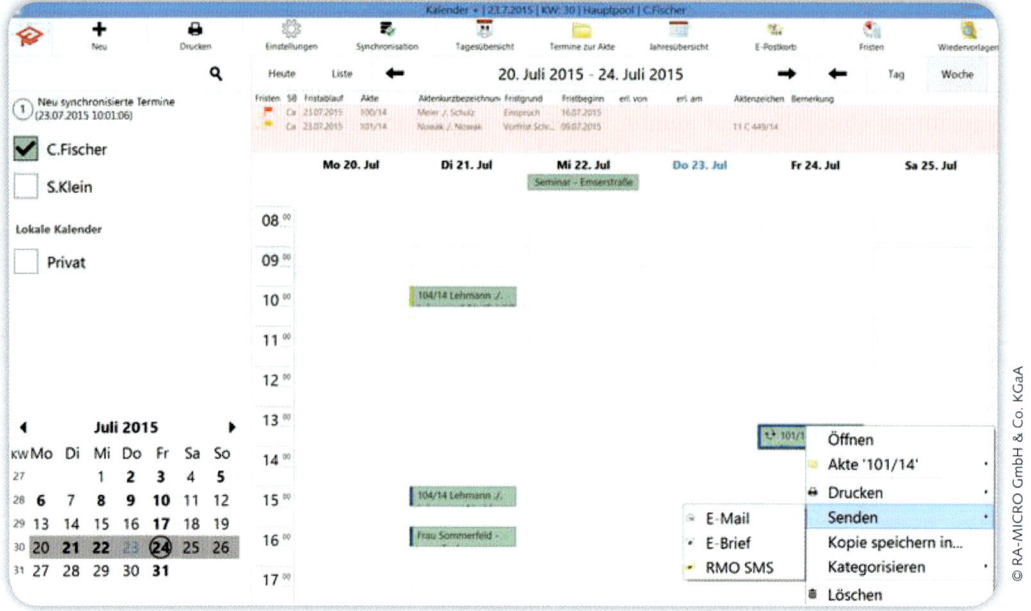

Beispiel einer Standardsoftware mit E-Mail, Termin und Kalenderfunktion

Wie bei Papiernotizen Feuer oder Wasser zum Datenverlust führen können, kann bei Softwarelösungen z.B. Stromausfall Datenverluste verursachen. Daher sind hier regelmäßige Datensicherungen mit effizienter Rücksicherungsmöglichkeit unabdingbar!

4.5   *Zusammenfassung und Aufgaben*

ZUSAMMENFASSUNG

Terminarten und Terminfestlegung

Ein **Termin** ist ein durch eine konkrete Zeitangabe (d.h. Kalenderdatum und ggf. Uhrzeit) bestimmter Zeitpunkt.

Fristen sind abgegrenzte bestimmte oder bestimmbare Zeiträume, wobei diese nicht zwingend zusammenhängend sein müssen.

Leitfragen zur **Terminfestlegung:**

> Warum soll der Termin stattfinden?

> Welcher Personenkreis nimmt an dem Termin teil?

> Zu welchem Datum und welcher Uhrzeit soll der Termin stattfinden?

> An welchem Ort soll der Termin stattfinden?

> Welcher Zeitrahmen wird für den Termin benötigt?

> Welches Ergebnis wird angestrebt?

> Werden Medien, Unterlagen usw. für den Termin benötigt?

Koordinieren und überwachen von Terminen

Termine lassen sich unterscheiden in **feste** und **bewegliche Termine.**

Feste Termine	Organisationsprobleme und Haftungsfälle
wiederholen sich in der Regel und können längerfristig geplant werden; bewegliche Termine werden hingegen kurzfristig geplant.	können durch falsch eingetragene oder vergessene Termine oder Fristen, Doppelvergabe eines Frist- oder Terminzeitraums, falsche Frist- oder Termindauer oder durch nicht eingehaltene Termine oder Fristen entstehen.

Aufgrund der großen Bedeutung von Terminen und Fristen für den Rechtsanwalt sind diese beim Posteingang sowohl auf dem Schriftstück, im Terminkalender als auch in der Akte deutlich, formal korrekt und jederzeit nachvollziehbar zu vermerken.

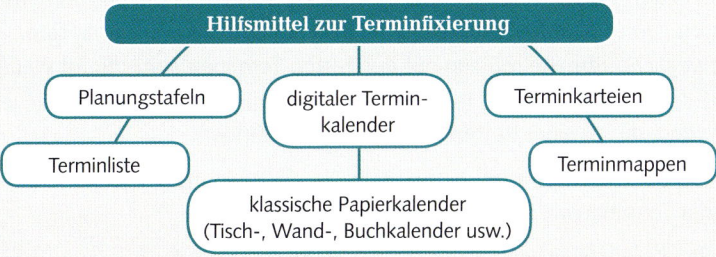

Hilfsmittel zur Terminfixierung

- Planungstafeln
- digitaler Termin-kalender
- Terminkarteien
- Terminliste
- Terminmappen
- klassische Papierkalender (Tisch-, Wand-, Buchkalender usw.)

Digitale Terminkalender aktualisieren sich ständig und sind somit auf dem neuesten Stand. Die Überwachung von Terminen ist notwendig, um organisatorische Vorüberlegungen durchzuführen oder Unterlagen und Materialien bereitzustellen. Eine Auswertung kann bei der Überwachung ausgeführt werden, um die künftigen Terminierungen und Planungen zu verbessern.

LERNFELD 2

Terminpläne

Terminablaufpläne	Eine Standardsoftware für Termine
beinhalten für einen bestimmten Beschäftigten die Tagestermine und Tagesaufgaben.	unterstützt die Terminplanung und die Erstellung von Terminplänen.

Digitale Lösungen bieten folgende Funktionen:

> E-Mail-Funktion

> Kontakte erstellen und verwalten

> Termine und Terminserien am Computer eintragen und verwalten

> Tagesaufgaben eintragen und verwalten

> Tages-, Arbeitswochen-, Wochen-, Monats- und Planungsansicht

> Einladungen zu Terminen, Ereignissen, Meetings usw. per E-Mail versenden

> Erinnerungsfunktion durch akustische Signale

> Ausdruck der Termine im Tages-, Wochen- oder Monatsformat

> Ausdruck von Tagesablaufplänen mit Tagesaufgaben

> Vernetzung von digitalen Terminkalendern

> Verwaltung und Zugriff mit ständigem mobilem Abgleich per Smartphone

AUFGABEN

1. Prüfen und erläutern Sie folgende Aussagen auf ihre Richtigkeit.

     a. Termine im Büro sind nur Besprechungen oder Gesprächstermine.

     b. Um einen Termin zu vereinbaren genügt es, wenn man mit den Terminteilnehmern einen gemeinsamen Zeitpunkt vereinbart, an dem alle verfügbar sind.

     c. Bewegliche Termine müssen mit den festen Terminen abgestimmt werden.

     d. Bei der Erstellung eines Terminablaufplans müssen nur die Termine eingetragen werden, die zu einer bestimmten Uhrzeit stattfinden.

2. Bereiten Sie einen Vortrag vor, bei dem Sie die Bedeutung der Terminüberwachung und der Terminauswertung vorstellen.

3. Erstellen Sie einen Terminablaufplan mit einem Textverarbeitungsprogramm.

4. Erläutern Sie fünf Vorteile einer Standardsoftware für die Terminplanung.

5. Erläutern Sie, wann eine elektronische Lösung sinnvoll ist und nennen Sie dabei den größten Kritikpunkt.

5. KONFERENZEN UND BESPRECHUNGEN DURCHFÜHREN UND NACHBEREITEN

Allgemein versteht man unter einer **Veranstaltung** ein geplantes Ereignis, an dem eine vorher bestimmbare Gruppe von Personen mit einer vorgegebenen Zeit und einem vorgegebenen Ziel teilnimmt. Zwei Unterformen von Veranstaltungsarten sind **Konferenzen** und **Besprechungen.** Diese Arten von Veranstaltungen nehmen in der täglichen Büropraxis einen beträchtlichen Arbeitszeitanteil in Anspruch. Nicht nur eine gute Vorbereitung gehört zu den wichtigsten Aufgaben der Organisation, sondern es müssen auch bei der Durchführung und Nachbereitung verschiedene Punkte für ein gutes Gelingen beachtet werden.

◀ LF 12

LERNFELD 2

Veranstaltungen	
Konferenzen	**Besprechungen**
› größerer Personenkreis	› kurzfristiges Zusammentreffen
› formeller Rahmen	› weniger formell geplant als eine Sitzung
› höherer Vorbereitungsaufwand	› kein offenes Thema
› vorher ermittelte und zusammen getragene Daten und Fakten werden vorgetragen und besprochen	› gezielte Fragen und Probleme werden geklärt
› versenden der Einladungen mit den dazugehörigen Tagesordnungspunkten	› geringer Zeitaufwand bei der Planung notwendig

5.1 Vorbereitung von Konferenzen und Besprechungen

Die Vorbereitung einer Konferenz ist im Grunde die gleiche wie die Vorbereitung einer Besprechung, lediglich die zeitliche Vorlaufzeit zum eigentlichen Termin ist bei einer Besprechung kürzer und muss berücksichtigt werden. Es empfiehlt sich, die Vorbereitung in zwei Schritten durchzuführen. Der erste Schritt ist die **Einladung** mit den dazugehörenden Abstimmungsprozessen und der zweite Schritt ist die **Vorbereitung** vor dem eigentlichen Termin.

Schritt 1 Bevor zu einer Konferenz oder Besprechung eingeladen werden kann, müssen viele Rahmenbedingungen im Vorfeld beachtet werden. Es empfiehlt sich, eine **Checkliste** zu erstellen und sie je nach Bedarf zu erweitern oder zu verbessern.

© THeSIMPLIFY – Fotolia.com

Vor dem Versand der Einladungen müssen folgende **Rahmenbedingungen** zwingend beachtet werden:

> Ist der Termin (Tag, Uhrzeit usw.) für jede teilnehmende Person möglich?
> Sind die Themen festgelegt und können als Tagesordnung fixiert werden?
> Welcher Raum (Bestuhlung, Tische, Lichteinflüsse usw.) ist geeignet?
> Kann eine Belegung bzw. Reservierung der Räumlichkeiten erfolgen?
> Welche Medien (Laptop, Beamer, Flipchart, Stifte usw.) müssen beschafft oder reserviert werden?

BEISPIEL

Rechtsanwalt Erik Hauser beauftragt die Auszubildende Anja Weber, eine Tagesordnung für die Konferenz zu erstellen, die in fünf Wochen stattfinden soll. Herr Hauser erläutert ihr, dass alle Beschäftigten der Kanzlei eingeladen werden. Das Thema der Konferenz ist die Einführung der neuen Kanzlei-Software. Herr Hauser stellt diese zunächst kurz vor. Im Anschluss sollen ein Schulungstermin für alle Beschäftigten sowie ein Zeitplan für die Einführung vereinbart werden.

**ERIK HAUSER
RECHTSANWALT**

Tagesordnung
für die Konferenz
Einführung der neuen Kanzlei-Software
am Montag, 22. September 20.., 14:00 bis 15:00 Uhr
Kanzlei Erik Hauser, Raum 3

TOP 1: Begrüßung der Teilnehmer durch Rechtsanwalt Hauser

TOP 2: Kurzvorstellung der neuen Kanzlei-Software durch Rechtsanwalt Hauser

TOP 3: Festlegen eines Schulungstermins für alle Beschäftigten der Kanzlei

TOP 4: Fixierung des Zeitplans für die Einführung der neuen Kanzlei-Software

TOP 5: Verschiedenes

Beispiel für eine Tagesordnung

Tipp

Die einzelnen Tagesordnungspunkte sollten, wenn möglich, als angestrebte Zustände bzw. gewünschte Ergebnisse formuliert werden.

Nachdem die grundlegenden Rahmenbedingungen beachtet, der Termin festgelegt und Einladungen mit der dazugehörigen Tagesordnung versendet wurden, ist die Vorbereitung keineswegs abgeschlossen. Vielmehr müssen jetzt weitere Vorbereitungen vor dem eigentlichen Termin getroffen werden.

© peshkova – Fotolia.com

LERNFELD 2

Schritt 2

Im zweiten Schritt, der Vorbereitung für die Besprechung und Konferenz, sollten folgende Arbeiten berücksichtigt werden:

> Rückmeldungen (Zusagen und Absagen) dokumentieren

> Unterlagen für die Konferenz zusammenstellen und bei Bedarf den Teilnehmern zusenden (Reihenfolge gemäß der Tagesordnungspunkte beachten)

> Bestuhlung und Arbeitstische in den gebuchten Räumlichkeiten prüfen und gegebenenfalls neu anordnen

> Medien auf Funktionalität und Kompatibilität prüfen und bereitstellen

> gegebenenfalls Getränke oder Imbiss für die Veranstaltung und für die Pause bestellen

> Anwesenheitsliste und eventuell Namensschilder erstellen

> Schild „Bitte nicht stören" zum Aushang am Raum vorbereiten

**ERIK HAUSER
RECHTSANWALT**

Checkliste zur Konferenz- und Besprechungsvorbereitung

Nr.	Aufgabe/Tätigkeit	Anmerkung	Erledigt (Datum/Handzeichen)
1	Thema/Themen der Konferenz bzw. Besprechung festlegen		
2	Teilnehmerkreis festlegen		
3	Zeitrahmen/Dauer für die Konferenz bzw. Besprechung bestimmen		
4	Termin für alle Teilnehmer festlegen (Urlaubszeiten, Ferienzeiten, Feiertage, Anreisezeit, Messetermine und andere Termine der teilnehmenden Personengruppe berücksichtigen)		
5	Tagesordnungspunkte festlegen		

© Orlando Florin Rosu – Fotolia.com

Nr.	Aufgabe/Tätigkeit	Anmerkung	Erledigt (Datum/Handzeichen)
6	Raum auswählen und reservieren (Thema, Zielgruppe, Personenzahl, technische Ausstattung berücksichtigen)		
7	Medien reservieren bzw. beschaffen (Laptop, Beamer, Presenter, Flipchart mit -Papier, Stifte etc.)		
8	Einladung mit Tagesordnung erstellen		
9	Unterlagen zusammenstellen		
10	Einladung mit Anlagen versenden (Post, Hauspost, E-Mail etc.)		

Beispiel für eine Checkliste zur Konferenz- und Besprechungsvorbereitung

Tipp

Die Einladungen mit Tagesordnungspunkten und eventuelle Unterlagen für die Veranstaltung können auch digital per E-Mail versendet werden.

MERKE

Vorbereitungen für eine Konferenz oder Besprechung sollten immer frühzeitig getroffen und abgeschlossen werden. Somit bleibt noch genügend Zeit, um eventuelle Probleme lösen zu können.

5.2 Durchführung von Konferenzen und Besprechungen

© fotomek – Fotolia.com

Bevor die Teilnehmer am Tag der Konferenz oder Besprechung in Empfang genommen werden, sollten die Vorbereitungen noch einmal kontrolliert werden. Somit lassen sich überflüssige Fehler frühzeitig vermeiden.

Man sollte sich insbesondere vergewissern, ob

> der Raum vorbereitet ist,

> die Medien zur Verfügung stehen und funktionieren,

> Unterlagen für die Veranstaltung in ausreichender Menge vorhanden sind,

> Getränke und Imbiss bereitstehen,

> die Anwesenheitsliste und eventuelle Namensschilder vorhanden sind,

> eine Beschilderung zum Veranstaltungsort notwendig ist.

Trotz einer akribisch genauen Vorbereitung kann es bei jeder Konferenz oder Besprechung zu unvorhergesehenen Vorkommnissen kommen. Natürlich ist es schwer sich auf solche Situationen vorzubereiten, aber man kann sich bereits im Vorfeld Gedanken darüber machen und eventuell Vorkehrungen treffen. Unkonventionelle und kreative Lösungen sind in solchen Situationen angeraten und erwünscht. Entscheidend ist, dass die gewünschten Ziele bzw. Ergebnisse erreicht werden können. Flexibilitäts- und Improvisationstalent sind genau in diesen Situationen gefragt und es sollten verschiedene Lösungsmöglichkeiten in Betracht gezogen werden.

Zusätzlich sollte man sich während der Konferenz oder Besprechung **Notizen** anfertigen, um bei der Nachbereitung ein **Protokoll** verfassen zu können. Je nach Protokollart müssen die Aufzeichnungen in unterschiedlichem Umfang erstellt werden. Es empfiehlt sich jedoch die Aufzeichnungen ausführlich anzufertigen, um später detaillierte Informationen über die Veranstaltung liefern zu können.

© fotomek – Fotolia.com

5.3 Nachbereitung von Konferenzen und Besprechungen

Die Nachbereitung einer Konferenz oder Besprechung ist ein wichtiger Faktor für weitere Veranstaltungen. Abweichungen vom Sollzustand werden deutlich und somit kann für weitere Veranstaltungen genau auf diese ungewünschten Abweichungen geachtet werden. Darüber hinaus empfiehlt es sich auch ein **Feedback** (Fragebogen, Interviews usw.) von den Teilnehmern einzufordern, um Kritikpunkte der Veranstaltung zur Verbesserung nachfolgender Veranstaltungen zu nutzen.

© fotomek – Fotolia.com

Des Weiteren ist ein **Protokoll** zum einen für die Dokumentation der Ergebnisse der Konferenz und Besprechung wichtig, zum anderen dient es als Grundlage für Folgeveranstaltungen. Allgemein enthält ein Protokoll über eine Konferenz oder Besprechung, was beim jeweiligen Tagesordnungspunkt besprochen und/oder beschlossen wurde.

Protokolltypen, für Berichte über Konferenzen und Besprechungen

Ergebnisprotokoll

(wenig Zeitaufwand, ermöglicht schnelle Information)

Das **Ergebnisprotokoll** enthält die Ergebnisse und die Beschlüsse einer Konferenz oder Besprechung ohne nähere Einzelheiten. Gründe für das Zustandekommen von Beschlüssen und/oder Ergebnissen nehmen Sie nicht auf.

> Präsens
> Indikativ
> Indirekte Rede im Indikativ, (Inhalte von Ergebnissen sind als gegeben zu betrachten)

Kurzprotokoll

(geringer Zeitaufwand, ermöglicht schnelle Information, beinhaltet Gründe)

Im **Kurzprotokoll** gibt die/der Protokollführer/in die wesentlichen Teile einer Konferenz oder Besprechung sachlich wieder. Namen von Rednern werden nur ausnahmsweise genannt. Geben Sie Gründe für das Zustandekommen der Ergebnisse bzw. Beschlüsse an, indem Sie die wichtigen Argumente nennen. Zitieren Sie Anträge und Beschlüsse.

> Präsens
> Indikativ
> Indirekte Rede (Konjunktiv)

Verlaufsprotokoll

(ermöglicht umfassende Information, hohe Beweiskraft)

Im **Verlaufsprotokoll** fasst die/der Protokollant/in den Ablauf einer Konferenz oder Besprechung sachlich in chronologischer Reihenfolge zusammen. Nennen Sie die Redner und nehmen Sie deren – ggf. gekürzte – Redebeiträge auf. Nehmen Sie Ergebnisse auf, zitieren Sie Anträge und Beschlüsse und geben Sie die Gründe für deren Zustandekommen an.

> Präsens
> Indikativ
> Indirekte Rede (Konjunktiv)

© fotomek – Fotolia.com

PROTOKOLL RAHMEN

Personen, die nicht teilgenommen haben, sollen sich mithilfe eines Protokolls über eine Veranstaltung informieren können. Je nach verlangtem Protokolltyp achten Sie deshalb in Ihrer Niederschrift darauf, **W-Fragen** zu beantworten:

WER, WAS, WO, mit/bei WEM, WIE, WOMIT, (bis) WANN, WARUM.

Auf diese Weise sind Zuständigkeiten, Zeitpunkte etc. für jeden Leser sofort klar erkennbar.

Protokolle bestehen aus einem Kopf, einem Hauptteil und einem Schluss. Sie enthalten:

Kopf

> Bezeichnung des Veranstalters
> Protokollart und -nummer
> Art der Veranstaltung
> Thema der Veranstaltung

> Datum, Ort, Uhrzeit der Veranstaltung
> Vorsitzende/r, Protokollführer/in
> Anwesende, Abwesende
> Tagesordnung

Hauptteil

> inhaltlich richtige, sachliche sowie klar und verständlich formulierte Darstellung zu den besprochenen Inhalten der einzelnen Tagesordnungspunkten je nach Protokollart

Schluss

> Ort und Tag der Anfertigung des Protokolls

> Unterschrift und maschinenschriftliche Namenswiedergabe der Protokoll-führerin/des Protokollführers

> Genehmigungsvermerk der/des Vorsitzenden

> ggf. Anlagenvermerk

> ggf. Verteilvermerk

ERIK HAUSER
RECHTSANWALT

Protokollart/evtl. Protokollnummer
über [Art der Veranstaltung]… [evtl. Thema der Veranstaltung]

Tag:	Datum
Ort:	Raum im Hause/Anschrift u. Raum (wenn außer Haus)
Beginn:	Uhrzeit
Ende:	Uhrzeit
Vorsitzende/r:	Frau/Herr Titel Vor- und Nachname, Funktion
Protokollführer/in:	Frau/Herr Titel Vor- und Nachname, Funktion
Anwesend: (alphabetische Reihenfolge)	Frau/Herr Titel Vor- und Nachname, Funktion Frau/Herr Titel Vor- und Nachname, Funktion Frau/Herr Titel Vor- und Nachname, Funktion
Abwesend: (alphabetische Reihenfolge)	Frau/Herr Titel Vor- und Nachname, Funktion (entschuldigt) Frau/Herr Titel Vor- und Nachname, Funktion (unentschuldigt)
Tagesordnung:	1. … 2. … 3. …

TOP 1:

[Text]

…

Ort, Datum

Angefertigt   Für die Richtigkeit (auch: gelesen und genehmigt)

Titel Vor- und Nachname   Titel Vor- und Nachname
Protokollführer/in   Vorsitzende/r

Anlage bzw. Anlagen (falls vorhanden)
[Bezeichnung der Anlage bzw. Anlagen)

Verteiler
[Personen, die eine Kopie des Protokolls erhalten]

*Beispiel für einen Protokollrahmen; ggf. anpassen und nicht bekannte Angaben weglassen
(z. B. Vorname, Funktion etc.)*

5.4   *Zusammenfassung und Aufgaben*

ZUSAMMENFASSUNG

Vorbereitung von Konferenzen und Besprechungen

Unter einer **Veranstaltung** versteht man allgemein ein Ereignis mit einer vorgegebenen Zeit und einem vorgegebenen Ziel, an dem eine vorher bestimmbare
Gruppe von Personen teilnimmt.

Zwei Unterformen von einer Veranstaltung sind **Konferenzen** und **Besprechungen.**

| **Vorbereitungs-, Durchführungs- und Nachbereitungsphase** |
| sind wichtige Elemente für ein gutes Gelingen einer Konferenz oder Besprechung. |

Bei Konferenzen	**Besprechungen**	**Tagesordnungs-punkte**	**Eine Checkliste**
werden mit den Teilnehmern in einem formellen Rahmen Meinungen und Informationen zu vorgegebenen Themen ausgetauscht.	werden in der Regel kurzfristiger geplant, sind weniger formell und weisen eine geringere Teilnehmerzahl auf als Konferenzen.	können bei beiden Veranstaltungsarten erstellt werden. Jedoch sind diese fester Bestandteil bei Konferenzen.	erleichtert den Planungsprozess einer Veranstaltung und es kann jederzeit eine Überprüfung der einzelnen Punkte erfolgen.

Im ersten Schritt der Vorbereitungsphase werden vor allem Rahmenbedingungen für die jeweilige Veranstaltung betrachtet.

Rahmenbedingungen in der Vorbereitung sind:

> Festlegen eines für jede teilnehmende Person passenden Termins (Datum, Uhrzeit)

> Themen sind festgelegt und können als Tagesordnung fixiert werden

> Auswahl eines geeigneten Raums (Bestuhlung, Tische, Lichteinflüsse usw.)

> Belegen bzw. reservieren der Räumlichkeiten

> Beschaffen oder reservieren der erforderlichen Medien (Laptop, Beamer, Flipchart, Stifte usw.)

> Rückmeldungen (Zusagen und Absagen) dokumentieren

> Unterlagen für die Sitzung zusammenstellen und bei Bedarf den Teilnehmern zusenden (Reihenfolge gemäß der Tagesordnungspunkte beachten)

> Bestuhlung und Arbeitstische in den gebuchten Räumlichkeiten prüfen und gegebenenfalls neu anordnen

> Medien auf Funktionalität und Kompatibilität prüfen und bereitstellen

> Gegebenenfalls Getränke oder Imbiss für die Veranstaltung und für die Pause beschaffen

> Anwesenheitsliste und eventuell Namensschilder erstellen

> Schild „Bitte nicht stören" zum Aushang am Raum vorbereiten

Tagesordnungspunkte informieren die Teilnehmer einer Konferenz oder Besprechung über den Verlauf der Veranstaltung.

Vorbereitungen einer Konferenz oder Besprechung, insbesondere das Versenden der Einladungen, müssen frühzeitig geschehen, um Fragen zu vermeiden.

Durchführung von Konferenzen und Besprechungen

Bevor die **Konferenz** oder **Besprechung** beginnt, sollte man sich über folgende Faktoren vergewissern:

> Ist der Raum vorbereitet?

> Stehen die Medien zur Verfügung und funktionieren sie?

> Sind die Unterlagen für die Veranstaltung in ausreichender Menge vorhanden?

> Stehen Getränke und Imbiss bereit?

> Sind die Anwesenheitsliste und eventuelle Namensschilder vorhanden?

> Ist eine Beschilderung zum Veranstaltungsort notwendig?

Flexibilität und Kreativität sind bei unvorhergesehenen Vorkommnissen gefragt, um die **Konferenz**- oder **Besprechungsziele** sowie einen reibungslosen Ablauf zu erreichen.

Nachbereitung von Konferenzen und Besprechungen

In der **Nachbereitungsphase** einer Konferenz oder Besprechung können wichtige Erkenntnisse für weitere Veranstaltungen gewonnen werden.

Die häufig verwendeten **Protokolltypen** im Büro werden im Präsens formuliert und sind **Ergebnis-** und **Kurzprotokolle.**

Ergebnisprotokolle	Kurzprotokolle
enthalten die Ergebnisse und die Beschlüsse einer Konferenz oder Besprechung. Angaben über das Zustandekommen werden nicht aufgenommen.	sind eine Erweiterung der Ergebnisprotokolle und enthalten außer den Ergebnissen und Beschlüssen die wichtigsten Argumente für deren Zustandekommen. Es wird nach sachlichen Kriterien aufgebaut und folgt daher nicht unbedingt dem Sitzungsverlauf.

AUFGABEN

1. Prüfen und erläutern Sie folgende Aussagen auf ihre Richtigkeit.

   a. Bei Konferenzen und Besprechungen gibt es keine Unterschiede.

   b. Konferenzen und Besprechungen können gleich vorbereitet werden.

   c. Unterlagen für die Veranstaltung können per E-Mail versendet werden.

   d. Nachdem ein passender Raum gebucht bzw. reserviert wurde, müssen keine Vorbereitungen mehr bezüglich des Raums durchgeführt werden.

   e. Medien müssen gebucht und auf Funktionalität und Kompatibilität vor dem Termin geprüft werden.

   f. Checklisten zu einer Konferenz oder Besprechung unterstützen die Vorbereitungen.

   g. Kommunikation in einer fremden Sprache ist für eine Konferenz nicht relevant.

2. Nennen und erläutern Sie zwei Arten von Veranstaltungen, die einen beträchtlichen Arbeitszeitanteil im Büro in Anspruch nehmen.

3. Erstellen Sie eine Checkliste für die Vorbereitung einer Konferenz oder Besprechung.

4. Welche Punkte sollten vor der Durchführung nochmals kontrolliert werden?

5. Wie sollte man auf unvorhergesehene Ereignisse in einer Konferenz oder Besprechung reagieren?

6. Erläutern Sie, welche Inhalte in einem Protokoll vorkommen müssen und erstellen Sie für Ihre Kanzlei einen Protokollrahmen.

6. INFORMATIONSWEGE IN DER KANZLEI KENNEN UND NUTZEN

Informationen haben in Unternehmen eine große Bedeutung. Sie sind Grundlage des wirtschaftlichen und erfolgreichen Handels.

Jeder Mitarbeiter muss die richtige Information zum richtigen Zeitpunkt, in der richtigen Form und am richtigen Ort zur Verfügung gestellt bekommen.

> Wie kommen Informationen in die Kanzlei?
> Wie werden Informationen in der Kanzlei bearbeitet, weitergeleitet und archiviert?
> Wie verlassen Informationen die Kanzlei?

© fotomek – Fotolia.com

Die Vorteile eines guten Informationsmanagements sind:

Tipp

Übersichtlichkeit   Aktualität   Zeitersparnis

Informationen in einer Kanzlei:

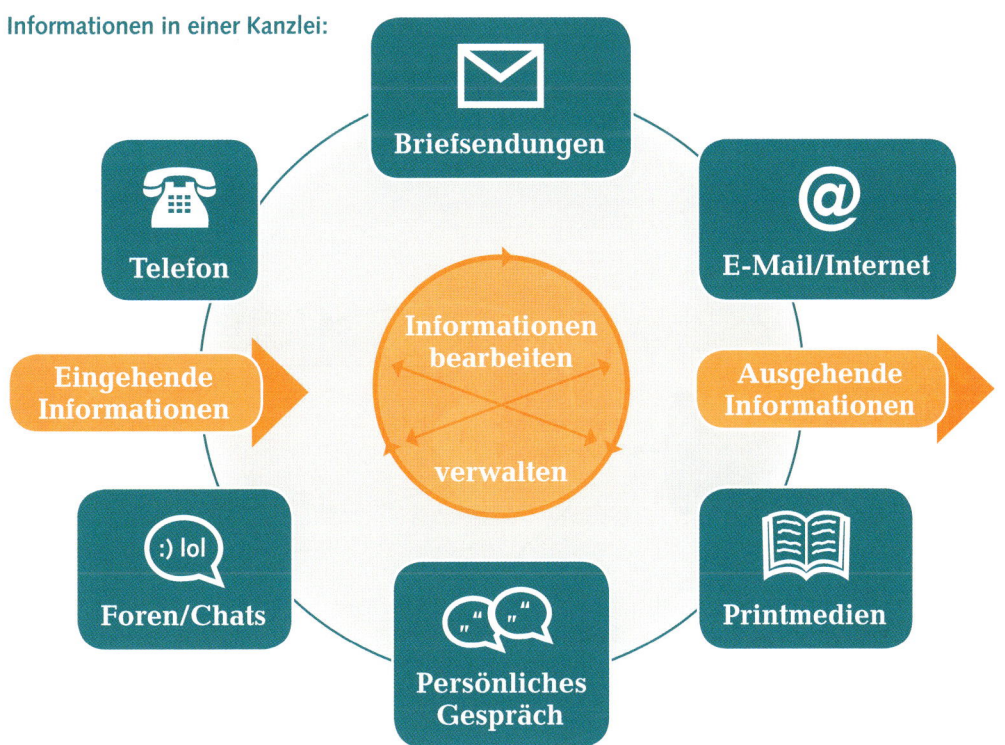

Briefsendungen

Telefon

E-Mail/Internet

Eingehende Informationen

Informationen bearbeiten

verwalten

Ausgehende Informationen

Foren/Chats

Persönliches Gespräch

Printmedien

6.1 Arbeitsabläufe bei eingehenden Informationen

Ist der Empfänger der Informationen nicht bekannt oder nicht erreichbar, so müssen die eingehenden Informationen in Vertretung entgegengenommen und der Empfänger ermittelt werden.

Informationen gelangen auf den verschiedensten Wegen in eine Kanzlei. Neben dem **mündlichen** Eingang, üblicherweise telefonisch oder persönlich, ist der **schriftliche** Eingang von Informationen in einer Kanzlei üblich. Dies erfolgt auf digitalem Weg, z. B. per E-Mail, über das besondere elektronische Anwaltspostfach (beA) oder auf dem Postweg.

Wichtig bei innerbetrieblichen Informationsabläufen ist, dass keine Informationen auf dem Weg durch die Kanzlei verloren gehen.

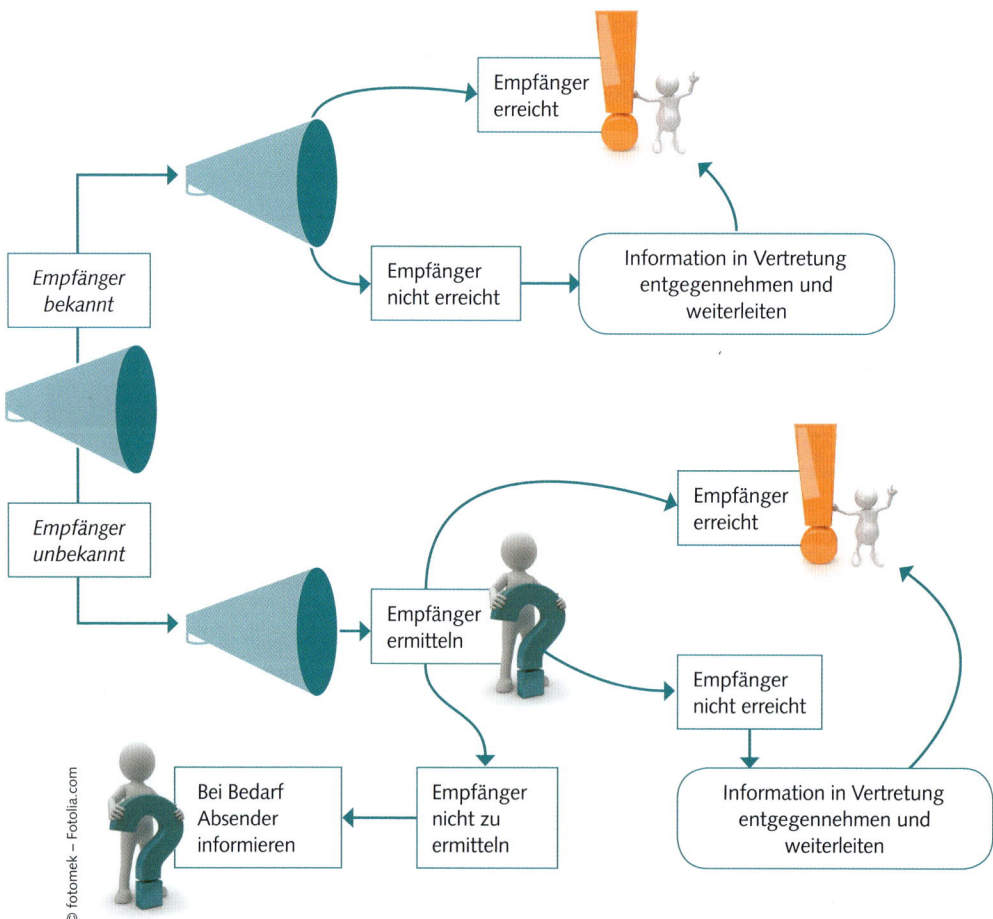

© fotomek – Fotolia.com

Telefon- und Gesprächsnotizen können in Papierform oder in digitaler Form an den Empfänger übermittelt werden. Schriftstücke müssen direkt weitergegeben werden oder in eine andere Form gebracht werden, beispielsweise gefaxt oder gescannt werden.

Grundsätzlich muss der Ablauf der Informationsweitergabe mit allen Beteiligten abgestimmt beziehungsweise bekannt sein, damit keine Informationen verloren gehen.

Wenn Informationen für Dritte am Telefon übermittelt werden, ist es besonders wichtig, alle Angaben für den Empfänger entgegenzunehmen und anschließend vollständig weiterzugeben.

© MEV Verlag GmbH

LERNFELD 2

ERIK HAUSER
RECHTSANWALT

Telefonnotiz		
Von:		An:
Datum:		Uhrzeit:
Anrufer/-in:		Gericht/Behörde/Unternehmen:

Telefon privat	Telefon geschäftlich:	Mobil:
Telefax:	E-Mail:	
Aktenzeichen:	Aktenkurzbezeichnung:	

Anliegen:	Dringlichkeit: ☐ Hoch

Mit der Bitte um:	☐ Rückruf	☐ Rückgabe	☐ Prüfung	☐ Terminvereinbarung
	☐ Kenntnisnahme	☐ Erledigung	☐ Stellungnahme	☐

Gesprächsinhalt:

zu erledigen:	Termin:

Datum, Unterschrift

Beispiel eines Formulars für eine Telefonnotiz

MERKE

Auf einer **Telefonnotiz** müssen folgende Angaben enthalten sein:

Wer hat die Nachricht entgegengenommen (Rückfragemöglichkeit)?

Für **wen** war der Anruf?

Wann war der Anruf?

Wer hat angerufen (Name und Telefonnummer)?

Warum wurde angerufen (Nachricht)?

Welche Aufgabe (nächster Arbeitsschritt: Rückruf, Termin) ist mit dem Anruf verbunden?

Tipp

Vordrucke helfen, alle relevanten Informationen vollständig weiterzugeben.

6.2 Arbeitsabläufe bei ausgehenden Informationen

Kanzleien sind in eine Vielzahl von außerbetrieblichen Kommunikationsbeziehungen eingebunden. **Informationen** werden an Mandanten, Behörden und andere weitergegeben. Zumeist entscheidet der Sachbearbeiter wie er Informationen weiterleitet. Dabei muss beachtet werden:

> Welche Informationen werden weitergegeben?

> Ist der Absender bevollmächtigt zur Informationsweitergabe?

> Wer bekommt die Informationen?

> In welcher Form können die Informationen versendet werden?

> Erfüllt die ausgewählte Form der Informationsübermittlung alle technischen und inhaltlichen Anforderungen?

> Besitzt der Absender die Medienkompetenz, um die gewählte Übertragungstechnik anzuwenden?

Medienkompetenz umfasst

Informationen		verschiedene Medien	
> finden	> kritisieren	> kennen	> auswerten
> auswählen	> reflektieren	> sinnvoll	können
> beurteilen		nutzen	

© apops – Fotolia.com

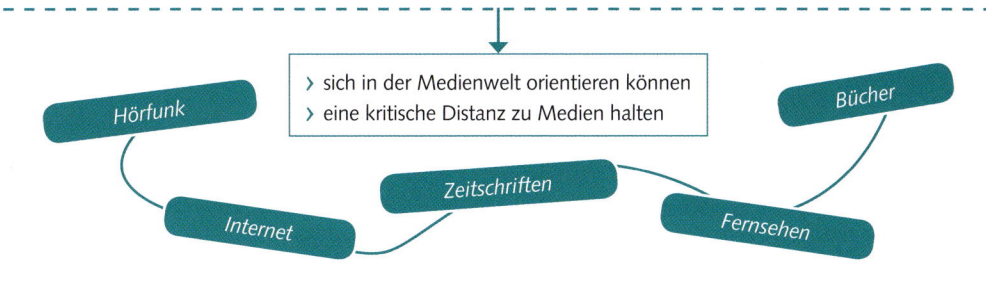

Technische Anforderungen

Kann die Information in der gewählten Form übertragen werden?

Inhaltliche Anforderungen

Passt die ausgewählte Versandart zum Inhalt?

BEISPIEL

› Dokumente, die als Original übermittelt werden müssen, können nicht als E-Mail versendet werden.

› Fordert eine Kanzlei eine Bewerbung in digitaler Form an, sollte man keinen Postbrief versenden.

Informationen, die als **E-Mail** die Kanzlei verlassen, werden zumeist vom Sachbearbeiter selbst versandt. Werden Informationen durch Dritte weitergeleitet, kann das üblicherweise auf Programmebene kenntlich gemacht werden. Üblich ist dies bei der Terminorganisation für Dritte. Der Ausgangsordner eines E-Mail-Programms entspricht einem elektronischen Postausgangsbuch.

E-Mail: Elektronisches Postausgangsbuch

Sendet man Informationen per **Fax,** so erstellt das Faxgerät ein Versandprotokoll.

Fax: Versandprotokoll

Eine Sonderstellung bei den Arbeitsabläufen eingehender und ausgehender Informationen in der Kanzlei hat die **Postbearbeitung.**

Achten Sie darauf, dass die Übertragungsform zum Inhalt passt. Übermitteln Sie beispielsweise keine geheimen Informationen in öffentlichen Foren.

Tipp

6.3 Die Post in der Kanzlei bearbeiten

- -

6.3.1 Der Posteingang

Briefsendungen, Päckchen oder Pakete werden der Kanzlei in der Regel durch einen Postboten eines Postdienstleisters zugestellt oder sie werden aus einem Postfach abgeholt, das die Kanzlei bei der Postfiliale eingerichtet hat. Zusätzlich haben Kanzleien Gerichtsfächer bei den Gerichten.

Grundsätzlich darf eine Sendung dem Empfänger, einem Empfangsbevollmächtigten oder einem Ersatzempfänger zugestellt werden. Sendungen mit den Zusatzleistungen „Einschreiben", „Rückschein" und „Eigenhändig" werden jedoch nur gegen schriftliche Empfangsbestätigung und Nachweis der Empfangsberechtigung ausgehändigt. Sendungen mit der Zusatzleistung „Eigenhändig" werden außer dem Empfänger nur einer hierzu besonders bevollmächtigten Person übergeben.

Mit dem Erteilen einer Postvollmacht ermächtigt die Kanzleileitung eine oder mehrere Personen zum Empfang von Sendungen. Soll dies auch für Sendungen mit dem Vermerk „Eigenhändig" gelten, muss dies zusätzlich vermerkt sein:

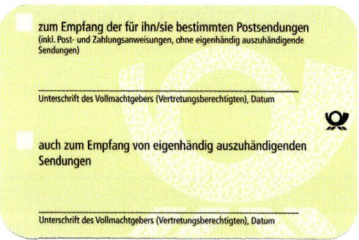

Beispiel Postvollmacht, Vorderseite[1]

Beispiel Postvollmacht, Rückseite[1]

MERKE

Postsendungen sind gesetzlich geschützt

Nach Artikel 10 GG sind das Brief- sowie das Post- und Fernmeldegeheimnis unverletzlich. Das **Briefgeheimnis** schützt verschlossene Sendungen vor dem unberechtigten Öffnen durch Dritte. Darüber hinaus verpflichtet § 39 PostG die Postdienstleister, das **Postgeheimnis** zu wahren. So sind sie u. a. zum Schutz des Inhaltes der Sendungen von der Einlieferung durch den Absender bis zur Ablieferung beim Empfänger verpflichtet.

---

[1]Bildquelle: Deutsche Post AG Bonn: Post + Schule Ergänzungsmaterial, Stiftung Lesen, Mai 2013, S. 17

Bei größeren Kanzleien werden die ein- und ausgehenden Sendungen zentral bearbeitet. Der Arbeitsablauf für den Posteingang ist in mehrere Schritte unterteilt:

1. **Vorsortieren** der Eingangspost
2. **Öffnen** der Geschäftsbriefe
3. **Entnehmen** und **Kontrollieren** des Inhalts: Leerkontrolle, Anlagenkontrolle, Datumskontrolle
4. **Stempeln:** Eingangsstempel
5. **Sortieren** nach Abteilungen und/oder Sachbearbeitern
6. **Verteilen** der Post in der Kanzlei

Schritt 1   Vorsortieren

Die Eingangspost einer Kanzlei muss vor dem Öffnen von der zuständigen Stelle geprüft werden.

Sämtliche Sendungen werden vor dem Öffnen geprüft auf:

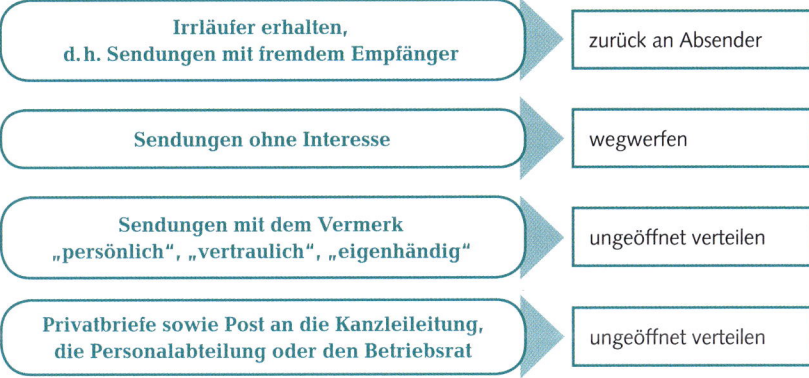

Irrläufer erhalten, d.h. Sendungen mit fremdem Empfänger	zurück an Absender
Sendungen ohne Interesse	wegwerfen
Sendungen mit dem Vermerk „persönlich", „vertraulich", „eigenhändig"	ungeöffnet verteilen
Privatbriefe sowie Post an die Kanzleileitung, die Personalabteilung oder den Betriebsrat	ungeöffnet verteilen

Schritt 2   Öffnen

Zum Öffnen der Post wird üblicherweise ein **Brieföffner** benutzt. Bei größerem Postaufkommen werden auch **elektrische Brieföffner** eingesetzt. Das Öffnen der Post wird vielfach erschwert durch verschiedene Sendungsformate mit unterschiedlichsten Verklebungen.

MERKE

Wird **zuerst** die **Firmen- bzw. Kanzleibezeichnung** genannt und dann der Personenname, so handelt es sich um einen **Geschäftsbrief**, der durch die Poststelle geöffnet werden darf.

Wird **zuerst** der **Personenname** genannt und dann die Firmenbezeichnung, so handelt es sich um einen **Privatbrief**, der in der Poststelle nicht geöffnet werden darf. Er wird ungeöffnet an den persönlich genannten Empfänger weitergegeben.

LERNFELD 2

Schritt 3 — Entnahme mit Leer-, Anlagen- und Datumskontrolle

Brief darf geöffnet werden:

Dr. Roth Rechtsanwalts GmbH
Frau Marianne Mühlauer
Postfach 13 44
69165 Heidelberg

Brief darf nicht geöffnet werden:

Frau
Marianne Mühlauer
Dr. Roth Rechtsanwalts GmbH
Postfach 13 44
69165 Heidelberg

MERKE

Bei Sendungen, bei denen auf dem Umschlag wichtige Informationen vermerkt sind, wie z.B. gerichtliche Zustellvermerke, ist der Briefumschlag an den Brief zu heften.

Bei der Entnahme der Post aus den Versandtaschen und Briefumschlägen ist darauf zu achten, dass der gesamte Inhalt mit allen Anlagen entnommen wird. Man prüft zuerst, ob der Umschlag tatsächlich leer ist. Anschließend vergleicht man die Anlagenvermerke der Anschreiben mit den vorhandenen Anlagen. Bei auffälligen Abweichungen zwischen dem Datum des Schreibens, dem des Poststempels und dem des Posteingangs wird dies vermerkt und die Briefhülle wird als Nachweis mit dem Schriftstück zusammen aufbewahrt.

Schritt 4 — Stempeln

Die entnommenen Schreiben werden mit einem Eingangsstempel versehen. Der Stempel wird auf das freie Feld des Geschäftsbriefes rechts neben der Anschrift des Empfängers gesetzt.

Auf dem Eingangsstempel können ergänzend zum aktuellen Tagesdatum Informationen enthalten sein, die den weiteren Bearbeitungsfortgang der Korrespondenz bestimmen. Eine der Kanzleiorganisation angepasste Gestaltung des Eingangsstempels kann die einzelnen Bearbeitungsschritte erleichtern.

Immer
Informationen auf dem Eingangsstempel: aktuelles Tagesdatum
› zur Feststellung und Dokumentation des Eingangsdatums, insbesondere bei Terminsachen
› zur Kontrolle des Bearbeitungsablaufs

Ergänzende Informationen erleichtern die nächsten Arbeitsschritte:

Bei Bedarf	
Bearbeitungsanweisung	
Eingang am:	
20..-10-19	
Rücksprache	
Bearbeitung	
Weiterleitung	x
Ablage	

Bei Bedarf			
weitere Empfäger/Abteilungen			
Eingang am: 20..-10-19			
um: 09:00 Uhr			
weiter an:			
ArbR	x	Buch h.	
FamR		Verw.	
StrafR			

Bei Sendungen an die Kanzlei, die nur vom Empfänger persönlich geöffnet werden dürfen, wird die Briefhülle gestempelt. Private oder öffentliche Urkunden, wie z. B. Kaufverträge, Geburts-, Heirats- oder Sterbeurkunden, sowie Grundstückskaufverträge, Grundbuch- und Handelsregisterauszüge etc. erhalten keinen Stempel. In diesen Fällen wird das Anschreiben oder ggf. die Briefhülle gestempelt und aufbewahrt.

Ein Posteingangsbuch kann als Beweismittel über eingegangenen Schriftverkehr dienen. Mit seiner Hilfe kann nachgewiesen werden, wann ein Schriftstück eingegangen ist und wer es entgegengenommen hat. Dies ist insbesondere bei „fristbehafteten" Dokumenten wichtig, wie z. B. Einsprüchen, Widersprüchen, Klagen etc. Das Posteingangsbuch kann manuell oder – wenn es nicht nachträglich veränderbar ist – elektronisch geführt werden.

Posteingangsbuch							
lfd. Nr.	Datum der Eintragung	Datum des Schreibens	Absender	Betreff/ Inhalt	weiter- geleitet an	Bemerkun- gen	Sachbe- arbeiter/in
1							
...							

Beispiel Posteingangsbuch

Schritt 5 — Sortieren

Die gestempelten Schriftstücke werden nach zuständiger Abteilung und/oder zuständigem Sachbearbeiter sortiert. Außerdem wird ggf. bereits die dazugehörige Akte herausgesucht, damit sie direkt zusammen mit dem Schriftstück verteilt werden kann. Für das Sortieren werden Mappen, Körbe oder Sortierregale verwendet.

Schritt 6 — Verteilen

Von der korrekten, sofortigen und zuverlässigen Weiterleitung der Post hängt die weitere Bearbeitung einzelner Bearbeitungsvorgänge ab.

Um die Kanzleipost an die richtigen Stellen weiterzuleiten, muss ein umfangreiches Wissen über den gesamten Aufbau der Kanzlei sowie über die Zuständigkeiten von Abteilungen und einzelnen Stellen vorhanden sein. Nur wenn diese Voraussetzungen erfüllt sind, kann die Postverteilung erfolgreich durchgeführt werden.

Problematisch wird die Weiterleitung der jeweiligen Sendung, wenn der Empfänger nicht namentlich in der Anschrift genannt ist. Bei der Postverteilung kann dann geprüft werden, ob ein **Namenskürzel** eines Sachbearbeiters im Anschreiben, in der Regel in der **Bezugszeichenzeile** oder im **Informationsblock,** aufgeführt ist. Wenn dies nicht der Fall ist, muss mithilfe des **Sachverhalts** der Sendung, also z. B. das Thema des Betreffs, entschieden werden, an wen die Sendung zur weiteren Bearbeitung geleitet wird.

Die hausinterne Postverteilung kann erfolgen durch:

Zustellung
› durch einen hausinternen Boten oder Postdienst
› durch Rohrpost

Mitarbeiter kann am Arbeitsplatz bleiben

Abholung
› aus dem betrieblichen Postfach

Post wird vom Mitarbeiter abgeholt

© Rudie – Fotolia.com

Vereinfacht wird die Postverteilung, wenn die beleghafte Post gescannt und im **digitalen Postfach** für den Mitarbeiter abgelegt wird.

Die Digitalisierung des Posteingangs bietet mehrere Vorteile:

› kürzere Bearbeitungszeiten
› schnell, jederzeit und überall auffind- und verfügbar
› kürzere Reaktionszeit bei Auskünften für intern und extern Beteiligte
› geringere Kosten für Papier, Ausdrucke und Kopien sowie die Aufbewahrung
› sichere Weiterleitung und Aufbewahrung von Dokumenten

Für die Digitalisierung entfernt man Büroklammern, Heftklammern oder -streifen. Außerdem erhalten die Schriftstücke ggf. einen Barcode. Anschließend werden sie mit OCR-Technologie zur Text- bzw. optischen Zeichenerkennung gescannt. OCR ermöglicht, dass der Volltext des gescannten Dokumentes ausgelesen werden kann, wodurch es durchsuchbar ist. Die Dokumente werden durch manuelle Eingabe und/oder mithilfe der Informationen aus dem Barcode bzw. der automatischen Datenerkennung durch OCR klassifiziert (Zuordnung zur Dokumentart) und indexiert (Verschlagwortung), um sie gezielt suchen bzw. wiederfinden zu können. Schließlich können die Dokumente abgelegt, weitergeleitet und bearbeitet, revisionssicher nach den gesetzlichen Vorgaben archiviert werden usw.

6.3.2   Der Postausgang

© Klaus Eppele – Fotolia.com

Häufig wird die Korrespondenz von den Sachbearbeitern soweit fertig gemacht, dass die Sendungen bereits kuvertiert sind und anschließend nur noch frankiert und zum Briefkasten gebracht werden müssen. Diese Aufgaben werden dann zumeist zentral erledigt.

Zum Nachweis der versandten Ausgangspost kann ein **Postausgangsbuch** geführt werden. Darin enthalten sind die Empfänger- und Versanddaten. Mithilfe einer entsprechenden Software können solche Postausgangsdaten auch direkt beim Erstellen der Korrespondenz erfasst werden.

> **Tipp**
>
> Postausgangsbücher, die mithilfe von Textverarbeitungs- oder Tabellenkalkulationsprogrammen erstellt werden, haben vor Gericht keine Beweiskraft, da sie nachträglich veränderbar sind.

Arbeitsablauf beim Postausgang

Vorbereitung zur Unterschrift

© Leitz

Der Sachbearbeiter in einer Kanzlei, der seine Korrespondenz eigenverantwortlich schreibt, kann diese versandfertig machen und in die Ausgangspost geben. Wird die Korrespondenz z. B. für die Bürovorsteherin oder eine Anwältin geschrieben, so muss die Post diesen vor dem Versand zur Unterschrift vorgelegt werden. Dieser Vorgang wird üblicherweise einmal täglich durchgeführt. Die Zeiten für die Vorlage sollten abgestimmt sein. Die Schriftstücke werden in eine Unterschriftenmappe gelegt. Jeder Brief wird in ein eigenes Fach der Mappe gelegt.

Adressieren

In der Regel **adressieren** Sie Ihr Schriftstück, indem Sie die Anschrift des Empfängers direkt in das Anschriftfeld eingeben. In diesen Fällen verwenden Sie eine **Briefhülle mit Fenster**, durch die die angegebene Anschrift sichtbar ist. Achten Sie auf eine exakte Faltung bzw. Falzung, damit die Rücksendeangabe und das Anschriftfeld vollständig im Fenster platziert sind.

Verwenden Sie eine **Briefhülle ohne Fenster**, z. B. weil ein Schriftstück ohne Anschriftfeld versandt werden soll, müssen Sie die Anschrift handschriftlich, per Adressaufkleber oder per Adressiermaschine auf der Briefhülle ergänzen.

Arbeitsschritte

Kontrollieren → Trennen → Falten bzw. Falzen → Kuvertieren und Verschließen → Sortieren, Wiegen und Frankieren

Schritt 1   Kontrollieren

Bevor ein Schriftstück versandfertig gemacht werden kann, **kontrollieren** Sie, ob

› die Anschrift richtig und vollständig ist,

› das Schriftstück unterschrieben ist und

› alle zur Korrespondenz gehörenden Anlagen entsprechend dem Anlagenvermerk beiliegen, z. B. Vollmacht, Beweismittel, beglaubigte bzw. nicht
beglaubigte Abschriften etc. Ergänzen Sie fehlende Unterlagen.

Schritt 2   Trennen

Kopien und Unterlagen müssen vom ausgehenden Schriftstück getrennt und
verteilt bzw. abgelegt werden.

Schritt 3   Falten bzw. Falzen

Falt- bzw. Falzarten:

 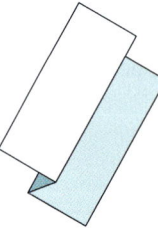 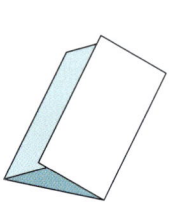 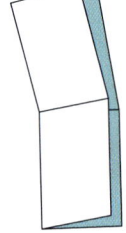

Einbruchfalz
Briefhüllenformat
C5 (B5)

**Leporello- bzw.
Zickzackfalz**
Briefhüllenformat
DL (C5/6)

Wickelfalz
Briefhüllenformat
DL (C5/6)

Kreuzfalz
Briefhüllenformat
C6 (B6)

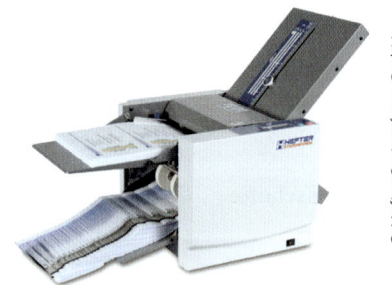

© Hefter Systemform GmbH

MERKE

Die Göße eines Schriftstückes muss ggf.
durch **Falten bzw. Falten** an die Größe
der für den Versand gewählten, „kleineren" Briefhülle angepasst werden.
Dabei spricht man beim Herstellen der
Knickkanten per Hand vom **Falten**,
beim Herstellen der Knickkanten durch
ein Werkzeug oder eine Maschine vom
Falzen. Wird die Post von Hand gefaltet,
so dienen dem Bearbeiter Faltmarken auf
dem Briefpapier als Orientierung.

Falzmaschinen, die bei größeren
Mengen von Routinepost zum Einsatz kommen, haben verstellbare
Anschläge, sodass die Schriftstücke
unter Berücksichtigung der Postnor-
men gefalzt werden können.

Schritt 4   Kuvertieren und Verschließen

Kuvertieren nennt man den Vorgang, bei dem ein Schriftstück manuell oder durch eine Kuvertier-maschine in einen Briefumschlag eingeschoben wird. Zum Kuvertieren werden verschiedene Brief-hüllenformate angeboten. Die Briefhüllen werden manuell oder durch eine Briefschließmaschine ver-schlossen.

Schritt 5   Sortieren, Wiegen und Frankieren

Die ausgehende Post wird nach Sendungsart, Versandart, Gewicht, Format so-wie In- oder Auslandssendungen **sortiert**.

Für das richtige **Frankieren** eines Schriftstückes ist es notwendig, seine Längen-, Breiten- und Höhenmaße sowie sein Gewicht zu kennen, da sich danach das Beförderungsentgelt berechnet.

In vielen Kanzleien wird die Briefmarke nicht „von Hand" aufgeklebt, sondern es wird eine **Frankiermaschine** eingesetzt. Mit einer Frankiermaschine werden Postentgelte, Tagesstempel, Firmenadresse und eventuell ein Werbeaufdruck gleichzeitig auf die Briefhülle gedruckt.

Der Einsatz einer Frankiermaschine muss grundsätzlich durch die Deutsche Post AG genehmigt sein. Nur Maschinen bestimmter Anbieter dürfen in Unterneh-men bzw. Kanzleien zur Freistempelung benutzt werden.

Mit Systemen wie dem **E-Porto** der Deutschen Post AG ist in Mi-crosoft Word das Frankieren von Briefsendungen online direkt wäh-rend des Schreibens eines Briefes möglich. Zum Bezahlen des Portos wird eine persönliche Portokasse bei der Deutschen Post (INTER-NETMARKE) benötigt.

Die Möglichkeit, einen Brief mit einem **Handyporto** – einem zwölfstelligen Zah-lencode, den man per SMS anfordern kann – zu frankieren, ist vor allen Dingen als mobile Lösung unterwegs von Vorteil.

Für Kanzleien, die keine Frankiermaschine zur Freistempelung ihrer Korrespon-denz im Einsatz haben oder nicht online frankieren, bieten Dienstleister wie die Deutsche Post AG den Frankier-Service für Briefe, Postkarten, Infopostsendun-gen sowie Bücher- und Warensendungen an.

LERNFELD 2

 **6.4**   *Auswahl zweckmäßiger Versandarten*

Briefdienstleistungen

Auch nach der schrittweisen Aufhebung des Briefmonopols ist der größte Anbieter im Bereich Dienstleistungen beim Briefversand die Deutsche Post AG. Einige Anbieter konnten sich aber in den letzten Jahren auf dem Markt etablieren.

Je nach Anbieter werden vielfältige Versandarten und Versandformen angeboten. Eine Kenntnis der wichtigsten Arten und Formen ist für eine reibungslose Postausgangsbearbeitung unerlässlich.

www.deutsche-post.de/de/produkte.html

Verschaffen Sie sich einen Überblick über das Angebot an Briefdienstleistungen in Ihrem Arbeitsalltag. Klären Sie:

› Welche Anbieter von Briefdienstleistungen gibt es?

› Welche Leistungen und Zusatzleistungen werden jeweils angeboten?

› Zu welchem Preis werden die einzelnen Leistungen angeboten?

Einen vollständigen Überblick über die angebotenen Leistungen geben beispielsweise entsprechende Broschüren oder können im Internet abgerufen werden.

Besondere Briefdienstleistungen

Die Versanddienstleistungen im Briefbereich können in zwei Kategorien unterteilt werden. Neben dem nationalen Briefdienst, also dem Briefdienst im Inland, unterliegt der internationale Briefdienst anderen Konditionen, je nach Größe, Sendungsart, Zustellzeitpunkt und Zielort der Postsendung.

Briefformate

Je nachdem, was versendet werden soll, kann zwischen unterschiedlichen Briefversendungsarten ausgewählt werden. Dabei kann gezielt für die Größe und das Gewicht des Inhaltes das passende Format ausgewählt werden.

Art der Versendung	Länge	Breite	Höhe	Gewicht
Standardbrief	14,0 – 23,5 cm	9,0 – 12,5 cm	bis 0,5 cm	bis 20 g
Kompaktbrief	10,0 – 23,5 cm	7,0 – 12,5 cm	bis 1,0 cm	bis 50 g
Großbrief	10,0 – 35,3 cm	7,0 – 25,0 cm	bis 2,0 cm	bis 500 g
Maxibrief	10,0 – 35,3 cm	7,0 – 25,0 cm	bis 5,0 cm	bis 1 000 g

Sollte der zu versendende Inhalt nicht in die angegebenen Formate fallen, muss auf ein Päckchen ausgewichen werden. Dieses bietet größere Ausmaße und kann bis zu 2 000 g Gewicht aufweisen.

Briefdienst-Inland

Werbung z. B. mit

> **Postwurfspezial:** mit Werbesendungen oder Katalogen Neukunden ohne Verwendung eigener Adressdaten gewinnen
> **Postaktuell:** Verteilen unadressierter Werbesendungen
> **Einkaufaktuell:** Werbung durch Anzeigen in einem Trägermedium der Deutschen Post mit TV-Programm oder Beilagen in recycelbarer Folie
> **Lettershop:** Produktion einzelner Bausteine oder kompletter Mailing-Aktionen

Warensendungen

Sendung mit Proben, Mustern oder kleineren Gegenständen zu einem vergünstigten Porto.

Dialogpost und Dialogpost Easy

> Grundsätzlich müssen die innere und die äußere Anschrift übereinstimmen.
> Zahlungsaufforderungen oder Verkaufswaren können nicht als Dialogpost versandt werden.
> **Nicht werbliche Inhalte** müssen **inhaltsgleich** sein. Bestimmte, festgelegte Ausnahmen bei erforderlicher Inhaltsgleichheit des Textes sind zulässig. Anzahl und Beschaffenheit sowie Werte und Motive der verwendeten Postwertzeichen müssen gleich sein. Umhüllung und Format müssen gleich gestaltet sein. **Beispiele:** Preislisten, Bescheide, Glückwünsche, allgemeine Kundeninformationen, Mitteilungen zu bestehenden Verträgen etc.
> **Werbliche Inhalte** müssen **nicht inhaltsgleich** sein. Hauptzweck ist es, den Kunden zum Kauf von Dienstleistungen und Produkten anzuregen. Der Absender, das Hüllenformat (max. Abweichung von 30 mm in Breite und Länge), die Frankierung und das Basisformat müssen gleich sein. **Beispiele:** Angebote, Werbung, Einladungen zu Veranstaltungen etc.
> **Mindestmengen.** Dialogpost: 4000 Stück bundesweit, 200 Stück in dieselbe Leitregion (erste und zweite Stelle der Postleitzahl); Dialogpost Easy: 500 Stück bundesweit mit einem Zuschlag für Kleinmengen (nur werbliche Inhalte). Bei Unterschreitung der erforderlichen Stückzahl ist eine Aufzahlung auf die Mindestmenge möglich.
> Die Sendungen müssen nach bestimmten Kriterien vorsortiert werden.

Büchersendungen

ausschließlich Bücher, Broschüren, Notenblätter oder Landkarten in offenem Umschlag; Rechnungen, Überweisungsträger, Leihkarten, Buchlaufkarten und Umhüllungen für Rücksendungen dürfen beigefügt werden.

Blindensendungen

kostenfreier Versand und Empfang von Informationen in Braille-Schrift (Blindenschrift) sowie Hörbücher für Sehbehinderte bei der Deutschen Post und anderen Anbietern.

Versendungsformen – zusätzliche Leistungen zu den Sendungen

Zusatzleistungen

Gegen ein zusätzliches Entgelt bieten die Postdienste verschiedene ergänzende Leistungen an.
Je nach Bedarf muss man sich einen Überblick über die Angebote der jeweiligen Beförderungsunternehmen verschaffen.

LERNFELD 2

Liefergarantie

Zusatzleistungen beziehen sich beispielsweise auf die Sicherheit der Beförderung oder die Art der Übergabe an den Empfänger, die Lieferzeit oder die Anschriftenüberprüfung.

Versicherung

Bei wertvollen Sendungen bieten Beförderer üblicherweise eine Versicherung der Sendung an. Hier können der Verlust oder eine Beschädigung abgesichert werden.

Einschreiben

Wenn der Absender eine Bestätigung darüber benötigt, dass seine Sendung beim Empfänger angekommen ist, kann er auf verschiedene Zusatzleistungen zurückgreifen. Man spricht bei dieser Versendungsform von **Einschreiben.**

Einschreiben Einwurf	Der Einwurf der Sendung in den Briefkasten oder das Postfach des Empfängers wird vom Zusteller dokumentiert.
Einschreiben	Dem Empfänger oder einem Empfangsberechtigten (z. B. dem Ehegatten) wird die Sendung persönlich und nur gegen Unterschrift vom Zusteller ausgehändigt.
Einschreiben Eigenhändig	Die Sendung wird ausschließlich dem Empfänger oder einem schriftlich Bevollmächtigten persönlich und nur gegen Unterschrift vom Zusteller ausgehändigt.
Einschreiben Rückschein	Dem Empfänger oder einem Empfangsberechtigten wird die Sendung persönlich und nur gegen Unterschrift vom Zusteller ausgehändigt. Der Absender erhält die Empfangsbestätigung mit dem Zustelldatum und der Originalunterschrift des Empfängers.
Einschreiben Eigenhändig Rückschein	Die Sendung wird ausschließlich dem Empfänger oder einem schriftlich Bevollmächtigten persönlich und nur gegen Unterschrift vom Zusteller ausgehändigt. Der Absender erhält die Empfangsbestätigung mit dem Zustelldatum und der Originalunterschrift des Emfpängers.

Nachnahme

Viele Dienstleister bieten auch einen **Nachnahmeservice** an. Darunter versteht man eine Versand- und Zahlungsart, bei der der Empfänger die Ware beim Postzusteller bei Empfang bezahlt.

Vorausverfügung

Für Briefe und Postkarten, die innerhalb Deutschlands versandt werden, können die Vorausverfügungen „Nicht nachsenden!" oder „Bei Umzug mit neuer Anschrift zurück!" genutzt werden. Weitere Möglichkeiten zu Adressinformationen bietet der kostenpflichtige Service PREMIUMADRESS.

Anschriftenprüfung

Ist sich der Absender in Bezug auf die Anschrift des Empfängers nicht sicher, so kann er bei bestimmten Anbietern die Zusatzleistung der **Anschriftenprüfung** wählen. Gegen Entgelt wird die Richtigkeit von Anschriften geprüft und korrigierte Angaben bzw. das Ergebnis der Prüfung werden dem Auftraggeber übermittelt.

Klimafreundlich

Viele Dienstleister bieten auch **klimafreundliche** Zusatzprodukte und Auslieferungen an

Briefdienst-International

Für das Versenden von Post ins Ausland gibt es bei der Deutschen Post AG zwei Varianten. Zum einen **Brief International,** bei dem man Briefe im flexiblen Format weltweit bis 2 000 g versenden kann, und zum anderen **Briefe International zum Kilotarif,** bei denen eine

Vereinbarung mit der Deutschen Post geschlossen werden muss. Dieses Produkt ist erhältlich, wenn pro Monat mindestens 500 Dokumente mit einem Gewicht von maximal 2 000 g versendet werden. Die Sendungen sind immer mit dem Vermerk „**PRIORITY/PRIORITAIRE/LUFTPOST**" oder dem entsprechenden Aufkleber zu versehen, um eine verlässliche und schnelle Beförderung ins Zielland zu erreichen. Es dürfen nur Dokumente mit folgenden Mitteilungen und Informationen versandt werden:

Kurier-, Express- und Paketdienstleistungen

Verschiedene Beförderungsunternehmen bieten ihren Kunden die individuelle Abwicklung der Beförderungsaufträge an. Sie bezeichnen sich als **Kurier-, Express- und Paketdienste,** auch **KEP-Dienste** genannt. Die dafür berechneten Entgelte richten sich nach

> der Art der Sendung (Paket, Päckchen),
> dem Gewicht der Sendung,
> dem Zeitraum der Beförderung zum Empfänger,
> dem Bestimmungsort (innerörtlich, regional, bundesweit, weltweit).

Die KEP-Dienste arbeiten mit eigenen Fahrzeugen oder in Kooperation mit Vertragsunternehmen des Land- und des Luftverkehrs nach folgendem System:

| Abholung der Sendung bei Auftraggeber auf Anforderung oder nach Tourenplan | Sammeln und Zusammenstellen der Sendungen in zentralen Depots | Transport zu den jeweiligen Verteilerdepots, meist über Nacht | Auslieferung an den Empfänger |

© Hermes Europe GmbH

Bei innerörtlich oder regional abzuwickelnden Aufträgen ist in aller Regel keine Zwischensammlung in Depots vorgesehen. Hier liefert der Abholkurier die Sendung unverzüglich an den Empfänger aus.

Die Unternehmen der KEP-Dienste können aufgrund ihrer überregionalen Verflechtungen zum Teil erhebliche zeitliche Vorteile bei der Abwicklung der übernommenen KEP-Aufträge erzielen und deshalb günstige Bedingungen für die Beförderung anbieten.

Bei den meisten Anbietern kann man heute jederzeit den aktuellen Standort seiner Sendung während des Beförderungsvorgangs über das Internet feststellen. Man spricht von einer sogenannten **Sendungsnachverfolgung** (engl.: track and trace).

6.5 Das besondere elektronische Anwaltspostfach: beA

Nach dem **Gesetz zur Förderung des elektronischen Rechtsverkehrs mit den Gerichten** (ERVG) vom 10. Oktober 2013 gilt spätestens ab 1. Januar 2022 eine bundesweite Anwendungspflicht des elektronischen Rechtsverkehrs mit den Gerichten und die elektronische Aktenführung für Anwälte (Artikel 1 Nr. 4 ERVG i. V. m. Artikel 26 Abs. 7 ERVG).

Für die elektronische Kommunikation der Mitglieder der Rechtsanwaltskammern, der Rechtsanwaltskammern und der Bundesrechtsanwaltskammer untereinander und mit den Gerichten hatte die Bundesrechtsanwaltskammer daher für jedes im Gesamtverzeichnis eingetragene Mitglied einer Rechtsanwaltskammer eine dafür

© Bundesrechtsanwaltskammer, Berlin

erforderliche, sichere Plattform – das **beA** – einzurichten (Artikel 1 Nr. 2, Artikel 7 Nr. 2 ERVG, § 31 a Nr. 1 BRAO).

Für Rechtsanwältinnen und Rechtsanwälte besteht bereits seit dem 1. Januar 2018 eine **passive Nutzungspflicht**. Endgültig trat sie jedoch erst am 3. September 2018 in Kraft, nachdem das beA aufgrund von Sicherheitslücken und technischen Problemen im Dezember 2017 offline geschaltet werden musste. Die für die Nutzung erforderlichen technischen Einrichtungen sind vorzuhalten, Zustellungen und der Zugang von Mitteilungen über das beA sind zur Kenntnis zu nehmen (§ 31 a Nr. 6 BRAO).

Die **aktive Nutzungspflicht**, d. h. die Verpflichtung zur elektronischen Übermittlung von Dokumenten an die Gerichte, tritt – je nach Bundesland – am 1. Januar 2020, spätestens jedoch am 1. Januar 2022, in Kraft.

Weitere Regelungen zu den besonderen elektronischen Anwaltspostfächern hat das Bundesministerium der Justiz und für Verbraucherschutz in Teil 4 der **Rechtsanwaltsverzeichnis- und -postfachverordnung** (RAVPV) getroffen.

Aufgrund der gesetzlichen Regelungen zur elektronischen Kommunikation mit den Gerichten wurden weitere sichere Übermittlungsplattformen eingerichtet: Für **Notare** wurde das **besondere elektronische Notarpostfach** (beN) von der Bundesnotarkammer bereitgestellt. Für **Behörden und juristische Personen des öffentlichen Rechts** steht das **besondere elektronische Behördenpostfach** (beBPo) zur Verfügung.

© www.elrv.info

Hier erhalten Sie Informationen zum elektronischen Rechtsverkehr mit den Gerichten:

› Gesetz zur Förderung des elektronischen Rechtsverkehrs mit den Gerichten (ERVG)

› Gesetz zur Einführung der elektronischen Akte in der Justiz und zur weiteren Förderung des elektronischen Rechtsverkehrs

› Verordnung über die technischen Rahmenbedingungen des elektronischen Rechtsverkehrs und über das besondere elektronische Behördenpostfach (Elektronischer-Rechtsverkehr-Verordnung – ERVV); Bekanntmachungen dazu

› Bundesrechtsanwaltsordnung (BRAO)

› Verordnung über die Rechtsanwaltsverzeichnisse und die besonderen elektronischen Anwaltspostfächer (RAVPV)

› www.justiz.de ► Elektronischer Rechtsverkehr

› www.brak.de ► Für Anwälte ► beA – Das besondere elektronische Anwaltspostfach

› www.bea.brak.de

6.6 Zusammenfassung und Aufgaben

ZUSAMMENFASSUNG

Informationsbearbeitung in Unternehmen

Informationen gelangen sowohl **mündlich** als auch **schriftlich** in das Unternehmen bzw. verlassen so das Unternehmen

> die **Informationsweitergabe** im Unternehmen muss durch **feste Arbeitsabläufe (Regeln)** abgesichert sein,

> **Vordrucke** helfen, relevante Informationen vollständig weiterzugeben,

> die eingesetzten **Informations- und Kommunikationsmittel** müssen technisch einwandfrei funktionieren.

Postbearbeitung

Ein Bereich der Informationsbearbeitung im Unternehmen ist die **Postbearbeitung.**

Teilschritte bei der Eingangspostbearbeitung	Teilschritte bei der Ausgangspostbearbeitung
> Vorsortieren	> Kontrollieren
> Öffnen	> Trennen
> Entnehmen und Kontrollieren (Leer-, Anlagen- und Datumskontrolle)	> Falten bzw. Falzen
> Stempeln	> Kuvertieren und Verschließen
> Sortieren nach Zuständigkeit	> Sortieren, Wiegen und Frankieren
> Verteilen	

AUFGABEN

1. Prüfen und erläutern Sie folgende Aussagen auf ihre Richtigkeit.
   a. Informationen gelangen nur schriftlich in ein Unternehmen.

b. Briefe werden in der Regel durch einen Zustelldienst überbracht oder müssen aus einem Postfach abgeholt werden.

c. Bei der Zustellung von Sendungen ist eine besondere Postvollmacht für einen Dritten erforderlich, wenn auf der Sendung der Vermerk „Eigenhändig" aufgedruckt ist.

d. Ein Schriftstück wird durch Falzen bzw. Falten an das Format der für den Versand gewählten Briefhülle angepasst.

e. Zum Versenden von Briefen kann nur auf die Deutsche Post AG zurückgegriffen werden.

f. Zum Versenden kann nur auf einen Standardbrief, Kompaktbrief, Großbrief und Maxibrief zurückgegriffen werden.

g. Wenn eine Bestätigung für den Versand benötigt wird, kann auf ein Einschreiben zurückgegriffen werden.

2. Erläutern Sie den Begriff Medienkompetenz.

3. Posteingangsstempel erleichtern den Arbeitsalltag. Begründen Sie diese Aussage.

4. Warum wird die Eingangspost bereits vor dem Öffnen geprüft?

5. Warum sollte man nach dem Öffnen und Entnehmen der Eingangspost nochmals eine Leerkontrolle durchführen?

6. Welche Falzarten sind im Kanzleialltag üblich?

7. a. Beschreiben Sie den Vorgang der Posteingangsbearbeitung in Ihrer Kanzlei.
   b. Welche Hilfs- und Organisationsmittel werden dort eingesetzt?

8. Welchen gesetzlichen Schutz haben Sendungen der Post?

9. In welchen Fällen muss eine besondere Postvollmacht erteilt werden?

10. Wählen Sie die richtige Versandart:

   a. Eine Einladung zur Feier eines Firmenjubiläums wird an 100 Geschäftsfreunde versendet.

   b. Ein Kündigungsschreiben ist so zu versenden, dass gegebenenfalls die rechtzeitige Auslieferung nachgewiesen werden kann.

   c. 8 000 Stück Werbeprospekte sind an alle Haushalte im Ort zu versenden.

   d. Bauzeichnungen und Berechnungen sollen möglichst schnell an das Zweigbüro in Wien versendet werden.

11. Recherchieren Sie im Internet bei der Deutschen Post AG (www.deutschepost.de) die aktuellen Konditionen.

12. Nennen Sie Kriterien, nach denen sich die Entgelte bei Kurierdiensten richten.

7. SCHRIFTSTÜCKE UND DOKUMENTE VERWALTEN

© Picture Factory – Fotolia.com

Täglich fallen in einer Kanzlei unzählige Schriftstücke an, auf die Mitarbeiter jederzeit zurückgreifen können müssen. Beispiele sind Briefe, Verträge, Protokolle, Rechnungen und vieles mehr.

Dazu muss jeder einzelne Mitarbeiter wissen, an **welchem Ort,** in **welcher Ablage,** unter **welcher Systematik** er das benötigte Schriftstück finden kann.

Eine gute Ablage muss so aufgebaut sein, dass sich jeder Mitarbeiter nach kürzester Einarbeitungszeit darin zurechtfindet, unabhängig davon, ob es sich um eine papierhafte oder digitale Ablage handelt. Bevor die Ablage in einer Kanzlei grundsätzlich organisiert wird, müssen folgende Fragen beantwortet werden:

MERKE

Die systematische Ablage von **Schriftstücken** wird **Registratur** genannt. Die Aufbewahrung von Mandanten-, Gerichts- oder Behördenkorrespondenz, Aufzeichnungen und Akten ist das Gedächtnis der Kanzlei.

Bei der systematischen Ablage von digitalen Daten spricht man von **elektronischem Dokumentenmanagement.**

Frage

Mit welcher Systematik bewahre ich die Unterlagen auf?

Beispiel: alphabetisch, numerisch, alphanumerisch, chronologisch, sachlich, ggf. kombinierte Systeme

Warum bewahre ich Unterlagen auf?

Beispiel: gesetzliche Vorgaben, betriebliche Notwendigkeit

Welche Unterlagen bewahre ich auf?

Beispiel: Einteilung in Wertstufen

Wie bewahre ich Unterlagen auf?

Beispiel:
Papier: Ablagetechnik, Aktenführung, Art der Schriftgutbehälter, Hilfsmittel, Registraturmöbel
digital: elektronisches Dokumentenmanagement, elektronische Archivierung, Speichermedien

Wo bewahre ich Unterlagen auf?

Beispiel: Arbeitsplatz, Abteilung, Zentralregistratur, Archiv, Tresor

Wer hat Zugang zu den Unterlagen?

Beispiel: ausgewählte oder alle Mitarbeiter

7.1 Ordnungssysteme

Um Informationen sachgerecht abzu-legen, bieten sich verschiedene Sys-tematiken an. Je nach abzulegenden Inhalten muss man sich für ein System entscheiden oder mehrere Systeme miteinander kombinieren und in unter-schiedlicher Rangfolge ordnen.

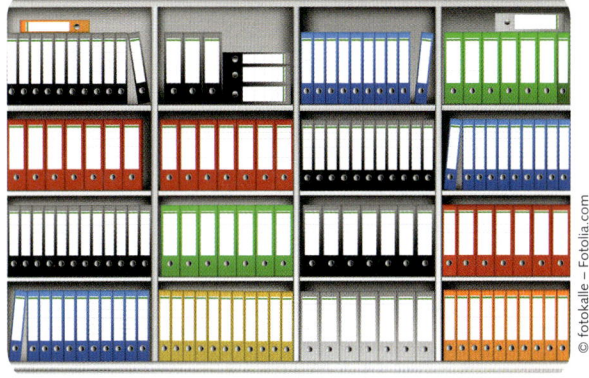

© fotokalle – Fotolia.com

> sachlich (Stichwörter, Sachgebiete, Aktenplan)
> alphabetisch (Buchstaben: Namen, Orts- und Staatennamen)
> numerisch (Ziffern)
> alphanumerisch (Kombination aus Buchstaben und Ziffern)
> mnemotechnisch (Zahlen sprechenden Abkürzungen zuordnen)
> chronologisch (Zeit)
> Symbole/Farben

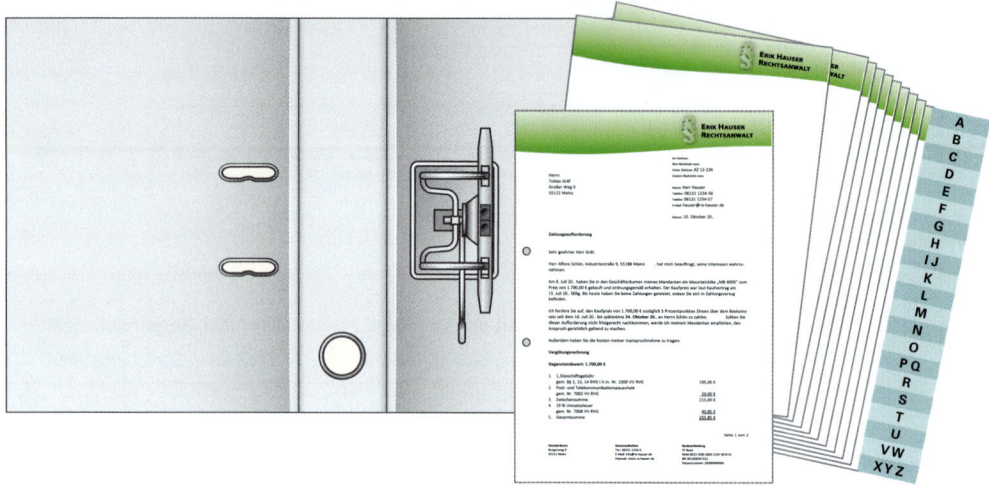

Tipp

Ablagesysteme, die durch Elemente wie Farben, Symbole oder Mnemotechnik ergänzt werden, können das schnelle Ablegen und Auffinden von Unterlagen unterstützen.

© angel_1978-iStock.com

Ordnung nach …		Beispiele
Sachgebieten	Zusammenfassen nach Stichwörtern oder Themen	zusammengefasste Informationen zum Arbeitsrecht, Zivilrecht, Besprechungen und Konferenzen etc.
Buchstaben (Alphabet)	Grundlage: DIN 5007-1 (ABC-Regeln) oder DIN 5007-2 (alphabetische Ordnung von Namen): Zuerst wird nach dem Anfangsbuchstaben, dann nach dem nächstfolgenden Buchstaben usw. geordnet. Das erste Ordnungswort ist der Nachname, das zweite der Vorname, das dritte der Wohnort, das vierte der Straßenname usw.	Mandantenakten werden nach Namen alphabetisch geordnet
Zeit (chronologisch)	Sortieren nach Jahren, Monaten, Wochen, Tagen: › **kaufmännische Heftung:** zeitlich absteigend, d. h., das zuletzt erhaltene Schriftstück liegt in der Akte obenauf › **Behördenheftung:** zeitlich aufsteigend, d. h., das zuletzt erhaltene Schriftstück wird am Ende der Akte abgelegt	Anlegen von Ordnern nach Jahren; Ordnen der Schriftstücke einer Mandantenakte nach Datum  kaufmännische Heftung Behördenheftung

Bildquelle: „kaufmännische Heftung/Behördenheftung": www.zippelag.de/uploads/RTEmagicC_heftung-kfm-beh_02.jpg.jpg

Ordnung nach ...		Beispiele
Ziffern (numerisch)	Ordnen nach arabischen oder römischen Ziffern; nichtsprechende Nummerierung (fortlaufend), sprechende Nummerierung (vgl. Postleitzahlen, Vorwahlnummern etc.), dekadisch/halbdekadisch (Aktenplan)	Rechnungsnummern Personalnummern Kontonummern
Buchstaben und Zahlen (alphanumerisch)	Kombination aus Buchstaben und Ziffern	Aktenzeichen Autokennzeichen Klassenbezeichnungen
Farben	Ergänzung bestehender Ordnungssysteme, häufig als Orientierungshilfe eingesetzt	Rot: Strafsachen Blau: Familiensachen
Symbolen	Bilder/Piktogramme als Orientierungshilfe oder zur Identifikation von Arbeitsabläufen	☑ erledigt 🖫 speichern
Mnemotechnik	sprechende Abkürzungen/Kennbuchstaben weisen auf die Art der Information hin, hinzu kommt z. B. eine fortlaufende Nummerierung	L 123 = Lieferschein Nr. 123 R 123 = Rechnung Nr. 123

7.2 Gesetzliche und betriebliche Aufbewahrungsgründe

In einer Kanzlei müssen Schriftstücke und digitale Dokumente aus gesetzlichen Gründen und aus betrieblichen Notwendigkeiten aufbewahrt und abgelegt werden.

Gesetzliche Aufbewahrungsgründe

Die Art der aufzubewahrenden Unterlagen, die Art und Weise sowie die Dauer ihrer Aufbewahrung bestimmen sich nach den Vorschriften des Handelsgesetzbuches und des Steuerrechts. Die Unterlagen müssen geordnet, sicher und nach den Grundsätzen der ordnungsgemäßen Buchführung aufbewahrt werden. Dies kann mit wenigen Ausnahmen unter Beachtung der entsprechenden Vorschriften auch in digitaler Form erfolgen. Zusätzlich regelt die Bundesrechtsanwaltsverordnung die Aufbewahrung der Handakten in der Kanzlei.

Handelsgesetzbuch: §§ 257–261 HGB

Abgabenordnung: §§ 146, 147 AO

Bundesrechts- anwaltsordnung: § 50 Abs. 1 BRAO

MERKE

Die steuerlichen Aufbewahrungspflichten nach der Abgabenordnung erfassen alle buchführungs- und aufzeichnungspflichtigen Personen, somit auch den Rechtsanwalt.

Die Rechtsanwalts-GmbH und die Rechtsanwalts-Aktiengesellschaft sind auch nach Handelsrecht aufbewahrungspflichtig. Hier greifen generell aufgrund der besonderen Rechtsformen erweiterte und vor allem verschärfende gesetzliche Regelungen, z. B. das GmbHG, AktG, die letztlich im HGB ihren Ursprung haben.

Je nach Wichtigkeit und Bedeutung der Unterlagen für die Besteuerung müssen sie bis zu zehn Jahre aufbewahrt werden. Die Aufbewahrungsfrist läuft jedoch nicht ab, solange die Unterlagen für Steuern von Bedeutung sind, für welche die Feststetzungspflicht noch nicht abgelaufen ist.

BEISPIEL

Rechnungen über Immobilien müssen entsprechend der Abschreibungszeit aufbewahrt werden.

Sofern nicht in anderen Steuergesetzen kürzere Fristen vorgesehen sind, gelten nach § 147 Abs. 3 AO unter anderem die folgenden gesetzlichen Aufbewahrungsfristen:

Aufbewahrungsfristen

6 Jahre	10 Jahre
empfangene Handels- oder Geschäftsbriefe sowie Wiedergaben der abgesandten Handels- oder Geschäftsbriefe	Handelsbücher und Aufzeichnungen, Inventare, Jahresabschlüsse[1], Lageberichte, die Eröffnungsbilanz[1] sowie die zu ihrem Verständnis erforderlichen Arbeitsanweisungen und sonstigen Organisationsunterlagen, Buchungsbelege

[1] Jahresabschlüsse und Eröffnungsbilanz müssen im Original aufbewahrt werden.

Nach § 147 Abs. 4 AO **beginnt die Aufbewahrungsfrist** mit dem Schluss des Kalenderjahres, in dem die letzte Eintragung in das Buch gemacht, das Inventar, die Eröffnungsbilanz, der Jahresabschluss oder der Lagebericht aufgestellt, der Handels- oder Geschäftsbrief empfangen oder abgesandt worden oder der Buchungsbeleg entstanden ist, ferner die Aufzeichnung vorgenommen worden ist oder die sonstigen Unterlagen entstanden sind.

Neben den bereits dargestellten allgemeinen Regelungen gibt es für den Bereich der Rechtsanwälte noch eine wichtige Aufbewahrungsfrist nach BRAO.

MERKE

Nach § **50 Abs. 1 BRAO** hat der Rechtsanwalt seine Handakten **sechs Jahre** lang nach Beendigung des Auftrags aufzubewahren. Die Frist beginnt mit Ablauf des Kalenderjahres, in dem der Auftrag beendet wurde. Diese Verpflichtung erlischt schon vor Beendigung dieses Zeitraums, wenn der Rechtsanwalt den Auftraggeber aufgefordert hat, die Handakten in Empfang zu nehmen und der Auftraggeber dieser Aufforderung binnen sechs Monaten, nachdem er sie erhalten hat, nicht nachgekommen ist.

Betriebliche Aufbewahrungsgründe

Schriftstücke und digitale Daten sind das Ergebnis von Arbeitsabläufen. Sie dienen als

Arbeitsmittel	Beweismittel
› Informationsquelle › Grundlage für die Bearbeitung gleicher oder ähnlicher Arbeitsabläufe bzw. -vorgänge › Dokumentation	› zur Sicherung eigener Ansprüche › zur Abwehr unberechtigter Ansprüche

Trotzdem sollte nicht kritiklos jedes Schriftstück oder jede Datei aufbewahrt werden, die in einer Kanzlei vorliegen. Für diese Dokumente können betriebliche Regelungen für die Aufbewahrung festgelegt werden, die mindestens die gesetzlichen Fristen einhalten.

Wertstufen

Das Einteilen des Schriftgutes in vier Wertstufen unterstützt Sie bei der Entscheidung, ob vorliegende Dokumente aufbewahrt werden müssen oder vernichtet werden können.

Tageswert

› einmaliger Informationswert, z. B. Einladungen, Zeitungen, Werbesendungen wie: Prospekte, unverlangte Angebote etc.
› Kenntnisnahme und Auswertung
› vernichten (z. B. uninteressante Angebote oder Einladungen etc.) oder nächste Wertstufe (z. B. interessante Angebote, angenommene Einladungen etc.)

Prüfwert

› Bedeutung über einen gewissen Zeitraum, z. B. Bewerbungsunterlagen, Kataloge, Preislisten, eingegangene und abgegebene Angebote etc.
› dienen zur Bearbeitung von Vorgängen oder werden bearbeitet
› anschließend: vernichten (z. B. Angebot ohne Auftragsfolge), zurücksenden (z. B. Bewerbungsunterlagen abgelehnter Bewerber) oder nächste Wertstufe (z. B. Gesetzeswert: Angebot mit Auftragsfolge)

Gesetzeswert

› **6 Jahre:** Handelsbriefe (z. B. Angebote mit Auftragsfolge, Bestell- und Auftragsunterlagen, Frachtbriefe etc.)
› **10 Jahre:** Buchungsbelege (z. B. Rechnungen, Bankbelege, Kassenbelege, Quittungen etc.), Jahresabschlüsse, Inventare etc.
› anschließend: vernichten (§ 147 Abs. 4 AO)

Dauerwert

› langfristige Bedeutung für den Betrieb, z. B. Gründungsunterlagen, Grundstücksunterlagen, Verträge, Patente, Unterlagen über Rechtsverhältnisse etc.
› besonders gesichert in Archiven, z. B. im Tresor
› nur vernichten, wenn die Betriebsleitung dies anordnet

Digitale Archivierung

Die gesetzlichen Auflagen zur **papierlosen** Archivierung sind ebenfalls im Handelsgesetzbuch und in der Abgabenordnung festgelegt.

Grundsätzlich gilt für die papierlose Ablage, dass mit Ausnahme der Eröffnungsbilanzen, Jahresabschlüsse und der Konzernabschlüsse alle Unterlagen auch zur Wiedergabe der Dokumente auf einem Bildträger oder auf anderen Datenträgern aufbewahrt werden können, wenn dies den **Grundsätzen ordnungsgemäßer Buchführung** entspricht.

HGB
§ 239 (4), § 257

© angel_1978-iStock.com

MERKE

Es muss sichergestellt sein, dass die Wiedergabe oder die Daten

1. mit den empfangenen Handelsbriefen und den Buchungsbelegen bildlich und mit den anderen Unterlagen inhaltlich übereinstimmen, wenn sie lesbar gemacht werden, und

2. während der Dauer der Aufbewahrungsfrist verfügbar sind und jederzeit innerhalb einer angemessenen Frist lesbar gemacht werden können.

Wer aufzubewahrende Unterlagen nur in Form einer Wiedergabe auf einem Bildträger oder auf anderen Datenträgern vorlegen kann, ist verpflichtet, auf seine Kosten diejenigen Hilfsmittel zur Verfügung zu stellen, die erforderlich sind, um die Unterlagen lesbar zu machen. Soweit erforderlich, hat er die Unterlagen auf seine Kosten auszudrucken oder ohne Hilfsmittel lesbare Reproduktionen (Wiedergabe) beizubringen.

§ 239 HGB

(4) [...] Bei der Führung der Handelsbücher und der sonst erforderlichen Aufzeichnungen auf Datenträgern muss insbesondere sichergestellt sein, dass die Daten während der Dauer der Aufbewahrungsfrist verfügbar sind und innerhalb angemessener Frist lesbar gemacht werden können. [...]

Digitale Daten müssen entsprechend den **Grundsätzen ordnungsgemäßer Speicherbuchführung (GoS)** weiterentwickelt und in den **Grundsätzen ordnungsgemäßer DV-gestützter Buchführungssysteme (GoBS)** und den **Grundsätzen zum Datenzugriff und zur Prüfbarkeit digitaler Unterlagen (GDPdU)** aufbewahrt werden.

BEISPIEL

Die Dr. Roth Rechtsanwalts-GmbH hat ihre gesamten Buchhaltungsunterlagen digital archiviert. Wenn eine Steuerprüfung stattfindet, ist die Kanzlei verpflichtet, dem Steuerprüfer die erforderliche Soft- und Hardware zur Verfügung zu stellen, damit er die archivierten Unterlagen prüfen kann.

Insbesondere müssen folgende Anforderungen erfüllt sein:

Digitale Unterlagen müssen
> vollständig,
> verfahrenssicher,
> geschützt vor Informationsverlust oder -veränderung,
> unter Einhaltung von Aufbewahrungsfristen,
> nachvollziehbar und dokumentiert sowie
> prüfbar

archiviert werden.

Das Handelsgesetzbuch unterscheidet hierbei zwischen

empfangenen Geschäftsbriefen/ Buchungsbelegen	**abgesandten Geschäftsbriefen**
Diese müssen bildlich wiedergegeben werden, d. h. sie müssen bildlich und inhaltlich mit den empfangenen Schriftstücken übereinstimmen.	Diese müssen nur inhaltlich wiedergegeben werden.

Gesetzliche Grundlagen Aufbewahrung

§§§ HGB   §§§ AO   §§§ Sonstige Gesetze, z. B. BGB, ZPO

Gesetze ergänzende Grundlagen
> Grundlagen ordnungsmäßiger Buchführung (GoB)
> Grundlagen ordnungsmäßiger Speicherbuchführung (GoS)
> Grundlagen ordnungsmäßiger DV-gestützter Burchführungssysteme (GoBS)
> Grundlagen zum Datenzugriff und zur Prüfbarkeit digitaler Unterlagen (GDPdU)

7.3 Beleghafte Ablage (Registratur)

Schriftgutkatalog, Ablageplan, Aktenplan

Der organisatorische Aufbau des Ablagesystems eines Unternehmens wird dokumentiert durch einen Schriftgutkatalog, einen Ablageplan und einen Aktenplan. Zuständig für die Erstellung dieser drei Hilfsinstrumente ist die Organisationsabteilung des Unternehmens.

> *MERKE*
>
> Im **Schriftgutkatalog** werden alle Arten von Schriftstücken aufgeführt, die in einem Unternehmen anfallen können.

Zu jedem Schriftstück wird angegeben,

> › warum es aufbewahrt wird (gesetzlicher oder betrieblicher Grund),
> › wie lange es aufbewahrt wird und
> › wo es aufbewahrt wird.

> *MERKE*
>
> Der **Ablageplan** wird auf der Basis des Schriftgutkatalogs erstellt. Er beinhaltet Angaben über Registraturformen, angewandte Ordnungssysteme, verantwortliche Mitarbeiter, Vordrucksammlungen, geführte Teilablagen (Abteilungsablagen) und allgemeine Registraturregeln.
>
> Der **Aktenplan** ergänzt den Schriftgutkatalog und den Ablageplan. Er zeigt auf, nach welchen sachlichen Aspekten die Schriftstücke des Unternehmens abgelegt werden.

Standort der Ablage

Die in einer Kanzlei abzulegenden Akten und Unterlagen können nicht willkürlich in den Räumen des Unternehmens verteilt sein. Jeder Mitarbeiter sollte auf die Ablage einfachen und schnellen Zugriff haben. Allgemein gilt:

> **Arbeitsplatzablage:** Nur ein Mitarbeiter muss zugreifen können.

> **Abteilungsablage:** Die Mitarbeiter einer Abteilung müssen zugreifen können.

> **Zentralablage:** Viele Mitarbeiter des Unternehmens müssen zugreifen können.

© Carmen Steiner – Fotolia.com

Während sich an den genannten Ablagestandorten die Unterlagen befinden, auf die regelmäßig zugegriffen werden muss, können in der Altablage oder dem Archiv die Unterlagen aufbewahrt werden, die nur in Ausnahmefällen gebraucht werden.

LERNFELD 2

Ablagestandorte im Büro

Arbeitsplatzablage

Am Arbeitsplatz werden die Unterlagen dauerhaft abgelegt, die lediglich der jeweilige Sachbearbeiter benötigt. Außerdem befinden sich am Arbeitsplatz kurzfristig die Schriftstücke der Zwischenablage, die nach der Bearbeitung durch den Sachbearbeiter entweder zur Abteilungs-, Zentral-, Altablage oder zum Archiv weitergereicht werden.

Abteilungsablage

Benötigen mehrere Sachbearbeiter dieselben Unterlagen, müssen diese zentral in der Abteilung stehen. Für jeden Mitarbeiter sollte der Weg zu den Unterlagen so kurz wie möglich sein. Keiner sollte den anderen stören müssen, wenn er ein Formular oder einen Ordner holen will.

Zentralablage

In der Zentralablage stehen die Unterlagen, auf die viele Mitarbeiter zugreifen müssen. Zentralablagen werden in großen Unternehmen von Sachbearbeitern mithilfe elektronischer Datenverarbeitungsanlagen verwaltet.

Altablage

Aufgrund beschränkter Raumkapazitäten an Arbeitsplätzen und in Abteilungen sollten in der Altablage die Unterlagen stehen, auf die der einzelne Sachbearbeiter nur in großen Zeitabständen oder in Sonderfällen zugreifen muss. Üblicherweise ist dies bei Unterlagen der Fall, die älter als zwei Jahre sind. Sie bleiben dort für den verbleibenden Zeitraum ihrer gesetzlichen Aufbewahrungsfristen.

Archiv

Im Archiv werden die Unterlagen und Schriftstücke aufbewahrt, die für das Unternehmen von besonderer, langfristiger Bedeutung sind. Dazu gehören insbesondere Unterlagen, die die langfristigen Entwicklungen des Unternehmens dokumentieren.

Zentralablage, Altablage und Archiv können in Unternehmen eine räumliche und organisatorische Einheit bilden. Die Verwaltung der Unterlagen kann wie in einer öffentlichen Bibliothek organisiert werden. Die **Verwaltung** von Archiven in Unternehmen wurde in den letzten Jahren durch die Einführung von **Barcode-Systemen** zur Erfassung der Akten und die Benutzung von **elektronischen Lesegeräten** bei der Aus- und Rückgabe von Akten vereinfacht.

© Texelart – Fotolia.com

Tipp

Unterlagen, für die es weder gesetzliche noch betriebliche Aufbewahrungsgründe gibt, dürfen auch weggeworfen werden. Werden Unterlagen unnötig gesammelt, entstehen Aufwand und Kosten!

Ablagearten und Aktenführung

Ablagearten

Loseblatt-Ablage

Die Schriftstücke werden ungeheftet in Schriftgutbehälter wie Aktendeckel, Aktenmappen etc. oder auch Ablagekörbe eingelegt. Die Akten dürfen nicht zu umfangreich sein.

Vorteil	Nachteile
spart Zeit beim Ablegen	längere Suchzeiten bei erneutem Zugriff, Schriftstücke können verloren gehen

geheftete Ablage

Die gelochten Schriftstücke werden in Heftern oder Ordnern abgeheftet. Wählen Sie diese Ablageart für wichtige Akten sowie Akten, die umfangreich oder häufig im Umlauf sind.

Vorteile	Nachteil
schnelleres Wiederfinden bei erneutem Zugriff, sichere Aufbewahrung, sicherer Transport, einfaches Einhalten der richtigen Reihenfolge	höherer Zeitaufwand beim Ablegen

Aktenführung

Einzelakte

In Einzelakten werden Schriftstücke zusammengefasst, die zu einem Thema bzw. einem Vorgang gehören. Dies können z. B. Personal- oder Mandantenakten sein. Die gelochten Schriftstücke werden in der Regel in Heftern bzw. die losen Schriftstücke in Mappen oder Taschen abgelegt.

Sammelakte

In Sammelakten werden viele gleichartige Schriftstücke aus unterschiedlichen Vorgängen zusammengefasst. Dies können z. B. alle eingehenden Rechnungen oder Protokolle aller Besprechung etc. sein. Die gelochten Schriftstücke werden häufig in Ordnern bzw. die losen Schriftstücke in Mappen und Stehsammlern abgelegt.

Formen der beleghaften Registratur

Bei der beleghaften Registratur unterscheidet man folgende Registraturformen:

Liegende Registratur

Die Schriftgutbehälter werden **liegend** in Regalen und Schränken übereinander gestapelt.

Schriftgutbehälter	Ablage
Aktendeckel und -mappen, Taschen, Hefter	Regale und Schränke

Vorteile	Nachteile
› kostengünstig › gute Raumausnutzung bis Griffhöhe	› schlechte Übersicht › umständlicher und aufwendiger Zugriff

Stehende Registratur

Die Schriftgutbehälter werden **stehend** in Regalen, Schränken oder Drehsäulen aufbewahrt.

Schriftgutbehälter

Stehordner, Stehsammler oder Kassetten mit Einstellmappen und -heftern

© Esselte Leitz GmbH & Co. KG

Ablage

Regale, Schränke und Ordnerdrehsäulen

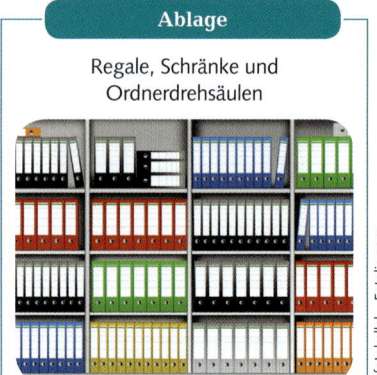

© fotokallel – Fotolia.com

Vorteile

> **Ordnerregistratur:**
> gute Übersicht, gut lesbare Beschriftung, einfaches Einordnen von Schriftgut an beliebigen Stellen im Ordner

> **Stehsammler-/Kassettenregistratur:**
> schnelles Entnehmen und Einordnen von Vorgängen, gute Übersicht bei Farbcodierung, sehr flexibel, gute Raumausnutzung, geringe Einrichtungskosten

Nachteile

> **Ordnerregistratur:**
> großer Raumbedarf, nicht genutzter Raum im Ordner (Totraum), eingeschränkte Flexibilität durch starre Rückenbreite

> **Stehsammlerregistratur:**
> hoher Aufwand bei Beschriftung bzw. Kennzeichnung mit Signalen

Hängende Registratur

Die Schriftgutbehälter werden **hängend** in Regalen, Schränken oder Drehsäulen aufbewahrt.

Pendelregistratur (lateral)

Schriftgutbehälter

Pendelordner, -hefter, -mappen, -taschen oder -sammler

© Esselte Leitz GmbH & Co. KG

Ablage

Regale, Schränke und Drehsäulen

© Esselte Leitz GmbH & Co. KG

© Hörster's Büroorganisation GmbH

```
┌─────────────────────────────────────────────────────────┐
        Hängeregistratur (vertikal)
```

Schriftgutbehälter	Ablage
Hängeordner, -hefter, -mappen, -taschen oder -sammler	Vertikalschränke mit Auszügen, Schreibtisch-Rollcontainer

© Esselte Leitz GmbH & Co. KG

© Jan Reichel – Fotolia.com

Vorteile	Nachteile
› **Pendelregistratur (lateral):** ideale Raumausnutzung (bis zu 7 Ebenen), hohe Flexibilität, kostengünstig › **Hängeregistratur (vertikal):** sehr gute Übersicht, schneller Zugriff, hohe Flexibilität, ideale Ablageform am Arbeitsplatz, schnelle Loseblattablage	› **Pendelregistratur (lateral):** erschwerte Übersicht, weniger schneller Zugriff, Aufwand bei Beschriftung bzw. Kennzeichnung mit Signalen › **Hängeregistratur (vertikal):** großer Raumbedarf (Raumausnutzung bis Sichthöhe) hohe Beschaffungskosten

Sicherheitssysteme

Bei der Wahl der richtigen Ablage ist die Sicherheit des Ablagegutes zu beachten. Die Gefahren, vor denen geschützt werden muss, sind vielfältig,

Zur Erhöhung der Sicherheit gibt es verschiedene Möglichkeiten.

Schriftstücke, die im Original von Bedeutung sind, z. B. Bilanzen oder Unterlagen zur Kanzleigründung, können durch bauliche bzw. einrichtungstechnische Maßnahmen gesichert werden. Möglichkeiten sind der Einsatz feuerfester, abschließbarer Stahl- oder Tresortüren an den Archivräumen sowie die Verwendung von **Stahlschränken** oder **Tresoren.**

Für Schriftstücke oder digitale Daten, die auch als Kopie aufbewahrt werden können, besteht die Möglichkeit der doppelten Ablage. Dabei können Unterlagen einfach kopiert und ausgelagert werden, oder man bedient sich technischer Möglichkeiten zur papierlosen Ablage.

© Klaus Eppele – Fotolia.com

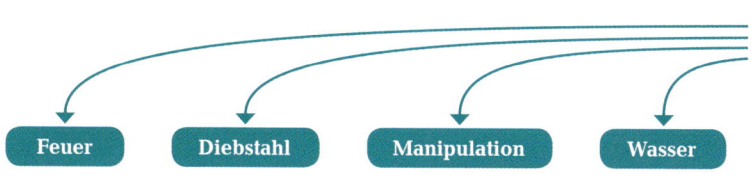

Feuer	Diebstahl	Manipulation	Wasser

DIN 66399

Aktenvernichtung

Wenn gesetzliche Aufbewahrungsfristen abgelaufen sind oder die betrieblichen Aufbewahrungsgründe weggefallen sind, dann können die entsprechenden Schriftstücke vernichtet werden. Wichtig ist, dass dabei die Bestimmungen des Datenschutzes (Kapitel 7.6) beachtet werden und kein unberechtigter Dritter Einsicht in die Unterlagen erhält.

Eine professionelle Schriftgutvernichtung führt man mit einem **Aktenvernichter** durch. Diese Geräte sind üblicherweise elektrisch betrieben und können je nach Art der Zerkleinerung verschiedenen Sicherheitsstufen entsprechen.

7.4   *Elektronische Archivierung*

Unter einem **elektronischen Dokument** wird im Folgenden jede Form von Information verstanden, die in einem Datenverarbeitungssystem als **Datei** vorliegt. Das kann auch ein Dokument sein, das ursprünglich in Papierform vorlag und dann in digitale Daten verwandelt (digitalisiert) wurde. Dies erfolgt beispielsweise, wenn man ein Schriftstück einscannt.

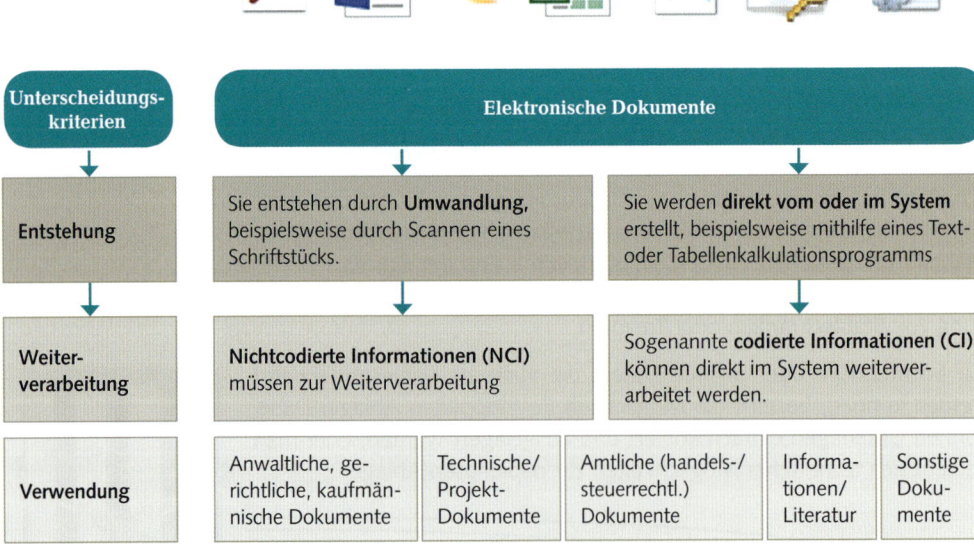

Unterscheidungs-kriterien	Elektronische Dokumente				
Entstehung	Sie entstehen durch **Umwandlung,** beispielsweise durch Scannen eines Schriftstücks.		Sie werden **direkt vom oder im System** erstellt, beispielsweise mithilfe eines Text- oder Tabellenkalkulationsprogramms		
Weiter-verarbeitung	**Nichtcodierte Informationen (NCI)** müssen zur Weiterverarbeitung		Sogenannte **codierte Informationen (CI)** können direkt im System weiterverarbeitet werden.		
Verwendung	Anwaltliche, gerichtliche, kaufmännische Dokumente	Technische/ Projekt-Dokumente	Amtliche (handels-/ steuerrechtl.) Dokumente	Informationen/ Literatur	Sonstige Dokumente
Format	Dateien aus Textverarbeitung, Tabellenkalkulation, Grafikanwendung		Bilder, Videos	Formulare	Anwendungs-dateien

Eine Datei hat eine Anzahl von Eigenschaften, die auch im Hinblick auf die Ablage und das Wiederauffinden von Bedeutung sind. Dazu gehören unter anderem der Dateiname, die Dateiquelle (z. B. der Autor), das Datum und die Uhrzeit der Erstellung der Datei sowie ein Änderungsprotokoll, die Dateigröße und der Dateityp sowie der Ort der Ablage.

Bei der elektronischen Archivierung von beleghaften Originaldokumenten müssen diese erst umgewandelt werden, damit sie digital weiter verarbeitet werden können.

Dazu stehen folgende Hilfsmittel zur Verfügung:

Vorgang	Hilfsmittel
1. **Einlesen der Papierdokumente**	Lesegeräte (Scanner)
2. **Aufnahme und Verarbeitung der Daten des Papierdokuments**	Arbeitsplatzrechner (PC), Großrechner (Server, HOST)
3. **Speichern der Daten**	Speichermedien CD-ROM = READ-ONLY MEMORY (Nur Lese-Speicher) WORM = WRITE ONCE READ MANY (Schreib einmal – lese oft) MO = Magnetooptische Platte
4. **Betrachten der gespeicherten Dokumente**	Arbeitsplatzbildschirm, Drucker

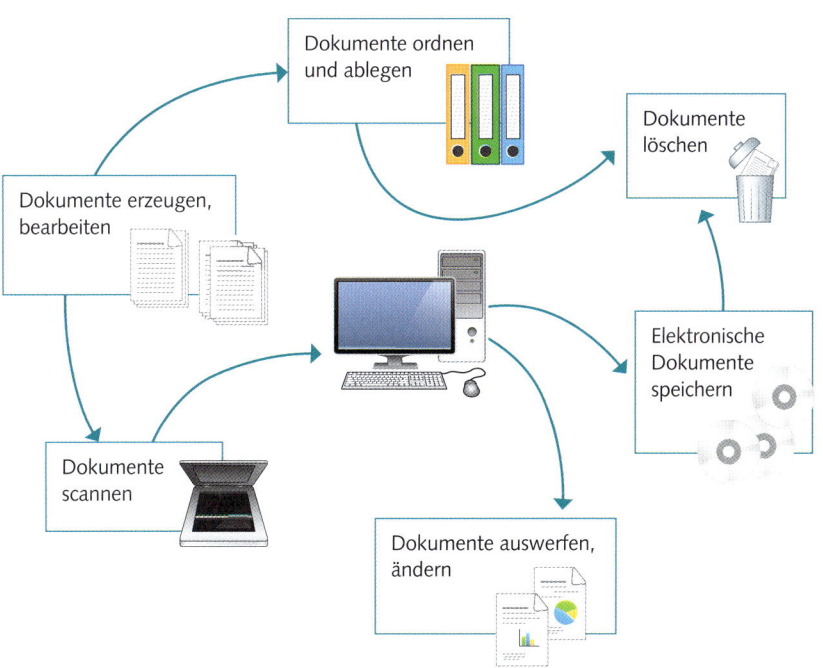

Tipp

E-Mails, die als Handelsbrief einzustufen sind, müssen in elektronischer sowie rechtssicherer Form aufbewahrt werden. Es reicht nicht aus, E-Mails einfach nur auszudrucken und abzuheften oder die relevanten E-Mails in maschinell nicht auswertbaren Formaten (z. B. PDF-Datei) zu archivieren.

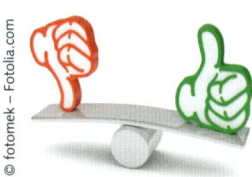

© fotomek – Fotolia.com

Im Kanzleiablauf wird dazu häufig ein **Scanner** verwendet. Ein Scanner ist ein Lesegerät zur Digitalisierung, d. h. zur Umwandlung der Daten eines Papierdokuments in digitale Daten. Dieses Lesegerät ist mit einem **Arbeitsplatzrechner** (PC) oder einem **Großrechner** (Server, Host) verbunden. Dieser Rechner ist wiederum in der Lage, die Daten aufzunehmen, zu erkennen und zu speichern.

Vor- und Nachteile der elektronischen Aufbewahrung von Dokumenten	
Vorteile	**Nachteile**
› Raumersparnis › Beschleunigung der Zugriffszeiten › erleichtertes Auffinden einzelner Dokumente oder Daten	› Haltbarkeit und Lebensdauer der Datenträger › Kontinuität und Kompatibilität der Archivierung

In Bezug auf Haltbarkeit und Lebensdauer fehlen bei Neuentwicklungen von Speichermedien häufig Erfahrungswerte und es hat sich wiederholt gezeigt, dass Haltbarkeitsprognosen der Hersteller zu optimistisch waren. Die stetige Weiterentwicklung von Soft- und Hardware, die für den Anwender einerseits oftmals zahlreiche Vorteile und verbesserte Anwendungsmöglichkeiten bieten, birgt andererseits die Gefahr, dass ältere und neuere Systeme im Laufe der Weiterentwicklung nicht mehr miteinander funktionieren. Als Beispiel können die anfänglich in der Datenverarbeitung verwendeten 5 1/4"- und 3 1/2"-Disketten genannt werden. Im Laufe der Entwicklung hat man auf diese Laufwerke bei Computern verzichtet und sie durch leistungsstärkere Speichertechniken ersetzt.

MERKE

Die **elektronische Archivierung** wird als **revisionssicher** bezeichnet, wenn sie allen Anforderungen des Handelsgesetzbuches, der Abgabenordnung, den Grundsätzen ordnungsgemäßer Speicherbuchführung sowie den Grundsätzen zum Datenzugriff und zur Prüfbarkeit digitaler Unterlagen entsprechen.

Dokumentenmanagementsysteme (DMS)

Mit der steigenden Anzahl elektronischer Dokumente wachsen die Anforderungen an die **Organisation** einer elektronischen Archivierung. Wenn die Ablagesysteme von Kanzleien nicht reibungslos funktionieren, werden wichtige Arbeitsabläufe blockiert und es kann zu starken Beeinträchtigungen kommen.

Dokumentenmanagementsysteme funktionieren im Allgemeinen datenbankgestützt. Das bedeutet, dass große Datenmengen mit schnellen Zugriffszeiten organisiert werden können. Es besteht sogar die Möglichkeit, bestimmte Daten an konkrete Arbeitsabläufe im Unternehmen zu koppeln.

MERKE

Dokumentenmanagementsysteme sind technische Systeme, die gespeicherte Informationen verwalten, langfristig sicher und unveränderbar aufbewahren und jederzeit wieder reproduzieren können.

Vorteile von Datenmanagementsystemen (DMS):

› Zeitvorteil durch schnelle Archivierung und schnelles Auffinden von Dokumenten,

› Schutzmöglichkeiten vor äußeren Einflüssen,

› optimale Organisation der Zugriffsrechte,

› geringer Platzbedarf.

7.5 Speichermedien

Um elektronische Dokumente zu speichern, benötigt man Speichermedien. Die Entwicklungen im Bereich der digitalen Ablage sind fortlaufend.

MERKE

Unter **Speichermedien** versteht man Stoffe oder Objekte, die zum Speichern von Daten und Informationen verwendet werden.

Neben der verwendeten Technik eines Speichermediums und den entsprechenden physikalischen Eigenschaften kann man noch weitere Unterscheidungen treffen.

Auswahl der entsprechenden Speichermedien:

Eigenschaften des Speichermediums

- Zugriffszeit/Datenübertragungsrate
- Zugriffsart
- Verfügbarkeit (online/offline)
- **Technik/physikalische Eigenschaften**
- Speicherkapazität
- Beschreibbarkeit (Schreiben/Lesen) (Nur Lesen)
- Lebensdauer

Je nach Art der elektronischen Datenspeicher unterscheidet man

> flüchtige Speicherung:
  Die Daten gehen verloren, wenn die Stromzufuhr unterbrochen wird.

> permanente Speicherung:
  Die Daten werden unveränderlich gespeichert.

> semi-permanente Speicherung:
  Die Daten können nach der Speicherung verändert werden.

Magnetspeicher

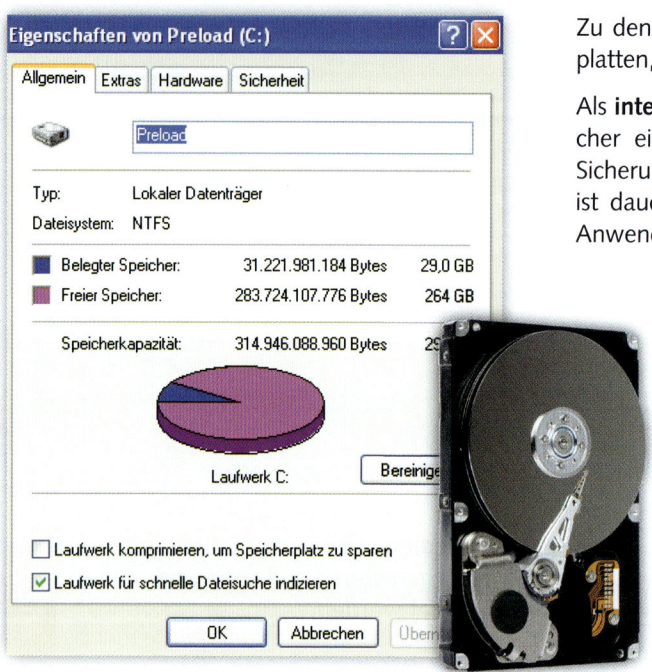

Zu den Magnetspeichern gehören Festplatten, Disketten und Magnetbänder.

Als **interne Festplatte** wird der Kernspeicher eines Computers bezeichnet. Die Sicherung der Daten auf einer Festplatte ist dauerhaft angelegt, kann aber vom Anwender überschrieben werden.

Externe Festplatten lassen sich über Schnittstellen an Computer anschließen. Ihre Vorteile liegen darin, dass sie die Speicherkapazität von PCs erweitern können, so handlich sind, dass sie bequem transportiert werden können und einen Datentransfer zwischen verschiedenen Arbeitsplätzen ermöglichen, insbesondere bei großen Datenmengen.

Eine wichtige Eigenschaft von Festplatten ist die Speicherkapazität, die durch die Anzahl der verfügbaren Bits und Bytes beschrieben wird.

Die Zugriffsgeschwindigkeit einer Festplatte wird üblicherweise als Durchschnittswert angegeben. Die tatsächliche Zugriffszeit hängt einerseits von der Umdrehungsgeschwindigkeit der mechanischen Platten ab und andererseits davon, wie weit die zu lesenden Daten tatsächlich auseinanderliegen.

Tipp

Die Arbeitsgeschwindigkeit eines Computers kann durch die Defragmentierung der Festplatte mithilfe spezieller Programme erhöht werden. Dabei werden Datenblöcke auf Speichermedien neu angeordnet, sodass logisch zusammenhängende Daten aufeinanderfolgend auf dem Datenträger abgelegt werden. Auf diese Weise kann die Zugriffsgeschwindigkeit und dementsprechend auch die gesamte Arbeitsgeschwindigkeit erhöht werden.

Optische Speicher

Optische Datenspeicher werden im Allgemeinen durch einen Laser beschrieben beziehungsweise zum Lesen abgetastet. Zu den optischen Datenspeichern gehören:

> Compact Disc (CD),
> Digital Versatile Disk (DVD),
> Compact Disc Read Only Memory (CD-ROM),
> Digital Versatile Disc Read Only Memory (DVD-ROM),
> High Density Digital Versatile Disk (HD-DVD),
> Compact Disc ReWritable (CD-RW)
> Compact Versatile Disc ReWritable (DVD-RW)
> Blu-ray-Disc (BD).

© Jason Comerford Photography – Fotolia.com

Die Lebensdauer der optischen Speicher wird sehr unterschiedlich geschätzt. Die Angaben liegen zwischen zehn und 100 Jahren. Sie eignen sich besonders zur Speicherung großer Datenmengen.

Digitale Speicher

Digitale Speicher, Speicherkarten bzw. USB-Datenspeicher-Sticks, sind zumeist kleine, tragbare, nichtflüchtige, passive Datenträger, die verhältnismäßig große Datenmengen speichern können. Aufgrund ihrer Speicherkapazität und der guten Zugriffsgeschwindigkeit werden sie insbesondere für die Anwendung in kleineren Geräten wie Kameras und anderen mobilen Geräten wie Tablet-PCs oder Smartphones verwendet. Speichermedien sagt man eine durchschnittliche Lebensdauer von etwa **zehn Jahren** voraus. Das Risiko des tatsächlichen Verlustes oder der Zerstörung dieser Speicher ist aufgrund ihrer häufig mobilen Nutzung verhältnismäßig hoch.

© Bjoern Wylezich – Fotolia.com

7.6   *Datenschutz und Datensicherheit*

Die **Datensicherung** beschäftigt sich mit dem Schutz der Daten vor Verlust, Zerstörung oder Manipulation. Bestandteil der Datensicherung ist auch der **Datenschutz,** dessen Aufgabe es ist, Daten vor dem unberechtigten Zugriff Dritter zu schützen.

Aufgaben der Datensicherung sind im Einzelnen:

> Schutz der Daten vor Verlust oder Zerstörung (Verfügbarkeit der Daten),

> Schutz vor unberechtigtem Zugriff auf die Daten (Vertraulichkeit der Daten),

> Schutz der logischen Richtigkeit und Genauigkeit der Daten,

> Schutz vor Störungen aus externen Quellen.

Datensicherungsmaßnahmen müssen in einem **ganzheitlichen Konzept** entwickelt und aufeinander abgestimmt werden. Im Einzelnen können Vorkehrungen im Bereich der Hardware, der Software, durch bauliche Maßnahmen und in der Zusammenarbeit mit Mitarbeitern getroffen werden.

MERKE

Die **Datensicherung** hat die Aufgabe, Gefährdungen für die in einem Betrieb vorhandenen Daten abzuwehren.

Daten-sicherungs-maßnahmen im Hardware-bereich	Maßnahme	Erläuterung
	Datenspiegelung	**1. Ausstattung der Rechner mit Spiegelungstechnik** Ein Rechner wird mit zwei Festplatten ausgestattet, auf denen die Daten identisch gespeichert werden, d. h. fällt eine Festplatte aus, ist der Datenbestand vollständig auf der zweiten Platte erhalten. Der Anwender erhält lediglich eine Systemmeldung über den Ausfall. Probleme bei der Datenverarbeitung entstehen nicht.

Maßnahme	Erläuterung
Datenspiegelung	**2. Ausstattung der DV-Anlage mit Parallelrechnern** Zwei Rechner bearbeiten gleichzeitig mit den gleichen Programmen die Daten in identischer Weise. Bei Ausfall eines Rechners kann der zweite Rechner ohne Störung weiterarbeiten.
Einsatz von Notstromaggregaten, die bei Stromausfall oder -schwankungen einspringen	Rechner können bei Stromausfall auf Batteriebetrieb umgestellt werden. Während des Batteriebetriebs bleibt mindestens genügend Zeit, um geöffnete Dateien ordnungsgemäß zu schließen und abzuspeichern.
Schreibschutz	Bei der Nutzung von Schreibschutzmechanismen wird verhindert, dass ungeplante Aufzeichnungen auf einen Datenträger (z. B. Diskette) gelangen.

Maßnahme	Erläuterung
Passwortschutz	Das persönliche Kennwort des Anwenders muss beim Aufruf bestimmter Programme oder Arbeitsabläufe angegeben werden. Folgende Passwörter werden unterschieden: > einfache Passwörter, z. B. Namen, Adressen, Geburtsdaten > Nonsens-Passwörter, die aus unsinnigen, nur schwer merkbaren Begriffen bestehen, z. B.: SYZIG > rekonstruierte Passwörter, die während des Eintippens mithilfe von Wissen über das Privatleben gebildet werden. Nachteilig bei jeder Art von Passwort ist, dass es beabsichtigt oder unbeabsichtigt weitergegeben werden kann.
Automatische Datensicherung	Eine Software ermöglicht, dass einmal täglich, wöchentlich oder monatlich automatisch Datensicherungen auf Datenträgern, z. B. Datenbändern, durchgeführt werden. Regelmäßige Datensicherungen können natürlich auch manuell durchgeführt werden. Das erfordert jedoch eine größere Arbeitsdisziplin und mehr Zeit vom Anwender.

Datensicherungsmaßnahmen im Softwarebereich

Maßnahme	Erläuterung
Feuersichere Standorte für Rechner und Datenträger oder feuerhemmende Sperren	*Beispiel:* Die Bänder der täglichen Nachtsicherung können in einem feuersicheren Safe aufbewahrt werden.
Klimatisierung der Rechnerstandorte	Bei der Klimatisierung ist besonders darauf zu achten, dass Raumtemperatur und Luftfeuchtigkeit überwacht und geregelt werden.
Zugangskontrollen zum Rechenzentrum	Geschlossener Betrieb = Closed-Shop-Betrieb *Beispiel:* Das Öffnen von Türen ist nur mit Magnetkarten möglich.

Datensicherungsmaßnahmen im bautechnischen Bereich

<table>
<tr><td rowspan="4"> Organisatorische Datensicherungsmaßnahmen</td></tr>
</table>

Maßnahme	Erläuterung
Regelmäßige Wartung	Die meisten DV-Lieferanten bieten Wartungsverträge an. Möglich sind jedoch auch Wartungen, die nur auf Abruf im Bedarfsfall erfolgen. Vorteilhaft ist die **Fernwartung,** bei der die Überwachung und Fehlerdiagnose bei Hard- und Software mithilfe der Datenfernverarbeitung über geografische Entfernungen hinweg durchgeführt werden kann.
Ein-/Auslagern	Programme und Daten werden außerhalb des Maschinenraums (Auslagern) aufbewahrt, sodass im Katastrophenfall auf die ausgelagerten Programme und Daten zurückgegriffen werden kann (Einlagern).
Generationsprinzip	Von der Anwendung des Generationenprinzips spricht man, wenn Daten regelmäßig fortgeschrieben werden. Es besagt, dass ein Datenbestand erst dann gelöscht werden darf, wenn er „Großvaterbestand" ist, sodass immer zwei Generationen des Datenbestandes zur Verfügung stehen **(Großvater-Vater-Sohn-Prinzip).**

Datensicherung durch geeignete Verhaltensmaßnahmen

Die besten Sicherungsmaßnahmen sind nutzlos, wenn der Anwender unsachgemäß handelt oder die Sicherheitsbestimmungen nicht berücksichtigt. Zum Schutz der Daten muss an das Verantwortungsbewusstsein des Einzelnen appelliert werden. Je einsichtiger den einzelnen Mitarbeitern die Notwendigkeit solcher Sicherungsmaßnahmen ist, desto sorgfältiger werden sie auf ihre Einhaltung achten.

Tipp

Sicherungskopien auf Datenträgern nie frei zugänglich liegen lassen.

Laufende Rechner mit freien Zugangsrechten und angegebenem Passwort nicht unbeaufsichtigt lassen.

Gesetzliche Grundlagen des Datenschutzes

Europäische Datenschutz-Grundverordnung (DSGVO)

Bundesdatenschutzgesetz (BDSG)

Die **Europäische Datenschutz-Grundverordnung** (DSGVO) gilt seit dem 25. Mai 2018. Am selben Tag trat das neue **Bundesdatenschutzgesetz** (BDSG) in Kraft, es gilt ergänzend zur DSGVO, soweit diese es vorsieht und zulässt. Aufgabe des Datenschutzes ist es, **personenbezogene Daten** (Art. 4 DSGVO) zu schützen. Die Beeinträchtigung von Persönlichkeitsrechten soll vermieden, das Recht auf informationelle Selbstbestimmung gesichert werden.

© cebus, Schweiz

Eine „betroffene Person" (Art. 4 DSGVO) hat in Bezug auf ihre **personenbezogenen Daten** ggf. unter Berücksichtigung weiterer, im Gesetz genannter Voraussetzungen, ein Recht

> auf Transparenz sowie umfassende Information zur Erhebung und Verarbeitung ihrer Daten (Art. 12, 13, 14 DSGVO; §§ 4, 29, 30, 32, 33 BDSG).

> auf Bestätigung über die Verarbeitung und ein Recht auf Auskunft über ihre Daten sowie weitere Informationen (Art. 15 DSGVO; §§ 27, 28, 29, 30, 34 BDSG).
> auf Berichtigung unrichtiger Daten (Art. 16 DSGVO; §§ 27, 28 BDSG).
> auf Löschung (Art. 17 DSGVO; §§ 4, 35 BDSG).
> auf Einschränkung der Verarbeitung (Art. 18 DSGVO; §§ 27, 28, 35 BDSG).
> auf Mitteilung über die Berichtigung, Löschung oder Einschränkung der Verarbeitung (Art. 19 DSGVO).
> auf Aushändigung in einem strukturierten, gängigen und maschinenlesbaren Format und die Weiterleitung an andere Verantwortliche (Art. 20 DSGVO, § 28 BDSG).
> auf Einlegen eines Widerspruchs gegen die Verarbeitung (Art. 21 DSGVO, §§ 27, 28, 36 BDSG).
> darauf, Entscheidungen nicht unterworfen zu werden, die ausschließlich auf automatisierter Verarbeitung, einschließlich Profiling, beruhen (Art. 22 DSGVO, §§ 30, 31, 37 BDSG).

In § 64 des BDSG werden Anforderungen an die Sicherheit der Datenverarbeitung gestellt. Danach haben bei der automatisierten Verarbeitung **personenbezogener Daten** Verantwortliche und Auftragsverarbeiter erforderliche technische und organisatorische Maßnahmen zu treffen, um ein angemessenes Schutzniveau zu gewährleisten. Dazu zählen:

§ 64 BDSG

LERNFELD 2

Sicherungsziele

Zugangskontrolle	Nur Berechtigte haben Zugang zu Verarbeitungsanlagen.
Datenträgerkontrolle	Datenträger dürfen nur durch Berechtigte gelesen, kopiert, verändert oder gelöscht werden.
Speicherkontrolle	Nur Berechtigte dürfen Daten eingeben sowie gespeicherte Daten zur Kenntnis nehmen, verändern oder löschen.
Benutzerkontrolle	Nur Berechtigte dürfen automatisierte Verarbeitungssysteme mithilfe von Einrichtungen zur Datenübertragung nutzen.
Zugriffskontrolle	Berechtigte erhalten ausschließlich Zugang zu den Daten, die durch eine entsprechende Zugangsberechtigung abgedeckt sind.
Übertragungskontrolle	Die Prüfung und Feststellung von Empfängern bei erfolgter oder möglicher Übermittlung oder Bereitstellung von Daten muss gewährleistet sein.
Eingabekontrolle	Es kann geprüft und festgestellt werden, wer, wann, welche Daten eingegeben oder verändert hat.

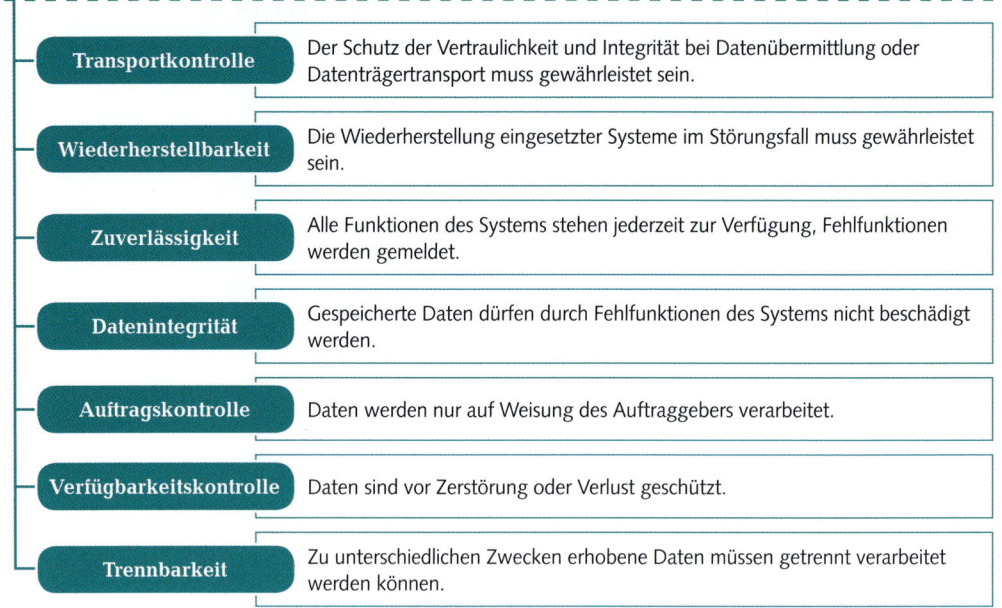

Transportkontrolle	Der Schutz der Vertraulichkeit und Integrität bei Datenübermittlung oder Datenträgertransport muss gewährleistet sein.
Wiederherstellbarkeit	Die Wiederherstellung eingesetzter Systeme im Störungsfall muss gewährleistet sein.
Zuverlässigkeit	Alle Funktionen des Systems stehen jederzeit zur Verfügung, Fehlfunktionen werden gemeldet.
Datenintegrität	Gespeicherte Daten dürfen durch Fehlfunktionen des Systems nicht beschädigt werden.
Auftragskontrolle	Daten werden nur auf Weisung des Auftraggebers verarbeitet.
Verfügbarkeitskontrolle	Daten sind vor Zerstörung oder Verlust geschützt.
Trennbarkeit	Zu unterschiedlichen Zwecken erhobene Daten müssen getrennt verarbeitet werden können.

Beauftragte für den Datenschutz

Artikel 37 bis 39 DSGVO

§§ 5 bis 7, 38 BDSG

Die Artikel 37 bis 39 DSGVO enthalten Regelungen zur Benennung, zur Stellung und zu den Aufgaben von Beauftragten für den Datenschutz, die durch die §§ 5 bis 7 des BDSG für **öffentliche Stellen** ergänzt werden. **Nichtöffentliche Stellen** haben über die Regelungen des Artikels 37 Abs. 1 Buchstaben b und c DSGVO hinaus eine/n Beauftragte/n für den Datenschutz zu benennen, wenn sie in der Regel ständig mindestens 10 Personen mit der automatisierten Verarbeitung personenbezogener Daten beschäftigen.

Beauftragte für den Datenschutz sollen ordnungsgemäß und frühzeitig bei Fragestellungen zum Schutz personenbezogener Daten einbezogen werden, die erforderliche Unterstützung zur Erfüllung ihres Auftrags erhalten, weisungsfrei sein und unmittelbar der höchsten Management- bzw. Leitungsebene berichten. Sie dürfen nicht aufgrund der Erfüllung ihrer Aufgaben abberufen oder benachteiligt werden. Sie beraten betroffene Personen sowie Beschäftigte, die Verarbeitungen durchführen, überwachen die Einhaltung der Datenschutzvorschriften, arbeiten mit Aufsichtsbehörden zusammen usw.

Artikel 51 DSGVO

Nach Art. 51 Abs. 1 DSGVO sehen die Mitgliedstaaten für die Überwachung der Anwendung der Verordnung eine oder mehrere Behörden vor.

§§ 8 bis 16 BDSG

Der Bundesbeauftragte für den Datenschutz und die Informationsfreiheit übt in der Bundesrepublik Deutschland als Behörde mit Sitz in Bonn die Aufsicht über die öffentlich-rechtlichen Stellen des Bundes aus (§§ 8, 9 BDSG).

§ 40 BDSG

Für die nichtöffentlichen Stellen sind die Landesbeauftragten für den Datenschutz und die Informationsfreiheit zuständig (§ 40 BDSG). Haben Privatpersonen Fragen zum Datenschutzrecht, können Sie sich an ihre jeweiligen Landesbeauftragten wenden.

7.7 Zusammenfassung und Aufgaben

ZUSAMMENFASSUNG

Ordnungssysteme

> Die systematische Ablage von Schriftstücken wird **Registratur** genannt.

> Bei der systematischen Ablage von digitalen Daten spricht man von **Dokumentenmanagement**.

> Schriftstücke und elektronische Dokumente können in Abhängigkeit von Inhalt, Aufbewahrungsgrund und Zugriffshäufigkeit nach verschiedenen **Ordnungssystemen** aufbewahrt werden.

↓

Aufbewahrung von Dokumenten

Dokumente werden betrieblich bedingt als **Informationsgrundlage, Beweismittel** oder zur **Dokumentation** aufbewahrt.

Jeder selbstständig tätige Rechtsanwalt muss den Aufbewahrungspflichten der Abgabenordnung nachkommen. Bei bestimmten Rechtsformen, z. B. GmbH, AG, ergibt sich diese Verpflichtung auch für den Bereich der Rechtsanwälte nach HGB.

↓

Beleghafte Ablage (Registratur)

Im Schriftgutkatalog	Der Ablageplan	Der Aktenplan
werden alle Arten von Schriftstücken aufgeführt, die im Unternehmen anfallen.	beinhaltet Angaben über Registraturformen, Ordnungssysteme, Vordrucksammlungen usw.	zeigt die sachlichen Aspekte, nach denen die Schriftstücke abgelegt werden.

> Nach dem **Standort** der **Ablage** wird unterschieden zwischen Arbeitsplatz-, Abteilungs-, Zentral-, Altablage und Archiv.

> Hinsichtlich der **Formen der Registratur** lassen sich liegende, stehende und hängende Registratur unterscheiden.

> Professionelle Schriftgutvernichtung erfolgt mit einem **Aktenvernichter.**

Elektronische Archivierung

Elektronische Archivierung wird als **revisionssicher** bezeichnet, wenn sie allen Anforderungen des Handelsgesetzbuchs, der Abgabenordnung usw. entspricht.

Dokumentenmanagementsysteme sind technische Systeme, die gespeicherte Informationen verwalten, sicher und unveränderbar aufbewahren und jederzeit reproduzieren können.

Bei der elektronischen Datenspeicherung unterscheidet man **flüchtige, permanente** und **semi-permanente Speicherung.**

Datenschutz und Datensicherheit

Datensicherheit hat die **Aufgabe,** Gefährdungen für die in einem Unternehmen vorhandenen Daten abzuwehren.

Datensicherungsmaßnahmen finden **Anwendung** im Hardware-, Software- sowie im bautechnischen Bereich

AUFGABEN

1. Prüfen und erläutern Sie folgende Aussagen auf ihre Richtigkeit.
   a. Eine Ablage muss so aufgebaut sein, dass sich nur die Mitarbeiter in dieser Abteilung zurechtfinden.
   b. Informationen können sachgerecht abgelegt werden, indem man ein System der Ablage oder verschiedene Systematiken miteinander kombiniert.
   c. Jahresabschlüsse und Eröffnungsbilanzen müssen zehn Jahre, beginnend mit dem Ende des Kalenderjahres, in dem die letzte Eintragung gemacht wurde, aufbewahrt werden.
   d. Digitale Archivierungen sind nicht gesetzlich geregelt.
   e. Auf die Arbeitsplatzablage muss in der Regel nur der Mitarbeiter des Arbeitsplatzes zugreifen können.
   f. Bei der beleghaften liegenden Registratur gibt es nur einen Vorteil.
   g. Interne und externe Festplatten gehören zur Gattung der Magnetspeichermedien.
   h. Datensicherheit beschäftigt sich mit dem Schutz von Daten vor Verlust, Zerstörung oder Manipulation.

2. Beschreiben Sie die gängigen Ordnungssysteme der Ablage.

3. In welchen Gesetzen ist festgehalten, dass ein Rechtsanwalt Unterlagen aufbewahren muss? Welche Besonderheit ist bei der Rechtsanwalts-GmbH und der Rechtsanwalts-Aktiengesellschaft zu beachten?

4. Welche Unterlagen müssen zwingend als Original aufbewahrt werden?

5. Welche Grundsätze müssen bei einer papierlosen Archivierung beachtet werden?

6. Nennen Sie verschiedene Formen der beleghaften Ablage. Beschreiben Sie Vor- und Nachteile.

7. Beschreiben Sie die beleghafte Ablage in Ihrer Kanzlei.

8. KOMMUNIKATION IM KANZLEIALLTAG UND IM UMGANG MIT MANDANTEN

LERNFELD 2

Es gibt zahlreiche persönliche, soziale und methodische Kompetenzen, die Ihr aktueller oder zukünftiger Arbeitgeber von Ihnen fordern kann. Diese werden als Soft Skills oder als Business Skills bezeichnet, weil Sie diese für Karriere und Beruf benötigen. Die Liste der gewünschten Business Skills ist lang und es gehören viele Fähigkeiten dazu, die oft als selbstverständlich angesehen werden. Die Kommunikationsfähigkeit gehört wohl zu den wichtigsten und meistgewünschten Business Skills und ist Voraussetzung für viele andere Fähigkeiten, die Sie im Berufsleben brauchen, um erfolgreich zu sein.

© Trueffelpix – Fotolia.com

Kommunikationsfähigkeit bedeutet Botschaften so zu formulieren, dass sie ankommen, wie sie sollen. Es geht aber auch um das Zuhören und Verstehen. Beachten Sie Mimik und Gestik Ihres Gesprächspartners während Sie reden und hören Sie genau hin. Beachten Sie Kommunikationsregeln, um Missverständnisse und Konflikte zu vermeiden.

Kommunikation ist der Austausch oder die Übertragung von Informationen (Mitteilungen) zwischen zwei oder mehr Personen. Kommunikation soll zu einer Verhaltensänderung des Empfängers führen.

MERKE

Man unterscheidet unterschiedliche Arten von Kommunikation

Arten von Kommunikation

verbal	nonverbal
Informationsaustausch mithilfe von Laut-, Gebärden- oder Schriftsprache	Jede Kommunikation, die nicht mithilfe von Sprache erfolgt

horizontal	vertikal
Kommunikation zwischen Mitarbeitern auf **gleicher** Hierarchieebene	Kommunikation zwischen Mitarbeitern auf **unterschiedlicher** Hierarchieebene

One-to-One	One-to-Many
Kommunikation, die von einer Person zu **einer** anderen erfolgt	Kommunikation, die von einer Person zu **mehreren** anderen erfolgt

Bei jeder Art der Kommunikation gibt es einen **Sender,** der eine **Nachricht** an einen **Empfänger** übermittelt.

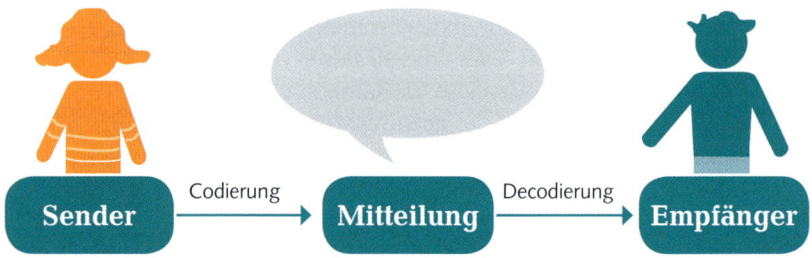

Dieses Sender-Empfänger-Modell kann folgendermaßen kurz umrissen werden:

Sender (Informationsquelle)	Es muss für die Übermittlung der Nachricht mindestens ein Sender vorhanden sein.
Empfänger (Adressat)	Mindestens ein empfangsbereiter Empfänger muss zur Aufnahme der Nachricht vorhanden sein.
Kanal	Für den Austausch von Informationen muss sich der Sender eines Kanals bedienen.
Signale	In den Kanal werden Signale eingespeist.
Encodieren und Decodieren	Signale werden beim Senden ver- und beim Empfangen entschlüsselt.
Code	Zur Verschlüsselung und Entschlüsselung benötigen Sender und Empfänger einen Code.
Rauschen	Diese einzelnen Elemente werden von einer Störquelle begleitet.

Eine Voraussetzung für die erfolgreiche Kommunikation ist, dass Sender und Empfänger denselben Code für die Nachricht verwenden, sodass die mitgeteilte Nachricht nach Codierung und Decodierung identisch ist. Ist dies nicht der Fall, kann die Nachricht durch Störungen verfälscht werden. Es können unterschiedliche **Kommunikationsstörungen** auftreten:

Störungen im Kommunikationsprozess		
Typ der Störungen	Erklärung	Beispiel
Unpassende sprachliche Äußerung	Schimpfwort, Beleidigung	Hey, du Pappnase!
Codedifferenz	Unterschiedlicher Dialekt und regionale Bedeutungsunterschiede	Ein Bayer bestellt in Köln einen halven Hahn und bekommt statt des halben Hähnchens ein Käsebrötchen.
Mangelnde Eindeutigkeit	Ironie, Missverständnis	Der Chef sagt zu seiner sehr langsam arbeitenden Angestellten: „Nicht so hektisch, Frau Müller."
Mangelnde Sachkenntnis	Inkompetenz des Sprechers in bestimmten Fachbereichen	Der Mandant bittet in seinem Fall um Vorbereitung einer Klage zum OLG, obwohl dieser Rechtsweg gar nicht eröffnet ist.
Mangelnder Kontextbezug	Der Zusammenhang des Gesagten ist unklar.	Der Mandant bittet um Fertigung eines Schriftsatzes an seinen Schuldner, ohne zu sagen, um welchen Schuldner es sich handelt.
Mangelnder Adressatenbezug	Der Sprecher richtet seine Rede nicht an eine bestimmte Person	Der Chef ruft in das voll besetzte Großraumbüro: „Sie kümmern sich drum, ich verlasse mich drauf."
Übermäßige Redundanz	Zu viele Informationen überlagern den Kern einer Nachricht.	Der Mandant: „Ich kann den Schuldner sowieso nicht leiden, wie der immer aussieht, einmal hat er sogar…"
Zurückhaltung von Informationen	Überbetonung unwichtiger Informationen zur Ablenkung vom Wesentlichen	Der in einen Verkehrsunfall verwickelte Mandant betont immer wieder die vermeintlichen Verkehrsverstöße des anderen Unfallbeteiligten.
Übertragungsstörung	Durch technische oder menschliche Fehler	Bei der Übermittlung eines Faxes werden die gelb unterlegten Textteile unleserlich übertragen.

Da Störungen im gesamten **Kommunikationsprozess** vorkommen können, ist es wichtig, sich diesen vor Augen zu führen:

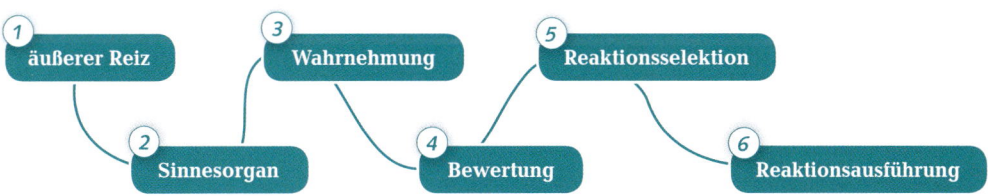

Für die Mitarbeiterkommunikation, aber auch die Kommunikation mit Mandanten, kommen drei Hauptkanäle infrage:

1. Direkt mündlich   2. Gedruckt   3. Elektronisch

Die **mündliche Kommunikation und Informationsweitergabe** ist die einfachste und störungsfreiste Übermittlung von Informationen und erfolgt von einem Menschen zum anderen, wenn beide am selben Ort sind. Beispiele sind etwa das kollegiale Fachgespräch, der Austausch von Daten und Fakten per Zuruf, das Beurteilungs- oder Gehaltsgespräch oder das Mandantengespräch. Viele Gespräche laufen nach einem bestimmten Muster ab und lassen sich daher gut vorbereiten. Abseits dessen gibt es noch den sogenannten Flurfunk, der als informelle mündliche Kommunikation gilt und nur schwer steuerbar ist, was häufig zu Problemen führt. Hierzu zählen u. a. Pausengespräche, Gespräche an der Raucherinsel, Gespräche der Fahrgemeinschaft auf dem Arbeitsweg oder Gespräche auf Kanzleifeiern.

Auch **schriftliche Kommunikation und Information** bestimmt den Arbeitsalltag. Im Optimalfall unterstützt die schriftliche die mündliche Kommunikation und Information. Sie sollte auch alleinstehend ausreichend Aussagekraft besitzen. Viele schriftliche Informationen sind in der Kanzlei, z. B. in Form von Formularhandbüchern, Vorlagen, Textbausteinen, Quittungen oder Urlaubsanträgen vorhanden und sollten genutzt werden. Hinzu kommen ständig aktuelle Informationen, die auf unterschiedliche Weise schriftlich in der Kanzlei dokumentiert werden können. So werden etwa Besprechungen protokolliert oder Telefonnotizen angelegt. In Präsentationen sollte die mündliche Kommunikation durch schriftliche Kommunikation in Form von Handouts oder der Mitschrift an Flipcharts unterstützt werden.

Digitale Medien haben die Möglichkeiten der Unternehmenskommunikation erweitert. So können viele Informationen, die bisher schriftlich oder nur mündlich wiedergegeben wurden, heute durch digitale Medien gestützt werden. Dadurch entstehen aber auch Gefahren und Probleme, die Sie bei der Wahl des Kommunikationsmittels berücksichtigen sollten:

› **Mailflut:** Die Hemmschwelle zum Mailen liegt häufig niedriger als die zum Telefonat oder persönlichem Treffen. Daher hat sich eingebürgert, eher zweitrangige Informationen „nur zur Kenntnisnahme" an Kollegen oder auch Mandanten zu versenden. Diese werden aufgrund der Masse an E-Mails aber häufig gar nicht mehr gelesen.

› **Entmenschlichung der Kommunikation:** Durch ausschließliche Nutzung von digitalen Medien geht der direkte zwischenmenschliche Kontakt verloren.

› **Zeitaufwand für Pflege:** Internetseiten oder aktuelle Newsletter, etwa zur neuesten Rechtsprechung, machen nur Sinn, wenn sie regelmäßig gepflegt werden.

Verbale und nonverbale Kommunikation

Die meisten Redner, die bei Präsentationen, Vorträgen oder einfach im Gespräch einen guten Eindruck hinterlassen möchten, legen besonderen Wert auf den Inhalt und die Wortwahl **(verbale Kommunikation).** Studien haben jedoch erwiesen, dass dieser Faktor nur 7 % ausmacht. Viel wichtiger ist die **nonverbale Kommunikation,** die nicht mithilfe von Sprache erfolgt. Körpersprache und Tonfall machen 93 % aus und erst wenn verbale und nonverbale Kommunikation im Einklang stehen, nimmt der Zuhörer das Gesagte auch auf.

© A. Reti

7 % der Kommunikation ist verbal
Worte, Grammatik, Sprache

93 % der Kommunikation findet nonverbal statt
Körperhaltung, Gesichtsausdruck, Mimik, Gestik, Sprachmelodie, Augenkontakt, Blick, Kleidung, Schuhe, Geruch, Bewegungsgeschwindigkeit usw.

LERNFELD 2

„Dein Körper spricht so laut, ich verstehe nicht, was Du sagst."

Diese Ergebnisse zeigen, dass es lohnenswert ist, sich vor Gesprächen mit den Aspekten der nonverbalen Kommunikation auseinanderzusetzen. Insbesondere bei Bewerbungsgesprächen sagt sie häufig mehr über uns als vorher zurechtgelegte Antworten. Zur nonverbalen Kommunikation gehören die **Körpersprache,** die **Körperhaltung,** das **äußere Erscheinungsbild, Körperkontakt** wie der **Händedruck,** aber auch **Mimik, Gestik** und **Blickkontakt** sowie **Lautstärke** und **Tonfall.**

Weitere Aspekte

Der **Geruch** eines Menschen.
Die **Körperhaltung** des Menschen.
Die **Körpergröße,** das **Gewicht,** die **Haarfarbe,**
die **Augenfarbe,** die **Muskulatur, Narben,**
Behinderungen oder körperliche **Auffälligkeiten,**
wie abgekaute Fingernägel. Der **Gesichtsausdruck.**
Die **Distanz** zwischen Menschen, wenn sie sich unterhalten.
Die **Kleidung** und **Schuhe,** Accessoires wie **Brillen, Uhren,**
Taschen, Tattoos, Piercing usw. Das Design und die Marke des **Autos.**
Die **Einrichtung** und die Lage des **Büros.** Die **Beleuchtung** und
Farbe von **Räumen** und **Gebäuden.**

© fotomek – Fotolia.com

Während ständiges Spucken und Nase hochziehen für Deutsche ohnehin nicht üblich ist, gilt es in China als normal.

Nicht alle Menschen reagieren gleich stark auf nonverbale Kommunikation. Auch die Rückschlüsse, die Menschen aus den bewusst oder unbewusst wahrgenommenen Beobachtungen ziehen, sind individuell verschieden. So hängt es auch vom Kulturkreis ab, wie eine Geste wahrgenommen wird.

Ein amerikanischer Wissenschaftler hat jedoch herausgefunden, dass die sieben – von ihm unterschiedenen – Basisemotionen „Freude, Ärger/Wut, Furcht, Verachtung, Ekel, Überraschung und Traurigkeit" in allen Kulturen auf der ganzen Welt sehr ähnlich ausgedrückt und erkannt werden. Bei diesen Reaktionen handelt es sich um **unbewusste Körpersignale.**

 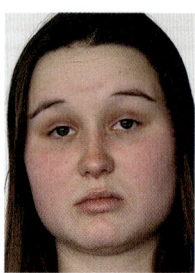 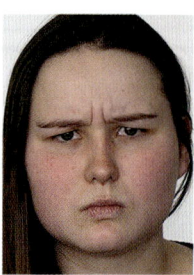 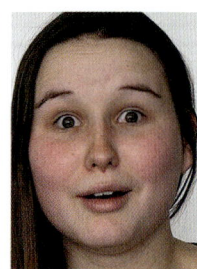

Freude   Verachtung   Ärger/Wut   Überraschung

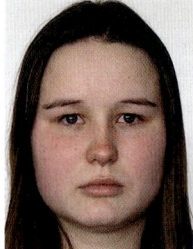  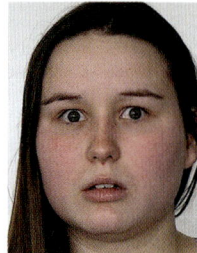

Traurigkeit   Ekel   Furcht

Daneben gibt es **teilbewusste Körpersignale,** die in Gefahren- oder Stresssituationen auftreten. So bemerken wir i.d.R. bestimmte Veränderungen unserer Mimik selbst, über weite Strecken nehmen wir diese Veränderungen jedoch nicht wahr und können diese auch nicht bewusst zur Kommunikation einsetzen. Ein steigender Puls, schwitzende Hände oder Herzrasen gehören dazu. Diese Körpersignale lassen sich zwar zum Teil verbergen, jedoch nur schwerlich wirklich ausschalten.

Bewusste Körpersignale zeichnen sich dadurch aus, dass sie vom Menschen beeinflussbar und erlernbar sind. **Gesten** drückt der Mensch durch Arme und Hände aus. **„Laute Gesten"** spielen sich hierbei meist über Schulterhöhe ab, wie die „wütende Faust" in Richtung Himmel oder das „Wedeln mit den Armen" als Warnhinweis. Die sog. **„Unterstützungsgestik"** findet sich im Bereich zwischen

Schulterhöhe und Gürtellinie, wie der „erhobene Zeigefinger" zur Mahnung oder der „nach oben gestreckte Daumen" als Zeichen der Zustimmung. Auch hier sind kulturelle Besonderheiten zu beachten:

> So bedeutet das Kopfnicken in Griechenland Ablehnung.
> Der direkte Augenkontakt in islamischen Ländern wird als Belästigung empfunden.
> Das Abwinken mit der Handfläche nach unten gilt in Afrika als Einladung.

BEISPIEL

8.2 Kommunikationsregeln

8.2.1 Kommunikationsmodell von Friedemann Schulz von Thun

Eine der bekanntesten Kommunikationsmodelle ist das Nachrichtenquadrat, auch „Vier-Ohren-Modell" genannt, von Friedemann Schulz von Thun. Danach enthält jede Äußerung eines Menschen, ob er will oder nicht, vier Botschaften gleichzeitig.

1. eine Sachinformation (worüber ich informiere) – **blau**
2. eine Selbstkundgabe (was ich von mir zu erkennen gebe) – **grün,**
3. einen Beziehungshinweis
   (was ich von dir halte und wie ich zu dir stehe) – **gelb,**
4. einen Appell (was ich bei dir erreichen möchte) – **rot.**

Die Äußerung entstammt dabei den „vier Schnäbeln" des Senders und trifft auf die „vier Ohren" des Empfängers. Sowohl Sender als auch Empfänger sind für die Qualität der Kommunikation verantwortlich, wobei die unmissverständliche Kommunikation der Idealfall ist und nicht die Regel.

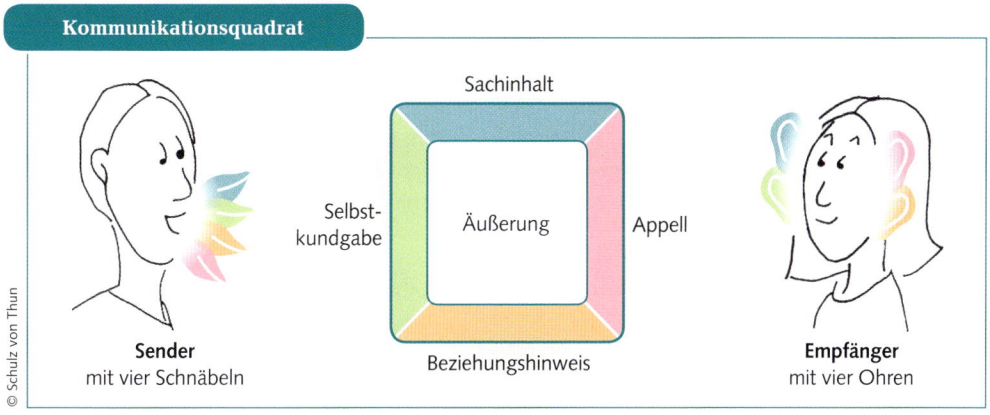

© Schulz von Thun

© Rowohlt Verlag

Die Nachricht eines Beifahrers während der Autofahrt „Du, da vorne ist grün" enthält die vier Seiten einer Botschaft: Sachinhalt, Selbstoffenbarung, Appell und Beziehung. Je nachdem, mit welchem Ohr der Empfänger gerade hört, fällt seine Reaktion aus.

© Rowohlt Verlag

8.2.2   Grundregeln der Kommunikation

Gute Kommunikation können Sie selbst gestalten, indem Sie ein paar wichtige Regeln einhalten. Diese gelten ganz gleich, ob Sie zu anderen sprechen, ob Sie einen Vortrag vorbereiten oder E-Mails und Berichte schreiben.

Dies sind wichtige Grundregeln einer guten verbalen Kommunikation:

1. Klarheit:
Halten Sie die Zahl der Gedanken pro Satz so gering wie möglich. Damit lenken Sie die Konzentration Ihres Gesprächspartners auf das Wesentliche.

2. Kürze:
Fassen Sie Ihre Gedanken zusammen. Wenn Sie es in einem Satz sagen können, sagen Sie es nicht in fünf.

3. Anschaulichkeit:
Verwenden Sie ein Beispiel, um Ihre Gedanken zu veranschaulichen. Es hat sich herausgestellt, dass ein wirklich treffendes Beispiel effektiver ist als die Veranschaulichung an verschiedenen Beispielen.

4. Vollständigkeit:
Überprüfen Sie, ob Sie tatsächlich alle Information liefern, die Ihr Publikum braucht.

5. Korrektheit:

Achten Sie darauf, dass Ihre Sprache immer grammatikalisch korrekt ist. Passen Sie Ihre Sprachwahl dem Publikum an, um es nicht zu über- oder unterfordern. Vermeiden Sie, wenn möglich, fachchinesisch.

6. Logik:

Ihre Kommunikation muss stimmig und widerspruchsfrei sein. Das Publikum muss Ihnen folgen können. Huschen Sie nicht über Widersprüche oder fachliche Unsicherheiten hinweg, sondern überarbeiten Sie Ihre Rede oder falls dies nicht möglich ist, lassen Sie die Information weg.

7. Wertschätzung:

Ihre Kommunikation sollte immer freundlich und wertschätzend sein. Nehmen Sie mögliche Bedenken Ihres Gesprächspartners ernst und gehen Sie darauf ein.

„Wie man in den Wald hineinruft, so schallt es heraus," – Dieses alte Sprichwort enthält im Grunde eine ebenso alte, aber heute noch aktuelle Kommunikationsregel: So wie Sie agieren, so reagiert Ihr Gegenüber. Wenn Sie sich also beim nächsten Mal fragen, warum alles schief läuft, obwohl Sie sowieso schon mies gelaunt sind, hinterfragen Sie Ihre Aktionen!

MERKE

LERNFELD 2

8.2.3 Aktives Zuhören

Die meisten Menschen verstehen unter Kommunikation selbst zu reden und vernachlässigen dabei ihre Rolle als Empfänger, weil sie sich nicht die Zeit nehmen, ihrem Gegenüber zuzuhören. Dabei ist dies ebenso wichtig. Nur wer gut zuhören kann, erfährt auch etwas! Zudem ist die Kunst des „aktiven Zuhörens" ein großer Zeitsparer, weil sie ungeschlagen effektiv ist im Bereich der Beziehungspflege und zeitraubende Missverständnisse zu verhindern hilft.

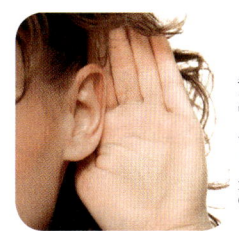

© Voyagerix – Fotolia.com

Regeln für aktives Zuhören:

> Ehrliches, offenes Interesse

> Aufmerksamkeit zeigen

> Zuhören ohne zu werten

> Die Meinung des anderen akzeptieren

> Nie ohne Notwendigkeit unterbrechen

> Nachfragen bei Unklarheiten

> Störfaktoren ausblenden

> eigene Gedanken abschalten

Signale für aktives Zuhören

verbal	nonverbal
› Zustimmende Laute wie „Ja, so, richtig usw." › Nachfragen › Kommentieren › Interpretieren › Gefühle ansprechen	› Blickkontakt › Kopfnicken › Handbewegungen › Sich leicht nach vorne neigen › Notizen machen › Spiegeln Sie Ihr Gegenüber, indem Sie eine ähnliche Körperhaltung einnehmen

8.3 Selbstbild und Selbstwirksamkeit einschätzen

Jeder Mensch hat ein **Selbstbild.** Dieses beruht auf persönlichen Erfahrungen, Wertvorstellungen und der eigenen Einschätzung von persönlichen Stärken, Schwächen und Verhalten. So sehen wir uns. So schätzen wir uns ein. Gefährlich wird es, wenn in diesem Bild von sich selbst eine unangebrachte Selbstüberschätzung liegt.

© milanmarkovic78 – Fotolia.com

Meine Ziele · Meine Stärken · Meine Schwächen · Meine Eigenschaften · Mein Wunsch · Meine Position innerhalb der Familie · Meine Wertvorstellung · Mein Körper

Das **Fremdbild** beschreibt, wie wir von anderen gesehen werden. Und hier beginnt die Komplexität der Situation. Jeder Mensch ist ein Individuum und deshalb wird uns jeder Mensch individuell beurteilen. Fragen Sie beispielsweise Ihre Eltern, Freunde und Lehrer, treffen in Rücksprachen häufig drei verschiedene Bilder aufeinander.

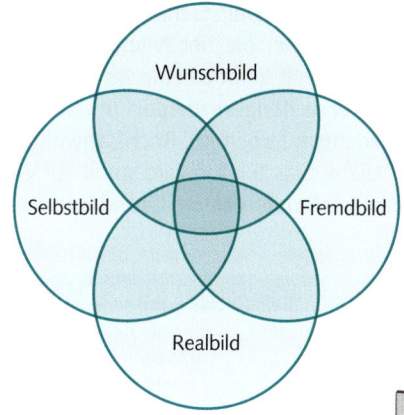

Unser **Wunschbild** beschreibt unsere Vision von dem, wie wir sein wollen. Unser Verhalten und unsere Handlungen zielen darauf ab, dieses Wunschbild zu erreichen. Wichtig ist jedoch, dass unser Wunschbild nicht zu stark von unseren Möglichkeiten abweicht.

Ein **Realbild** kann weder von uns selbst noch von anderen erstellt werden. Seine Feststellung ist nur möglich, wenn eine einwandfreie Beurteilung nach Zahlen, Daten und Fakten erfolgt.

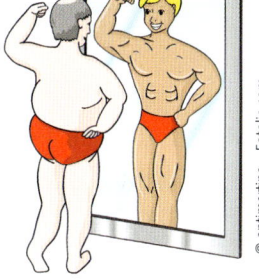

© antimartina – Fotolia.com

Je kleiner die Schnittmengen zwischen den vier Bildern, desto eher kommt es zu Missverständnissen und Konflikten.

BEISPIEL

Rechtsanwaltsfachangestellte Nina sieht sich selbst als cool und spielt mit dem Gedanken, sich ein Tattoo stechenzulassen. Als sie ihrer Kollegin von den Plänen erzählt, erwidert diese: „Das passt nicht zu dir, dazu bist du zu vernünftig."

8.4 Telefonate serviceorientiert führen

Das Telefon gehört zu den wichtigsten Kommunikationsmitteln in der Kanzlei. Der Vorteil ist die direkte unmittelbare Kommunikation mit dem Gesprächspartner. Beim telefonischen Erstkontakt fällt die Entscheidung darüber, ob die Kanzlei einen neuen Mandanten gewinnt oder nicht. Auch bestehende Mandanten schätzen Serviceorientierung. Und ein zufriedener Mandant empfiehlt die Kanzlei weiter und sorgt somit für neue Mandate. Telefonate sind somit wichtig für den wirtschaftlichen Erfolg einer Kanzlei.

© Anja Greiner Adam – Fotolia.com

Als Rechtsanwaltsfachangestellte nehmen Sie die Telefonate entgegen. Es ist ihre Stimme, die der Mandant zuerst hört. Sie müssen ihm erklären, warum sein Anwalt gerade keine Zeit für ihn hat oder warum eine Schriftsatzfrist schon wieder verlängert werden musste. Sie führen zudem Gespräche mit Richtern, Gerichtsmitarbeitern, Rechtsanwälten anderer Kanzleien oder Bewerbern für die Kanzlei. Das Telefon wird somit zur Visitenkarte der Kanzlei. Daher ist es wichtig, bei Telefonaten einige Grundregeln zu beachten:

Tipp

10 Tipps für professionelles Telefonieren	
Lächeln Sie!	Erste Regel aller Telefon-Trainer: Lächeln Sie, zeigen Sie Zähne, wenn Sie in die Muschel sprechen. Der Gesprächspartner wird es merken. Körpersprache ist tatsächlich für das Telefon „übersetzbar".
Nennen Sie zuerst den Kanzleinamen	Melden Sie sich zuerst mit dem Kanzleinamen und nennen Sie erst danach Ihren Namen. Anrufer verstehen meist den ersten Teil am Telefon nicht. Also sollte Ihr Name erst an zweiter Stelle folgen, damit der Anrufer ihn auch versteht. Die Kanzlei, die er kontaktiert, kennt er ja ohnehin.
Nennen Sie Anrufer beim Namen	Notieren Sie sich den Namen des Anrufers. Sprechen Sie die Person im Laufe des Gesprächs ein-, zweimal mit Namen an. Damit zeigen Sie Interesse. Zu häufig wirkt hingegen aufgesetzt.
Beginnen Sie positiv	Eine positive Gesprächsatmosphäre ist insbesondere vom Gesprächseinstieg abhängig. Die Frage „Was kann ich für Sie tun?" hat sich hierfür bewährt.
Vergessen Sie niemanden in der Warteschleife	Bevor Sie den Anrufer in die Warteschleife geben, fragen Sie ihn, ob er warten möchte und wie lange. Lassen Sie ihn dort nicht „verhungern".
Hören Sie zu!	Lassen Sie den Gesprächspartner ausreden. Hören Sie aktiv zu, indem Sie immer wieder zustimmende Laute von sich geben.
Sprechen Sie deutlich	Sprechen Sie nicht zu schnell und achten Sie auf Ihre Betonung, auch wenn Sie es eilig haben.
Führen Sie ein Gespräch nach dem anderen	Manche nehmen schon den Hörer ab, während sie noch mit einer anderen Person im Raum sprechen. Das wirkt unhöflich.
Fertigen Sie eine Telefonnotiz an	Machen Sie sich während des Telefonats möglichst viele Notizen. Empfehlenswert sind spezielle Formulare zur Telefonnotiz, damit Sie nichts Wichtiges vergessen.
Lassen Sie sich getroffene Vereinbarungen bestätigen.	Wird am Telefon ein Termin etc. vereinbart, fassen Sie nach dem Gespräch die wichtigsten Punkte schriftlich zusammen und senden Sie die Telefonnotiz an Ihren Gesprächspartner. Bitten Sie um kurze Bestätigung der vereinbarten Punkte.

Vermeiden Sie Missverständnisse am Telefon, indem Sie sich Namen, E-Mail-Adressen, Fremdwörter oder Fachausdrücke buchstabieren lassen oder selbst buchstabieren. Dafür empfiehlt sich die Buchstabiertafel nach DIN 5009:

Das Buchstabieralphabet

A	Anton	G	Gustav	O	Otto	T	Theodor
Ä	Ärger	H	Heinrich	Ö	Ökonom	U	Ulrich
B	Berta	I	Ida	P	Paula	Ü	Übermut
C	Cäsar	J	Julius	Q	Quelle	V	Viktor
Ch	Charlotte	K	Kaufmann	R	Richard	W	Wilhelm
D	Dora	L	Ludwig	S	Samuel	X	Xanthippe
E	Emil	M	Martha	Sch	Schule	Y	Ypsilon
F	Friedrich	N	Nordpol	ß	Eszett	Z	Zacharias

8.5 Teamarbeit im Büro nutzen

Mandantenanforderungen und Rechtsstreitigkeiten werden schnelllebiger, internationaler und komplexer, sodass sie von einer Person alleine nicht mehr bewältigt werden können. Dies gilt für die Rechtsanwälte selbst, aber auch für die Kanzleimitarbeiter, insbesondere dann, wenn eine Kanzlei mehrere Standorte hat. Aber auch kanzleiorganisatorische Aufgaben können Teamarbeit erfordern.

BEISPIEL

Organisation der Weihnachtsfeier oder eines Mitarbeiterausflugs

© Rawpixel – Fotolia.com

MERKE

Ein Team ist eine kleine, nach funktionalen Gesichtspunkten strukturierte Arbeitsgruppe mit einer spezifischen Zielsetzung, gemeinsamen Aufgaben und entsprechenden Arbeitsformen, relativ intensiven Interaktionen untereinander und einem mehr oder weniger starken Gemeinschaftsgeist.

Gute Teamarbeit bietet der Kanzlei viele **Vorteile,** u.a.:
› gute Arbeitsergebnisse nach dem Vier-Augen-Prinzip
› gute Arbeitsatmosphäre in der Kanzlei
› Krankenstand und Fluktuation sind niedrig
› klare Arbeitsteilungen
› unterschiedliche Abteilungen der Kanzlei greifen regelmäßig ineinander
› die Kundenkartei wird regelmäßig gepflegt, damit andere Teams informiert werden

MERKE

Im Team verantwortet jeder der Gruppe die gesamte Leistung gegenüber dem Auftraggeber. Team heißt daher, für die gemeinsame Gruppe einzustehen, und sich nicht hinter ihr zu verstecken.

Team bedeutet nicht: Toll! Ein! Anderer! Macht es!

© Syda Productions – Fotolia.com

Die Arbeit im Team setzt **Teamfähigkeit** voraus. Der Begriff ist eigentlich eher ein Oberbegriff, der verschiedene Eigenschaften und Kompetenzen zusammenfasst. Um erfolgreich in einem Team zu arbeiten, müssen die Mitglieder unter anderem kommunikativ, kooperativ, kritikfähig, empathisch, tolerant, engagiert, kompromissbereit, anpassungsfähig, rücksichtsvoll und diszipliniert sein. Doch keine Sorge, nicht jeder muss alle diese Eigenschaften besitzen. Teams sind besonders erfolgreich, wenn sie aus eher unterschiedlichen Charakteren bestehen, die unterschiedliche Teamrollen einnehmen können.

© Zerbor – Fotolia.com

5 goldene Regeln für gute Teamarbeit

 Klare Zielsetzung

Eine klar formulierte Zielsetzung sowohl hinsichtlich des erwarteten Ergebnisses als auch der Zusammenarbeit untereinander schafft die Basis für eine aktive Teamkultur.

 Gemeinsame Werte und Kultur

Ein gutes Team entwickelt sich individuell. Es übernimmt nicht die Kultur eines früheren Teams. Übereinstimmende Wertvorstellungen, Grundsätze und Denkweisen prägen das Verhalten innerhalb des Teams.

 Loyale Zusammenarbeit

Jedes Teammitglied muss bereit sein, seine Loyalität in das Team einzubringen. Diese Motivation und das innere Engagement muss ständig gepflegt werden. Erst dadurch wird eine Identifikation mit der Gruppe möglich.

 Offene Kommunikation

Probleme und konstruktive Kritik werden offen und sachlich angesprochen. Es gibt keine Schuldzuweisungen. Vielmehr wird gemeinsam an einer Lösung gearbeitet.

 Wertschätzender Umgang mit Konflikten

Trotzdem werden Konflikte nicht ausbleiben, die sich aus unterschiedlichen Zielvorstellungen der Beteiligten ergeben. Diese müssen erkannt, analysiert und gelöst werden.

8.6 Zusammenfassung und Aufgaben

ZUSAMMENFASSUNG

Kommunikation

findet zwischen dem Sender und dem Empfänger statt und enthält eine Nachricht.

- Im gesamten Kommunikationsprozess kann es zu Störungen kommen.
- Das „Vier-Ohren-Modell" von Friedemann Schulz von Thun beschreibt wie und an welchen Stellen es zu Missverständnissen in der Kommunikation kommen kann.
- Missverständnisse können Sie durch Einhaltung von Kommunikationsregeln vermeiden.
- Aktives Zuhören spielt dabei eine besondere Rolle.
- Für das Telefonieren gelten teilweise besondere Regeln.
- Selbst- und Fremdbild können voneinander abweichen, was wiederum zu Kommunikationsstörungen führen kann.
- Arbeiten mehrere Personen gemeinsam an einer Sache spricht man von Teamarbeit.
- Teamarbeit bietet der Kanzlei viele Vorteile, setzt jedoch Teamfähigkeit der Mitarbeiter voraus.

AUFGABEN

1. Prüfen Sie folgende Aussagen auf ihre Richtigkeit.
   a. Kommunikationsfähigkeit gehört im Berufsleben zu den Hard Skills.
   b. Eine Voraussetzung für die erfolgreiche Kommunikation ist, dass Sender und Empfänger denselben Code für die Nachricht verwenden.
   c. Wissenschaftler haben erwiesen, dass die Wortwahl in einer Präsentation wichtiger ist als die Körpersprache.
   d. Teilbewusste Körpersignale treten in Gefahren- oder Stresssituationen auf und lassen sich nur schwer kontrollieren.
   e. Im Team bringen alle Mitglieder die gleichen Voraussetzungen mit und sind gleich zu behandeln.

2. Unterscheiden Sie verbale und nonverbale Kommunikation.

3. Setzen Sie sich mit Ihrem Banknachbarn zusammen und erzählen Sie sich nacheinander von Ihrem schönsten Urlaub. Kontrollieren Sie gegenseitig, ob Ihr Partner dabei die Regeln für verbale Kommunikation einhält.

LERNFELD 3

Schuldrechtliche Regelungen bei der Vorbereitung und Abwicklung von Verträgen anwenden

1. ALLGEMEINE GRUNDLAGEN

 **1.1 Rechtsobjekte: Gegenstände des Rechtsverkehrs**

Als Rechtsobjekte werden alle Gegenstände des Rechtsverkehrs bezeichnet. Dieser Begriff wird vom BGB nicht definiert. Man versteht darunter alles, was zum Vermögen einer Person gehören kann, also Sachen, Tiere oder Rechte.

> **MERKE**
> Rechtsobjekte sind alle Gegenstände, über die Rechtssubjekte Rechtsmacht ausüben können.

1.1.1 Sachen

§ 90 BGB

Der Begriff der Sache ist in § 90 BGB als körperlicher Gegenstand definiert. Körperlich bedeutet, dass Gegenstände einen Raum einnehmen oder ausfüllen und räumlich begrenzt werden können. Sachen können also nicht nur fest, sondern auch flüssig oder gasförmig sein. Sie müssen aber vom Menschen körperlich beherrschbar sein.

> **BEISPIEL**
> Auto, Benzin, Kindersitz, Haus, Grundstück, Baum, Cola oder Gas

> **MERKE**
> Eigentum und Besitz können nur an Sachen erworben werden.

Räumlich unbegrenzte Gegenstände der Natur sind demnach keine Sachen. Hierunter fallen z.B. Sonnenschein, Regen, freie Gase in der Atmosphäre oder das Meerwasser. Auch der menschliche Körper selbst ist keine Sache. Anders verhält es sich mit vom Körper getrennten menschlichen Bestandteilen wie abgeschnittenen Haaren oder entnommenen Organen.

Für die Eigentumsübertragung ist es von entscheidender Bedeutung, ob es sich um bewegliche (Mobilien) oder unbewegliche Sachen (Immobilien) handelt. **Unbewegliche Sachen** sind Grundstücke als abzugrenzende Teile der Erdoberfläche, die in einem Kataster und im Bestandsverzeichnis des Grundbuchs eingetragen sind.

> **BEISPIEL**
> Grundstücke und deren wesentliche Bestandteile, Gebäude, Schiffe

Die beweglichen Sachen kann man in vertretbare/nicht vertretbare Sachen (§ 91 BGB) und verbrauchbare und nicht verbrauchbare Sachen (§ 92 BGB) einteilen.

§ 91, 92 BGB

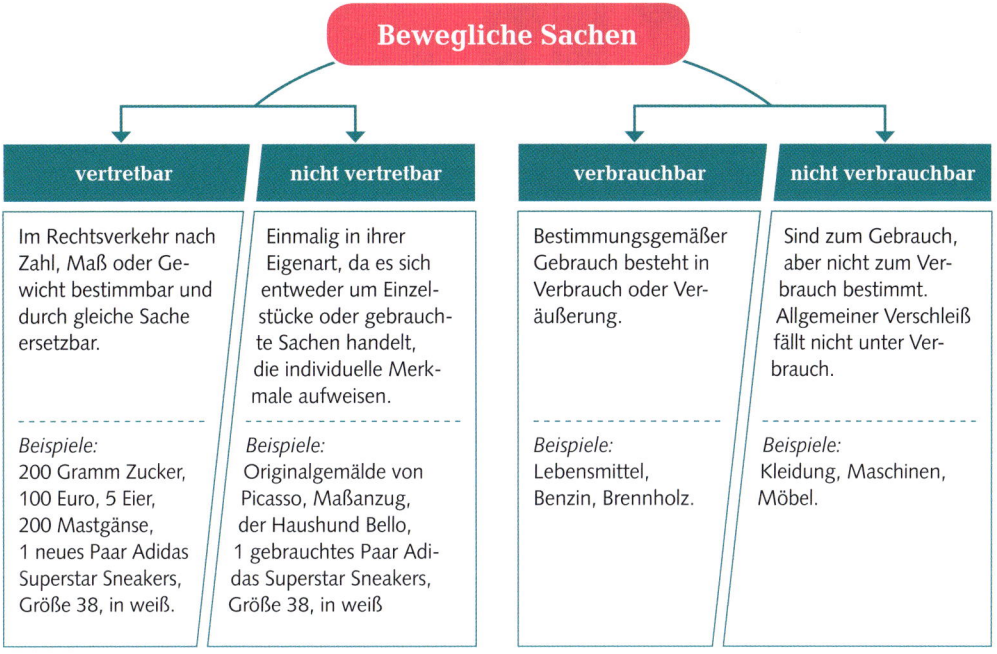

Bewegliche Sachen			
vertretbar	**nicht vertretbar**	**verbrauchbar**	**nicht verbrauchbar**
Im Rechtsverkehr nach Zahl, Maß oder Gewicht bestimmbar und durch gleiche Sache ersetzbar.	Einmalig in ihrer Eigenart, da es sich entweder um Einzelstücke oder gebrauchte Sachen handelt, die individuelle Merkmale aufweisen.	Bestimmungsgemäßer Gebrauch besteht in Verbrauch oder Veräußerung.	Sind zum Gebrauch, aber nicht zum Verbrauch bestimmt. Allgemeiner Verschleiß fällt nicht unter Verbrauch.
Beispiele: 200 Gramm Zucker, 100 Euro, 5 Eier, 200 Mastgänse, 1 neues Paar Adidas Superstar Sneakers, Größe 38, in weiß.	*Beispiele:* Originalgemälde von Picasso, Maßanzug, der Haushund Bello, 1 gebrauchtes Paar Adidas Superstar Sneakers, Größe 38, in weiß	*Beispiele:* Lebensmittel, Benzin, Brennholz.	*Beispiele:* Kleidung, Maschinen, Möbel.

Aus den §§ 93 ff. BGB lässt sich entnehmen, dass Bestandteile Teile einer Sache sind. Bestandteile erhält man, indem man eine Sache zerlegt oder teilt. Rechtlich zu unterscheiden sind nach § 93 BGB wesentliche und unwesentliche Bestandteile. **Wesentliche Bestandteile einer beweglichen Sache** erkennt man daran, dass sie von der Sache nicht getrennt werden können, ohne dass der eine oder andere Teil zerstört oder in seinem Wesen verändert wird.

§ 93 BGB

LERNFELD 3

BEISPIEL

Der Lack des Rennrads kann nicht entfernt werden, ohne dass das Rad oder der Lack beschädigt werden. Der Sattel kann jedoch ohne Probleme abmontiert werden und ist somit unwesentlicher (einfacher) Bestandteil.

Bei Immobilien geht die Definition noch weiter: Nach § 94 Abs. 1 BGB gehören zu den **wesentlichen Bestandteilen eines Grundstücks** die mit dem Grund und Boden fest verbundenen Sachen, insbesondere Gebäude sowie die Erzeugnisse des Grundstücks, solange sie mit dem Boden zusammenhängen. Dies gilt nicht für Sachen, die nur vorübergehend mit dem Grund und Boden verbunden sind, § 95 Abs. 1 BGB. Dabei handelt es sich um Scheinbestandteile.

§ 94 BGB

© KB3 – Fotolia.com

Zu den **wesentlichen Bestandteilen eines Gebäudes** gehören nach § 94 Abs. 2 BGB die zur Herstellung des Gebäudes fest eingefügten Sachen. Sind Sachen nur zu einem vorübergehenden Zweck in ein Gebäude eingefügt, so handelt es sich gemäß § 95 Abs. 2 BGB um Scheinbestandteile und nicht um Bestandteile des Gebäudes.

§ 95 BGB

BEISPIEL

Die Villa ist wesentlicher Bestandteil eines Grundstücks (§ 94 Abs. 1 BGB). Nicht jedoch der nur im Sommer im Boden verankerte Swimmingpool, denn er ist nur vorübergehend mit dem Boden verbunden (§ 95 Abs. 1 BGB). Zu den wesentlichen Bestandteilen der Villa gehören die Türen, Fenster, die Zentralheizung, die Badewanne oder die Dachziegel (§ 94 Abs. 2 BGB).

Rechtlich hat die Unterscheidung folgende Bedeutung:

> Wesentliche Bestandteile können nicht Gegenstand besonderer Rechte sein, d.h. über sie kann nicht separat verfügt werden. Beispiel: Der Lack gehört zum einheitlichen Ganzen des Rennrads, weshalb nur das lackierte Rad als Ganzes verkauft werden kann.

> Wird eine Sache wesentlicher Bestandteil einer anderen Sache, erlöschen die an ihr bestehenden Rechte (§§ 946 ff. BGB).

§ 97 BGB

Von den Bestandteilen ist das **Zubehör** abzugrenzen, was in der Praxis oft schwierig ist. Nach § 97 Abs. 1 BGB handelt es sich bei Zubehör um bewegliche Sachen, die keine Bestandteile sind, aber dem wirtschaftlichen Zweck der Hauptsache dienen und mit ihr in einem räumlichen Verhältnis stehen. Nach § 98 BGB gehören dazu auch landwirtschaftliche Maschinen und Tiere auf einem Bauernhof.

BEISPIEL

Fahrradklingel, Autoradio, Holzvorrat für den Kamin, Reserverad am Auto

MERKE

Das Zubehör ist grundsätzlich rechtlich selbstständig. Über § 311 c, § 926, § 1120 BGB hat der Gesetzgeber mit Rücksicht auf den engen wirtschaftlichen Zusammenhang zwischen Hauptsache und Zubehör bestimmt, dass bei Fehlen vertraglicher Absprachen sich die Veräußerung oder Belastung einer Sache auch auf das Zubehör erstreckt.

Aus Sachen können Früchte und Nutzungen gezogen werden.

Früchte, § 99 BGB	Nutzungen, § 100 BGB
Sachfrüchte, § 99 Abs. 1 BGB	Sachfrüchte
Beispiele: Äpfel, Eier, Honig, Milch	*Beispiele:* siehe links
Rechtsfrüchte, § 99 Abs. 2 BGB	Rechtsfrüchte
Beispiele: Zinsen aus Darlehen, Dividende aus Aktienbesitz, Fang aus Fischereirecht	B*eispiele:* siehe links
Mittelbare Sach- und Rechtsfrüchte, § 99 Abs. 3 BGB	Vorteile des Gebrauchs
Beispiele: Mieteinnahmen, Lizenzgebühren	*Beispiele:* Gewinn aus gepachteter Gaststätte, Wohnen in einer Wohnung, Vorteile aus dem Stimmrecht eines GmbH-Gesellschafters
Rechtliche Bedeutung: Der Eigentümer einer Sache ist auch Eigentümer der Früchte, §§ 99, 953 BGB.	**Rechtliche Bedeutung:** > für die Nutzungsrechte des Pächters oder Nießbrauchers, §§ 581, 1030 BGB > für die Herausgabe von Nutzungen, §§ 987 ff. BGB

1.1.2 Tiere

Tiere sind nach dem Tierschutzgesetz als Geschöpfe der Erde anerkannt und gelten auch im BGB nicht als Sachen. Nach § 90 a BGB werden die für Sachen geltenden Rechtsvorschriften allerdings auf Tiere angewendet, soweit keine gesonderten Tiergesetze bestehen.

§ 90 a BGB

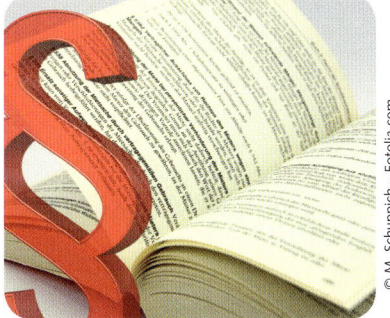

© M. Schuppich – Fotolia.com

1.1.3 Rechte

Rechte sind unkörperliche Gegenstände, die der Rechtsmacht unterliegen. Es werden absolute, relative und Gestaltungsrechte unterschieden.

Absolute Rechte	**Relative Rechte**	**Gestaltungsrechte**
Sie wirken gegenüber jedermann. Hierzu gehören Herrschafts-, Persönlichkeits- oder Urheberrechte.	Sie wirken nur gegenüber einer oder mehreren bestimmten Person(en) und entfalten zwischen den Beteiligten rechtliche Wirkungen. Sie werden als Ansprüche bezeichnet.	Sie sind relative Rechte, durch die einseitig ein neues Recht begründet oder ein bestehendes Rechtsverhältnis geändert oder aufgehoben werden kann.

Absolute Rechte	Relative Rechte	Gestaltungsrechte

Beispiele:
› Eigentumsrecht, § 903 BGB
› Besitzrecht, § 854 BGB
› Pfandrecht, § 1204 BGB
› Elterliche Sorge, § 1626 ff. BGB
	Beispiele:
	› Kaufpreisforderung aus Kauf-
	  vertrag, § 433 Abs. 2 BGB
	› Werklohnforderung aus Werk-
	  vertrag, § 631 Abs. 1 BGB
	› Wohnrecht aus Mietvertrag,
	  § 535 Abs. 1 S. 1 BGB
		Beispiele:
		› Kündigung, z. B. § 621 ff. BGB
		› Widerruf, z. B. § 130 BGB
		› Rücktritt, § 323 BGB
		› Anfechtung, §§ 119 ff. BGB
		› Aufrechnung, § 389 ff. BGB

Die Übertragung erfolgt durch Abtretung, §§ 398, 413 BGB.	Die Übertragung erfolgt durch Abtretung, § 398 BGB.	Die Übertragung erfolgt durch Abtretung, §§ 398, 413 BGB.

- -

1.1.4   Zusammenfassung und Aufgaben

ZUSAMMENFASSUNG

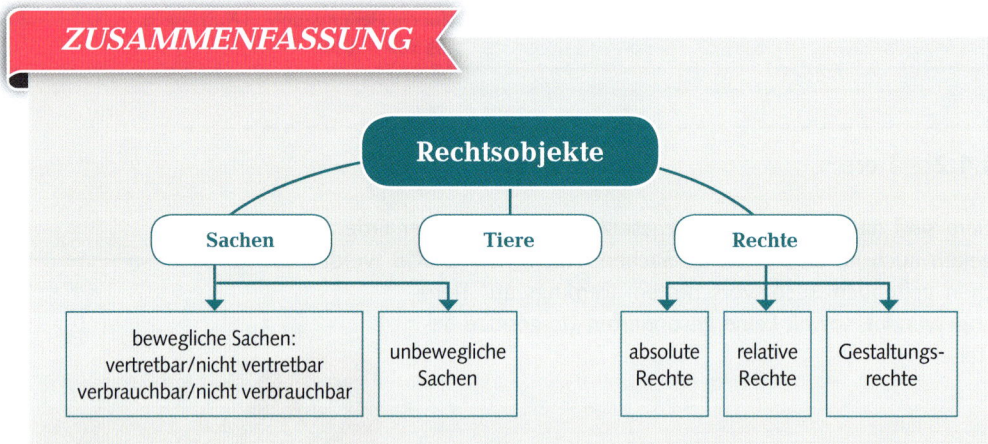

AUFGABEN

1. Legen Sie eine Tabelle an, in der Sie Merkmale und Rechtsfolgen der Begriffe wesentlicher Bestandteil, einfacher Bestandteil, Scheinbestandteil und Zubehör unter Angabe der passenden Paragrafen darstellen.

2. Landwirt Heinrich hat seinen Hof an Landwirt Bernd verkauft, ohne den Eigentumserwerb an Bestandteilen und Zubehör vertraglich zu regeln. Da er nicht möchte, dass
Bernd seinen Traktor erwirbt, wendet er eine List an. Heinrich entfernt den Traktor
vorübergehend vom Hof und stellt ihn in seiner Stadtgarage unter. Stattdessen nutzt
er den Jeep, der eigentlich als Familienauto in der Stadtgarage bereitsteht, vorübergehend für die landwirtschaftlichen Arbeiten. Als Bauer Bernd davon erfährt, verlangt
er als vermeintlicher Eigentümer Herausgabe des Traktors und des Jeeps. Zu Recht?

3. Michael Alt verkauft seinen landwirtschaftlichen Hof an Gerda Neu. Auf dem Hof befinden sich die aufgeführten Objekte. Ordnen Sie diese rechtlich zu und entscheiden
Sie, ob Frau Neu Eigentum daran erwirbt. Gehen Sie davon aus, dass der Kaufvertrag
dazu keine Regelungen enthält.

	Wesentlicher Bestandteil	Schein-bestandteil	Zubehör	nichts davon	Eigentumserwerb durch Frau Neu (mit §§)
Wohnhaus auf dem Hofgrundstück					
Fest verbaute Markise am Wohnhaus					
Garagenanbau am Wohnhaus					
Familienauto in der Garage					
Traktor in der Garage					
Zentralheizung im Wohnhaus					
Wohnzimmersofa im Wohnhaus					
Zugeschnittener und verlegter Teppichboden					
Rollbarer Perserteppich im Wohnhaus					
Einbauküche von Ikea					
Kühe im Stall und Gänse auf der Wiese					
Haushund Bello der Familie Alt					
Im Sommer aufgebauter Swimmingpool					
Bereits geerntete Äpfel					
Selbst gewonnenes Düngemittel					

1.2 Rechtssubjekte: Personen des Rechtsverkehrs

1.2.1 Rechtsfähigkeit natürlicher Personen

Unter Rechtsfähigkeit versteht man die Fähigkeit, Träger von Rechten und Pflichten zu sein. Nur wer rechtsfähig ist, ist Rechtssubjekt und kann damit am allgemeinen Rechtsverkehr teilnehmen.

§ 1 BGB

Nach § 1 BGB beginnt die Rechtsfähigkeit des Menschen mit der Vollendung der Geburt. Sie endet mit dem Tod. Der Gesetzgeber unterscheidet zwischen einzelnen Personen und dem Zusammenschluss von natürlichen Personen.

© hartphotography – Fotolia.com

Einzelne natürliche Personen

Noch nicht gezeugt

Nach der Definition von § 1 BGB handelt es sich noch nicht um eine natürliche Person. Dennoch kommen ihr Rechte zu:

› §§ 2162 Abs. 2, 2178 BGB: Vermächtnis

› § 331 Abs. 2 BGB: Zuwendung durch Versprechen

Gezeugt, aber noch nicht geboren (Nasciturus)

Nach der Definition von § 1 BGB handelt es sich noch nicht um eine natürliche Person. Dennoch kommen ihr Rechte zu:

› §§ 1923 Abs. 2 BGB: Erbfähigkeit

› § 844 Abs. 2 S. 2 BGB: Schadensersatzanspruch

Geboren

Es handelt sich um eine natürliche Person, § 1 BGB. Mit der Rechtsfähigkeit kommen ihr u.a. zu:

› § 12 BGB Namensrecht

› Besitzschutz- und Eigentumsrechte

› Unterhaltsrecht

Zusammenschluss natürlicher Personen

Natürliche Personen mit Bruchteilsvermögen

Hierbei werden mehrere Personen Eigentümer einer Sache nach genau bestimmten Bruchteilen, über die sie frei verfügen können.

› Miteigentum jeglicher Art, §§ 1008 ff. BGB

› Eigentumswohnung in Mehrfamilienhaus (Wohnungseigentumsgesetz)

Natürliche Personen mit Gesamthandsvermögen

Mehrere Personen werden Eigentümer einer Sache, jedoch nicht nach Bruchteilen, sondern jeder wird Eigentümer der ganzen Sache. Sie können nur gemeinsam über die Sache verfügen.

› BGB-Gesellschaft, § 705 BGB

› Eheliche Gütergemeinschaft, §§ 1415 ff. BGB

› Erbengemeinschaft, § 2032 BGB

Natürliche Personen mit Sondervermögen

› Durch Zusammenschluss von natürlichen Personen in einem nichtrechtsfähigen Verein entsteht Sondervermögen, § 54 BGB.

Der Gesetzgeber unterscheidet zum Schutz einzelner natürlicher Personen zwischen Verbraucher und Unternehmer. Dies ist etwa beim Haustürgeschäft, § 312 BGB oder beim Fernabsatzvertrag, § 312 c BGB von Bedeutung.

MERKE

Verbraucher, § 13 BGB	Unternehmer, § 14 BGB
Natürliche Personen, die Rechtsgeschäfte abschließen, die weder gewerblichen noch freiberuflichen noch forst- oder landwirtschaftlichen Tätigkeiten zuzurechnen sind.	Natürliche oder juristische Personen oder rechtsfähige Personengesellschaften, die ein Rechtsgeschäft zu gewerblichen, freiberuflichen oder land- und forstwirtschaftlichen Zwecken abschließen.
Der Zweck des Rechtsgeschäfts ist dem privaten Bereich zuzuordnen.	Der Zweck des Rechtsgeschäfts ist dem beruflichen Bereich zuzuordnen.
Beispiel: Frau Müller bestellt Papier für ihren privaten Bürobedarf.	*Beispiel:* Frau Müller ist Architektin und bestellt Papier für ihr Architekturbüro.

1.2.2 Rechtsfähigkeit juristischer Personen

Auch juristische Personen nehmen am Rechtsverkehr teil und sind rechtsfähig.

Unter juristischen Personen versteht man Vereinigungen von Personen und Vermögensmassen, die von der Rechtsordnung als selbstständige Rechtspersonen anerkannt sind.

MERKE

Man unterteilt die juristischen Personen in solche des öffentlichen Rechts und solche des Privatrechts.

	Juristische Personen des Öffentlichen Rechts	Juristische Personen des Privatrechts
	Entstehen kraft Hoheitsakt oder staatlicher Genehmigung. Erlöschen kraft Hoheitsakt oder staatlichem Entzug.	Entstehen durch Eintragung in das entsprechende Register. Erlöschen durch Löschung aus dem Register.
Körperschaften	› Gebietskörperschaften: Bund, Länder, Gemeinden › Personalkörperschaften: IHKs, Rechtsanwaltskammern, Sozialversicherungsträger, Universitäten › Verbandskörperschaften: Verband aus mehreren Gemeinden, einzelne Rechtsanwaltskammern werden in der Bundesrechtsanwaltskammer zusammengefasst.	› Idealverein: Er verfolgt keine wirtschaftlichen Interessen *Beispiele:* Kegelclub, Tennisverein, Gesangsverein › wirtschaftlicher Verein: Er wird in der Rechtsform der Kapitalgesellschaft geführt. *Beispiele:* GmbH, AG, e.G.

LERNFELD 3

	Juristische Personen des Öffentlichen Rechts	Juristische Personen des Privatrechts
Anstalten	Öffentlich-rechtliche Verwaltungseinrichtungen, die einem bestimmten Zweck dienen und nicht durch Mitgliedschaft definiert werden. *Beispiele:* Sparkassen, öffentlich-rechtlicher Rundfunk	./.
Stiftungen	Rechtlich selbstständige Vermögensmassen ohne Mitglieder mit öffentlich-rechtlichem Träger. *Beispiele:* Stiftung Preußischer Kulturbesitz	Ein privater Träger stellt Geld für einen bestimmten Stiftungszweck zur Verfügung. *Beispiele:* Stiftung Warentest, Konrad-Adenauer Stiftung

1.2.3   Geschäftsfähigkeit

§§ 104 BGB

Wer geschäftsfähig ist, ist nicht nur Träger eines Rechtes, er kann auch rechtsverbindliche Verträge abschließen, §§ 104 ff. BGB, und damit Verpflichtungen eingehen.

MERKE

Geschäftsfähigkeit ist die Fähigkeit, rechtsgeschäftliche Willenserklärungen abzugeben und entgegenzunehmen. Diese Willenserklärungen sind dazu bestimmt und geeignet, Rechtsverhältnisse zu begründen, zu ändern und aufzuheben.

Die volle Geschäftsfähigkeit erlangt man erst mit zunehmendem Alter.

© Mike Uhlemann – Fotolia.com

Die Stufen der Geschäftsfähigkeit

Geschäftsunfähigkeit, §§ 104 ff. BGB	Beschränkte Geschäftsfähigkeit, §§ 106 ff. BGB	Geschäftsfähigkeit, §§ 2, 106 (Umkehrschluss) BGB
0–6 Jahre und bei dauerhafter Geisteskrankheit	7–17 Jahre	Ab 18 Jahre
Willenserklärungen sind nichtig, § 105 BGB.	Es ist die Einwilligung des gesetzlichen Vertreters notwendig, § 107 BGB. Ohne Einwilligung abgegebene Willenserklärungen sind schwebend unwirksam, § 177 BGB, und bedürfen der Genehmigung des gesetzlichen Vertreters, § 108 BGB.	Willenserklärungen sind rechtswirksam und können Rechtsgeschäfte selbstständig begründen, ändern oder beenden.

Geschäftsunfähigkeit, §§ 104 ff. BGB	Beschränkte Geschäftsfähigkeit, §§ 106 ff. BGB	Geschäftsfähigkeit, §§ 2, 106 (Umkehrschluss) BGB
Ausnahmen: › der Minderjährige als Bote › Volljährige Geschäftsunfähige können Geschäfte des täglichen Lebens abschließen, § 105 a BGB	Ausnahmen: › Taschengeldparagraf, § 110 BGB › rechtlicher Vorteil, § 107 BGB › Erwerbsgeschäft, § 112 BGB › Dienst- oder Arbeitsverhältnis, § 113 BGB	Keine Ausnahmen

Das BGB stellt den **Geschäftsunfähigen** unter Schutz, da dieser aufgrund seines Alters oder seiner geistigen Verfassung die Folgen seines Handelns nicht absehen kann. Seine Willenserklärungen sind daher nichtig und so zu behandeln, als ob sie nicht abgegeben worden wären.

> **BEISPIEL**
>
> Die 5-jährige Susi kauft sich am Kiosk ein Eis für 1,50 Euro. Dieses Rechtsgeschäft ist nach § 105 Nr. 1 BGB nichtig, auch wenn Susi das Eis vom Taschengeld bezahlt hat. Da das Geld bereits übergeben wurde, ist der Eisverkäufer ungerechtfertigt bereichert und muss das Geld herausgeben. Da die Herausgabe des Eises nicht mehr möglich ist, entfällt sie.

Zu beachten ist jedoch, dass ein Geschäftsunfähiger zwar keine eigene, jedoch eine fremde Willenserklärung als Bote abgeben kann.

> **BEISPIEL**
>
> Frau Witt schickt die 5-jährige Susi zum Bäcker, um 4 Brötchen zu holen. Das Rechtsgeschäft kommt zwischen der Bäckerei und Frau Witt zustande; Susi fungiert lediglich als Botin.

Auch Volljährige können bei einer dauerhaften Störung der Geistestätigkeit gemäß § 104 Nr. 2 BGB geschäftsunfähig sein. Für sie besteht in § 105 a BGB eine Sonderregelung. Sie können Geschäfte des täglichen Lebens abschließen, die mit geringen Mitteln bewirkt werden können.

> **BEISPIEL**
>
> Die an Alzheimer leidende und unter Betreuung stehende Oma Klein (89) kauft sich am Kiosk eine Fernsehzeitung. Dieses Geschäft ist nach § 105 a BGB wirksam.

Auch Minderjährige im Alter von 7 bis 17 Jahren werden vom Gesetzgeber geschützt. Jedoch ist der Schutz der sog. **beschränkt Geschäftsfähigen** (§ 106 BGB) kürzer. Ihre Willenserklärungen sind nicht nichtig, vielmehr hängt die Wirksamkeit von der Zustimmung des gesetzlichen Vertreters ab, §§ 107, 108 BGB. Dies

§ 106 – 108 BGB

sind in der Regel die Eltern des Minderjährigen, §§ 1626, 1629 BGB. Die Zustimmung kann vor oder nach Abschluss des Rechtsgeschäfts erfolgen. Die vorherige Zustimmung heißt Einwilligung, die nachträgliche Zustimmung heißt Genehmigung (§§ 183, 184 BGB).

Der 14-jährige Toni kauft sich ohne Wissen der Eltern eine Spielekonsole im Elektromarkt. Der Vertrag hängt von der Genehmigung der Eltern ab und ist bis dahin schwebend unwirksam. Dieser Schwebezustand kann von Tonis Eltern oder dem Verkäufer (§ 109 BGB) beendet werden. Fordert der Elektromarkt Tonis Eltern zur Genehmigung auf, können sie den Vertrag genehmigen (Vertrag wirksam) oder ablehnen (Vertrag unwirksam). Schweigen die Eltern auf die Aufforderung hin länger als 2 Wochen, so gilt dies als Ablehnung, § 108 Abs. 2 BGB.

© WS-Design – Fotolia.com

In Ausnahmefällen kann ein beschränkt Geschäftsfähiger auch ohne Zustimmung des gesetzlichen Vertreters einen rechtswirksamen Vertrag abschließen.

Beschränkte Geschäftsfähigkeit: 4 Ausnahmen von der Zustimmungspflicht

Taschengeldparagraf, § 110 BGB

Die vertragsgemäße Leistung wird mit Mitteln bewirkt, die dem Minderjährigen zu diesem Zweck oder zur freien Verfügung gestellt wurden. Das Taschengeld kann entweder von den Eltern oder mit Erlaubnis der Eltern von einem Dritten gezahlt werden. Der Arbeitslohn oder die Ausbildungsvergütung sind nicht mit Taschengeld gleichzusetzen. Ratenzahlungsverträge sind nicht umfasst.

Beispiel: Marco (13) bekommt monatlich 30,00 Euro Taschengeld und kauft sich davon ein T-Shirt für 25,00 Euro. Das Geschäft ist ohne Zustimmung der Eltern wirksam.

Rechtlicher Vorteil, § 107 BGB

Das Geschäft ist für den Minderjährigen lediglich rechtlich vorteilhaft. Das ist der Fall, wenn er durch das Geschäft keine rechtliche Verpflichtung eingeht (z. B. Schenkung). Auf einen wirtschaftlichen Vorteil kommt es nicht an.

Beispiel: Eva (17) kauft von ihrem Cousin einen PC im Wert von 800,00 Euro zum Freundschaftspreis von 300,00 Euro. Dieses Geschäft ist für Eva zwar wirtschaftlich, aber nicht rechtlich vorteilhaft, da sie sich dadurch zur Zahlung des Kaufpreises verpflichtet. Sie benötigt die Einwilligung der Eltern.

Erwerbsgeschäft, § 112 BGB

Der gesetzliche Vertreter hat dem Minderjährigen mit Zustimmung des Familiengerichts den selbstständigen Betrieb eines Erwerbsgeschäfts gestattet. Damit ist er bezüglich der damit zusammenhängenden Geschäfte unbeschränkt geschäftsfähig.

Beispiel: Theo (16) betreibt mit Zustimmung der Eltern und des Familiengerichts einen Handel mit selbst programmierter Software. Für sein Geschäft darf er selbstständig Mitarbeiter einstellen oder sich einen PC kaufen. Möchte er von dem Gewinn eine teure Lederjacke erwerben, gehört dies nicht zum Erwerbsgeschäft, er benötigt die Zustimmung der Eltern.

Dienst- oder Arbeitsverhältnis, § 113 BGB

Erlaubt der gesetzliche Vertreter dem Minderjährigen ein Arbeitsverhältnis einzugehen, so ist er für die damit zusammenhängenden Rechtsgeschäfte unbeschränkt geschäftsfähig.

Beispiel: Petra (16) jobbt mit Zustimmung der Eltern nach der Schule in einem Modegeschäft. Sie kann selbständig Lohn fordern, auf Erfüllung der Fürsorgepflicht bestehen oder kündigen.

Die **volle Geschäftsfähigkeit** tritt mit Vollendung des 18. Lebensjahres ein (vgl. § 2 BGB und Umkehrschluss aus § 106 BGB). Mit der Volljährigkeit endet die gesetzliche Vertretung durch die Eltern, sodass es auf deren Zustimmung nicht mehr ankommt.

> **BEISPIEL**
> Die 18-jährige Ricarda kauft sich gegen den Willen der Eltern ein Auto. Das Geschäft ist wirksam.

LERNFELD 3

1.2.4 Deliktsfähigkeit

© ysfylmz – Fotolia.com

Eine unerlaubte Handlung (§§ 823 ff. BGB) verpflichtet nur dann zum Schadensersatz, wenn der Schädiger deliktsfähig ist. Deliktsfähigkeit ist daher die Fähigkeit, für unerlaubte Handlungen verantwortlich zu sein. Zum Schutze derjenigen, die für ihre Handlungen nicht oder nicht voll verantwortlich gemacht werden können, unterscheidet der Gesetzgeber neben der Deliktsfähigkeit noch die beschränkte Deliktsfähigkeit und die Deliktsunfähigkeit.

§§ 823 ff. BGB

> **BEISPIEL**
> Beim Fußballspielen im Garten trifft der 5-jährige Nick aus Versehen das gläserne Gewächshaus des Nachbarn. Vom deliktsunfähigen Nick kann der Nachbar keinen Schadensersatz verlangen, jedoch von seinen Eltern, falls diese ihre Aufsichtspflicht verletzt haben.

Die Stufen der Deliktsfähigkeit

Deliktsunfähigkeit §§ 827, 828 BGB	Beschränkte Deliktsfähigkeit § 828 BGB	Deliktsfähigkeit § 828 BGB (Umkehrschluss)
0–6 Jahre § 828 Abs. 1 BGB oder im Zeitpunkt der Handlung unzurechnungsfähig, § 827 BGB	7–17 Jahre § 828 Abs. 3 BGB	ab 18 Jahre Umkehrschluss aus § 828 BGB
Sonderregel Straßenverkehr: 0–9 Jahre es sei denn Vorsatz, § 828 Abs. 2 BGB	**Sonderregel Straßenverkehr:** 10–17 Jahre Umkehrschluss aus § 828 Abs. 2 BGB	./.
Rechtsfolge: Nichtverantwortlichkeit für unerlaubte Handlungen. § 828 Abs. 1 BGB	**Rechtsfolge:** Verantwortlichkeit für unerlaubte Handlungen, wenn das Unrecht des Tuns für den Handelnden einsehbar war. § 828 Abs. 3 BGB	**Rechtsfolge:** Uneingeschränkte Verantwortlichkeit für unerlaubte Handlungen

Unberührt von der eigenen Deliktsfähigkeit kommt stets auch die Haftung des Aufsichtspflichtigen infrage, die eintritt, wenn der von einem Deliktsunfähigen oder beschränkt Deliktsfähigen rechtswidrig verursachte Schaden durch eine Verletzung der Aufsichtspflicht entstanden ist, § 832 BGB.

§ 832 BGB

Ausnahmsweise muss eine Person haften, die eigentlich nach §§ 827, 828 BGB nicht verantwortlich ist. Der sog. Millionärsparagraf § 829 BGB sieht dies vor, wenn die Aufsichtspflichtigen aufgrund fehlender finanzieller Möglichkeiten nicht zahlen können und der eigentlich Deliktsunfähige sehr vermögend ist.

- -

1.2.5 Zusammenfassung und Aufgaben

ZUSAMMENFASSUNG

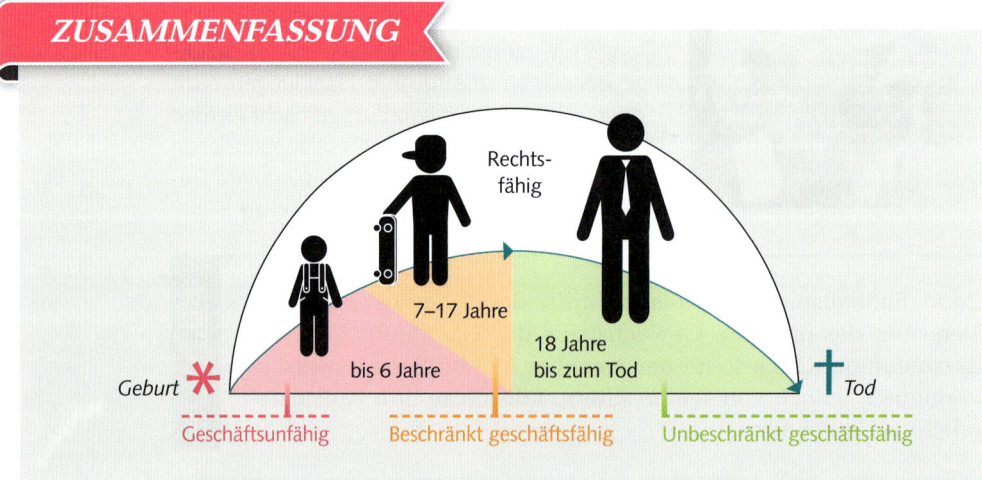

AUFGABEN

1. Erläutern Sie die folgenden Begriffe:
   a. Rechtsfähigkeit   b. Geschäftsfähigkeit   c. Deliktsfähigkeit

2. Beurteilen Sie unter Angabe der passenden Vorschriften, ob ein rechtswirksamer Vertrag zustande gekommen ist.
   a. Herr Huber, dauerhaft geisteskrank, bestellt bei einem Vertreter an der Haustür einen Staubsauger für 600,00 Euro.
   b. Luka (10) kauft sich vom Taschengeld eine Bushido-CD, obwohl die Eltern es ausdrücklich verboten haben.

3. Anne (7) zündelt mit dem Feuerzeug des Vaters, welches er auf dem Wohnzimmertisch vergessen hat. Dabei gerät das Gartenhäuschen des Nachbarn in Brand. Begründen Sie unter Angabe der passenden Vorschriften, wer haftet?

1.3 Rechtsgeschäfte

LERNFELD 3

1.3.1   Rechtsgeschäfte

1.3.1.1   Begriff des Rechtsgeschäfts

Rechtsgeschäfte regeln rechtliche Beziehungen zwischen Personen untereinander oder zwischen Personen und Sachen. Sie entstehen durch Abgabe mindestens einer Willenserklärung, die ein Recht begründen, ändern oder aufheben kann.

Rechtsgeschäft regelt eine Rechtsbeziehung zwischen		durch Abgabe einer Willenserklärung, gerichtet auf		
Personen, z. B. Arbeitsverhältnis	Personen und Sachen, z. B. Eigentum an einem Auto	Rechtsbegründung, z. B. Abschluss eines Kaufvertrags	Rechtsänderung, z. B. Änderung eines Mietvertrags	Rechtsaufhebung, z. B. Kündigung des Arbeitsverhältnisses

1.3.1.2   Die Willenserklärung

Eine Willenserklärung besteht aus einem Willen und einer Erklärung. Rechtsbedeutsam wird ein Wille nur, wenn er auch erklärt wird. Es gibt mehrere Möglichkeiten, seinen Willen bekanntzugeben:

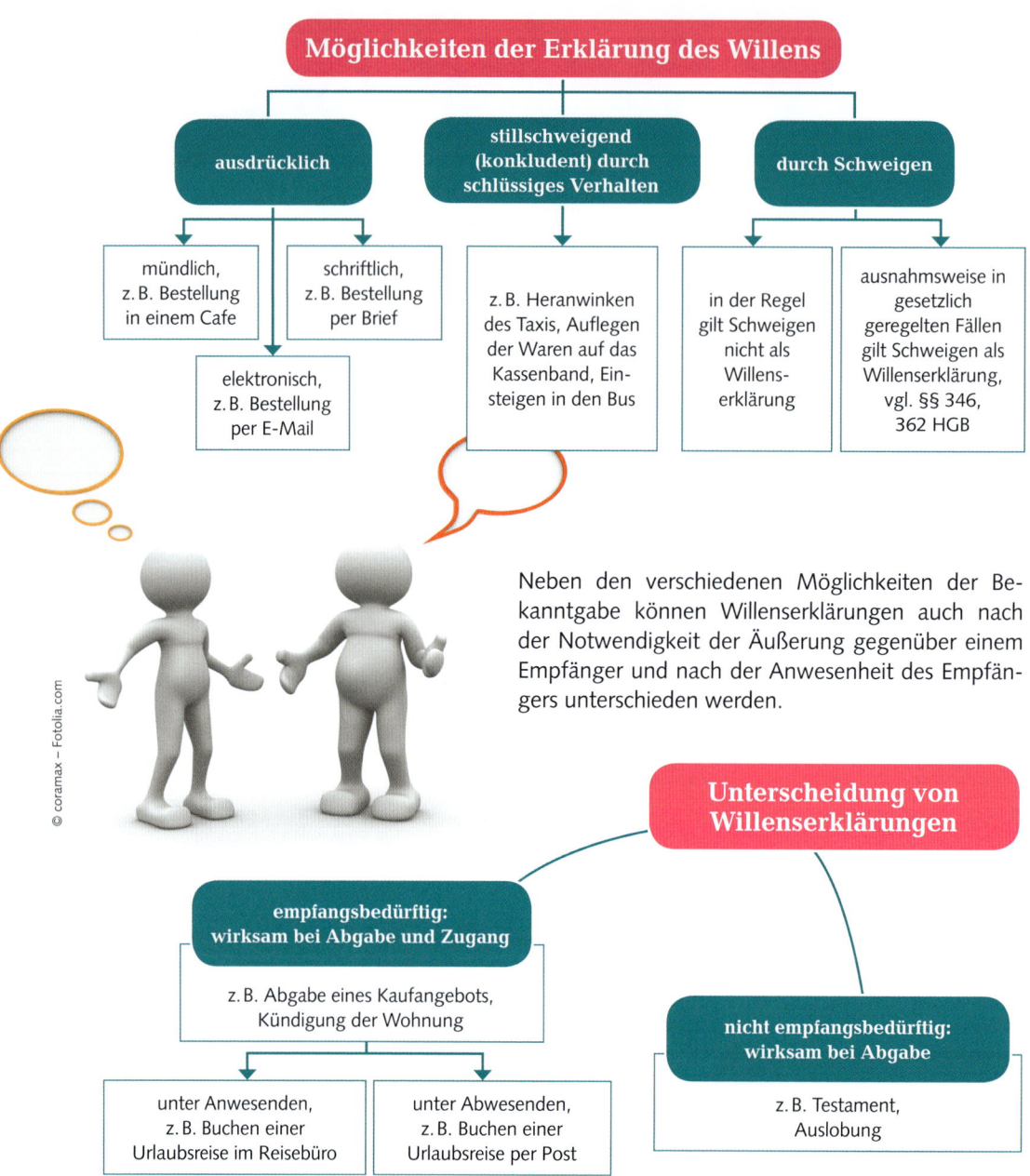

Möglichkeiten der Erklärung des Willens

ausdrücklich

stillschweigend (konkludent) durch schlüssiges Verhalten

durch Schweigen

mündlich, z. B. Bestellung in einem Cafe

schriftlich, z. B. Bestellung per Brief

elektronisch, z. B. Bestellung per E-Mail

z. B. Heranwinken des Taxis, Auflegen der Waren auf das Kassenband, Einsteigen in den Bus

in der Regel gilt Schweigen nicht als Willenserklärung

ausnahmsweise in gesetzlich geregelten Fällen gilt Schweigen als Willenserklärung, vgl. §§ 346, 362 HGB

© coramax – Fotolia.com

Neben den verschiedenen Möglichkeiten der Bekanntgabe können Willenserklärungen auch nach der Notwendigkeit der Äußerung gegenüber einem Empfänger und nach der Anwesenheit des Empfängers unterschieden werden.

Unterscheidung von Willenserklärungen

empfangsbedürftig: wirksam bei Abgabe und Zugang

z. B. Abgabe eines Kaufangebots, Kündigung der Wohnung

nicht empfangsbedürftig: wirksam bei Abgabe

unter Anwesenden, z. B. Buchen einer Urlaubsreise im Reisebüro

unter Abwesenden, z. B. Buchen einer Urlaubsreise per Post

z. B. Testament, Auslobung

Für die Wirksamkeit einer **empfangsbedürftigen Willenserklärung** ist es notwendig, dass diese abgegeben und demjenigen zugegangen ist, für den sie bestimmt ist. **Unter Anwesenden** muss klar ersichtlich sein, dass der Empfänger die Willenserklärung eindeutig verstanden hat. Dies gilt auch für telefonisch und elektronisch erbrachte Willenserklärungen, auch wenn die Parteien sich nicht tatsächlich gegenüberstehen. Für Willenserklärungen **unter Abwesenden** regelt § 130 BGB den Zugang. Danach ist eine Willenserklärung zugegangen, wenn

§ 130 BGB

sie so in den Machtbereich des Empfängers gelangt ist, dass dieser unter normalen Umständen davon Kenntnis nehmen kann. Im Streitfall muss der Erklärende
den Zugang beweisen.

Der Chef schickt seinem Mitarbeiter die Kündigung, weil dieser wiederholt
„blau gemacht hat". Der Mitarbeiter kann den Zugang der Kündigung nicht
verhindern, indem er den Briefkasten nicht leert. Mit dem Einlegen in den Briefkasten ist der Brief so in seinen Machtbereich gelangt, dass er davon Kenntnis
nehmen kann. Die Kündigung ist zugegangen. Behauptet der Mitarbeiter hingegen, in seinem Briefkasten habe sich kein Kündigungsschreiben befunden,
so muss der Chef das Gegenteil beweisen. Aufgrund dieses Problems werden
Kündigungen meist von Boten gegen Empfangsquittung übergeben.

Nicht empfangsbedürftige Willenserklärungen werden mit ihrer Äußerung
wirksam. Da es auf einen Empfänger nicht ankommt, entfällt das Erfordernis
der Anwesenheit.

1.3.1.3 Arten von Rechtsgeschäften

Unterschieden wird zwischen ein- und mehrseitigen Rechtsgeschäften. Bei **einseitigen Rechtsgeschäften** gibt lediglich eine Person eine Willenserklärung ab,
die Rechtswirkungen nach sich zieht. Diese Willenserklärung ist entweder empfangsbedürftig oder nicht empfangsbedürftig. **Mehrseitige Rechtsgeschäfte**
kennzeichnen sich dadurch, dass mindestens zwei Personen Willenserklärungen abgeben, die übereinstimmen müssen. Dabei wird unterschieden zwischen
einseitig und mehrseitig verpflichtenden Rechtsgeschäften. Beim **einseitig verpflichtenden Rechtsgeschäft** wird nur eine der mindestens zwei Personen zu
einer Leistung verpflichtet und die andere Person nimmt die Leistung an. Dies ist
z. B. beim Schenkungsversprechen oder der Bürgschaft der Fall. Beim **mehrseitig
verpflichtenden Rechtsgeschäft** verpflichten sich mindestens zwei Personen zu
einer Leistung. So z. B. beim Kaufvertrag, bei dem sich der Käufer zur Zahlung
und der Verkäufer zur Lieferung verpflichtet.

◀ LF 3 | 1.3.1.2

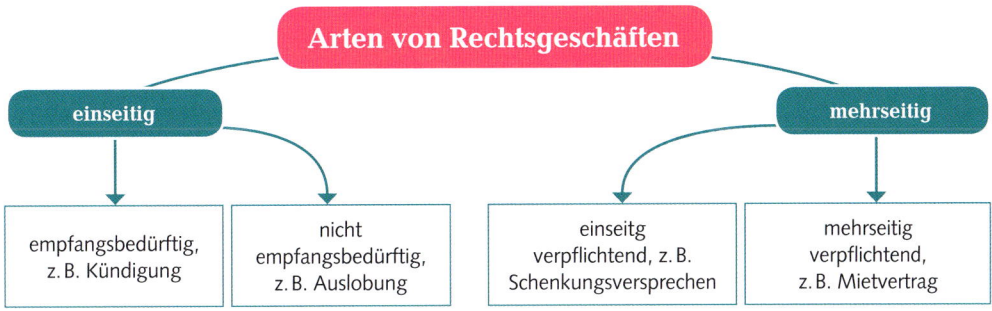

1.3.1.4 Entstehung eines Rechtsgeschäfts

Rechtsgeschäfte bzw. Verträge entstehen durch mindestens zwei völlig übereinstimmende, inhaltlich sich entsprechende Willenserklärungen. Die zeitlich erste Willenserklärung nennt man Antrag oder Angebot und die spätere Annahme, §§ 145, 146 BGB. Die Aktivität kann von beiden Vertragsparteien ausgehen, beim Kaufvertrag also vom Käufer oder vom Verkäufer.

§§ 145, 146 BGB

© Minerva Studio – Fotolia.com

MERKE

Möglichkeiten des Vertragsschlusses

Vertrag = Angebot durch Käufer/Verkäufer + Annahme durch Verkäufer/Käufer

oder

Vertrag = Bestellung durch Käufer + Annahme der Bestellung durch Verkäufer

Sind beide Willenserklärungen inhaltlich deckungsgleich wird ein Vertrag begründet. Bei einem Kaufvertrag bedeutet dies, dass die Parteien sich z. B. über den wesentlichen Vertragsinhalt wie Kaufgegenstand, Menge, Preis, Lieferungsort und -zeit oder die Verpackungskosten einig sein müssen.

	Angebot, § 145 BGB	Annahme, § 130, §§ 145 ff. BGB
Tatbestand	Ein Angebot ist eine bestimmte, empfangsbedürftige Willenserklärung, die dem Empfänger inhaltlich so konkret mitgeteilt wird, dass dieser nur noch zustimmen muss. Die wesentlichen Bestandteile eines Vertrages müssen bestimmbar sein. Bei einem Kaufvertrag bedeutet dies, dass die Parteien sich z. B. über den Kaufgegenstand, die Menge, den Preis, evtl. Preisnachlässe, Lieferungsort und -zeit oder die Verpackungskosten einig sein müssen.	Die Annahme ist die empfangsbedürftige Akzeptanz des Angebots ohne jede Änderung. › In der Regel muss die Annahme dem Empfänger gemäß § 130 BGB zugehen, es sei denn der Antragsteller verzichtet darauf (§ 151 BGB) oder eine Annahme ist nach der Verkehrssitte nicht zu erwarten. › Stimmt der Empfänger dem Antrag nicht zu und äußert Änderungen, so gilt dies als Ablehnung des Angebots und gleichzeitig als neuer Antrag, § 150 BGB.
Wirkung	› Grundsätzlich ist der Antragsteller an sein Angebot gebunden, es sei denn er hat die Gebundenheit ausgeschlossen („Freizeichnungsklausel"), § 145 BGB. Dadurch kann ein Anbieter Lieferschwierigkeiten vermeiden. *Beispiele:* „unverbindliches Angebot", „freibleibend" oder „nur solange der Vorrat reicht".	› Wird die Annahme verspätet erklärt, gilt dies als neuer Antrag, § 150 Abs. 1 BGB. › Wird die Annahme unter Erweiterungen, Einschränkungen oder Änderungen erklärt, gilt dies als Ablehnung verbunden mit einem neuen Antrag, § 150 Abs. 2 BGB.

	Angebot, § 145 BGB	Annahme, § 130, §§ 145 ff. BGB
Wirkung	› Die Bindung an den Antrag erlischt, wenn der Anbieter den Antrag fristgerecht widerruft, § 130 Abs. 1 S. 2 BGB. › Der Antrag erlischt, wenn er abgelehnt oder nicht rechtzeitig angenommen wird, § 146 BGB. Befinden sich die Vertragsparteien in demselben Raum kann ein Antrag nur sofort angenommen werden; Anträge per Brief, Fax oder E-Mail in der dafür üblichen Frist, § 147 BGB. Hat der Antragende eine Frist bestimmt, so ist diese maßgeblich, § 148 BGB.	› Eine per Fax versendete Annahme gilt als übermittelt und zugegangen, wenn der Absender einen Sendebericht mit OK-Vermerk in Verbindung mit einer eidesstattlichen Erklärung erbracht hat. › Schweigen gilt in der Regel als Ablehnung des Antrags. Dies schützt den Verbraucher etwa vor unbestellten Leistungen, vgl. § 241 a BGB. Ausnahmen gelten für das kaufmännische Bestätigungsschreiben und gesetzlich geregelte Fälle wie das Schweigen des Kaufmanns nach § 362 Abs. 1 HGB oder das Schenkungsversprechen nach § 516 Abs. 2 S. 2 BGB.

Nicht als Angebot gelten **bloße Anfragen** nach Beschaffenheit der Ware oder Preis. Auch **sog. Aufforderungen zur Abgabe eines Angebots** („invitatio ad offerendum") stellen kein Angebot dar. Darunter versteht man unverbindliche Anpreisungen an einen unbestimmten Personenkreis.

Sie dienen lediglich der Vorbereitung eines Vertrags, da der Verkäufer noch nicht gebunden sein will, die angepriesene Ware zum ausgewiesenen Preis an jeden zu verkaufen, der die Annahme erklärt.

© Denis Junker – Fotolia.com

BEISPIEL

Zeitungsinserat, Warenkatalog, Versandhandel im Internet, Schaufensterauslage

LERNFELD 3

BEISPIEL

Lea sieht im Schaufenster eines Modegeschäfts einen Pullover für 29,99 Euro. Als sie die Annahme erklärt, verweigert die Verkäuferin den Verkauf mit dem Hinweis darauf, dass ihr ein Fehler unterlaufen sei und der Pullover 129,99 Euro koste. Da die Schaufensterauslage kein Angebot, sondern nur eine Aufforderung zur Abgabe eines Angebots darstellt, ist kein Kaufvertrag zu 29,99 Euro zustande gekommen.

1.3.1.5 Verpflichtungs- und Verfügungsgeschäfte

Eines der wesentlichen Prinzipien des deutschen Zivilrechts ist die Trennung von Verpflichtungs- und Verfügungsgeschäft **(Trennungsprinzip).**

Verpflichtungsgeschäft	Verfügungsgeschäft
Schuldrechtliches Rechtsgeschäft	Sachenrechtliches Rechtsgeschäft
Beispiel: Die Parteien schließen einen Kaufvertrag in dem sie vereinbaren › welcher Gegenstand gekauft wird › wie hoch der Kaufpreis ist	*Beispiel:* Die Parteien des Kaufvertrages müssen nun die ihnen obliegenden Verpflichtungen erfüllen. Der Verkäufer muss dem Käufer das Eigentum an dem vereinbarten Kaufgegenstand übereignen. Der Käufer nimmt die Ware entgegen und bezahlt sie.

In unmittelbarem Zusammenhang damit steht die Unabhängigkeit des Verfügungsgeschäfts von der Wirksamkeit des Verpflichtungsgeschäfts **(Abstraktionsprinzip).**

BEISPIEL

Klaus (8) kauft gegen den Willen der Eltern einen MP3-Player, der ihm vom Verkäufer übergeben wird. Der Kaufvertrag als Verpflichtungsgeschäft ist nach § 107 BGB unwirksam, da die damit eingegangene Zahlungsverpflichtung nicht rechtlich vorteilhaft ist. Die mit der Übergabe verbundene Eigentumsverschaffung an dem MP3-Player ist jedoch wirksam, da damit keine rechtlichen Nachteile verbunden sind. Die Unwirksamkeit des Verpflichtungsgeschäfts hat also keine Auswirkungen auf das Verfügungsgeschäft. Der Verkäufer kann den MP3-Player nur nach den Regeln der ungerechtfertigten Bereicherung herausverlangen, §§ 812 ff. BGB.

1.3.1.6 Vertragsfreiheit

Unter Vertragsfreiheit versteht man die jedem Menschen zustehende Befugnis, seine Lebensverhältnisse unter eigener Verantwortung zu gestalten. Sie ist Ausprägung der im bürgerlichen Recht geltenden **Privatautonomie,** wonach jedermann Verträge schließen und den Vertragspartner, den -inhalt und die -form frei bestimmen kann, sofern sie nicht gegen zwingende Vorschriften des geltenden Rechts, gesetzliche Verbote oder die guten Sitten verstoßen.

Vertragsfreiheit

Abschlussfreiheit	Inhaltsfreiheit	Formfreiheit
Freie Entscheidung, ob und mit wem man einen Vertrag schließen möchte.	Freie Entscheidung, welchen Inhalt der Vertrag haben soll, z. B. Vertragsdauer, Vergütung oder Zahlweise. Es können auch völlig neue vom Gesetz nicht vorgesehene Vertragstypen entstehen (Typenfreiheit).	Freie Entscheidung in welcher Form der Vertrag abgeschlossen werden soll, z. B. mündlich, schriftlich oder notariell.

Einschränkungen

Kontrahierungszwang	Verbraucherschutzrechte	Formvorschriften
Die Pflicht, mit einem Interessenten einen Vertrag abzuschließen, wird auch Abschlusszwang genannt. Wird der Vertragsschluss dennoch verweigert, kann sich eine Schadensersatzpflicht ergeben, § 826 BGB. *Beispiele:* Öffentliche Verkehrsmittel, Postbeförderung, Stromversorgung	Vor allem Verbraucherschutzgesetze schränken die Inhaltsfreiheit ein. *Beispiele:* Verbraucherkreditrecht, AGB-Recht, Fernabsatzrecht Die im Schuldrecht vorherrschende Typenfreiheit gilt im Sachenrecht nicht (Typenzwang). Hier sind sämtliche Rechtsformen abschließend festgelegt. *Beispiele:* Eigentum, Besitz	Für manche Vertragsarten sieht das Gesetz spezielle Formvorschriften vor. Werden diese nicht eingehalten, so ist der Vertrag nichtig, § 125 BGB. *Beispiele:* notarieller Ehevertrag, schriftliche Bürgschaftserklärung

> LF 3
> 1.3.2 ▶

Schließlich umfasst die Vertragsfreiheit auch die **Aufhebungsfreiheit,** wonach man sich von geschlossenen Verträgen auch wieder lösen kann. Sie wird durch Vertragstypen eingeschränkt, bei denen eine Seite geschützt werden soll. Dies ist etwa im Mietrecht der Fall, wo einem Mieter nicht grundlos gekündigt werden darf.

1.3.1.7 Allgemeine Geschäftsbedingungen (AGB)

Aus Vereinfachungs- und Kostengründen vereinheitlichen Verkäufer vor allem bei Massengeschäften die Vertragsinhalte indem sie Allgemeine Geschäftsbedingungen (AGB) aufstellen. Dies ist für den Verkäufer zudem vorteilhaft, da er bestimmte Risiken und die Haftung eingrenzen kann, um günstigere Preise anzubieten. Nachteilig ist hingegen, dass sie die Vertragsfreiheit einschränken. Zu-

© JENS – Fotolia.com

dem besteht die Gefahr, dass die Interessen des Verkäufers vorrangig berücksichtigt und die Pflichten und Risiken auf den anderen Vertragspartner abgewälzt werden. Um die dadurch entstehende wirtschaftliche Ungleichheit zwischen den Vertragsparteien auszugleichen und ein ausreichendes Maß an Gerechtigkeit sicherzustellen, hält das BGB in §§ 305 bis 310 besondere Bestimmungen für die Gestaltung rechtsgeschäftlicher Schuldverhältnisse durch AGB vor.

§§ 305 – 310 BGB

Nach § 305 BGB sind Allgemeine Geschäftsbedingungen...

> alle für eine Vielzahl von Verträgen (mindestens drei) vorformulierte Vertragsbedingungen (für mehrfache Verwendung fixiert), die eine Vertragspartei (Verwender) der anderen Vertragspartei bei Abschluss des Vertrages stellt.

LERNFELD 3

> Dabei ist es gleichgültig, ob die Bestimmungen einen äußerlich gesonderten Bestandteil des Vertrags (umgangssprachlich „Kleingedrucktes" genannt) bilden oder in die Vertragsurkunde selbst aufgenommen werden.

Teilnahmebedingungen bei Gewinnspielen, AGB der Sparkassen, im Einzelhandel oder der Autowaschanlage

> Ebenso ist für die Qualifizierung als Allgemeine Geschäftsbedingungen ohne Bedeutung, „in welcher Schriftart sie verfasst sind und welche Form der Vertrag hat" (§ 305 Abs. 1 BGB)

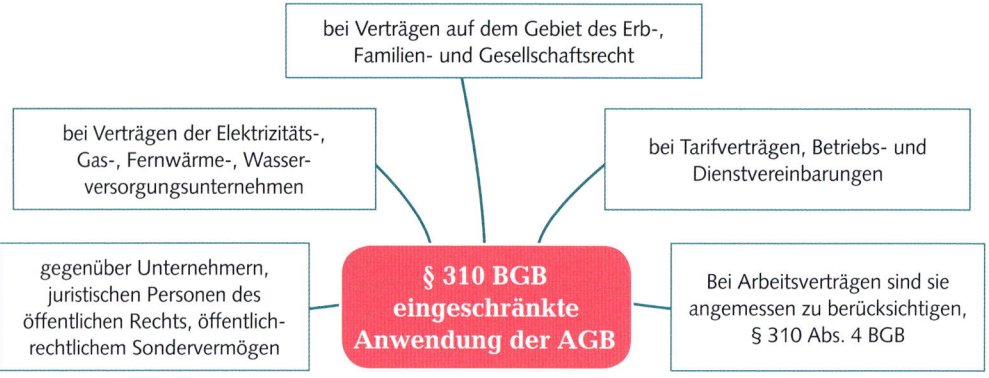

bei Verträgen auf dem Gebiet des Erb-, Familien- und Gesellschaftsrecht

bei Verträgen der Elektrizitäts-, Gas-, Fernwärme-, Wasserversorgungsunternehmen

bei Tarifverträgen, Betriebs- und Dienstvereinbarungen

gegenüber Unternehmern, juristischen Personen des öffentlichen Rechts, öffentlich-rechtlichem Sondervermögen

§ 310 BGB eingeschränkte Anwendung der AGB

Bei Arbeitsverträgen sind sie angemessen zu berücksichtigen, § 310 Abs. 4 BGB

Gemäß § 305 Abs. 2 BGB werden AGB nur **Bestandteil eines Vertrags,** wenn

> bei oder vor Vertragsschluss ausdrücklich auf die AGB hingewiesen wurde, etwa durch einen deutlich sichtbaren und lesbaren Aushang,
> die Möglichkeit der Kenntnisnahme zumutbar war,
> die andere Partei den AGB zugestimmt hat,
> keine Ausnahmen nach § 305 a BGB vereinbart worden sind,
> keine Individualvereinbarungen getroffen wurden, § 305 b BGB.
> keine überraschende Klauseln enthalten sind, § 305 c BGB.

Inhaltlich können in AGB etwa Regelungen über Lieferungs- und Zahlungsbedingungen, Gewährleistungsansprüche, Rücktrittsmöglichkeiten, Erfüllungsort oder Gerichtsstand festgeschrieben werden. Die einzelnen Klauseln müssen jedoch der in den §§ 307 bis 309 geregelten Inhaltskontrolle standhalten.

Nach § 306 BGB ist bei Verstoß gegen ein Klauselverbot die entsprechende Klausel nichtig. Der übrige Vertrag bleibt jedoch weiterhin wirksam und die nichtige Klausel wird durch gesetzliche Vorschriften ersetzt. Stellt der Vertrag trotz der Änderung eine unzumutbare Härte dar, ist er gemäß der Härteklausel nach § 306 Abs. 3 BGB ausnahmsweise insgesamt nichtig.

AGB-Inhaltskontrolle nach §§ 307 bis 309 BGB (in richtiger Prüfungsreihenfolge)

§ 309 BGB, Klauselverbote ohne Wertungsmöglichkeiten

Klauseln, die von gesetzlichen Vorschriften abweichen, bei Verträgen mit Nichtunternehmern sind unwirksam z. B.:

> Preiserhöhungen innerhalb von vier Monaten nach Vertragsschluss
> Ausschluss oder Verweigerung des Leistungsverweigerungsrechts nach § 320 BGB und des Zurückbehaltungsrechts
> Pauschalierung von Schadensersatzansprüchen durch den Verwender, wenn die Pauschale den zu erwartenden Preis übersteigt.
> Verwender vereinbart in genannten Situationen Vertragsstrafe
> Verkürzung der Verjährung
> Wechsel der Vertragspartner
> Haftungsausschluss bei grob fahrlässigem Verschulden des Verwenders
> Ausschluss der Gewährleistungsansprüche

§ 308 BGB, Klauselverbote mit Wertungsmöglichkeiten

Klauseln mit Wertungsmöglichkeiten enthalten stets einen unbestimmten Rechtsbegriff (z. B. „unangemessen", „zumutbar"), dessen Inhalt durch Auslegung im konkreten Einzelfall zu ermitteln ist. Unwirksam sind danach z. B.:

a. unangemessen lange und nicht hinreichend bestimmte Annahme- und Leistungspflichten
b. unangemessene oder nicht hinreichend bestimmte Nachfristen
c. Rücktrittsvorbehalt ohne sachlich gerechtfertigten Grund
d. Änderungsvorbehalt des Verwenders
e. fingierte Erklärungen des Verwenders

§ 307 BGB, Generalklausel

Wenn keines der Klauselverbote vorliegt, ist die Generalklausel des § 307 BGB zu überprüfen. Danach sind Bestimmungen unwirksam, wenn sie

> gegen Gebote von Treu und Glauben verstoßen
> wesentlich von den gesetzlichen Bestimmungen abweichen
> wesentliche Vertragsrechte und -pflichten einschränken

LERNFELD 3

BEISPIEL

Am 3. Juni bestellt Herr Dresen bei der Bikes & More GmbH ein Mountainbike für 800,00 Euro. Im Kaufvertrag wird als Liefertermin Mitte September vereinbart. Zwar ist das Mountainbike am 15. September fertig zur Auslieferung, jedoch verweist die Bikes & More GmbH auf eine zwischenzeitliche Preiserhöhung durch den Fahrradzulieferer. Mit Bezug auf die entsprechende AGB-Klausel verlangt sie nun 1.000,00 Euro. Diese Klausel ist nach § 309 Nr. 1 BGB unwirksam, da der Verkäufer Preiserhöhungen für Waren, die innerhalb von vier Monaten geliefert werden sollen, nicht an Kunden weitergeben darf. Nach § 306 Abs. 1 BGB ist diese Klausel nichtig und der übrige Vertrag bleibt bestehen. Herr Dresen muss also nur 800,00 Euro zahlen.

1.3.1.8 Erlöschen von Schuldverhältnissen

Ein Schuldverhältnis erlischt zum einen, wenn das Leistungsinteresse des Gläubigers befriedigt wird. Dies geschieht in der Regel durch Erfüllung nach § 362 BGB. Andere Möglichkeiten sind Hinterlegung (§ 372 BGB), Aufrechnung (§ 387 BGB) oder Erlass (§ 397 BGB). Andererseits kann ein Schuldverhältnis erlöschen, ohne dass das Leistungsinteresse des Gläubigers befriedigt wird, etwa durch Zeitablauf (§ 163 BGB), Verwirkung oder Aufhebung des Vertrags. Darüber hinaus kann ein Schuldverhältnis auch durch Rücktritt oder Kündigung beendet werden.

Erlöschen von Schuldverhältnissen durch

Erfüllung, § 362 BGB

Erfüllung ist die Tilgung der Schuld an den Gläubiger durch Bewirken der Leistung. Voraussetzung ist, dass der richtige Schuldner die richtige Leistung zur rechten Zeit am rechten Ort leistet.

Annahme an Erfüllung statt, § 364 Abs. 1 BGB

Die Vertragsparteien vereinbaren, dass der Schuldner zur Beendigung des Schuldverhältnisses auch eine andere als die geschuldete Leistung erbringen kann. Die Forderung des Gläubigers erlischt mit Annahme der Leistung.
Beispiel: Herr Müller akzeptiert statt der geschuldeten 200,00 Euro auch das neue Fahrrad des Schuldners.

Leistung erfüllungshalber, § 364 Abs. 2 BGB

Die Vertragsparteien vereinbaren, dass der Schuldner zur Beendigung des Schuldverhältnisses auch eine andere als die geschuldete Leistung erbringen kann. Die Forderung des Gläubigers erlischt erst, wenn dieser sich aus der Leistung befriedigt hat.
Beispiel: Herr Müller akzeptiert statt der geschuldeten 200,00 Euro einen Wechsel des Schuldners.

Hinterlegung, § 372 BGB

Der Schuldner kann sich durch die Hinterlegung bestimmter Sachen beim Amtsgericht des Erfüllungsortes von der Leistungspflicht befreien. Hinterlegungsfähig sind Geld, Wertpapiere, Urkunden und sonstige Kostbarkeiten. Dies ist jedoch nur in bestimmten Fällen möglich, wenn der Gläubiger im Annahmeverzug ist oder wenn der Schuldner schuldlos über die Person des Gläubigers im Ungewissen ist.

Aufrechnung, § 387 BGB

Aufrechnung ist die Tilgung zweier sich gegenüberstehender gleichartiger fälliger Forderungen durch Verrechnung.
Beispiel: Frau Sommer schuldet ihrem Vermieter Herrn Winter eine rückständige Mietzahlung in Höhe von 750,00 Euro. Herr Winter schuldet ihr noch 300,00 Euro für zu viel gezahlte Nebenkosten. Nach der möglichen Aufrechnung schuldet Frau Sommer nur noch 400,00 Euro.

Erlass, § 397 BGB

Der Erlass ist ein formfreier Vertrag, durch den der Gläubiger auf die Forderung gegenüber dem Schuldner verzichtet.

Anfechtung, §§ 142, 143 BGB

Wird ein Vertrag wirksam angefochten, so wird er von Anfang an unwirksam (ex tunc).

◀ LF 3 | 1.3.3

Rücktritt, § 346 ff. BGB

Ein Vertrag kann durch Rücktritt, also durch Erklärung gegenüber einer anderen Partei rückgängig gemacht werden. Voraussetzung ist jedoch, dass ein Rücktrittsrecht besteht und dass die Rückgewähr der Leistung möglich ist. Dies ist nur in Ausnahmefällen möglich, denn grundsätzlich sind Verträge wie vereinbart zu erfüllen ("pacta sunt servanda"). Das Schuldverhältnis wird im Erklärungszeitpunkt (ex nunc) in ein Rückgewährschuldverhältnis umgewandelt.

Kündigung

Die Kündigung ist eine einseitig empfangsbedürftige Willenserklärung mit dem Ziel, ein bestehendes Vertragsverhältnis zu beenden. Kündigungsvorschriften finden sich im BGB etwa beim Miet- oder Dienstvertrag.

1.3.1.9 Zusammenfassung und Aufgaben

ZUSAMMENFASSUNG

Möglichkeiten des Vertragsabschlusses

LERNFELD 3

Angebot + Annahme	Willenserklärung 1 + Willenserklärung 2
Der Verkäufer macht ein Angebot und der Käufer nimmt das Angebot an.	Der Käufer bestellt und der Verkäufer nimmt die Bestellung an.
Beispiel: Der Gebrauchtwagenhändler Rudi Rasant bietet Herrn Meier einen Ford Focus für 7.800,00 Euro an. Herr Meier nimmt das Angebot an.	*Beispiel:* Auf eine Zeitungsannonce bestellt Herr Schmitz eine Kaltschaummatratze beim Bettengeschäft Traumland. Das Geschäft nimmt die Bestellung an.

Kein Antrag liegt vor bei …

… einer bloßen Aufforderung zur Abgabe eines Angebots (invitatio ad offerendum)	… einer bloßen Anfrage	… einem unverbindlichen Angebot (Angebot mit Freizeichnungsklausel)
Beispiele: Zeitungsannonce, Versandhandel im Internet, Schaufensterauslage oder Werbeprospekt	*Beispiele:* Frage nach Preis, Warenbeschaffenheit, Lieferzeit oder Garantie	*Beispiele:* „freibleibend" oder „Angebot gültig solange der Vorrat reicht"

Bindung an den Antrag

Unter Anwesenden ist die Annahme nur sofort möglich, § 147 Abs. 1 S. 1 BGB.	Unter Abwesenden ist die Annahme in der üblicherweise zu erwartenden Zeit möglich, § 147 Abs. 2 BGB.	Hat der Verkäufer eine Annahmefrist gesetzt, ist die Annahme nur innerhalb dieser möglich, § 148 BGB.

AUFGABEN

1. Entscheiden Sie in den folgenden Fällen, welche Merkmale auf die jeweiligen Willenserklärungen zutreffen.

	ausdrücklich	schlüssig	schweigend	einseitig	mehrseitig	empfangs-bedürftig	nicht empfangs-bedürftig	einseitig verpflichtend	mehrseitig verpflichtend
Frau Wiese nimmt sich am Kiosk wortlos eine Zeitung und legt 1,50 Euro auf den Tresen.									
Herr Wyrich möchte sein Arbeitsverhältnis beenden und schreibt die Kündigung.									
Birgit steht am Straßenrand und hebt die rechte Hand, um ein Taxi herbeizuwinken. Sie steigt ein und sagt: „Zum HBF bitte."									
Oma Klein schreibt ihr Testament.									

2. Überprüfen Sie, ob in den folgenden Fällen ein Kaufvertrag zustande gekommen ist und begründen Sie unter Angabe der passenden Vorschriften.

a. Die Firma Skate & Fun GmbH verschickt um an Neukunden zu gelangen 50 Skateboards zum Sonderpreis von 50,00 Euro. Davon werden 45 zurückgeschickt, ein Skateboard wird bezahlt und die restlichen Adressaten schweigen.

b. Die Firma Skate & Fun GmbH unterbreitet ihrem langjährigen Kunden „Sport Hildebrandt e.K." ein übliches Angebot über 20 Snakeboards der Marke Bonfire zum Preis von je 99,00 Euro, Lieferung innerhalb von zwei Wochen. Die „Sport Hildebrandt e.K." antwortet nicht.

3. Beurteilen Sie die folgenden Fallkonstellationen unter Angabe der passenden Vorschriften.

a. Frau Kleinert bestellt am 2. April beim Online-Versandhandel Modeherz eine Winterjacke. Modeherz bestätigt die Bestellung per E-Mail noch am selben Tag. Am 6. April erhält Frau Kleinert die Postlieferung mit der Winterjacke. Auf dem beiliegenden Lieferschein befindet sich erstmals der Hinweis auf die AGB des Versandhandels. Sind sie Bestandteil des Kaufvertrages?

b. Erst nach Abschluss des Kaufvertrages (Einbeziehung der AGB vorausgesetzt) bemerkt Frau Kleinert in den AGB von Modeherz die Klausel, dass mit dem Kauf einer Jacke ein dreijähriger Textilpflegevertrag verbunden ist. Muss Frau Kleinert diesen Textilpflegevertrag erfüllen?

c. In den AGB von Modeherz befindet sich die Klausel „Änderungen in der Farbauswahl der Jacken bleiben uns vorbehalten". Ist diese Klausel gültig?

- -

1.3.2 Formvorschriften

Das Gesetz geht grundsätzlich von der Formfreiheit aus. Die Parteien können also selbst entscheiden, ob sie einen Vertrag mündlich, schriftlich oder in sonstiger Form abschließen. Diese Regel gilt jedoch nicht uneingeschränkt, denn in einigen gesetzlich geregelten Ausnahmefällen darf ein Vertrag nur in einer bestimmten Form abgeschlossen werden.

© Pictures4you – Fotolia.com

BEISPIEL

Frau Brüse kauft im Elektrofachmarkt Mars eine Waschmaschine auf Raten. Dieser Verbraucherdarlehensvertrag bedarf nach § 492 BGB der schriftlichen Form.

Schreibt das Gesetz eine bestimmte Form vor, so gilt Formzwang. Dies bedeutet, dass die Parteien eines Rechtsgeschäfts nicht davon abweichen dürfen, auch wenn sie sich beispielsweise darüber einig sind, auf die Form zu verzichten. Halten die Parteien die Formvorschrift nicht ein, so ist das Rechtsgeschäft nach § 125 BGB nichtig.

§ 125 BGB

Der Gesetzgeber verfolgt mit dem Formzwang im Wesentlichen folgende **Zwecke:**

Zweck von Formvorschriften

Abschlussfunktion

Die eigenhändige Unterschrift ist der räumliche Abschluss eines Textes und grenzt das Stadium des bloßen Entwurfs von der rechtsbindenden Fassung ab.

Beweisfunktion

Die eigenhändige Unterschrift erleichtert die Beweisführung hinsichtlich ihrer Echtheit. Sie identifiziert den Aussteller der Urkunde (Identifikationsfunktion) und ermöglicht dem Empfänger die Echtheit der Unterschrift zu überprüfen (Verifikationsfunktion).

Warnfunktion

Der Erklärende soll vor den Risiken des Rechtsgeschäfts gewarnt und vor übereilten Entschlüssen geschützt werden.

Das Gesetz enthält folgende Ausnahmen der Formfreiheit, für die eine gesetzlich bestimmte Form vorgeschrieben ist:

© B. Wylezich – Fotolia.com

Formvorschriften

Textform, § 126 b BGB

Die Willenserklärung muss in einer Urkunde oder auf einem anderen dauerhaften Datenträger, der die Schriftzeichen wiedergibt (CD, DVD, Diskette, E-Mail), abgegeben werden. Die Voraussetzungen sind, dass die Person des Erklärenden genannt wird und die Namensunterschrift erkennbar sein muss. Der Zugang einer elektronisch versandten Willenserklärung setzt voraus, dass der Empfänger eine entsprechende Empfangsvorrichtung haben muss. Elektronisch versandte Willenserklärungen können nicht widerrufen werden, § 130 Abs. 1 S. 2 BGB. (ACHTUNG: Widerruf gem. §§ 312 g, 355 BGB möglich!)

Beispiele: Mitteilung einer Mieterhöhung, § 558 a BGB, Anzeige der Abtretung nach § 410 BGB

Elektronische Form, § 126 a BGB

Der Erklärende erstellt ein elektronisches Dokument nach dem Signaturgesetz (SigG). Für die elektronische Form der persönlichen Unterschrift werden bestimmte Soft- und Hardwarekomponenten wie eine Chipkarte, ein Kartenlesegerät, ein Signaturschlüssel sowie ein PC mit Signaturfunktion benötigt. Die elektronische Willenserklärung wird schließlich per E-Mail an den Empfänger gesandt. Die elektronische Form darf nicht gewählt werden, wenn der Empfänger ausdrücklich darauf hinweist, dass er keine Willenserklärungen in elektronischer Form annehmen wird. Sie ist zudem nicht zugelassen bei der Befristung und Beendigung von Arbeitsverhältnissen nach § 623 BGB, bei der Erteilung von Arbeitszeugnissen nach § 630 BGB, bei Kreditverträgen nach § 488 ff. BGB oder bei Verbraucherdarlehensverträgen nach § 492 Abs. 1 S. 2 BGB.

Beispiele: Kaufvertrag im Internet, Überweisung bei einem Kreditinstitut, Anmeldung einer GmbH zum Handelsregister

Schriftform, § 126 BGB

Für die **einfache Schriftform** reicht es aus, dass nur die Unterschrift eigenhändig erbracht wurde. Der Text kann von einer dritten Person stammen.

Beispiel: Mietverträge mit einer Dauer von mehr als einem Jahr nach § 550 BGB

Bei der **qualifizierten Schriftform** müssen sowohl die schriftliche Willenserklärung als auch die Unterschriften der Vertragsparteien eigenhändig erbracht werden.

Beispiel: eigenhändiges Testament, § 2247 I BGB

Öffentliche Beglaubigung, § 129 BGB

Die öffentliche Beglaubigung erfolgt nach den Vorschriften der §§ 39, 40 BeurkG. Der Notar, ein Gericht oder die im Landesrecht festgestellten Stellen bestätigen dabei die Echtheit der Unterschrift der anwesenden Personen, nicht jedoch die Echtheit des Inhalts der vorgelegten Urkunde.

Beispiele: Anmeldung zum Vereinsregister nach § 77 BGB, Anmeldung zum Handelsregister nach § 312 HGB, Erklärungen gegenüber dem Grundbuchamt nach § 29 Abs. 1 GBO

Beachte: Davon abzugrenzen ist die **amtliche Beglaubigung,** bei der die Übereinstimmung einer Kopie mit dem Original bestätigt wird. Sie erfolgt durch die Gemeindeverwaltungen.

notarielle Beurkundung, § 128 BGB

Die notarielle Beurkundung richtet sich nach §§ 8 ff. BeurkG. Die Willenserklärung wird von den Vertragsparteien i.d.R. bei gleichzeitiger Anwesenheit zur Niederschrift vor dem Notar abgegeben, der sodann die Vertragsurkunde verliest und rechtliche Zusammenhänge erläutert. Danach unterschreiben die Vertragsparteien eigenhändig, worauf die Unterschrift und das Prägesiegel durch den Notar erfolgen. Der Notar bestätigt dadurch die rechtliche Richtigkeit des Inhalts und der Unterschriften.

Beispiele: Kaufvertrag über ein Grundstück nach § 311 b BGB, Ehevertrag nach § 1410 BGB, Schenkungsversprechen nach § 518 BGB

Spezielle Regeln gelten für den gerichtlichen Vergleich nach § 127 a BGB. Er hat die Wirkung einer notariellen Beurkundung, muss jedoch nicht vom Notar beurkundet werden. Vielmehr reicht es aus, dass die Erklärungen der Prozessparteien aufgenommen und in einem Protokoll nach den Regeln der ZPO festgehalten werden. Der gerichtliche Vergleich ersetzt somit die notarielle Beurkundung.

Zusammenfassung und Aufgaben

ZUSAMMENFASSUNG

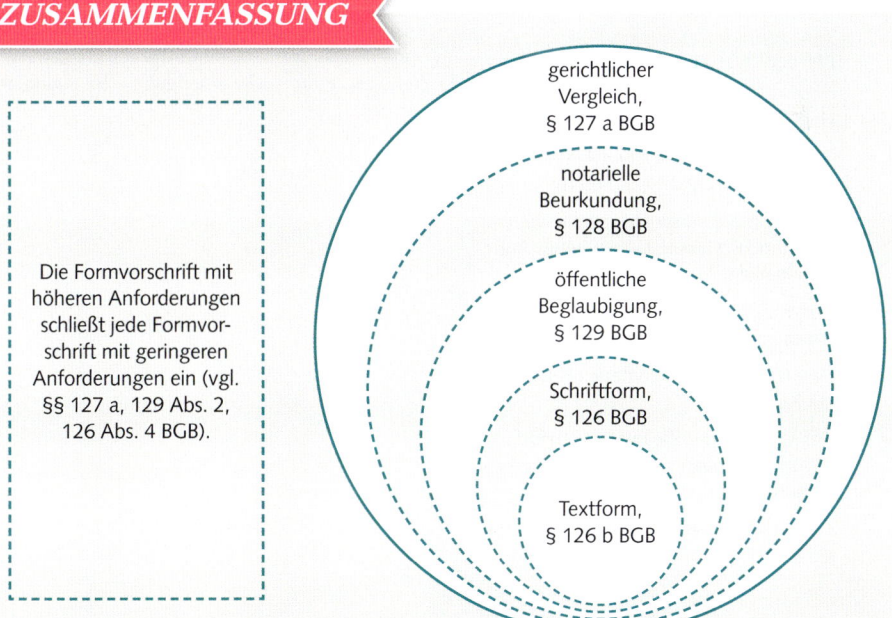

Die Formvorschrift mit höheren Anforderungen schließt jede Formvorschrift mit geringeren Anforderungen ein (vgl. §§ 127 a, 129 Abs. 2, 126 Abs. 4 BGB).

gerichtlicher Vergleich, § 127 a BGB

notarielle Beurkundung, § 128 BGB

öffentliche Beglaubigung, § 129 BGB

Schriftform, § 126 BGB

Textform, § 126 b BGB

AUFGABEN

1. Welche der folgenden Aussagen über Rechtsgeschäfte ist/sind richtig?

a. Rechtsgeschäfte können niemals durch Zeichen wie Handheben oder Kopfnicken entstehen.

b. Rechtsgeschäfte können niemals durch bloße Wegnahme einer zum Verkauf stehenden Ware entstehen.

c. Rechtsgeschäfte sind immer formfrei.

d. Rechtsgeschäfte können mündlich abgeschlossen werden, soweit das Gesetz nichts anderes regelt.

e. Rechtsgeschäfte können schriftlich abgeschlossen werden, soweit das Gesetz nichts anderes regelt.

2. Welche der folgenden Aussagen zur gerichtlichen bzw. notariellen Beurkundung ist/ sind richtig?

a. Die Richtigkeit des Rechtsgeschäfts muss von einem Zeugen bestätigt werden.

b. Der Inhalt einer Urkunde, inklusive der Echtheit der Unterschriften, wird bestätigt.

c. Der gerichtliche Vergleich ersetzt die notarielle Beurkundung.

d. Es wird nur die Echtheit der Unterschriften bestätigt.

e. Der Inhalt einer Urkunde wird in ein besonderes Register eingetragen.

3. Kreuzen Sie folgerichtig an.

Rechtsgeschäft	Form-frei	Schrift-form	Öffentliche Beglaubigung	Notarielle Beurkundung
Herr Geiss zahlt seinen neuen Ferrari bar.				
Ricarda Jung schließt einen Ausbildungs-vertrag mit Rechtsanwalt Petersen.				
Onkel Richard verspricht seinem Neffen, ihm zum 18. Geburtstag ein neues Auto zu schenken.				
Herr Krause übernimmt für den Kredit seines Sohnes eine Bürgschaft				
Herr Meier kauft einen neuen Fernseher auf Raten.				
Der Vorstand des Kleingartenvereins „Glück auf" beantragt die Eintragung ins Vereinsregister.				
Bauer Hansen verkauft ein Grundstück an die Stadt.				

1.3.3 Mängel von Rechtsgeschäften

Die Abgabe einer Willenserklärung führt nur bei ihrer Wirksamkeit dazu, dass ein wirksames Rechtsgeschäft entsteht. Enthält das Rechtsgeschäft einen Mangel kann dies folgende Rechtsfolgen haben:

Rechtsfolgen eines Mangels im Rechtsgeschäft

| Anfechtbarkeit | Nichtigkeit | schwebende Unwirksamkeit |

1.3.3.1 Nichtigkeit eines Rechtsgeschäfts

Nichtige Rechtsgeschäfte werden direkt per Gesetz für von Anfang an als unwirksam erklärt. Dies bedeutet, dass keine Rechtsfolgen oder Rechtswirkungen eintreten. Wurde aufgrund eines nichtigen Rechtsgeschäfts eine Leistung vorgenommen, so ist diese nach den Vorschriften der ungerechtfertigten Bereicherung (§§ 812 ff.

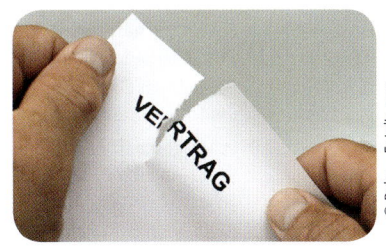

© Rebe – Fotolia.com

BGB) zurückzugeben. Auch Schadensersatzansprüche (z.B. nach § 122 BGB) sind denkbar. Im Prozess ist die Nichtigkeit von Amts wegen zu berücksichtigen.

Der zur Nichtigkeit führende Mangel kann verschiedene Bereiche des Rechtsgeschäfts betreffen:

Nichtigkeit als Folge von Mängeln im Rechtsgeschäft

Mängel in der Person

Rechtsgeschäfte können nur Personen schließen, die fähig sind, die sich aus einem Sachverhalt ergebenden Rechte und Pflichten richtig einzuschätzen. Sie müssen also geschäftsfähig sein. Demnach liegt ein Mangel in der Person vor bei:

LF 3
◀ 1.2.3

> **Geschäftsunfähigkeit aufgrund des Alters** (unter sieben Jahre), §§ 104 Nr. 1, 105 Abs. 1 BGB.
> **Geschäftsunfähigkeit aufgrund des Geisteszustandes,** §§ 104 Nr. 2, 105 Abs. 1 BGB
> **Bewusstlosigkeit** oder vorübergehender Störung der Geistestätigkeit, § 105 Abs. 2 BGB

Beispiel: Der Staubsaugervertreter Klaus Bremer nutzt die Trunkenheit seines Kunden Bernd Reisewitz aus, um mit ihm einen Kaufvertrag über sein teuerstes Staubsaugermodell abzuschließen. Als Herr Reisewitz wieder nüchtern ist, ist er geschockt und fragt sich, ob und wenn ja was er tun kann, um „aus dem Vertrag zu kommen". Herr Reisewitz muss nichts unternehmen, denn seine Willenserklärung ist nach § 105 Abs. 2 BGB wegen vorübergehender Störung der Geistestätigkeit nichtig. Ein Vertrag ist nicht zustande gekommen.

Mängel in der Form

Ein Rechtsgeschäft, das gegen eine gesetzlich vorgeschriebene Form verstößt, ist nichtig, § 125 BGB. Ist ein Teil des Rechtsgeschäfts nichtig, so führt dies gemäß § 139 BGB zur Gesamtnichtigkeit des Rechtsgeschäfts. Eine Ausnahme besteht allerdings bei einheitlichen Rechtsgeschäften, die aus mehreren selbstständigen Rechtsgeschäften bestehen. Ist einer dieser selbstständigen Teilbereiche nichtig, so bleiben die übrigen Rechtsgeschäfte wirksam.

LF 3
◀ 1.3.2

Mängel in der Form

Beispiel: Die Eheleute Behrend schließen auf dem Sofa einen schriftlichen Ehevertrag. Auf derselben Vertragsurkunde vereinbaren sie den schon lange geplanten Verkauf eines Autos von dem einen an den anderen Ehepartner. Der Ehevertrag ist gemäß § 125 BGB nichtig, da er gemäß § 1410 BGB notariell beurkundet werden muss. Die Nichtigkeit erstreckt sich jedoch gemäß § 139 BGB nicht auf den Kaufvertrag, da ein Kaufvertrag formfrei abgeschlossen werden kann und vom Ehevertrag losgelöst abgeschlossen werden sollte.

Mängel in der Willenserklärung

Zur Nichtigkeit eines Verpflichtungsgeschäfts führt auch ein Mangel in der Willenserklärung.

› **Scheingeschäft nach § 117 BGB**
Der Erklärende gibt im Einvernehmen mit dem Empfänger eine Willenserklärung nur zum Schein ab.
Beispiel: Im Grundstückskaufvertrag geben Verkäufer und Käufer einen geringeren Kaufpreis an, um Notarkosten zu sparen.

› **Scherzgeschäft nach § 118 BGB**
In der Annahme, dass der Empfänger es auch so versteht, gibt der Erklärende eine Erklärung im Scherz ab.
Beispiel: In der Kneipe verkündet Herr Braun seinem Freund: „Meinen Porsche verkaufe ich dir für einen Appel und Ei."

› Der **geheime Vorbehalt nach § 116 BGB** führt jedoch **nicht** zur Nichtigkeit der Willenserklärung. Grundsätzlich muss der Erklärende die Willenserklärung gegen sich gelten lassen, es sei denn der Empfänger hatte Kenntnis von dem geheimen Vorbehalt.
Beispiel: Herr Krüger bietet bei einer Auktion auf einen antiken Schrank. Er möchte den Schrank jedoch nicht kaufen, sondern nur den Preis in die Höhe treiben. Ist er Höchstbietender muss er den Schrank also bezahlen.

Mängel in der rechtlichen Zulässigkeit

Manche Rechtsgeschäfte sind unabhängig von den handelnden Personen per Gesetz nichtig:

› **Verstoß gegen ein gesetzliches Verbot, § 134 BGB**
Beispiele: Kauf von illegalen Waffen oder Drogen, Vereinbarung von Zinseszinsen nach § 248 Abs. 1 BGB, Verpflichtung zur Schwarzarbeit nach dem SchwarzArbG

› **Verstoß gegen die guten Sitten, § 138 BGB**
Beispiel: Wucher nach § 138 Abs. 2 BGB durch sog. Kredithaie, Ausnutzung einer überhöhten Machtstellung, Ausnutzen einer Not- oder Zwangslage oder der Unerfahrenheit des Vertragspartners zum Abschluss eines Rechtsgeschäfts.

Eine **Heilung** nichtiger Rechtsgeschäfte kommt in zwei Fällen in Betracht:

› **Umdeutung nach § 140 BGB,** z. B. eine außerordentliche Kündigung wird in eine ordentliche Kündigung umgedeutet.

› **Bestätigung nach § 141 BGB,** z. B. der schriftliche Ehevertrag wird nachträglich notariell beurkundet.

1.3.3.2   Anfechtbarkeit eines Rechtsgeschäfts

Anders als bei der Nichtigkeit ist das anfechtbare Rechtsgeschäft zunächst rechtswirksam zustande gekommen. Der zur Anfechtung berechtigte Vertragspartner kann selbst entscheiden, ob er das Geschäft gelten lassen oder vernichten will. Möchte er das Rechtsgeschäft wirksam anfechten, muss er folgende Voraussetzungen erfüllen:

> Anfechtungserklärung, § 143 BGB

> Anfechtungsgrund, §§ 119, 123 BGB

> Anfechtungsfrist, § 121, 124 BGB

Durch die Anfechtung wird die Willenserklärung als von Beginn an nichtig angesehen, § 142 Abs. 1 BGB. In der **Rechtsfolge** hat die Anfechtung somit rückwirkende Kraft und wirkt nicht nur zwischen den Vertragsparteien, sondern auch gegenüber Dritten. Nach wirksamer Anfechtung können also keine Ansprüche mehr aus dem Vertrag geltend gemacht werden. Jedoch muss der Anfechtende der Gegenseite den Vertrauensschaden ersetzen, § 122 BGB, also den Schaden, den die andere Partei erleidet, weil sie auf die Gültigkeit des Vertrags vertraute. Der Vertrauensschaden entfällt jedoch, wenn die andere Partei die Anfechtbarkeit kannte oder hätte kennen müssen.

§ 142 Abs. 1 BGB

BEISPIEL

Herr Meier betreibt einen Campingplatz und vermietet Wohnwagenstellplätze für 50,00 Euro pro Tag. Per E-Mail erhält er die Reservierung des Herrn Wagner für 6 Tage ab dem 2. Mai. Als Herr Wagner am besagten Tag auf die Anlage fährt ist er verdutzt, dass er 300,00 Euro bezahlen soll. Es stellt sich heraus, dass er sich bei seiner Reservierung verschrieben und nur 4 statt 6 Tage buchen wollte. Deshalb ficht Herr Wagner die Reservierungserklärung wegen Erklärungsirrtum nach § 119 Abs. 1 S. 1 Alt. 2 BGB an. Der Campingplatzbetreiber teilt mit, dass er in der besagten Zeit komplett ausgebucht sei und auch andere Kunden hätte abweisen müssen. Außerdem könne er den Platz so kurzfristig nicht mehr anderweitig vermieten. Ihm ist ein Schaden von 100,00 Euro entstanden, den er als Vertrauensschaden nach § 122 BGB von Herrn Wagner ersetzt verlangen kann.

Die **Anfechtungserklärung** muss gegenüber dem Anfechtungsgegner erklärt werden, § 143 BGB. Sie kann formfrei erfolgen.

§ 143 BGB

Aus Gründen der Rechtssicherheit kann eine Anfechtung jedoch nur erfolgen, wenn ein **Anfechtungsgrund** vorliegt. Nicht als Anfechtungsgrund gilt der **Motivirrtum,** also ein zeitlich vorverlagerten Irrtum bei der Willensbildung. Gibt der Erklärende seine Erklärung also aus einem falschen Motiv heraus ab, berechtigt dies nicht zur Anfechtung.

BEISPIEL

Herr Kunze kauft sich die Abschlussarbeit des frisch examinierten Künstlers Blinky in der Hoffnung, dass diese mit der Zeit im Wert steigt. Bleibt die Wertsteigerung aus, kann er nicht anfechten.

Auch schuldhafte Unkenntnis berechtigt nicht zur Anfechtung, etwa weil man die Vertragsbedingungen nicht richtig gelesen hat.

Anfechtungsgründe sind in den §§ 119, 120 und 123 BGB geregelt.

	Tatbestand	Bedeutung	Beispiel
Anfechtungs-gründe der §§ 119 f. BGB	**Inhaltsirrtum, § 119 Abs. 1 Alt. 1 BGB**	Der Erklärende befindet sich über den Inhalt und die rechtliche Bedeutung der Erklärung im Irrtum. Der Erklärende weiß zwar, was er sagt, ihm ist aber nicht deutlich, was er damit sagt, da er seiner Erklärung eine nicht übliche Bedeutung zumisst.	Ein Tourist bestellt in Köln von der Speisekarte einen „halven Hahn" in der Annahme, dass es sich um ein halbes Hähnchen handelt. Tatsächlich bringt der Ober ein Brötchen mit Käse.
	Erklärungs-irrtum, § 119 Abs. 1 Alt. 2 BGB	Der Erklärende gibt eine andere Willenserklärung ab als gewollt. Anders als beim Inhaltsirrtum ist er sich über den Inhalt und die rechtliche Bedeutung im Klaren, äußert sich aber unbewusst anders. Dies ist der Fall, wenn der Erklärende sich verspricht, verschreibt oder vergreift beim Aussuchen.	Beim Erklärungsirrtum weiß der Erklärende, dass es sich beim „halven Hahn" um ein Brötchen mit Käse handelt, er verspricht sich aber und bestellt ein halbes Hähnchen.
	Eigenschafts-irrtum, § 119 Abs. 2 BGB	Der Erklärende irrt sich nicht über seine Erklärungshandlung oder den Inhalt, sondern über eine Eigenschaft der Person oder Sache. Allerdings muss diese Eigenschaft verkehrswesentlich sein, wie z.B. die Echtheit eines Ölgemäldes.	Der Unternehmer Thiesen stellt einen leitenden Mitarbeiter ein, der bei ihm eine besondere Vertrauensstellung genießt. Zufällig erfährt Thiesen, dass der neue Mitarbeiter mehrfach vorbestraft ist.
	Übermittlungs-irrtum, § 120 BGB	Beim Übermittlungsirrtum überbringt ein Bote eine Willenserklärung, die der Erklärende so nicht abgeben wollte. Statt des Boten kann die unrichtige Übermittlung auch durch ein Faxgerät oder eine andere technische Einrichtung bedingt sein.	Rechtsanwalt Gerber beauftragt seine Auszubildende telefonisch 100 blaue Aktendeckel zu bestellen. Die Auszubildende bestellt aber 100 grüne Aktendeckel.
Anfechtungs-gründe des § 123 BGB	**Arglistige Täuschung, § 123 Abs. 1 BGB**	Der Vertragspartner täuscht absichtlich über eine wesentliche Eigenschaft einer Sache oder Person, die Gegenstand des Rechtsgeschäfts ist. Hätte der Getäuschte den wahren Sachverhalt gekannt, hätte er den Vertrag nicht abgeschlossen. Dabei versteht man unter einer Täuschung jede Vorspiegelung falscher Tatsachen. Arglistig handelt, wer den anderen durch Täuschung zur Abgabe einer Willenserklärung veranlasst, die dieser ohne die Täuschung nicht mit diesem Inhalt abgegeben hätte. Auch eine bedingt vorsätzliche Täuschung reicht aus.	*Beispiel 1:* Der Autohändler Windig behauptet gegenüber seinem Kunden wahrheitswidrig, dass das Auto unfallfrei sei, um den Verkaufspreis zu steigern. *Beispiel 2:* Der Möbelverkäufer weiß nicht sicher, ob die Ausklappfunktion des Tisches funktioniert, versichert aber ins Blaue hinein, dass alles einwandfrei sei.

Tatbestand	Bedeutung	Beispiel
Widerrechtliche Drohung, § 123 Abs. 1 BGB	Der Vertragspartner kündigt einen Nachteil an, um Druck auf die Entscheidung eines anderen auszuüben. Es kann mit körperlicher Gewalt oder mit einer seelischen Zwangslage gedroht werden. Widerrechtlich bedeutet, dass die Drohung gegen das Gesetz verstößt. Widerrechtlich kann das Mittel, der Zweck oder die Zweck-Mittel-Relation sein.	*Beispiel 1:* Der Verkäufer droht: „Entweder du unterschreibst oder ich erzähle deiner Frau von deiner Untreue." *Beispiel 2:* Herr Klein weiß, dass sein Nachbar einen Diebstahl begangen hat. Er droht ihm mit einer Strafanzeige, um ein Schuldanerkenntnis für eine offene Kaufpreisforderung zu erhalten.

Die Anfechtung ist nur wirksam, wenn sie innerhalb der jeweiligen **Anfechtungsfrist** erfolgt. Die Anfechtung wegen Irrtums und wegen falscher Übermittlung muss unverzüglich nach Kenntnis des Anfechtungsgrunds erfolgen, § 121 BGB. Die einem Abwesenden gegenüber erfolgte Anfechtung gilt als rechtzeitig erfolgt, wenn die Anfechtungserklärung unverzüglich abgesendet worden ist. Die Anfechtung wegen arglistiger Täuschung und widerrechtlicher Drohung muss binnen eines Jahres erfolgen, § 124 BGB. Die Anfechtungsfrist beginnt im Falle der arglistigen Täuschung mit der Entdeckung der Täuschung durch den Anfechtungsberechtigten und im Falle der widerrechtlichen Drohung mit dem Wegfall der Zwangslage.

§ 124 BGB

1.3.3.3 Schwebende Unwirksamkeit eines Rechtsgeschäfts

Von schwebender Unwirksamkeit spricht man, wenn ein Rechtsgeschäft der Zustimmung eines Dritten bedarf, um wirksam zu werden. Folgende Verträge sind schwebend unwirksam:

Schwebend unwirksam sind Verträge, ...

die von beschränkt Geschäftsfähigen geschlossen wurden, §§ 108, 114 BGB

die von Vertretern ohne Vertretungsmacht geschlossen wurden, § 177 Abs. 1 BGB

Die von beschränkt Geschäftsfähigen abgegebenen Willenserklärungen bedürfen zur Wirksamkeit der Zustimmung des gesetzlichen Vertreters, §§ 107, 108 Abs. 1 BGB. Hiervon gibt es vier Ausnahmen:

1. Rechtlicher Vorteil, § 107 BGB
2. Taschengeldparagraf, § 110 BGB
3. Selbstständiges Erwerbsgeschäft, § 112 BGB
4. Dienst- oder Arbeitsverhältnis, § 113 BGB

LF 3
1.2.3 ▶

Schließt eine Person einen Vertrag als Vertreter ohne Vertretungsmacht, so ist der Vertrag schwebend unwirksam. Erst wenn der Vertretene (Geschäftsherr) den Vertrag genehmigt, wird dieser wirksam, § 177 Abs. 1 BGB. Verweigert der Vertretene die Genehmigung, so wird der Vertrag unwirksam.

LF 3
◀ 1.3.4

LERNFELD 3

die von beschränkt Geschäfts-fähigen geschlossen wurden, §§ 108, 114 BGB

Beispiel: Der 14-jährige Hannes kauft ein Mountainbike im Sonder-angebot statt für 1.500,00 Euro für 1.000,00 Euro. Seine Eltern verweigern die Zustimmung. Das Rechtsgeschäft ist ohne Einwilligung der Eltern unwirksam, denn es ist nicht rechtlich, sondern nur wirtschaftlich vorteilhaft, §§ 107, 108 Abs. 1 BGB.

die von Vertretern ohne Vertretungsmacht geschlossen wurden, § 177 Abs. 1 BGB

Beispiel: Der Mitarbeiter des Stahl-handels Weber GmbH erwirbt am 3. Juni einen Transporter zum Preis von 20.000,00 Euro. Die erteilte Vollmacht zum Kauf von Transportern war am 30. Mai widerrufen worden. Der Ge-schäftsführer der Stahlhandel Weber GmbH genehmigt den Kauf nicht. Der Vertrag wird damit unwirksam, § 177 BGB. Der Mitarbeiter haftet nach § 179 BGB.

1.3.3.4   Zusammenfassung und Aufgaben

ZUSAMMENFASSUNG

Mängel von Rechtsgeschäften

Nichtigkeit bei Mängeln	Anfechtbarkeit bei Irrtümern	schwebende Unwirksamkeit
> in der Person, §§ 104, 105 BGB	> Erklärungsirrtum, § 119 Abs. 1 Alt. 2 BGB	> bei Abschluss durch beschränkt Geschäfts-fähige, §§ 106–113 BGB
> in der Form, § 125 BGB	> Inhaltsirrtum, § 119 Abs. 1 Alt. 1 BGB	
> in der Willenserklärung, §§ 117, 118 BGB	> Eigenschaftsirrtum, § 119 BGB	> bei Abschluss durch Vertreter ohne Vertretungsmacht, §§ 177–180 BGB
> in der rechtlichen Zulässigkeit, §§ 134, 138 BGB	> arglistige Täuschung, § 123 BGB	
	> widerrechtliche Drohung, § 123 BGB	

Rechtsfolgen:

Das Rechtsgeschäft ist von Anfang an nichtig.	Das Rechtsgeschäft ist zunächst wirksam und wird bei wirksamer Anfechtung rückwirkend nichtig, § 142 BGB.	Rechtsgeschäfte werden erst mit Genehmigung des gesetzlichen Vertreters wirksam.

AUFGABEN

1. Entscheiden Sie, ob die folgenden Rechtsgeschäfte nichtig oder anfechtbar sind und begründen Sie unter Angabe der passenden Vorschriften.

Rechtsgeschäft	nichtig	anfechtbar	Begründung
Ein Sektenmitglied bietet einem Fußgänger 1.000,00 Euro, wenn er den Glauben der Sekte annimmt.			
Ein Waffenhändler verkauft einem Zwischenhändler 100 Maschinengewehre.			
Rechtsanwalt Krüger droht, seine Angestellte zu entlassen, wenn sie nicht mit ihm ausgeht.			
Der Hundezüchter Traber möchte einem Interessenten einen reinrassigen Mops für 2.000,00 Euro verkaufen, verschreibt sich aber im schriftlichen Angebot und schreibt 200,00 Euro.			
Herr Seppl kommt vom Dorf und sieht am HBF von Hamburg ein Taxi mit der Aufschrift frei. In der Annahme, es handele sich um eine Freifahrt steigt er ein. Zu seinem Erstaunen verlangt der Taxifahrer am Ende der Fahrt 15,00 Euro.			
Frau Lose beauftragt ihre Haushaltshilfe Frau Kleinert mit dem Kauf eines Dampfbügeleisens für 50,00 Euro. Frau Kleinert hat nicht richtig zugehört und kauft eine vollautomatische Dampfbügelstation für 500,00 Euro.			
Auf einer Karnevalsparty bietet Herr Großkreuz seinen Ferrari für 5,00 Euro an.			
Die 4-jährige Klara verkauft ihren Kassettenrecorder für 5,00 Euro.			
Die Renovierungsarbeiten bei der Firma Rauer betragen 20.000,00 Euro. Um Steuern zu sparen einigt sich Herr Rauer mit dem Handwerker auf eine „offizielle Rechnung" über 9.000,00 Euro.			
Der Mieter Paul Hörbig widerspricht der Mieterhöhung seiner Vermieterin. Daher droht die Vermieterin damit, so lange Strom, Wasser und Heizung abzustellen, bis Herr Hörbig der Mieterhöhung zustimmt.			

LERNFELD 3

2. Bestimmen Sie unter Angabe der passenden Vorschriften, wegen welchen Irrtums die folgenden Rechtsgeschäfte angefochten werden können.

a. Bei einem Angebot werden versehentlich 89,00 Euro statt 98,00 Euro als Preis angegeben.

b. Herr Sieber aus Hannover kehrt in einer urbayerischen Gastwirtschaft in der Nähe von Altötting ein. Er bestellt sich ein Bier. Statt des erwarteten 0,3-l-Glases bringt ihm der Wirt eine ganze Maß (1 Liter).

c. Eine wegen Diebstahls und Unterschlagung einschlägig vorbestrafte Bewerberin wird als Kassiererin eingestellt.

d. Ein Kunsthändler verkauft an einen Kunstliebhaber für 5.850,00 Euro ein Bild, von dem er annimmt, dass es sich um eine Kopie eines Werkes von Rembrandt handelt. Später stellt sich heraus, dass es sich um ein Original handelt, das etwa 1,5 Millionen Euro wert ist.

e. Karin Trill bestellt bei einem Versandhaus ein Dutzend Damenstrümpfe, Größe M. Als die Lieferung eintrifft, wundert sie sich über die Anzahl. Sie war der Meinung, ein Dutzend seien 10 Strümpfe.

1.3.4 Die rechtsgeschäftliche Vertretung

Unter Stellvertretung versteht man das rechtsgeschäftliche Handeln einer Person für eine andere. Sie ist nur bei Willenserklärungen und geschäftsähnlichen Handlungen möglich. Nicht möglich ist eine Stellvertretung bei Realakten wie dem Schatzfund nach § 984 BGB oder bei höchstpersönlichen Rechtsgeschäften wie sie häufig im Familien- und Erbrecht vorkommen.

BEISPIEL

Eva Schleier und Adam Frack möchten standesamtlich heiraten. Da Adam am Tag der Trauung einen wichtigen Geschäftstermin hat, beauftragt er seinen Zwillingsbruder Anton damit, die Ehe für ihn zu schließen. Selbst wenn Eva damit einverstanden ist, ist eine Stellvertretung bei der Eheschließung nicht möglich, da sie nach § 1311 BGB ein höchstpersönliches Rechtsgeschäft ist.

§ 164 BGB

Der Stellvertreter ist eine natürliche Person, die eine Erklärung für einen anderen abgibt (aktive Stellvertretung) oder entgegennimmt (passive Stellvertretung). Diese Willenserklärung wirkt unmittelbar für bzw. gegen den Vertretenen, § 164 Abs. 1 und 3 BGB. Im **Außenverhältnis** zu Dritten regelt die Stellvertretung also, wann eine Willenserklärung dem Vertretenen zugerechnet wird. Im **Innenverhältnis** zwischen Vertretenen und Vertreter kann eine Stellvertretung auf Auftrag, Arbeitsvertrag oder Gesellschaftsvertrag beruhen.

Eine wirksame Stellvertretung setzt voraus:

1. eine eigene Willenserklärung des Vertreters

2. in fremden Namen

3. mit Vertretungsmacht

- - - - - - - - - - - - - - - - -

1.3.4.1 Eigene Willenserklärung

Der **Stellvertreter** gibt gemäß § 164 BGB eine eigene Willenserklärung ab und muss daher zumindest beschränkt geschäftsfähig sein. Er hat im Rahmen des ihm vom Vertretenen eingeräumten Entscheidungsspielraums eine gewisse Entscheidungsfreiheit. Er hat Vertretungsmacht. Hier unterscheidet er sich vom **Boten.** Der Bote erhält eine genau auszuführende Anweisung und übermittelt lediglich eine fremde Willenserklärung. Er kann deshalb auch geschäftsunfähig sein. Ein Bote hat nur einen Auftrag, aber keine Vertretungsmacht.

Frau Kleinert ist Haushaltshilfe bei Familie Klose. Im Auftrag von Frau Klose soll sie die zum Bügeln notwendigen Gerätschaften im Wert von bis zu 500,00 Euro selbst besorgen. In diesem Fall kann Frau Kleinert selbst entscheiden, was sie zum Bügeln braucht, solange sie im Budget bleibt. Sie ist also Stellvertreterin nach § 164 BGB. Soll sie jedoch eine genau bestimmte Bestellung beim Metzger abgeben, übermittelt sie nur die Willenserklärung von Frau Klose und ist Botin.

- - - - - - - - - - - - - - - - -

1.3.4.2 Handeln im fremden Namen

Ein Vertretungsverhältnis nach § 164 BGB setzt voraus, dass der Vertreter in fremdem Namen handelt. Ein Dritter, der als Vertragspartner mit dem Vertreter ein Rechtsgeschäft abschließt, muss entweder aus einer ausdrücklichen Erklärung ableiten können, dass er im fremden Namen aktiv wird, oder er muss dies aus den äußeren Umständen schließen können (Offenkundigkeitsprinzip). Liegt beides nicht vor, kommt es nicht zu einem Rechtsgeschäft zwischen dem Vertretenen und dem Dritten. Vielmehr entsteht dann ein Rechtsgeschäft zwischen dem Vertreter und dem Dritten.

Offene Stellvertretung	Verdeckte Stellvertretung
Beispiel: Lisa bittet ihren Freund Klaus für sie einen Fernseher zu kaufen, da sie weiß, dass Klaus als Auszubildender im Elektrofachmarkt günstige Konditionen bekommt. Klaus erklärt gegenüber dem Elektromarkt, dass er das Fernsehgerät für Lisa kauft.	*Beispiel:* wie links, nur diesmal erklärt Klaus nicht, dass er das Fernsehgerät für Lisa kauft.

Offene Stellvertretung	Verdeckte Stellvertretung
Tatbestand: Die offene Stellvertretung ist nach außen hin erkennbar (Offenkundigkeitsprinzip). Ausnahme: Rechtsgeschäfte des täglichen Lebens (s.u.).	*Tatbestand:* Die verdeckte Stellvertretung ist nach außen hin nicht erkennbar.
Rechtsfolge: Der Vertretene (hier Lisa) wird Vertragspartner. Für den Vertreter (hier Klaus) ergeben sich keine Rechtswirkungen.	*Rechtsfolge:* Der Vertreter (hier Klaus), der nicht zu erkennen gibt in fremdem Namen zu handeln, wird grundsätzlich selbst Vertragspartner Der Vertretene (hier Lisa) tritt nach außen gar nicht in Erscheinung. Er erlangt die Rechte ggfs. erst später durch eine weitere Rechtshandlung (z. B. Abtretung). Die verdeckte Stellvertretung ist daher **keine echte Stellvertretung** im Sinne des BGB.

Eine **Ausnahme** vom Offenkundigkeitsprinzip gilt für **Bargeschäfte des täglichen Lebens.** Holt jemand beispielsweise für die Nachbarin eine Zeitschrift am Kiosk muss die Stellvertretung nicht offengelegt werden, da es für den Vertragspartner nicht darauf ankommt, mit wem er das Rechtsgeschäft schließt. Der Vertreter muss aber mit Vertretungswillen handeln, um den Vertretenen zu berechtigen und zu verpflichten.

- - - - - - - - - - - - - -

1.3.4.3 Vertretungsmacht

Als Vertretungsmacht bezeichnet man die Legitimation im fremden Namen und auf fremde Rechnung zu handeln und somit Rechtsgeschäfte für den Vertretenen abschließen zu können. Das BGB nennt diese durch Rechtsgeschäft zu übertragene Vertretungsmacht gemäß § 167 BGB Voll-

§ 167 BGB

macht. Die Vollmacht ist eine einseitig empfangsbedürftige Willenserklärung, die grundsätzlich formfrei erteilt werden kann. Zur Legitimierung der Vollmacht wird aber häufig eine Vollmachtsurkunde ausgestellt, §§ 171–176 BGB.

Ausnahmsweise muss eine Vollmacht schriftlich erteilt werden, z. B.

> in Betreuungssachen bei medizinischen Eingriffen, § 1904 Abs. 2 BGB

> bei Vertretung vor Gericht, § 51 Abs. 3 ZPO

> Prozessvollmacht, §§ 80 ff. ZPO

Bei der Innenvollmacht (interne Vollmacht) bevollmächtigt der Vollmachtgeber den zu Bevollmächtigten, § 167 I 1. Fall BGB. Bei der Außenvollmacht (externe Vollmacht) erklärt der Vollmachtgeber dem Dritten, dass er hiermit eine bestimmte Person bevollmächtigt (§ 167 I 2. Fall BGB).

Es werden unterschiedliche **Arten der Vollmacht** unterschieden:

Arten der Vollmacht

Einzel-vollmacht	Eine einzelne Person wird bevollmächtigt. *Beispiel:* Ein Einzelkaufmann ist krank und bevollmächtigt deshalb seinen Sohn, bei der Bank einen Darlehensvertrag für seinen Betrieb am vereinbarten Termin zu unterzeichnen.
Gesamt-vollmacht	Mehrere Personen üben gemeinsam die Vollmacht aus. Sie dürfen nur gemeinschaftlich handeln. Gesamtvertretung dient der Sicherheit im Geschäftsverkehr und schützt vor Unvorsichtigkeiten. *Beispiel:* Gesamtvertretung bei einer OHG, AG oder GmbH. Diese sind im Handelsregister anzumelden.
Sonder-vollmacht	Vollmacht ermächtigt zur Vornahme einer einzelnen, genau bestimmten Handlung. Nach Erledigung erlischt die Vollmacht. *Beispiel:* Inkasso einer bestimmten Rechnung
Gattungs-vollmacht/ Artvollmacht	Vollmacht ermächtigt zum Abschluss sämtlicher Rechtsgeschäfte einer bestimmten Gattung oder Art. *Beispiel:* Als Mitarbeiter in der Einkaufsabteilung der Tube Röhrenwerke ist Herr Salm bevollmächtigt, alle Bestellungen für das Unternehmen vorzunehmen.
General-vollmacht	Sie ermächtigt zum Abschluss sämtlicher Rechtsgeschäfte, für die Vertretung zulässig ist. Ausgenommen sind offensichtlich schädigende Geschäfte. *Beispiel:* Waltraut Maurer beauftragt ihren Sohn, sie in allen persönlichen und finanziellen Angelegenheiten zu vertreten.
Vollmachten nach Handelsrecht	1. Prokura, §§ 48 ff. HGB 2. Handlungsvollmacht, § 54 HGB 3. Handlungsgehilfe, §§ 59 ff. HGB
Haupt- und Unter-vollmacht	Die Hauptvollmacht erteilt der Vertretene selbst. Die Untervollmacht erteilt der Vertreter. *Beispiel 1:* Ein Mandant erteilt seinem Rechtsanwalt eine Kanzleivollmacht und dieser erteilt Untervollmachten an seine Mitarbeiter. Handelt es sich um eine Kanzlei mit gleichberechtigtem Zusammenschluss mehrerer Partner, so werden diese häufig in der ursprünglichen Vollmacht gleichberechtigt bevollmächtigt. *Beispiel 2:* Rechtsanwalt Hauck aus Hamburg hat einen Gerichtstermin in München. Da er diesen nicht wahrnehmen kann, bevollmächtigt er Rechtsanwalt Steiger aus München mit der Terminwahrnehmung (Terminvollmacht).
Vorsorge-vollmacht	Vollmacht für später eintretende Geschäftsunfähigkeit. *Beispiel:* Oma Klein hat ihren Sohn für den Fall ihrer Geschäftsunfähigkeit vorsorglich bevollmächtigt, ihre Bank- und Versicherungsgeschäfte zu regeln.

LERNFELD 3

Eine Vollmacht **erlischt** grundsätzlich mit der Beendigung des Grundverhältnisses (z. B. die Kontovollmacht eines Versicherungsangestellten erlischt mit Beendigung des Arbeitsverhältnisses) mit Widerruf, bei Befristung durch Zeitablauf oder durch Tod des Vertreters.

- -

1.3.4.4 Vertretung ohne Vertretungsmacht

Vertretung ohne Vertretungsmacht liegt vor, wenn

> keine Vertretungsmacht erteilt wurde,

> die Vertretungsmacht überschritten wurde.

LF 3 | 1.3.3.3 ▶ In der Rechtsfolge ist das Geschäft schwebend unwirksam, § 177 BGB. Die Wirksamkeit hängt von der Genehmigung des Vertretenen ab, der in seiner Entscheidung frei ist. Genehmigt er das Rechtsgeschäft, so wird das Rechtsgeschäft mit ihm als Vertragspartner wirksam. Verweigert er die Genehmigung, so entsteht das Rechtsgeschäft zwischen dem Vertreter und dem Dritten. Der Vertreter haftet dann auf Erfüllung des Vertrags oder muss Schadensersatz leisten, § 179 BGB. Dies gilt jedoch nicht, wenn der Geschäftspartner das Fehlen der Vertretungsmacht kannte oder kennen musste oder der beschränkt geschäftsfähige Vertreter ohne Zustimmung seines gesetzlichen Vertreters handelte.

BEISPIEL

Herr Wende ist Einkaufsleiter des Versicherungsunternehmens Fortuna und war bis zum 31. Dezember 2014 zum Einkauf von Firmenfahrzeugen bis zu 50.000,00 Euro pro Stück bevollmächtigt. Herr Wende kauft am 1. Februar 2015 einen PKW für 45.000,00 Euro, was von der Fortuna nicht genehmigt wird. Herr Wende hatte keine Vertretungsmacht und haftet nach § 179 BGB auf Erfüllung des Kaufvertrags. Er muss also entweder den Kaufpreis zahlen und den PKW abnehmen oder Schadensersatz leisten.

- - - - - - - - - - - - -

1.3.4.5 In-sich-Geschäft

§ 181 BGB ⟶ Nach § 181 BGB ist es grundsätzlich nicht gestattet, dass der Vertreter ein Rechtsgeschäft mit sich selbst abschließt (In-sich-Geschäft oder Selbstkontrahieren). Er darf auch kein Geschäft mit einem Dritten abschließen, den er vertritt.

BEISPIEL

Der Geschäftsführer Meier der Malermeister Meier GmbH kauft sich selbst einen Transporter ab. Hier wird ein zweiseitiges Rechtsgeschäft abgeschlossen, bei dem nur Herr Meier, einmal als Organ der Kapitalgesellschaft und einmal als natürliche Person handelt. Eine GmbH kann den gesellschaftsbeherrschenden Geschäftsführer aber vom Verbot der Selbstkontraktion befreien. Dies geschieht regelmäßig aus steuerlichen Gründen.

Bei In-sich-Geschäften wirkt der Vertreter auf beiden Seiten des Rechtsgeschäfts mit, womit wegen der Interessenkollision ein hohes Missbrauchsrisiko einhergeht. Der in der beschriebenen Weise Handelnde, kann beispielsweise das Vermögen des von ihm Vertretenen an sich selbst verschenken oder sich anderweitig durch das Geschäft begünstigen.

Abweichend von dem gesetzlichen Verbot, sind In-sich-Geschäfte zulässig, wenn

> dies durch Rechtsgeschäft vereinbart wurde (siehe vorheriges Beispiel)
> dies gesetzlich erlaubt ist, vgl. § 125 Abs. 2 HGB, § 10 Abs. 3 BBiG

- -

1.3.4.6 Zusammenfassung und Aufgaben

ZUSAMMENFASSUNG

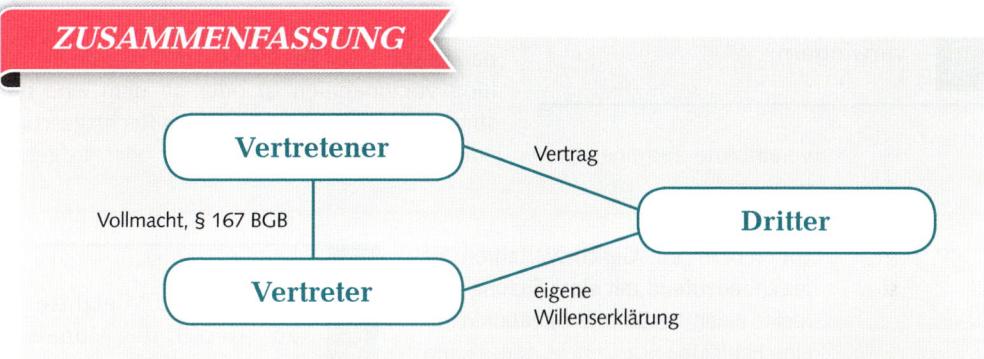

LERNFELD 3

AUFGABEN

1. Stellen Sie die Unterschiede zwischen Stellvertreter und Bote tabellarisch dar.

2. Der 16-jährige Leonard soll für seinen 19-jährigen Freund Maximilian ein Computerspiel kaufen. Entscheiden und begründen Sie, ob er eine schriftliche Vollmacht braucht und ob er die Vertretung offenlegen muss. Begründen Sie außerdem, anhand der passenden Vorschriften, welche Konsequenzen es hat, wenn Leonard stattdessen eine DVD kauft.

- -

1.3.5 Termine und Fristen

Viele gesetzliche Vorschriften, aber auch gerichtliche Verfügungen oder Verträge enthalten zeitliche Vorgaben. Für eine reibungslose Abwicklung von Rechtshandlungen ist es erforderlich, deren Bedeutung zu kennen.

© JENS – Fotolia.com   © Schlierner – Fotolia.com

BEISPIEL

Verjährungsfrist, denn nach Eintritt der Verjährung, kann der Schuldner die Leistung verweigern.

1.3.5.1 Abgrenzung Termin und Frist

Eine **Frist** ist ein abgegrenzter oder bestimmbarer Zeitraum, in dem die Prozessbeteiligten oder das Gericht Verfahrenshandlungen vornehmen können oder zur Vermeidung von Nachteilen vornehmen müssen. Eine Frist wird durch ein bestimmtes Ereignis oder einen bestimmten Zeitpunkt begrenzt. Fristen dienen dem Grunde nach der Beschleunigung des Prozessablaufs.

Demgegenüber ist ein **Termin** ein im Voraus genau bestimmter Zeitpunkt, an dem eine Handlung vorzunehmen ist oder an dem eine bestimmte Wirkung eintritt. Durch Rechtsgeschäft vereinbarte Termine können jederzeit einvernehmlich verlegt oder aufgehoben werden.

Ein Termin im Gerichtsverfahren ist gleichbedeutend mit einer Sitzung und meint einen bestimmten Zeitpunkt für eine Handlung vor Gericht. Diese kann etwa in einem Termin zur mündlichen Verhandlung, zur Beweisaufnahme oder zur Urteilsverkündung bestehen. Gerichtstermine bestimmt der Vorsitzende Richter.

BEISPIEL

Zahlung des Mietzinses zu jedem 1. des Monats. Mieter und Vermieter vereinbaren nun Zahlung des Mietzinses zu jedem 15. des Monats.

1.3.5.2 Arten von Fristen

Fristen kommen in allen Bereichen des deutschen Rechts vor. Zunächst werden materielle Fristen und Verfahrensfristen unterschieden, die sich jeweils wiederum in Unterkategorien aufteilen lassen.

LF 3 | 1.3.6 ▶

Arten von materiellen Fristen		
Gesetzliche Fristen	Verjährungsfristen	Nach Ablauf einer Verjährungsfrist besteht der Anspruch zwar noch, ist aber nicht mehr durchsetzbar. Der Schuldner kann sich auf die Einrede der Verjährung berufen und ist berechtigt, die Leistung zu verweigern, § 214 Abs. 1 BGB. *Beispiel:* Regelmäßige Verjährungsfrist von 3 Jahren nach § 195 BGB
	Ausschlussfristen	Das Gesetz schreibt für bestimmte Gestaltungsrechte eine Ausschlussfrist vor, innerhalb derer das Recht geltend gemacht werden muss. Anders als bei der Verjährung, muss die Gegenseite den Fristablauf nicht erst einredeweise geltend machen, vielmehr tritt er automatisch ein und ist vom Gericht von Amts wegen zu prüfen. Nach Fristablauf erlischt das Recht also automatisch.

Arten von materiellen Fristen		
Gesetzliche Fristen	Ausschlussfristen	*Beispiele:* Anfechtungsfristen nach § 121, 124 BGB, Widerrufsfrist bei Verbraucherverträgen nach § 355 Abs. 2 BGB
	Kündigungsfristen	Durch Kündigung werden Dauerschuldverhältnisse wie etwa Arbeits- oder Mietverträge beendet. Hierbei sind bestimmte gesetzlich vorgeschriebene Kündigungsfristen zu beachten, nach deren Ablauf die Kündigung automatisch unwirksam ist.
		Beispiel: Kündigungsfristen für Arbeitsverhältnisse nach § 622 BGB
Vertragliche Fristen	Aufgrund der Vertragsfreiheit können die Parteien grundsätzlich selbst bestimmen, welche Fristen für ihre Verträge gelten sollen. So können sie selbst bestimmen, wann eine Kaufsache zu liefern oder ein Kaufpreis zu zahlen ist. In einigen Fällen legt das Gesetz zum Schutz bestimmter Personengruppen genaue Fristen vor, von denen im Vertrag nicht oder nur in einem festgelegten Rahmen abgewichen werden darf.	
	Beispiele: Kündigungsfristen für Arbeitsverhältnisse nach § 622 BGB, Kündigung des Mietverhältnisses nach § 573 c BGB	

Anders als materielle Fristen beziehen sich **Verfahrensfristen** nicht auf die Begründung eines Anspruchs, sondern auf dessen prozessuale Geltendmachung in einem gerichtlichen oder behördlichen Verfahren. Sie dienen der Beschleunigung des Prozessablaufs.

Arten von Verfahrensfristen	
Uneigentliche Fristen	Eine uneigentliche Frist ist ein in einem Gesetz benannter Zeitraum, binnen dessen ein Gericht eine Amtshandlung vorzunehmen hat bzw. nach dessen Ablauf die Handlung als vorgenommen gilt. Es wird also lediglich ein interner Fristbeginn für das Gericht und nicht für die Parteien festgelegt. Daher hat eine Fristüberschreitung nach außen für die Parteien keine prozessualen Folgen. Sie kann aber nach innen für das Gerichtspersonal die Dienstaufsichtsbeschwerde rechtfertigen.
	Beispiele: Nach § 216 Abs. 2 ZPO muss der Richter die Termine unverzüglich bestimmen, außer wenn ein schriftliches Verfahren angeordnet ist oder die Prozessparteien eine schriftliche Entscheidung beantragen.
	Merke: Die zivilrechtlichen Vorschriften über Fristen gelten nicht. Allein um die Berechnung von uneigentlichen Fristen zu ermöglichen, wird § 222 Abs. 1 ZPO angewandt. Über diese Vorschriften gelten dann die §§ 187–189 BGB. Daher kann das Fristende anders als bei eigentlichen Fristen auch auf einen Samstag, Sonntag oder Feiertag fallen. Bei Fristversäumnis ist eine Wiedereinsetzung in den vorherigen Stand nicht möglich.
Eigentliche Fristen	**Eigentliche Fristen** sind Zeitspannen, die das Gericht den Parteien gewährt, damit sie Handlungen vornehmen oder sich auf Termine vorbereiten können oder müssen. Das Versäumen einer Frist kann für die Parteien z. B. zur Folge haben
	> Ausschluss von Prozesshandlungen, §§ 230, 231 ZPO Erlass eines Versäumnisurteils, § 331 Abs. 3 ZPO
	> Verpflichtung zur Tragung von Mehrkosten, § 344 ZPO
	> Eintritt der Rechtskraft (Unanfechtbarkeit der Entscheidung), § 705 ZPO
	Zur Fristberechnung sind grundsätzlich alle Vorschriften der §§ 214 ff. ZPO und über § 222 Abs. 1 ZPO die Vorschriften der §§ 187–189 BGB anwendbar. Zu beachten ist insbesondere die Regelung des § 222 Abs. 2 ZPO. Bei keiner eigentlichen Frist darf das Fristende auf einen Samstag, Sonntag, oder Feiertag fallen, da die Parteien an den genannten Tagen keine Handlung gegenüber dem Gericht vornehmen können, § 193 BGB.

Arten von Verfahrensfristen			
Eigentliche Fristen	**Richterlich**	**Richterliche Fristen** werden durch den Richter im jeweiligen Einzelfall festgesetzt. Der Richter muss die Frist unter Angabe von Tag, Woche, Monat usw. genau bestimmen. Die Frist beginnt grundsätzlich mit der Zustellung des Schriftstücks, in dem die Frist festgesetzt ist oder falls es keiner Zustellung bedarf, mit der Verkündung der Frist, § 221 ZPO. Richterliche Fristen können auf Antrag verlängert werden, § 224 Abs. 2 ZPO. *Beispiele:* Frist zur schriftlichen Klageerwiderung nach § 275 ZPO, Frist zur schriftlichen Berufungserwiderung nach § 521 Abs. 2 ZPO.	
	Gesetzlich	**Notfristen**	**Notfristen** sind solche, die das Gesetz ausdrücklich als solche bezeichnet und zeichnen sich dadurch aus, dass sie unabänderlich sind, also nicht verkürzt oder verlängert werden können, § 224 ZPO. Bei Fristversäumnis tritt sofort eine bestimmte Rechtsfolge ein. Es finden nicht alle Vorschriften der §§ 214–229 ZPO Anwendung, denn einige Regelungen sind ausdrücklich ausgeschlossen. Bei unverschuldetem Versäumen ist eine Wiedereinsetzung nach § 233 ZPO möglich. *Beispiele:* Einspruch gegen Versäumnisurteil nach § 339 ZPO, Einlegung der Berufung nach § 517 ZPO, Einlegung der Revision nach § 548 ZPO
		Gewöhnliche Fristen	Als **gewöhnliche Fristen** werden die sonstigen gesetzlichen Fristen bezeichnet. Sie zeichnen sich dadurch aus, dass eine Verlängerung oder Verkürzung möglich ist, § 224 Abs. 1 und 2 ZPO. *Beispiele:* Ladungsfrist nach § 217 ZPO, Einlassungsfrist nach § 274 Abs. 3 ZPO, Frist zur Begründung der Revision nach § 551 Abs. 2 S. 2 ZPO.

- - - - - - - - - - - - - - - - - - - -

1.3.5.3 Folgen der Fristversäumnis

Versäumt eine Rechtsanwaltskanzlei eine Frist, so kann sich daraus eine Schadensersatzpflicht ergeben. Auch wenn die Frist nur um einen Tag überschritten wird, muss die Kanzlei u.U. für einen Millionenschaden gegenüber dem Mandanten haften. Dies hat nicht nur einen enormen Imageverlust zur Folge, sondern kann trotz einer Vermögensschadenshaftpflichtversicherung des Rechtsanwalts den wirtschaftlichen Ruin bedeuten.

MERKE

Die penible Führung eines Fristenkalenders sowie die Fristenkontrolle gehört zu den wichtigsten Aufgaben in einer Kanzlei und fallen in Ihren Verantwortungsbereich. Umso wichtiger ist es, dass Sie sich bei der Fristberechnung fachlich sicher fühlen.

Nach Ablauf einer Frist treten die mit der Säumnis verbundenen Rechtsfolgen ein.

Die **Versäumnis materieller Fristen** kann beim vertraglichen Zahlungsverzug etwa zur Folge haben, dass Verzugszinsen zu zahlen sind, § 288 BGB. Als weitere Folge können auch ein Anfechtungsrecht nicht mehr gegeben oder Leistungs- und Zahlungsansprüche etwa aus einem Kaufvertrag verjährt sein.

1.3.3.2 ▶
1.3.6 ▶

Versäumen die Prozessparteien **gesetzliche Verfahrensfristen,** kann dies zu folgenden Rechtsfolgen führen:

> die Partei ist mit der vorzunehmenden Rechtshandlung ausgeschlossen, § 230 ZPO.

> das Fristversäumnis tritt ohne eine Androhung allein durch Zeitablauf ein, § 231 Abs.1 ZPO.

> Kostennachteile, §§ 95, 97 Abs. 2, 344 ZPO

> Zuständigkeit durch rügeloses Einlassen, § 39 ZPO

> vermutete Einwilligung in Klageänderung, § 267 ZPO

Anders verhält es sich beim **Versäumnis einer richterlichen Frist.** Hier tritt nicht automatisch eine Rechtsfolge der Säumnis ein, vielmehr gilt § 296 ZPO. Danach werden verspätet vorgebrachte Angriffs- oder Verteidigungsmittel der Prozessparteien zugelassen, wenn nach der freien Überzeugung des Gerichts ihre Zulassung die Erledigung des Rechtsstreits nicht verzögern würde. Dadurch soll eine Prozessverzögerung verhindert werden.

1.3.5.4   Fristberechnung

Bei der Fristberechnung empfiehlt sich folgende Prüfungsreihenfolge:

1. Fristdauer
2. Fristbeginn
3. Fristende

Im Folgenden finden Sie einige Beispiele für Fristdauern:

Fristdauer		
Sachverhalt	**Vorschrift**	**Frist**
Anfechtung bei arglistiger Täuschung	§ 124 BGB	1 Jahr ab Entdeckung der Täuschung durch den Getäuschten und spätestens 10 Jahre nach Abgabe der Willenserklärung, wenn keine Entdeckung erfolgt ist.
Verjährung von Gewährleistungsansprüchen aus Kaufvertrag über bewegliche Sachen	§ 438 Abs. 1 Nr. 3 BGB	2 Jahre ab Übergabe oder Ablieferung der Sache
Berufung gegen Endurteil	§§ 517, 511 ZPO	1 Monat ab Zustellung des Urteils oder spätestens 5 Monate nach Verkündung des Urteils, wenn keine Zustellung erfolgt ist.
Revision gegen Endurteil	§§ 542, 548 ZPO	1 Monat ab Zustellung des Urteils oder spätestens 5 Monate nach Verkündung des Urteils, wenn keine Zustellung erfolgt ist.
Einspruch gegen Versäumnisurteil	§§ 338, 339 ZPO	2 Wochen ab Zustellung des Urteils
Mitteilung der Verteidigungsabsicht im Prozess	§ 276 ZPO	2 Wochen ab Zustellung der Klageschrift

LERNFELD 3

Fristdauer		
Sachverhalt	Vorschrift	Frist
Sofortige Beschwerde gegen Ablehnung eines Pfändungs- und Überweisungsbeschlusses	§§ 829, 793, 567, 569 ZPO	2 Wochen ab Zustellung der Ablehnung oder spätestens 5 Monate nach Verkündung der Ablehnung, wenn keine Zustellung erfolgt ist.

Bei der Festlegung des **Fristbeginns** gilt immer, dass Fristen nur nach vollen Tagen berechnet werden. Eine Frist beginnt immer mit dem Tagesbeginn um 00:00 Uhr und endet immer mit Ende des Tages um 24:00 Uhr. Für den Fristbeginn sieht § 187 BGB grundsätzlich zwei Möglichkeiten vor:

Fristbeginn

Ereignisfrist, § 187 Abs. 1 BGB (Normalfall)

Ist ein Ereignis oder ein in den Lauf eines Tages fallender Zeitpunkt maßgebend, so wird bei der Berechnung der Frist der Tag nicht mitgerechnet, in welchen das Ereignis oder der Zeitpunkt fällt. Dies bedeutet, die Frist beginnt am nächstfolgenden Tag um 00:00 Uhr. Es ist ohne Bedeutung, ob dies ein Samstag, Sonn- oder Feiertag ist.

Beispiel 1: Zustellung eines Schriftstückes am 9. Oktober um 11:00 Uhr. Die Frist beginnt am 10. Oktober um 00:00 Uhr.

Beispiel 2: Gegen Frau Holler ergeht am 31. März ein erstinstanzliches Zivilurteil des Amtsgerichts. Die Berufungsfrist beginnt am 1. April um 00:00 Uhr.

Beginnfrist, § 187 Abs. 2 BGB

Ist der Beginn eines Tages, also 00.00 Uhr, für den Anfang einer Frist maßgebend, so wird dieser Tag bei der Berechnung der Frist mitgerechnet. Dies wird insbesondere bei den Fristen der Fall sein, die sich direkt an den Ablauf einer vorhergehenden Frist anschließen (sog. Anschlussfristen nach § 224 Abs. 3 ZPO).

Beispiel 1: Claudia wurde am 20. Mai um 20:15 Uhr geboren. Die Altersberechnung beginnt am 20. Mai um 00:00 Uhr.

Beispiel 2: Frau Günther tritt am 13. Juni zur Nachtschicht um 22:00 Uhr ihre neue Arbeitsstelle an. Ihr Arbeitsverhältnis beginnt am 13. Juni um 00:00 Uhr.

Entsprechend dem Fristbeginn geht das **Fristende** in § 188 BGB auf die beiden Möglichkeiten des Fristbeginns ein.

Fristende

Ereignisfrist, § 188 Abs. 1 BGB

› **Tagesfrist:** Nach § 188 Abs. 1 BGB endet eine nach Tagen bestimmte Frist mit dem Ablauf des letzten Tages dieser Frist. Das Fristende ist also durch Auszählen der Tage zu ermitteln.
› **Wochenfrist:** Sie endet am gleichen Tag der folgenden Woche um 24:00 Uhr.

Beginnfrist, § 188 Abs. 2 BGB

› **Tagesfrist:** Sie endet mit dem Ablauf des letzten Tages dieser Frist. Der Tag des Fristbeginns wird mitgerechnet.
› **Wochenfrist:** Sie endet mit dem Tag der folgenden Woche um 24:00 Uhr, der dem Tag mit der gleichen Benennung vorausgeht.

Ereignisfrist, § 188 Abs. 1 BGB

> **Monatsfrist:** Sie endet an gleichen Tagen (Zahl, Benennung) des folgenden Monats um 24:00 Uhr.

Besonderheiten:

> Fehlt der entsprechende Tag des Monats, so endet die Frist mit dem letzten Tag des Monats
> Fällt das Ende der Frist auf einen Samstag, Sonn- oder Feiertag, so endet die Frist am nächsten Werktag, § 193 BGB

Beispiel 1: Ein Schriftstück wurde am 12. Mai zugestellt. Die Frist beträgt 4 Tage (Tagesfrist). Fristbeginn ist am 13. Mai um 00:00 Uhr. Fristende ist am 16. Mai um 24:00 Uhr.

Beispiel 2: Ein Schriftstück wurde am 5. Mai zugestellt. Die Frist beträgt 1 Monat (Monatsfrist). Fristbeginn ist am 6. Mai um 00:00 Uhr. Fristende ist am 5. Juni um 24:00 Uhr.

Achtung: Fällt bei einer Monatsfrist der Fristbeginn auf den 31. Januar, so endet die Frist am letzten Tag des Februar, also am 28. bzw. in Schaltjahren am 29. Februar.

Beginnfrist, § 188 Abs. 2 BGB

> **Monatsfrist:** Sie endet mit dem Tag des folgenden Monats, der dem Tag mit der gleichen Zahl vorhergeht.

Beispiel 1: Beginnt eine Wochenfrist an einem Dienstag, so endet sie an einem Montag um 24:00 Uhr (Dienstag – 1 Tag).

Beispiel 2: Beginnt eine Monatsfrist am 26. August so endet sie am 25. September um 24:00 Uhr (26. September – 1 Tag).

1.3.5.5 Zusammenfassung und Aufgaben

LERNFELD 3

ZUSAMMENFASSUNG

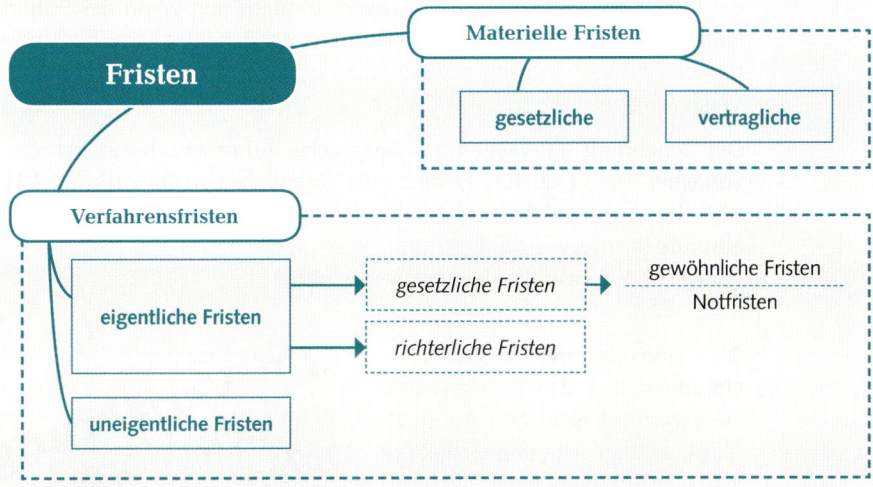

AUFGABEN

1. Unterscheiden Sie
a. Termine – Fristen b. gewöhnliche Fristen – Notfristen

2. Ulrich Böhle erhält am 5. November ein Urteil des Landgerichts Köln zugestellt, das aber bereits am 30. April verkündet wurde. Bis wann kann er Berufung einlegen?

3. Jutta Möller wird am Samstag, dem 7. Februar, eine Klage zugestellt mit der Aufforderung, innerhalb einer Notfrist von 2 Wochen dem Gericht ihre Verteidigungsabsicht anzuzeigen. An welchem Tag läuft die Frist ab?

- -

1.3.6 Verjährung

- - - - - - - - - - - - - - - - -

1.3.6.1 Begriff und Wirkung

§ 214 BGB

Ein Anspruch kann nicht endlos geltend gemacht werden, vielmehr unterliegt er der Verjährung. Darunter versteht man den Zeitablauf, der dem Schuldner die Möglichkeit eröffnet, die Leistung zu verweigern, § 214 BGB. Die Forderung besteht zwar weiter, sie kann aber gerichtlich nicht mehr durchgesetzt werden, wenn der Schuldner sich auf die Verjährung beruft. Im Prozess prüft das Gericht die Verjährung nicht von Amts wegen, sondern nur, wenn der Schuldner die **Einrede der Verjährung** erhebt. Dazu muss der Schuldner schriftlich oder in der mündlichen Verhandlung erklären, dass er die Erfüllung der Forderung wegen Verjährung verweigert.

Der Verjährung unterliegen nur **Ansprüche.** Ansprüche beinhalten das Recht, von einer Person ein Tun, Dulden oder Unterlassen zu verlangen, § 194 Abs. 1 BGB. Keine Ansprüche sind z. B. Gestaltungsrechte, wie die Anfechtung, oder absolute Rechte, wie das Eigentum, oder Einreden, wie die der Verjährung selbst.

Die **Wirkung der Verjährungseinrede** ist in § 214 BGB geregelt. Sie vernichtet nicht den Anspruch selbst, sondern gibt dem Schuldner ein Leistungsverweigerungsrecht, das er einredeweise geltend ma-

© kwarner – Fotolia.com

chen muss (s.o.). Leistet der Schuldner trotzdem, so darf er die Leistung trotz Verjährung nicht zurückfordern, § 214 Abs. 2 BGB. Zudem gilt nach Eintritt der Verjährung ein Aufrechnungs- und Zurückbehaltungsverbot. Auch ein Rücktritt ist nach Eintritt der Verjährung unwirksam.

Der **Sinn der Verjährung** liegt in der Erhaltung des Rechtsfriedens. Es soll verhindert werden, dass Schuldner und Gerichte mit uralten Forderungen überzogen werden.

- - - - - - - - - - - - - - - -

1.3.6.2 Verjährungsfristen

Wichtige Verjährungsfristen			
Vorschriften	**Art der Ansprüche**	**Frist**	**Beginn der Verjährung**
§§ 195, 199 BGB	Ansprüche aller Art, solange keine anderen Fristen gelten **(Regelverjährung)**	3 Jahre	§ 199 BGB: Ab Ablauf des Jahres, in dem der Anspruch entstanden ist.
§ 438 Abs. 1 Nr. 3, § 634 a Abs. 1 Nr. 1 BGB	Sachmängelhaftung aus Kauf- und Werkvertrag	2 Jahre	› Mit Lieferung, § 438 Abs. 2 BGB › Abnahme des Werks, § 634 a Abs. 1 Nr. 1, Abs. 2 BGB
§ 438 Abs. 1 Nr. 2 BGB	Gewährleistungsansprüche aus einem Kaufvertrag über ein Bauwerk oder Gegenstände die für ein Bauwerk verwendet wurden.	5 Jahre	Mit Übergabe der Sache, § 438 Abs. 2 BGB
§ 634 a Abs. 1 Nr. 2 BGB	Gewährleistungsansprüche aus einem Werkvertrag über ein Bauwerk	5 Jahre	Abnahme, § 634 Abs. 1 Nr. 2 BGB
§ 548 BGB	Ansprüche des Vermieters wegen Veränderung oder Verschlechterung der Mietsache	6 Monate	Zeitpunkt der Rückgabe der Mietsache, § 548 Abs. 1 S. 2 BGB
§§ 196 BGB	Ansprüche auf Übertragung von Grundstücken	10 Jahre	Entstehung des Anspruchs, § 200 I S. 1 BGB
§§ 197, 200, 201 BGB	Ansprüche aus Gerichtsurteilen, Insolvenzverfahren und Vollstreckungsbescheiden, Schadensersatzansprüche	30 Jahre	› Rechtskraft der Entscheidung, § 201 BGB › Entstehung des Anspruchs, § 200 Abs. 1 S. 1 BGB › Schadensersatz, § 199 Abs. 2 BGB ab Begehung

Berechnung der Verjährungsfrist:

Aus einer Gebührenrechnung vom 28. November 2009 hat Rechtsanwalt Kaiser gegen den Mandanten Kamps eine Honorarforderung i.H.v. 212,80 Euro. Da die Buchhaltung des Rechtsanwalts etwas nachlässig gearbeitet hat, wird erst heute (20. September 2013) bemerkt, dass kein Zahlungseingang erfolgt ist. Kann Rechtsanwalt Kaiser seine Forderung am 20. September 2013 noch durchsetzen?

BEISPIEL

- -

§ 195, 199 BGB

BEISPIEL

Welche Handlungsmöglichkeiten hat der Mandant Kamps, wenn er am 20. September 2013 von Rechtsanwalt Kaiser eine Zahlungsaufforderung bekommt?

Lösung: Die regelmäßige Verjährungsfrist beträgt gemäß § 195 BGB drei Jahre. Sie beginnt gemäß § 199 Abs. 1 BGB mit dem Schluss des Jahres, in dem der Anspruch entstanden ist. Der Anspruch ist am 28. November 2009 entstanden, somit beginnt die Verjährungsfrist am 31. Dezember 2009 um 24:00 Uhr bzw. eine juristische Sekunde später am 1. Januar 2010 um 00:00 Uhr. Letzter Tag der drei Jahre dauernden Verjährungsfrist ist der 31. Dezember 2012 um 24:00 Uhr, somit ist die Verjährung am 1. Januar 2013 eingetreten.

Ergebnis: Am 20. September 2013 ist die Forderung verjährt. Bekommt der Mandant trotzdem eine Zahlungsaufforderung, kann er entweder bezahlen oder die Einrede der Verjährung geltend machen.

1.3.6.3 Hemmung der Verjährung

Hemmung der Verjährung bedeutet, dass der Ablauf der Verjährung für eine bestimmte Zeit angehalten wird. Die Verjährung wird dann um den Zeitraum der Hemmung verlängert, § 209 BGB. Eine Hemmung kommt immer dann in Betracht, wenn der Gläubiger durch bestimmte Gründe an der Durchsetzung seines Anspruchs gehindert ist. Folgende Hemmungsgründe kommen in Betracht:

Gründe für die Hemmung der Verjährung	
Vorschriften	**Hemmungsgründe**
§ 203 BGB	ab Aufnahme von Verhandlungen über den Anspruch zwischen Schuldner und Gläubiger
§ 204 Abs. 1 Nr. 1 BGB	ab Klageerhebung
§ 204 Abs. 1 Nr. 2 BGB	ab Zustellung des Antrags auf Unterhalt Minderjähriger im vereinfachten Verfahren
§ 204 Abs. 1 Nr. 3 BGB	ab Zustellung des Mahnbescheids im gerichtlichen Mahnverfahren
§ 204 Abs. 1 Nr. 4 BGB	ab Einreichung des Güteantrags
§ 204 Abs. 1 Nr. 5 BGB	ab Geltendmachung einer Aufrechnung im Prozess
§ 204 Abs. 1 Nr. 6 BGB	ab Zustellung der Streitverkündung
§ 204 Abs. 1 Nr. 7 BGB	ab Zustellung des Antrags auf ein selbstständiges Beweisverfahren
§ 204 Abs. 1 Nr. 8 BGB	ab Zustellung des Antrags auf ein Begutachtungsverfahren
§ 204 Abs. 1 Nr. 9 BGB	ab Zustellung eines Antrags auf Arrest oder einstweilige Verfügung
§ 204 Abs. 1 Nr. 10 BGB	ab Anmeldung des Anspruchs im Insolvenzverfahren

Gründe für die Hemmung der Verjährung	
Vorschriften	**Hemmungsgründe**
§ 204 Abs. 1 Nr. 11 BGB	ab Beginn eines schiedsrichterlichen Verfahrens
§ 204 Abs. 1 Nr. 12 BGB	ab Antragsstellung auf behördlichen Vorentscheid, wenn dieser Zulässigkeitsvoraussetzung für ein Gerichtsverfahren ist
§ 204 Abs. 1 Nr. 13 BGB	ab Stellung des Antrags auf Bestimmung einer höheren Instanz
§ 204 Abs. 1 Nr. 14 BGB	ab Bekanntgabe eines erstmaligen Antrags auf Prozesskostenhilfe
§ 205 BGB	Vereinbarung zwischen Gläubiger und Schuldner über ein Leistungsverweigerungsrecht des Schuldners
§ 206 BGB	Der Gläubiger war innerhalb der letzten 6 Monate durch höhere Gewalt an der Rechtsverfolgung verhindert.
§ 207 BGB	Der Gläubiger war durch familiäre oder ähnliche Gründe an der Rechtsverfolgung verhindert.
§ 208 BGB	bei Ansprüchen wegen Verletzung der sexuellen Selbstbestimmung
§ 210 BGB	Bei Ansprüchen von nicht voll Geschäftsfähigen
§ 211 BGB	Bei Ansprüchen in Nachlassfällen

Berechnung einer gehemmten Verjährungsfrist:

Nina Winter schuldet Kaufmann Karl Kruse 150,00 Euro aufgrund einer Warenlieferung vom 28. Oktober 2010. Am 31. Dezember 2010 schlägt Nina Herrn Kruse vor, die Forderung zu mindern. Herr Kruse möchte zunächst darüber nachdenken, lehnt jedoch am 30. April 2011 ab. Ab wann kann sich Nina auf Verjährung der Forderung berufen?

Lösung: Es gilt zunächst die reguläre Verjährungsfrist von 3 Jahren, § 195 BGB. Diese beginnt mit dem Schluss des Jahres, in dem der Anspruch entstanden ist, also am 31. Dezember 2010. Die Aufnahme von Vertragsverhandlungen hemmt die Verjährung solange, bis die Verhandlungen beigelegt werden, also bis zum 30. April 2011, § 209 BGB. Diese vier Monate werden dem regulären Fristablauf am 31. Dezember 2013 hinzugerechnet, womit die Frist am 30. April 2014 endet. Nina kann sich ab dem 1. Mai 2014 auf die Verjährung berufen.

BEISPIEL

LERNFELD 3

Hemmung 4 Monate

28.10.2010	31.12.2010	31.12.10–30.04.11	31.12.2013	30.04.2014
Entstehen der Forderung	Beginn der Verjährungsfrist, § 199 BGB	Beginn der 4-monatigen Hemmung, § 203 BGB	reguläres Fristende, § 195 BGB	tatsächliches Fristende (+ 4 Monate), § 209 BGB

1.3.6.4 Neubeginn der Verjährung

§ 212 BGB

Gemäß § 212 BGB führen bestimmte Gründe zur Unterbrechung und dann zum Neubeginn der Verjährung. Darunter versteht man, dass die Verjährung nach dem Ende der Unterbrechung in vollem Umfang neu zu laufen beginnt. Die Berechnung der entsprechenden Verjährungsfrist wird ab dem Eintritt des Unterbrechungsgrundes neu vorgenommen. Der Neubeginn der Verjährung wird ausgelöst durch die in § 212 BGB aufgezählten Ereignisse:

© WoGi – Fotolia.com

Gründe für den Neubeginn der Verjährung	
Vorschrift	**Unterbrechungsgründe**
§ 212 Abs. 1 Nr. 1 BGB	**Schuldanerkenntnis:** ❯ Abschlagszahlungen, also vorweggenommene Teilleistung vor Abrechnung (z. B. Stromrechnung) ❯ Zinszahlungen, z. B. Darlehenszinsen bei Bankkredit ❯ Sicherheitsleistungen, z. B. Sicherheitsleistung zur Abwendung der Zwangsvollstreckung ❯ Sonstige Anerkennung des Anspruches, z. B. durch Ratenzahlung
§ 212 I Nr. 2 BGB	Vornahme gerichtlicher oder behördlicher **Vollstreckungshandlungen:** ❯ **Antrag** auf Erlass eines Mahnbescheids (Achtung: Die **Zustellung** des Mahnbescheids hemmt die Verjährung, § 204 I Nr. 3 BGB) ❯ Antrag auf Zwangsvollstreckung bei Gericht oder Behörde Vornahme der Zwangsvollstreckung durch Gerichtsvollzieher oder Zwangsversteigerung.

BEISPIEL

Berechnung einer unterbrochenen Verjährungsfrist:

Carla Rosig schuldet Herbert Hagen 5.800,00 Euro aus einem Möbelkauf vom 15. August 2008. Am 15. Februar 2011 erscheint Rosig bei Herrn Hagen und überrascht ihn mit 2.000,00 Euro verbunden mit der Bitte, den Rest Mitte März zahlen zu dürfen. Hagen willigt ein.

Lösung:

Verjährungsdauer: . . . . 3 Jahre, § 195 BGB

Stichtag für den Verjährungsbeginn: . . . . 31.12.2008, § 199 BGB

Neubeginn der Verjährung wegen Anerkenntnis
durch Ratenzahlung:. . . . . 15.02.2011, § 212 Abs. 1 Nr. 1 BGB

Ende der Verjährung: 15.02.2014

Ergebnis: Die Forderung ist am 16. Februar 2014 verjährt.

BEISPIEL

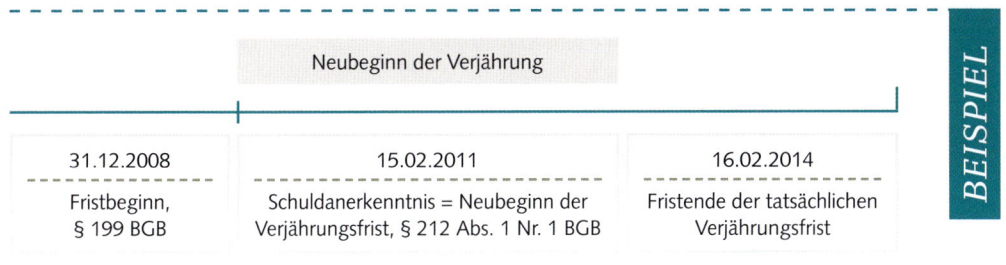

31.12.2008	15.02.2011	16.02.2014
Fristbeginn, § 199 BGB	Schuldanerkenntnis = Neubeginn der Verjährungsfrist, § 212 Abs. 1 Nr. 1 BGB	Fristende der tatsächlichen Verjährungsfrist

Neubeginn der Verjährung

1.3.6.5 Zusammenfassung und Aufgaben

ZUSAMMENFASSUNG

LERNFELD 3

AUFGABEN

1. Ute Stolz kauft am 30. April 2011 bei der Firma Klose eine komplette Wohnzimmereinrichtung für 5.000,00 Euro. Die Einrichtung wird am 10. Juni 2011 geliefert und aufgebaut. Nachdem die Handwerker gegangen sind, stellt Frau Stolz fest, dass die Türen zweier Schränke stark verkratzt sind. Sie möchte den Mangel am liebsten sofort reklamieren, aber ihr Mann hält sie davon ab: „Ich möchte nicht schon wieder Handwerker im Haus haben." Frau Stolz akzeptiert dies zähneknirschend. Am 23. November 2013 bereut sie dies und fordert die Firma Klose auf, den Mangel zu beheben. Dort teilt man ihr mit, es sei zu spät. Wie ist die Rechtslage?

2. Nina Winter schuldet ihrem gewitzten Kollegen Julian Sommer 200,00 Euro aus einem Kaufvertrag vom 15. Oktober 2008. Am 16. Dezember 2011 fordert Julian Nina in einer schriftlichen Mahnung auf, „ihm 350,00 Euro (!) zurückzuzahlen". Nina antwortet noch am selben Tag schriftlich: „Ich schulde dir doch nur 200,00 Euro." Ist Julians Forderung am 15. Oktober 2012 verjährt?

2. RECHT DER SCHULDVERHÄLTNISSE

2.1 Vertragliche und gesetzliche Schuldverhältnisse

Das Recht der Schuldverhältnisse ist im 2. Buch des BGB geregelt. Der Begriff Schuldverhältnis umfasst Lebensvorgänge unterschiedlicher Art. Das Schuldrecht regelt im Wesentlichen den rechtsgeschäftlichen Verkehr, wobei die §§ 241 ff. BGB ergänzt werden durch die Bestimmungen des

§§ 241 ff. BGB

› BGB im Allgemeinen Teil,

› BGB im Sachenrecht,

› Sondervorschriften, beispielsweise HGB.

Ein Schuldverhältnis kann entstehen

durch Rechtsgeschäft (Vertrag)	aufgrund gesetzlicher Bestimmungen (gesetzliches Schuldverhältnis)	als rechtsgeschäftsähnliches Schuldverhältnis

Gemäß § 241 Abs. 1 BGB ist der Gläubiger kraft des Schuldverhältnisses berechtigt, von dem Schuldner eine Leistung zu fordern, wobei die Leistung auch in einem Unterlassen bestehen kann. Das Schuldverhältnis stellt somit eine Sonderverbindung zwischen mindestens zwei Personen (natürliche oder juristische Person) dar, und zwar in der Gesamtheit der diesbezüglichen Rechtsbeziehungen zwischen Gläubiger und Schuldner.

LF 4 ▶

Gläubiger kann eine Leistung fordern

Schuldverhältnis

Schuldner zur Leistung verpflichtet

2.2 Anfrage und Angebot

Es wurde bereits erläutert, dass ein Vertrag zu Stande kommt, wenn ein Angebot zum Vertragsschluss angenommen wird (mindestens zwei übereinstimmende Willenserklärungen).

2.2.1 Die Anfrage

Bevor es zu einem konkreten Vertragsabschluss (z.B. eines Kaufvertrages) kommt, werden oftmals Anfragen an verschiedene Lieferanten oder Dienstleister gestellt. Solche Anfragen können auch der Anbahnung neuer Geschäftsbeziehungen dienen und stellen möglicherweise eine erste Kontaktaufnahme zwischen den Beteiligten dar. Eine Anfrage stellt noch kein Vertragsangebot dar, sondern lediglich die **Aufforderung** (oder Anregung), ein konkretes Vertragsangebot zu unterbreiten. Die Anfrage ist somit **unverbindlich** und der Anfragende wird dadurch rechtlich nicht verpflichtet.

© ferkel-raggae – Fotolia.com

> **Für die Anfrage gibt es keine gesetzlichen Formvorschriften**

| mündlich | telefonisch | E-Mail | schriftlich | FAX |

Bestimmte und unbestimmte Anfrage

Eine Anfrage kann bestimmt sein **(bestimmte Anfrage)** und konkrete Fragen zum Kaufgegenstand, zur Lieferzeit, zur Menge, zu technischen Daten, besonderen Wünschen etc. beinhalten. Die bestimmte Anfrage ermöglicht es dem Lieferanten/Dienstleister, auf die konkreten Vorstellungen des Kunden einzugehen und ein hierauf basierendes individuelles Angebot zu unterbreiten.

Eine **unbestimmte (allgemeine) Anfrage** enthält noch keine konkreten Vorstellungen zum Kaufgegenstand, sondern zeigt das Interesse des Anfragenden an einem oder mehreren Produkten, verbunden mit Überlassung von Informationsmaterial, Prospekten, Katalogen, Preislisten, Interesse an einem Vertreterbesuch etc. Eine unbestimmte Anfrage kann auch allgemein formulierte Fragestellungen enthalten.

LERNFELD 3

> **MERKE**
>
> Werden konkrete Vorstellungen und Wünsche formuliert, handelt es sich um eine **bestimmte Anfrage.**
>
> Werden allgemeine Fragen formuliert, handelt es sich um eine **unbestimmte Anfrage.**
>
> Je konkreter eine Anfrage verfasst ist, umso spezifizierter kann das Angebot erstellt werden.

> Produktbeschreibung
> Produktname
> Art, Beschaffenheit des Produktes
> Frist zur Angebotsabgabe
> Lieferdatum
> Menge/Anzahl
> Garantien
> Preisvorstellungen
> Technische Daten
> Versand
> Installation/ Anschluss
> Zahlungsbedingungen
> Lieferbedingungen
> Leistungsort
> Preis
> Leistungszeit
> Wartungsvertrag
> Betriebskosten

> **Mögliche Basisinformationen einer Anfrage**

Die Rechtsanwaltskanzlei Libs & Karl beabsichtigt die Anschaffung eines neuen Druckers für die Kanzlei. Sie schreibt deshalb vier Dienstleister an, um Angebote zu erhalten.

RECHTSANWALTSSOZIETÄT LIBS & KARL

Zivilrecht – Arbeitsrecht – Sozialrecht - Strafrecht

Gesellschaft bürgerlichen Rechts

Sozietät Libs & Karl, Habsburger Straße 733, 79104 Freiburg

Brenner & Ferger
Büroausstattungen GmbH
Postfach 5 65 67
79098 Freiburg

Ihr Zeichen:
Ihre Nachricht vom:
Unser Zeichen: li-dr
Unsere Nachricht vom:

Name: Petra Dreler
Telefon: 0761 9346688-0
Telefax: 0761 9346688-88
E-Mail: ra.libs-karl@t-online.de

Datum: 02.11.20..

Anfrage nach Laserdruckern

Sehr geehrte Damen,
sehr geehrte Herren,

Ihr umfangreiches Sortiment an Bürogeräten gefällt uns sehr. Für unsere Kanzlei benötigen wir einen neuen Farblaserdrucker mit Kopierfunktion.

Wir interessieren uns für ein netzwerkfähiges, geräuscharmes und benutzerfreundliches Gerät, das über eine hohe Speicherkapazität verfügt. Es soll eine hohe Druckgeschwindigkeit sowie eine gute Druckqualität für kostengünstige, beidseitige Farb- und Schwarz-Weiß-Drucke bieten. Die Gesundheit unserer Beschäftigten und die Umwelt sind uns wichtig. Deshalb legen wir großen Wert auf niedrige Feinstaub- und Schadstoffemissionen und einen geringen Stromverbrauch.

Senden Sie uns bitte ein günstiges Angebot mit ausführlichen Produktinformationen sowie Ihren Liefer- und Zahlungsbedingungen. Können Sie spätestens 7 Tage nach Eingang unseres Auftrags liefern und installieren? Vielen Dank!

Freundliche Grüße

Rechtsanwaltssozietät
Libs & Karl

Petra Dreler

i. A. Petra Dreler

Celine Libs – Rechtsanwältin – Fachanwältin für Arbeitsrecht
Philipp Karl - Rechtsanwalt
Habsburger Straße 733, 79104 Freiburg – Internet: www.ra-libs-karl-freiburg.de
RV Bank – IBAN DE11 2222 0000 1298 7654 32 – BIC VOLADED5PVG – Steuernummer: DE888888888

Selbstverständlich steht es dem angefragten Dienstleister frei, auf die Anfrage hin ein Angebot zu unterbreiten oder nicht.

EXKURS

Bezugsquellenermittlung

Die Bezugsquellenermittlung dient der Auswahl geeigneter Lieferanten. Im Regelfall verfügt eine Kanzlei über eine bestimmte Anzahl an Lieferanten, mit denen sie über einen längeren Zeitraum zusammenarbeitet. Dies können unter anderem Anbieter für Kanzleibedarf, Büromöbel, Software, Fachliteratur oder ein Catering-Service sein. Aus verschiedenen Gründen müssen jedoch neue Bezugsquellen ermittelt werden, etwa weil ein Lieferant qualitativ oder quantitativ nicht liefern kann oder eine völlig neue Warenart beschafft werden soll. In solchen Fällen sind neue Bezugsquellen zu ermitteln.

Bezugsquellenermittlung

Interne Bezugsquellen- verzeichnisse	Externe Bezugsquellen- verzeichnisse	Externe Informations- möglichkeiten für Bezugsquellen	Externe Informationsstellen für Bezugsquellen- verzeichnisse
Beispiele: › Liefererkartei bzw. -datei › Artikelkartei bzw. -datei › Vorliegende Angebote, Kataloge, Preislisten	*Beispiele:* › Nachschlagverzeichnisse wie „Wer liefert was?" oder „ABC der deutschen Wirtschaft" › „Gelbe Seiten" › Branchenverzeichnisse	*Beispiele:* › Ausstellungen und Messen › Fachzeitschriften, Kataloge, Prospekte	*Beispiele:* › Rechtsanwaltskammer › Industrie- und Handelskammer › Verbände

Natürlich eignet sich auch das **Internet** hervorragend als Bezugsquelle. Die Beschaffung über das Internet bietet unter anderem den Vorteil, dass dem Käufer bei der Auswahl der Weltmarkt und so eine viel größere Produkt- und Preispalette offen stehen. Zudem kann der Beschaffungsvorgang schnell, unkompliziert und ohne hohen Personalaufwand abgewickelt werden. Werden im Internet Waren oder Dienstleistungen gegen Entgelt beschafft, spricht man von E-Commerce (Electronic Commerce, elektronischer Handel). Zu unterscheiden sind zwei Formen des E-Commerce:

› **B2C (Business-to-Consumer):** Geschäfte zwischen Unternehmern und Konsumenten

Beispiel: Rechtsanwaltsfachangestellte Lisa bestellt sich für den privaten Gebrauch ein paar Turnschuhe im Internet. Hier gilt das Fernabsatzgesetz, welches Lisa als Verbraucherin schützt und ihr etwa ein 14-tägiges Widerrufsrecht einräumt.

› **B2B (Business-to-Business):** Geschäfte zwischen Unternehmern

Beispiel: Rechtsanwaltsfachangestellte Lisa bestellt für die Kanzlei 100 Notizblöcke im Internet. Hier gilt das Fernabsatzgesetz nicht.

LERNFELD 3

Bei der Beurteilung potenzieller Lieferanten bzw. bei der **Lieferantenauswahl** kommen folgenden Fragen besondere Bedeutung zu:

> Zu welchen Preisen bietet der Lieferant an?
> Welche Zahlungs- und Lieferbedingungen hat er?
> Ist eine fristgemäße Lieferung sichergestellt?
> Ist der Lieferant flexibel und kann auch kurzfristige Nachbestellungen erledigen?
> Welchen Ruf genießt der Lieferant in der Branche?
> Kann der qualitativ und quantitativ benötigte Bedarf des Betriebes von diesem Unternehmen befriedigt werden?
> Produziert bzw. liefert das Unternehmen umweltbewusst?
> Welchen Kundendienst bietet der Lieferant?
> Wie verhält sich der Lieferant bei Reklamationen?
> Steht das Unternehmen als langfristiger Partner zur Verfügung?

2.2.2   Das Angebot

Das Angebot stellt eine an eine bestimmte Person gerichtete **Willenserklärung** zum Abschluss eines Vertrags dar. Beim Kaufvertrag enthält das Angebot somit detaillierte Angaben über das angebotene Produkt, Leistungen, technische Daten, Installation oder Anschluss des Geräts, Wartungsvertrag etc. Das Angebot ist **rechtsverbindlich,** der Anbietende ist daran gebunden, es sei denn, er schließt die Gebundenheit aus. Der Vertrag kommt zustande, wenn das Angebot vom Adressaten angenommen wird. Für das Angebot gelten **keine gesetzlichen Formvorschriften,** sodass auch ein mündlich abgegebenes Angebot wirksam ist und ein Vertrag zustande kommt, wenn der Adressat das Angebot annimmt. Probleme können allerdings entstehen, wenn zwischen den Vertragsparteien hinterher streitig ist, welchen Inhalt das konkrete Angebot hatte, deshalb empfiehlt es sich, das Angebot schriftlich zu erstellen und den Vertragspartner zu bitten, seine Annahmeerklärung ebenfalls schriftlich abzugeben; bei Unstimmigkeiten kann dann auf die schriftlichen Unterlagen Bezug genommen werden.

© PixelEmbargo – Fotolia.com

Checkliste

Grundlegend sind folgende Bestandteile eines Angebots möglich:

> Name, Anschrift, Telefon- und Telefaxnummern, E-Mail-Adresse, Internetadresse des Anbieters
> Name und Kontaktdaten eines persönlichen Ansprechpartners beim Lieferanten
> Anschrift des Kunden
> Angaben zur Ware (Art, Beschaffenheit und Qualität)
> Menge (Mindestabnahmemenge, Höchstmenge)
> Preise und Preisnachlässe
> Lieferdatum und Lieferzeitpunkt
> Art der Verpackung und Kosten für die Verpackung, Versandart und Versandkosten
> Versicherungen (z. B. für den Transport der Ware)
> Zahlungsbedingungen
> Angaben zur Angebotsbindung (Freizeichnungsklauseln)
> Angaben zum Erlöschen des Angebots, Angaben zum Erfüllungsort, Gerichtsstand und Gefahrenübergang

Das Angebot wird regelmäßig über die Anfrage hinausgehende Inhalte enthalten, beispielsweise ergänzende Hinweise zur Funktion des Gerätes, Einsatzmöglichkeiten, Bestimmung einer Frist zur Annahme des Angebots, zusätzliche Leistungen etc.

BRENNER & FERGER
Büroaussattungen GmbH

Brenner & Ferger, Postfach 5 65 67, 79098 Freiburg

Ihr Zeichen: li-dr
Ihre Nachricht vom: 02.11.20..
Unser Zeichen: fe-ba
Unsere Nachricht vom:

Rechtsanwaltssozietät
Libs & Karl
Habsburger Straße 733
79104 Freiburg

Name: Martin Bauer
Telefon: 0761 25845-12
Telefax: 0761 25845-10
E-Mail: mbauer@brenner-ferger.de

Datum: 05.11.20..

Angebot über Laserdrucker

Sehr geehrte Frau Dreler,

vielen Dank für Ihr Interesse an unseren Produkten. Gerne senden wir Ihnen das gewünschte Angebot. Für Ihre Anforderungen eignet sich besonders der netzwerkfähige Farblaserdrucker **PRINT 1402 LCC** für Schwarz-Weiß- und Farbdrucke, Artikelnummer 2806:

- langlebig durch hochwertige Verarbeitung und geringen Verschleiß
- einfache Bedienung mit Touchscreen
- Dokumenteneinzug für Scannen und Kopieren, Duplexeinheit für automatischen Duplexdruck
- hohes Drucktempo, hervorragende Druckqualität, geringe Druckkosten
- Umweltsiegel *„Blauer Engel"* für geringen Stromverbrauch, schnellen Wechsel zwischen Druck- und Energiesparmodus sowie geringe Schadstoff- und Feinstaubemissionen
- leise Betriebsgeräusche

Die Produktbroschüre zum **PRINT 1402 LCC** enthält alle weiteren technischen Details.

Ihnen bieten wir den Drucker zum Vorzugspreis für Erstkunden von 350,00 € zuzüglich 25,00 € für die Installation an. Die Preise gelten inklusive Umsatzsteuer. Wir liefern innerhalb 5 Tagen nach Auftragseingang frei Haus. Bitte begleichen Sie die Rechnung binnen 30 Tagen. Zahlen Sie innerhalb 10 Tagen, gewähren wir Ihnen 3 % Skonto auf den Warenwert. Dieses Angebot ist bis 31.12.20.. gültig.

Über Ihren Auftrag freuen wir uns sehr.

Freundliche Grüße

Brenner & Ferger
Büroausstattungen GmbH

Martin Bauer

i. A. Martin Bauer

Anlagen
1 Produktbroschüre PRINT 1402 LCC
1 Allgemeine Geschäftsbedingungen

Geschäftsräume	Öffnungszeiten	Kommunikation	Bankverbindung
Franz-Ebert-Straße 20	Mo – Fr: 08:00 – 20:00 Uhr	Tel.: 0761 25845-0	ZUB-Bank Freiburg
79098 Freiburg	Sa: 08:00 – 16:00 Uhr	E-Mail: info@brenner-ferger.de	IBAN DE87 9874 5632 0001 2587 00
Steuernummer: DE789654123		Internet: www.brenner-ferger.de	BIC FIRADEFR5ZU

2.2.3 Schriftstücke softwaregestützt erstellen

2.2.3.1 Texte rationell erfassen

Das 10-Finger-Tastschreiben ist eine effiziente Methode, um Texte schnell, sicher und fehlerfrei zu erfassen, ohne dabei auf das Tastenfeld zu schauen bzw. sich immer wieder neu darauf orientieren zu müssen. Dies wird möglich, indem durch die festgelegte Tasten-Finger-Zuordnung im Laufe der Zeit die Bewegungsabläufe – ähnlich wie beim Laufen, Fahrrad- oder Autofahren – automatisiert werden. Sie denken nicht mehr darüber nach, wo sich die Buchstaben auf der Tastatur befinden, sondern können sich auf den Text konzentrieren.

© mirpic – Fotolia.com

Tasten-Finger-Zuordnungen

Ordnen Sie den einzelnen Fingern von außen nach innen die Farben Rot, Gelb, Grün und Blau zu. Merken Sie sich die Zuordnung z. B. anhand des Farbverlaufs des abgebildeten Regenbogens:

> Kleiner Finger: Rot
> Ringfinger: Gelb

> Mittelfinger: Grün
> Zeigefinger: Blau

Grundstellung, Grundreihe und Großschreibung

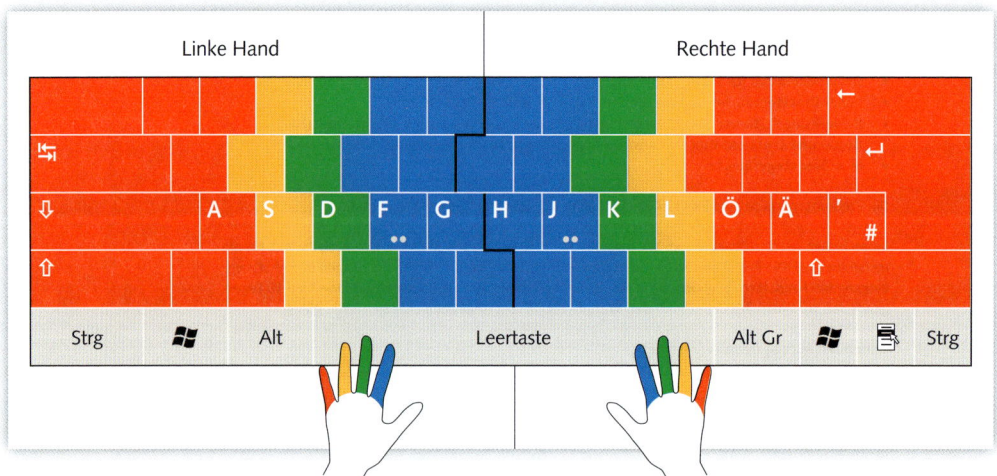

Nehmen Sie die **Grundstellung** ein:

Links: F D S A und Rechts: J K L Ö

Legen Sie dafür den linken Zeigefinger auf das F und den rechten Zeigefinger auf das J. Legen Sie alle weiteren Finger auf die jeweils direkt benachbarten Tasten. In die Grundstellung finden Sie auch „blind" immer wieder zurück, indem Sie die kleinen Erhebungen auf den Tasten F und J erfühlen.

Großschreibung: Möchten Sie z.B. ein großes F schreiben, drücken Sie mit dem kleinen Finger der rechten Hand die Umschalttaste ⇧ und dazu das F. Das J schreiben Sie groß, indem Sie zunächst mit dem linken kleinen Finger die Umschalttaste ⇧ drücken.

Drücken Sie die **Leertaste** mit einem Daumen, um **Leerzeichen** einzugeben.

Unterreihe

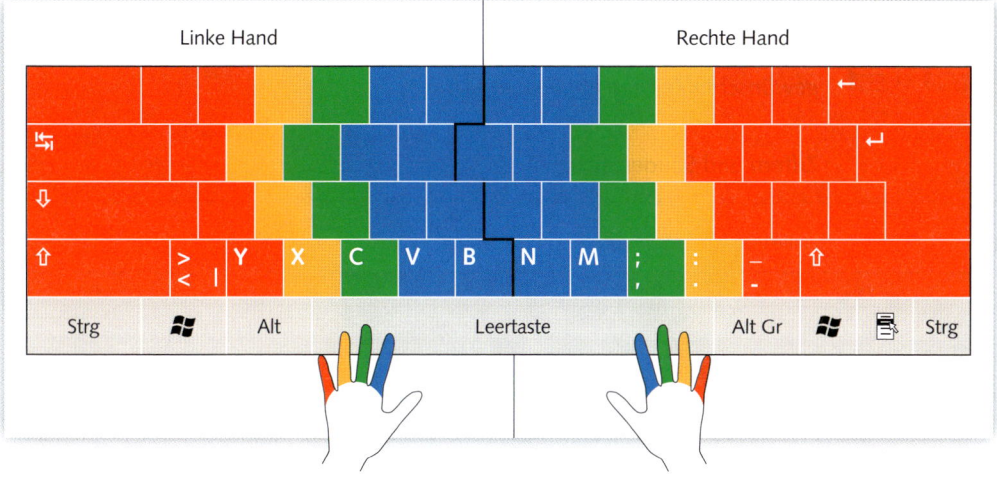

Schreiben Sie die Buchstaben und Zeichen der Unterreihe, indem Sie **in der Regel** von der Grundreihe aus **leicht schräg nach unten rechts** greifen.

Ausnahmen:

Die Zeichen der Tasten mit einer **Zweitbelegung**, z.B. > ; : oder −, sowie alle Großbuchstaben geben Sie ein, indem Sie zunächst mit dem kleinen Finger der anderen Hand die **Umschalttaste** ⇧ drücken und dazu die Taste, auf der das gewünschte Zeichen abgebildet ist.

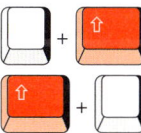

Oberreihe

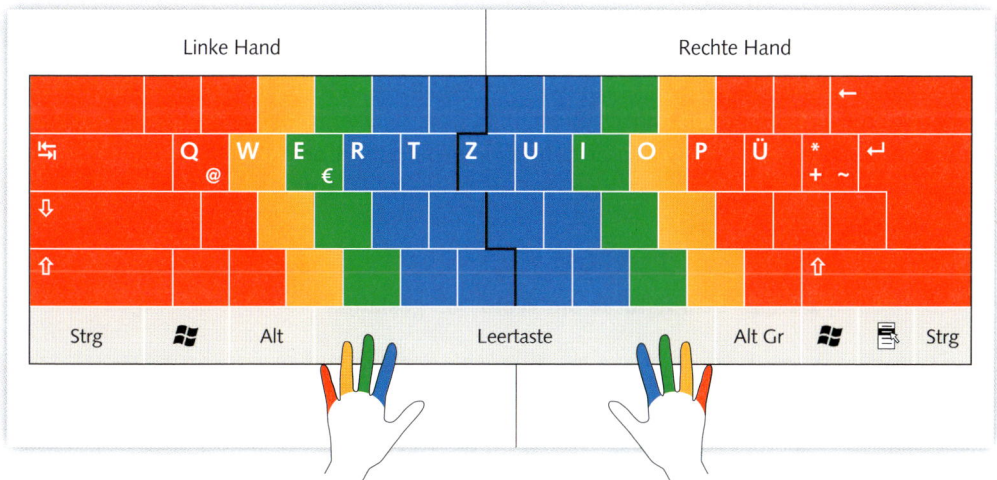

Schreiben Sie die Buchstaben und Zeichen der Oberreihe, indem Sie **in der Regel** von der Grundreihe aus **leicht schräg nach oben links** greifen.

Ausnahmen: Ü   *   +   ~

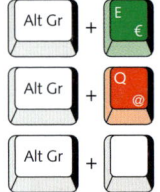

Möchten Sie das €-**Zeichen** schreiben, drücken Sie zunächst die Taste **Alt Gr** und dazu das €-Zeichen. Um das @-**Zeichen** zu schreiben drücken Sie zunächst die Taste **Alt Gr** und dazu die Taste mit dem @.

Die Zeichen der Tasten mit einer **Drittbelegung,** z.B. | oder ~, geben Sie ein, indem Sie zunächst die Taste **Alt Gr** drücken und dazu die Taste, auf der das gewünschte Zeichen abgebildet ist.

Ziffern und Sonderzeichen

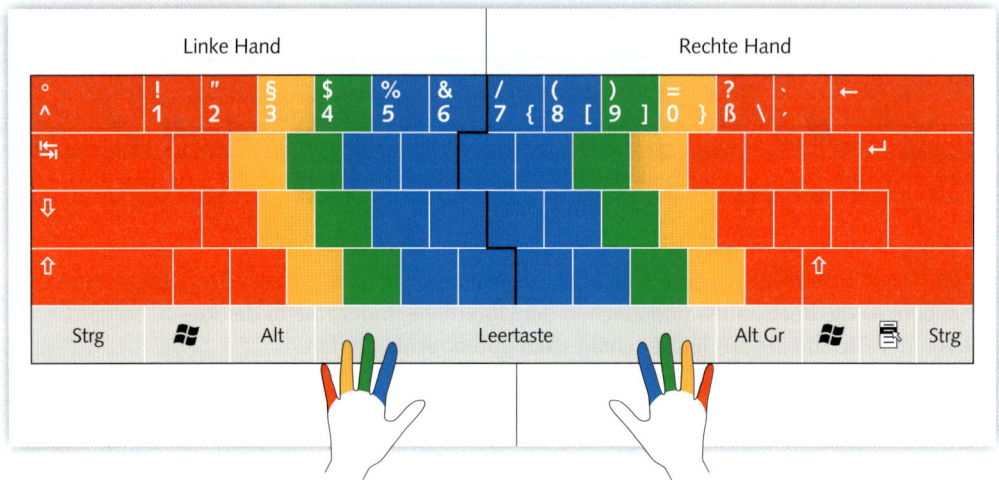

Schreiben Sie die Buchstaben und Zeichen der Ziffernreihe, indem Sie **in der Regel** von der Grundreihe aus **geradeaus nach oben** greifen.

Ausnahmen: °   ^   1   !   `   ´

Akzente (^   `   ´) setzen Sie, indem Sie zunächst den gewünschten Akzent eingeben und danach direkt, d. h. ohne Leerzeichen, den dazugehörigen Buchstaben. Solange dieser nicht eingegeben ist, ist der Akzent auf dem Bildschirm nicht sichtbar.

- -

2.2.3.2 Schriftstücke mit Word 365 gestalten

In Texten sollen manchmal bestimmte Stellen besonders hervorgehoben werden, um die Aufmerksamkeit der Leser/-innen auf sie zu lenken. Nutzen Sie dafür die vielfältigen Formatierungsmöglichkeiten in Word 365.

Sie können Ihr Schriftstück gestalten, indem Sie die gewünschten Formate aktivieren, bevor Sie den Text eingeben. Sie können ihn aber auch nach der Eingabe markieren und im Nachhinein formatieren. In der Regel ist es geschickter, die zweite Möglichkeit zu verwenden.

Zeichenformatierung

Unter Zeichenformatierung versteht man die Gestaltung eines Zeichens (Buchstaben, Zahlen, Sonderzeichen, Satzzeichen und Leerzeichen) oder einer Zeichengruppe.

Word 365 stellt Ihnen eine große Palette an Zeichenformaten zur Verfügung. Wählen Sie in der Registerkarte START, Gruppe SCHRIFTART das entsprechende Feld bzw. die entsprechende Schaltfläche.

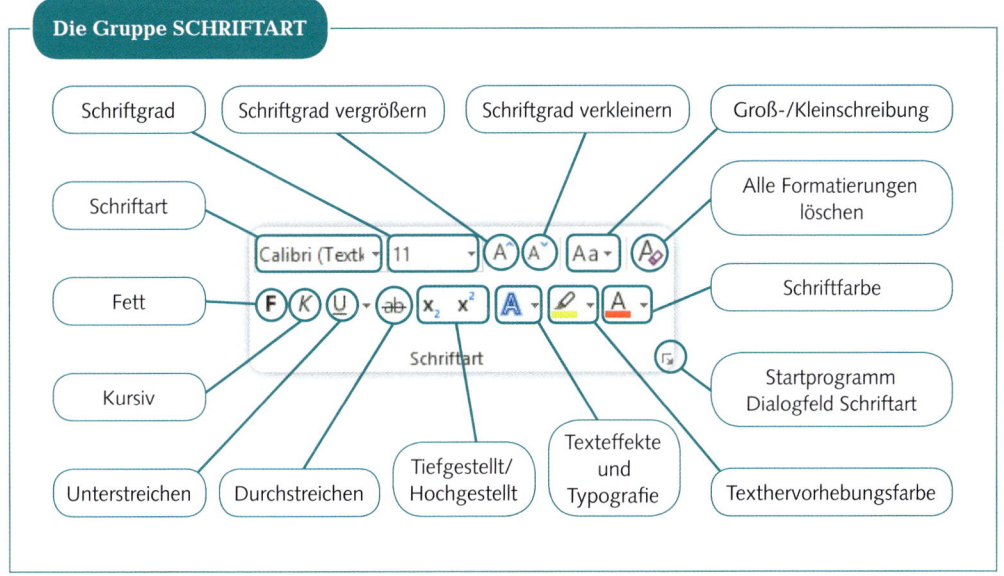

Die Gruppe SCHRIFTART

Weitere Möglichkeiten, insbesondere weitere Effekte, stehen Ihnen im Dialogfeld SCHRIFTART, Registerkarte SCHRIFTART zur Verfügung.

› Öffnen des Dialogfeldes SCHRIFTART:
  – Kontextmenü (rechte Maustaste) – Befehl SCHRIFTART
  – Mausklick auf das Startprogramm der Gruppe SCHRIFTART
  – Tastenkombination Alt+R+ÄC

Dialogfeld SCHRIFTART, Registerblatt ERWEITERT

Skalieren.

Beim Skalieren von Text wird die Form der Zeichen prozentual geändert.

Sie können Text skalieren, indem Sie ihn strecken oder verdichten („zusammenpressen"). Bei einem Prozentsatz über 100 % wird der Text gestreckt. Bei einem Prozentsatz unter 100 % wird der Text verdichtet.

› Markieren Sie den Text.

› Öffnen Sie das Dialogfeld.

› Geben Sie im Feld SKALIEREN die gewünschte Prozentzahl ein.

Skalieren: 150 %   Skalieren: 80 %

Abstand.

Mit den Optionen **Erweitert** bzw. **Breit** oder **Schmal** wird der Abstand zwischen allen markierten Buchstaben gleichmäßig verändert.

› Markieren Sie den Text.

› Öffnen Sie das Dialogfeld.

› Wählen Sie **Abstand** Erweitert bzw. Breit oder Schmal.

› Geben Sie im Feld „Von:" den gewünschten Wert ein, z. B. 3 Pt.

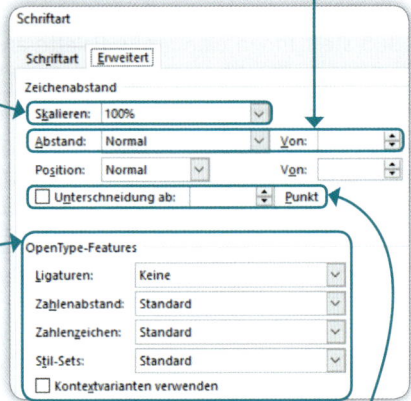

OpenType-Features.

Unterschiedliche Möglichkeiten, das Schriftbild einer Schriftart zu gestalten.

Mehr dazu: Microsoft Office Online-Support

Unterschneidung ab.

Sie können Zeichen ab einem bestimmten Schriftgrad „unterschneiden".

Durch das Unterschneiden wird der Abstand zwischen *bestimmten* Buchstabenpaaren geändert und der Text erscheint gleichmäßiger:

› Markieren Sie den Text.

› Öffnen Sie das Dialogfeld.

› Wählen Sie **Überschneidung ab.**

› Geben Sie den gewünschten Schriftgrad ein.

ohne Unterschneidung: WAS   **mit Unterschneidung: WAS**

Absatzformatierung

Ein **Absatz** ist ein zusammenhängender Textbereich und befindet sich zwischen mindestens zwei Absatzmarken: ¶. Sobald Sie die EINGABE-Taste drücken, erhalten Sie einen neuen Absatz. Fließtext darf daher am Zeilenende nicht mit der Eingabetaste unterbrochen werden. Word fügt die Zeilenumbrüche automatisch ein. Einen manuellen (weichen) Zeilenumbruch innerhalb eines Absatzes können Sie bei Bedarf mithilfe der Tastenkombination UMSCHALT+EINGABE einfügen.

Absatzausrichtung

Absätze können unterschiedlich ausgerichtet werden:

› Linksbündig (Flattersatz)   › Rechtsbündig   › Zentriert   › Blocksatz

So können Sie die Ausrichtung von Absätzen verändern:

› **4 Schaltflächen** in der Registerkarte START/Gruppe ABSATZ: ≣ ≣ ≣ ≣

› Öffnen des Dialogfeldes ABSATZ:
  – Kontextmenü (rechte Maustaste) – Befehl ABSATZ
  – Startprogramm der Gruppe ABSATZ
    (Registerkarte START oder LAYOUT)
  – Tastenkombination Alt+R+BB
  – Doppelklick auf Marker für Zeileneinzüge im Lineal (s. u.)
    Dort: Registerkarte EINZÜGE UND ABSTÄNDE, Abschnitt ALLGEMEIN,
    Listenfeld AUSRICHTUNG

› Tastenkombinationen: Strg+L, Strg+E, Strg+R, Strg+B

Einzüge

Sie können den **Einzug** für jeden Absatz Ihres Dokumentes abweichend von den
eingerichteten Seitenrändern individuell anpassen, d. h. den linken und/oder rechten Rand für ausgewählte Bereiche verändern. Diese Funktion verwenden Sie,
wenn Sie Teile Ihres Textes normgerecht einrücken wollen (Einzug links = 2,5 cm).

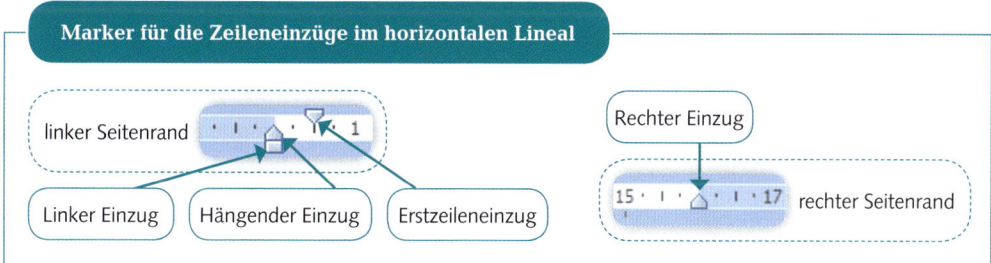

Marker für die Zeileneinzüge im horizontalen Lineal

linker Seitenrand

Linker Einzug   Hängender Einzug   Erstzeileneinzug

Rechter Einzug

rechter Seitenrand

So können Sie die Einzüge von Absätzen verändern:

› Registerkarte LAYOUT, Gruppe ABSATZ, Eingabefelder EINZUG LINKS
  bzw. RECHTS

› Öffnen des Dialogfeldes Absatz
  Dort: Registerkarte EINZÜGE UND ABSTÄNDE Abschnitt EINZUG

› Schaltflächen EINZUG VERGRÖßERN bzw. EINZUG VERKLEINERN 🔲 🔲
  um jeweils 1,25 cm pro „Klick" (Registerkarte Start, Gruppe Absatz)

› Tastenkombinationen:
  – Strg+M   →   der Einzug wird um eine Stufe (= 1,25 cm)
                       weiter nach rechts vergrößert
  – Strg+Shift+M   →   Einzug wird um eine Stufe (= 1,25 cm)
                       nach links verkleinert

› Marker des horizontalen Zeilenlineals mit gedrückter linker Maustaste
  verschieben

LERNFELD 3

Absatz- und Zeilenabstände

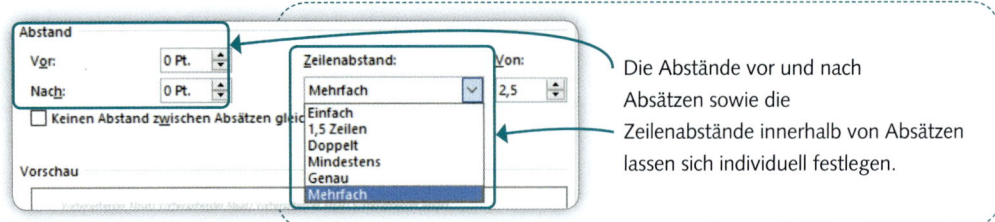

Die Abstände vor und nach Absätzen sowie die Zeilenabstände innerhalb von Absätzen lassen sich individuell festlegen.

So können Sie Absatz- bzw. Zeilenabstände verändern:

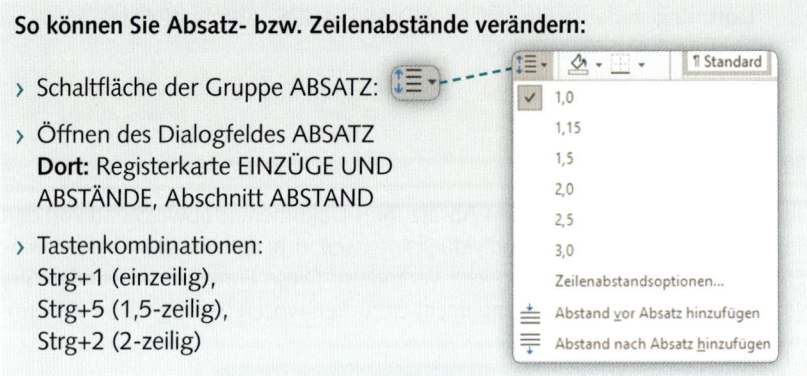

› Schaltfläche der Gruppe ABSATZ:

› Öffnen des Dialogfeldes ABSATZ
  Dort: Registerkarte EINZÜGE UND ABSTÄNDE, Abschnitt ABSTAND

› Tastenkombinationen:
  Strg+1 (einzeilig),
  Strg+5 (1,5-zeilig),
  Strg+2 (2-zeilig)

Tabstopps

Wenn Sie den Cursor schnell und genau an eine bestimmte Stelle in einer Zeile setzen möchten, können Sie diese Stelle mit einem Tabstopp exakt bestimmen. Mit einem Druck auf die Tab-Taste 🠖ı, bleibt der Cursor dann genau an der Position stehen, die Sie festgelegt haben.

In Word sind zunächst „Standardtabstopps" mit einem Abstand von 1,25 cm eingerichtet. Solange Sie keine eigene neue Standardtabstopp- oder Tabstopp-Position festlegen, springt der Cursor jedes Mal, wenn Sie auf die Tab-Taste drücken, um 1,25 cm nach rechts. Sie können den Abstand der Standardtabstopps an Ihre Bedürfnisse anpassen, wenn Sie in einem Absatz keine individuellen Tabstopps benötigen. Legen Sie für einen Absatz individuelle Tabstopps fest, sind links von ihnen liegende Standardtabstopps inaktiv und werden nicht angesteuert.

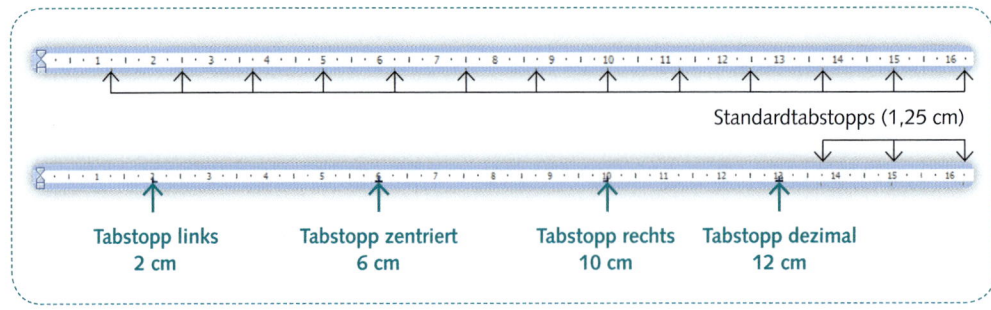

Festlegen und Bearbeiten von Tabstopps mit der Maus

Wählen Sie mit der Maus zuerst die Ausrichtung des Tabstopps

Hier wählen Sie durch Mausklick die Ausrichtung.

Zeigen Sie mit dem Mauszeiger in den Bereich unter dem horizontalen Zeilenlineal und setzen Sie den Tabulator durch Klicken mit der linken Maustaste an die gewünschte Position, z. B. bei 3 cm. Verschieben Sie ihn bei Bedarf an eine andere Position, indem Sie die Maustaste gedrückt halten. Durch Ziehen des Tabstopps in den Textbereich wird er gelöscht.

Linksbündig	L	91 357,90
Zentriert	⊥	91 3 57,90
Rechtsbündig	⌐	91 357,90
Dezimal	⊥	91 357 ,90
Vertikale Linie	I	91 357,90 ǀ 91 357,90

Festlegen und Bearbeiten von Tabstopps mit dem Dialogfeld Tabstopps

Öffnen Sie das Dialogfeld TABSTOPPS:
Registerkarte START oder LAYOUT, Gruppe ABSATZ, Startprogramm für das Dialogfeld ABSATZ, Schaltfläche TABSTOPPS (unten links).

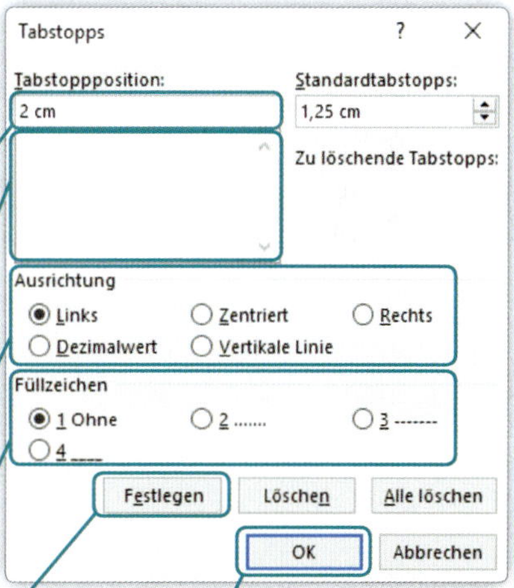

Geben Sie hier die Position des Tabstopps in cm ein.

Hier können Sie bereits festgelegte Tabstopps auswählen, um sie zu bearbeiten oder zu löschen.

Hier wählen Sie die Ausrichtung.

Wählen Sie evtl. ein Füllzeichen.

Bestätigen Sie jede neue Tabstopp-Position, indem Sie die Schaltfläche FESTLEGEN anklicken.

Beenden und bestätigen Sie Ihre Arbeit mit der Schaltfläche OK erst, nachdem Sie alle neuen Tabstopps festgelegt haben.

Tabstopps ? ✕

Tabstoppposition:
2 cm

Standardtabstopps:
1,25 cm

Zu löschende Tabstopps:

Ausrichtung
◉ Links ○ Zentriert ○ Rechts
○ Dezimalwert ○ Vertikale Linie

Füllzeichen
◉ 1 Ohne ○ 2 .... ○ 3 -------
○ 4 ___

Festlegen Löschen Alle löschen

OK Abbrechen

LERNFELD 3

Aufzählungen, Nummerierungen und Listen

Nach DIN 5008 werden Texte, wenn es nach ihrem Umfang und Inhalt sinnvoll ist, in Absätze, Aufzählungen[1] und Abschnitte gegliedert. Beginn und Ende einer Aufzählung sind vom übrigen Text durch je eine Leerzeile zu trennen. Die einzelnen Aufzählungsglieder dürfen auch durch Leerzeilen getrennt werden, insbesondere, wenn sie mehrzeilig sind. Der Nummer folgt ein Punkt: 1., dem Buchstaben eine Nachklammer: a), nach Abschnittsnummern steht kein Punkt. Zwischen Gliederungszeichen und Text ist ein Abstand von mindestens einem Leerzeichen, nach Abschnittsnummern von mindestens zwei Leerzeichen, einzuhalten. Bei Inhaltsverzeichnissen müssen alle Abschnittsnummern an derselben Fluchtlinie beginnen. Die Abschnittsüberschriften beginnen an einer weiteren Fluchtlinie, auch wenn sie mehrzeilig sind.

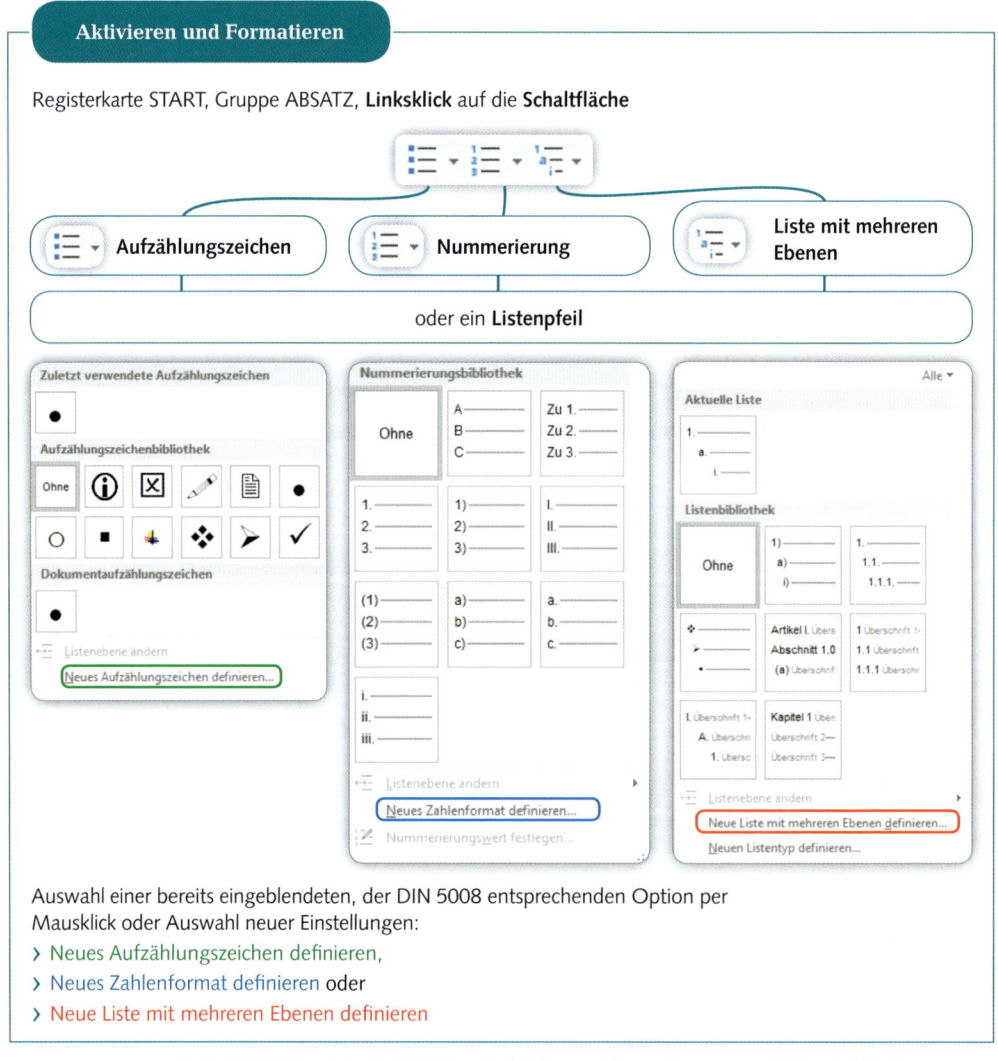

Aktivieren und Formatieren

Registerkarte START, Gruppe ABSATZ, **Linksklick** auf die **Schaltfläche**

Aufzählungszeichen

Nummerierung

Liste mit mehreren Ebenen

oder ein **Listenpfeil**

Auswahl einer bereits eingeblendeten, der DIN 5008 entsprechenden Option per Mausklick oder Auswahl neuer Einstellungen:
> Neues Aufzählungszeichen definieren,
> Neues Zahlenformat definieren oder
> Neue Liste mit mehreren Ebenen definieren

[1] Die DIN 5008 meint mit **Aufzählung** Aufzählungen, Nummerierungen und Listen in Word.

Neues Aufzählungszeichen definieren

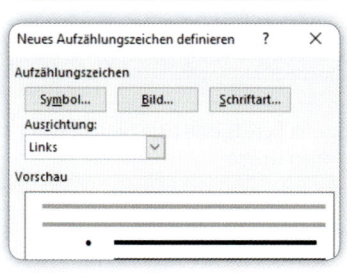

Auswahl:

> **Aufzählungszeichen:** Symbol, Bild, Schriftart
> **Ausrichtung:** Links, Zentriert oder Rechts[2]

Neues Zahlenformat definieren

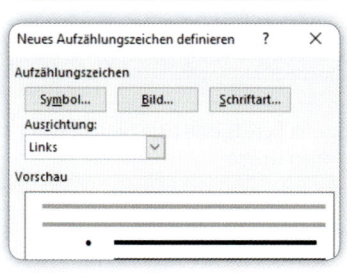

Auswahl:

> **Zahlenformatvorlage:** 1, 2, 3, … oder a, b, c, … etc.
> **Zahlenformat:** Legen Sie durch Eingabe das Zeichen fest, das dem Zahlenformat folgt, z. B. Punkt, Nachklammer oder kein Zeichen (Löschen)
> **Ausrichtung:** Links, Zentriert oder Rechts

Postionen festlegen

Registerkarte START, Gruppe ABSATZ, STARTPROGRAMM

1. Aufzählungszeichen- oder Nummernposition festlegen: Einzug Links: 0 cm oder 2,5 cm
2. Textposition festlegen: Sondereinzug Hängend: z. B. 0,63 cm (Word-Standard)

RECHTSKLICK auf ein Aufzählungszeichen bzw. eine Nummer, Befehl: LISTENEINZUG ANPASSEN

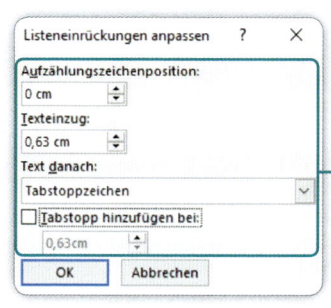

1. Aufzählungszeichen- oder Nummernposition festlegen: 0 cm oder 2,5 cm
2. Texteinzug[3] festlegen: z. B. 0,63 cm (Word-Standard) oder 3,13 cm (bei Einrückung)
3. Text danach[4]: Tabstoppzeichen

---

[2] Ausrichtung des Aufzählungszeichens bzw. der Nummer auf der rechten oder linken Seite der – bzw. zentriert zur – Aufzählungszeichen- bzw. Nummernposition. Wählen Sie für Ordnungszahlen, die den zweistelligen Bereich erreichen, Ausrichtung: Rechts.

[3] Position, an der der Text ab der zweiten Zeile beginnen soll.

[4] Abstand der ersten Textzeile vom Seitenrand.
Optionen:
1. **Tabstoppzeichen:** festgelegter Abstand zwischen Aufzählungszeichen oder Listennummer und Text
2. **Abstand:** einzelnes (nicht angezeigtes) Leerzeichen zwischen Aufzählungszeichen oder Listennummer und Text
3. **Nichts:** kein Abstand zwischen Aufzählungszeichen oder Listennummer und Text
Hinweis: Verwenden Sie nicht das Lineal zum Anpassen von Listeneinzügen, damit Sie exakte Fluchtlinien festlegen können.

Nummerierungswert festlegen

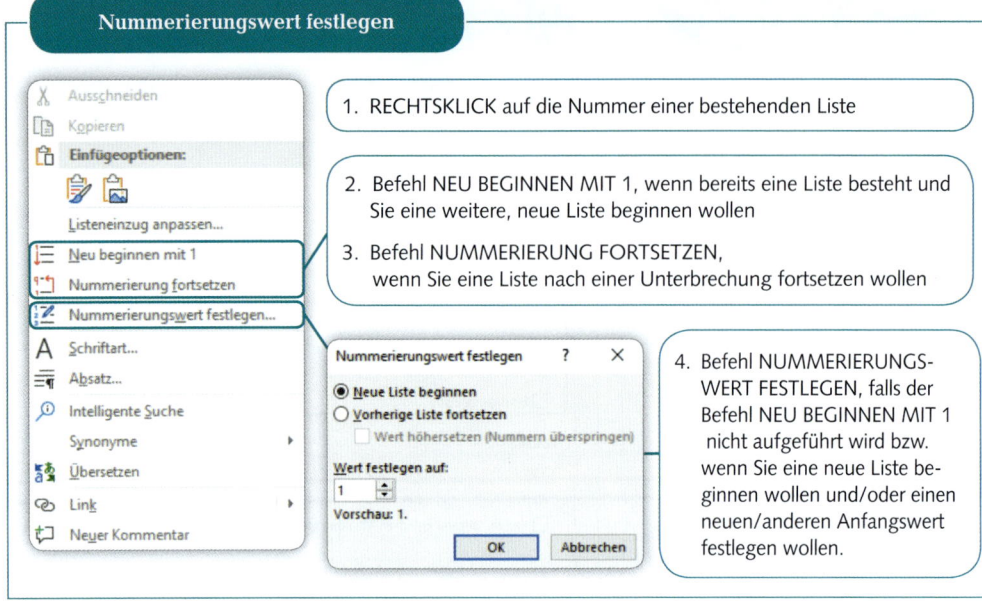

1. RECHTSKLICK auf die Nummer einer bestehenden Liste

2. Befehl NEU BEGINNEN MIT 1, wenn bereits eine Liste besteht und Sie eine weitere, neue Liste beginnen wollen

3. Befehl NUMMERIERUNG FORTSETZEN, wenn Sie eine Liste nach einer Unterbrechung fortsetzen wollen

4. Befehl NUMMERIERUNGS- WERT FESTLEGEN, falls der Befehl NEU BEGINNEN MIT 1 nicht aufgeführt wird bzw. wenn Sie eine neue Liste beginnen wollen und/oder einen neuen/anderen Anfangswert festlegen wollen.

Liste mit mehreren Ebenen definieren

Formatierungsbeispiel für eine Liste

① Wählen Sie durch LINKSKLICK die Ebene, die Sie bearbeiten möchten.

② Stellen Sie im Bereich Zahlenformat die ZAHLENFORMATVORLAGE FÜR DIESE EBENE ein, z. B.: 1, 2, 3 …; a, b, c, …; Neues Bild; Aufzählungszeichen: ●; Anderes Zeichen … etc.

③ Geben Sie ggf. im Bereich Zahlenformat im Eingabefeld FORMA- TIERUNG FÜR ZAHL EINGEBEN das Zeichen ein, das der Ziffer/Zahl oder dem Buchstaben folgen soll, z. B. Punkt oder Nachklammer.

④ Stellen Sie im Bereich Position (Aufzählungszeichenposition) ein:
   a) die ZAHLENAUSRICHTUNG
   b) die AUSRICHTUNG, d. h. den Abstand der Nummer, des Buchstabens etc. zum linken Rand; **hier:** Ebene 1: 0 cm und Ebene 2: 0,63 cm
   c) den TEXTEINZUG BEI; **hier:** Ebene 1: 0,63 cm und Ebene 2: 1,27 cm

So wechseln Sie in die nächsttiefere Ebene einer Liste:

> Linksklick **auf das** Aufzählungszeichen oder die Ordnungszahl des Listengliedes bzw. Markieren mehrerer gleichrangiger aufeinander- folgender Listenglieder

- Drücken Sie die Tabulatortaste ⭾ so oft, bis die gewünschte Ebene erreicht ist oder

> Linksklick **in das** Listenglied bzw. Markieren mehrerer gleichrangiger aufeinanderfolgender Listenglieder

- Registerkarte Start, Gruppe Absatz, Schaltfläche EINZUG VERGRÖSSERN: ⭲≣

> Mit der Tastenkombination ⇧ + ⭾ oder LINKSKLICK auf die Schaltfläche EINZUG VERKLEINERN: ⭰≣ gelangen Sie wieder in die nächsthöhere Ebene.

Tipp zur Vorgehensweise:

Tipp

AUFZÄHLUNG, NUMMERIERUNG bzw. LISTE sind Absatzformate. Die Absatzmarke ¶ speichert die zugewiesenen Absatzformate und überträgt sie automatisch mit einem harten Zeilenumbruch (Eingabe: ↵) in den nächsten Absatz. Befinden Sie sich innerhalb einer Aufzählung, Nummerierung oder Liste, fügt Word deshalb beim Schalten in die nächste Zeile automatisch das nächste Aufzählungsglied bzw. das nächste Nummerierungs- oder Listenglied mit der nächsthöheren Ordnungszahl ein.

Wollen Sie innerhalb eines Listengliedes eine neue Zeile beginnen oder zwischen zwei Listengliedern eine Leerzeile einfügen, geben Sie mit der Tastenkombination UMSCHALT+EINGABE einen weichen Zeilenumbruch ein. Sie erkennen ihn an dem Formatierungssymbol ↵ am Zeilenende.

LERNFELD 3

Kopf- und Fußzeilen

Kopf- und Fußzeilen dienen dazu, dass im Bereich des oberen und unteren Seitenrandes z. B. Texte erfasst oder Grafiken eingefügt werden können, die auf einem Geschäftsbrief bzw. auf jeder Seite oder einer bestimmten Anzahl von Seiten eines mehrseitigen Dokumentes erscheinen sollen.

Aktivieren der Kopf- und Fußzeile

Wenn Sie für Ihr Dokument eine Kopf- bzw. Fußzeile einrichten möchten, erreichen Sie dies

> in der Drucklayout-Ansicht durch einen Doppelklick in den leeren Bereich ober- bzw. unterhalb des Textbereiches.

> über die Registerkarte EINFÜGEN und die entsprechenden Befehle in der Gruppe KOPF- UND FUßZEILE.

Wenn Sie bereits eingerichtete Kopf- und Fußzeilen nachträglich verändern wollen, können Sie sie jederzeit in der Drucklayout-Ansicht mit einem Doppelklick in den Kopf- oder Fußzeilenbereich aktivieren.

Allgemeine Informationen zu Kopf- und Fußzeilen

> Kopf- und Fußzeilen sind in der Ansicht Drucklayout sichtbar, sobald Sie sie eingerichtet haben.

> Sobald Sie den Kopf- und Fußzeilenbereich aktivieren,
> – schaltet Word automatisch in die Ansicht Drucklayout um, wenn Sie sich in der Entwurfansicht befinden.
> – erscheint eine untere Begrenzungslinie, damit Sie sich besser orientieren können.
> – wird das Kopf- und Fußzeilentool ENTWURF eingeblendet.
> – wird der Text Ihres Dokumentes abgeblendet. Er erscheint hellgrau, d. h. er ist inaktiv. Die Kopf- und Fußzeilentools bieten in der Gruppe OPTIONEN die Möglichkeit, den Dokumenttext vollständig auszublenden.

> In der Kopf- und der Fußzeile sind standardmäßig bereits je zwei Tabstopp-Positionen eingerichtet: ein Tabstopp zentriert und ein Tabstopp rechts.

> Der Kopf- und Fußzeilenbereich passt sich automatisch jeder beliebigen Höhe an. Achten Sie darauf, dass sich durch Vergrößern oder Verkleinern dieses Bereiches eventuell der Textbereich verschieben kann.

> Kopf- und Fußzeilen, die Sie zu Beginn Ihrer Arbeit einrichten, werden automatisch auf allen weiteren Seiten Ihres Dokumentes fortgeführt. Sie können aber, z. B. indem Sie einen Seiten- oder einen Abschnittsumbruch einfügen oder entsprechende Einstellungen in der Gruppe OPTIONEN des Kopf- und Fußzeilentools ENTWURF vornehmen, für die erste Seite, gerade und ungerade Seiten oder für jeden Abschnitt unterschiedliche Kopf- und Fußzeilen einrichten.

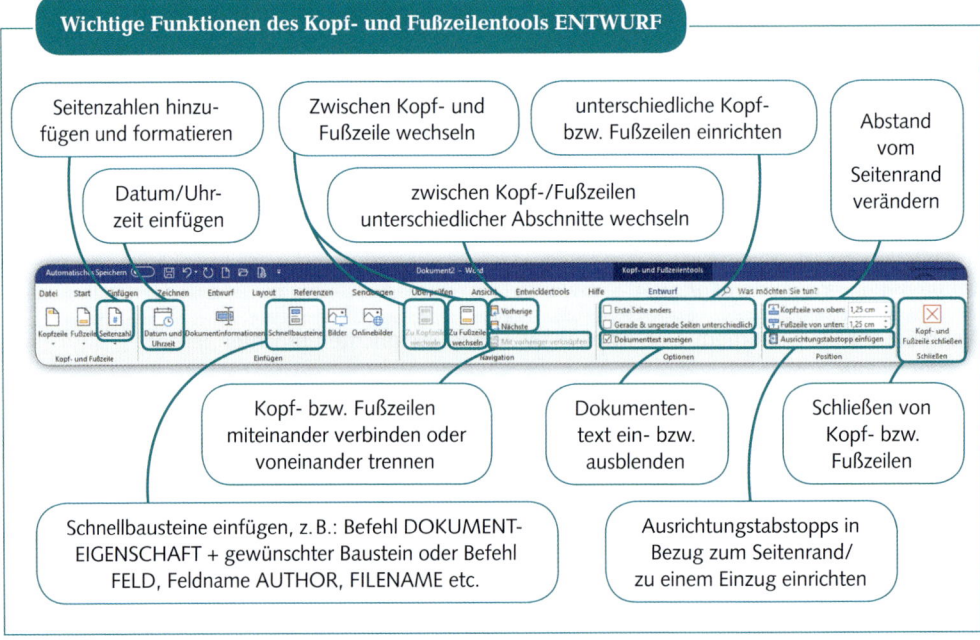

EXKURS

> In **Briefen** werden Seitenkennzeichnung und Text durch mindestens eine Leerzeile getrennt.

> Die Seiten des Briefes sind von der ersten Seite an fortlaufend zu nummerieren.

> Eine Seitennummerierung der Form „– X –" sollte vorzugsweise zentriert in der Kopfzeile stehen. Bei dieser Variante wird in der Fußzeile durch „…" (rechtsbündig) auf Folgeseiten hingewiesen.

> Eine Seitennummerierung der Form „Seite X von Y" sollte vorzugsweise rechtsbündig in der Fußzeile stehen. Hier sollte die Seitennummerierung auf der ersten Seite beginnen.

> In mehrseitigen Schriftstücken enthält die Kopfzeile in der Regel linksbündig die Titelzeile (Kolumnentitel) und rechtsbündig (bei beidseitigen Dokumenten umgekehrt) die Seitenzahl. Die Kopfzeile muss sich deutlich vom Text und den Überschriften abheben.

> Seitenzahlen dürfen alternativ auch in der Fußzeile aufgeführt werden – in der Regel rechtsbündig (bei beidseitigen Dokumenten außen, d. h. links- bzw. rechtsbündig) angeordnet.

> Die Seiten werden beginnend mit dem Titelblatt gezählt, aber dort nicht ausgewiesen.

> Wenn es aus Darstellungsgründen erforderlich ist, Seiten im Querformat einzufügen, so sollten diese gegen den Uhrzeiger gedreht werden. Eventuelle Kopf- und Fußzeilen dürfen nicht mitgedreht werden.

LERNFELD 3

Tipp zur Vorgehensweise:

Um den Abstand von einer Leerzeile zwischen Kopf- bzw. Fußzeile und Text in jedem Fall zu wahren, können Sie in der Kopfzeile immer eine Leerzeile unter bzw. in der Fußzeile über dem Text eingeben.

Tipp

- -

2.2.3.3 Kanzleibriefe normgerecht gestalten

Für Geschäftsbriefe stehen Ihnen zwei Typen von Vorlagen zur Verfügung:

> **Form A** mit einem oberen Seitenrand von 2,7 cm und einem hochgestellten Anschriftfeld

> **Form B** mit einem oberen Seitenrand von 4,5 cm und einem tiefgestellten Anschriftfeld

Feld für postalische Rücksendeangabe, Anschriftfeld und Informationsblock

Die Aufschrift im **9-zeiligen Anschriftfeld** ist in eine **3-zeilige Zusatz- und Vermerkzone ohne Rücksendeangabe** sowie eine **6-zeilige Anschriftzone** unterteilt. Zwischen den Bestandteilen der Aufschrift stehen keine Leerzeilen. Eine zusätzliche Variante ist das Anschriftfeld mit **5-zeiliger Zusatz- und Vermerkzone mit integrierter Rücksendeangabe;** für sie ist eine Schriftgröße von 8 Pt. einzustellen.

BEISPIEL

Auszug aus einem Geschäftsbrief mit **Anschriftfeld,** bestehend aus einer **3-zeiligen Zusatz- und Vermerkzone ohne Rücksendeangabe** sowie einer **6-zeiligen Anschriftzone,** und **Standardinformationsblock** in einer Tabelle. Am oberen Seitenrand geht dem Anschriftfeld unmittelbar das **Feld für die postalische Rücksendeangabe** voraus.

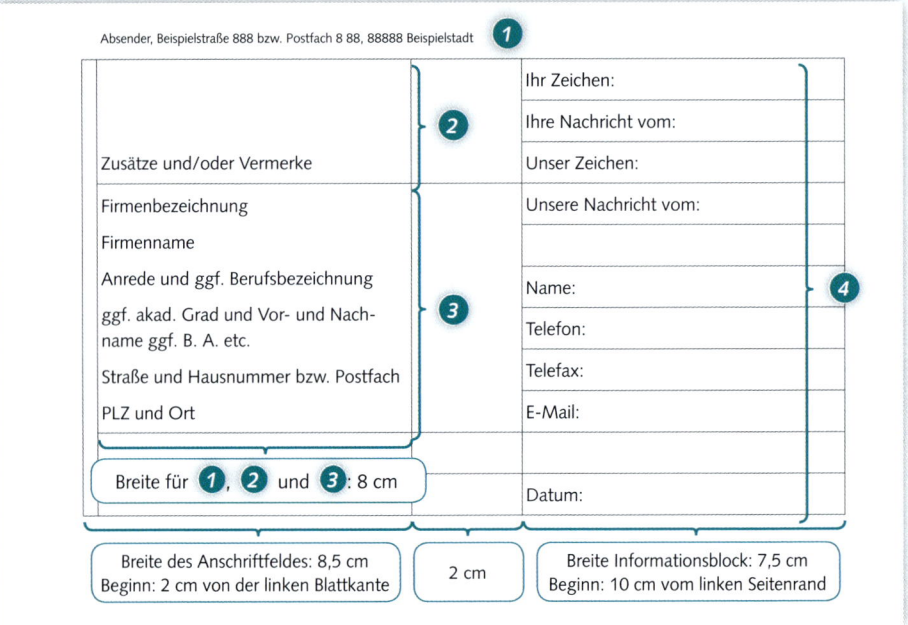

1. **Feld für postalische Rücksendeangabe**
   > Schriftgröße: 8 Pt., Mindestschriftgröße (in Ausnahmefällen): 6 Pt.

2. **Zusatz- und Vermerkzone ohne Rücksendeangabe**
   > Schriftgröße: Grundschrift[1]
   > Position der obersten Zeile: Brief Form A = 3,39 cm; Brief Form B: 5,08 cm
   > Die Beschriftung beginnt direkt oberhalb der ersten Zeile der Anschriftzone.

3. **Anschriftzone**
   > Schriftgröße: Grundschrift
   > Geschäftsbrief: Firmenbezeichnung und/oder -name stehen an erster Stelle
   > Privatbrief: Anrede, Vor- und Nachname stehen an erster Stelle

[1] *Grundschrift: im Brieftext verwendete Schriftart und -größe*

④ Standardinformationsblock
> Bestandteile: Leitwörter, Bezugszeichen, Kommunikationsmöglichkeiten und Datum
> die im Beispiel angegebene Reihenfolge der Leitwörter ist einzuhalten
> Beginn: rechts neben der obersten Zeile der Zusatz- und Vermerkzone
> Schriftgröße für Leitwörter und Angaben: Grundschrift; für die E-Mail-Adresse kann eine kleinere Schriftgröße von mindestens 8 Pt. verwendet werden
> Bestandteile gruppieren: vor dem Leitwort „Name" und vor dem Leitwort „Datum" steht jeweils eine Leerzeile
> Angaben: sie folgen den Leitwörtern nach einem Abstand von je einem Leerzeichen

Gestalteter Informationsblock. Die Leitwörter des Standardinformationsblocks dürfen angepasst, d. h., sie dürfen ergänzt, verändert oder weggelassen werden. Bei dieser Variante sollten sich die Angaben mit angemessenem Abstand – d. h. mindestens einem Leerzeichen – zum Leitwort an einer neuen Fluchtlinie orientieren. Sie wird am längsten Leitwort ausgerichtet. Die Leitwörter sollten durch Leerzeilen sinnvoll gruppiert werden. Sie können in einer kleineren Schriftgröße von mindestens 6 Pt. geschrieben werden, die Angaben erfolgen in der Grundschrift (Ausnahme: E-Mail-Adresse, s. o.).

Zahlengliederungen in der postalischen Rücksendeangabe, im Anschriftfeld und im Informationsblock

Postfachnummer. Postfachnummern werden von rechts nach links in Zweierschritten durch je ein Leerzeichen gegliedert: Postfach 9 63 25.

Postleitzahl. Postleitzahlen werden fünfstellig ohne Leerzeichen geschrieben.

Telefon- und Telefaxnummer. Telefon- und Telefaxnummern setzen sich aus unterschiedlichen Funktionen, wie z. B. Anbieter, Landesvorwahl, Ortsnetzkennzahl, Einzelanschluss oder Durchwahlanlage mit Angabe der Zentrale oder der Durchwahlnummer, zusammen und werden funktionsbezogen durch je ein Leerzeichen gegliedert. Vor der Angabe der Zentrale einer Durchwahlanlage bzw. einer Durchwahl setzen Sie einen Mittestrich.

Einzelanschluss:	*Durchwahlanschluss:*	*Zentrale einer Durchwahlanlage:*
Telefon: 06131 1234	Telefon: 06131 1234-56	Telefon: 06131 1234-0
	Telefax: 06131 1234-57	

Internationaler Anschluss:

Telefon: 0049 6131 1234	besser:	Telefon: +49 6131 1234
Telefax: 0049 6131 1234-57	besser:	Telefax: +49 6131 1234-57

Kalenderdaten. Kalenderdaten können in **numerischer** und in **alphanumerischer** Form angegeben werden.

Numerische Kalenderdaten sind in absteigender Reihenfolge, ohne Leerzeichen und durch Mittestriche gegliedert – **Jahr-Monat-Tag** – zu schreiben. Eine Schreibung in aufsteigender Form, durch Punkte gegliedert, – **Tag.Monat.Jahr** – darf verwendet werden, wenn sie nicht zu Missverständnissen führt. Tag und Monat sind jeweils zweistellig, die Jahreszahl ist vierstellig anzugeben.

Alphanumerische Kalenderdaten werden in aufsteigender Reihenfolge, gegliedert durch je ein Leerzeichen, geschrieben. Der Tagangabe folgt ein Punkt, bei einstelligen Tagangaben wird die Null weggelassen. In Fließtexten sollen Monatsangaben nicht abgekürzt werden. Die Jahreszahl ist vierstellig anzugeben.

BEISPIEL

Numerische Kalenderdaten

> *absteigende Reihenfolge:*
  20..-09-01

> *aufsteigende Reihenfolge:*
  01.09.20..

Alphanumerische Kalenderdaten

> *ausgeschriebene Form:*
  1. September 20..

> *abgekürzte Form:*
  1. Sept. 20..

Betreff

Dem letzten Leitwort „Datum" folgt nach zwei Leerzeilen der **Betreff**. Er gibt den Inhalt des Schriftstückes stichwortartig wieder, beginnt am linken Seitenrand, darf ggf. auf mehrere, direkt aufeinanderfolgende Zeilen verteilt und durch Fettschrift und/oder Farbe hervorgehoben werden. Dem Betreff folgen zwei Leerzeilen.

Anrede

Ist Ihr Schriftstück an eine bestimmte Person gerichtet, so sprechen Sie sie persönlich an: „Sehr geehrte Frau …," oder „Sehr geehrter Herr …," oder „Guten Tag Frau/Herr …,". Ansonsten wählen Sie eine neutrale Anrede: „Sehr geehrte Damen und Herren," oder die moderne Variante „Sehr geehrte Damen, – NEUE ZEILE – sehr geehrte Herren,". Anrede und Brieftext werden durch eine Leerzeile voneinander getrennt.

Brieftext

Gliedern Sie Ihren Brieftext in sinnvolle Absätze und heben Sie Wichtiges hervor. Ziel ist es, ein verständliches und optisch ansprechendes Schriftstück zu verfassen und zu gestalten. Schreiben Sie mit einzeiligem Zeilenabstand und achten Sie darauf, Absätze durch je eine Leerzeile voneinander zu trennen.

> **Hervorhebungen durch Zeichenformatierungen:** Hierfür können Sie **Fettschrift,** *Kursivschrift,* Schriftfarbe, GROSSBUCHSTABEN oder einen Wechsel von Schriftart oder -größe verwenden. Vermeiden Sie Unterstreichun-

gen. Dies gilt insbesondere für Wörter mit Unterlängen. Im Vordergrund steht die Lesbarkeit Ihres Schriftstückes.

Achten Sie darauf, dass Satzzeichen nur dann in die Hervorhebung einbezogen werden, wenn sie sich innerhalb einer Formatierung befinden, ein vollständiger Satz hervorgehoben wird oder sie inhaltlich zu dem hervorzuhebenden Text gehören, z. B. der **„Letzte Wille"**.

> **Hervorhebungen durch Absatzformatierungen:** Grundsätzlich beginnt der Text am linken Seitenrand. Sie können die Aufmerksamkeit des Lesers jedoch auf bestimmte Inhalte lenken, indem Sie z. B. einzeilige Absätze zentrieren oder mehrzeilige Absätze einrücken. Einrückungen beginnen 2,5 cm vom linken Seitenrand. Sie können auch Teile des Textes durch Aufzählungen, Nummerierungen oder Listen gestalten. Die einzelnen Aufzählungsglieder dürfen durch je eine Leerzeile voneinander getrennt werden. Achten Sie darauf, vor und nach allen durch die genannten Absatzformatierungen hervorgehobenen Inhalten je eine Leerzeile einzufügen.

Für alle Hervorhebungen gilt: Sie dürfen verschiedene Möglichkeiten kombinieren.

Denken Sie jedoch stets daran, dass Sie Wichtiges hervorheben möchten. Zu viele Hervorhebungen verwirren den Leser und sind daher kontraproduktiv.

MERKE

Briefabschluss

Der Briefabschluss setzt sich aus dem **Gruß,** der **Bezeichnung des Unternehmens bzw. der Behörde** und der **maschinenschriftlichen Angabe der Unterzeichner** zusammen. Gegebenenfalls erforderliche **Zusätze** (i. A., ppa., i. V.) können entweder zwischen der Bezeichnung des Unternehmens bzw. der Behörde oder direkt vor der maschinenschriftlichen Angabe des Unterzeichners eingefügt werden. Die Bestandteile stehen am linken Seitenrand.

Der **Gruß** folgt dem Brieftext nach einer Leerzeile. Moderne Formen sind z. B.: „Freundliche Grüße", „Freundliche Grüße nach …", Freundliche Grüße aus …" oder „Freundlicher Gruß".

Die **Bezeichnung des Unternehmens bzw. der Behörde** folgt dem Gruß nach einer Leerzeile. Sie sollte bei Bedarf – genauso wie im Anschriftfeld – auf mehrere unmittelbar aufeinanderfolgende Zeilen aufgeteilt werden.

Der Abstand zwischen der **maschinenschriftlichen Angabe der Unterzeichner** und der Bezeichnung des Unternehmens bzw. der Behörde als „Platzhalter" für die Unterschrift sollte innerbetrieblich geregelt werden. Die Zahl der einzufügenden Leerzeilen richtet sich nach der Notwendigkeit. In der Praxis sind dies häufig drei Zeilen.

Brieftext¶
¶
Freundliche Grüße nach Mainz¶
¶
Rechtsanwaltskanzlei¶
Dr. Schmidt, Gerber & Partner¶
¶
¶
¶
Dr. Lothar Schmidt¶
Rechtsanwalt¶

Brieftext¶
¶
Freundliche Grüße aus Düsseldorf¶
¶
Rechtsanwaltskanzlei¶
Dr. Schmidt, Gerber & Partner¶
¶
¶
¶
i. A. Marco Hitzfeld¶

Anlagen- und Verteilvermerke

Ein **Anlagenvermerk** ermöglicht es dem Empfänger eines Schriftstückes zu prüfen, ob die Sendung tatsächlich alle Schriftstücke enthält bzw. welche Schriftstücke dem Brief beigefügt sind. Der **Verteilvermerk** informiert den Empfänger darüber, wer einen weiteren Ausdruck bzw. eine Kopie des Schriftstückes erhalten hat.

Die Wörter **Anlage** bzw. **Anlagen** dürfen in Fettschrift formatiert werden. Der Anlagenvermerk folgt

> der maschinenschriftlichen Angabe der Unterzeichner nach einer Leerzeile oder – sollte diese Angabe nicht enthalten sein –

> dem Brieftext, dem Gruß oder der Bezeichnung des Unternehmens bzw. der Behörde nach drei Leerzeilen.

Der Anlagenvermerk kann bei Platzmangel mit einer Leerzeile Abstand zum Text 10 cm vom linken Seitenrand platziert werden.

¶
Freundliche Grüße nach Mainz¶
¶
Rechtsanwaltskanzlei¶
Dr. Schmidt, Gerber & Partner¶
¶
¶
¶
i. A. Kirsten John¶
¶
Anlage¶
1 Vergütungsrechnung¶

¶
Eine beglaubigte Abschrift des Urteils sowie Abschriften für die Gegenseite sind beigefügt.¶
¶
Rechtsanwaltskanzlei¶
Dr. Schmidt, Gerber & Partner¶
¶
¶
¶
Dr. Lothar Schmidt¶
Rechtsanwalt¶
¶
3 Anlagen¶

¶
Die Berufungsanträge sowie die Berufungsbegründung bleiben einem gesonderten Schriftsatz vorbehalten.¶
¶
Rechtsanwaltskanzlei   →   **Anlagen**¶
Dr. Schmidt, Gerber & Partner   →   1 Urteil¶
                         →   1 beglaubigte Abschrift¶
                         →   1 nicht beglaubigte Abschrift¶
¶
Dr. Lothar Schmidt¶
Rechtsanwalt¶

Die gleichen Regeln gelten für den Verteilvermerk.

Werden sowohl ein Anlagen- als auch ein Verteilvermerk aufgeführt, sollen sie durch eine Leerzeile voneinander getrennt werden. Sie darf bei Platzmangel entfallen.

Kopf- und Fußzeile

Die **Kopfzeile** enthält z. B.

> die genaue Bezeichnung der Kanzlei
> das Logo der Kanzlei
> die Kanzleianschrift/Zweigstellenanschrift

Die **Fußzeile** enthält z. B.

> mit mindestens einer Leerzeile Abstand zum Brieftext die Seitenzahl in der Form „Seite X von Y" (bei mehrseitigen Briefen)
> die Geschäftsangaben: Kanzleianschrift/Hauptkanzleisitz, Kommunikationsangaben (Nummern der Hauptanschlüsse, zentrale E-Mail-Adresse, Internetadresse), Bankverbindungen
> ggf. gesellschaftsrechtliche Angaben
> die Steuernummer oder die Umsatzsteuer-Identifikationsnummer (Pflichtangabe in Rechnungen)

EXKURS

Nach **§ 10 der Berufsordnung** der Rechtsanwältinnen und Rechtsanwälte in der Bundesrepublik Deutschland sowie weiterer Mitglieder der Rechtsanwaltskammern (BORA) muss auf dem Briefbogen die im Rechtsanwaltsverzeichnis eingetragene Anschrift der Kanzlei angegeben werden.

Eine Verpflichtung ggf. geführte Zweigstellen anzugeben, besteht nicht. Zusätzlich ist die Kanzleianschrift jeder bzw. jedes im Briefbogen Genannten zu nennen, wenn mehrere Kanzleien oder Zweigstellen unterhalten werden. Überörtliche Sozietäten müssen einen einheitlichen Briefbogen verwenden, für Bürogemeinschaften sind aus haftungsrechtlicher Sicht unterschiedliche Briefbögen zu gestalten.

Wird eine Kurzbezeichnung verwendet, müssen mindestens die Namen sämtlicher Gesellschafter, Angestellten oder freien Mitarbeiter in einer der Kurzbezeichnung entsprechenden Zahl mit mindestens einem ausgeschriebenen Vornamen aufgeführt werden. Bei Angehörigen anderer Berufe ist die Berufsbezeichnung anzugeben. Werden ausgeschiedene Angehörige genannt, muss ihr Ausscheiden kenntlich gemacht werden.

LERNFELD 3

Moderner Briefstil

Alle Schriftstücke, die Ihre Kanzlei verlassen, haben eine Außenwirkung. Insofern spielen nicht nur ihr sachlicher Inhalt oder ihre optische und formelle Gestaltung durch Elemente des Corporate Designs bzw. der Schreib- und Gestaltungsregeln für die Textverarbeitung (DIN 5008) eine Rolle. Es ist mindestens genauso wichtig, dass Sie sich klar und verständlich ausdrücken, damit die Empfänger den Inhalt des Briefes sofort richtig verstehen. Zeigen Sie Ihren Mandanten Ihre Wertschätzung, indem Sie die folgenden Regeln für einen guten und lebendigen Stil beachten:

1. Hinterlassen Sie einen guten ersten und einen guten letzten Eindruck, indem Sie sich an den Empfänger des Schriftstückes wenden: „Vielen Dank für …", „Bitte senden Sie uns Ihre Antwort bis …" oder „Ihre Fragen beantworten wir Ihnen gern. Wenden Sie sich an …". Verzichten Sie darauf, Ihren Brief mit einem Bedauern zu beginnen oder den Inhalt eines bereits vorliegenden Schriftstückes bzw. des Betreffs zu wiederholen. Auch einleitende Floskeln, wie z. B. „Hiermit teilen wir Ihnen mit, dass …", „Bezug nehmend auf …", „In obiger Angelegenheit …" gehören nicht zu einem guten Briefstil.

2. Formulieren Sie freundlich, aber übertreiben Sie nicht: „Bitte antworten Sie bis …", „Bitte überweisen Sie den Betrag bis …". Verwenden Sie auf keinen Fall Formulierungen wie „Wir erlauben uns die höfliche Bitte …" und vermeiden Sie es, Ihre Mandanten auf etwas „hinzuweisen". Erläutern Sie stattdessen einfach mit klaren Worten den Sachverhalt.

3. Schreiben Sie kurze, klare und verständliche Sätze:

☹ Vermeiden Sie:
> Pleonasmen/Tautologien („grünes Gras", „bereits schon", „Rückantwort"),
> überflüssige Wörter („aber", „jedoch", „nun"),
> veraltete Wörter („Ihrerseits", „diesbezüglich", „Bezug nehmend"),
> Floskeln („Wir hoffen, dass ...", „Wir dürfen Sie daran erinnern, dass …"),
> eingeschobene Nebensätze („Sie zahlten, obwohl Sie die Rechnung erhalten haben, nicht."),
> Partizipialsätze („Beiliegend senden wir Ihnen …", „Weiter unten stehend erhalten Sie Informationen über …"),
> Formulierungen im Konjunktiv („Ich würde mich freuen …") oder mit Modalverben (dürfen, können, möchten, mögen, müssen, sollen, wollen), wenn sie nicht erforderlich sind,
> den Passiv (die „Leideform"; „Der Betrag wird Ihnen überwiesen.", „Wir bitten um Zusendung …").

☺ Verwenden Sie:
> vollständige Sätze (mindestens Subjekt und Prädikat),
> Verben („Bei Nichtzahlung …" ⇨ „Wenn Sie nicht zahlen, …"),
> den Aktiv („Wir überweisen Ihnen den Betrag.", „Bitte senden Sie uns …"),
> den Sie-Stil („Sind Sie mit unserem Vorschlag einverstanden?", „Informieren Sie uns bitte bis …, ob Sie mit unserem Vorschlag einverstanden sind.", „Sie erhalten …"),
> Positiv-Formulierungen („Sobald Sie den Gerichtskostenvorschuss von … gezahlt haben, reichen wir Ihre Klage bei Gericht ein.").

2.2.4 Angebotsvergleich als Entscheidungsgrundlage für den Abschluss eines Kaufvertrags

Aus den eingegangenen Angeboten muss ein Angebot ausgewählt werden. Durch Vergleich der eingegangenen Angebote kann das passende Produkt bestimmt werden. Möglicherweise sind noch Rückfragen bei den Anbietern zweckdienlich oder es müssen ergänzende Verhandlungen, beispielsweise zum Preis oder für Zusatzleistungen, geführt werden.

Mögliche Merkmale für einen Angebotsvergleich können sein:

Qualität

z. B. Welches Angebot ist qualitativ hochwertiger?

Preis

z. B. Welches Angebot ist das preisgünstigste? Werden Preisnachlässe (Rabatt, Skonto) gewährt? Wird ein Zahlungsziel eingeräumt? Welche Folgekosten entstehen durch den Betrieb des Geräts?
Zu berücksichtigen ist auch der Bezug zwischen Qualität und Preis, sodass die Preise auf eine einheitliche Vergleichsbasis umgerechnet werden sollten.

Termin

z. B. Stimmt der Liefertermin mit der vorgegebenen Terminplanung überein?

Persönliche Kriterien

z. B. Bestehen bereits gute Geschäftsbeziehungen zum Lieferanten?
Wie war das Verhalten des Lieferanten in der Vergangenheit bei Mängelrügen?

Zusatzleistungen

z. B. Werden Beratung und Service angeboten? Werden Wartungsverträge angeboten? Werden besondere Garantien eingeräumt? Wird das Gerät ohne zusätzliche Kosten installiert?

Wenn die Entscheidung für ein bestimmtes Gerät getroffen worden ist, muss das betreffende Angebot angenommen werden, damit ein Kaufvertrag wirksam abgeschlossen wird. Möglicherweise hat das ursprüngliche Angebot durch Rückfragen oder Nachverhandlungen noch Modifikationen erfahren, die bei Annahme des Angebots zu berücksichtigen sind, gegebenenfalls ist darauf Bezug zu nehmen. Es empfiehlt sich, die Erklärung zur Annahme des Angebots schriftlich abzugeben, um bei eventuellen Unstimmigkeiten auf die schriftlichen Unterlagen Bezug nehmen zu können.

BEISPIEL

Die Rechtsanwaltskanzlei Libs & Karl nimmt das Angebot für den Drucker an.

RECHTSANWALTSSOZIETÄT LIBS & KARL

Zivilrecht – Arbeitsrecht – Sozialrecht - Strafrecht

Gesellschaft bürgerlichen Rechts

Sozietät Libs & Karl, Habsburger Straße 733, 79104 Freiburg

Brenner & Ferger
Büroausstattungen GmbH
Postfach 5 65 67
79098 Freiburg

Ihr Zeichen: fe-ba
Ihre Nachricht vom: 05.11.20..
Unser Zeichen: li-dr
Unsere Nachricht vom: 02.11.20..

Name: Petra Dreler
Telefon: 0761 9346688-0
Telefax: 0761 9346688-88
E-Mail: ra.libs-karl@t-online.de

Datum: 10.11.20..

Bestellung

Sehr geehrter Herr Martin,

vielen Dank für Ihr Angebot, es entspricht genau unseren Anforderungen. Wir bestellen:

1 Farblaserdrucker Modell **PRINT 1402 LCC**, Artikelnummer 2806,
zum Preis von 350,00 €, zzgl. 25,00 € für die Installation

Die Preise gelten inklusive gesetzlicher Umsatzsteuer. Bitte liefern und installieren Sie das Gerät am 16. November 20.. Es entstehen keine Lieferkosten. Bei Bezahlung innerhalb 10 Tagen nach Wareneingang und Installation ziehen wir 3 % Skonto vom Warenwert ab. Senden Sie uns bitte eine Auftragsbestätigung.

Freundliche Grüße

Rechtsanwaltssozietät
Libs & Karl

Petra Dreler

i. A. Petra Dreler

Celine Libs – Rechtsanwältin – Fachanwältin für Arbeitsrecht
Philipp Karl – Rechtsanwalt
Habsburger Straße 733, 79104 Freiburg – Internet: www.ra-libs-karl-freiburg.de
RV Bank – IBAN DE11 2222 0000 1298 7654 32 – BIC VOLADED5PVG – Steuernummer: DE888888888

2.2.5 Zusammenfassung und Aufgaben

ZUSAMMENFASSUNG

Zustandekommen eines Kaufvertrages

Die Anfrage dient zur Einholung von Informationen und ist rechtlich nicht verbindlich.	Das Angebot (Antrag zur Schließung eines Vertrags) ist rechtlich verbindlich.	Der Kaufvertrag kommt zustande, wenn das konkrete Angebot angenommen wird.

AUFGABEN

1. Erläutern Sie, ob Anfragen immer schriftlich formuliert werden müssen.

2. Aus vier Angeboten für einen neuen Drucker wählen Sie eines aus. Erläutern Sie, ob für die Auswahl ausschließlich der Preis entscheidend ist.

3. Erläutern Sie, ob es ausreichend ist, wenn der der Rechtsanwaltskanzlei Libs & Karl angebotene Drucker per E-Mail bestellt wird.

LERNFELD 3

2.3 Der Kaufvertrag (§ 433 BGB)

Der Kaufvertrag ist ein im BGB genannter schuldrechtlicher gegenseitiger Vertrag.

2.3.1 Inhalte des Kaufvertrags

Nach dem bereits kennengelernten Grundsatz der Vertragsfreiheit können die Parteien den Inhalt eines Vertrags grundsätzlich frei bestimmen. Dies gilt für Haupt- und Nebenpflichten. Die Hauptpflichten stellen den Grund des Schuldverhältnisses dar und die Nebenpflichten dienen der Erfüllung der Hauptpflichten.

© Picture-Factory – Fotolia.com

Hauptpflichten am Beispiel des Kaufvertrags

Beispiele:
› Übergabe der Sache
› Eigentumsübertragung an der Sache
› Sache muss frei von Sach- und Rechtsmängeln sein
› Sache muss an den Käufer zur rechten Zeit am rechten Ort übergeben werden

Verkäufer

Nebenpflichten am Beispiel des Kaufvertrags

Beispiele:
› ordnungsgemäße Verpackung
› Versicherung der Ware
› bestimmte Auskunfts-, Aufklärungs- und Beratungspflichten
› bestimmte Schutzpflichten hinsichtlich der Aufbewahrung, Pflege und Obhut der Ware

Beispiele:
› Abnahme der Sache
› Zahlung des vereinbarten Kaufpreises

Käufer

Beispiele:
› Angabe einer ordentlichen Lieferadresse
› Übernahme von Transportkosten

Käufer und Verkäufer bestimmen selbst, welche Pflichten sie regeln möchten. Für die meisten Käufe des täglichen Lebens ist es nicht nötig alle Bedingungen des Kaufs auszuhandeln und festzuhalten. Kauft man beispielsweise Brötchen beim Bäcker unterhält man sich nicht über Liefer- und Zahlungsbedingungen. Bei wichtigen Kaufverträgen macht es jedoch Sinn, die Einzelheiten auszuhandeln und zu Beweiszwecken auch schriftlich festzuhalten. Wenn im Kaufvertrag nichts Besonderes vereinbart wurde, gelten die folgenden gesetzlichen Regelungen:

Gesetzlicher Inhalt des Kaufvertrags

© froxx – Fotolia.com

Art und Güte der Ware, § 434 BGB	Wurde vertraglich nichts vereinbart, so ist die gewöhnliche Verwendung maßgebend. Es ist also eine Beschaffenheit nach mittlerer Art und Güte, wie bei vergleichbaren Waren geschuldet.
Zahlungsbedingungen, § 270 BGB	Der Käufer muss dem Verkäufer das Geld auf eigene Gefahr und Kosten überbringen. Wenn Preisnachlässe wie Skonto oder Rabatt vertraglich nicht vereinbart wurden, dürfen sie nicht vorgenommen werden.
Lieferzeit, § 270 BGB	Der Verkäufer muss sofort liefern.
Verpackungs- und Beförderungskosten, § 448 BGB	Warenschulden sind nach dem Gesetz Holschulden. Der Käufer trägt daher die Beförderungskosten sowie die Verpackungskosten für den Versand (z. B. Karton für die Post). Die Übergabekosten (Originalverpackung der Ware) gehen hingegen zu Lasten des Verkäufers.

Erfüllungsort, §§ 269, 447 BGB	Soweit vertraglich nichts anderes vereinbart ist, ist Erfüllungsort immer der Wohn- bzw. Firmensitz des jeweiligen Schuldners.

> Warenschuldner = Verkäufer.
> Warenschulden sind Holschulden. Der Verkäufer erfüllt den Vertrag, wenn er die Ware an seinem Wohn- bzw. Firmensitz bereithält und übergibt. Der Käufer muss sie auf eigene Gefahr und Kosten dort abholen. An diesem Ort geht die Gefahr der zufälligen Beschädigung oder Zerstörung der Ware auf den Käufer über, § 446 BGB. Versendet der Verkäufer die Ware auf Wunsch des Käufers, so geht die Gefahr auf den Käufer über, sobald der Verkäufer die Sache dem Spediteur ausgeliefert hat, § 447 BGB (Versendungskauf).

> Geldschuldner = Käufer
> Geldschulden sind Bring- bzw. Schickschulden. Der Käufer muss das Geld auf seine Gefahr und Kosten rechtzeitig an den Verkäufer übermitteln. Bargeld hat er am Wohn- bzw. Firmensitz des Verkäufers zu übergeben (Bringschuld). Möchte er das Geld überweisen, so reicht die rechtzeitige Erteilung des Überweisungsauftrags aus (Schickschulden). Er trägt das Verlustrisiko bis die Zahlung verbucht ist.

Gerichtsstand, §§ 12 ff. ZPO	Der jeweilige Schuldner kann an seinem Wohn- bzw. Firmensitz wegen Nichterfüllung verklagt werden. Vertragliche Vereinbarungen über den Gerichtsstand sind nur unter Kaufleuten und juristischen Personen des öffentlichen Rechts möglich.

Rechtsgeschäfte wie der Kaufvertrag können auch an Bedingungen geknüpft werden, also von einem zukünftigen Ereignis abhängig gemacht werden. Hierbei wird zwischen **aufschiebenden und auflösenden Bedingungen** unterschieden. Beide sind in § 158 BGB geregelt:

Bedingte Rechtsgeschäfte, § 158 BGB

§ 158 BGB

LERNFELD 3

aufschiebende Bedingung, § 158 Abs. 1 BGB	**auflösende Bedingung, § 158 Abs. 2 BGB**
Das Rechtsgeschäft ist zunächst schwebend unwirksam und wird mit Eintritt der Bedingung wirksam.	Das Rechtsgeschäft ist zunächst unwirksam und wird mit Eintritt der Bedingung wirksam.
Beispiel: Klaus schließt mit seinem Freund Peter einen Kaufvertrag über ein Soundsystem. Sie vereinbaren als Bedingung, dass der Vertrag erst wirksam werden soll, wenn Klaus seine alte Stereoanlage verkauft hat.	*Beispiel:* Klaus schließt mit Peter einen Kaufvertrag über ein Soundsystem. Als Bedingung vereinbaren sie, dass Klaus seine alte Stereoanlage nicht für weniger als 50,00 Euro reparieren lassen kann. Kostet die Reparatur 30,00 Euro, so ist der Kaufvertrag über das Soundsystem hinfällig.

2.3.2 Besondere Arten des Kaufvertrags

Neben den Kaufvertragsarten, bei denen nach Art, Beschaffenheit und Güte unterschieden wird, können Kaufverträge ebenso unter den Aspekten der Lieferzeit oder des Zahlungszeitpunkts gestaltet werden. Unter diesen Gesichtspunkten können etwa folgende Arten von Kaufverträgen abgeschlossen werden:

Arten des Kaufvertrags	Bedeutung
nach Art und Beschaffenheit Gattungskauf	Kauf von vertretbaren Waren (nur der Gattung nach bestimmt). Fehlt vertragliche Regelung, gilt mittlere Qualität als vereinbart. *Beispiele:* 3 Säcke Reis, 500 Kilo Mehl
Stückkauf	Kauf von nicht vertretbaren Sachen (genau identifizierbar, einmalig), die bei Verlust oder Zerstörung nicht ersetzbar sind. *Beispiele:* Originalgemälde von Picasso, Blumenstrauß
Kauf zur Probe	Der Käufer testet die Ware durch den Kauf einer kleinen Menge. Bei Gefallen wird später eine größere Menge bestellt. *Beispiel:* Restaurant testet Rindfleisch einer neuen Metzgerei.
Kauf nach Probe	Die in einem Vertrag festgelegten Eigenschaften einer Ware werden durch eine Probe (Muster) ersetzt. Der Kauf nach Probe ist ein endgültiger Kaufvertrag, wobei die Übereinstimmung der Probe mit der zu liefernden Ware wesentlicher Bestandteil des Vertrags ist. *Beispiel:* Für das neue Badezimmer hat der Verkäufer einige Musterfliesen vorgelegt. Der Kunde entscheidet sich für ein Muster. Nach Abschluss des Kaufvertrages muss der Verkäufer die Ware entsprechend dem Muster liefern.
Kauf auf Probe	Der Kauf auf Probe kommt nur unter der aufschiebenden Bedingung zustande, dass der Käufer den gekauften Gegenstand billigt, was in seinem Belieben steht. Die Billigung kann nur innerhalb bestimmter Frist erfolgen. Ist die Sache dem Käufer zum Zwecke der Probe oder Besichtigung übergeben, gilt sein Schweigen als Billigung. *Beispiel:* Herr Müller benötigt eine neue Bohrmaschine. Bevor er sich zum Kauf entschließt, möchte er sie 14 Tage testen.
Bestimmungskauf	Nur Warenart und Menge werden bei Vertragsabschluss festgelegt. Innerhalb einer vereinbarten Frist muss der Käufer die Ware näher bestimmen. Tut er das nicht, kann der Verkäufer die Bestimmung vornehmen. *Beispiel:* Restaurant bestellt für Mai 10 Kilo Spargel im Voraus ohne Sorte oder Qualität festzulegen.
nach Lieferzeit Sofortkauf (Tageskauf)	Die Lieferung erfolgt sofort nach Abschluss des Kaufvertrags. *Beispiel:* Einkauf von Lebensmitteln oder Kleidung
Fixkauf	Lieferung der Ware zu einem genau festgelegten Zeitpunkt. *Beispiel:* Kauf eines Brautkleids für fünf Tage vor der Hochzeit. Nach der Hochzeit ist die Lieferung sinnlos.
Terminkauf (Zeitkauf)	Lieferung der bestellten Ware innerhalb einer bestimmten und festgelegten Frist. *Beispiel:* Kaufvertrag über Karnevalsartikel. Die Lieferung erfolgt kurz vor Karneval.
Kauf auf Abruf	Es wird die Abnahme einer bestimmten Menge in Teilmengen innerhalb eines bestimmten Zeitraums vereinbart, wodurch der Käufer Lagerkosten spart. Die Ware wird erst geliefert, wenn der Käufer die Teilmengen abruft. *Beispiel:* Ein Unternehmen mit großem Fuhrpark ordert bei einer günstigen Mineralölfirma 1.000 Liter Benzin, welches nach Bedarf in Teilmengen geliefert werden soll.

Arten des Kaufvertrags	Bedeutung
Barkauf	Zahlung des Kaufpreises bei Übergabe der Ware. *Beispiel:* Zahlung eines T-Shirts auf dem Flohmarkt.
Zielkauf	Stundung des Kaufpreises. Durch die Gewährung von Skonto soll eine frühere Zahlung erreicht werden. *Beispiel:* „zahlbar innerhalb von 30 Tagen"
Ratenkauf	Der Kaufpreis der Ware wird in der Regel in gleichbleibenden Teilbeträgen in regelmäßigen Zeitabständen bezahlt. *Beispiel:* Zahlung eines DVD-Players in fünf Monatsraten
Kauf gegen Vorkasse oder Anzahlung	Lieferung der Ware gegen vorzeitige Zahlung des gesamten Kaufpreises oder eines Teils des Kaufpreises. *Beispiel:* Hauskauf
Kommissionskauf	Waren werden in eigenem Namen auf Rechnung eines anderen ge- oder verkauft. *Beispiel:* Neuwagen im Autohaus

(Spaltenbeschriftung links: nach Zahlungszeitpunkt)

2.3.3 Vertragstypische Pflichten

Die vertragstypischen Pflichten beim Kaufvertrag ergeben sich aus § 433 Abs. 1 BGB, wonach

§ 433 Abs. 1 BGB

> der Verkäufer einer Sache verpflichtet ist,
  - dem Käufer die Sache zu übergeben (Lieferung einer mangelfreien Sache)
  - das Eigentum an der Sache zu verschaffen

> der Käufer verpflichtet ist,
  - dem Verkäufer den vereinbarten Kaufpreis zu zahlen
  - die gekaufte Sache abzunehmen.

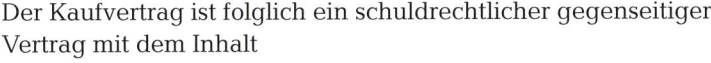

© Stockpics – Fotolia.com

LERNFELD 3

MERKE

Der Kaufvertrag ist folglich ein schuldrechtlicher gegenseitiger Vertrag mit dem Inhalt

Das Eigentum an der Sache (§ 90 BGB) geht vom Verkäufer auf den Käufer über.	Der Verkäufer hat die Sache dem Käufer mangelfrei zu übergeben.	Der Käufer hat den Kaufpreis an den Verkäufer zu bezahlen.

Für den Abschluss des Kaufvertrages bestehen keine besonderen Formvorschriften (Ausnahme z. B. Kauf eines Grundstücks §§ 311 b, 873 BGB).

Die im Gegenseitigkeitsverhältnis stehenden Hauptleistungspflichten werden ergänzt durch Nebenpflichten der Beteiligten.

Der Verkäufer kann verpflichtet sein, den Käufer über bestimmte Merkmale der Sache aufzuklären;

Den Käufer trifft die Verpflichtung, die Lasten der Sache ab Übergabe zu tragen.

2.3.4   Sachmangel, Rechtsmangel

Der Verkäufer ist verpflichtet, dem Käufer die Sache frei von Sachmängeln und Rechtsmängeln zu verschaffen.

Sachmangel

Frei von Sachmängeln (§ 434 BGB)

Die Sache hat bei Gefahrübergang die vereinbarte Beschaffenheit (§ 434 Abs.1 S. 1 BGB).	Die Sache (soweit die Beschaffenheit nicht vereinbart ist) eignet sich für die nach dem Vertrag vorausgesetzte Verwendung (§ 434 Abs. 1 S. 2 Ziff. 1 BGB).	Die Sache (soweit die Beschaffenheit nicht vereinbart ist) eignet sich für die gewöhnliche Verwendung und weist eine Beschaffenheit auf, die bei Sachen der gleichen Art üblich ist und die der Käufer nach der Art der Sache erwarten kann (§ 434 Abs. 1 S. 2 Nr. 2 BGB).

Ein Sachmangel ist auch dann gegeben, wenn die vereinbarte Montage durch den Verkäufer oder dessen Erfüllungsgehilfen unsachgemäß durchgeführt wurde oder bei einer zur Montage bestimmten Sache die Montageanleitung mangelhaft ist, es sei denn, die Sache ist fehlerfrei montiert worden (§ 434 Abs. 2 BGB). Einem Sachmangel steht es gleich, wenn der Verkäufer eine andere Sache oder eine zu geringe Menge liefert.

© vege – Fotolia.com

Zentraler Begriff für Sachmängel ist damit die Beschaffenheit der Sache, wobei sich eine Definition dieses Begriffs im Gesetz nicht findet.

Als Beschaffenheit kann der tatsächliche Zustand der Sache bezeichnet werden, wobei dies auch die der Sache innewohnenden Eigenschaften beinhaltet, z. B. Alter, neu oder gebraucht.

Rechtsmangel

Ein Rechtsmangel liegt vor, wenn Dritte in Bezug auf die Sache nicht im Kaufvertrag übernommene Rechte gegen den Käufer geltend machen können oder wenn im Grundbuch ein Recht eingetragen ist, das realiter nicht besteht (§ 435 BGB).

BEISPIEL

Anton verkauft an René das Bild eines bekannten Künstlers. Bereits zuvor hatte Anton dem ebenfalls an dem Bild interessierten Fritz ein Vorkaufsrecht eingeräumt.

2.3.5 Rechte des Käufers bei Mängeln

Die Kaufsache ist mangelhaft ▶ Ansprüche des Käufers ergeben sich aus § 437 BGB

Mangelhafte Sache

Der Käufer kann nach § 439 BGB Nacherfüllung verlangen.

Der Käufer kann nach den §§ 440, 323, 326 Abs. 5 BGB von dem Vertrag zurücktreten oder nach § 441 BGB den Kaufpreis mindern.

Der Käufer kann nach den §§ 440, 280, 281, 283, 311 a BGB Schadensersatz oder nach § 284 BGB Ersatz vergeblicher Aufwendungen verlangen.

Nach Rechtsprechung des BGH muss der Käufer bei einem Sachmangel grundsätzlich zuerst Nacherfüllung verlangen, indem Rücktritt oder Minderung eine Fristsetzung zur Nacherfüllung durch den Käufer voraussetzen. Soweit möglich soll also am Kaufvertrag festgehalten werden.

MERKE

Es besteht der Vorrang der Nacherfüllung, obwohl die Rechte aus § 437 BGB unabhängig voneinander bestehen.

Wenn der Käufer den Mangel selbst beseitigt, ohne vom Verkäufer Nacherfüllung verlangt zu haben, führt dies zum Verlust der Ansprüche aus § 437 BGB.

Nacherfüllung nach Wahl des Käufers

Beseitigung des Mangels (Reparatur)

Lieferung einer mangelfreien Sache (Ersatzlieferung)

Der Verkäufer hat die zum Zwecke der Nacherfüllung erforderlichen Aufwendungen, insbesondere Transport-, Wege-, Arbeits- und Materialkosten zu tragen. Unter den Voraussetzungen des § 439 Abs. 3 BGB kann der Verkäufer die vom Käufer gewählte Art der Nacherfüllung verweigern.

- -

2.3.6   Weitere wichtige gesetzliche Bestimmungen zum Kaufvertrag

Im BGB sind weitere Bestimmungen zum Kaufvertrag geregelt, von denen nachfolgend vier dargestellt werden.

© guukaa – Fotolia.com

© Sychugina Elena – Fotolia.com

- - - - - - - - - - - - - - - - - - -

2.3.6.1   Garantie (§ 443 BGB)

Eine Garantie stellt eine besondere Erklärung des Verkäufers, Herstellers oder eines sonstigen Dritten dar, mit der die gesetzliche Mängelhaftung ergänzt wird. Eine Garantie kann sich beispielsweise beziehen auf Beschaffenheit oder Haltbarkeit der Sache.

BEISPIEL

Der Verkäufer eines neuen PKW übernimmt die Garantie, dass die Karosserie über einen Zeitraum von 10 Jahren nicht durchrostet (Haltbarkeitsgarantie).

- -

2.3.6.2   Gefahrübergang (§ 446 BGB)

Die Gefahr des zufälligen Untergangs und der zufälligen Verschlechterung der Sache geht mit Übergabe auf den Käufer über. Beim Versendungskauf geht die Gefahr auf den Käufer über, sobald der Verkäufer die Sache dem Spediteur, dem Frachtführer oder der sonst zur Ausführung der Versendung bestimmten Person oder Anstalt ausgeliefert hat (§ 447 BGB) – das Transportrisiko trägt demzufolge der Käufer.

- -

2.3.6.3   Verbrauchsgüterkauf (§ 474 BGB)

Ein Verbrauchsgüterkauf liegt nur dann vor, wenn ein Verbraucher von einem Unternehmer eine bewegliche Sache kauft.

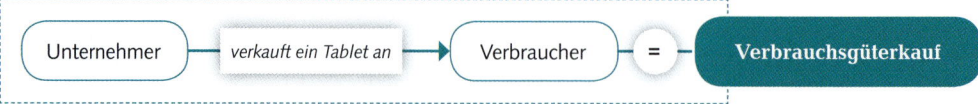

Für einen Verbrauchsgüterkauf gelten zum Schutz des Käufers besondere Bestimmungen, z. B.
> keine abweichenden Vereinbarungen zum Nachteil des Verbrauchers gemäß
§ 475 Abs. 1 BGB,
> keine Verkürzung der Verjährungsfrist auf weniger als 2 Jahre, bei gebrauch-
ten Sachen auf weniger als ein Jahr (§ 475 Abs. 2 BGB),
> Beweislastumkehr gemäß § 476 BGB.

> **MERKE**
>
> Die besonderen Bestimmungen zum Verbrauchsgüterkauf
> ergänzen die kaufvertraglichen Regelungen und dienen dem
> Schutz des Verbrauchers als Käufer.

2.3.6.4 Eigentumsvorbehalt (§ 449 BGB)

Der Verkäufer einer beweglichen Sache kann sich das Eigentum bis zur Zahlung
des Kaufpreises vorbehalten. Das Eigentum an der Sache geht dann erst auf den
Käufer über, wenn der Kaufpreis vollständig an den Verkäufer bezahlt ist.

Ohne eine solche Vereinbarung geht das Eigentum an der Sache gemäß § 929 BGB
mit Einigung und Übergabe auf den Käufer über, ohne dass es auf die Zahlung des
Kaufpreises ankommt (Übergabe der Sache und Zahlung des Kaufpreises sind zwei
differente Rechtsgeschäfte). Der Eigentumsvorbehalt muss vereinbart und damit
Bestandteil des Kaufvertrages sein; eine Einbeziehung durch AGB ist möglich.

2.3.7 Verjährung der Mängelansprüche

Besondere Bestimmungen für die Verjährung der Mängelansprüche aus dem Kaufvertrag enthält § 438 BGB; es handelt sich dabei um Sonderregelungen zu den allgemeinen Verjährungsvorschriften, auf die § 202 BGB gleichfalls Anwendung findet.

2.3.8 Zusammenfassung und Aufgaben

LERNFELD 3

ZUSAMMENFASSUNG

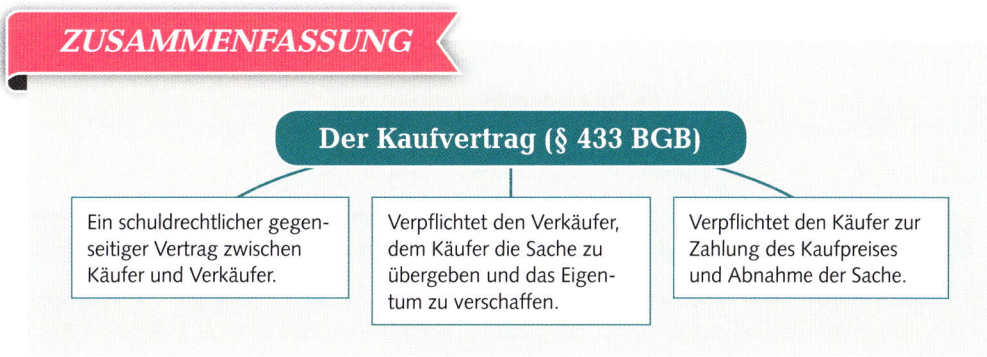

Der Kaufvertrag (§ 433 BGB)

| Ein schuldrechtlicher gegen-seitiger Vertrag zwischen Käufer und Verkäufer. | Verpflichtet den Verkäufer, dem Käufer die Sache zu übergeben und das Eigen-tum zu verschaffen. | Verpflichtet den Käufer zur Zahlung des Kaufpreises und Abnahme der Sache. |

AUFGABEN

1. Heiner Adel kauft beim Autohändler TopCar e. K. einen neuen PKW. Er verlangt vom Verkäufer eine schriftliche Rechnung über den Kaufpreis. Erläutern Sie, ob der Verkäufer hierzu verpflichtet ist und wenn ja, ob es sich um eine Hauptpflicht oder Nebenpflicht handelt.

2. Helen Ober kauft im Redio Markt einen neuen Toaster. Als sie diesen zuhause ausprobiert, stellt sie fest, dass die Heizflächen kalt bleiben. Erläutern Sie, ob ein Sachmangel vorliegt.

2.4 Leistungsstörungen

2.4.1 Begriff und Bedeutung

§ 241 Abs. 1 BGB

Der Begriff Leistungsstörungen ist im Gesetz nicht definiert. § 241 Abs. 1 BGB bestimmt das Schuldverhältnis als eine Rechtsbeziehung zur Erbringung einer Leistung.

MERKE

Das Recht der Leistungsstörungen umfasst allgemein die Normen, die die Tatbestände und Rechtsfolgen dieser Leistungsstörungen regeln.

Bei einem Schuldverhältnis können Hindernisse auftreten, die dazu führen, dass die Leistung (z. B. Lieferung, Dienstleistung, Zahlung) nicht oder nicht wie geschuldet erbracht wird. Diese Hindernisse können sowohl bei Begründung des Schuldverhältnisses als auch seiner Abwicklung auftreten.

Leistungsstörungsrecht

Allgemeines Leistungsstörungsrecht	**Besonderes Leistungsstörungsrecht**
Regelungen, die für alle Schuldverhältnisse oder Verträge gelten.	Regelungen, die für bestimmte Vertragstypen oder Rechtsverhältnisse gelten (z. B. Kaufvertrag).

Der Kaufvertrag verpflichtet Verkäufer und Käufer zu bestimmten Leistungen. Es können Leistungsstörungen in unterschiedlichster Form auftreten, unter anderem

> der Kaufgegenstand wird vor Übereignung an den Käufer zerstört,

> der Verkäufer liefert zu spät,

> der Käufer bezahlt zu spät,

> die Kaufsache hat einen Sachmangel.

Bei Leistungsstörungen stehen dem Gläubiger verschiedene Rechte zu, vor allem

> Erfüllung

> Anspruch auf Schadensersatz

> Recht zum Rücktritt vom Vertrag.

Unter bestimmten Voraussetzungen wird der Schuldner wegen auftretender Leistungsstörungen von seiner Pflicht zur Leistung frei (§ 275 BGB).

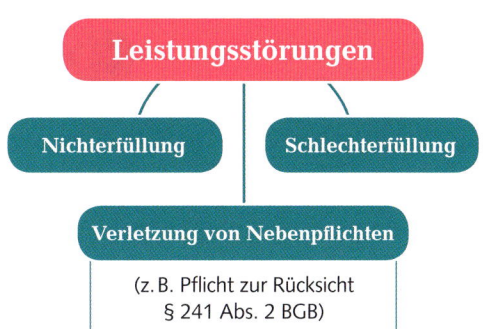

2.4.2 Grundzüge des Leistungsstörungsrechts

Die für alle Schuldverhältnisse geltenden Vorschriften des Leistungsstörungsrechts sind in §§ 275–288 BGB geregelt.

Für Schuldverhältnisse aus Verträgen regeln die §§ 311 Abs. 2, 3 (c.i.c), 311 a (Leistungshindernis bei Vertragsschluss), § 313 (Störung der Geschäftsgrundlage), § 314 (Kündigung von Dauerschuldverhältnissen aus wichtigem Grund), § 323 (Rücktritt wegen nicht oder nicht vertragsgemäß erbrachter Leistung), § 324 (Rücktritt wegen Verletzung einer Pflicht nach § 241 Abs. 2), § 325 (Schadensersatz und Rücktritt), § 326 (Befreiung von der Gegenleistung und Rücktritt beim Ausschluss der Leistungspflicht) das Leistungsstörungsrecht.

Das besondere Leistungsstörungsrecht ist bei den jeweiligen Vertragstypen oder Rechtsverhältnissen geregelt, beispielsweise die Rechte des Käufers bei Mängeln in § 437 BGB. Diese speziellen Bestimmungen gelten nur für den jeweiligen Vertragstyp.

2.4.3 Ausschluss der Leistungspflicht

§ 275 BGB bestimmt, dass der Anspruch auf Leistung ausgeschlossen ist, soweit diese für den Schuldner oder für jedermann unmöglich ist.

§ 275 BGB

Ausschluss des Leistungsanspruchs des Gläubigers

Die Leistung ist für den Schuldner oder jedermann unmöglich.

Leistungsverweigerungsrecht des Schuldners bei einem groben Missverhältnis des Aufwandes zum Leistungsinteresse des Gläubigers.

Leistungsverweigerungsrecht des Schuldners bei persönlich zu erbringenden Leistungen, wenn ihm die Leistung nach Interessenabwägung nicht zugemutet werden kann.

§ 275 BGB ist anwendbar auf

| die anfängliche als auch nachträgliche Unmöglichkeit (auch der Vertrag, mit dem eine unmögliche Leistung vereinbart wird, ist wirksam). | die vom Schuldner zu vertretende Unmöglichkeit als auch die vom Schuldner nicht zu vertretende Unmöglichkeit | die objektive Unmöglichkeit (die Leistung kann von niemandem erbracht werden) und subjektive Unmöglichkeit (die Leistung kann nur vom Schuldner nicht erbracht werden). |

- -

2.4.4   Verantwortlichkeit des Schuldners

§ 276 BGB

Der Schuldner hat Vorsatz und Fahrlässigkeit zu vertreten, wenn eine strengere oder mildere Haftung weder bestimmt noch aus dem sonstigen Inhalt des Schuldverhältnisses, insbesondere aus der Übernahme einer Garantie oder eines Beschaffungsrisikos zu entnehmen ist. § 276 BGB legt damit fest, was der Schuldner zu vertreten hat. Ergänzt wird diese Norm durch § 277 BGB (Sorgfalt in eigenen Angelegenheiten) und § 278 BGB (Verantwortlichkeit des Schuldners für Dritte).

Verschulden   Vorsatz   Fahrlässigkeit

MERKE

Nach Rechtsprechung des BGH ist Vorsatz das Wissen und Wollen des pflichtwidrigen Erfolgs. Der Handelnde muss den pflichtwidrigen Erfolg also vorausgesehen und in seinen Willen aufgenommen haben. Es ist nicht erforderlich, dass der Erfolg gewünscht oder beabsichtigt war.

Fahrlässig handelt, wer die im Verkehr erforderliche Sorgfalt außer Acht lässt. Fahrlässigkeit setzt damit unter anderem Voraussehbarkeit und Vermeidbarkeit des pflichtwidrigen Erfolgs voraus.

2.4.5 Schadensersatz wegen Pflichtverletzung

§ 280 BGB stellt die Grundnorm des Leistungsstörungsrechts dar.

Verletzt der Schuldner eine Pflicht aus dem Schuldverhältnis, so kann der Gläubiger Ersatz des hierdurch entstehenden Schadens verlangen. Dies gilt nicht, wenn der Schuldner die Pflichtverletzung nicht zu vertreten hat.

Voraussetzungen des Schadensersatzes (§ 280 BGB)

Diese Rechtsnorm gilt für alle Schuldverhältnisse, Verträge und gesetzliche Schuldverhältnisse.

Eine Pflichtverletzung umfasst sämtliche Pflichten aus dem Schuldverhältnis (Leistungspflichten, Nebenleistungspflichten, Verhaltenspflichten). Jede objektive Abweichung vom geschuldeten Pflichtenprogramm stellt eine Pflichtverletzung dar (Vergleich Soll- und Istzustand).

BEISPIEL

Bettina Hub hat ihren PKW aufgrund eines Lackschadens an der Motorhaube zur Reparatur gebracht. Als sie den PKW abholen will, stellt sie fest, dass der Lackschaden zwar behoben wurde, das Fahrzeug nun aber an einer anderen Stelle einen Schaden aufweist, weil ein Monteur einen Schraubenschlüssel auf den Kofferraum fallen ließ. Zu den Pflichten der Werkstatt gehört es auch, dafür zu sorgen, dass der PKW der Kundin nicht beschädigt wird. Dieser Verpflichtung ist die Werkstatt nicht nachgekommen, sodass eine Pflichtverletzung vorliegt.

LERNFELD 3

Kategorien der Pflichtverletzungen

Nichterfüllung einer Leistungspflicht

Verletzung von Nebenpflichten

Schlechterfüllung.
Wenn für bestimmte Vertragstypen (z. B. Kaufvertrag) Sondervorschriften bestehen, die die Haftung für Mängel der geschuldeten Leistung regeln, gehen diese als besonderes Leistungsstörungsrecht in ihrem Anwendungsbereich § 280 BGB vor.

Eine Rechtsfolge einer vom Schuldner zu vertretenden Pflichtverletzung aus dem Schuldverhältnis ist, dass der Gläubiger Ersatz des hierdurch entstehenden Schadens verlangen kann, also eine Schadensersatzpflicht des Schuldners.

Diese Norm regelt nicht, in welcher Art und Weise Schadensersatz zu leisten ist, dies ergibt sich aus §§ 249 ff. BGB.

Der Schuldner kann einen Entlastungsbeweis (Beweislast) führen, dass er die Pflichtverletzung nicht zu vertreten hat (§ 280 Abs. 1 Satz 2 BGB). Gelingt ihm dies, besteht der Anspruch des Gläubigers auf Schadensersatz nicht.

MERKE

Besonderheit bei Arbeitsverhältnissen:

Bei Arbeitsverhältnissen muss der Arbeitgeber abweichend von § 280 Abs. 1 BGB gemäß § 619 a BGB nachweisen, dass der Arbeitnehmer die Pflichtverletzung zu vertreten hat (Vorsatz, Fahrlässigkeit).

Der Gläubiger kann Schadensersatz statt der Leistung verlangen gemäß

§ 281 BGB	Schadensersatz statt der Leistung wegen nicht oder nicht wie geschuldet erbrachter Leistung.
§ 282 BGB	Schadensersatz statt der Leistung wegen Verletzung einer Pflicht nach § 241 Abs. 2 BGB.
§ 283 BGB	Schadensersatz statt der Leistung bei Ausschluss der Leistungspflicht.
§ 284 BGB	Ersatz vergeblicher Aufwendungen.

2.4.6   Verzug (§ 286 BGB)

© Jens – fotolia.com

Verzögert der Schuldner die ihm mögliche Leistung aus einem von ihm zu vertretenden Grund pflichtwidrig, liegt Verzug vor. Der Schuldnerverzug ist damit ein Unterfall der Leistungsstörung. Verzug kann bei einem Kaufvertrag unter anderem eintreten hinsichtlich der Übergabe der Kaufsache als auch der Zahlung des Kaufpreises. Verzug ist der Tatbestand, der zum Ersatz von Verspätungsschäden verpflichtet. Ein Anspruch auf Ersatz von Verspätungsschäden setzt nach § 280 Abs. 2 BGB allerdings voraus, dass zusätzlich zu den Erfordernissen des § 280 Abs. 1 BGB auch die des § 286 BGB erfüllt sind.

§ 286 Abs. 1 BGB

Leistet der Schuldner auf eine Mahnung des Gläubigers nicht, die nach dem Eintritt der Fälligkeit erfolgt, so kommt er durch die Mahnung in Verzug. Der Mahnung stehen die Erhebung der Klage auf die Leistung sowie die Zustellung eines Mahnbescheids im Mahnverfahren gleich.

Die Leistung ist fällig …	der Gläubiger mahnt …	der Schuldner kommt in Verzug.

Der Schuldner kommt in Verzug, ohne dass es einer Mahnung bedarf, wenn (§ 286 Abs. 2 BGB)

Für die Leistung eine Zeit nach dem Kalender bestimmt ist;

- -

Beispiel: In einem Kaufvertrag ist ein fester Termin zur Zahlung des Kaufpreises vereinbart. Nicht ausreichend ist, wenn der Verkäufer in der Rechnung einen Zahlungstermin nennt.

Der Leistung ein Ereignis vorauszugehen hat und eine angemessene Zeit für die Leistung in der Weise bestimmt ist, dass sie sich von dem Ereignis an nach dem Kalender berechnen lässt.

- -

Beispiel: Zahlung des Kaufpreises für ein Grundstück innerhalb einer bestimmten Frist nach Zugang der notariellen Fälligkeitsmitteilung.

Der Schuldner die Leistung ernsthaft und endgültig verweigert.

- -

Beispiel: Der Käufer erklärt, dass er den Kaufpreis auf gar keinen Fall bezahlen werde.

Aus besonderen Gründen unter Abwägung der beiderseitigen Interessen der sofortige Eintritt des Verzugs gerechtfertigt ist.

- -

Beispiel: Die besondere Dringlichkeit der Leistung ergibt sich aus dem Vertragsinhalt; unverzüglich erforderliche Reparatur eines Wasserrohrbruchs.

Eine besondere Konsequenz ergibt sich für den Schuldner einer Entgeltforderung, der spätestens in Verzug kommt, wenn er nicht innerhalb von 30 Tagen nach Fälligkeit und Zugang einer Rechnung oder gleichwertigen Zahlungsaufstellung leistet; dies gilt gegenüber einem Schuldner, der Verbraucher ist, nur, wenn auf diese Folgen in der Rechnung oder Zahlungsaufstellung besonders hingewiesen worden ist. Wenn der Zeitpunkt des Zugangs der Rechnung oder Zahlungsaufstellung unsicher ist, kommt der Schuldner, der nicht Verbraucher ist, spätestens 30 Tage nach Fälligkeit und Empfang der Gegenleistung in Verzug. § 286 Abs. 3 BGB.

LERNFELD 3

Kein Verzug des Schuldners — Solange die Leistung infolge eines Umstandes unterbleibt, den er nicht zu vertreten hat.

§ 276 BGB

§ 277 BGB

§ 278 BGB

Wesentliche Folgen des Schuldenverzugs

Der Schuldner hat während des Verzugs jede Fahrlässigkeit zu vertreten (§ 287 BGB).

Der Schuldner hat eine Geldschuld während des Verzugs zu verzinsen (§ 288 Abs. 1 BGB).

Der Gläubiger kann weiteren Schadensersatz beanspruchen (§ 288 Abs. 4 BGB).

2.4.7 Verschulden bei Vertragsanbahnung (§ 311 Abs. 2 BGB)

§ 311 Abs. 2 BGB

In § 311 Abs. 2 BGB ist normiert, dass bereits durch die Aufnahme von Vertragsverhandlungen die Anbahnung eines Vertrags oder eines gleichzustellenden geschäftlichen Kontakts ein vertragsähnliches Vertrauensverhältnis entsteht, das die Beteiligten zur Sorgfalt gegenüber dem Geschäftsgegner verpflichtet (culpa in contrahendo, c.i.c).

Tatbestände, in denen ein Schuldverhältnis mit Pflichten nach § 241 Abs. 2 BGB entsteht		
Die Aufnahme von Vertragsverhandlungen.	Die Anbahnung eines Vertrags (bereits vor der Aufnahme von Vertragsverhandlungen).	Ähnliche geschäftliche Kontakte (Sonderverbindungen, die keine Leistungspflicht gemäß § 242 BGB begründen, aber Schutz- und Treuepflichten).

Wenn der Schuldner eine Pflicht aus dem sich infolge dieser Tatbestände ergebenden Schuldverhältnis verletzt, ergibt sich für den Gläubiger ein Schadensersatzanspruch aus § 280 Abs. 1 BGB, soweit der Schuldner die Pflichtverletzung zu vertreten hat (§ 276 BGB).

2.4.8 Leistungsstörungen nach §§ 311 a, 313, 314 BGB

Leistungshindernis bei Vertragsabschluss

Ein schon bei Vertragsschluss vorliegendes Leistungshindernis lässt die Wirksamkeit eines Vertrages unberührt (§ 311 a BGB). Die Haftung des Schuldners setzt voraus, ob der Schuldner das Leistungshindernis bei Vertragsschluss kannte oder seine Unkenntnis zu vertreten hat. Das anfängliche Leistungshindernis befreit den Schuldner indes endgültig von seiner Leistungspflicht gemäß § 275 Abs. 1–3 BGB.

BEISPIEL

Karl verkauft an Henry einen von ihm in den USA erworbenen Oldtimer, der per Schiff nach Deutschland gebracht wird. Zum Zeitpunkt des Vertragsabschlusses ist der Container, in dem sich der Oldtimer befindet, infolge eines Unwetters vom Schiff gespült worden und untergegangen. Karl wusste davon nichts.

Der Gläubiger kann nach seiner Wahl Schadensersatz statt der Leistung oder Ersatz seiner Aufwendungen verlangen, wenn der Schuldner das Leistungshindernis bei Vertragsschluss kannte oder seine Unkenntnis zu vertreten hat.

Störung der Geschäftsgrundlage

Wenn sich die Umstände, die zur Grundlage des Vertrags geworden sind, nach Vertragsschluss schwerwiegend verändert haben und die Parteien den

Vertrag nicht oder mit einem anderen Inhalt geschlossen hätten, wenn sie die Veränderung vorausgesehen hätten, so kann unter den Voraussetzungen des § 313 BGB Anpassung des Vertrags verlangt werden.

Damit wird entsprechend dem Prinzip von Treu und Glauben die Möglichkeit geschaffen, Vertragsinhalte an veränderte Verhältnisse anzupassen. Das Fehlen oder der Wegfall der Geschäftsgrundlage führt nicht zur Auflösung des Vertrags, sondern zur Möglichkeit, dessen Inhalt anzupassen. Wenn die gesetzlich normierten Voraussetzungen vorliegen, kann die durch die Störung benachteiligte Vertragspartei somit eine Anpassung verlangen.

Kündigung von Dauerschuldverhältnissen aus wichtigem Grund

Dauerschuldverhältnisse kann jeder Vertragsteil aus wichtigem Grund ohne Einhaltung einer Kündigungsfrist kündigen (§ 314 Abs. 1 Satz 1 BGB).

§ 314 Abs. 1 BGB

Aus einem Dauerschuldverhältnis entstehen während dessen Laufzeit ständig neue Verpflichtungen der Parteien. Sondervorschriften für bestimmte Dauerschuldverhältnisse gehen § 314 BGB vor (z. B. § 626 BGB für das Dienstverhältnis), auch für einen Arbeitsvertrag gemäß § 611a BGB.

Wenn Tatsachen vorliegen, die unter Berücksichtigung aller Umstände des Einzelfalls und unter Abwägung der beiderseitigen Interessen die Fortsetzung des Vertrags für den Kündigenden unzumutbar machen, liegt ein wichtiger Grund vor.

Stützt sich die Kündigung auf ein vertragswidriges Verhalten des anderen Teils, ist in der Regel eine Abmahnung notwendig (§ 314 Abs. 2 Satz 1 BGB). Die Abmahnung muss den zugrunde liegenden Sachverhalt darlegen und das Fehlverhalten der anderen Vertragspartei bezeichnen.

- -

2.4.9 Rücktritt

> **§ 323 Abs. 1 BGB**
>
> Erbringt bei einem gegenseitigen Vertrag der Schuldner eine fällige Leistung nicht oder nicht vertragsgemäß, so kann der Gläubiger, wenn er dem Schuldner erfolglos eine angemessene Frist zur Leistung oder Nacherfüllung bestimmt hat, vom Vertrag zurücktreten.

Gegenseitiger Vertrag	Vertragsverletzung des Schuldners	Fristsetzung des Gläubigers	Rücktritt des Gläubigers

Durch den Rücktritt wird ein wirksam zustande gekommener Vertrag durch einseitige Erklärung einer Vertragspartei aufgrund einer entsprechenden gesetzlichen oder vertraglichen Befugnis rückgängig gemacht. Infolge des Rücktritts erlöschen die beiderseitigen Ansprüche auf Erfüllung, sodass der Vertrag in ein Abwicklungsverhältnis umgestaltet wird.

Wenn der Gläubiger den Rücktritt erklärt, ist er an diese Erklärung gebunden, er kann also den Rücktritt nicht widerrufen. Der Rücktritt ist dem anderen Vertragsteil gegenüber zu erklären.

Die Vertragsverletzung des Schuldners besteht darin, dass dieser eine Pflicht durch Nicht- oder Schlechterfüllung verletzt hat. Es kommt nicht darauf an, ob der Schuldner diese Pflichtverletzung zu vertreten hat; dies ist allerdings relevant für eventuelle Schadensersatzansprüche des Gläubigers.

Die Fristsetzung des Gläubigers ist entbehrlich (§ 323 Abs. 2 BGB)

| Bei Erfüllungsverweigerung: Der Schuldner verweigert die Erfüllung ernsthaft und endgültig. | Bei einem Fixgeschäft: Die Leistungszeit ist genau bestimmt und die Rechtzeitigkeit der Leistung ist für den Gläubiger wesentlich. | Wenn besondere Umstände vorliegen. |

---

§ 323 Abs. 5 Satz 1 BGB — **Der Schuldner bewirkt eine Teilleistung.**

Der Gläubiger kann vom ganzen Vertrag nur zurücktreten, wenn er an der Teilleistung kein Interesse hat.

---

§ 323 Abs. 5 Satz 2 BGB — **Der Schuldner bewirkt die Leistung nicht vertragsgemäß.**

Der Gläubiger kann vom Vertrag nur zurücktreten, wenn die Pflichtverletzung erheblich ist.

Der Gläubiger kann gemäß § 324 BGB gleichfalls Rücktritt erklären, wenn Störungen des gegenseitigen Vertrags dadurch entstehen, dass der Schuldner seine Pflicht, auf die Rechte, Rechtsgüter und Interessen des Gläubigers Rücksicht zu nehmen (§ 241 Abs. 2 BGB) verletzt und dem Gläubiger ein Festhalten am Vertrag nicht mehr zuzumuten ist.

Grundsätzlich hat der Gläubiger gemäß § 325 BGB die Möglichkeit vom Vertrag zurückzutreten und Schadensersatz zu verlangen; beide Ansprüche können also miteinander kombiniert werden.

2.4.10 Besonderes Leistungsstörungsrecht

Das besondere Leistungsstörungsrecht ergänzt die allgemeinen Regelungen durch Sondervorschriften für bestimmte Vertragstypen oder Rechtsverhältnisse, z. B. beim Verbraucherdarlehensvertrag (§ 497 BGB), Mietvertrag (§ 536 BGB), Werkvertrag (§ 634 BGB) oder Pauschalreisevertrag (§ 651i BGB).

Beim Kaufvertrag ergeben sich die besonderen Rechte des Käufers bei Mängeln aus § 437 BGB. Somit besteht diese Sondervorschrift bei Sach- und Rechtsmängeln (Gewährleistungsrechte).

◀ **LF 3 | 2.3.5**

- -

2.4.11 Zusammenfassung und Aufgaben

ZUSAMMENFASSUNG

Leistungsstörungsrecht

Das Leistungsstörungsrecht umfasst Rechtsnormen, die Tatbestand und Rechtsfolgen dieser Störungen regeln.	Das allgemeine Leistungsstörungsrecht gilt für alle Schuldverhältnisse.	Das besondere Leistungsstörungsrecht gilt für die jeweiligen Vertragstypen/Rechtsverhältnisse
› § 280 BGB bildet die Grundnorm des Leistungsstörungsrechts. › Bei nachträglichen Veränderungen der Vertragsgrundlagen kann Anpassung des Vertrags verlangt werden.	› Leistet der Schuldner auf eine Mahnung des Gläubigers nicht, die nach dem Eintritt der Fälligkeit erfolgt, so kommt er durch die Mahnung in Verzug. › Dauerschuldverhältnisse können aus wichtigem Grund gekündigt werden.	› Die Haftung aus c.i.c. ergibt sich unter Anwendung von § 311 Abs.2 BGB. › Der Rücktritt vom Vertrag ist unter den Voraussetzungen des § 323 BGB möglich.

LERNFELD 3

AUFGABEN

1. Geben Sie drei Beispiele für eine Störung in der Abwicklung eines Vertragsverhältnisses.

2. Erläutern Sie, was unter einer Pflichtverletzung des Schuldners bei einem Schuldverhältnis verstanden wird.

3. Erläutern Sie, was unter einer Mahnung i.S. von § 286 Abs. 1 BGB verstanden wird.

4. Stellen Sie die Voraussetzungen dar, unter denen der Gläubiger zum Rücktritt vom Vertrag berechtigt ist.

2.5 Handelskauf

Der Handelskauf ist ein Kaufvertrag über die Lieferung von Waren oder von Wertpapieren, den ein Kaufmann als Verkäufer oder Käufer zum Betrieb seines Handelsgewerbes abschließt.

Ein einseitiger Handelskauf liegt vor, wenn ein Kaufmann beteiligt ist, ein beiderseitiger Handelskauf, wenn zwei Kaufleute beteiligt sind. Neben den Bestimmungen des BGB gelten ergänzend die Regelungen des HGB zum Handelsgeschäft (§§ 343 ff. HGB) sowie zum Handelskauf.

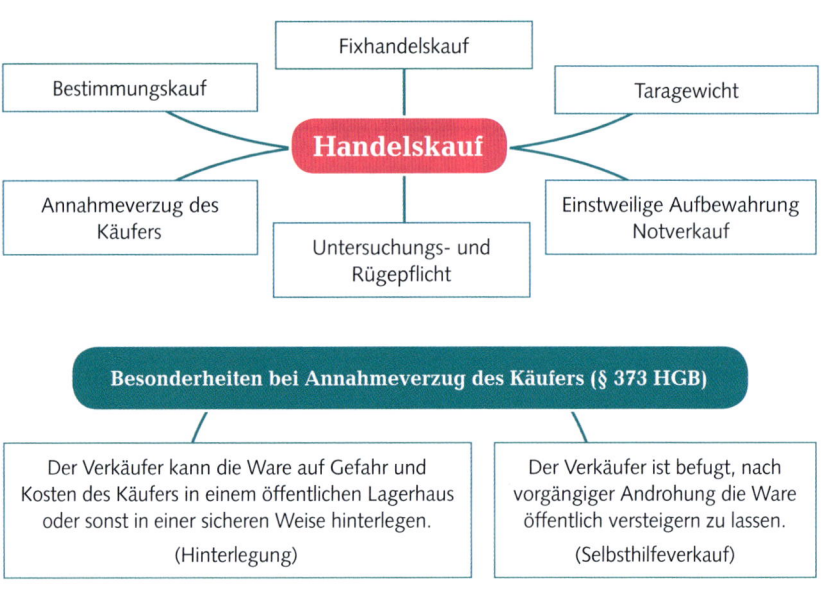

Fixhandelskauf

Bestimmungskauf

Taragewicht

Handelskauf

Annahmeverzug des Käufers

Einstweilige Aufbewahrung Notverkauf

Untersuchungs- und Rügepflicht

Besonderheiten bei Annahmeverzug des Käufers (§ 373 HGB)

Der Verkäufer kann die Ware auf Gefahr und Kosten des Käufers in einem öffentlichen Lagerhaus oder sonst in einer sicheren Weise hinterlegen.

(Hinterlegung)

Der Verkäufer ist befugt, nach vorgängiger Androhung die Ware öffentlich versteigern zu lassen.

(Selbsthilfeverkauf)

Eine weitere Besonderheit besteht beim beiderseitigen Handelskauf in der Untersuchungs- und Rügeobliegenheit (§ 377 HGB). Demnach hat der Käufer die

§ 377 HGB

Ware unverzüglich nach der Ablieferung durch den Verkäufer, soweit dies nach ordnungsgemäßem Geschäftsgang tunlich ist, zu untersuchen und, wenn sich ein Mangel zeigt, dem Verkäufer unverzüglich Anzeige zu machen. Unterlässt der Käufer diese Anzeige, so gilt die Ware als genehmigt, es sei denn, dass es sich um einen Man-

gel handelt, der bei der Untersuchung nicht erkennbar war. Zeigt sich später ein solcher Mangel, so muss die Anzeige unverzüglich nach der Entdeckung gemacht werden, andernfalls gilt die Ware auch in Ansehung des Mangels als genehmigt.

> Der Handelskauf ist ein Kaufvertrag, bei dem mindestens ein Kaufmann beteiligt ist. Ergänzend zu den Bestimmungen des BGB gelten die Regelungen des HGB zum Handelsgeschäft/ Handelskauf.

MERKE

2.5.1 Zusammenfassung und Aufgaben

ZUSAMMENFASSUNG

Handelskauf

Handelskauf ist ein Kaufvertrag über die Lieferung von Waren oder Wertpapieren, …

… den ein Kaufmann als Verkäufer oder Käufer abschließt (einseitiger Handelskauf).

…den zwei (oder mehr) Kaufleute als Verkäufer oder Käufer abschließen (beiderseitiger Kaufvertrag).

AUFGABEN

1. Die Retro GmbH erhält vom Fahrradhersteller Bike KG 100 Damenfahrräder. Der zuständige Mitarbeiter nimmt die Fahrräder ins Lager, ohne diese näher zu prüfen. Als die Fahrräder nach 2 Monaten in den Verkauf gebracht werden, wird festgestellt, dass die Farben nicht der Bestellung entsprechen. Erläutern Sie, ob die Retro GmbH im Hinblick auf die Fehlfarben Ansprüche gegen den Fahrradhersteller geltend machen kann.

2. Erläutern Sie den Unterschied zwischen einem einseitigen und einem beidseitigen Handelskauf.

2.6 Internationaler Kaufvertrag

Bei grenzüberschreitenden Kaufverträgen stellt sich die Frage, welches Recht anzuwenden ist.

Das internationale Privatrecht (Kollisionsrecht) beantwortet die Frage, welches staatliche Recht bei Sachverhalten mit Auslandsberührung anzuwenden ist.

Grundsätzlich kann die Anwendbarkeit des BGB sowie sonstigen deutschen Rechts vereinbart werden (Privatautonomie). Wenn die Vertragsparteien keine Rechtswahl getroffen haben, ist zu ermitteln, welches Recht auf das Vertragsverhältnis Anwendung findet.

Das internationale Privatrecht ist im Einführungsgesetz zum Bürgerlichen Gesetzbuch (Art. 3–Art. 46 d EGBGB) geregelt. In der Europäischen Union befassen sich verschiedene Vorschriften mit der Frage nach dem anwendbaren Recht bei grenzüberschreitenden Rechtsbeziehungen. Sie legen für bestimmte Rechtsbereiche und Länder fest, welche Rechtsordnung Anwendung findet.

- -

2.6.1   Rom I

Für Verträge mit Vertragspartnern in Mitgliedstaaten der Europäischen Union und in bestimmten Drittstaaten ist die Verordnung (EG) Nr. 593/2008 des Europäischen Parlaments und des Rates über das auf vertragliche Schuldverhältnisse anzuwendende Recht (Rom I) maßgeblich. Diese Verordnung gilt für vertragliche Schuldverhältnisse in Zivil- und Handelssachen, die eine Verbindung zum Recht verschiedener Staaten aufweisen (Rom I Art. 1). Maßgeblich für die Anwendung von Rom I ist der gewöhnliche Aufenthalt einer Person (Art. 19).

BEISPIEL

Die RADO GmbH mit Sitz in Hamburg kauft eine neue Maschine von der ODON SA mit Sitz in Paris. Für den Kaufvertrag kann die Geltung des deutschen, französischen oder eines anderen Rechts vereinbart werden. Wird keine Rechtswahl getroffen, gilt Rom I (und das CISG).

Keine Anwendung findet Rom I auf Steuer- und Zollsachen, verwaltungsrechtliche Angelegenheiten und die in Rom I Art. 1 Abs. 2 genannten Schuldverhältnisse. Soweit die Vertragsparteien keine Rechtswahl gemäß Rom I Art. 3 getroffen haben, bestimmt sich das auf den Vertrag anzuwendende Recht wie folgt:

| Verordnung Rom I Art. 3 | freie Rechtswahl bei einem Kaufvertrag |

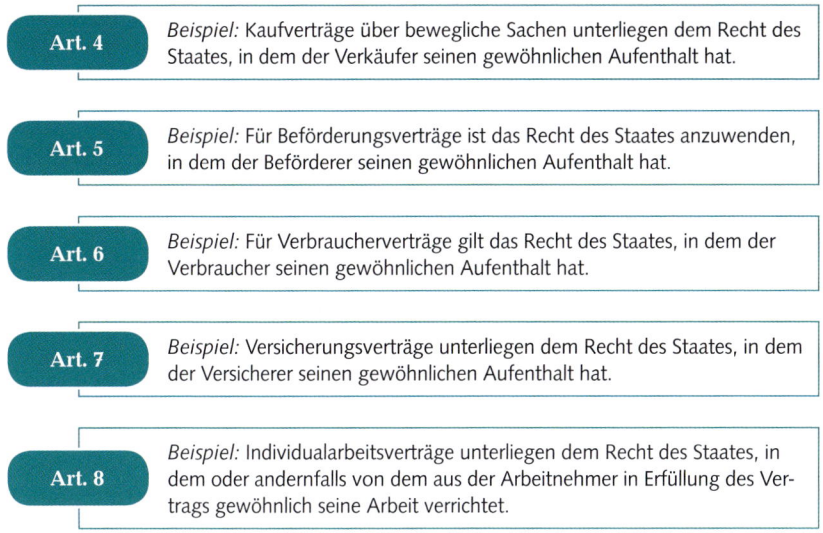

Art. 4 — *Beispiel:* Kaufverträge über bewegliche Sachen unterliegen dem Recht des Staates, in dem der Verkäufer seinen gewöhnlichen Aufenthalt hat.

Art. 5 — *Beispiel:* Für Beförderungsverträge ist das Recht des Staates anzuwenden, in dem der Beförderer seinen gewöhnlichen Aufenthalt hat.

Art. 6 — *Beispiel:* Für Verbraucherverträge gilt das Recht des Staates, in dem der Verbraucher seinen gewöhnlichen Aufenthalt hat.

Art. 7 — *Beispiel:* Versicherungsverträge unterliegen dem Recht des Staates, in dem der Versicherer seinen gewöhnlichen Aufenthalt hat.

Art. 8 — *Beispiel:* Individualarbeitsverträge unterliegen dem Recht des Staates, in dem oder andernfalls von dem aus der Arbeitnehmer in Erfüllung des Vertrags gewöhnlich seine Arbeit verrichtet.

Die Verordnung Rom I enthält besondere Bestimmungen, beispielsweise für:

> Formerfordernisse (Art. 11)
> Anwendungsbereich des Vertragsstatuts (Art. 12)
> Rechts-, Geschäfts-, Handlungsfähigkeit (Art. 13)
> Übertragung einer Forderung (Art. 14)
> Gesetzlicher Forderungsübergang (Art. 15)
> Aufrechnung (Art. 17)
> Verhältnis zu bestehenden internationalen Übereinkommen (Art. 25).

2.6.2 CISG (UN-Kaufrecht)

Bei internationalen Kaufverträgen kann das UN-Kaufrecht (auch Wiener Kaufrecht) Bedeutung haben. Dieses Übereinkommen ist durch die führenden Wirtschaftsnationen ratifiziert worden (z. B. USA, Schweiz, Russische Föderation). In Deutschland ist das UN-Kaufrecht seit 01. Januar 1991 in Kraft und damit Bestandteil des Deutschen Internationalen Privatrechts.

> **MERKE**
>
> Mit dem UN-Kaufrecht (United Convention on Contracts for the International Sale of Goods – CISG) existiert eine international vereinheitlichte und von etlichen Staaten anerkannte Grundlage für die vertragliche Gestaltung von Warenkaufverträgen.

Der Regelungsgehalt des CISG erstreckt sich nicht auf sämtliche Bereiche der Vertragsbeziehung, sondern setzt den Schwerpunkt auf das Zustandekommen des Vertrages und die Rechte und Pflichten von Käufer und Verkäufer. Für alle

LERNFELD 3

Das CISG kann durch Vereinbarung ausgeschlossen werden.

Kaufvertrag

…

Das CISG findet auf diesen Kaufvertrag keine Anwendung. …

übrigen rechtlichen Fragestellungen ist das jeweils von den Vertragsparteien vereinbarte oder sonst gültige nationale Recht maßgeblich.

Während BGB und HGB für nationale Kaufverträge Anwendung finden, gilt das CISG als Bestandteil des nationalen Rechts für internationale Warenkaufverträge, solange keine abweichende Parteivereinbarung getroffen wird.

Wesentliche Bestimmungen des CISG

Für die Anwendbarkeit kommt es nicht darauf an, ob das Übereinkommen ausdrücklich zwischen den Parteien vereinbart wird.

Ein Internationaler Kaufvertrag liegt vor, wenn der Vertrag zwischen Parteien mit Niederlassung in verschiedenen Staaten geschlossen wird.

Das Übereinkommen ist anwendbar, wenn für einen internationalen Kaufvertrag das Recht eines Abkommensstaates anwendbar ist. Es kommt nicht darauf an, dass alle Beteiligten ihren Wohnsitz oder Unternehmenssitz in einem Vertragsstaat haben.

Das Übereinkommen findet Anwendung auf Kaufverträge über Waren (bewegliche Sachen oder unkörperliche Gegenstände, z. B. Software), soweit diese nicht erkennbar zum persönlichen/privaten Gebrauch getätigt werden.

Die Anwendbarkeit kann zwischen den Vertragsparteien ausgeschlossen werden.

Das Übereinkommen regelt das Kaufrecht in seinem Kernbereich, nicht aber andere rechtliche Materien, die im Zusammenhang mit dem Kaufrecht eine Rolle spielen.

Für das Zustandekommen des Vertrages gilt die Formfreiheit.

Eine verspätete oder vom Angebot abweichende Annahmeerklärung wird wie eine Ablehnung mit neuem Angebot behandelt.

Internationale Handelsbräuche (z. B. Incoterms) werden einbezogen.

Das Übereinkommen regelt die Rechte und Pflichten des Verkäufers.

Das Übereinkommen regelt die Rechte des Käufers bei Verletzung von Vertragspflichten durch den Verkäufer und die Pflichten des Käufers.

Das Übereinkommen regelt die Pflicht des Käufers, die Ware zeitnah zu untersuchen.

2.6.3 INCOTERMS

Die Incoterms (International Commercial Terms) sind eine Reihe von Regeln zur Definition spezifischer Handelsbedingungen im Außenhandel.

Die Incoterms-Regeln werden regelmäßig aktuellen Entwicklungen angepasst, zuletzt mit den Incoterms in der Fassung 01.01.2011.

Internationale
Handelskammer
in Paris (ICC)

I N C O T E R M S

Die Klauseln regeln vor allem Art und Weise der Lieferung von Gütern, insbesondere bei grenzüberschreitenden Geschäften. Dadurch erreichen die Vertragspartner eine international einheitliche Auslegung bestimmter Pflichten von Käufern und Verkäufern, wodurch Missverständnisse und Rechtsstreitigkeiten vermieden werden können. Die Incoterms enthalten keine detaillierten Aussagen über

› Zahlungsabwicklung, Eigentumsübergang und Rechtsfolgen von Vertragsbrüchen.

Die Geltung der Incoterms muss im Individualvertrag geregelt sein, in diesem also Bezug genommen werden.

LERNFELD 3

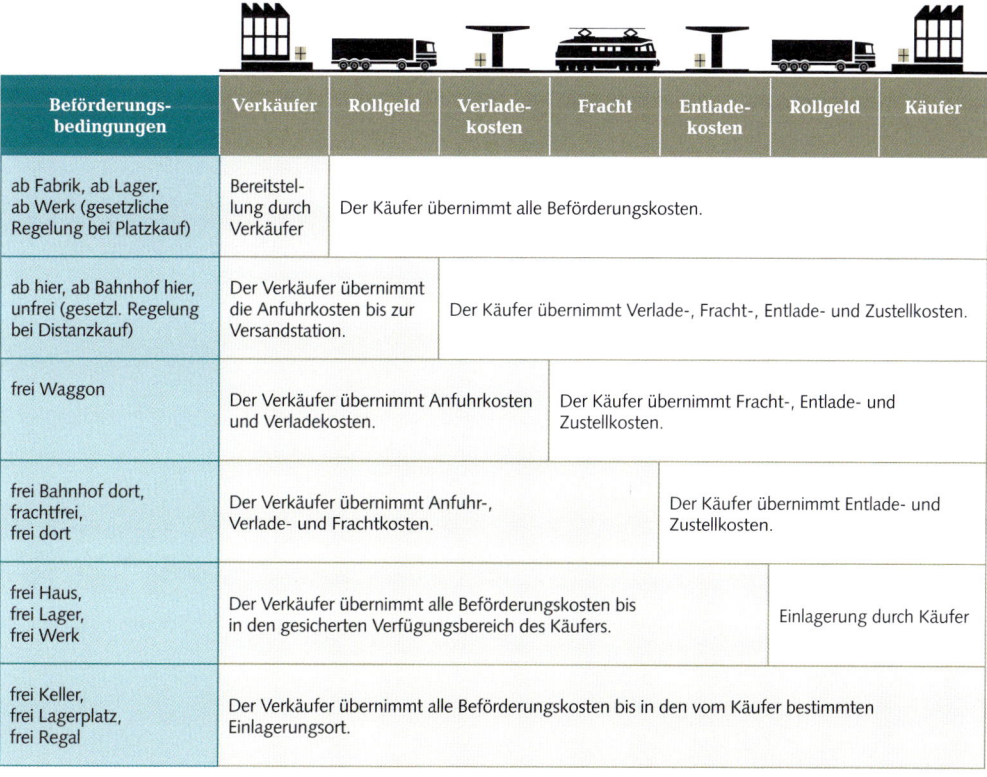

Beförderungs-bedingungen	Verkäufer	Rollgeld	Verlade-kosten	Fracht	Entlade-kosten	Rollgeld	Käufer
ab Fabrik, ab Lager, ab Werk (gesetzliche Regelung bei Platzkauf)	Bereitstel-lung durch Verkäufer	Der Käufer übernimmt alle Beförderungskosten.					
ab hier, ab Bahnhof hier, unfrei (gesetzl. Regelung bei Distanzkauf)	Der Verkäufer übernimmt die Anfuhrkosten bis zur Versandstation.	Der Käufer übernimmt Verlade-, Fracht-, Entlade- und Zustellkosten.					
frei Waggon	Der Verkäufer übernimmt Anfuhrkosten und Verladekosten.			Der Käufer übernimmt Fracht-, Entlade- und Zustellkosten.			
frei Bahnhof dort, frachtfrei, frei dort	Der Verkäufer übernimmt Anfuhr-, Verlade- und Frachtkosten.				Der Käufer übernimmt Entlade- und Zustellkosten.		
frei Haus, frei Lager, frei Werk	Der Verkäufer übernimmt alle Beförderungskosten bis in den gesicherten Verfügungsbereich des Käufers.						Einlagerung durch Käufer
frei Keller, frei Lagerplatz, frei Regal	Der Verkäufer übernimmt alle Beförderungskosten bis in den vom Käufer bestimmten Einlagerungsort.						

2.6.4 Zusammenfassung und Aufgaben

ZUSAMMENFASSUNG

AUFGABEN

1. Nennen Sie zwei Schuldverhältnisse, auf die Rom I keine Anwendung findet.

2. Erläutern Sie die Bedeutung des CISG.

3. Erläutern Sie die Bedeutung der Incoterms.

LERNFELD 4

Ansprüche außergerichtlich geltend machen

1. ANSPRÜCHE NACH BGB

LF 3 | 1.3.1 ▶

LF 3 | 2.1 ▶

Schuldverhältnisse können entstehen als vertragliche Schuldverhältnisse, gesetzliche Schuldverhältnisse und rechtsgeschäftsähnliche Schuldverhältnisse. Die grundlegenden gesetzlichen Bestimmungen für ein Schuldverhältnis sind im BGB geregelt.

1.1 Ansprüche aus Schuldverhältnissen ermitteln

Zur Feststellung, welche Rechte und Pflichten (Ansprüche) sich für die Beteiligten eines Schuldverhältnisses ergeben, ist zunächst zu ermitteln, ob und in welcher Art ein Schuldverhältnis vorliegt.

Das Recht der Schuldverhältnisse ist in den §§ 241 ff. BGB geregelt. Diese Rechtsnormen werden ergänzt durch die Vorschriften des Allgemeinen Teils, des Sachenrechts und Sondergesetzen (z. B. HGB). Das Schuldverhältnis kann als eine rechtliche Verbindung zwischen mindestens zwei Personen (natürliche, juristische) beschrieben werden, aufgrund dessen die eine Person (Gläubiger) berechtigt ist, von der anderen Person (Schuldner) eine Leistung zu fordern (§ 241 Abs. 1 BGB). Das Schuldverhältnis im umfassenden Sinne ist damit die Gesamtheit der Rechtsbeziehungen zwischen Gläubiger und Schuldner.

> **§ 241 Abs. 1 BGB** Kraft des Schuldverhältnisses ist der Gläubiger berechtigt, von dem Schuldner eine Leistung zu fordern. Die Leistung kann auch in einem Unterlassen bestehen.

Aus dem Schuldverhältnis werden grundsätzlich nur die an diesem beteiligten Personen berechtigt und verpflichtet; die Forderung des Gläubigers auf die jeweilige Leistung besteht deshalb als relatives Recht nur gegenüber dem Schuldner.

Der Schuldner haftet auch

| für Dritte gemäß § 278 BGB innerhalb bestehender Schuldverhältnisse | für Verrichtungsgehilfen (§ 831 BGB) außerhalb bestehender Schuldverhältnisse |

Entsprechend dem Inhalt des Schuldverhältnisses hat der Schuldner eine Pflicht zur Leistung, die bestimmt oder zumindest bestimmbar sein muss. Die Leistung kann in einem positiven Tun bestehen (z. B. die Übereignung der Kaufsache) oder in einem Unterlassen (z. B. das Unterlassen ehrenrühriger Behauptungen). Wenn der Schuldner die ihm obliegende Leistungspflicht nicht erfüllt, kann der Gläubiger seinen Anspruch durch Klage und anschließender Zwangsvollstreckung durchsetzen.

Unterschiedliche Leistungspflichten

Die Hauptleistungspflichten	Die Nebenleistungspflichten
Sie prägen die Eigenart des jeweiligen Schuldverhältnisses und sind damit maßgeblich für die Einordnung in die verschiedenen Vertragstypen des BGB.	Sie dienen der Vorbereitung, Durchführung und Sicherung der Hauptleistung und ergänzen die Hauptleistungspflichten.
Beispiel: Beim Kaufvertrag sind die Hauptpflichten des Verkäufers in § 433 Abs. 1 BGB festgelegt, die des Käufers in § 433 Abs. 2 BGB.	*Beispiel:* Der Verkäufer eines Wohnhauses ist verpflichtet, den Käufer darüber aufzuklären, dass der Keller feucht ist.

§ 241 Abs. 2 BGB
Das Schuldverhältnis kann nach seinem Inhalt jeden Teil zur Rücksicht auf die Rechte, Rechtsgüter und Interessen des anderen Teils verpflichten.

Damit umfasst das Schuldverhältnis nicht nur die Herbeiführung des von der jeweiligen Partei geschuldeten Leistungserfolgs, sondern auch die Berücksichtigung von Treu und Glauben (§ 242 BGB). Zu den leistungsbezogenen Pflichten (Hauptleistungs-, Nebenleistungspflichten) treten Rücksichtspflichten (Verhaltenspflichten, Schutzpflichten) hinzu.

Schreinermeister Hubert Schall baut den von den Eheleuten Rode bei ihm bestellten Wohnzimmerschrank auf. Er muss neben seinen eigentlichen Vertragspflichten (Lieferung und Aufbau des Wohnzimmerschranks) also auch Vorsorge treffen, dass in der Wohnung der Kunden keine Schäden durch den Aufbau des Schranks eintreten, z. B. den Boden abdecken etc.

© Kadmy – Fotolia.com

BEISPIEL

LERNFELD 4

Die Differenzierung, ob es sich um eine Nebenleistungspflicht oder eine Rücksichtspflicht handelt, ist oftmals nicht eindeutig zu entscheiden.

Um festzustellen, welche Ansprüche aus einem Schuldverhältnis bestehen, kann wie folgt vorgegangen werden:

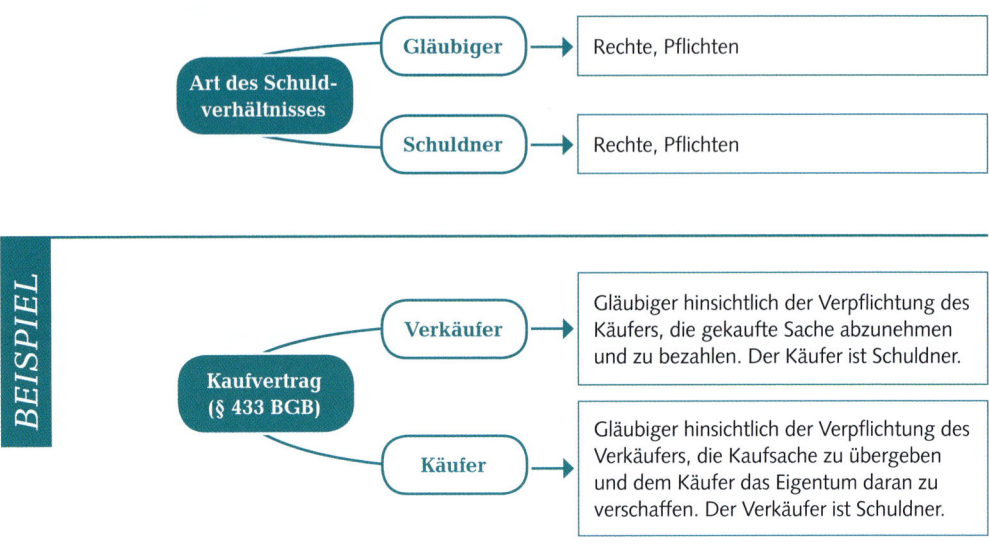

Grundprinzip des Schuldrechts ist der Vorrang der Vorschriften des Besonderen Teils des BGB vor dem Allgemeinen Teil. Grundsätzlich ist daher bei jedem Schuldverhältnis erst zu prüfen, ob die Vorschriften des Besonderen Teils eine Regelung zu dem jeweiligen Problem enthalten, da diese regelmäßig den Normen des Allgemeinen Teils vorgehen.

1.2 Vertragliche Schuldverhältnisse

Rechtsgeschäftliche Schuldverhältnisse beruhen typischerweise auf einem Vertrag (§ 311 Abs. 1 BGB).

Das BGB vertritt somit den Grundsatz der Vertragsnotwendigkeit. Daneben herrscht das Prinzip der Vertragsfreiheit (Privatautonomie), sodass jeder Bürger im Rahmen der Gesetze seine Lebensverhältnisse durch Verträge eigenverantwortlich gestalten kann.

◀ **LF 3 | 1.3.1.6**

Im BGB sind häufig vorkommende und besonders wichtige Vertragstypen bezeichnet. Die Beteiligten sind aber nicht an die Vertragstypen des 2. Buches des BGB gebunden. Vielmehr kann ein Schuldverhältnis beliebigen Inhalts durch Vertrag begründet werden, auch wenn dieser Typus nicht explizit im BGB als Vertragstyp genannt ist.

Vertrag

Rechte

Pflichten

Aus einem Vertragsverhältnis ergeben sich für die Beteiligten Rechte und Pflichten entsprechend den allgemeinen gesetzlichen Regelungen. Darüber hinaus verbindet das BGB mit dem jeweiligen Vertragstyp bestimmte, auf diesen Vertragstypus bezogene Rechte und Pflichten, die neben den allgemeinen Rechten und Pflichten aus Schuldverhältnissen (§§ 241 ff. BGB) bestehen. Die Beteiligten können im Rahmen der gesetzlichen Bestimmungen im individuellen Vertrag Rechte und Pflichten modifizieren, einschränken oder erweitern.

Somit können

> aufgrund des Vertragstyps die gesetzlich normierten Rechte und Pflichten der Beteiligten bestimmt werden,

> aufgrund der vertraglichen Rechte und Pflichten der Beteiligten der Vertragstyp bestimmt werden.

MERKE

LERNFELD 4

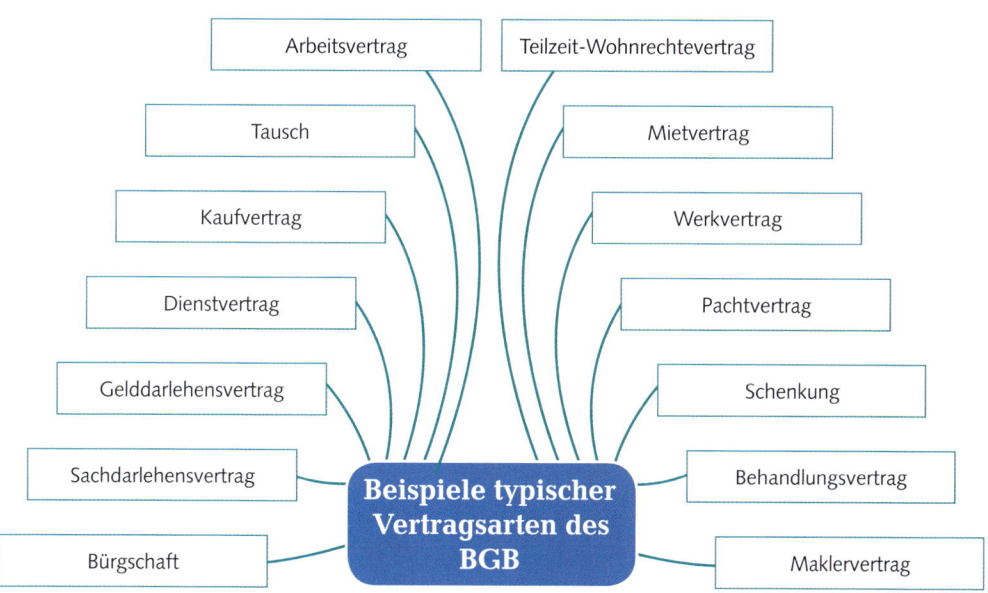

Arbeitsvertrag	Teilzeit-Wohnrechtevertrag
Tausch	Mietvertrag
Kaufvertrag	Werkvertrag
Dienstvertrag	Pachtvertrag
Gelddarlehensvertrag	Schenkung
Sachdarlehensvertrag	Behandlungsvertrag
Bürgschaft	Maklervertrag

Beispiele typischer Vertragsarten des BGB

Besondere Vertragsarten in anderen Gesetzen

Im HGB	Im VVG	Im TVG
Kommissionsgeschäft (§ 383 HGB) Frachtgeschäft (§ 407 HGB) Speditionsgeschäft (§ 453 HGB) Lagergeschäft (§ 467 HGB)	Haftpflichtversicherung, Pflicht-versicherung, Rechtsschutzversi-cherung, Transportversicherung, Gebäudefeuerversicherung, Lebensversicherung, Berufsunfä-higkeitsversicherung, Unfallver-sicherung, Krankenversicherung	Tarifvertrag

Nachfolgend werden einige im BGB besonders geregelte Vertragsverhältnisse dargestellt.

1.2.1   Der Mietvertrag (§ 535 BGB)

© eccolo – Fotolia.com

Die vertragstypischen Rechte und Pflichten ergeben sich aus § 535 BGB, wonach

der Vermieter verpflichtet ist,

› dem Mieter den Gebrauch der Mietsache während der Mietzeit zu gewähren,

› die Mietsache dem Mieter in einem zum vertrags-gemäßen Gebrauch geeigneten Zustand zu über-lassen,

› die Mietsache während der Mietzeit in einem zum vertragsgemäßen Ge-brauch geeigneten Zustand zu erhalten,

› die auf der Mietsache ruhenden Lasten zu tragen.

© alexandre zveiger – Fotolia.com

der Mieter verpflichtet ist,

› dem Vermieter die vereinbarte Miete zu entrichten.

Das Mietverhältnis ist damit ein Dauer-schuldverhältnis zwischen Vermieter und Mieter, das auf die Gewährung des Ge-brauchs der Mietsache gegen Entgelt gerichtet ist. Das Mietverhältnis kann befristet oder unbefristet vereinbart werden. Der Mietvertrag ist nicht form-gebunden (Ausnahme beim Wohnungs-mietvertrag gemäß § 550 BGB).

Besondere gesetzliche Bestimmungen für ein Mietverhältnis		
Es obliegt grundsätzlich dem Vermieter, die Mietsache im vertragsgemäßen Zustand zu erhalten (§ 538 BGB).	Ohne die Erlaubnis des Vermieters ist der Mieter nicht berechtigt, den Gebrauch der Mietsache einem Dritten zu überlassen (§ 540 BGB).	Nach Beendigung des Mietverhältnisses ist der Mieter verpflichtet, die Mietsache an den Vermieter zurückzugeben (§ 546 BGB).

Gegenstand des Mietverhältnisses können nur Sachen sein (§§ 535 Abs. 1 Satz 1, 90 BGB)

- Fahrrad
- Wohnung
- Maschine
- Pkw
- Hauswand für Werbezwecke

Aus der Art der Mietsache und dem Inhalt des Mietverhältnisses können sich Nebenpflichten des Vermieters ergeben.

> Der Vermieter einer Wohnung ist gewöhnlich verpflichtet, den Mieter nach dem Auszug über für ihn eingehende Postsendungen zu informieren.

> Je nach Art des Mietverhältnisses kann der Vermieter auch verpflichtet sein, Nebenleistungen zu erbringen, z. B. ist der Vermieter einer Wohnung verpflichtet, für einen Wasser- oder Stromanschluss zu sorgen sowie die Beheizbarkeit der Räume zu gewährleisten, ohne dass dies im Gesetz oder Individualvertrag ausdrücklich angegeben ist.

Als Nebenpflicht des Mieters besteht unter anderem die Verpflichtung, die Mietsache nur im vertraglichen Umfang zu gebrauchen (z. B. darf eine Wohnung nicht als Gewerberaum verwendet werden).

1.2.1.1 Mietverhältnisse über Wohnraum

Besondere Bestimmungen für Mietverhältnisse über Wohnraum enthalten die §§ 549 bis 577 a BGB. Der Mieter einer Wohnung soll dadurch besonderen Schutz erfahren.

© goodluz – Fotolia.com

Wesentliche gesetzliche Bestimmungen für solche Mietverhältnisse sind:

> Formvorschrift für den Abschluss des Mietvertrags (§ 550 BGB);

> Bestimmungen für vom Mieter zu leistende Sicherheit, Kaution (§ 551 BGB);

> Barrierefreiheit (§ 554a BGB);

> Duldungspflicht des Mieters für bestimmte Maßnahmen (§ 555 a BGB);

> Vereinbarungen über Betriebskosten (§ 556 BGB);

> Regelungen zur Miethöhe und Mieterhöhungen (§ 557 ff. BGB);

> Gesetzliches Vermieterpfandrecht (§ 562 BGB);
> Eintrittsrecht in das Mietverhältnis für bestimmte Personen (z. B. Ehegatte) nach dem Tod des Mieters (§ 563 BGB);
> Eintritt des Erwerbers einer Mietwohnung in die sich aus dem Mietverhältnis ergebenden Rechte und Pflichten (§ 566 BGB);
> Schriftform der Kündigung (§ 568 Abs. 1 BGB);
> besondere Bestimmungen für eine außerordentliche fristlose Kündigung aus wichtigem Grund (§ 569 BGB);
> besondere Bestimmungen für eine ordentliche Kündigung des Vermieters (§ 573 BGB).

1.2.1.2 Mietminderung (§ 536 BGB)

© animaflora – Fotolia.com

Wenn die Mietsache zurzeit der Überlassung an den Mieter einen Mangel hat, der ihre Tauglichkeit zum vertragsgemäßen Gebrauch aufhebt, ist der Mieter für die Zeit, in der die Tauglichkeit aufgehoben ist, von der Entrichtung der Miete befreit. Gleiches gilt, wenn dies während der Mietzeit eintritt. Für die Zeit, während der die Tauglichkeit gemindert ist, hat der Mieter nur eine angemessen herabgesetzte Miete zu entrichten. Die Minderung der Tauglichkeit muss jedoch erheblich sein. Aufgrund eines Mangels der Mietsache ergeben sich für den Mieter Schadens- und Aufwendungsersatzansprüche (§ 536 a BGB). Kennt der Mieter bei Vertragsschluss den Mangel, so stehen ihm die Rechte aus §§ 536, 536a BGB unter Umständen nicht zu. Wenn im Lauf der Mietzeit ein Mangel der Mietsache auftritt, hat der Mieter dies dem Vermieter unverzüglich anzuzeigen (§ 536 c BGB); unterlässt der Mieter dies, ist er dem Vermieter zum Schadensersatz verpflichtet und kann die in §§ 536, 536 a BGB bestimmten Rechte nicht verlangen.

1.2.1.3 Beendigung des Mietverhältnisses

Mietverhältnis endet

- mit Ablauf der Mietzeit
- durch Kündigung
- durch Aufhebungsvertrag

Eine Kündigung kann ordentlich, also unter Einhaltung der gesetzlichen oder vertraglichen Kündigungsfristen (§ 542 BGB) oder außerordentlich fristlos erfolgen. Eine außerordentliche fristlose Kündigung setzt grundsätzlich das Vorliegen eines wichtigen Grundes voraus (§ 543 BGB).

§ 598 BGB

EXKURS

Während sich der Mietvertrag nur auf Sachen bezieht, kann ein Pachtvertrag über Gegenstände (Sachen und Rechte) geschlossen werden. Ein Mietvertrag gewährt lediglich den Gebrauch der Mietsache, ein Pachtvertrag darüber hinaus auch den Bezug der Früchte (§ 99 BGB).

1.2.2 Die Leihe (§ 598 BGB)

Ähnlich dem Mietvertrag ist die Leihe auf Gebrauchsüberlassung einer Sache gerichtet; Vertragspartner sind Verleiher und Entleiher. Die Leihe kann befristet oder unbefristet vereinbart werden. Der Leihvertrag ist nicht formgebunden.

Der Verleiher ist verpflichtet, dem Entleiher den Gebrauch der Sache unentgeltlich zu gestatten. Für den Entleiher ergeben sich aus dem Vertragsverhältnis nach Überlassung der Sache Pflichten gemäß §§ 601, 603, 604 BGB; ein Entgelt ist von ihm nicht zu bezahlen.

Beispiele für eine Leihe:

> Hubert borgt sich von seinem Nachbarn einen Rasenmäher für einen Nachmittag.

> Tanja kann das Fahrrad ihrer Freundin zum Einkaufen benutzen.

© mirrorrosenau4 – Fotolia.com

BEISPIEL

Die wesentliche Pflicht des Entleihers besteht darin, die geliehene Sache an den Verleiher zurückzugeben.

Pflicht des Entleihers (§ 604 BGB)

| Rückgabe nach dem Ablauf der für die Leihe bestimmten Zeit. | Rückgabe, nachdem der Entleiher den sich aus dem Zweck der Leihe ergebenden Gebrauch gemacht hat. | Rückgabe, wenn der Verleiher die Sache zurückfordert. |

LERNFELD 4

Der wesentliche Unterschied zwischen Leihe und Mietverhältnis besteht in der unentgeltlichen Überlassung der Sache.

MERKE

§§ 488, 607 BGB

1.2.3　Der Darlehensvertrag (§§ 488, 607 BGB)

Darlehensvertrag

Gelddarlehen

Sachdarlehen

© B.Piereck – Fotolia.com

1.2.3.1　Gelddarlehen (typischer Darlehensvertrag)

Die vertragstypischen Pflichten beim Gelddarlehen ergeben sich aus § 488 Abs. 1 BGB, wonach

© igor – Fotolia.com

> der Darlehensgeber verpflichtet ist, dem Darlehensnehmer einen Geldbetrag in der vereinbarten Höhe zur Verfügung zu stellen;

> der Darlehensnehmer verpflichtet ist, die Darlehensvaluta abzunehmen (Hauptpflicht nur bei einem verzinslichen Darlehen), einen geschuldeten Zins zu zahlen, bei Fälligkeit, das zur Verfügung gestellte Darlehen zurückzuzahlen.

Der Darlehensvertrag ist damit eine Art von Kreditvertrag und Dauerschuldverhältnis, indem das Darlehen für einen bestimmten Zeitraum oder auf unbestimmte Zeit gewährt wird. Der Darlehensvertrag ist nicht formgebunden. Wenn kein Zinssatz vereinbart ist, gilt der gesetzliche Zinssatz gemäß § 246 BGB, bei Kaufleuten gemäß § 352 HGB.

Fälligkeit (Verpflichtung zur Rückzahlung)

| Tritt mit Ende der Laufzeit ein, soweit vereinbart. | Tritt durch ordentliche Kündigung ein, gemäß § 489 BGB. | Tritt durch außerordentliche Kündigung gemäß § 490 BGB ein. |

Verbraucherdarlehensverträge

Zum Schutz der Verbraucher sind besondere Bestimmungen zu beachten für entgeltliche Darlehensverträge (Verbraucherdarlehensvertrag gemäß § 491 BGB) zwischen einem Unternehmer (§ 14 BGB) als Darlehensgeber und einem Verbraucher (§ 13 BGB) als Darlehensnehmer.

Ein Verbraucherdarlehensvertrag liegt vor, wenn ein entgeltlicher Darlehensvertrag zwischen einem Unternehmer als Darlehensgeber und einem Verbraucher als Darlehensnehmer besteht.

Wesentliche Bestimmungen für Verbraucherdarlehensverträge

Vorvertragliche Informationspflichten des Darlehensgebers (§ 491 a BGB).	Schriftform oder strengere Formvorschrift (§ 492 BGB).	Widerrufsrecht des Darlehensnehmers (§ 495 BGB).

Besondere Bestimmungen für Darlehensverträge gelten auch, wenn ein Unternehmer einem Verbraucher Finanzierungshilfen gewährt in Form eines entgeltlichen Zahlungsaufschubs oder sonstiger entgeltlicher Finanzierungshilfen (§ 506 BGB) sowie für Teilzahlungsgeschäfte (§ 507 BGB) und Ratenlieferungsverträge (§ 510 BGB).

1.2.3.2 Sachdarlehen

Der Sachdarlehensvertrag (§ 607 BGB) ist formfrei, ein gegenseitiger Vertrag und ein Dauerschuldverhältnis.

§ 607 BGB

> Der **Darlehensgeber** ist verpflichtet dem Darlehensnehmer eine vereinbarte vertretbare Sache zu überlassen.
> Der **Darlehensnehmer** ist verpflichtet das Darlehensentgelt zu zahlen und bei Fälligkeit Sachen gleicher Art, Güte und Menge zurückzuerstatten.

Beim Sachdarlehensvertrag gibt der Darlehensnehmer folglich nicht die ursprünglich erhaltenen Sachen zurück, sondern Sachen gleicher Art, Güte und Menge. Der Darlehensnehmer kann folglich die ihm überlassenen Sachen verbrauchen oder veräußern.

Ein Wertpapierdarlehensvertrag, bei dem Aktien überlassen werden, ist ein Sachdarlehensvertrag.

Anne ist mit ihrem Motorroller wegen Benzinmangels liegen geblieben. Der vorbeifahrende Waldemar gibt ihr seinen Benzinkanister, damit sie den Tank soweit auffüllen kann, um zur nächsten Tankstelle zu fahren. Anne soll den Benzinkanister dann wieder

© Elenarts – Fotolia.com

auffüllen und an Waldemar zurückgeben. Hinsichtlich des Benzins liegt ein Sachdarlehen vor. Anne kann das Benzin in ihren Tank füllen und mit dem Motoroller fahren, also das Benzin verbrauchen. Dasselbe Benzin kann sie nicht an Waldemar zurückgeben, sondern sie muss gleichwertiges Benzin in den Benzinkanister füllen und dieses zurückgeben.

§ 611 BGB

1.2.4   Der Dienstvertrag (§ 611 BGB)

Die vertragstypischen Pflichten beim Dienstvertrag ergeben sich aus § 611 Abs. 1 BGB, wonach

› der **Dienstverpflichtete** verpflichtet ist, die versprochenen Dienste zu leisten;
› der **Dienstberechtigte** verpflichtet ist, die vereinbarte Vergütung zu gewähren.

Der Dienstvertrag ist **formfrei** und ein **gegenseitiger Vertrag.** Der zwischen Arbeitgeber und Arbeitnehmer abgeschlossene Arbeitsvertrag ist eine besondere Form des Dienstvertrages mit Dauerschuldcharakter. Auch der **Arbeitsvertrag** kommt formfrei zu Stande, allerdings sind die besonderen Bestimmungen des NachwG und bei befristeten Arbeitsverträgen des TzBfG zu beachten. Bei einem Arbeitsverhältnis gelten zwingende gesetzliche Bestimmungen zum Arbeitnehmerschutz.

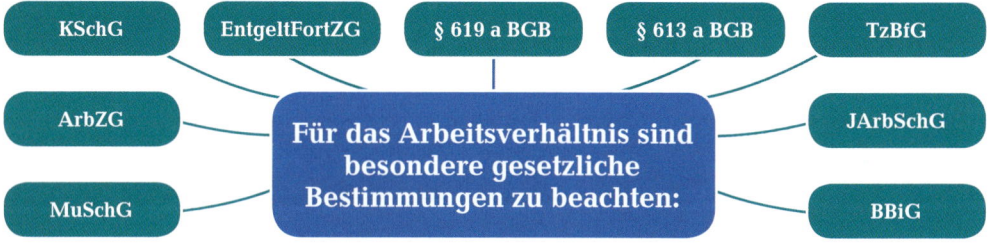

Ein typischer Dienstvertrag ist dadurch gekennzeichnet, dass die Dienste geleistet werden in persönlicher, wirtschaftlicher und sozialer Selbstständigkeit und Unabhängigkeit.

Beispiele für einen Dienstvertrag (nicht Arbeitsvertrag) sind:
› Vertrag eines GmbH-Geschäftsführers,
› Beauftragung eines Steuerberaters oder Rechtsanwalts,
› Beauftragung eines selbstständigen Privatlehrers,
› Beauftragung eines Architekten zur Beratung des Bauherren wegen eines Baumangels.

Als Nebenpflichten des Dienstverpflichteten können sich beispielsweise die Treuepflicht (Verschwiegenheit und Wettbewerbsverbot) des Arbeitnehmers ergeben. Nebenpflichten des Dienstberechtigten können die Fürsorgepflicht des Arbeitgebers (§§ 617, 618 BGB) und die Verschwiegenheit sein.

Als Sonderform des Dienstvertrages ist der Arbeitsvertrag in § 611a BGB geregelt (seit 01. April 2017). Durch den Arbeitsvertrag wird der Arbeitnehmer im Dienste eines anderen zur Leistung weisungsgebundener, fremdbestimmter Arbeit in persönlicher Abhängigkeit verpflichtet. Das Weisungsrecht kann Inhalt, Durchführung, Zeit und Ort der Tätigkeit betreffen. Weisungsgebunden ist, wer nicht im Wesentlichen frei seine Tätigkeit gestalten und seine Arbeitszeit bestimmen kann (dies ist ein wesentliches Unterscheidungsmerkmal zwischen Arbeitnehmer und freiem Mitarbeiter). Der Arbeitgeber ist zur Zahlung der vereinbarten Vergütung verpflichtet. Für die Feststellung, ob ein Arbeitsvertrag vorliegt, ist eine Gesamtbetrachtung aller Umstände vorzunehmen, es kommt also auf die tatsächliche Durchführung des Vertragsverhältnisses an und nicht etwa auf die von den Parteien gewählte Bezeichnung des Vertrags.

- - - - - - - - - - -

1.2.4.1 Vergütung

Gemäß § 612 BGB gilt eine Vergütung als stillschweigend vereinbart, wenn die Dienstleistung den Umständen nach nur gegen eine Vergütung zu erwarten ist. Dadurch wird eine Abgrenzung zu einer bloßen Gefälligkeit geschaffen. Die Höhe der Vergütung steht im Ermessen der Beteiligten, beim Arbeitsverhältnis sind die Bestimmungen zum Mindestlohn (MiLoG) und gegebenenfalls tarifvertragliche Regelungen zu berücksichtigen. Wenn die Höhe der Vergütung durch die Beteiligten nicht vereinbart wurde, ist die taxmäßige Vergütung (durch rechtliche Bestimmungen zugelassene und festgelegte Gebühren, z. B. Gebührenordnung für Ärzte, HOAI) geschuldet, ansonsten die übliche Vergütung.

§ 612 BGB

Beendigung des Dienstverhältnisses		
Durch Zeitablauf (§ 620 Abs. 1 BGB).	Durch ordentliche Kündigung unter Beachtung der Kündigungsfristen (§§ 620, 621, 622 BGB).	Durch fristlose Kündigung (§ 626 BGB) – auch als außerordentliche Kündigung bezeichnet.

- - - - - - - - - - -

1.2.4.2 Beendigung

Bei Beendigung eines Arbeitsvertrags ergeben sich die Kündigungsfristen aus § 622 BGB mit der Maßgabe, dass sich die Fristen für den Arbeitgeber in Abhängigkeit vom zeitlichen Bestand des Arbeitsverhältnisses verlängern. Die Kündigung bedarf grundsätzlich der Schriftform (§ 623 BGB), dies gilt auch für einen Auflösungsvertrag. Wenn die Voraussetzungen des KSchG erfüllt sind, ist eine arbeitgeberseitige Kündigung rechtsunwirksam, wenn sie sozial ungerechtfer-

§ 622 ff. BGB

tigt ist, die Kündigung also nicht durch Gründe in der Person, in dem Verhalten des Arbeitnehmers oder dringende betriebliche Erfordernisse bedingt ist (§ 1 Abs. 1 KSchG).

MERKE

Die Kündigung eines Arbeitsverhältnisses bedarf der Schriftform.

© forkART Photography – Fotolia.com

---

§ 631 BGB

1.2.5 Der Werkvertrag (§ 631 BGB)

Die vertragstypischen Pflichten beim Werkvertrag ergeben sich aus § 631 Abs. 1 BGB, wonach

> der **Unternehmer** zur Herstellung und Verschaffung des versprochenen Werkes
> der **Besteller** zur Entrichtung der vereinbarten Vergütung

verpflichtet ist.

Der Werkvertrag ist damit ein **entgeltlicher gegenseitiger Vertrag,** der **formfrei** zu Stande kommt. Er ist gerichtet auf die Herbeiführung eines bestimmten Arbeitsergebnisses, also eines Erfolges.

Gegenstand des Werkvertrages

Herstellung einer Sache	Veränderung einer Sache	Ein anderer durch Arbeit oder Dienstleistung herbeizuführender Erfolg

MERKE

Im Vergleich zum Dienstvertrag, der eine entgeltliche Dienstleistung zum Inhalt hat, ist der Werkvertrag dadurch gekennzeichnet, dass ein vereinbartes Arbeitsergebnis geschuldet wird.

Wird eine Sache aus einem Katalog bestellt, liegt regelmäßig ein Kaufvertrag vor, auch wenn die Sache erst noch hergestellt werden muss.

BEISPIEL

> Herstellung eines individuellen Schrankes durch einen Schreiner,
> Herstellung eines individuellen Datenverarbeitungsprogramms durch einen Softwareentwickler,
> Herstellung eines Einfamilienhauses.

Vergütung

Eine Vergütung gilt als stillschweigend vereinbart, wenn die Herstellung des Werks den Umständen nach nur gegen eine Vergütung zu erwarten ist (§ 632 Abs. 1 BGB).	Der Unternehmer kann von dem Besteller Abschlagszahlungen verlangen (§ 632 a BGB).	Die Vergütung ist bei der Abnahme des Werks zu entrichten (§ 641 BGB). Mit der Abnahme tritt folglich die Fälligkeit ein.

- -

1.2.5.1 Rechte des Bestellers bei Mängeln

Gemäß § 633 BGB hat der Unternehmer dem Besteller das Werk frei von Sach- und Rechtsmängeln zu verschaffen.

Frei von Sachmängeln

ist ein Werk wenn es die vereinbarte Beschaffenheit hat (§ 633 Abs. 2 S. 1 BGB).	ist ein Werk, soweit die Beschaffenheit nicht vereinbart ist, wenn es sich für die nach dem Vertrag vorausgesetzte Verwendung eignet (§ 633 Abs. 2 S. 2 Ziff. 1 BGB).	ist ein Werk, soweit weder eine Beschaffenheit vereinbart noch die nach dem Vertrag vorausgesetzte Beschaffenheit gegeben ist, wenn es sich für die gewöhnliche Verwendung eignet und eine Beschaffenheit aufweist, die bei Werken der gleichen Art üblich ist und die der Besteller nach der Art des Werks erwarten kann (§ 633 Abs. 2 S. 2 Ziff. 2 BGB).

Einem Sachmangel steht es gleich, wenn der Unternehmer ein anderes als das bestellte Werk oder das Werk in zu geringer Menge herstellt (§ 633 Abs. 2 S. 3 BGB).

Wenn das Werk mangelhaft ist, stehen dem Besteller die Rechte aus § 634 BGB zu. Der Besteller hat gemäß § 637 BGB die Möglichkeit den Mangel selbst zu beseitigen (Selbstvornahme) und Ersatz der erforderlichen Aufwendungen zu verlangen, wenn er dem Unternehmer zuvor eine angemessene Frist zur Nacherfüllung bestimmt hat und diese erfolglos abgelaufen ist.

© Monkey Business – Fotolia.com

Mangel ➡ Frist zur Nacherfüllung ➡ Selbstvornahme

- - - - - - - - -
1.2.5.2 Abnahme

> **§ 640 BGB**
>
> Der Besteller ist verpflichtet, das vertragsmäßig hergestellte Werk abzunehmen, sofern nicht nach der Beschaffenheit des Werkes die Abnahme ausgeschlossen ist. Wegen unwesentlicher Mängel kann die Abnahme nicht verweigert werden. Der Abnahme steht es gleich, wenn der Besteller das Werk nicht innerhalb einer ihm vom Unternehmer bestimmten angemessenen Frist abnimmt, obwohl er dazu verpflichtet ist. Wenn der Besteller ein Verbraucher ist, muss ihn der Unternehmer auf diese Konsequenzen hinweisen (in Textform).

© goodluz – Fotolia.com

Mit der Abnahme ist die körperliche Entgegennahme als Besitzübertragung gemeint, verbunden mit der Billigung des Werks als im Wesentlichen vertragsgemäß durch den Besteller. Die Abnahmepflicht des Bestellers wird als eine Hauptpflicht angesehen. Mit Abnahme des Werks endet das Erfüllungsstadium des Vertragsverhältnisses, sodass der Besteller nur noch Mängelbeseitigung verlangen kann. Mit Abnahme des Werks wird die Vergütung fällig (§ 641 BGB) und die Verjährung bestimmter Mängelansprüche beginnt (§ 434 a Abs. 2 BGB).

- - - - - - - - - - - - - - - -
1.2.5.3 Unternehmerpfandrecht

Gemäß § 647 BGB hat der Unternehmer für seine Forderungen aus dem Vertrag ein (gesetzliches) Pfandrecht an den von ihm hergestellten oder ausgebesserten beweglichen Sachen des Bestellers, wenn sie bei der Herstellung oder zum Zwecke der Ausbesserung in seinen Besitz gelangt sind. Damit erfolgt eine Sicherung des Unternehmers bezüglich seiner Geldforderungen aus dem Werkvertrag als Ausgleich dafür, dass er mit der Herstellung vorleistungspflichtig ist.

Die Verwertung der vom Unternehmerpfandrecht umfassten Sachen erfolgt gemäß §§ 1257, 1204 BGB.

> **Sicherungsmöglichkeiten ...**

| ... für den Bauunternehmer als Sicherungshypothek (§ 650 e BGB). | ... für den Bauunternehmer als Bauhandwerkersicherung (§ 650 f BGB). |

1.2.5.4 Kostenanschlag

Der Kostenanschlag (§ 649 BGB) stellt eine unverbindliche Berechnung der voraussichtlichen Kosten durch den Unternehmer dar, weshalb eine Vergütung im Zweifel nicht geschuldet ist (§ 632 Abs. 3 BGB). Wenn dieser Kostenanschlag wesentlich überschritten wird, hat der Unternehmer dem Besteller unverzüglich Anzeige darüber zu machen, sodass dieser von seinem Kündigungsrecht Gebrauch machen kann. Ob eine wesentliche Überschreitung des Kostenanschlags vorliegt, richtet sich nach dem Einzelfall.

§ 650 BGB

© Concept web Studio – Fotolia.com

Vom Kostenanschlag zu unterscheiden ist die **Vereinbarung eines Festpreises,** an die sowohl Unternehmer als auch Besteller gebunden sind.

1.2.5.5 Bauvertrag

Besondere gesetzliche Bestimmungen finden sich für den Bauvertrag in den §§ 650a ff BGB. Als Bauvertrag wird ein Vertrag bezeichnet über die Herstellung, die Wiederherstellung, die Beseitigung oder den Umbau eines Bauwerks, einer Außenanlage oder eines Teils davon. Der Bauvertrag ist ein eigenständiger Vertragstyp, für den die Bestimmungen zum Werkvertrag gelten sowie ergänzend die Vorschriften nach § 650 a bis 650 h BGB. Zwischen den Parteien kann die Geltung der VOB vereinbart werden.

1.2.6   Die Bürgschaft

Der Bürgschaftsvertrag ist in § 765 BGB geregelt. Der Bürge verpflichtet sich gegenüber dem Gläubiger eines Dritten für die Erfüllung der Verbindlichkeit des Dritten einzustehen.

§ 765 BGB

LERNFELD 4

Der Bürgschaftsvertrag ist insoweit **formgebunden,** als gemäß § 766 BGB die Bürgschaftserklärung schriftlich erfolgen muss (elektronische Form ist ausgeschlossen).

Gesetzliche Regelungen einer Bürgschaft		
Der Bürge kann die Einrede der Vorausklage erheben (§ 771 BGB).	Die Einrede der Vorausklage kann ausgeschlossen werden (§ 773 BGB).	Soweit der Bürge den Gläubiger befriedigt, geht die Forderung des Gläubigers gegen den Hauptschuldner auf ihn über (§ 774 BGB).

Soweit für den Bürgen ein Handelsgeschäft vorliegt (bei Kaufleuten), bestehen insoweit Besonderheiten, als dass die Einrede der Vorausklage nicht zusteht und Formfreiheit für die Bürgschaftserklärung besteht (§§ 349, 350 HGB).

1.2.7   Der Tausch, die Schenkung, das Schuldversprechen

1.2.7.1   Tausch (§ 480 BGB)

§ 480 BGB

Der Tausch ist ein gegenseitiger Vertrag, mit dem Sachen oder Dienstleistungen umgesetzt werden, ohne dass ein Geldbetrag bezahlt wird. Die Vorschriften über den Kauf finden auf den Tausch entsprechende Anwendung. Auch wenn beim Tausch zweier Sachen aufgrund der unterschiedlichen Werte die Zahlung eines zusätzlichen Geldbetrages vereinbart wird, liegt dennoch ein Tausch vor.

© Zsolt Biczo – shutterstock.com

BEISPIEL

Jonas gibt René sein Mountainbike und erhält dafür dessen Rennrad. Durch den Tausch wird das Eigentum an den Sachen übertragen.

1.2.7.2   Schenkung (§ 516 BGB)

§ 516 BGB

Die Schenkung ist ein Vertrag mit dem Inhalt, dass jemand aus seinem Vermögen eine Zuwendung macht, die einen anderen bereichert und sich beide darüber einig sind, dass die Zuwendung unentgeltlich erfolgt.

Das **Schenkungsversprechen** ist in Form der **notariellen Beurkundung** zu dokumentieren (§ 518 Abs. 1 Satz 1 BGB). Wird diese Form nicht eingehalten, ist das Schenkungsversprechen gemäß § 125 BGB nichtig. Die Formvorschrift gilt indes lediglich für das Schenkungsversprechen, also nicht für die Annahmeerklärung. Der Vertrag kommt zustande, indem der Beschenkte erklärt, dass er das Schenkungsversprechen annimmt.

BEISPIEL

Der 10-jährige Eddy erhält von seiner Großmutter zum Geburtstag einen Geldbetrag in Höhe von 50,00 Euro in bar.

Durch Vollzug des Schenkungsversprechens wird der Formmangel geheilt (§ 518 Abs. 2 BGB).

1.2.7.3 Schuldversprechen (§ 780 BGB)

Durch das selbstständige Schuldversprechen entsteht ein einseitig verpflichtender abstrakter Vertrag, mit dem eine selbstständige, vom zugrunde liegenden Kausalgeschäft losgelöste Verpflichtung eingegangen wird. Das Schuldversprechen muss, soweit keine andere **Form** vorgeschrieben ist, **schriftlich** (§ 126 BGB) erteilt werden.

§ 780 BGB

Sabine hat ihrer Freundin Antje 500,00 Euro gegeben mit der Abrede, dass Antje die 500,00 Euro innerhalb von 2 Wochen zurückbezahlt. Nach 2 Wochen ist Antje zur Rückzahlung nicht in der Lage und gibt Sabine deshalb ein Schriftstück mit der Erklärung: „Ich schulde Sabine 500,00 Euro." Damit ist ein abstrakter Schuldvertrag entstanden, durch den ein neuer Anspruch von Sabine, unabhängig vom Darlehen, begründet wurde.

Wird in einem Schuldversprechen auf ein zugrunde liegendes Kausalgeschäft verwiesen, entsteht unter Umständen kein selbstständiges Schuldversprechen, sondern ein solches, das im Zusammenhang mit dem Kausalgeschäft zu sehen ist.

1.2.8 Zusammenfassung und Aufgaben

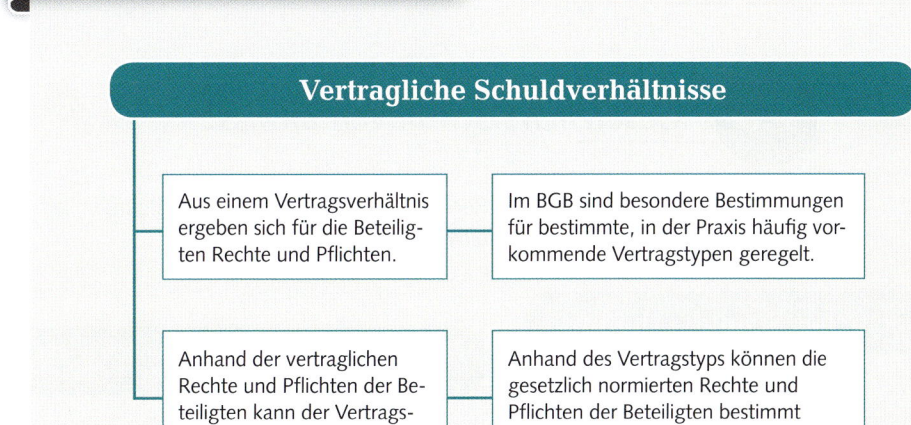

ZUSAMMENFASSUNG

Vertragliche Schuldverhältnisse

Aus einem Vertragsverhältnis ergeben sich für die Beteiligten Rechte und Pflichten.	Im BGB sind besondere Bestimmungen für bestimmte, in der Praxis häufig vorkommende Vertragstypen geregelt.
Anhand der vertraglichen Rechte und Pflichten der Beteiligten kann der Vertragstyp bestimmt werden.	Anhand des Vertragstyps können die gesetzlich normierten Rechte und Pflichten der Beteiligten bestimmt werden.

AUFGABEN

1. Nennen und erläutern Sie einen Vertragstyp, der im BGB nicht ausdrücklich benannt ist.

2. Karl Schall ist Vermieter einer Wohnung. Er möchte in diese Wohnung gerne seinen Sohn aufnehmen und müsste deshalb den bisherigen Mietern, den Eheleuten Liber, kündigen. Er erinnert sich daran, irgendwo gelesen zu haben, dass er als Vermieter einen Kündigungsgrund angeben muss und die Mieter die Möglichkeit haben, gegen eine Kündigung Widerspruch zu erheben. Stellen Sie dar, ob die Auffassung von Karl Schall zutreffend ist.

3. Erläutern Sie bei den nachstehenden Sachverhalten, um welche Vertragsart es sich handelt.

   a. Jan Söde nutzt für seinen 3-wöchigen Sommerurlaub ein Wohnmobil der Wohnmobil Augsburg GmbH und bezahlt dafür insgesamt 1.500,00 Euro.

   b. Reni Süder hilft ihrer Bekannten Celine Lib in deren Kneipe stundenweise beim Bedienen der Gäste.

   c. Petra Lei erwirbt im Modegeschäft First Avenue eine neue Bluse für 75 Euro.

   d. Philip Ible gibt seinem Freund, Sven Rot in bar für die Anschaffung eines Motorrades 5.000,00 Euro. Es ist verabredet, dass 3 % Zinsen p.a. zu zahlen sind und Sven den Geldbetrag nach 4 Monaten an Philip zurückbezahlt.

   e. Karl Blei borgt sich von seinem Nachbarn dessen Rasenmäher für etwa 2 Stunden, um den Rasen zu mähen; sein eigener Rasenmäher hatte plötzlich einen Motorschaden.

   f. Gerda Lis vereinbart mit dem Fliesenleger Waldi Sommer, dass er ihr Badezimmer mit neuen Bodenfliesen versieht.

1.3 Gesetzliche Schuldverhältnisse

Sobald die in der maßgeblichen Rechtsnorm genannten Voraussetzungen erfüllt sind, entsteht ein gesetzliches Schuldverhältnis.

Gesetzliches Schuldverhältnis

Der Gläubiger ist berechtigt vom Schuldner eine Leistung zu fordern (§ 241 BGB).

Für die Beteiligten ergeben sich Rechte und Pflichten, ohne dass aber ein Vertrag zu Grunde liegt.

Die gesetzlichen Bestimmungen zum allgemeinen Schuldrecht sind anzuwenden.

LERNFELD 4

> **MERKE**
>
> Gesetzliche Schuldverhältnisse entstehen, wenn die in der maßgeblichen Rechtsnorm genannten Voraussetzungen vorliegen.

Das gesetzliche Schuldverhältnis umfasst sämtliche Rechtsbeziehungen zwischen Gläubiger und Schuldner aufgrund der betreffenden Rechtsnorm. Der Gläubiger hat dann die Möglichkeit, aufgrund dieses gesetzlichen Schuldverhältnisses Ansprüche gegenüber dem Schuldner geltend zu machen.

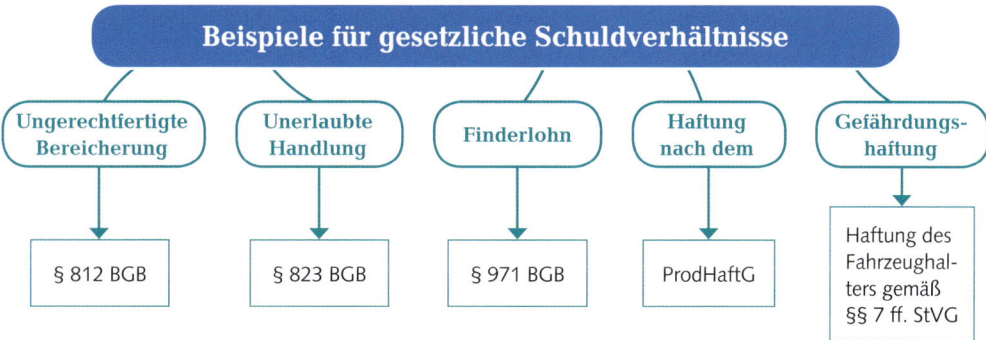

Beispiele für gesetzliche Schuldverhältnisse

Ungerechtfertigte Bereicherung	Unerlaubte Handlung	Finderlohn	Haftung nach dem	Gefährdungshaftung
§ 812 BGB	§ 823 BGB	§ 971 BGB	ProdHaftG	Haftung des Fahrzeughalters gemäß §§ 7 ff. StVG

Auch bei einem gesetzlichen Schuldverhältnis ist der Gläubiger berechtigt, vom Schuldner eine Leistung zu fordern (§ 241 BGB), die gesetzlichen Bestimmungen zum allgemeinen Schuldrecht sind anzuwenden und es ergeben sich für die Beteiligten damit Rechte und Pflichten, ohne dass aber ein Vertrag zu Grunde liegt.

> **MERKE**
>
> Aus einem gesetzlichen Schuldverhältnis ergeben sich für die Beteiligten Rechte und Verpflichtungen.

© benjaminnolte – Fotolia.com

Verkehrsunfall → **gesetzliches Schuldverhältnis** → Ansprüche des Geschädigten / Pflichten des Schädigers

1.3.1   Ungerechtfertigte Bereicherung (§ 812 BGB)

§ 812 BGB

Durch die Bereicherungsansprüche wird ein schuldrechtlicher Anspruch geschaffen, sodass ein beim Bereicherten entstandener, diesem aber nicht zustehender Vorteil, dem tatsächlich Berechtigten zugeführt wird. Der Anspruch aus ungerechtfertigter Bereicherung besteht als selbstständiger Anspruch neben anderen Ansprüchen, sofern gesetzlich nichts Abweichendes bestimmt ist (z. B. vertragliche Ansprüche sind bei Leistungsstörungen grundsätzlich nach Vertragsrecht abzuwickeln).

Gemäß § 812 Abs. 1 BGB ist derjenige, der durch die Leistung eines anderen oder in sonstiger Weise auf dessen Kosten etwas ohne rechtlichen Grund erlangt, ihm zur Herausgabe verpflichtet. Damit wird ein schuldrechtlicher Anspruch geschaffen, dass ein beim Bereicherten (tatsächlich nicht Berechtigter) entstandener Vorteil, dem tatsächlich Berechtigten zugeführt wird.

Die **Voraussetzungen** der **ungerechtfertigten Bereicherung** sind:

> eine Bereicherung einer Person und

> eine Entreicherung einer anderen Person

> durch eine Leistung oder in sonstiger Weise

> ohne rechtlichen Grund.

© WavebreakmediaMicro – Fotolia.com

BEISPIEL

In einer Bar trinkt der Gast Otto Aalkes versehentlich einen Whisky seines Tischnachbarn. Er ist damit um die ersparten Aufwendungen bereichert und muss seinem Tischnachbarn den Wert ersetzen.

Bereicherungstatbestände (Kondiktionen) gemäß § 812 BGB

Leistungskondiktion: Der Rechtsgrund für die Leistung fehlt von vornherein; die Bereicherung in sonstiger Weise, Nichtleistungskondiktion (§ 812 Abs. 1 S. 1 BGB).	Der Rechtsgrund fällt im Nachhinein weg (§ 812 Abs. 1 S. 2 BGB).	Der bezweckte Erfolg tritt nicht ein (§ 812 Abs. 1 S. 2 BGB).

Weitere **Kondiktionstypen** sind:

> Erfüllung trotz Einrede (§ 813 BGB),

> Verfügung eines Nichtberechtigten (§ 816 BGB),

> Verstoß gegen Gesetz oder gute Sitten (§ 817 BGB),

> Herausgabepflicht Dritter (§ 822 BGB).

Umfang des Bereicherungsanspruchs

Wenn bereits ein Bereicherungsanspruch besteht, wird die Pflicht zur Herausgabe des Erlangten durch §§ 818 bis 820 BGB konkretisiert und ergänzt. Gemäß § 818 Abs. 1 BGB erstreckt sich der Umfang der Rückgabepflicht auf

> den Gegenstand der Bereicherung einschließlich

> gezogene Nutzungen und eventuell auf

> Ersatzgegenstände.

Der Wert ist zu ersetzen, wenn die Herausgabe wegen der Beschaffenheit des Erlangten nicht möglich oder der Empfänger aus einem anderen Grund zur Herausgabe außerstande ist (§ 818 Abs. 2 BGB).

§ 818 Abs. 3 BGB beschränkt den Bereicherungsanspruch auf dasjenige, was beim Empfänger als Bereicherung noch vorhanden ist.

- -

1.3.2   Unerlaubte Handlung (§ 823 BGB)

Wer widerrechtlich in einen fremden Rechtskreis eingreift, hat den Schaden wiedergutzumachen, der daraus entsteht, wenn die Voraussetzungen des § 823 BGB vorliegen.

§ 823 BGB

---

§ 823 Abs. 1 BGB   Schadensersatzpflicht

Wer vorsätzlich oder fahrlässig das Leben, den Körper, die Gesundheit, die Freiheit, das Eigentum oder ein sonstiges Recht eines anderen widerrechtlich verletzt, ist dem anderen zum Ersatz des daraus entstehenden Schadens verpflichtet.

Voraussetzungen einer Haftung gemäß § 823 BGB sind damit:

> Vorliegen des Tatbestandes   > Rechtswidrigkeit   > Verschulden.

Wenn die Voraussetzungen erfüllt sind, hat der Geschädigte Anspruch auf Schadensersatz. Wie Schadensersatz zu leisten ist, ergibt sich nicht aus dieser Rechtsnorm, dafür sind die allgemeinen Regelungen anzuwenden, sodass der Zustand herzustellen ist, der bestehen würde, wenn der zum Ersatz verpflichtende Umstand nicht eingetreten wäre (§ 249 Abs. 1 BGB). Ergänzend sind für die Ansprüche aus unerlaubter Handlung die §§ 842 bis 845 BGB anzuwenden.

LERNFELD 4

---

§ 823 BGB bildet nur die Anspruchsgrundlage für Schadensersatzansprüche.

MERKE

Tatbestand gemäß § 823 Abs. 1 BGB

Verletzung eines fremden Rechtsguts, Körper, Gesundheit, Freiheit, Eigentum oder ein sonstiges Recht (z. B. Persönlichkeitsrecht) eines anderen.	Kausalität, das Ereignis, durch das der Schaden entstanden ist, kann dem in Anspruch Genommenen zugerechnet werden.

Eine dem Schädiger zurechenbare Verletzungshandlung ist Voraussetzung einer Haftung. Nach der Rechtsprechung des BGH ist unter Handlung ein der Bewusstseinskontrolle und Willenslenkung unterliegendes beherrschbares Verhalten unter Ausschluss physischen Zwangs und unwillkürlicher Reflexe durch fremde Einwirkung zu verstehen. Die Handlung kann in aktivem Tun oder Unterlassen bestehen und muss zur Verletzung eines in § 823 Abs. 1 BGB genannten Rechtsguts führen.

In der Regel indiziert die Verletzung eines der genannten Rechtsgüter die Rechtswidrigkeit des Handelns.

MERKE

Wenn sich der Schädiger auf Rechtfertigungsgründe für sein Handeln beruft, muss er diese darlegen und beweisen.

Der Schädiger muss schuldhaft gehandelt haben, also vorsätzlich oder fahrlässig (§ 276 BGB).

BEISPIEL

Beispiel für eine Haftung aus unerlaubter Handlung:

Rüdiger Hanno ist Inhaber eines kleinen Baugeschäfts. Er stellt an einer Baustelle einen schweren Bauzaun aus Metall auf, verwendet hierfür allerdings nicht die erforderlichen Gewichte. Bei einer leichten Windböe fällt der Bauzaun um und auf den daneben geparkten Pkw der Celine Leil, an dem Lackschäden entstehen.

Rüdiger Hanno haftet gemäß § 823 Abs. 1 BGB. Durch das Aufstellen des Bauzaunes aus Metall hat er eine besondere Gefahrenlage geschaffen und hätte die erforderlichen und zumutbaren Maßnahmen zum Schutz Dritter vor Schädigungen ergreifen müssen, also zumindest den Bauzaun so aufzustellen, dass er nicht bei einer leichten Windböe bereits umfällt (Verwendung der notwendigen Gewichte) – er hat zumindest fahrlässig gehandelt. Durch die Verletzung der Verkehrssicherungspflicht ist das Eigentum der Celine Leil (der Pkw) beschädigt worden, sodass sie Anspruch auf Ersatz des entstandenen Schadens hat.

Verletzung eines Schutzgesetzes (§ 823 Abs. 2 BGB)

Gemäß § 823 Abs. 2 BGB wird der Schutzzweck erweitert, wenn der Schädiger gegen ein den Schutz eines anderen bezweckendes Gesetzes verstößt. Somit sind weitere Rechtsgüter umfasst, beispielsweise das Vermögen. Als Schutzgesetze gelten alle Rechtsnormen, die zumindest auch dazu dienen sollen, andere Personen gegen die Verletzung eines bestimmten Rechtsgutes zu schützen (z. B. verschiedene Bestimmungen des StGB).

Beweislast

Grundsätzlich muss der Geschädigte nachweisen, dass die Voraussetzungen des § 823 BGB vorliegen, wenn er Ansprüche auf Schadensersatz geltend machen will.

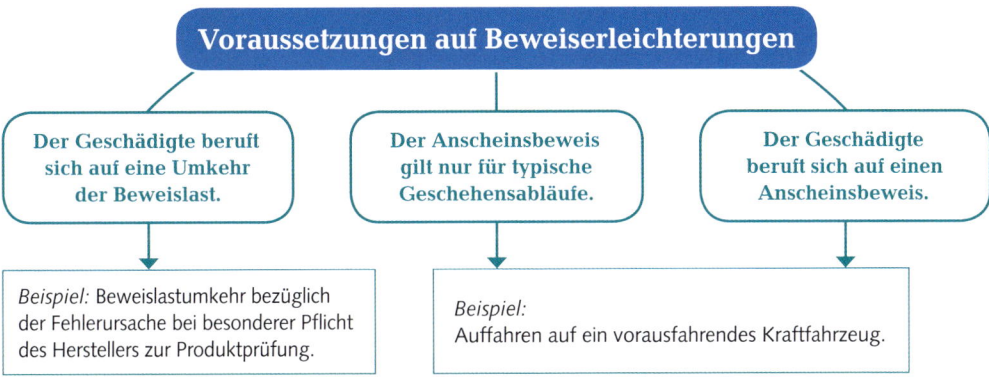

Wenn sich der Schädiger entlasten will, muss er den Nachweis erbringen, dass er nicht schuldhaft gehandelt hat oder sein Verhalten nicht widerrechtlich war (z. B., wenn er in Notwehr gehandelt hat).

Einschränkungen der Verantwortlichkeit für eigenes Handeln

Die gesetzlichen Bestimmungen sehen unter bestimmten Voraussetzungen Einschränkungen in der Verantwortlichkeit für eigenes Handeln vor. Gemäß § 827 BGB ist, wer im Zustand der Bewusstlosigkeit oder in einem die freie Willensbestimmung ausschließenden Zustand krankhafter Störung der Geistestätigkeit einem anderen Schaden zufügt für den Schaden nicht verantwortlich.

LERNFELD 4

Die 20-jährige Anne Reil fährt mit ihrem Fahrrad und erleidet einen epileptischen Anfall, aufgrund dessen sie die als Fußgängerin auf dem Gehweg laufende Rentnerin Uschi Reid anfährt, die stürzt und sich den Arm bricht. Anmerkung: Möglicherweise kommt eine Haftung nach § 829 aus Billigkeitsgründen infrage.

BEISPIEL

BEISPIEL

Nach dem gewollten Genuss von Drogen fährt die 20-jährige Anne Reil mit ihrem Fahrrad die auf dem Gehweg laufende Rentnerin Uschi Reid an, die stürzt und sich den Arm bricht.

Eine Verantwortlichkeit des Schädigers ergibt sich, wenn er sich durch geistige Getränke oder ähnliche Mittel in einen vorübergehenden Zustand dieser Art versetzt hat (§ 827 Satz 2 BGB), es sei denn, er ist ohne Verschulden in diesen Zustand geraten.

Haftung Minderjähriger

Kinder unter 7 Jahren sind für einen Schaden, den sie einem anderen zufügen, nicht verantwortlich (§ 828 Abs. 1 BGB).

Kinder zwischen dem 7. und 10. Lebensjahr haften bei Verkehrsunfällen nur eingeschränkt (§ 828 Abs. 2 BGB).

Kinder und Jugendliche zwischen dem 7. und 18. Lebensjahr haften entsprechend ihrer Einsichtsfähigkeit (§ 828 Abs. 3 BGB).

© Miredi – Fotolia.com

Haftung für Dritte

Unter bestimmten Voraussetzungen haften nicht nur der Schädiger, sondern auch andere Personen, so besteht eine Haftung.

Haftung...	Beispiel
für den Verrichtungsgehilfen (§ 831 BGB)	Der Arbeitnehmer ist Verrichtungsgehilfe des Arbeitgebers bei Ausführung übertragener Arbeiten. Der Arbeitgeber haftet für durch den Arbeitnehmer verursachte Schäden, mit der Möglichkeit sich zu entlasten (§ 831 Abs. 1 Satz 2 BGB).
des Aufsichtspflichtigen (§ 832 BGB)	Die Eltern überlassen dem 6-jährigen Kind an Silvester eine Feuerwerksrakete, die es selbst zündet. Dabei wird der daneben stehende 10-jährige Marc verletzt.
des Tierhalters (§ 833 BGB)	Der nicht angeleinte Hund „Horst" beißt einen Spaziergänger.
des Tieraufsehers (§ 834 BGB)	Anne kann aufgrund einer Reitbeteiligung mit einem ihr nicht gehörenden Pferd ausreiten. Während eines Austritts scheut das Pferd und verletzt eine Spaziergängerin.
des Grundstücksbesitzers (§ 836 BGB)	Von einem Haus fallen Dachziegel herunter und verletzen einen vor dem Haus auf dem Gehweg laufenden Fußgänger.

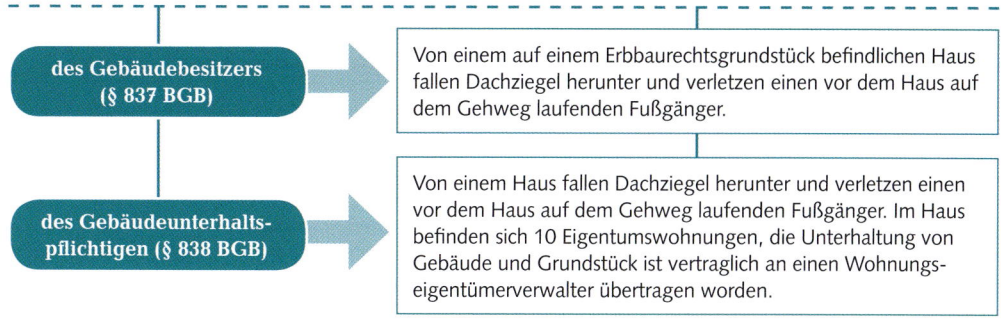

des Gebäudebesitzers
(§ 837 BGB)

Von einem auf einem Erbbaurechtsgrundstück befindlichen Haus fallen Dachziegel herunter und verletzen einen vor dem Haus auf dem Gehweg laufenden Fußgänger.

des Gebäudeunterhalts-
pflichtigen (§ 838 BGB)

Von einem Haus fallen Dachziegel herunter und verletzen einen vor dem Haus auf dem Gehweg laufenden Fußgänger. Im Haus befinden sich 10 Eigentumswohnungen, die Unterhaltung von Gebäude und Grundstück ist vertraglich an einen Wohnungs-eigentümerverwalter übertragen worden.

1.3.3   Finderlohn (§ 971 BGB)

Grundsätzlich ist, wer als Finder eine verlorene Sache in Besitz nimmt, verpflichtet, dies dem Verlierer, dem Eigentümer oder einem sonstigen Empfangsberechtigten unverzüglich mitzuteilen. Kennt der Finder solche Personen nicht, hat er den Fund der zuständigen Behörde anzuzeigen. Der Finder ist verpflichtet, die Sache zu verwahren, abzuliefern und an den Verlierer herauszugeben. Für seine Ehrlichkeit und Mühe erhält der Finder den gesetzlich geregelten Finderlohn, daneben einen Aufwendungsersatz (§ 970 BGB). Durch den Fund entsteht somit ein gesetzliches Schuldverhältnis zwischen Finder und Empfangsberechtigtem.

§ 971 BGB

1.3.4   Weitere gesetzliche Schuldverhältnisse

Auch aus anderen gesetzlichen Bestimmungen können sich gesetzliche Schuldverhältnisse ergeben. Als Beispiele werden die Haftung nach dem Produkthaftungsgesetz und die Haftung des Halters eines Kraftfahrzeugs gemäß § 7 ff. StVG dargestellt.

1.3.4.1 Haftung nach dem ProdHaftG

§ 1 ProdHaftG Wird durch den Fehler eines Produkts jemand getötet, sein Körper oder seine Gesundheit verletzt oder eine Sache beschädigt, so ist der Hersteller des Produkts verpflichtet, dem Geschädigten den daraus entstehenden Schaden zu ersetzen.

Die Haftung nach dem ProdHaftG ist folglich verschuldensunabhängig, es ist lediglich erforderlich, dass die gesetzlich normierten Voraussetzungen vorliegen.

Schadensersatzansprüche aus dem ProdHaftG bei Sachbeschädigungen beziehen sich nicht auf das fehlerhafte Produkt (§ 1 Abs.1 S.2 ProdHaftG); für das fehlerhafte Produkt sind die entsprechenden gesetzlichen Bestimmungen anzuwenden, beispielsweise bei einem Kaufvertrag die Rechte des Käufers aus § 437 BGB)

LERNFELD 4

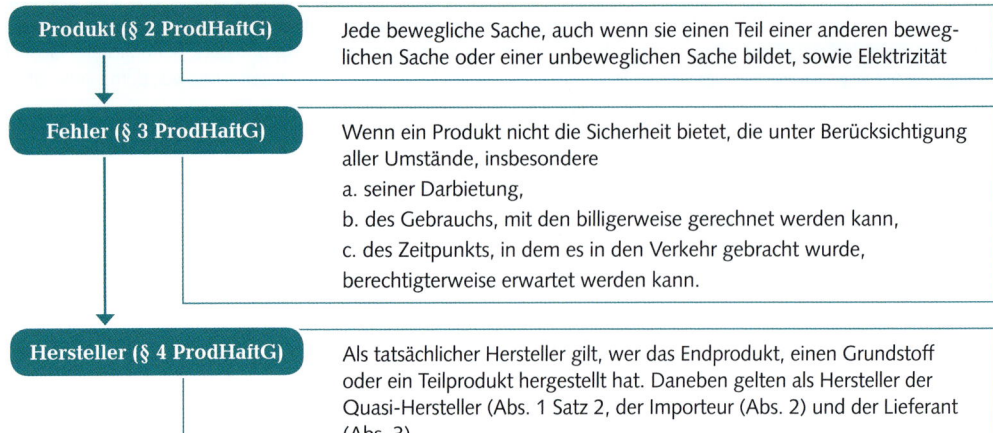

Produkt (§ 2 ProdHaftG)	Jede bewegliche Sache, auch wenn sie einen Teil einer anderen beweglichen Sache oder einer unbeweglichen Sache bildet, sowie Elektrizität
Fehler (§ 3 ProdHaftG)	Wenn ein Produkt nicht die Sicherheit bietet, die unter Berücksichtigung aller Umstände, insbesondere a. seiner Darbietung, b. des Gebrauchs, mit den billigerweise gerechnet werden kann, c. des Zeitpunkts, in dem es in den Verkehr gebracht wurde, berechtigterweise erwartet werden kann.
Hersteller (§ 4 ProdHaftG)	Als tatsächlicher Hersteller gilt, wer das Endprodukt, einen Grundstoff oder ein Teilprodukt hergestellt hat. Daneben gelten als Hersteller der Quasi-Hersteller (Abs. 1 Satz 2, der Importeur (Abs. 2) und der Lieferant (Abs. 3).

Wenn für denselben Schaden mehrere Hersteller nebeneinander zum Schadensersatz verpflichtet sind, haften sie als Gesamtschuldner, der Geschädigte kann sich nach seiner Wahl an einen oder mehrere Ersatzpflichtige wenden.

Einschränkungen bestehen insoweit, als gemäß § 10 ProdHaftG Haftungshöchstbeträge bestehen und bei Sachbeschädigung der Geschädigte einen Schaden bis zu einer Höhe von 500,00 Euro (Selbstbeteiligung) selbst zu tragen hat (§ 11 ProdHaftG).

Bezüglich des Umfangs der Ersatzpflicht sind die besonderen Bestimmungen der §§ 7, 8, 9 ProdHaftG zu beachten.

- -

1.3.4.2 Gefährdungshaftung (Haftung des Halters eines Kfz)

Gemäß § 7 StVG haftet der Halter eines Kraftfahrzeugs, wenn beim Betrieb ein Mensch getötet, der Körper oder die Gesundheit eines Menschen verletzt oder eine Sache beschädigt wird. Der Halter ist in diesem Falle verpflichtet, dem Verletzten den daraus entstehenden Schaden zu ersetzen. Auf ein Verschulden des Halters kommt es nicht an. Damit wird die Betriebsgefahr eines Kraftfahrzeugs berücksichtigt.

Haftungsbestimmungen des Halters eines Kraftfahrzeugs (StVG)

Ausschluss der Ersatzpflicht, wenn der Unfall durch höhere Gewalt verursacht wird.	Ausnahmen von der Haftung bei bestimmten Kraftfahrzeugen, wenn der Verletzte bei dem Betrieb des Kraftfahrzeugs tätig war oder eine Sache beschädigt worden ist, die durch das Kraftfahrzeug befördert worden ist.	Verbot des Haftungsausschlusses bei entgeltlicher, geschäftsmäßiger Personenbeförderung.
Ein etwaiges Mitverschulden des Verletzten ist zu berücksichtigen.	Berücksichtigung der Schadensverursachung bei mehreren Kraftfahrzeugen.	Ersatzpflicht des Fahrzeugführers, es sei denn, der Schaden ist nicht durch ein Verschulden des Führers verursacht worden.

1.3.5 Zusammenfassung und Aufgaben

ZUSAMMENFASSUNG

Gesetzliche Schuldverhältnisse

Gesetzliche Schuldverhältnisse entstehen, wenn die in der anwendbaren Rechtsnorm genannten Voraussetzungen erfüllt sind.	Auch bei einem gesetzlichen Schuldverhältnis ist der Gläubiger berechtigt, von dem Schuldner eine Leistung zu fordern.

Beispiele für gesetzliche Schuldverhältnisse sind die unerlaubte Handlung und die ungerechtfertigte Bereicherung.

Die maßgebliche gesetzliche Bestimmung bildet lediglich Anspruchsgrundlage des Schadensersatzanspruches.	Die Berechnung des Schadensersatzes erfolgt nach den allgemeinen gesetzlichen Bestimmungen, ergänzt durch im Zusammenhang mit der jeweiligen Anspruchsgrundlage geregelten Sonderbestimmungen.

AUFGABEN

1. Celine Lib kauft sich bei der MotorBike GmbH ein neues Motorrad. Der Kaufpreis wird sofort bezahlt und das Motorrad übereignet. Später wird der Kaufvertrag durch Celine wirksam angefochten. Erläutern Sie, ob Celine den Kaufpreis von der MotorBike GmbH zurückverlangen kann.

2. Erläutern Sie, weshalb die Verpflichtung zur Leistung von Schadensersatz gemäß § 823 Abs. 1 BGB als gesetzliches Schuldverhältnis bezeichnet wird.

1.4 Rechtsgeschäftsähnliche Schuldverhältnisse

Unter den in § 311 Abs. 2 BGB genannten Voraussetzungen entsteht ein Schuldverhältnis, ohne dass ein Vertrag abgeschlossen wurde, als rechtsgeschäftsähnliches Schuldverhältnis mit der Folge, dass Pflichten nach § 241 Abs. 2 BGB entstehen.

Ein rechtsgeschäfts-ähnliches Schuld-verhältnis entsteht durch…

die Aufnahme von Vertragsverhandlungen (§ 311 Abs. 2 Ziff. 1 BGB).

die Anbahnung eines Vertrags (§ 311 Abs. 2 Ziff. 2 BGB).

ähnliche geschäftliche Kontakte (§ 311 Abs. 2 Ziff. 3 BGB).

Auch durch ein rechtsgeschäftsähnliches Schuldverhältnis ergeben sich für die Beteiligten Rechte und Pflichten.

1.5 Möglichkeiten der Geltendmachung eines Anspruchs

Zur Geltendmachung eines Anspruchs ist zunächst zu ermitteln, woraus sich der Anspruch ergibt (Rechtsgrundlage).

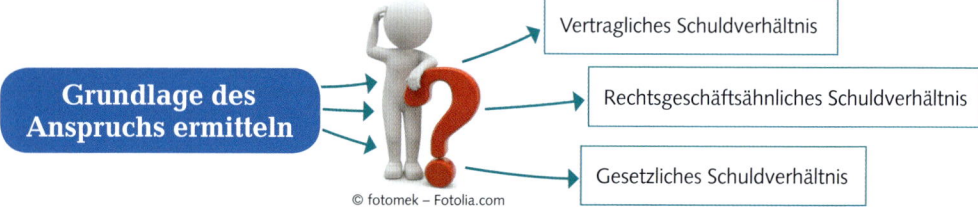

Grundlage des Anspruchs ermitteln

Vertragliches Schuldverhältnis

Rechtsgeschäftsähnliches Schuldverhältnis

Gesetzliches Schuldverhältnis

© fotomek – Fotolia.com

Ist die Rechtsgrundlage festgestellt, muss überlegt werden, welcher Anspruch geltend gemacht wird (Hauptforderung, Nebenforderung). Es müssen ergänzende Fragestellungen erfolgen, z. B.:

> Ist der Anspruch fällig?

> Gegen wen ist der Anspruch zu richten?

> Bei vertraglichen Ansprüchen, ist der Vertrag gültig (Formvorschrift, Geschäftsfähigkeit, Anfechtung etc.)?

> Ist der Anspruchsgegner bekannt oder müssen seine Daten noch ermittelt werden?

> Besteht eine Einrede, beispielsweise Verjährung?

> Wie stellt sich die Beweislage dar?

> Liegen die notwendigen Vollmachten zur Geltendmachung des Anspruchs vor?

> Ist der Anspruch außergerichtlich oder gerichtlich geltend zu machen?

> Bei Unternehmen, juristischen Personen, Gesellschaften sind die Unternehmensform und die sich daraus ergebenden Vertretungsverhältnisse zu berücksichtigen.

BEISPIEL

Geltendmachung eines Anspruchs: In die Kanzlei kommt Sonja Hess und schildert, dass sie ihrem Bekannten Juri Oven ihren Laptop gegeben hat. Sie haben ein Schriftstück angefertigt mit folgendem Inhalt:

„Sabine gibt Juri ihren 2 Monate alten Laptop der Marke Apple. Juri bezahlt an Sabine dafür 400,00 Euro. Juri nimmt den Laptop heute mit."

Freiburg, 22.07.2019

- -

Diese Erklärung haben beide unterschrieben.

Frau Hess schildert, dass Juri zwar den Laptop mitgenommen, sie das Geld aber noch immer nicht erhalten hat und fragt, was man unternehmen könnte.

Aus dem Gespräch wird deutlich, dass Frau Hess von Juri 400,00 Euro haben möchte. Es kann vorausgesetzt werden, dass beide Personen volljährig sind. Folgende Vorgehensweise bietet sich an.

Kanzleiorganisation	Erteilung der Vollmacht, Anlage der Akte
Prüfung der Anspruchs-grundlage	Herr Oven sollte das Eigentum am Laptop erhalten und dafür 400,00 Euro an Frau Hess bezahlen. Die Hauptleistungspflichten sind somit einem Kaufvertrag zuzuordnen. Der Anspruch ergibt sich für Frau Hess aus § 433 Abs. 2 BGB als Hauptleistungspflicht des Käufers
Bestehen Bedenken gegen die Wirksamkeit des Vertrags	Ein Kaufvertrag über einen Laptop ist nicht formgebunden, könnte also auch mündlich abgeschlossen werden. Es liegt hinsichtlich des Vertragsinhalts eine schriftliche Vereinbarung vor. Bedenken gegen die Wirksamkeit des Vertrags bestehen nicht.
Anspruchsgegner	Herr Oven ist als Käufer zur Zahlung verpflichtet. Die Daten werden von Frau Hess genannt (Anschrift).
Fälligkeit des Anspruchs	Die Verpflichtung zur Zahlung des Kaufpreises besteht grundsätzlich Zug um Zug (§ 320 BGB). Die Fälligkeit tritt mit Entstehung der Forderung ein (§ 271 BGB), folglich mit Abschluss des Vertrags. Der Anspruch auf die Kaufpreiszahlung ist damit fällig.
Beweislage	Frau Hess kann sich auf die schriftliche Erklärung als Beweismittel für ihren Anspruch auf den Kaufpreis beziehen.
Bestehen Einreden oder Gegenforderungen	Es ist nicht ersichtlich, dass die Kaufpreisforderung verjährt wäre oder der Geltendmachung Sachmängel entgegenstünden.
Außergerichtliche oder gerichtliche Geltendmachung	Verzug liegt noch nicht vor, indem ein fixer Zahlungstermin nicht vereinbart wurde. Herr Oven wird durch Mahnung gemäß § 286 Abs. 1 BGB in Verzug gesetzt.

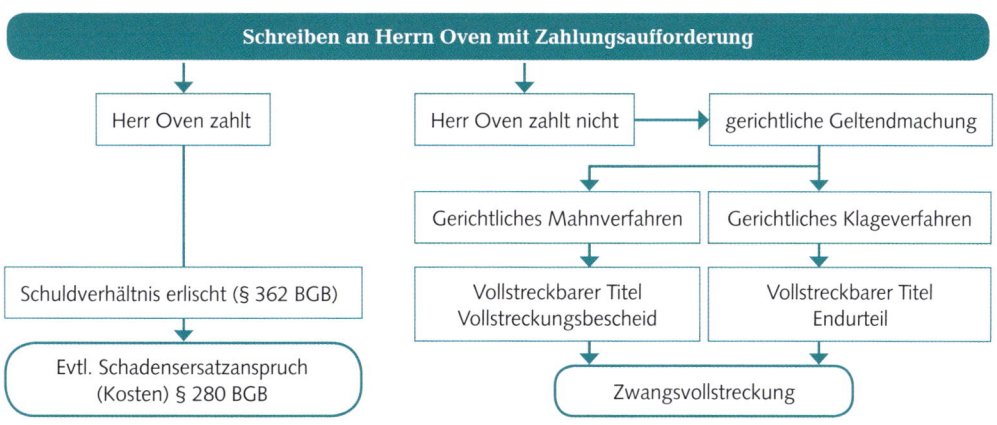

2. ANSPRÜCHE AUSSERGERICHTLICH DURCHSETZEN

2.1 Außergerichtliche und gerichtliche Vorgehensweise im Vergleich

© Gina Sanders – Fotolia.com

Wenn einem Gläubiger ein Anspruch zusteht und der Schuldner nicht leistet, so hat er grundsätzlich zunächst die Möglichkeit, den Schuldner selbst zur Leistung aufzufordern und seine Rechte in eigener Regie zu verfolgen. Er kann dies mit oder ohne Hinzuziehung eines Rechtsanwaltes tun. Er kann sich zunächst auch nur von einem Rechtsanwalt beraten lassen und dann entscheiden, ob er die Sache selbst weiter verfolgen möchte oder ob er lieber den Anwalt mit der Geltendmachung des Anspruchs beauftragt.

Sofern er einen Rechtsanwalt mit der Geltendmachung seines Anspruchs beauftragt, beispielsweise wegen eines Zahlungsanspruchs aus einem Kaufvertrag, so stehen dem Verkäufer bei Zahlungsverzug des Käufers mehrere Möglichkeiten der Vorgehensweise zur Verfügung, insbesondere:

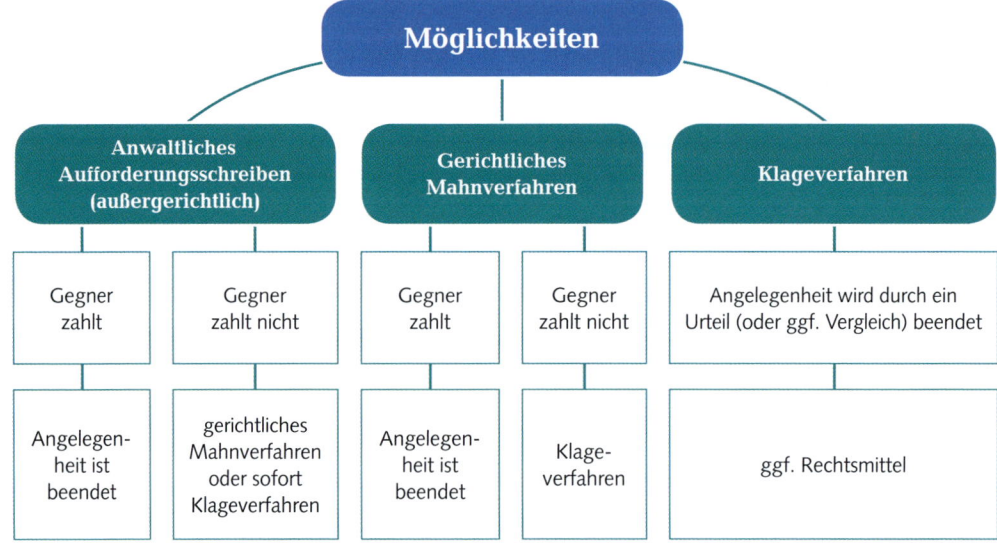

Entscheidungskriterien		
Anwaltliches Aufforderungsschreiben	**Gerichtliches Mahnverfahren**	**Klageverfahren**
› Der Rechtsanwalt berät den Mandanten, prüft und fordert den Schuldner mit Fristsetzung und Androhung von rechtlichen Konsequenzen zur Leistung auf, setzt Gegner in Verzug.	› Dies ist nur bei Zahlungsansprüchen anwendbar, nicht bei anderen Ansprüchen, z. B. Duldungen, Herausgabeansprüchen.	› Zwecks Vermeidung der Kostentragungspflicht nach § 93 ZPO bedarf es einer vorherigen Mahnung des Schuldners, siehe Gliederungspunkt 2.5.1.
› Der Rechtsanwalt behält die Angelegenheit zunächst in der eigenen Hand, ohne ein Gericht einzuschalten.	› Das Mahngericht überprüft nicht die inhaltliche Richtigkeit des Anspruchs, sondern nur die formell korrekte Geltendmachung.	› Das Klageverfahren ist teurer, außer einer 3,0 Gerichtsgebühr gem. Nr. 1210 des Kostenverzeichnisses zu § 3 Abs. 2 GKG können auch die normalen Regelgebühren für den Anwalt entstehen, insbesondere die 1,3 Verfahrensgebühr gem. Nr. 3100 und die 1,2 Terminsgebühr gem. Nr. 3104 VV RVG.
› Vermeidung der Kostentragungspflicht gemäß § 93 ZPO, siehe Gliederungspunkt 2.5.1.	› Das Mahnverfahren ist sinnvoll, wenn der Sachverhalt eindeutig ist und es nur noch um die Geltendmachung des reinen Zahlungsanspruchs in Euro geht.	
› Sofern der Schuldner leistet, ist dieses Verfahren schneller und günstiger als das Klageverfahren, da keine Gerichtsgebühren entstehen, im Regelfall entsteht eine 1,3 Geschäftsgebühr gem. Nr. 2300 VV RVG.	› In diesem Fall ist es schneller und günstiger als das Klageverfahren, es entsteht nur eine 0,5 Gerichtsgebühr (mindestens 32,00 Euro) gem. Nr. 1100 des Kostenverzeichnisses zur Anl. 1 zu § 3 Abs. 2 GKG; Anwaltsgebühren: 1,0 Verfahrensgebühr gem. Nr. 3305 VV RVG (für die Tätigkeit im Mahnverfahren) und gegebenenfalls eine 0,5 Verfahrensgebühr gem. Nr. 3308 VV RVG (für den Antrag auf Erlass eines Vollstreckungsbescheids) zuzüglich Auslagen.	› Es birgt das Risiko, die kompletten Anwalts- und Gerichtskosten tragen zu müssen, wenn der Prozess verloren wird.
› Sofern der Schuldner nicht leistet und er das gerichtliche Verfahren beschreiten muss, so sind dennoch Anwaltskosten für die außergerichtliche Geltendmachung entstanden.		› Es dauert in der Regel länger.
		› Das Klageverfahren ist aufwendiger (Vorbereitung, vom Gericht festgesetzte Termine etc.).
› Diese können gegenüber dem Schuldner grundsätzlich geltend gemacht werden; sofern dieser jedoch mittellos ist, muss der Gläubiger die Anwaltskosten selbst tragen.		› Es ist immer dann sinnvoll, wenn damit zu rechnen ist, dass der Schuldner nicht leisten wird und der Sachverhalt von einem Gericht geklärt und per Urteil entschieden werden muss.
		› Ein vorschnelles Beschreiten des Klageweges führt zu einer Überlastung der ersten Instanzen.

Je nach Dringlichkeit, Umfang, Schwierigkeit oder Eindeutigkeit der Angelegenheit muss abgewogen werden, ob sofort die Klage als härtestes Mittel in Erwägung gezogen wird oder ob zunächst versucht werden soll, mit einem milderen Mittel den erhofften Erfolg zu erzielen. Dies kann je nach Reaktion des Schuldners aber auch bedeuten, dass eine Angelegenheit zunächst im außergerichtlichen Bereich mit einem anwaltlichen Aufforderungsschreiben beginnt, dann ins gerichtliche Mahn-

© Jeanette Dietl – Fotolia.com

verfahren übergeht und letztlich im Klageverfahren endet. Dies bedeutet, dass dreimal Gebühren ausgelöst werden, die teilweise aber aufeinander angerech-

net werden. Dies wird im Einzelnen unter Gliederungspunkt „3.5.3 Geschäftsgebühr" ausführlich dargestellt.

2.2 Rechtspersönlichkeit der Beteiligten

2.2.1 Rechtsfähigkeit, Geschäftsfähigkeit und gesetzliche Vertretung

Um Klarheit zu gewinnen, gegen wen ein anwaltliches Aufforderungsschreiben,
ein Mahnbescheid oder eine Klage überhaupt zu richten ist, muss zunächst geklärt werden, ob es sich auf der Gläubiger- oder der Schuldnerseite um eine
natürliche oder eine juristische Person handelt. In diesem Zusammenhang ist die
Frage nach der Rechtsfähigkeit, der Geschäftsfähigkeit und je nachdem auch die
Frage nach der gesetzlichen Stellvertretung zu prüfen. Die Grundlagen hierzu
wurden bereits in Lernfeld 2 und 3 ausführlich dargestellt, sodass hier nur die
wichtigsten Grundlagen noch einmal kurz zusammengefasst werden:

> **MERKE**
>
> **Rechtsfähigkeit** ist die Fähigkeit, Träger von Rechten
> und Pflichten zu sein.
>
> **Geschäftsfähigkeit** ist die Fähigkeit, Rechtsgeschäfte
> voll wirksam abschließen zu können.

Rechtssubjekte (Rechtspersonen, Rechtsträger)

Natürliche Personen

> sind rechtsfähig,
> sind voll geschäftsfähig ab Voll-
> endung des 18. Lebensjahres (bzw.
> sofern keine dauerhafte krankhafte
> Störung der Geistestätigkeit vorliegt),
> in bestimmten Ausnahmefällen kann
> auch ein Minderjähriger geschäftsfä-
> hig sein, z. B. bei §§ 112, 113 BGB,
> Geschäftsunfähige und Minder-
> jährige benötigen einen gesetzlichen
> Vertreter, dies sind in der Regel die
> Eltern.

Personengesellschaften

> teilrechtsfähig
> nicht geschäftsfähig
> bedürfen eines gesetz-
> lichen Vertreters
> z. B. bei der OHG den Ge-
> sellschafter, bei der KG den
> Komplementär

Juristische Personen

> sind rechtsfähig
> nicht geschäftsfähig
> bedürfen eines gesetz-
> lichen Vertreters

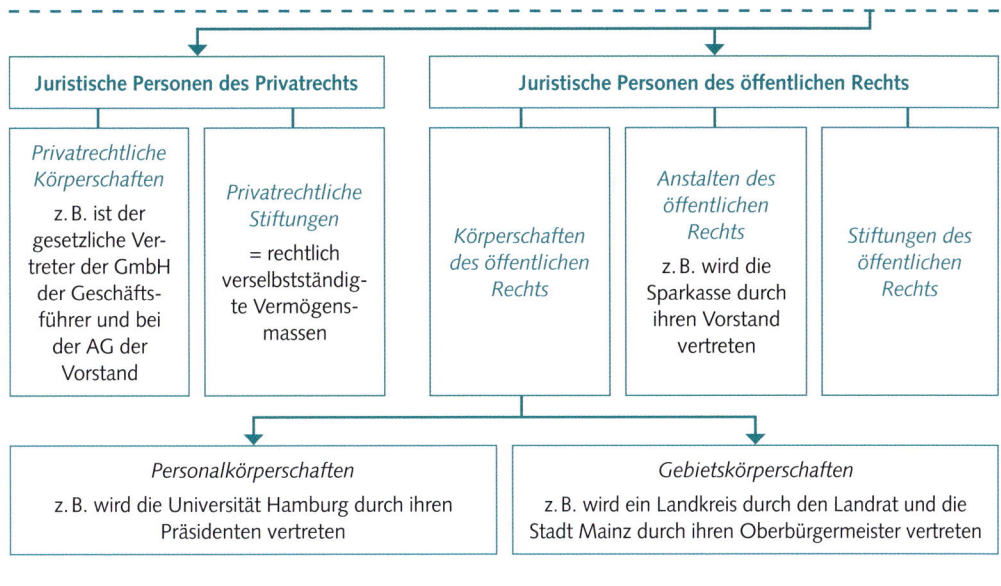

Juristische Personen des Privatrechts		Juristische Personen des öffentlichen Rechts		
Privatrechtliche Körperschaften z.B. ist der gesetzliche Vertreter der GmbH der Geschäftsführer und bei der AG der Vorstand	*Privatrechtliche Stiftungen* = rechtlich verselbstständigte Vermögensmassen	*Körperschaften des öffentlichen Rechts*	*Anstalten des öffentlichen Rechts* z.B. wird die Sparkasse durch ihren Vorstand vertreten	*Stiftungen des öffentlichen Rechts*

Personalkörperschaften z.B. wird die Universität Hamburg durch ihren Präsidenten vertreten	*Gebietskörperschaften* z.B. wird ein Landkreis durch den Landrat und die Stadt Mainz durch ihren Oberbürgermeister vertreten

2.2.2 Parteifähigkeit

Parteifähigkeit ist die Fähigkeit, Partei in einem Prozess sein zu können. Parteifähig ist, wer rechtsfähig ist, § 50 Abs. 1 ZPO, dies beinhaltet demzufolge die Fähigkeit, Träger von Rechten und Pflichten sein zu können.

MERKE

Bei **natürlichen Personen** beginnt somit die Parteifähigkeit mit der vollendeten Geburt und endet mit dem Tod. Sie gilt unabhängig von Geschlecht, Alter, Rasse oder Religion. Somit kann auch ein Säugling Partei in einem Prozess sein, er benötigt natürlich einen gesetzlichen Vertreter.

Bei **juristischen Personen des Privatrechts** beginnt die Rechtsfähigkeit und damit auch die Parteifähigkeit mit der Eintragung in ein entsprechendes Register. Somit wird beispielsweise die GmbH im Handelsregister eingetragen, ebenso die AG. Die eG wird im Genossenschaftsregister eingetragen und der eingetragene Verein im Vereinsregister. Ähnlich wie bei den natürlichen Personen benötigen die juristischen Personen einen gesetzlichen Vertreter, damit Prozesshandlungen vorgenommen werden können. Die Parteifähigkeit endet hier mit der Löschung in dem entsprechenden Register.

© Andrey Burmakin – Fotolia.com

Für die wichtigsten Gesellschaftsformen stellen sich die Parteifähigkeit und die Vertretungsverhältnisse wie folgt dar:

LERNFELD 4

Gesellschaft	Parteifähigkeit	Gesetzliche Vertretung
OHG	Parteifähig gemäß § 124 Abs. 1 HGB	Jeder **Gesellschafter** ist vertretungsberechtigt. Einer Beschränkung der Vertretungsmacht kommt nach § 126 Abs. 2 HGB keine Außenwirkung zu. Im Kopf der Klage müssen daher nicht alle vertretungsberechtigten Gesellschafter aufgeführt werden.
KG	Parteifähig gemäß §§ 161 Abs. 2, 124 Abs. 1 HGB	**Komplementär**, alleinvertretungsberechtigt
GmbH & Co. KG	Insgesamt ist sie eine KG und somit **parteifähig.** Der Komplementär ist hierbei eine GmbH, die wiederum gesetzlich vertreten werden muss.	Da die GmbH als juristische Person vertreten werden muss, geschieht dies durch ihren **Geschäftsführer.**
Gesellschaft bürgerlichen Rechts, GbR	Sie ist ein vertraglicher Zusammenschluss mehrerer natürlicher und/oder juristischer Personen zur Verfolgung eines gemeinsamen Zwecks. Sie ist rechtsfähig (durch BGH-Rechtsprechung) und somit **parteifähig.**	Es besteht gemeinsame Vertretung von allen **Gesellschaftern.** In der Satzung kann aber auch eine Alleinvertretungsbefugnis festgelegt werden.
Partnerschaftsgesellschaft	Sie ist rechts- und **parteifähig**, § 7 Abs. 2 PartGG i.V.m. § 124 Abs. 1 HGB.	Es besteht Einzelvertretung durch jeden **Partner** (§ 7 Abs. 3 PartGG i.V.m. § 125 Abs. 1 HGB). Die Vertretungsmacht eines Partners umfasst, ohne Beschränkungsmöglichkeit, alle gerichtlichen und außergerichtlichen Geschäfte und Rechtshandlungen (§ 7 Abs. 3 PartGG i.V.m. § 126 HGB).
AG	Als juristische Person des Privatrechts ist sie rechts- und **parteifähig**.	Gesamtvertretung durch den **Vorstand** (alle Mitglieder gemeinsam); abweichende Regelungen sind in der Satzung aber möglich.
GmbH	Als juristische Person des Privatrechts ist sie rechts- und **parteifähig.**	Vertreten durch den **Geschäftsführer**, bei mehreren Geschäftsführern gilt das Prinzip der Gesamtvertretung, sofern in der Satzung nichts anderes bestimmt ist.

Außerdem wichtig:

Eingetragener Verein	Er erlangt die Rechtsfähigkeit durch Eintragung ins Vereinsregister, ist somit auch **parteifähig.** **Zu beachten:** Der nicht eingetragene Verein ist gemäß § 50 Abs. 2 ZPO ebenfalls parteifähig.	Er wird vertreten durch den **Vorstand.** Für die Vertretung gilt das Mehrheitsprinzip, wonach erst die Mehrheit der Vorstandsmitglieder ein einzelnes Vorstandsmitglied zur Vertretung legitimieren kann.
Erbengemeinschaft	Sie ist nicht rechtsfähig und damit weder aktiv noch passiv parteifähig.	Eine Klage muss immer gegen oder durch die einzelnen Erben als Gemeinschaft erhoben werden.
Einzelkaufmann	Der eingetragene Kaufmann „e.K." ist keine Gesellschaftsform, er trägt lediglich einen die Eintragung in das Handelsregister anzeigenden Zusatz. Er kann unter seiner Firma klagen und verklagt werden, § 17 Abs. 2 HGB. Partei ist jedoch der Kaufmann selbst.	Der Kaufmann selbst ist prozessführungsbefugt.

2.2.3 Prozessfähigkeit

Prozessfähigkeit ist die Fähigkeit einen Prozess
> für sich selbst oder
> für andere zu führen oder
> andere Personen mit der Führung eines Prozesses zu beauftragen.

§ 52 ZPO bestimmt, dass eine Person insoweit prozessfähig ist, als sie sich durch Verträge verpflichten kann. Einfacher ausgedrückt heißt das: Prozessfähig ist, wer geschäftsfähig ist.

§ 52 ZPO

Es gibt zwar im BGB für einen bestimmten Personenkreis eine beschränkte Geschäftsfähigkeit (sofern jemand das 7. Lebensjahr vollendet hat, aber noch nicht das 18. Lebensjahr), allerdings gibt es nach der ZPO keine beschränkte Prozessfähigkeit. Entweder ist jemand prozessfähig oder nicht. Das bedeutet, dass ein Minderjähriger grundsätzlich nicht prozessfähig ist.

Dennoch gibt es hierzu Ausnahmen. Es ist möglich, dass ein Minderjähriger in bestimmten Fällen prozessfähig sein kann. Beispielsweise betrifft dies den Fall, dass ein Minderjähriger nach

© eccolo – Fotolia.com

§ 112 Abs. 1 BGB mit Genehmigung des Familiengerichts ein Erwerbsgeschäft führen darf. Für die in diesem Zusammenhang stehenden Klagen bzw. Rechtshandlungen ist er dann auch prozessfähig. Ein weiteres Beispiel ergibt sich aus § 113 BGB. Wenn ein Minderjähriger rechtsgültig einen Arbeitsvertrag abschließen darf, dann ist er auch für die in diesem Zusammenhang stehenden Klagen bzw. Rechtshandlungen (z. B. Klage auf rückständigen Lohn) prozessfähig.

§ 112 BGB
§ 113 BGB

Geschäftsunfähigkeit bedeutet zugleich Prozessunfähigkeit. Dies bedeutet, dass natürliche Personen unter 7 Jahren bzw. Menschen, die dauernd geisteskrank sind, nicht prozessfähig sein können. Juristische Personen sind nicht geschäftsfähig und somit auch nicht prozessfähig, sie benötigen in jedem Fall einen gesetzlichen Vertreter, der entsprechende Rechtshandlungen vornehmen kann.

Der Turnverein TV Kleinstedt eV möchte gegen den Sportartikelhersteller Barren & Reck GmbH Klage erheben. Hinsichtlich der Parteien stellt sich dies wie folgt dar:

Der Idealverein TV Kleinstedt eV hat seine Rechtsfähigkeit durch Eintragung in das Vereinsregister erlangt, er ist somit auch parteifähig, das heißt, die Kla-

BEISPIEL

ge kann in seinem Namen erhoben werden. Der eingetragene Verein ist aber weder geschäftsfähig noch prozessfähig, er benötigt daher eine Person, die ihn außergerichtlich und gerichtlich vertritt. Dies ist per Satzung der Vorstand. Für die Vertretung durch die Vorstandsmitglieder gilt, sofern keine abweichende Regelung in der Vereinssatzung festgehalten wurde, das Mehrheitsprinzip. Zur wirksamen Vertretung wird es in der Praxis so sein, dass die Vorstandsmitglieder ein einzelnes Mitglied, in der Regel den Vorsitzenden, mit der Vertretung legitimieren. Die Parteienbezeichnung könnte daher so aussehen:

> *In dem Rechtsstreit des*
> *TV Kleinstedt eV, Am Judensand 8, 55122 Mainz*
> *vertreten durch den Vorstandsvorsitzenden Olaf Müller, ebenda*
> *– Kläger –*

Die GmbH ist als solche bereits rechts- und parteifähig. Sie wird durch ihren Geschäftsführer außergerichtlich und gerichtlich vertreten. Sofern es mehrere Geschäftsführer gibt, gilt auch hier das Prinzip der Gesamtvertretung. Diese Grundsätze gelten im Übrigen auch für die „Unternehmergesellschaft UG", da diese nur „eine kleinere Variante der GmbH" darstellt.

Die Parteienbezeichnung könnte im Sachverhalt so aussehen:

> *... gegen die*
> *Barren & Reck GmbH*
> *vertreten durch ihren Geschäftsführer, Thomas Ring*
> *– Beklagter –*

MERKE

Rechtsfähigkeit ist die Fähigkeit, Träger von Rechten und Pflichten zu sein.

Geschäftsfähigkeit ist die Fähigkeit, Rechtsgeschäfte voll wirksam abschließen zu können.

Parteifähigkeit ist die Fähigkeit, Partei in einem Prozess sein zu können.

Prozessfähigkeit ist die Fähigkeit einen Prozess
> für sich selbst oder
> für andere zu führen oder
> andere Personen mit der Führung eines Prozesses zu beauftragen.

2.3 Informationsbeschaffung

Je nachdem, ob es sich beim Gegner um eine natürliche Person oder eine juristische Person handelt, können mehrere Möglichkeiten bestehen, um an Informationen zur Adresse oder zum Unternehmen zu gelangen.

Sofern dem Mandant die Adresse des Gegners nicht bekannt ist, könnte bspw. in einem ersten Schritt durch Rückgriff auf Telefon- oder Umzugsdatenbanken der Post versucht werden, die gewünschte Adresse zu erhalten. Führt dies nicht zum Erfolg, könnte bei **natürlichen Personen** eine Anfrage beim Einwohnermeldeamt gestellt werden.

© Jeanette Dietl – Fotolia.com

Über eine **einfache Melderegisterauskunft,** die von jedermann gestellt werden kann, ist es möglich, Angaben zu Vor- und Familiennamen, Doktorgrad und gegenwärtige Anschrift und bedingt auch zu Geburtsdaten zu erhalten, §§ 21 Abs. 1, 22 MRRG. Die Form der Anfrage ist im Gesetz nicht geregelt. Sie kann daher grundsätzlich persönlich, schriftlich, elektronisch oder in Ausnahmefällen auch fernmündlich an das Einwohnermeldeamt gerichtet werden.

§§ 21 Abs. 1, 22 MRRG

Eine Anfrage über das Internet ist in den Fällen nicht zulässig, in denen der Betroffene der elektronischen Auskunftserteilung widersprochen hat. Elektronisch angefragte Auskünfte haben zudem den Nachteil, dass selbst kleinere Abweichungen oder Fehler bei der Schreibweise nicht akzeptiert und somit nicht beantwortet werden. Entscheidend ist für die Behörde, dass die gesuchte Person eindeutig identifiziert werden kann. In der Regel benötigt das Einwohnermeldeamt hierzu mindestens drei bis vier eindeutige Merkmale zur Person, z.B. Vor- und Nachnamen, die zuletzt bekannte Adresse bzw. das Geburtsdatum. Sofern diese nicht bekannt sind, ist es ausreichend, wenn die Meldebehörde mit den Angaben des Antragstellers den Gesuchten eindeutig bestimmen kann. Die Kosten für die Anfrage schwanken je nach Kommune zwischen 2,50 Euro und 30,00 Euro, ebenso ist die Zeitdauer bis zum Erhalt der Information von Behörde zu Behörde unterschiedlich.

Bei Adressen mit **amtlichen Auskunftssperren,** die aufgrund besonders schutzwürdiger Interessen, z.B. Schutz von Leben und/oder Gesundheit, eingetragen wurden, ist eine Anfrage grundsätzlich unzulässig, es sei denn, dass nach Rücksprache mit dem Betroffenen eine Gefahr für Leben, Gesundheit etc. nicht gegeben ist. Die Auskunftssperre gilt für zwei Jahre, es ist aber möglich, diese zu verlängern.

Beispiel: einfache Melderegisterauskunft

Rechtsanwaltskanzlei
Erik Hauser

Rechtsanwalt Erik Hauser • Postfach 9 63 25 • 55122 Mainz

	Ihr Zeichen:
	Ihre Nachricht vom:
	Unser Zeichen: ha-we
Gemeente Maastricht	Unsere Nachricht vom:
Postbus 102	
6201 BZ MAASTRICHT	Name: Herr Hauser
NIEDERLANDE	Telefon: 06131 1234-56
	Telefax: 06131 1234-57
	E-Mail: hauser@ra-hauser.de
	Datum: 1 August 20..

Dear Sir or Madam

Information from the register of residents

Herewith I would like to ask you to provide information about the current address of the person below mentioned:

Anna Müller, née Süder, date of birth: 12 February 1987
Recently residing in Mehringer Gasse 25, 55122 Mainz.

Please send your statement of charges to my office.

Yours faithfully

Solicitor's office
Erik Hauser

Hauser

Hauser
Solicitor

Kanzleiräume
Burgenweg 9
55122 Mainz

Kommunikation
Tel.: 06131 1234-0
E-Mail: info@ra-hauser.de
Internet: www.ra-hauser.de

Bankverbindung
XY Bank
IBAN DE23 5505 0000 1234 5678 91
BIC BYLADEW1TZU
Steuernummer: DE999999999

Sofern ein berechtigtes Interesse vorliegt, z.B. bei Vorliegen eines Schuldtitels, können im Rahmen einer **erweiterten Melderegisteranfrage** zusätzliche Daten erfragt werden über:

> frühere Vor- und Familiennamen,

> Tag und Ort der Geburt,

> gesetzliche(r) Vertreter,

> Staatsangehörigkeiten,

> frühere Anschriften,

> Tag des Ein- und Auszugs,

> Familienstand; allerdings nur, ob die gesuchte Person verheiratet ist oder nicht bzw. ob sie eine Lebenspartnerschaft führt oder nicht,

> Vor- und Familiennamen und Anschrift des Ehegatten bzw. Lebenspartners,

> Sterbetag und -ort.

Die Meldedaten von verstorbenen oder verzogenen Bürgern werden nach einer bestimmten Zeit von den Gemeinden aus dem Melderegister gelöscht und archiviert. Bei Melderegisterauskünften, die sich auf solche ältere Daten beziehen, ist daher nur noch eine **Archivauskunft** möglich. Auch hier wird es zwischen den Behörden sehr unterschiedlich gehandhabt, ab welchem Zeitraum die Daten nur noch über eine Archivanfrage abrufbar sind.

In Deutschland gibt es mehr als 5.000 Meldeämter. Sofern unklar ist, an welches die betreffende Anfrage zu richten ist oder sofern der Gesuchte über eine Einwohnermeldeamtsanfrage nicht gefunden werden kann, kann auch auf die Dienste von **privaten Dienstleistern** (z.B. Detekteien) zurückgegriffen werden. Als weitere Auskunftsquellen können auch genannt werden:

> Kfz-Zulassungsstelle

> Sofern Grundbesitz vermutet wird:
  – Grundbuchamt beim örtlichen Amtsgericht
  – Wohnungsverwalter bei Wohnungseigentumsanlagen

◀ LF 8, 12

> Auskunft aus der Schuldnerkartei, sofern vermutet wird, dass im Rahmen der Zwangsvollstreckung Vollstreckungsmaßnahmen ergebnislos verliefen. Seit 2013 sind hierfür die zentralen Vollstreckungsgerichte der Länder zuständig.

◀ LF 8, 12

Bei eingetragenen Kaufleuten bzw. bestimmten Gesellschaften besteht zudem die Möglichkeit, über eine entsprechende **Registeranfrage** an die gewünschten Informationen zu kommen, ob bei einer KG eine bestimmte Person als Kommanditist eingeschränkt oder als Komplementär voll haftet.

© apops – Fotolia.com

Gesellschafts-/Rechtsform	Register	
Offene Handelsgesellschaft, OHG	Handelsregister, Abteilung A	◀ LF 2
Kommanditgesellschaft, KG	Handelsregister, Abteilung A	
Gesellschaft mit beschränkter Haftung, GmbH	Handelsregister Abteilung B	
Aktiengesellschaft, AG	Handelsregister Abteilung B	
eingetragene Genossenschaft	Genossenschaftsregister	
eingetragener Verein	Vereinsregister	
Partnerschaftsgesellschaft	Partnerschaftsregister	

Tipp Außerdem wurde unter *www.unternehmensregister.de* im Internet eine Plattform geschaffen, in der unternehmensbezogene Daten zusammengeführt werden. Als weitere Anlaufstellen, um an Daten oder Auskünfte zu gelangen, können das Gewerbeamt oder die Kammern, z. B. die Industrie- und Handelskammer, genannt werden.

MERKE

Möglichkeiten der Informationsbeschaffung:

> **Bei natürlichen Personen:** Post, Telefonbuch, Melderegisteranfragen, private Dienstleister (z. B. Detekteien, Online-Anbieter), Kfz-Zulassungsstelle, Grundbuchamt, Wohnungsverwaltung, Schuldnerkartei

> **Bei Gesellschaften und gewerbsmäßig/beruflichen Hintergrund zusätzlich:** Registeranfragen, Gewerbeamt, Kammern (insbes. IHK)

2.4 *Beratungshilfe*

© cs-photo – Fotolia.com

2.4.1 Grundlagen

Recht haben und Recht bekommen sind oft zweierlei Dinge. Deshalb schrecken viele Menschen, insbesondere schwächer gestellte, aus Angst vor den Prozesskosten davor zurück, ein ihnen zustehendes Recht anwaltlich verfolgen zu lassen.

Durch die Gewährung von Beratungshilfe gibt es für finanziell schlechter gestellte Menschen deshalb die Möglichkeit, eine Rechtslage anwaltlich prüfen zu lassen, um somit z. B. ein Prozessrisiko besser abschätzen zu können. Die Beratungshilfe wird für eine Beratung außerhalb eines gerichtlichen Verfahrens gewährt, das heißt, in derselben Angelegenheit darf durch den Rechtsuchenden nicht bereits ein gerichtliches Verfahren anhängig sein.

Die Beratungshilfe erstreckt sich nicht nur auf das Zivilrecht, einschließlich Familien- und Arbeitsrecht, sondern kann sich auch auf andere Rechtsgebiete, wie beispielsweise Verwaltungsrecht, einschließlich Sozial- oder Steuerrecht oder Verfassungsrecht erstrecken. In Straf- oder Ordnungswidrigkeitssachen kann Beratungshilfe ausschließlich in Form einer Beratung gewährt werden. Rechtsgrundlage für die Beratungshilfe ist das Beratungshilfegesetz (BerHG).

§ 1 Abs. 1 BerHG

Nach § 1 Abs. 1 BerHG müssen folgende **Voraussetzungen für die Bewilligung** gegeben sein:

> Der Rechtsuchende kann die erforderlichen Mittel nach seinen persönlichen und wirtschaftlichen Verhältnissen nicht aufbringen.

> Ihm stehen keine anderen, ihm zumutbaren Möglichkeiten für eine Hilfe zur Verfügung, z. B. Rechtsschutzversicherung, Verbraucherzentralen, Schuldner-

beratungsstellen, Beratung durch Behörden wie etwa Jugendämter, unentgeltliche Beratungen von Anwälten oder Anwaltsvereinen.

> Die Inanspruchnahme der Beratungshilfe darf nicht mutwillig sein. Hierbei wird der fiktive Vergleich angestellt, ob ein bemittelter Bürger unter Berücksichtigung der Kosten ebenfalls einen Rechtsanwalt eingeschaltet hätte.

Der arbeitslose und vermögenslose Paul Pech bekommt von der zuständigen Sozialbehörde seine Sozialleistungen gekürzt. Er ist mit dem entsprechenden Bescheid nicht einverstanden und möchte sich zur Wehr setzen. In diesem Fall ist es ihm nicht zuzumuten, eine Rechtsberatung ausgerechnet bei der Behörde einholen zu müssen, gegen deren Bescheid er sich zur Wehr setzen möchte.

Der verarmte G. Kleinlich möchte sich von einem Rechtsanwalt beraten lassen, welche Möglichkeiten es gibt, 0,01 Euro Restkaufpreis von seinem Nachbarn eintreiben zu lassen. Hierfür möchte er Beratungshilfe und anwaltlichen Rat beanspruchen. Wenn man Kosten und Aufwand für Rechtspfleger, Staatskasse und Anwalt gegenüberstellt, so ist diese Maßnahme als deutlich überzogen anzusehen. Die Gewährung von Beratungshilfe würde hier versagt werden, da diese Forderung als Bagatelle und die Beanspruchung von Beratungshilfe insofern als **„mutwillig"** einzustufen ist.

BEISPIEL

2.4.2 Verfahren und Rechtsfolgen

© Gerhard Seybert – Fotolia.com

Der Ablauf ergibt sich aus folgender Übersicht*

1. Antrag

> Er erfolgt auf gesondertem Vordruck beim Amtsgericht, in dessen Bezirk der Rechtsuchende seinen Wohnsitz hat, § 4 Abs. 1 BerHG.

> Sofern sich der Rechtsuchende sofort an eine Bezugsperson wendet und sofern nachträglich Beratungshilfe beantragt werden soll, so ist für die Antragstellung eine vierwöchige Frist ab dem Beginn der Beratungshilfetätigkeit zu beachten, § 6 Abs. 2 BerHG.

2. Verfahren

> Zuständig ist der **Rechtspfleger beim Amtsgericht,** in dessen Bezirk der Rechtsuchende seinen allgemeinen Gerichtsstand hat.

> **Vorlage und Prüfung von Unterlagen**, hinsichtlich des rechtlichen Problems **und** der persönlichen und wirtschaftlichen Verhältnisse:

– Unterlagen zur Glaubhaftmachung der Angelegenheit, z. B. Schriftwechsel,

– Belege über laufendes Einkommen (Lohn- und Gehaltsnachweise, Rentenbescheid, sonstige Bescheide), Zahlungsbelege und Kontoauszüge zu laufenden Ausgaben (Miete, Nebenkosten, Heizkosten, Versicherungen etc.), Unterlagen, aus denen sich der Wert von vorhandenen Vermögenswerten ergibt (Sparbücher, Kontoauszüge zu Geldanlagen, Lebensversicherung, Bausparvertrag etc.).

* Für die Stadtstaaten Hamburg, Bremen und Berlin gelten besondere Regelungen.

> **Ermittlung** gem. § 115 ZPO, §§ 30, 82 Abs. 2, Anlage zu 28 Abs. 2, 90 SGB XII; § 21 SGB II:

– **Einkommen**
  Für die Bewertung sind sämtliche Einkünfte heranzuziehen. Ausgenommen sind bestimmte zweckgebundene Sozialleistungen, z. B. Grundrente nach dem Bundesversorgungsgesetz. Bei der Ermittlung des einzusetzenden monatlichen Einkommens ist auf das **Nettoeinkommen** abzustellen. Hier fließen auch ein Arbeitslosengeld, Kindergeld, Rente, BAföG, Wohngeld, sonstige Einkünfte wie beispielsweise aus Vermietung.

– **Abzüge**
  Zugunsten des Antragstellers können nach § 115 Abs. 1 ZPO bestimmte Abzüge vorgenommen werden, z. B. der Einkommensfreibetrag für Rechtsuchende, der Erwerbsfreibetrag, falls der Rechtsuchende erwerbstätig ist, Freibetrag für Ehegatten/Lebenspartner, Unterhaltsfreibetrag für jede weitere Person, der aufgrund gesetzlicher Unterhaltspflicht Unterhalt gezahlt wird. Letzterer ist danach gestaffelt, ob die Person erwachsen ist bzw. bei Minderjährigen, welcher Alterskategorie sie angehört. Die Freibeträge werden jeweils zum 01.07. eines jeden Jahres im Bundesgesetzblatt bekannt gegeben. Außerdem gehören hierzu u. a. Kosten für Unterkunft und Heizung, angemessene Schuldzinsen und Abzahlungsraten, notwendige und angemessene Versicherungsbeiträge.

– **Einzusetzendes Vermögen**
  Vermögen ist gemäß § 90 Abs. 1 SGB XII grundsätzlich in voller Höhe anzusetzen. Allerdings gibt es auch hier Positionen, die nicht angesetzt werden, z. B. Hausrat, angemessene Gegenstände, die zur Aufnahme oder Fortsetzung der Berufsausbildung oder Erwerbstätigkeit unentbehrlich sind, Erbstücke, deren Veräußerung eine besondere Härte darstellen würde, kleinere Barbeträge („Notgroschen"), § 90 Abs. 2 SGB XII.

> Die Gründe für die Beratungshilfe müssen begründet dargelegt werden, die bloße Behauptung ist nicht ausreichend.

3. Entscheidung

> Über den Antrag entscheidet der Rechtspfleger.

> Gegen den Beschluss, durch den der Antrag auf Beratungshilfe zurückgewiesen oder durch den die Bewilligung von Amts wegen oder auf Antrag der Beratungsperson wieder aufgehoben wird, ist Erinnerung möglich. Hierüber entscheidet der Richter am Amtsgericht, § 7 BerHG.

4. Rechtsfolgen

> Sofern der Rechtspfleger dem Rechtsuchenden sofort die gewünschte Auskunft geben kann, tut er dies oder gibt ihm einen Hinweis auf eine andere Möglichkeit der Hilfe.

> Ist dies nicht möglich, so wendet sich der Rechtsuchende mit einem entsprechenden Berechtigungsschein an eine Beratungsperson seiner Wahl. Die Beratungshilfe kann durch Rechtsanwälte, Rechtsbeistände oder auch durch das Amtsgericht gewährt werden, soweit dem Anliegen durch eine sofortige Auskunft, einen Hinweis auf andere Möglichkeit für Hilfe oder die Aufnahme eines Antrags oder einer Erklärung entsprochen werden kann, § 3 Abs. 2 BerHG. Der Anwalt ist verpflichtet, die Beratungshilfe zu übernehmen und kann sie nur im Einzelfall aus wichtigem Grund ablehnen, § 49a Abs. 1 BRAO.

> Die Vergütung wird bis auf die Beratungshilfegebühr nach Nr. 2500 VV RVG von der Staatskasse übernommen, dies wird im Einzelnen im folgenden Gebührenrechtsteil dieses Lernfeldes dargestellt.

Nach § 6a BerHG kann die Bewilligung von Beratungshilfe nachträglich wieder aufgehoben werden,

> wenn die Voraussetzungen für die Beratungshilfe zum Zeitpunkt der Bewilligung nicht vorgelegen haben und seit der Bewilligung nicht mehr als ein Jahr vergangen ist oder

> wenn der Rechtsuchende aufgrund des Erlangten die Voraussetzungen hinsichtlich der persönlichen und wirtschaftlichen Verhältnisse für die Bewilligung von Beratungshilfe nicht mehr erfüllt.

Außerdem wird eine Beratungshilfe auch dann abgelehnt, wenn die Kosten bereits durch eine Rechtsschutzversicherung übernommen werden.

An das

Amtsgericht

Postleitzahl, Ort

Geschäftsnummer des Amtsgerichts

Diese Felder sind nicht vom Antragsteller auszufüllen.

Eingangsstempel des Amtsgerichts:

Antrag auf Bewilligung von Beratungshilfe

Antragsteller (Name, Vorname, ggf. Geburtsname)	Beruf, Erwerbstätigkeit	Geburtsdatum	Familienstand
Anschrift (Straße, Hausnummer, Postleitzahl, Wohnort)		Tagsüber telefonisch erreichbar unter Nummer	

A   Ich beantrage Beratungshilfe in folgender Angelegenheit (bitte Sachverhalt kurz erläutern):

B
- ☐ In der vorliegenden Angelegenheit tritt keine Rechtsschutzversicherung ein.
- ☐ In dieser Angelegenheit besteht für mich nach meiner Kenntnis keine andere Möglichkeit, kostenlose Beratung und Vertretung in Anspruch zu nehmen.
- ☐ In dieser Angelegenheit ist mir bisher Beratungshilfe weder bewilligt noch versagt worden.
- ☐ In dieser Angelegenheit wird oder wurde von mir bisher kein gerichtliches Verfahren geführt.

Wichtig: Wenn Sie nicht alle diese Kästchen ankreuzen können, kann Beratungshilfe nicht bewilligt werden. Eine Beantwortung der weiteren Fragen ist dann nicht erforderlich.

Wenn Sie laufende Leistungen zum Lebensunterhalt nach dem Zwölften Buch Sozialgesetzbuch („Sozialhilfe") beziehen und den derzeit gültigen Bescheid einschließlich des Berechnungsbogens des Sozialamtes beifügen, müssen Sie keine Angaben zu den Feldern C bis G machen, es sei denn, das Gericht ordnet dies ganz oder teilweise an. Wenn Sie dagegen Leistungen nach dem Zweiten Buch Sozialgesetzbuch („Arbeitslosengeld II") beziehen, müssen Sie die Felder ausfüllen.

C   Ich habe monatliche Einkünfte in Höhe von brutto ....EUR, netto .... EUR.
- ☐ Mein Ehegatte/meine Ehegattin bzw. mein eingetragener Lebenspartner/meine eingetragene Lebenspartnerin hat monatliche Einkünfte von netto ....EUR.

D   Meine Wohnung hat eine Größe von .... m². Die Wohnkosten betragen monatlich insgesamt ....EUR. Ich zahle davon ...... EUR.
Ich bewohne diese Wohnung ☐ allein / ☐ mit .... weiteren Person(en).

E

	Welchen Angehörigen gewähren Sie Unterhalt? Unterhalt kann in Form von Geldzahlungen, aber auch durch Gewährung von Unterkunft, Verpflegung etc. erfolgen. Bitte nennen Sie hier Name, Vorname dieser Angehörigen (Anschrift nur, wenn sie von Ihrer Anschrift abweicht)	Geburts-datum	Familienverhältnis des Angehörigen zu Ihnen (z. B. Ehegatte, Kind)	Wenn Sie den Unterhalt ausschließlich durch Zahlung leisten: Ich zahle mtl. EUR:	Hat dieser Angehörige eigene Einnahmen? (z. B. Ausbildungsvergütung, Unterhaltszahlung vom anderen Elternteil)
1				nein ☐	ja, mtl. EUR netto:
2				nein ☐	ja, mtl. EUR netto:
3				nein ☐	ja, mtl. EUR netto:
4				nein ☐	ja, mtl. EUR netto:

LERNFELD 4

F | Bankkonten/Grundeigentum/Kraftfahrzeuge/Bargeld/Vermögenswerte

Bitte geben Sie unter „Eigentümer/Inhaber" an, wem dieser Gegenstand gehört: A = mir allein, B = meinem Ehegatten/eingetragenen Lebenspartner allein
bzw. meiner Ehegattin/meiner eingetragenen Lebenspartnerin allein, C = meinem Ehegatten/eingetragenen
Lebenspartner bzw. meiner Ehegattin/eingetragenen Lebenspartnerin und mir gemeinsam

Giro-, Sparkonten und andere Bankkonten, Bausparkonten, Wertpapiere ☐ Nein ☐ Ja	Inhaber: ☐ A ☐ B ☐ C	Bezeichnung der Bank, Sparkasse/des sonstigen Kreditinstituts; bei Bausparkonten Auszahlungstermin und Verwendungszweck:	Kontostand in EUR:
Grundeigentum (zum Beispiel Grundstück, Familienheim, Wohnungseigentum, Erbbaurecht) ☐ Nein ☐ Ja	Eigentümer: ☐ A ☐ B ☐ C	Bezeichnung nach Lage, Größe, Nutzungsart:	Verkehrswert in EUR:
Kraftfahrzeuge ☐ Nein ☐ Ja	Eigentümer: ☐ A ☐ B ☐ C	Fahrzeugart, Marke, Typ, Bau-, Anschaffungsjahr, km-Stand:	Verkehrswert in EUR:
Sonstige Vermögenswerte (zum Beispiel Kapitallebensversicherung, Bargeld, Wertgegenstände, Forderungen, Anspruch aus Zugewinnausgleich) ☐ Nein ☐ Ja	Inhaber: ☐ A ☐ B ☐ C	Bezeichnung des Gegenstands:	Rückkaufswert oder Verkehrswert in EUR:

G | Zahlungsverpflichtungen und sonstige besondere Belastungen

Haben Sie oder Ihr Ehegatte/eingetragener Lebenspartner bzw. Ihre Ehegattin/eingetragene Lebenspartnerin Zahlungsverpflichtungen?
☐ Nein ☐ Ja

Verbindlichkeit (z. B. „Kredit")	Gläubiger (z. B. „Sparkasse")	Verwendungszweck:	Raten laufen bis:	Restschuld EUR:	Ich zahle darauf mtl. EUR:	Ehegatte/eingetr. Lebenspartner bzw. Ehegattin/ eingetr. Lebens- partnerin zahlt darauf mtl. EUR :

Haben Sie oder Ihr Ehegatte/eingetragener Lebenspartner bzw. Ihre Ehegattin/eingetragene Lebenspartnerin sonstige besondere Belastungen?
☐ Nein ☐ Ja

Art der Belastung und Begründung dafür:	Ich zahle dafür mtl. EUR:	Ehegatte/eingetr. Lebenspartner bzw. Ehegattin/ eingetr. Lebenspartnerin zahlt mtl. EUR:

Ich habe mich unmittelbar an eine Beratungsperson gewandt. Die Beratung und/oder Vertretung hat erstmals am
....stattgefunden.

Name und Anschrift der Beratungsperson (ggf. Stempel):

....

Ich versichere, dass mir in derselben Angelegenheit Beratungshilfe weder gewährt noch durch das Gericht versagt worden ist und dass in derselben Angelegenheit kein gerichtliches Verfahren anhängig ist oder war.

Ich versichere, dass meine Angaben vollständig und wahr sind. Die Allgemeinen Hinweise und die Ausfüllhinweise zu diesem Formular habe ich erhalten.

Mir ist bekannt, dass das Gericht verlangen kann, dass ich meine Angaben glaubhaft mache und insbesondere auch die Abgabe einer Versicherung an Eides statt fordern kann.

Mir ist bekannt, dass unvollständige oder unrichtige Angaben die Aufhebung der Bewilligung von Beratungshilfe und ggf. auch eine Strafverfolgung nach sich ziehen können.

Ort, Datum	Unterschrift des Antragstellers/der Antragstellerin

Dieses Feld ist nicht vom Antragsteller auszufüllen.

Belege zu folgenden Angaben haben mir vorgelegen:
- ☐ Bewilligungsbescheid für laufende Leistungen zum Lebensunterhalt nach SGB XII
- ☐ Einkünfte
- ☐ Wohnkosten
- ☐ Sonstiges:

Ort, Datum	Unterschrift des Rechtspflegers/der Rechtspflegerin

---

> **MERKE**
>
> Durch die Gewährung von Beratungshilfe soll finanziell schwächer gestellten Menschen die Möglichkeit gegeben werden, sich in einer Rechtsangelegenheit außergerichtlich anwaltlich beraten zu lassen.
>
> Dies geschieht durch Antrag beim Amtsgericht beim Wohnsitz des Antragstellers.
>
> Der Rechtspfleger überprüft hierzu neben der Notwendigkeit eines rechtlichen Beratungsbedarfs die persönlichen und wirtschaftlichen Verhältnisse und entscheidet über den Antrag.
>
> Bei Gewährung kann sich der Rechtsuchende einen Rechtsanwalt frei aussuchen.

LERNFELD 4

Für die Stadtstaaten Hamburg, Bremen und Berlin gelten besondere Regelungen. In Hamburg und Bremen gibt es anstelle einer Beratungshilfe die dort eingeführte öffentliche Rechtsberatung. In Berlin kann der Rechtsuchende zwischen Beratungshilfe und öffentlicher Rechtsberatung wählen.

2.5 Außergerichtliches anwaltliches Aufforderungsschreiben

2.5.1 Ziele des Aufforderungsschreibens

Die generellen Entscheidungskriterien für das Abwägen der geeignetsten anwaltlichen Maßnahme zur Durchsetzung von Ansprüchen wurden unter Gliederungspunkt 2.1 bereits dargestellt, sodass hier nur kurz die Ziele des anwaltlichen Aufforderungsschreibens angesprochen werden:

› Der Gegner soll veranlasst werden, freiwillig und ohne Beanspruchung eines Gerichts den Anspruch zu erfüllen,

› sofern dem Schuldner eine Frist gesetzt wird, so gerät er in Verzug, wenn er bis zu dem genannten Tag nicht zahlt,

› durch das anwaltliche Aufforderungsschreiben wird das Risiko vermieden, dass der Mandant im Falle eines sofortigen Anerkenntnisses des Gegners im Sinne von § 93 ZPO, die Kosten tragen muss. Dies erscheint auf den ersten Blick unverständlich, da der Regelfall besagt, dass diejenige Partei die Kosten des Rechtsstreits trägt, die den Anspruch anerkennt und zu deren Lasten ein Anerkenntnisurteil ergeht. § 93 ZPO regelt insofern den Ausnahmefall, dass der Schuldner durch sein Verhalten überhaupt keinen Anlass dafür gegeben hat, dass der Gläubiger Klage erhebt. Tut er dies dennoch, so trägt er trotz Anerkenntnisses des Beklagten die Prozesskosten. Spätestens durch das anwaltliche Aufforderungsschreiben wurde der Schuldner ausgiebig über den Rechtsstand und die Rechtsfolgen informiert. Wenn er dennoch nicht zahlt und der Gläubiger deshalb Klage erhebt, so gehen die Kosten im Falle eines Anerkenntnisses des Beklagten zu dessen Lasten.

§ 93 ZPO

© mb-fotosmb-fotos – istockphoto

© MEV Verlag GmbH

Sofern der Gegner sofort nach Erhalt des Schreibens zahlt, ist dies im Vergleich zum Klage- und Mahnverfahren in der Regel ein kostengünstigeres Verfahren. Wie bereits dargestellt, bedeutet dies, dass außer einer im Regelfall entstehenden 1,3 Geschäftsgebühr nach Nr. 2300 VV RVG zuzüglich Auslagen keine Gerichtskosten entstehen. Da aber die Reaktion des Gegners nie klar vorhergesehen werden kann, ist es schwierig, im Vorhinein zu sagen, was letztlich die kostengünstigste Vorgehensweise für den Mandanten darstellt. Diese Überlegungen werden insbesondere dann in den Vordergrund rücken, wenn hinsichtlich der generellen Zahlungsfähigkeit des Schuldners Zweifel bestehen und der Mandant gegebenenfalls damit rechnen muss, für die Rechtsanwaltskosten selbst aufkommen zu müssen.

2.5.2 Arten des Aufforderungsschreibens

Bei den anwaltlichen Aufforderungsschreiben lassen sich, je nachdem ob der Rechtsanwalt bereits Klageauftrag hat oder nicht, zwei Arten unterscheiden:

Anwaltliches Aufforderungsschreiben	
Mit Klageauftrag	**Ohne Klageauftrag**
Formulierung Dieses schließt z. B. mit folgender Formulierung: „Sollte bis zum … kein Zahlungseingang zu verzeichnen sein, werde ich im Namen meines Mandanten Klage erheben."	**Formulierung** Dieses schließt z. B. mit folgender Formulierung: „Sollte bis zum … kein Zahlungseingang zu verzeichnen sein, werde ich meinem Mandanten empfehlen, Klage einzureichen."

Mit Klageauftrag	Ohne Klageauftrag
Gebühren Da der Rechtsanwalt bereits einen Klageauftrag hat, ist in diesem Fall die Verfahrensgebühr entstanden. Sofern der Schuldner noch vor Klageerhebung zahlt, entsteht die **Verfahrensgebühr** in Höhe von **0,8** gemäß Nr. 3100, 3101 VV RVG. Sollte der Schuldner nach wie vor nicht zahlen, so darf der Anwalt die Verfahrensgebühr ab Klageeinreichung in Höhe von 1,3 gemäß Nr. 3100 VV RVG abrechnen.	**Gebühren** Da der Rechtsanwalt noch keinen Klageauftrag hat, rechnet er für seine außergerichtliche Tätigkeit die **Geschäftsgebühr** nach Nr. 2300 VV RVG ab. In einer durchschnittlichen Angelegenheit beträgt diese **1,3**.

2.5.3 Bestandteile und Aufbau

Der Aufbau eines anwaltlichen Aufforderungsschreibens sei an folgendem Beispiel veranschaulicht:

Rechtsanwaltskanzlei
Erik Hauser

Rechtsanwalt Erik Hauser • Postfach 9 63 25 • 55122 Mainz

Ihr Zeichen:

Ihre Nachricht vom:

Unser Zeichen: AZ 12-226

Herrn
Tobias Gräf
Großer Weg 9
55122 Mainz ❶

Unsere Nachricht vom:

Name: Herr Hauser
Telefon: 06131 1234-56
Telefax: 06131 1234-57
E-Mail: hauser@ra-hauser.de

Datum: 10. Oktober 20..

Zahlungsaufforderung

Sehr geehrter Herr Gräf,

Herr Alfons Schön, Industriestraße 9, 55188 Mainz ❶ , hat mich beauftragt, seine Interessen wahrzunehmen. ❷

Am 8. Juli 20.. haben Sie in den Geschäftsräumen meines Mandanten ein Mountainbike „MB 4000" zum Preis von 1.700,00 € gekauft und ordnungsgemäß erhalten. Der Kaufpreis war laut Kaufvertrag am 15. Juli 20.. fällig. Bis heute haben Sie keine Zahlungen geleistet, sodass Sie sich in Zahlungsverzug befinden. ❸

Ich fordere Sie auf, den Kaufpreis von 1.700,00 € zuzüglich 5 Prozentpunkten Zinsen über dem Basiszinssatz seit dem 16. Juli 20.. bis spätestens **24. Oktober 20..** an Herrn Schön zu zahlen. ❹ ❺ Sollten Sie dieser Aufforderung nicht fristgerecht nachkommen, werde ich meinem Mandanten empfehlen, den Anspruch gerichtlich geltend zu machen. ❻

Außerdem haben Sie die Kosten meiner Inanspruchnahme zu tragen:

Vergütungsrechnung ❼

Gegenstandswert: 1.700,00 €

LERNFELD 4

1.	1,3 Geschäftsgebühr	
	gem. §§ 2, 13, 14 RVG i.V.m. Nr. 2300 VV RVG	195,00 €
2.	Post- und Telekommunikationspauschale	
	gem. Nr. 7002 VV RVG	20,00 €
3.	Zwischensumme	215,00 €
4.	19 % Umsatzsteuer	
	gem. Nr. 7008 VV RVG	40,85 €
5.	Gesamtsumme	255,85 €

Bitte überweisen Sie den Betrag ebenfalls bis spätestens 24. Oktober 20.. auf mein Konto.

Freundliche Grüße

Rechtsanwaltskanzlei
Erik Hauser

Hauser ❽

Hauser
Rechtsanwalt

Kanzleiräume	**Kommunikation**	**Bankverbindung**
Burgenweg 9	Tel.: 06131 1234-0	XY Bank
55122 Mainz	E-Mail: info@ra-hauser.de	IBAN DE23 5505 0000 1234 5678 91
	Internet: www.ra-hauser.de	BIC BYLADEW1TZU
		Steuernummer: DE999999999

Bestandteile:

❶ Bezeichnung des Mandanten und des Schuldners

❷ Vertretungsanzeige

❸ Darstellung des Sachverhalts

❹ Bezeichnung des Anspruchs und der Zinsen
Die Berechnung der Zinsen erfolgt nach folgenden Vorschriften bzw. Grundsätzen:
– Bei Rechtsgeschäften an denen Verbraucher beteiligt sind beträgt der Zinssatz
5 Prozentpunkte über dem Basiszinssatz, § 288 Abs. 1 BGB,
– bei Rechtsgeschäften, an denen ein Verbraucher nicht beteiligt ist beträgt er 9 Prozentpunkte über dem Basiszinssatz,
– sofern der Mandant mit Bankkredit arbeitet und ihm hieraus selbst wiederum höhere Zinsen entstehen, kann auch ein höherer Zinssatz gefordert werden.

❺ Zahlungsaufforderung mit Fristsetzung

❻ Androhung gerichtlicher Schritte

❼ Vergütungsrechnung des Rechtsanwalts

❽ Unterschrift des Rechtsanwalts

MERKE

Durch das anwaltliche Aufforderungsschreiben soll der Schuldner letztmalig aufgefordert werden, die geschuldete Leistung zu erbringen.
Im Vergleich zu gerichtlichen Verfahren kann dies schneller und günstiger für den Mandanten sein; der Schuldner kann in Verzug gesetzt werden und der Mandant vermeidet dadurch das Kostentragungsrisiko nach § 93 ZPO.

Arten:
› Aufforderungsschreiben **mit Klageauftrag:** 0,8 Verfahrensgebühr, sofern die Klage nicht eingereicht wird.
› Aufforderungsschreiben **ohne Klageauftrag:** 1,3 Geschäftsgebühr

2.6 Zusammenfassung und Aufgaben

ZUSAMMENFASSUNG

Ansprüche außergerichtlich geltend machen

Rechtspersönlichkeit der Beteiligten analysieren

Rechtsfähigkeit	Geschäftsfähigkeit
= Träger von Rechten und Pflichten sein	= Rechtsgeschäfte voll wirksam abschließen können

Parteifähigkeit	Prozessfähigkeit
= Partei in einem Prozess sein können	= Prozesshandlungen vornehmen können

> alle natürlichen und juristischen Personen sind rechts- und parteifähig

> natürliche Personen sind prozessfähig, sofern sie geschäftsfähig sind,

> juristische Personen sind weder geschäfts- noch prozessfähig

> bei fehlender Geschäfts- bzw. Prozessfähigkeit ist ein **gesetzlicher Vertreter** notwendig

außerdem:

Informationsbeschaffung insbesondere über:
> Einwohnermeldeamt
> Registereintragungen

zu beachten: Beratungshilfe

Anwaltliches Aufforderungsschreiben

> letzte Aufforderung zu leisten
> schneller, günstiger
> Schuldner in Verzug setzen
> Vermeidung der Kostentragungspflicht nach § 93 ZPO

mit Klageauftrag	ohne Klageauftrag
0,8 Verfahrensgebühr (bei Zahlung und Erledigung)	1,3 Geschäftsgebühr

LERNFELD 4

AUFGABEN

1. Welche Gebühren können im Regelfall beim außergerichtlichen anwaltlichen Auf-forderungsschreiben, im gerichtlichen Mahnverfahren und welche im Klageverfahren entstehen?

2. Erläutern Sie die folgenden Begriffe:
   a. Rechtsfähigkeit
   b. Geschäftsfähigkeit
   c. Parteifähigkeit
   d. Prozessfähigkeit

3. Dem 17-jährigen Tobias Müller, leiblicher Sohn der Eheleute Franz und Erika Müller, alle wohnhaft in 55122 Mainz, Faschingsgasse 19, wurde von Rudi Weinstein, 27 Jahre alt, sein auf dem Parkplatz ordnungsgemäß abgestellter Motorroller umgeschmissen. Die Reparatur, der durch den Sturz beschädigten Rollerteile beträgt 300,00 Euro. Tobias möchte den entstandenen Schaden von R. Weinstein ersetzt verlangen.
   a. Ist Tobias rechtsfähig?
   b. Ist Tobias geschäftsfähig?
   c. Ist Tobias parteifähig?
   d. Ist Tobias prozessfähig?
   e. Ist eine gesetzliche Vertretung notwendig?
   f. Formulieren Sie die Klägerbezeichnung.

4. Geben Sie für die folgenden Personen an, ob diese jeweils parteifähig und prozess-fähig sind. Sollte eine gesetzliche Vertretung notwendig sein, so ist der gesetzliche Vertreter zu benennen.
   a. der Säugling Timo Klein
   b. die kreisfreie Stadt Frankfurt/Oder
   c. die Müller & Mayer OHG
   d. die Josef Schmitt KG
   e. die Spike GmbH
   f. die Nuno AG
   g. der Landkreis XY
   h. der Rentner Max Fröhlich
   i. die Gemeinde Kleinklickersdorf
   j. Sportverein Blau-Weiß eV

5. Ihr Mandant hatte von der Sonnenschein GmbH einen Gartentisch und vier passen-de Stühle dazu gekauft. Leider sind diese Artikel beschädigt von der Sonnenschein GmbH ausgeliefert worden, sodass ihr Mandant diese Mängel bereits telefonisch beim Geschäftsführer Dr. Sauber vorbrachte. Allerdings ist Dr. Sauber nicht bereit, in irgendeiner Form auf diese Mängel zu reagieren. Bevor Ihr Chef mit einem entspre-chenden Schriftsatz reagieren kann, sind noch folgende Punkte zu prüfen:
   a. Geben Sie für die GmbH an, ob sie rechtsfähig, geschäftsfähig, parteifähig, pro-zessfähig ist und ob gegebenenfalls gesetzliche Vertretung notwendig ist.
   b. Welche Möglichkeit gäbe es herauszufinden, ob Dr. Sauber tatsächlich Geschäfts-führer der Sonnenschein GmbH ist?
   c. Sofern der aktuelle Wohnsitz von Dr. Sauber unbekannt wäre und der begründete Verdacht bestünde, dass er jetzt möglicherweise in München wohnt, wie könnten Sie dies herausfinden?

6. Geben Sie an, wo ein Antrag auf Gewährung von Beratungshilfe zu stellen ist und wer hierüber entscheidet.

7. Der einkommens- und vermögenslose Herr Klein wendet sich zwecks einer Beratung direkt an Rechtsanwalt Schlau. Er bittet ihn um Gewährung von Beratungshilfe. Nehmen Sie hierzu Stellung.

8. Lesen und übersetzen Sie die Anfrage nach der einfachen Melderegisterauskunft an die Gemeinde Maastricht (Seite 395). Erkundigen Sie sich anschließend für die Rechtsanwaltskanzlei Erik Hauser mithilfe Ihres Ergebnisses in einem normgerecht gestalteten Schriftstück nach Frau Müllers aktueller Anschrift bei: Stadtverwaltung, Einwohnermeldeamt, Große Straße 651, 55116 Mainz.

9. Welche Ziele werden mit einem anwaltlichen Aufforderungsschreiben verbunden?

10. Welche zwei Arten von anwaltlichen Aufforderungsschreiben werden üblicherweise unterschieden? Geben Sie auch an, welche Gebühren jeweils entstehen.

3. VERGÜTUNGSABRECHNUNG BEI AUSSERGERICHTLICHER TÄTIGKEIT ERSTELLEN

3.1 Allgemeine Grundlagen

3.1.1 Grundlagen zu den Kosten in rechtsberatenden Berufszweigen

Wenn in den rechtsberatenden Berufen von „**Kosten**" gesprochen wird, so fallen hierunter die Aufwendungen, die einer Partei insbesondere für die Inanspruchnahme eines Gerichts, Rechtsanwalts, Notars oder Gerichtsvollziehers entstehen.

Auch bei der Zusammensetzung der dem Mandanten in Rechnung gestellten Kosten, gibt es erhebliche Unterschiede im Vergleich zu dem, was üblicherweise auf Rechnungen gegenüber einem Kunden berechnet wird. So wird beispielsweise der Klempner nach behobenem

© MEV Verlag GmbH

LERNFELD 4

Wasserrohrbruch die Materialkosten einzeln ausweisen und beim Ausweis der Personalkosten wird die Anzahl der Mitarbeiter und der benötigte Stundenumfang ausgewiesen. Dies ist im Bereich der rechtsberatenden Berufe anders. Hier wird bei der **Kostenstruktur** lediglich in Gebühren und Auslagen unterschieden.

Diese vereinfachte Kostendefinition hat insofern auch nichts mit der zu tun, die üblicherweise in der Betriebswirtschaftslehre verwendet wird. In der Betriebswirtschaftslehre steht der Verbrauch an Gütern und Dienstleistungen im Vordergrund, der zu Erstellung einer betrieblichen Leistung erforderlich war.

Im Dienstleistungsbereich der Rechtspflege, z. B. durch Rechtsanwälte oder Notare gibt es keine einheitliche Definition des Begriffs Kosten. In § 1 Abs. 1 GKG, § 1 GNotKG und § 1 GvKostG verwendet der Gesetzgeber den Begriff **Kosten.** Dies sind die Bereiche in denen das jeweilige Organ der Rechtspflege im Rahmen des öffentlichen Rechts tätig wird, z. B. das Gericht. Der Rechtsanwalt dagegen wird aufgrund eines privatrechtlich geschlossenen Vertrags tätig. In § 1 Abs. 1 RVG verwendet der Gesetzgeber daher nicht den Begriff Kosten, sondern spricht bei Rechtsanwälten von der zu erstattenden **Vergütung.** Hieraus abgeleitet ist bei Rechtsanwälten eher von der Vergütungsrechnung und bei Notaren und Gerichtsvollziehern von Kostenrechnungen zu sprechen. In der Praxis spricht man jedoch auch bei Rechtsanwälten von Kostenrechnungen. Die Kostenstruktur, bestehend aus Gebühren und Auslagen, ist für alle genannten Bereiche gleich.

- -

3.1.2   Wichtige Kostengesetze für die Gebührenabrechnung

© Kzenon – shutterstock.com

Hier sind im Einzelnen zu nennen:

> **Rechtsanwaltsvergütungsgesetz (RVG)**
In diesem wird die Vergütung für die Rechtsanwälte geregelt. Dieses wird im Einzelnen unten ausführlich dargestellt.

> **Gerichtskostengesetz (GKG)**
Hierin befinden sich insbesondere die für den Zivilprozess maßgeblichen Vorschriften zur Berechnung der Gerichtskosten. Das GKG besteht aus einem **Paragrafenteil** mit den Grundlagenvorschriften, gefolgt von einem **Kostenverzeichnis,** in dem für unterschiedliche Verfahren die Gebühren und Auslagen aufgeführt sind. Das Kostenverzeichnis ist hierzu in 9 Teile aufgegliedert. Der Grundaufbau ähnelt daher sehr stark dem des RVG.

> **Gesetz über Gerichtskosten in Familiensachen (FamGKG)**
Hierin werden die Gerichtskosten und die Wertvorschriften in Familiensachen und in Angelegenheiten der freiwilligen Gerichtsbarkeit bestimmt.

> **Gerichts- und Notarkostengesetz (GNotKG)**
Hierin befinden sich für Notare und Gerichte die Bestimmungen für die Kosten in Angelegenheiten der freiwilligen Gerichtsbarkeit, soweit sie nicht im FamGKG geregelt sind.

Außerdem sind in folgenden Gesetzen ebenfalls Regelungen zu Kosten enthalten:

> **Zivilprozessordnung (ZPO)**
Hierin befinden sich in den §§ 2–9 ZPO ergänzende Wertvorschriften zur Ermittlung des Gebührenstreitwerts sowie Grundlagenvorschriften für die Frage, wer nach einem Rechtsstreit die Kosten zu tragen hat.

> **Gesetz über Kosten der Gerichtsvollzieher (GvKostG)**
Hierin sind die Gebühren und Auslagen festgelegt, die für die Inanspruchnahme eines Gerichtsvollziehers entstehen.

> **Justizvergütungs- und Entschädigungsgesetz (JVEG)**
Hierin werden die Entschädigungen u.a. für Zeugen, ehrenamtliche Richter, Sachverständige, Übersetzer bestimmt.

- -

3.1.3 Aufbau des RVG

Der Aufbau des RVG ergibt sich aus folgender Übersicht:

Paragrafenteil	Vergütungsverzeichnis
§§ 1–62 zergliedert in 9 Abschnitte	**Bestehend aus 7 Teilen (Nummernkreise)**
1. Allgemeine Vorschriften	Teil 1 Allgemeine Gebühren
2. Gebührenvorschriften	Teil 2 Außergerichtliche Tätigkeiten einschließlich Vertretung im Verwaltungsverfahren
3. Angelegenheit	Teil 3 Zivilsachen, Verfahren der öffentlich-rechtlichen Gerichtsbarkeit, Verfahren nach dem Strafvollzugsgesetz …
4. Gegenstandswert	Teil 4 Strafsachen
5. Außergerichtliche Beratung und Vertretung	Teil 5 Bußgeldsachen
6. Gerichtliche Verfahren	Teil 6 Sonstige Verfahren
7. Straf- und Bußgeldsachen sowie bestimmte sonstige Verfahren	Teil 7 Auslagen
8. Beigeordneter oder bestellter Rechtsanwalt	
9. Übergangs- und Schlussvorschriften	
↓	↓
Gebührenrechtliche Grundlagen	Gebühren und Auslagen

Der **Paragrafenteil** des RVG enthält die Vorschriften, aus denen sich die generellen Regelungen zu den Gebühren und ihrer Handhabung ergeben.

Die einzelnen Gebühren und Auslagen befinden sich im **Vergütungsverzeichnis** (Ausnahme: Beratungsgebühr, diese befindet sich in § 34 RVG). Das Vergütungsverzeichnis ist aufbautechnisch in verschiedene Ebenen und Spalten unterteilt.

Bezüglich der **Ebenen** besteht das Vergütungsverzeichnis wie bereits oben ausführlich dargestellt aus

> sieben **Teilen** (z. B. **Teil 3** Zivilsachen, Verfahren der öffentlich-rechtlichen Gerichtsbarkeit, Verfahren nach dem Strafvollzugsgesetz, …), die wiederum

> in **Abschnitte** (z. B. Teil 3, **Abschnitt 2** Berufung, Revision, bestimmte Beschwerden und Verfahren vor dem Finanzgericht) und gegebenenfalls

> in **Unterabschnitte** (z. B. Teil 3, Abschnitt 2, **Unterabschnitt 1** Berufung, Beschwerden und Verfahren vor dem Finanzgericht und **Unterabschnitt 2** Revision, bestimmte Beschwerden und Rechtsbeschwerden, …) aufgegliedert sind.

Den einzelnen Ebenen können nummerierte (klein gedruckte) **Vorbemerkungen** vorgeschaltet sein. Diese regeln die Besonderheiten der jeweiligen Ebene und beziehen sich nur auf den Teil, Abschnitt oder Unterabschnitt, dem sie voranstehen. An ihrer Nummerierung kann abgelesen werden, worauf sie sich genau beziehen. Die erste Ziffer gibt den Teil, die zweite den Abschnitt und die dritte den Unterabschnitt an, z. B. ist die Vorbemerkung 3.2.2 dem oben ausgeführten Beispiel aus dem Teil **3**, Abschnitt **2**, Unterabschnitt **2** vorangestellt.

Die einzelnen Teile des Vergütungsverzeichnisses haben **drei Spalten:**

> **Die erste Spalte enthält eine vierstellige Nummer,** wobei die erste Ziffer den Teil angibt und die zweite den Abschnitt, z. B. gibt die Nummer 2301 VV RVG an, dass sich die Gebühr im zweiten Teil (außergerichtliche Tätigkeit), im Abschnitt 3 (Vertretung) mit der laufenden Nummer 1 befindet. Dies ist die Geschäftsgebühr bei einfachen Schreiben.

> **Die zweite (breite) Spalte gibt den eigentlichen Gebührentatbestand** an und kann einen eigenen Regelungstatbestand haben oder auch nur eine vorstehende Gebühr modifizieren. Beispielsweise wird in Nr. 1000 VV RVG genau geregelt, in welchen Fällen eine Einigungsgebühr entsteht, während Nr. 1003 VV RVG oder Nr. 1004 VV RVG nur noch den veränderten Satz für das erst- oder zweitinstanzliche Verfahren angeben. Bei Nummern wie diesen, wird die Formulierung: „Die Gebühr 1000 … beträgt …" verwendet. Den Gebührentatbeständen sind oftmals (klein gedruckte) **Anmerkungen** nachgeschaltet, die teilweise auch mehrere Absätze umfassen. Diese regeln weitere Besonderheiten der jeweiligen Gebühr und beziehen sich auch nur auf diese.

> **In der dritten Spalte steht dann die eigentliche Gebühr,** entweder als Festgebühr (z. B. 150,00 Euro), Wertgebühr (z. B. 1,3) oder als Rahmengebühr (z. B. Satzrahmen von 0,5 bis 2,5 oder als Betragsrahmen von 50,00 Euro bis 640,00 Euro).

Zur Veranschaulichung folgender Auszug aus dem Vergütungsverzeichnis

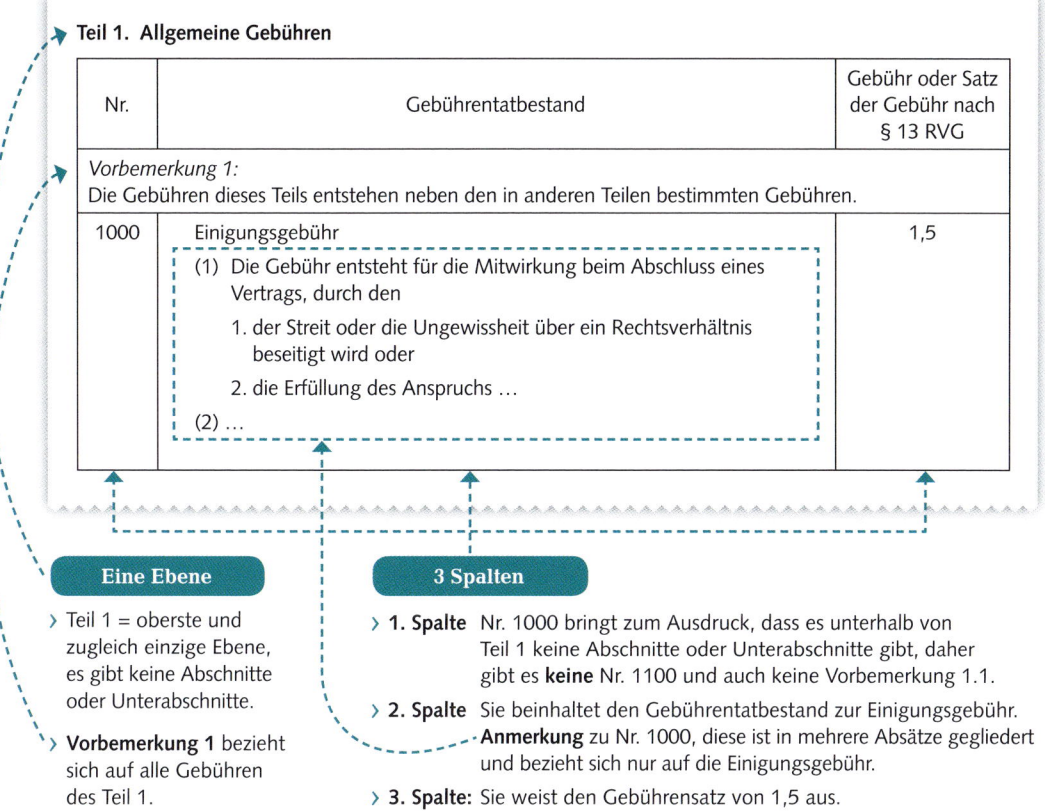

Nr.	Gebührentatbestand	Gebühr oder Satz der Gebühr nach § 13 RVG

Teil 1. Allgemeine Gebühren

Vorbemerkung 1:
Die Gebühren dieses Teils entstehen neben den in anderen Teilen bestimmten Gebühren.

| 1000 | Einigungsgebühr | 1,5 |

(1) Die Gebühr entsteht für die Mitwirkung beim Abschluss eines Vertrags, durch den

    1. der Streit oder die Ungewissheit über ein Rechtsverhältnis beseitigt wird oder

    2. die Erfüllung des Anspruchs …

(2) …

Eine Ebene

› Teil 1 = oberste und zugleich einzige Ebene, es gibt keine Abschnitte oder Unterabschnitte.

› **Vorbemerkung 1** bezieht sich auf alle Gebühren des Teil 1.

3 Spalten

› **1. Spalte** Nr. 1000 bringt zum Ausdruck, dass es unterhalb von Teil 1 keine Abschnitte oder Unterabschnitte gibt, daher gibt es **keine** Nr. 1100 und auch keine Vorbemerkung 1.1.

› **2. Spalte** Sie beinhaltet den Gebührentatbestand zur Einigungsgebühr. **Anmerkung** zu Nr. 1000, diese ist in mehrere Absätze gegliedert und bezieht sich nur auf die Einigungsgebühr.

› **3. Spalte:** Sie weist den Gebührensatz von 1,5 aus.

Im Vergütungsverzeichnis können die allgemeinen Gebühren des Teil 1 sowohl mit den Gebühren des Teil 2 und 3 kombiniert werden. Bei den Gebühren des Teil 1 ist insbesondere die Einigungsgebühr hervorzuheben, sie kann sowohl bei außergerichtlichen Einigungen als auch bei Einigungen vor Gericht entstehen. Die Teile 2 und 3 schließen sich grundsätzlich aus. Die Gebühren nach Teil 3 setzen einen unbedingten Auftrag als Verfahrensbevollmächtigten für ein dort genanntes Verfahren voraus, z. B. Klageauftrag für den Rechtsanwalt des Klägers oder den Auftrag zur Klageverteidigung für den Rechtsanwalt des Beklagten. Dies kann im Einzelfall dazu führen, dass in einer Angelegenheit der eine Rechtsanwalt, z. B. der des Klägers seine Gebühren nach Teil 3 VV RVG abrechnet, weil er bereits Klageauftrag hatte, während der andere Rechtsanwalt, der den Gegner vertritt und bisher nur außergerichtlich tätig war, dies noch nach Teil 2 VV RVG tut.

Die Auslagen gemäß Teil 7 des Vergütungsverzeichnisses können sowohl im außergerichtlichen als auch im gerichtlichen Bereich entstehen.

Der **Aufbau des GKG** ähnelt sehr stark dem des RVG. Er enthält einen **Paragrafenteil** mit 73 Vorschriften und ein **Kostenverzeichnis** mit 9 Teilen. Auch hier gibt es **verschiedene Ebenen**, beginnend mit den 9 großen Teilen, danach

LERNFELD 4

folgen die Hauptabschnitte, Abschnitte, Unterabschnitte und diesen werden teilweise Vorbemerkungen vorangestellt.

Ähnlich wie im RVG ist auch im Kostenverzeichnis (Anlage 1 zu § 3 Abs. 2) jeder Teil in drei Spalten aufgebaut:

Nr., **Gebührentatbestand** (teilweise mit Anmerkungen) und **Gebühr,** beispielsweise:

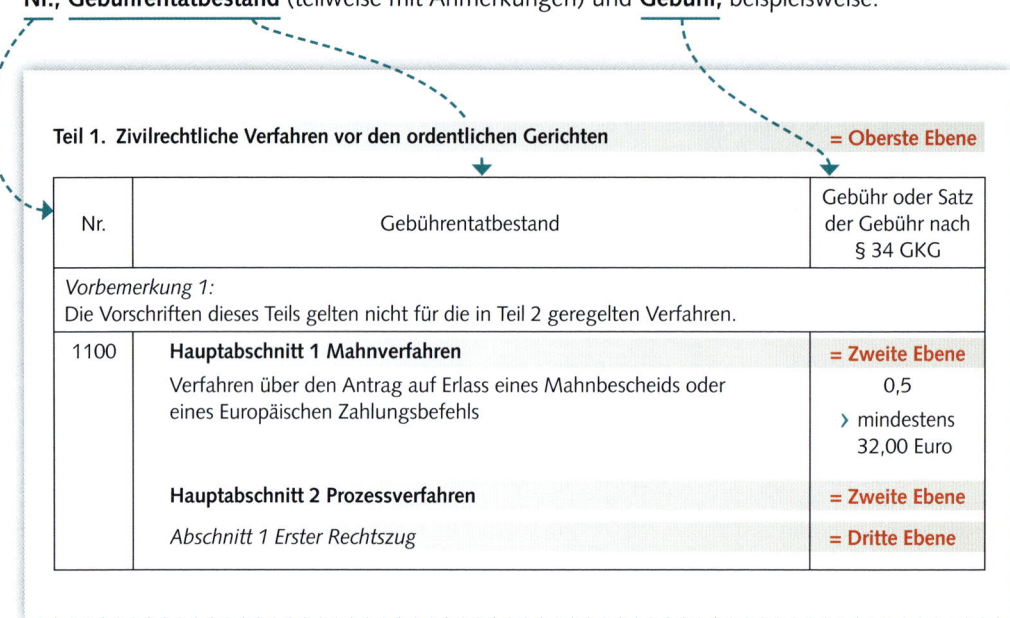

Teil 1. Zivilrechtliche Verfahren vor den ordentlichen Gerichten		= Oberste Ebene
Nr.	Gebührentatbestand	Gebühr oder Satz der Gebühr nach § 34 GKG
Vorbemerkung 1: Die Vorschriften dieses Teils gelten nicht für die in Teil 2 geregelten Verfahren.		
1100	**Hauptabschnitt 1 Mahnverfahren**	= Zweite Ebene
	Verfahren über den Antrag auf Erlass eines Mahnbescheids oder eines Europäischen Zahlungsbefehls	0,5 › mindestens 32,00 Euro
	Hauptabschnitt 2 Prozessverfahren	= Zweite Ebene
	Abschnitt 1 Erster Rechtszug	= Dritte Ebene

3.1.4 Richtig zitieren

Während im Lernfeld 1 das allgemeine Zitieren von Rechtsnormen dargestellt wurde, soll hier auf die besondere Zitierweise im Vergütungsverzeichnis des RVG eingegangen werden:

Zu zitieren	Zitierweise bzw. Abkürzung
Rechtsanwaltsvergütungsgesetz	RVG
Vergütungsverzeichnis zum Rechtsanwaltsvergütungsgesetz	VV RVG
Nummer aus dem Vergütungsverzeichnis	z. B. Nr. 1000 VV RVG Nr. 2300 VV RVG

Vorbemerkungen
 	
 diese stehen grundsätzlich vor den Nummern im Vergütungsverzeichnis
	Vorbemerkung … (Ziffer) VV RVG
	
	 z. B. **Vorbemerkung 3 VV RVG** oder
	     Vorbemerkung 3.3.5 VV RVG
	     (= Vorbemerkung zu Teil 3, Abschnitt 3, Unterabschnitt 5) oder
	
	     Vorbemerkung 3.3.5 Abs. 1 VV RVG
	     (hier ist nur der Absatz 1 der Vorbemerkung 3, Abschnitt 3,
	     Unterabschnitt 5 angesprochen)

Zu zitieren	Zitierweise bzw. Abkürzung
Anmerkungen diese stehen grundsätzlich nach den Nummern im Vergütungs-verzeichnis	Sofern es sich nur um eine einzelne Anmerkung handelt: **Anmerkung zu Nr. 2300 VV RVG**
	Sofern die Anmerkung mehrere Absätze umfasst: **Absatz 1 der Anmerkung zu Nr. 3100 VV RVG** oder **Abs. 1 der Anmerkung zu Nr. 3100 VV RVG** oder **Nr. 3100 Anmerkung, Abs. 2 VV RVG**
	Sofern es mehrere Ziffern zu einer Nummer im Vergütungsverzeichnis gibt: **Nr. 3101 Ziffer 1 VV RVG**

3.1.5 Zusammenfassung und Aufgaben

ZUSAMMENFASSUNG

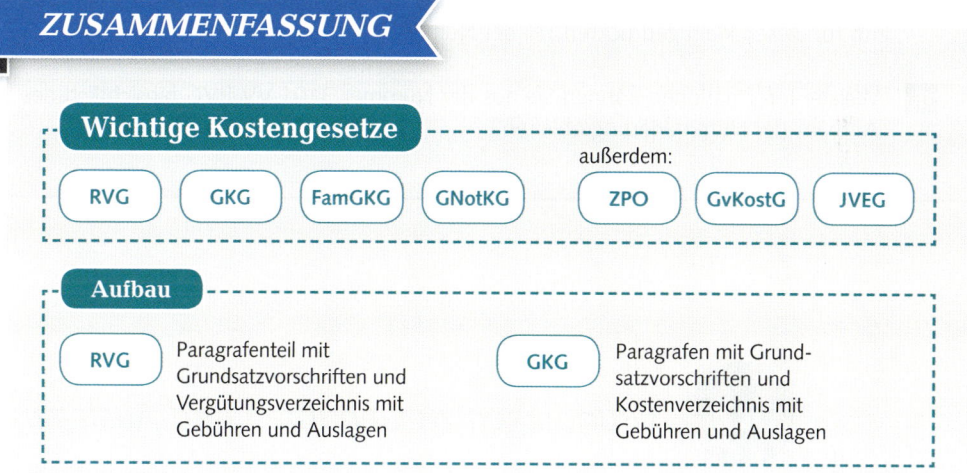

Wichtige Kostengesetze

außerdem:

RVG GKG FamGKG GNotKG ZPO GvKostG JVEG

Aufbau

RVG — Paragrafenteil mit Grundsatzvorschriften und Vergütungsverzeichnis mit Gebühren und Auslagen

GKG — Paragrafen mit Grundsatzvorschriften und Kostenverzeichnis mit Gebühren und Auslagen

AUFGABEN

1. Skizzieren Sie kurz den groben Aufbau des GKG und des RVG.

2. Geben Sie für die folgenden Gebühren die Nummern im Vergütungsverzeichnis und die jeweiligen Gebührensätze an.
   a. erstinstanzliche Terminsgebühr
   b. Einigungsgebühr (außergerichtlich)
   c. Geschäftsgebühr

d. erstinstanzliche Verfahrensgebühr

e. Verfahrensgebühr in der Berufung

3. Wie hoch (Gebührensatz) ist die bei Gericht einzuzahlende Gerichtsgebühr im Prozessverfahren im ersten Rechtszug? Geben Sie auch die Fundstelle im zutreffenden Gesetz an.

4. Einleitend vor einem Abschnitt oder einem Unterabschnitt stehen im Vergütungsverzeichnis klein gedruckte Angaben. Wie lautet hierfür der Fachbegriff?

5. In einer Nummer des Vergütungsverzeichnisses befinden sich oftmals auch klein gedruckte Angaben unter dem eigentlichen Text der Nummer. Wie lautet der Fachbegriff für diesen klein gedruckten Teil der Nummer?

6. Welche Informationen können Sie aus der Nummer 3101 VV RVG hinsichtlich des Aufbaus der Nummerierung ableiten?

 **3.2** *Grundlagen zu Gebühren und Auslagen*

3.2.1 Gebührenarten

Wie bereits oben ausgeführt, lässt sich die Kostenstruktur in Gebühren und Auslagen einteilen. Kennzeichnend für das Gebührensystem ist, dass die Tätigkeiten des Rechtsanwalts nicht einzeln nach Material- und Personalkosten aufgeschlüsselt in Rechnung gestellt werden, sondern dass die Tätigkeiten pauschal entgolten werden. Für das Betreiben des Geschäfts und die Einarbeitung in den Streitstoff erhält der Rechtsanwalt für seine Tätigkeit im Zivilprozess eine Verfahrensgebühr. Mit dieser ist seine diesbezügliche Arbeit entgolten, egal wie umfangreich sie war. Für die Wahrnehmung von Terminen im Zivilprozess erhält er pauschal eine 1,2 Terminsgebühr, egal wie viele Termine stattgefunden haben. Man spricht insofern von sogenannten Pauschgebühren oder anders ausgedrückt, durch das Gebührensystem des RVG wird die Tätigkeit des Rechtsanwalts pauschal abgegolten.

Im RVG werden drei verschiedene Gebührenarten verwendet, die in folgendem Schaubild zusammengefasst sind:

Gebührenarten

Pauschalgebühren

Wertgebühren

Die Höhe richtet sich nach dem:

Gegenstandswert (§ 2 RVG),

Streitwert (nach GKG),

Verfahrenswert (nach FamGKG)

oder

Geschäftswert (nach GNotKG).

Im RVG ergibt sich der Eurobetrag der jeweiligen Gebühr aus der **Gebührentabelle** der Anlage 2 zu § 13 RVG.

Hierauf wird der jeweilige **Gebührensatz** gerechnet, sofern er nicht 1,0 beträgt.

Rahmengebühren

Der Rahmen wird durch eine Mindest- und eine Höchstgrenze abgesteckt.

Unterscheidung in:

1. **Betragsrahmengebühren:** Mindest- und die Höchst-(Euro-)betrag sind festgelegt
2. **Satzrahmengebühr:** Mindest- und Höchstgebührensatz sind festgelegt

Kriterien für die Gebührenbemessung gem. § 14 RVG:

Bedeutung, Schwierigkeit und Umfang der Sache, Einkommens-/Vermögensverhältnisse des Mandanten, Haftungsrisiko.

$$\text{Mittelgebühr} = \frac{\text{Mindestgebühr} + \text{Höchstgebühr}}{2}$$

1. Beispiel:
Betragsrahmen von 40,00 bis 360,00 Euro:

$$\text{Mittelgebühr} = \frac{40 + 360}{2}$$

Mittelgebühr = 200 Euro

2. Beispiel
Geschäftsgebühr gem. Nr. 2300 VV RVG:
Die mathematische Mittelgebühr beträgt:

$$= \frac{0,5 + 2,5}{2}$$

Zu beachten bei der Geschäftsgebühr:
Eine Gebühr von mehr als 1,3 kann jedoch nur gefordert werden, wenn die Tätigkeit umfangreich oder schwierig war, Anmerkung zu Nr. 2300 VV RVG.

Festgebühren

= feste Eurobeträge (unabhängig vom Umfang oder der Schwierigkeit der Angelegenheit)

Beispiel:
Geschäftsgebühr bei Beratungshilfe: 85,00 Euro gemäß Nr. 2503 VV RVG

LERNFELD 4

Da die **Wertgebühren** einen sehr hohen Stellenwert für die Tätigkeit des Anwalts in Zivilsachen einnehmen, sei hier der Zusammenhang der Gebührenrechtsvorschriften nach RVG noch einmal etwas ausführlicher dargestellt:

> Die **Höhe der Vergütung** wird in **§ 2 RVG** geregelt. Hier wird klargestellt, dass sich die Gebühren für die anwaltliche Tätigkeit nach dem Wert berechnen, den der Gegenstand der anwaltlichen Tätigkeit hat (Gegenstandswert). Absatz 2 Satz 1 dieser Vorschrift bestimmt, dass sich die dabei im Einzelnen zu beachtenden gesetzlichen Regelungen in einem gesonderten Teil des RVG, nämlich dem Vergütungsverzeichnis, befinden. Außerdem werden die bei der Gebührenberechnung zu beachtenden Rundungsregeln angegeben.

> **§ 13 RVG** ist die Vorschrift, in der der Gesetzgeber die wichtigen Eckdaten des Aufbaus der Gebührentabelle festschreibt. Man könnte diese Vorschrift als eine

Art „Betriebsanleitung" zum Aufbau der Gebührentabelle bezeichnen. Kennzeichnend für diese Tabelle ist, dass nicht jedem Gegenstandswert ein individueller Eurobetrag zugeordnet wird, sondern dass die Tabelle in Eurointervallen beginnend bei 500,00 Euro bis hin zu 50.000,00 Euro ansteigt. Aufbauend auf diesen „Minimalangaben" befindet sich in der Anlage 2 zu § 13 Abs. 1 RVG eine etwas komfortablere Tabelle, in der bis zu einem Gegenstandswert von 500.000,00 Euro die Eurobeträge für eine 1,0 Gebühr dargestellt sind. Alle auf dem Markt erhältlichen Gebührentabellen machen letztlich nichts anderes, als die vom Gesetzgeber in § 13 RVG festgelegten Regelungen für alle erdenklichen Gebührensätze in Euro anzugeben. Außerdem regelt § 13 Abs. 2 RVG, dass der Mindestbetrag der anwaltlichen Tätigkeit bei 15,00 Euro liegt.

> Da die §§ 2, 13 RVG, wie eben dargestellt, unmittelbar zusammengehören und sozusagen das Grundgerüst für die Ermittlung der Wertgebühren darstellen, ist es auch nachvollziehbar, warum in einer Vergütungsabrechnung in Zivilsachen, sofern Wertgebühren betroffen sind, diese beiden Vorschriften zitiert werden.

> In **Abschnitt 4 des RVG, §§ 22–33 RVG** werden die zu beachtenden Wertvorschriften dargestellt, im Einzelnen siehe hierzu unten die Ausführungen zum „Gegenstandswert".

> Sofern sich die zu erhebenden Gebühren nach dem Gegenstandswert richten, hat der Rechtsanwalt vor Übernahme des Auftrags hierauf hinzuweisen, § 49b Abs. 5 BRAO.

Unter Zugrundelegung der Tabelle in der Anlage 2 zu § 13 Abs. 1 Satz 3 RVG soll die Gebührenberechnung an einem Beispiel verdeutlicht werden:

BEISPIEL

Die Rechtsanwaltsfachangestellte Susi Schlau möchte eine 1,3 Verfahrensgebühr aus einem Gegenstandswert von 4.500,00 Euro berechnen.

1. Schritt: Den richtigen Gegenstandswert in der Tabelle finden

Der Gegenstandswert von 4.500,00 Euro liegt in der Tabelle zwischen 4.000,00 Euro und 5.000,00 Euro. Da in der Kopfzeile angezeigt ist, dass die jeweiligen Gegenstandswerte **bis** zu einem bestimmten Eurobetrag gehen, muss im Sachverhalt der Eurobetrag bei 5.000,00 Euro abgelesen werden. Er übersteigt 4.000,00 Euro.

Tabellenauszug
(Anlage 2 zu § 13 Abs. 1 Satz 3 RVG):

Gegenstands-wert bis ... Euro	Gebühr ... Euro
500,00	45,00
1.000,00	80,00
1.500,00	115,00
2.000,00	150,00
3.000,00	201,00
4.000,00	252,00
5.000,00	303,00
...	...

© Pixabay

2. Schritt: Eurobetrag ablesen

Bei 5.000,00 Euro können für eine 1,0 Gebühr 303,00 Euro abgelesen werden. Gesucht ist aber nicht eine 1,0 Gebühr, wie sie der Tabelle zugrunde liegt, sondern eine 1,3 Gebühr.

3. Schritt: Für Ihre Gebühr den abzurechnenden Eurobetrag ausrechnen

Sie wissen bereits laut Tabelle:

eine 1,0 Gebühr = 303,00 Euro
eine 1,3 Gebühr = x

Unter Zugrundelegung des Dreisatzes können Sie Ihre gesuchte Gebühr ausrechnen:

303,00 Euro · 1,3 = 393,90 Euro

Im Zusammenhang mit den Gebührenarten sei auch noch auf den Begriff der **Schwellengebühr** hingewiesen. Hierbei handelt es sich zunächst nicht um eine Gebührenart im eigentlichen Sinne.

Der Gesetzgeber hat vielmehr in bestimmten Fällen eine Gebührenschwelle (Kappungsgrenze) ins Gesetz aufgenommen.

Am Beispiel der Geschäftsgebühr nach Nr. 2300 VV RVG verdeutlicht, bedeutet dies, dass ein Rechtsanwalt in einer durchschnittlichen Angelegenheit, die also weder schwierig noch umfangreich war, maximal mit einer Schwellengebühr in Höhe von 1,3 abrechnen darf. Möchte er diese Gebühr überschreiten, so kann er dies nur tun, wenn die Angelegenheit entweder schwierig oder umfangreich oder beides war.

Ein Beispiel für eine Schwellengebühr bei einer Betragsrahmengebühr befindet sich in Nr. 2302 VV RVG. Dort eröffnet Ziffer 2 einen Betragsrahmen in Höhe von 50,00 bis 640,00 Euro, wobei in der Anmerkung zu Ziffer 2 eine Schwellengebühr von 300,00 Euro festgelegt wurde.

Auch die Schwellengebühr erhöht sich bei mehreren Auftraggebern um 0,3 für jeden weiteren Auftraggeber, sofern der Gegenstand der anwaltlichen Tätigkeit derselbe ist, Nr. 1008 VV RVG.

3.2.2 Grundsätze für die Gebührenberechnung, §§ 15 ff. RVG

Die große Bedeutung des § 15 RVG liegt darin, dass hierin der Abgeltungsbereich der Gebühren präzisiert wird. In den sechs Absätzen dieses Paragrafen werden sechs verschiedene, für die Gebührenabrechnung wichtige Grundsätze aufgelistet. Diese sind im Einzelnen:

BEISPIEL

Für die Annahme eines Klageauftrages, die Aktenanlage, das Fertigen und Einreichen der Schriftsätze erhält der Rechtsanwalt die Verfahrensgebühr genau einmal und zwar mit einem Satz von 1,3.

3.2.2.1 Pauschale Abrechnung

Die Pauschgebühren entgelten die gesamte Tätigkeit des Rechtsanwalts vom Anfang bis zum Ende der Angelegenheit, § 15 Abs. 1 RVG.

3.2.2.2 Dieselbe Angelegenheit

Der Rechtsanwalt kann die Gebühren in **derselben Angelegenheit** nur einmal fordern, § 15 Abs. 2 RVG. Ausgehend von diesem Grundsatz ist es von entscheidender Bedeutung, ob im Einzelfall eine oder mehrere gebührenrechtliche Angelegenheiten vorliegen, da der Rechtsanwalt in ersterem Fall nur einmal und in letzterem Fall mehrfach abrechnen kann.

Da der Begriff **Angelegenheit** im RVG nicht definiert wird, haben sich aus der Rechtsprechung bzw. Fachliteratur drei Voraussetzungen zum Vorliegen einer gebührenrechtlichen Angelegenheit herauskristallisiert:

> Es muss ein **einheitlicher Auftrag** vorliegen.
>> Sofern verschiedene Gegenstände verfolgt werden, muss **derselbe Rahmen** eingehalten werden.
>> Sofern verschiedene Gegenstände vorliegen, muss ein **innerer Zusammenhang** zwischen diesen vorliegen.

In den §§ 16 ff. RVG hat der Gesetzgeber ausdrücklich geregelt, welche Tätigkeiten dieselbe Angelegenheit sind, welche verschiedene Angelegenheiten und welche Tätigkeiten besondere Angelegenheiten darstellen.

Angelegenheit

> einheitlicher Auftrag
> derselbe Rahmen
> innerer Zusammenhang

Dieselbe Angelegenheit, § 16 RVG	Verschiedene Angelegenheiten, § 17 RVG	Besondere Angelegenheiten, § 18 RVG	Rechtszug, Tätigkeiten, die mit dem Verfahren zusammenhängen, § 19 RVG
§ 16 RVG regelt, welche Tätigkeiten in welchen Tätigkeitsabschnitten **dieselbe** gebührenrechtliche Angelegenheit darstellen.	In § 17 RVG hat der Gesetzgeber die **verschiedenen** Angelegenheiten aufgeführt, bei denen es ohne diese Vorschrift zweifelhaft sein könnte, ob sie verschiedene Angelegenheiten darstellen oder nicht.	§ 18 führt insbesondere für den Bereich der Zwangsvollstreckung als **besondere** Angelegenheiten solche auf, die gebührenrechtlich eine selbstständige Angelegenheit darstellen, gleichgültig mit welchen anderen Tätigkeiten des Rechtsanwalts sie im Zusammenhang stehen.	§ 19 RVG regelt Vorbereitungs-, Neben- und Abwicklungstätigkeiten, die aber gebührenrechtlich alle noch zum Rechtszug gehören, also keine eigenständige Angelegenheit darstellen.

Dieselbe Angelegenheit, § 16 RVG	Verschiedene Angelegenheiten, § 17 RVG	Besondere Angelegenheiten, § 18 RVG	Rechtszug, Tätigkeiten, die mit dem Verfahren zusammenhängen, § 19 RVG
Die Aufzählung in § 16 RVG ist abschließend.	Es handelt sich um eine abschließende Aufzählung.	Es handelt sich um eine abschließende Aufzählung.	Es handelt sich um **keine** abschließende Aufzählung.
Beispiele: Das Verfahren in dem über Prozesskostenhilfe entschieden wird und der anschließende Prozess stellen gebührenrechtlich eine Angelegenheit dar. Gleiches gilt für eine Scheidungssache und die Folgesachen wie beispielsweise Unterhalt oder Versorgungsausgleich.	Verschiedene Angelegenheiten sind z. B. das Verfahren über ein Rechtsmittel und der vorausgegangene Rechtszug oder das Mahnverfahren und das streitige Verfahren oder der Urkunden- und Wechselprozess und das anschließende Nachverfahren.	Beispiele sind: jede einzelne Vollstreckungsmaßnahme oder das Verfahren zur Abnahme der Vermögensauskunft. *Im Einzelnen siehe hierzu LF 12.*	Beispiele sind: außergerichtliche Vergleichsverhandlungen oder die Einholung des Notfrist- und des Rechtskraftzeugnisses. *Im Einzelnen siehe hierzu LF 12.*
Der Rechtsanwalt darf nur einmal die Gebühren und Auslagen abrechnen, da gebührenrechtlich nur eine Angelegenheit vorliegt.	Gebühren und Auslagen können mehrfach abgerechnet werden, allerdings sind Anrechnungsvorschriften bei der Verfahrensgebühr zu beachten.	Der Rechtsanwalt darf jede hier aufgeführte Angelegenheit einzeln abrechnen.	Die Tätigkeiten gehören noch zum Rechtszug (und dessen Vergütungsabrechnung) und dürfen daher nicht gesondert abgerechnet werden.

Anmerkung: Die Ausführungen zu §§ 20, 21 RVG befinden sich in Lernfeld 10 und 11.

3.2.2.3 Gebührenbegrenzung

„Sind für Teile eines Gegenstands verschiedene Gebührensätze anzuwenden, entstehen für die Teile gesondert berechnete Gebühren, jedoch nicht mehr als die aus dem Gesamtbetrag der Wertteile nach dem höchsten Gebührensatz berechnete Gebühr", § 15 Abs. 3 RVG. Diese auf den ersten Blick schwer verständliche Vorschrift soll an einem Beispiel erklärt werden:

© Pixabay

BEISPIEL

Rechtsanwalt Klein soll in einer Klage 1.100,00 Euro Schadensersatz und 700,00 Euro Kaufpreisforderung geltend machen. Bevor die Klage über 1.800,00 Euro eingereicht wird, zahlt der Gegner die 700,00 Euro Kaufpreis. Über die 1.100,00 Euro wird Klage eingereicht. Andere Gebühren außer der Verfahrensgebühr sollen außer Acht bleiben.

Da über den Kaufpreisanspruch die Klage nicht eingereicht wurde, kann der Rechtsanwalt hier nur eine 0,8 Verfahrensgebühr gem. Nr. 3101 VV RVG aus 700,00 Euro abrechnen. Für die eingereichten 1.100,00 Euro darf der Rechtsanwalt eine 1,3 Verfahrensgebühr gem. Nr. 3100 VV RVG abrechnen. Um zu vermeiden, dass der Rechtsanwalt aufgrund der Euro-Sprünge in der Gebührentabelle somit mehr abrechnen würde als ein Rechtsanwalt, der die Klage über 1.800,00 Euro eingereicht hätte, muss eine Vergleichsrechnung durchgeführt werden.

Am Anfang kann es sehr hilfreich sein, sich den Sachverhalt zunächst einmal grafisch darzustellen.

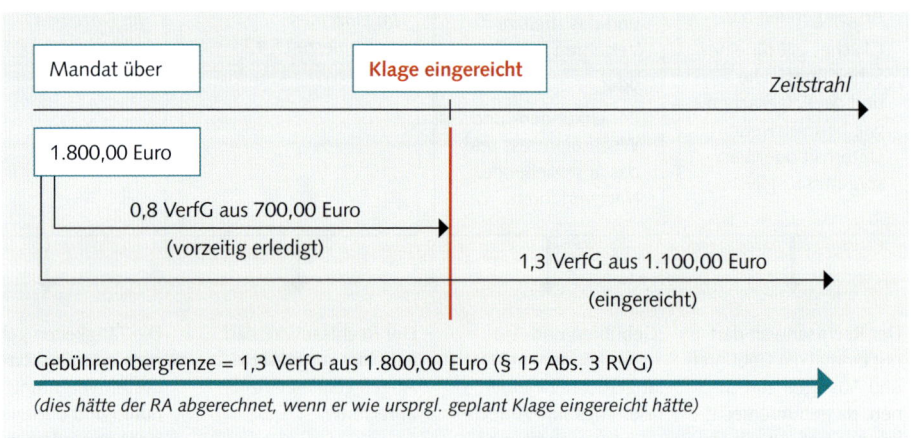

0,8 Verfahrensgebühr	aus	700,00 Euro	64,00 Euro
1,3 Verfahrensgebühr	+ aus	1.100,00 Euro	+ 149,50 Euro
			= 213,50 Euro

§ 15 Abs. 3 RVG Prüfung:

1,3 (= der höhere Satz	aus 1.800,00 Euro	= 195,00 Euro
der beiden Gebührensätze)	(= Gesamtbetrag)	

Der Rechtsanwalt darf nur 195,00 Euro abrechnen, dieser Betrag stellt die Obergrenze dar. Dies wäre auch der Betrag gewesen, den er hätte abrechnen dürfen, wenn die Klage, wie ursprünglich geplant, über 1.800,00 Euro eingereicht worden wäre. Diese Vergleichsrechnung ist demzufolge immer dann anzustellen, wenn für Wertteile des Gegenstandes unterschiedlich hohe Gebührensätze berechnet werden. Der höchste Gebührensatz (1,3) aus dem Gesamtbetrag der Teilbeträge (1.800,00 Euro) stellt dann die Gebührenobergrenze für die Abrechnung dar.

3.2.2.4 Vorzeitiges Ende der Tätigkeit

Durch eine vorzeitige Erledigung der Angelegenheit oder durch eine vorzeitige Beendigung des Auftrags fallen die bereits in der Angelegenheit ausgelösten Gebühren nicht weg. Der Anwalt kann sie trotz vorzeitiger Erledigung bzw. Beendigung behalten.

BEISPIEL

Rechtsanwalt Schlau erhält Klageauftrag über 3.500,00 Euro. Für dieses Mandat wird eine umfangreiche Akte angelegt, es finden auch mehrere Besprechungen mit dem Mandanten statt, die Klageschrift wird auch schon verfasst. Kurz vor Klageeinreichung ruft der Mandant an und teilt mit, dass sich die Angelegenheit komplett erledigt habe, sodass die Klage nicht mehr eingereicht wird. Der Rechtsanwalt hat in diesem Fall nicht umsonst gearbeitet. Er erhält zwar nicht die volle 1,3 Verfahrensgebühr nach Nr. 3100 VV RVG, da die Klage noch nicht eingereicht war, allerdings erhält er die 0,8 Verfahrensgebühr nach Nr. 3101 VV RVG.

3.2.2.5 Neuer Auftrag in derselben Angelegenheit

Wenn ein Rechtsanwalt, der in einer Angelegenheit z. B. durch Einzeltätigkeiten bereits tätig war, von seinem Auftraggeber nunmehr den Auftrag erhält weiter tätig zu werden, so erhält er nicht mehr an Gebühren, als er erhalten würde, wenn er sofort mit dieser weiteren Tätigkeit beauftragt worden wäre. Dies betrifft sowohl die Fälle, in denen der Rechtsanwalt, später in derselben Angelegenheit erneut mit Einzeltätigkeiten beauftragt wird, als auch den Fall, dass der Rechtsanwalt später als Bevollmächtigter für die gesamte Angelegenheit beauftragt wird, § 15 Abs. 5 RVG.

BEISPIEL

Rechtsanwalt Dr. Schnell wird beauftragt, als Terminsvertreter einen Termin wahrzunehmen. Nach Nr. 3401 und Nr. 3402 VV RVG darf er hierfür eine 0,65 Verfahrensgebühr und eine 1,2 Terminsgebühr abrechnen. Sofern er später für diese Angelegenheit zum Prozessbevollmächtigten bestellt wird und er erneut einen Termin für seinen Mandanten wahrnehmen muss, so entstehen für seine Tätigkeit eine 1,3 Verfahrensgebühr nach Nr. 3100 VV RVG und eine 1,2 Terminsgebühr nach Nr. 3104 VV RVG. Da er jedoch in derselben Angelegenheit zuvor tätig war, kann er die Gebühren nicht doppelt abrechnen. Wäre er sofort zum Prozessbevollmächtigten bestellt worden, hätte er auch nur die 1,3 Verfahrensgebühr nach Nr. 3100 VV RVG und die 1,2 Terminsgebühr nach Nr. 3104 VV RVG abrechnen dürfen. Deshalb muss er sich die zuvor verdienten 0,65 Verfahrensgebühr nach Nr. 3401 VV RVG und die 1,2 Terminsgebühr nach Nr. 3402 VV RVG anrechnen lassen, das heißt, er darf sie nicht zusätzlich abrechnen.

LERNFELD 4

Sofern jedoch zwischen der ursprünglichen Auftragserteilung und der weiteren (neuen) Auftragserteilung in derselben Angelegenheit mehr als zwei Kalenderjahre liegen, wird der neue Auftrag als neue gebührenrechtliche Angelegenheit angesehen mit der Konsequenz, dass der Rechtsanwalt erneut abrechnen darf.

Die Zweijahresfrist beginnt mit Ablauf des Kalenderjahres, in dem der vorangegangene Auftrag erledigt worden ist. Für die Fristberechnung gelten die §§ 186 ff. BGB.

BEISPIEL

Rechtsanwalt Schlau wird mit der außergerichtlichen Regulierung eines Unfallschadens beauftragt. Aufgrund der herrschenden Rechtsprechung kann er jedoch keinen Schadensersatzanspruch für seinen Mandanten durchsetzen. Nach 15 Monaten erhält er aufgrund der geänderten Rechtsprechung den Auftrag, Schadensersatz geltend zu machen. Der neue Auftrag liegt innerhalb der zwei Kalenderjahre, sodass der Rechtsanwalt keine neuen Gebühren erhält.

3.2.2.6 Beauftragung mit Einzelhandlungen

Durch § 15 Abs. 6 RVG soll sichergestellt werden, dass ein Rechtsanwalt, der zunächst nur mit Einzeltätigkeiten zu einer Angelegenheit beauftragt worden ist, nicht mehr verdient, als wenn er sofort mit der gesamten Angelegenheit beauftragt worden wäre.

BEISPIEL

In den Regelungsbereich der Nr. 3403 VV RVG „sonstige Einzeltätigkeiten" fallen u.a. die Einreichung von Schriftsätzen, die Einigungsbemühung gegenüber dem Gegner oder etwa die Anschriftsmitteilung gegenüber einem Dritten. Voraussetzung für die Entstehung der 0,8 Verfahrensgebühr gemäß Nr. 3403 VV RVG ist, dass der Rechtsanwalt nicht zum Prozessbevollmächtigten bestimmt wurde und sich seine Tätigkeit lediglich auf Einzeltätigkeiten erstreckt. Wird er anschließend zum Prozessbevollmächtigten bestellt, so entsteht eine 1,3 Verfahrensgebühr nach Nr. 3100 VV RVG, sobald die Klage eingereicht ist. Durch § 15 Abs. 6 RVG ist klargestellt, dass eine Kumulation der Verfahrensgebühren niemals über die 1,3 Verfahrensgebühr nach Nr. 3100 VV RVG, wie sie der Prozessbevollmächtigte erhält, hinausgehen kann.

3.2.3 Gegenstandswert

3.2.3.1 Abgrenzungen

Neben dem Begriff Gegenstandswert gibt es auch noch den Begriff Streitwert und diesen u.a. auch noch als Zulässigkeitsstreitwert (Rechtsmittelstreitwert), Zuständigkeitsstreitwert oder als Gebührenstreitwert, was das Verständnis und die Abgrenzung dieser Begriffe nicht gerade erleichtert.

Zuständigkeitsstreitwert

Die sachliche Zuständigkeit von Gerichten beantwortet die Frage, vor welches Gericht gehört ein Prozess in der ersten Instanz: vor das Amtsgericht oder das Landgericht? Nach §§ 23, 71 GVG geht ein Prozess bei einem Streitwert bis zu 5.000,00 Euro an das Amtsgericht und ab 5000,01 Euro an das Landgericht. Die Berechnungs- bzw. Wertermittlungsvorschriften zur Ermittlung des Zuständigkeitsstreitwertes befinden sich gemäß § 2 ZPO in den §§ 3–9 ZPO.

Rechtsanwalt Max Grün möchte Klage erheben wegen eines Kaufpreisanspruchs in Höhe von 4.950,00 Euro nebst 60,00 Euro Verzugszinsen. Die Frage, ob die Klage an das Amtsgericht oder das Landgericht geht wird also maßgeblich davon bestimmt, ob die Zinsen für die Streitwertbestimmung mitgezählt werden oder nicht. § 4 ZPO regelt, dass Verzugszinsen bei der Ermittlung des Zuständigkeitsstreitwertes nicht berücksichtigt werden dürfen. Dies bedeutet, dass der Zuständigkeitsstreitwert 4.950,00 Euro beträgt und die Klage demzufolge beim Amtsgericht eingereicht werden muss.

Rechtsmittelstreitwert

Die Frage, ob in vermögensrechtlichen Angelegenheiten ein Rechtsmittel eingelegt werden kann oder nicht, wird vielfach vom Überschreiten eines bestimmten Eurobetrags abhängig gemacht. Anders ausgedrückt muss ein bestimmter Wert der Beschwer bzw. Wert des Beschwerdegegenstands (§ 2 ZPO) überschritten werden, damit ein bestimmtes Rechtsmittel eingelegt werden kann.

BEISPIEL

> Die Berufung gemäß § 511 Abs. 2 Ziff. 1 ZPO kann nur eingelegt werden, wenn die Berufungssumme (Wert der Beschwer) in Höhe von 600,00 Euro überschritten wird.

> Die sofortige Beschwerde gemäß § 567 Abs. 2 ZPO über Kosten ist nur zulässig, wenn der Wert des Beschwerdegegenstands 200,00 Euro übersteigt.

> Die sofortige Beschwerde kann gemäß § 61 FamFG in vermögensrechtlichen Familiensachen nur eingelegt werden, wenn der Wert des Beschwerdegegenstands 600,00 Euro übersteigt.

Die Vorschriften zur Berechnung bzw. Wertermittlung des Rechtsmittelstreitwerts befinden sich ebenfalls in §§ 3–9 ZPO.

Gebührenstreitwert

Während die eben dargestellten beiden Streitwerte lediglich für die Bestimmung des Verfahrensablaufs notwendig sind, dient der Gebührenstreitwert der Abrechnung der Gerichtsgebühren. Das hierfür maßgebliche Gesetz ist demzufolge das GKG. Nach § 48 Abs. 1 GKG richtet sich der Gebührenstreitwert grundsätzlich nach dem Zuständigkeitsstreitwert des Prozessgerichts, der wiederum nach §§ 3–9 ZPO ermittelt wird; dies aber nur dann, wenn das GKG, in §§ 39–60 GKG keine eigenen, das heißt keine spezielleren Wertvorschriften enthält. Anders ausgedrückt: Die für die Gerichtsgebühren maßgeblichen Wertvorschriften sind insbesondere die §§ 39–60 GKG. Sofern hierin keine Regelung getroffen ist, kann an zweiter Stelle auf die §§ 3–9 ZPO zurückgegriffen werden. Das FamGKG spricht an dieser Stelle vom Verfahrenswert, hierfür gelten die Vorschriften des FamGKG.

BEISPIEL

Rechtsanwalt Schlau möchte wegen eines Zahlungsanspruchs über 3.600,00 Euro Klage einreichen. Der Zuständigkeitsstreitwert beträgt somit 3.600,00 Euro, sodass das Amtsgericht für diesen Prozess zuständig ist. Nach § 48 Abs. 1 GKG beträgt somit auch der Gebührenstreitwert für die Gerichtsgebühren 3.600,00 Euro, § 48 Abs. 1 GKG. Eine speziellere Vorschrift im RVG oder GKG gibt es hierfür nicht.

3.2.3.2 Gegenstandswert

Der Gegenstandswert ist in § 2 Abs. 1 RVG definiert: **„Die Gebühren werden, soweit dieses Gesetz nichts anderes bestimmt, nach dem Wert berechnet, den der Gegenstand der anwaltlichen Tätigkeit hat."**

Der Gegenstand der anwaltlichen Tätigkeit kann unterschiedlich sein. Am einfachsten für die Bestimmung des Gegenstandswerts ist es natürlich, wenn es sich beispielsweise um einen Zahlungsanspruch aus einem Kaufvertrag handelt und der Eurobetrag somit feststeht. Gegenstand der anwaltlichen Tätigkeit können aber auch Sachmängelansprüche, Duldungen oder Herausgabeansprüche sein. Hier wird es bereits schwieriger, den Gegenstand der anwaltlichen Tätigkeit mit einem Eurobetrag zu bewerten. Der Begriff Gegenstandswert, so wie ihn das RVG verwendet, bezieht sich nicht nur auf die Tätigkeit des Anwalts im streitigen Verfahren, sondern auch auf die diesem Verfahren vorgelagerten Tätigkeiten. Dies umfasst auch die Beratungstätigkeit des Rechtsanwalts oder die außergerichtliche Geltendmachung von Ansprüchen.

Das RVG enthält in den §§ 22–31b einige Vorschriften zur Wertberechnung des Gegenstandswerts, wobei § 23 RVG hierbei die zentrale Vorschrift darstellt. Die anderen Vorschriften regeln eher spezielle Tatbestände, z. B. wird in § 25 RVG der Gegenstandswert für die Zwangsvollstreckung geregelt.

§ 23 Abs. 1 S. 1 und S. 3 RVG stellen klar, dass für die Bestimmung des Gegenstandswerts für die Anwaltsgebühren im **gerichtlichen Verfahren** die Wertvorschriften heranzuziehen sind, die für die Gerichtsgebühren gelten. Für die Wertermittlung im zivilrechtlichen Klageverfahren verweist § 48 Abs. 1 GKG auf die §§ 3–9 ZPO, aber nur insoweit, als keine spezielleren Vorschriften im GKG etwas anderes bestimmen. Dies bedeutet, dass für die Bestimmung des Gegenstandswerts die §§ 39–60 GKG vorrangig heranzuziehen sind. Erst wenn hier keine Regelung gefunden wird, wird auf die §§ 3–9 ZPO zurückgegriffen. Außerdem ist zu beachten, dass sich in §§ 23a–31b RVG spezielle Vorschriften innerhalb des RVG befinden, die ebenfalls zu beachten sind.

Diese Wertermittlung gilt auch für die **einem gerichtlichen Verfahren vorausgehenden Tätigkeiten,** wie etwa Zahlungsaufforderungen, Mahnungen etc. Auch wenn es dem Anwalt gelingt, einen Rechtsstreit abzuwenden und letztlich gar kein Prozess zustande kommt, so sind auch hier die Vorschriften des GKG für die Bestimmung des Gegenstandswerts anzuwenden. In § 23 Abs. 1 S. 3 RVG ist ausdrücklich geregelt, dass die Wertvorschriften des GKG auch außerhalb eines gerichtlichen Verfahrens gelten sollen, wenn der Gegenstand der Tätigkeit auch Gegenstand eines gerichtlichen Verfahrens sein könnte.

Sofern es **für die Gerichtsgebühren keine Wertvorschriften** gibt oder überhaupt kein gerichtliches Verfahren vorliegt und auch nicht entstehen kann, verweist für die Ermittlung des Gegenstandswerts § 23 Abs. 3 RVG auf bestimmte Vorschriften des GNotKG. Sofern diese nicht greifen und kein Wert feststeht, ist er nach billigem Ermessen zu schätzen und sofern auch dies nicht möglich ist oder bei nicht vermögensrechtlichen Gegenständen, wird grundsätzlich ein Gegenstandswert von 5.000,00 Euro angenommen. Je nach Einzelfall kann er auch niedriger oder höher sein, jedoch nicht über 500.000,00 Euro. Als beispielhafte Tätigkeiten können hier aufgeführt werden der Entwurf eines Vertrags, der Entwurf eines Testaments oder die Anfechtung eines Erbvertrags.

In **Familiensachen** werden die Gegenstandswerte der Rechtsanwaltsgebühren nach den Vorschriften des FamGKG zum Verfahrenswert berechnet, § 23 Abs. 1 RVG, §§ 33–52 FamGKG.

LERNFELD 4

3.2.3.3 Wichtige Einzelbeispiele

Da § 23 Abs. 1 S. 1 und S. 2 RVG für die Gebühren im gerichtlichen Verfahren und für die einem gerichtlichen Verfahren vorausgehende Tätigkeiten gilt und da dies die entscheidende Vorschrift ist, die uns sagt, dass wir für die Ermittlung der Gegenstandswerte das GKG anzuwenden haben, müssten wir sie streng genommen bei jedem der folgenden Gegenstandswerte mit zitieren. Ähnlich verhält es sich mit § 48 Abs. 1 GKG. In den folgenden Einzelbeispielen werden jedoch nur die Vorschriften zitiert, die auch die tatsächliche Regelung enthalten.

Zentrale Grundsätze bzw. Gegenstandswerte	
Regelungsbereich	**Gegenstandswert**
1. Zeitpunkt der Wertberechnung	**Zeitpunkt der Klageeinreichung ist für die Ermittlung der Gerichts- und der Anwaltsgebühren maßgeblich** § 4 ZPO, § 40 GKG, § 34 FamGKG (auch bei nachträglichen Änderungen, Ausnahme: Klageerweiterung, wenn ein neuer Streitgegenstand hinzukommt)
2. Mehrere in einer Klage bzw. in einer Angelegenheit geltend gemachte Ansprüche (Klagehäufung)	**Gegenstandswert: (zusammenaddierter) Gesamtwert** § 5 ZPO, § 39 GKG, § 22 RVG Sie werden addiert, sofern es sich um selbstständige Ansprüche handelt, die auf unterschiedlichen wirtschaftlichen Leistungen beruhen, sie dürfen keine wirtschaftliche Einheit bilden. Dies betrifft insbesondere die objektive Klagehäufung, das heißt, wenn der Kläger von Anfang an mehrere verschiedene Ansprüche gegen denselben Beklagten geltend macht. Dies ist beispielsweise dann der Fall, wenn der Kläger gegen den Beklagten auf Kaufpreiszahlung und Darlehensrückzahlung klagt. Gleiches trifft grundsätzlich auch zu, wenn es in diesem Fall erst nachträglich zu einer Anspruchshäufung kommt (Klageerweiterung). Nicht hierunter fallen demzufolge Fälle, bei denen z. B. Ansprüche aus demselben Rechtsverhältnis geltend gemacht werden, wenn z. B. auf Kaufpreiszahlung und Abnahme der Kaufsache geklagt wird (kein Anspruch ist gegenüber dem anderen wirtschaftlich selbstständig) oder in denen Leistungs- und Feststellungsklage zusammentreffen, wenn z. B. der Vermieter auf Feststellung, dass der Mietvertrag nichtig ist und auf Räumung klagt. Auch hier erfolgt keine Addition, da letztlich das gleiche wirtschaftliche Ziel verfolgt wird. Der Gegenstandswert bemisst sich gem. § 41 Abs. 2 GKG nach dem Jahresbetrag des Entgelts.
3. Haupt- und Nebenforderungen	**Gegenstandswert: Hauptforderung** § 4 ZPO, § 43 GKG, § 37 FamGKG Nebenforderungen werden im Klageverfahren nicht berücksichtigt (keine Früchte, Nutzungen, Kosten und Zinsen) *Ausnahme:* Sofern eine Nebenforderung ohne Hauptforderung geltend gemacht wird, ist die Nebenforderung maßgeblich.
4. Geldforderungen	**Gegenstandswert: Eingeforderter Geldbetrag** (Hauptforderung ohne Nebenforderungen, wie bei Punkt 3)
5. Streit über das Bestehen oder die Dauer eines Pachtvertrages	**Gegenstandswert: Einjähriges Entgelt** (es sei denn, der Streit bezieht sich auf einen kürzeren Zeitraum) § 41 Abs. 1 GKG *Achtung:* § 8 ZPO kommt hier für den Zuständigkeitsstreitwert zu einem anderen Ergebnis.

Zentrale Grundsätze bzw. Gegenstandswerte	
Regelungsbereich	**Gegenstandswert**
6. Räumung eines Grundstücks, Gebäudes oder Gebäudeteiles wegen Beendigung eines Miet-, Pacht- oder ähnlichen Nutzungsverhältnisses	**Gegenstandswert: Jahresmietzins** (es sei denn, die streitige Zeit ist kürzer) § 41 Abs. 2 GKG **Kalt- oder Warmmiete als Grundlage:** § 41 Abs. 1 Satz 2 GKG Die **Warmmiete,** das heißt die Monatsmiete zuzüglich Nebenkosten, ist nur dann anzusetzen, wenn die Nebenkosten ein pauschales Entgelt darstellen, ohne dass hierüber eine gesonderte Abrechnung erfolgt. Dies dürfte eher die Ausnahme sein. Der Ansatz der **Kaltmiete,** das heißt ohne Nebenkosten, dürfte eher die Regel sein, da die Nebenkosten in aller Regel gesondert abgerechnet werden.
7. Mietrückstände	**Gegenstandswert: Eingeforderter Gesamtbetrag** § 48 Abs. 1 GKG, § 3 ZPO Offenstehende Mietrückstände können allein oder auch in Verbindung mit einer Räumung geltend gemacht werden. In letzterem Fall sind beide Ansprüche dann aufzuaddieren, siehe Punkt 2. Zu beachten ist dabei, dass es sich bei den Mietrückständen um einen Zahlungsanspruch handelt, bei dem auch Nebenkosten zum Gegenstandswert hinzuzählen. Geschuldet werden die gesamten Kosten. § 41 GKG ist hier nicht anwendbar.
8. Mieterhöhung	**Gegenstandswert: Jahresbetrag des zusätzlich geforderten Entgelts** § 41 Abs. 5 GKG Dies ist die Differenz zwischen der alten und der neuen Miete nach Mieterhöhung.
9. Herausgabe von Sachen	**Gegenstandswert: Verkehrswert** § 6 ZPO Dies ist ein objektiver Wert, der einem Gegenstand nach allgemeiner Anschauung beigemessen wird.
10. Renten aus unerlaubten Handlungen	**Gegenstandswert: Dreieinhalbfacher Jahresbetrag** (sofern nicht der Gesamtbetrag der geforderten Leistung niedriger ist) § 9 ZPO Hierunter fallen etwa Geldrenten wegen der Verletzung oder Tötung eines Menschen.
11. Verfahren vor den Arbeitsgerichten	**Gegenstandswert: Bruttoarbeitsverdienst für drei Monate** § 42 Abs. 2 GKG Hierunter fallen Rechtsstreitigkeiten über das Bestehen, Nichtbestehen oder die Kündigung eines Arbeitsverhältnisses.

LERNFELD 4

3.2.3.4 Wertfestsetzung[1]

Wenn der Rechtsanwalt eine Klage einreicht, muss er den Streitgegenstand und soll auch dessen Wert angeben, § 253 Abs. 2 Nr. 2 und Abs. 3 Nr. 2 ZPO. Diese Maßgabe gilt auch für andere verfahrenseinleitende Anträge, z.B. bei der Berufung gemäß § 520 Abs. 4 Nr. 1 ZPO oder auch beim Arrest gemäß § 920 Abs. 1 ZPO. Außerdem verlangt § 61 GKG ausdrücklich, dass bei jedem Antrag, der ein gebührenpflichtiges Verfahren einleitet, der Wert anzugeben ist. Er kann jedoch im Laufe des Verfahrens von den Parteien oder dem Gericht noch geändert werden, § 61 S. 2 GKG.

[1] Auch wenn die Wertfestsetzung thematisch zum Klageverfahren gehört, wird sie dennoch aus Gründen der Systematik hier beim Streit- bzw. Gegenstandswert behandelt.

Sofern das Gericht den Zuständigkeitsstreitwert oder den Rechtsmittelstreitwert festsetzt, ist diese Festsetzung in der Regel auch für die Gerichtsgebühren maßgebend. §§ 62, 63 GKG regeln, welche Vorschriften und welche Verfahrenswege im Einzelnen zum Tragen kommen, am Beispiel des Zuständigkeitsstreitwerts soll dies in folgendem Schaubild aufgezeigt werden:

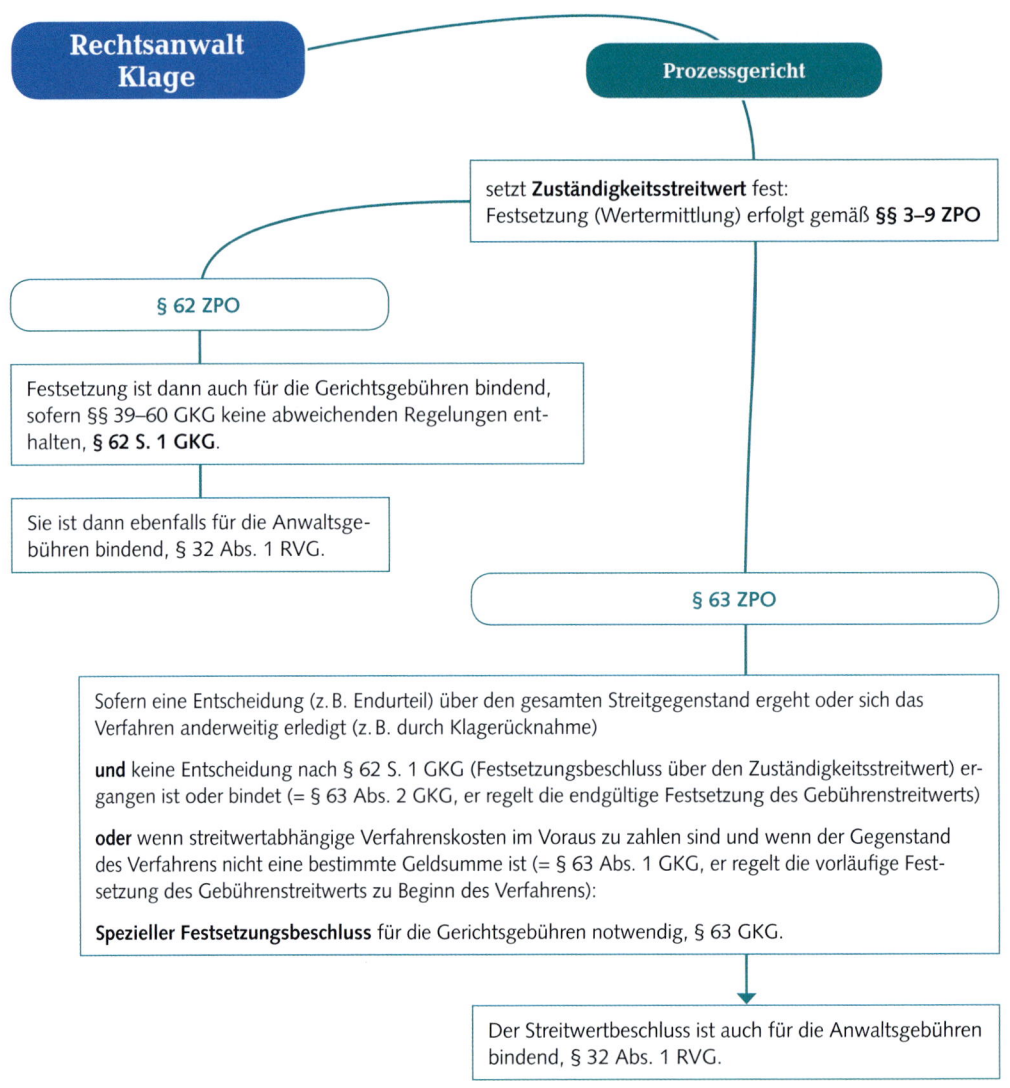

Der Beschluss gemäß § 63 GKG ist im Übrigen gebührenfrei und dient als Grundlage für den Kostenansatz und das Kostenfestsetzungsverfahren nach § 103 ff. ZPO. Der Rechtsanwalt ist gemäß § 32 Abs. 2 RVG dazu berechtigt, die Festsetzung des Werts im **eigenen Namen** zu beantragen oder auch Rechtsmittel gegen die Entscheidung einzulegen, § 32 Abs. 2 RVG.

Wie eben dargestellt, lässt sich der Wert für die anwaltliche Tätigkeit im Regel-fall aus der Wertermittlung für die gerichtliche Tätigkeit ableiten. Dies ist jedoch nicht immer der Fall. Es gibt auch eine ganze Reihe von Fällen, in denen die gerichtliche Tätigkeit nicht mit der des Rechtsanwalts übereinstimmt, Beispiele:

> Der Rechtsanwalt erhält Klageauftrag über 3.000,00 Euro, wobei der Gegner kurz vor Klageeinreichung 1.000,00 Euro zahlt, sodass sie nur über 2.000,00 Euro eingereicht wird. Das Gericht wird sich demzufolge nur mit den ein-gereichten 2.000,00 Euro beschäftigen und somit auch nur über diese den Streitwert festsetzen.

> Sofern Prozesskostenhilfe bei Gericht vom Anwalt für seinen Mandanten beantragt wird, ist dieses Prüfungsverfahren frei von Gerichtsgebühren. Das Gericht wird insofern auch keinen Gebührenstreitwert festsetzen. Nach Nr. 3335 VV RVG erhält der Rechtsanwalt für die Antragstellung eine 1,0 Verfahrensgebühr, er benötigt daher für seine Gebührenberechnung einen Gegenstandswert.

> Sofern im Klageverfahren in einem streitigen Termin nicht nur über die an-hängigen Ansprüche, z. B. 7.000,00 Euro, sondern auch über bisher nicht an-hängige Ansprüche, z. B. zusätzliche 2.000,00 Euro ein erfolgloser Einigungs-versuch unternommen wird, darf der Rechtsanwalt seine Terminsgebühr aus dem Gesamtbetrag, hier also 9.000,00 Euro berechnen. Das Gericht wird den Streitwert nur über 7.000,00 Euro festsetzen, da nur diese rechtshängig waren.

Aus diesen Beispielen wird deutlich, dass es Fälle gibt, in denen der Anwalt den für seine Gebühren maßgeblichen Gegenstandswert nicht aus dem gericht-lich festgesetzten Gebührenstreitwert ableiten kann. Aus diesem Grund wurde § 33 RVG ins Gesetz aufgenommen. Durch diese Vorschrift erhält der Anwalt die Möglichkeit, für **seine Gebühren** (nicht für die Gebühren anderer am Verfah-ren beteiligter Anwälte) ein eigenes Festsetzungsverfahren zu **beantragen.** Dies geschieht nicht von Amts wegen. Dieser Antrag setzt neben der Fälligkeit der Vergütung allerdings zwingend voraus, dass der Anwalt in einem gerichtlichen Verfahren tätig geworden ist, und dass ein Gebührenstreitwert vonseiten des Gerichts nicht ermittelt werden konnte oder etwa deshalb nicht besteht, weil das gerichtliche Verfahren gebührenfrei war oder nur wertunabhängige Gebüh-ren dafür berechnet wurden. Antragsberechtigt sind außer dem Rechtsanwalt der Auftraggeber, ein erstattungspflichtiger Gegner und bei Gewährung von Prozesskostenhilfe auch die Staatskasse, § 33 Abs. 2 RVG.

War der Rechtsanwalt dagegen **nur außergerichtlich tätig,** so ist eine Gebüh-renfestsetzung nicht zulässig. Sofern sich Auftraggeber und Rechtsanwalt nicht über den Gegenstandswert einigen können, bleibt dem Anwalt dann nichts anderes übrig, als die Gebühren im Wege einer Gebührenklage vom Prozess-gericht ermitteln zu lassen. Die Festsetzung der Vergütung gegen den eigenen Mandanten nach § 11 RVG ist bei einer rein außergerichtlichen Tätigkeit des Rechtsanwalts nicht möglich, da auch hier die anwaltliche Tätigkeit in einem gerichtlichen Verfahren Voraussetzung ist.

- -

3.2.4   Auslagen

© leno2010 – Fotolia.com

Die Auslagen befinden sich im letzten Teil des RVG, Nr. 7000 ff. VV RVG. Sie gelten sowohl für die außergerichtlichen als auch die gerichtlichen Tätigkeiten des Anwalts. Sie gelten auch für das Bußgeld- oder Strafverfahren. Sie sind in folgender Übersicht zusammengestellt:

Auslagen	
Dokumenten-pauschale, Nr. 7000 VV	**Für Kopien:** › aus Behörden- und Gerichtsakten soweit zur sachgemäßen Bearbeitung der Rechtssache geboten, › zur Zustellung/Mitteilung an Gegner, Beteiligte oder Verfahrensbevollmächtigte aufgrund einer Rechtsvorschrift oder nach Aufforderung durch Gericht, Behörde oder die sonst das Verfahren führende Stelle, sofern **mehr als 100 Kopien** zu fertigen waren,
Dokumenten-pauschale, Nr. 7000 VV	› zur notwendigen Unterrichtung des Auftraggebers, sofern **mehr als 100 Kopien** zu fertigen waren, › sofern im Einverständnis mit dem Auftraggeber zusätzlich angefertigt, auch zur Unterrichtung Dritter. **Höhe:** › für die ersten 50 Seiten: 0,50 Euro, › für jede weitere: 0,15 Euro, › für die ersten 50 Farbkopien: 1,00 Euro, › für jede weitere Farbkopie 0,30 Euro. **Übermittlung elektronischer Dateien:** › je Datei: 1,50 Euro, › Höchstbetrag pro Arbeitsgang: 5,00 Euro, Nr. 7000 Ziff. 2 VV. *Anmerkung:* *(1) Die Übermittlung durch den Rechtsanwalt per Telefax steht der Herstellung einer Kopie gleich.* *(2) Sofern Dokumente in Papierform erst noch in elektronische Form umgesetzt werden müssen (eingescannt), so beträgt die Dokumentenpauschale nach Nr. 7000 Ziff. 2 VV nicht weniger, als die Dokumentenpauschale im Fall der Nr. 7000 Ziff. 1 VV betragen würde.*
Post- und Telekommu-nikations-entgelte, Nr. 7001, 7002 VV	**Anwendungsbereich:** z. B. für Briefporto, Einschreiben, Telefongebühren, Telefax. **Höhe:** › In Höhe der tatsächlichen (nachgewiesenen) Kosten oder › pauschal 20 % der Gebühren, max. 20 Euro. In demselben Rechtszug kann die Auslagenpauschale statt der tatsächlichen Auslagen mehrfach in Ansatz gebracht werden, wenn mehrere Angelegenheiten vorliegen, z. B. gemäß § 17 RVG im Mahn- und im anschließenden Klageverfahren, im Urkundenprozess und im anschließenden ordentlichen Verfahren, im Bußgeldverfahren vor der Verwaltungsbehörde und im nachfolgenden gerichtlichen Verfahren.

Auslagen	

Reisekosten, Nr. 7003, 7004, 7005, 7006 VV	Eine Geschäftsreise liegt vor, wenn das Reiseziel außerhalb der Gemeinde liegt, in der sich die Kanzlei oder die Wohnung des Rechtsanwalts befindet, Vorb. 7 Abs. 2 VV RVG.
	
	 Im Einzelnen:
	 › **Fahrtkosten** (Nr. 7003 VV):
	    – **Kilometerpauschale:** für geschäftliche Fahrten mit dem eigenen Pkw, 0,30 Euro pro gefahrenem Kilometer
	    – **Angemessene Fahrtkosten für die Benutzung anderer Verkehrsmittel**
	 › **Tage- und Abwesenheitsgeld** (Nr. 7005 VV):
	    Für eine Abwesenheit von:
	    – nicht mehr als 4 Stunden: 25 Euro,
	    – mehr als 4 bis 8 Stunden: 40 Euro,
	    – mehr als 8 Stunden: 70 Euro.
	    Bei Auslandsreisen kann zu diesen Beträgen ein Zuschlag von 50 % berechnet werden (Anm. zu Nr. 7005 VV).
	 › **Sonstige Auslagen i.S.v. Nr. 7006 VV:** z.B. Gepäckaufbewahrung, Übernachtungskosten, soweit sie angemessen sind.
	
	 Sofern ein Rechtsanwalt auf einer Geschäftsreise für mehrere Mandanten tätig ist, so sind die entstandenen Auslagen nach den Nr. 7003 bis Nr. 7006 VV in dem Verhältnis auf die Mandate zu verteilen, wie sie bei gesonderter Ausführung einzeln entstanden wären, Vorb. 7 Abs. 3 VV.

Prämie für Haftpflicht- versicherung, Nr. 7007 VV	Im Einzelfall gezahlte Prämie für eine Haftpflichtversicherung für Vermögensschäden, soweit sie auf Haftungsbeträge von mehr als 30 Mio. Euro entfällt.
Umsatzsteuer, Nr. 7008 VV	RA hat Anspruch auf Ersatz, der auf seine Vergütung entfallenden USt.

BEISPIEL

LERNFELD 4

1. Rechtsanwalt Klein fertigt 51 Schwarz-Weiß-Kopien und 14 Farbkopien aus Behördenakten.

   Er darf diese wie folgt abrechnen:

50 s/w Kopien	x 0,50 Euro =	25,00 Euro
1 s/w Kopie	x 0,15 Euro =	0,15 Euro
14 Farbkopien	x 1,00 Euro =	<u>14,00 Euro</u>
Gesamt:		39,15 Euro

   Gem. Nr. 7000 Nr. 1 Buchstabe a VV RVG darf der Rechtsanwalt bereits ab der ersten Kopie abrechnen und muss die 100 Freikopien, wie sie etwa bei Nr. 7000 Nr. 1 Buchstabe b VV RVG bestehen, nicht beachten.

2. Rechtsanwalt Groß berät Herrn Grün kurz in seiner Kanzlei zu einem kleineren rechtlichen Problem. Weitere Tätigkeiten liegen nicht vor. In diesem Fall darf der Rechtsanwalt keine Auslagen, insbesondere keine Auslagen für Post- und Telekommunikationsdienstleistungen abrechnen, da die Beratung nur mündlich erfolgte. Anders wäre es, wenn er den Rat telefonisch mitgeteilt hätte. Hier hätte er nach Nr. 7001 die tatsächlich entstandenen Kosten oder nach 7002 VV RVG pauschal (maximal 20,00 Euro) abrechnen dürfen.

3. Rechtsanwalt Klein verlässt seine Kanzlei in Köln am Montag um 12.00 Uhr, um für einen Mandanten einen Termin in Mainz wahrzunehmen. Er übernachtet in Mainz und kehrt am folgenden Tag um 13.00 Uhr in seine Kanzlei nach Köln zurück. Er darf wie folgt abrechnen:

Fahrtkosten:

200 km einfache Strecke x 2 = 400 km x 0,30 Euro =	120,00 Euro
Übernachtung (Beleg, ohne Frühstück)* =	90,00 Euro
Tage- und Abwesenheitsgeld (2 x 70,00 Euro) =	140,00 Euro

*In dem Übernachtungsbeleg sind 7% USt enthalten. Das Frühstück gehört nicht zu den Übernachtungskosten, es ist bereits mit dem Tage- und Abwesenheitsgeld abgegolten.

4. Rechtsanwalt Schlau mit Kanzleisitz in Mainz nimmt für den Mandanten Blau einen Termin in Ludwigshafen wahr, hierfür wären ihm 70,00 Euro Auslagen entstanden, für Mandant Gelb nimmt er einen Termin in Kaiserslautern wahr, hierfür wären dies 140,00 Euro gewesen und für Mandant Rot in Koblenz 210,00 Euro. Da er die Strecken miteinander verbindet, kommt er insgesamt nur auf Kosten in Höhe von 360,00 Euro. Verteilen Sie diese Kosten sachgerecht gemäß Vorbemerkung 7 Abs. 3 VV RVG auf die drei Mandate.

Mandant	Einzelkosten		Anteile	Berechnung	Zu tragende Kosten
Blau	70	=	1	60 x 1 =	60
Gelb	140	=	2	60 x 2 =	120
Rot	210	=	3	60 x 3 =	180
Gesamt	420 gekürzt (70)	=	6	360,00 : 6 = 60	360

Vorgehensweise:

1. Die fiktiven Gesamtkosten bei Einzelabrechnung (420 Euro) ermitteln,

2. ermitteln wie hoch der Anteil der Einzelkosten an den fiktiven Gesamtkosten beträgt (z. B. würden auf Mandant Rot 210 Euro von den 420 Euro entfallen),

3. kürzen, durch den größten gemeinsamen Teiler (= 70), = Anteile bestimmen,

4. die tatsächlichen Kosten für einen Anteil ausrechnen (360 Euro : 6 Anteile = 60 Euro für 1 Anteil),

5. Kosten pro Mandant ermitteln (z. B. für Mandant Rot: 60 Euro x 3 Anteile = 180 Euro)

3.2.5 Zusammenfassung und Aufgaben

ZUSAMMENFASSUNG

Gebührenarten

Wertgebühren

Gegenstandswert laut Sachverhalt

↓

Gegenstandswert „bis"…
der Tabelle der Anlage 2 zu
§ 13 RVG

Eurobetrag ablesen
(Gebührensatz beachten)

Festgebühren

= fester Eurobetrag

Rahmengebühren

› es gibt hierbei eine obere und eine untere Grenze
› man unterscheidet Satzrahmen- und Betragsrahmengebühren
› Mittelgebühr =
$$\frac{\text{oberer Wert} + \text{unterer Wert}}{2}$$

Wichtige gebührenrechtliche Grundsätze

› Die anwaltliche Tätigkeit wird pauschal durch die Gebühren entgolten.
› Der Rechtsanwalt kann die Gebühren in derselben Angelegenheit nur einmal fordern.
› Bei vorzeitiger Erledigung oder Beendigung fallen die bereits ausgelösten Gebühren nicht weg.

volle Gebühr → gesamte Angelegenheit = Obergrenze

Die Obergrenze darf nicht überschritten werden durch eine Kumulation von (Teil-)Aufträgen oder Tätigkeiten bzw. einer Zersplitterung des Gegenstandswerts in derselben Angelegenheit.

§§ 16–21 RVG legen fest, wann gebührenrechtlich dieselbe Angelegenheit vorliegt, wann eine Tätigkeit noch zum Rechtszug gehört und wann man von verschiedenen bzw. von besonderen Angelegenheiten spricht.

LERNFELD 4

Streitwerte

Streitwerte zur Verfahrenslenkung:
› *Zuständigkeitsstreitwert:* AG oder LG erstinstanzlich zuständig? Wertermittlung erfolgt nach §§ 3–9 ZPO
› *Rechtsmittelstreitwert:* Wert des Beschwerdegegenstandes überschritten? Rechtsmittel deshalb zugelassen? Wertermittlung erfolgt nach §§ 3–9 ZPO

Gebührenstreitwert
für Gerichtsgebühren zunächst §§ 39–60 GKG und zweitrangig §§ 3–9 ZPO maßgeblich

Ermittlung des Gegenstandswerts

§ 23 Abs. 1 RVG

Das RVG verweist in dieser Vorschrift zur Berechnung des **Gegenstandswerts** der Rechtsanwaltsgebühren in gerichtlichen Verfahren auf die für die Gerichtsgebühren geltenden Wertvorschriften. Maßgebliche Norm dort: § 48 Abs. 1 GKG, die Berechnung erfolgt nach:

§§ 39 bis 60 GKG [§ 48 Abs. 1 GKG]

Sowohl der **Gebührenstreitwert** des Gerichts als auch der **Gegenstandswert** für die Rechtsanwaltsgebühren werden grundsätzlich hiernach berechnet.

§§ 3 bis 9 ZPO

Diese Vorschriften sind nur dann heranzuziehen, wenn das GKG keine spezielleren Regelungen enthält.

Außerdem zu beachten:
> §§ 23a–31b RVG
> In Familiensachen wird der Verfahrenswert nach §§ 33–52 FamGKG bestimmt.
> Sofern die anwaltliche Tätigkeit nicht mit einem gerichtlichen Verfahren in Verbindung steht oder für die Gerichtsgebühren keine Wertvorschrift existiert, so ist § 23 Abs. 3 RVG in Verbindung mit bestimmten Vorschriften des GNotKG anzuwenden.

Wertfestsetzung

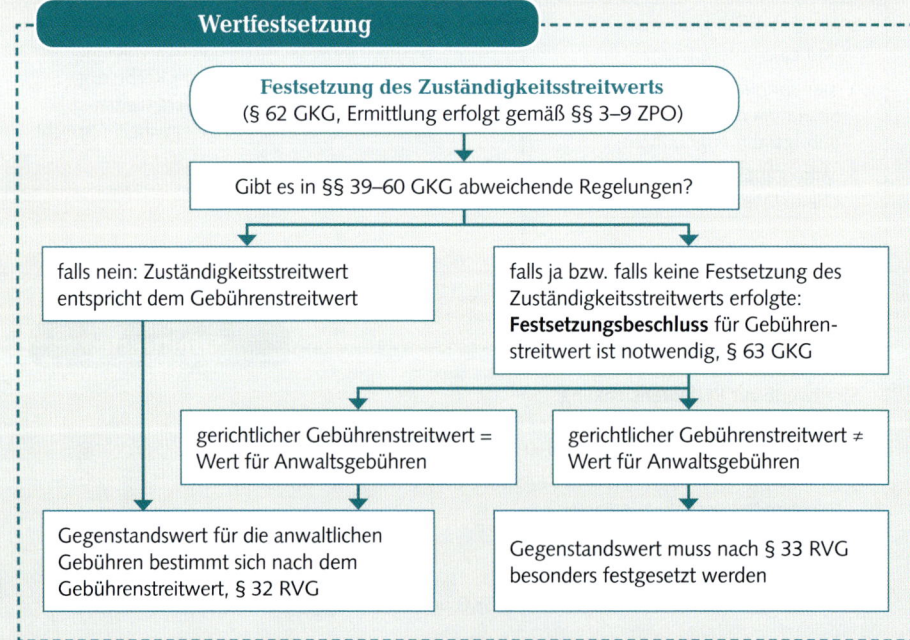

Auslagen

Dokumentenpauschale:
> Kopien:
  – Für die ersten 50 Seiten: 0,50 Euro (bei Farbkopien 1,00 Euro),
  – für jede weitere Seite: 0,15 Euro (bei Farbkopien 0,30 Euro),
  – bei Nr. 7000 Nr. 1 Buchstabe b und Ziff. 1 Buchstabe c VV RVG sind 100 Freikopien zu beachten.
> Dateien: 1,50 Euro pro Datei (zu beachtende Obergrenze: 5,00 Euro).

Post- und Telekommunikationsentgelte
> Tatsächlich entstandene Entgelte oder
> Pauschale in Höhe von 20% der Gebühren, maximal 20,00 Euro.

Reisekosten
> **Fahrtkosten:** Kilometerpauschale von 0,30 Euro pro gefahrenem Kilometer bei Benutzung des eigenen Kraftfahrzeugs, bei Benutzung anderer Verkehrsmittel müssen sie angemessen sein.
> **Tage- und Abwesenheitsgeld:** Gestaffelt nach Länge der Abwesenheitsdauer
> **Angemessene Übernachtungskosten** (ohne Frühstückskosten)
> **Sonstige Reisekosten,** z. B. Parkgebühren

Umsatzsteuer

Prämie für Haftpflichtversicherung

AUFGABEN

1. Erläutern Sie kurz den Unterscheid zwischen Festgebühren, Wert-gebühren und Rahmengebühren.

2. Wie hoch ist die Mittelgebühr bei
   a. Nr. 2103 VV RVG?   b. Nr. 2302 VV RVG?

3. Geben Sie für die folgenden Gegenstandswerte und Gebühren die abzurechnenden Eurobeträge an:
   a. 0,55 Geschäftsgebühr aus 3.655,00 Euro
   b. 1,2 Terminsgebühr aus 11.376,00 Euro
   c. 1,5 Einigungsgebühr aus 650,00 Euro
   d. 2,5 Geschäftsgebühr aus 2.685,00 Euro
   e. 0,3 Verfahrensgebühr aus 300,00 Euro
   f. 1,3 Verfahrensgebühr aus 600.000,00 Euro
   g. 0,8 Verfahrensgebühr aus 852.000,00 Euro
   h. 0,5 Terminsgebühr aus 121,33 Euro

4. Die gebührenrechtliche „Angelegenheit":

a. Was ist gebührenrechtlich unter einer „Angelegenheit" zu verstehen?

b. Warum ist es gebührenrechtlich so wichtig zu wissen, ob eine oder mehrere Angelegenheiten vorliegen?

c. Geben Sie für die folgenden Verfahren jeweils an, ob es sich gebührenrechtlich um eine Angelegenheit oder um zwei Angelegenheiten handelt (mit Paragrafenangabe):

    ca. Klageverfahren und Berufung,

    cb. Mahnverfahren und Klageverfahren,

    cc. Eine Scheidungssache und die Folgesache.

5. Rechtsanwalt Schlau erhält Klageauftrag über 10.000,00 Euro. Hierüber hätte er normalerweise eine 1,3 Verfahrensgebühr nach Nr. 3100 VV RVG abrechnen können. Kurz bevor die Klage eingereicht wird, ruft der Mandant jedoch an und teilt ihm mit, dass der Gegner soeben 1.500,00 Euro gezahlt habe. Für diesen vorzeitig beendeten Betrag darf der Rechtsanwalt Schlau eine 0,8 Verfahrensgebühr abrechnen. Er ändert die Klageschrift ab und reicht sie über 8.500,00 Euro bei Gericht ein, wofür er eine 1,3 Verfahrensgebühr abrechnen darf. Kurz nach Klageeinreichung erkennt der Beklagte auch die 8.500,00 Euro an, sodass Rechtsanwalt Schlau wie folgt abrechnen möchte:

Gegenstandswert: 8.500,00, 1.500 Euro	
1,3 Verfahrensgebühr aus 8.500,00 Euro gem. §§ 2, 13 i.V.m. Nr. 3100 VV RVG	659,10 Euro
0,8 Verfahrensgebühr aus 1.500,00 Euro gem. §§ 2, 13 i.V.m. Nr. 3100, 3101 VV RVG	92,00 Euro
	751,10 Euro
	+ Auslagen + USt

Prüfen Sie nach § 15 Abs. 3 RVG, ob er diesen Betrag auch tatsächlich gegenüber dem Mandanten abrechnen darf.

6. Wie Aufgabe 5, allerdings lautete der ursprüngliche Klageauftrag jetzt über 2.000,00 Euro, wobei 500,00 Euro vorzeitig gezahlt und nur über den Restbetrag Klage eingereicht wurde. Erstellen Sie die Vergütungsrechnung und nehmen Sie die Prüfung nach § 15 Abs. 3 RVG vor.

7. Rechtsanwalt Schlau schickt am 15.05.(01) im Auftrag von Herrn Grau ein anwaltliches Aufforderungsschreiben an dessen Nachbarn, in dem er ihn zur Zahlung von 600,00 Euro Schadensersatz auffordert. Mit Verweis auf die für ihn sprechende Rechtslage verweigert dieser jedoch die Zahlung. Herr Grau unternimmt insofern nichts mehr in dieser Angelegenheit. Am 16.02.(04) erteilt Herr Grau Rechtsanwalt Schlau erneut Auftrag, den Nachbarn außergerichtlich zur Zahlung aufzufordern, was dieser jetzt aufgrund der zwischenzeitlich geänderten Rechtslage auch tut. Wie oft kann Rechtsanwalt Schlau die Geschäftsgebühr nebst Auslagen abrechnen? Begründen Sie kurz.

8. Streitwert und Gegenstandswert
   a. Erläutern Sie kurz den Unterschied zwischen dem Zuständigkeitsstreitwert, Rechtsmittelstreitwert und Gebührenstreitwert und geben Sie auch die jeweils der Berechnung zugrunde liegenden Vorschriften an.
   b. Nach welchen Vorschriften wird der Gegenstandswert für die Tätigkeit des Rechtsanwalts berechnet?

9. Herr Blau wurde durch das Verschulden von Herrn Müller bei einem Verkehrsunfall schwer verletzt. Rechtsanwalt Dr. Schnell klagt daher für Herrn Blau auf Zahlung einer monatlichen Geldrente in Höhe von 400,00 Euro. Geben Sie den Zuständigkeitsstreitwert und den Gebührenstreitwert mit Angabe des/der maßgeblichen Paragrafen an.

10. Geben Sie die Gegenstandswerte für die folgenden Fälle an:
   a. Rechtsanwalt Dr. Streit vertritt Frau Schön wegen eines Werklohnanspruchs über 3.000,00 Euro und wegen 700,00 Euro Schadensersatz gegen Herrn Müller. Außerdem macht er 60,00 Euro Verzugszinsen geltend.
   b. Rechtsanwalt Schlau vertritt die Vermieterin Schneider wegen einer Wohnungsräumung gegen den Mieter Schröder, da dieser die Miete nicht mehr zahlt. Die ausstehenden Mietzahlungen von Juli bis November werden daher ebenfalls mit eingefordert. Die monatliche Miete beträgt 750,00 Euro.
   c. Vermieter Groß wendet sich an Rechtsanwalt Schlau, da dessen Mieter seit drei Monaten weder die monatliche Miete in Höhe von 550,00 Euro noch die Heizungskosten in Höhe von monatlich 100,00 Euro zahlte. Außerdem sind 25,10 Euro Verzugszinsen entstanden. Er erteilt Rechtsanwalt Schlau insofern Klageauftrag, möchte aber, dass dieser die Ansprüche zunächst durch ein anwaltliches Aufforderungsschreiben geltend macht. Der Mieter zahlt daraufhin. Geben Sie zusätzlich zum Gegenstandswert an, welche Gebühr hierfür entsteht.
   d. Herr Schnell hatte dem Nachbarn sein teures Mountainbike ausgeliehen. Der Nachbar weigert sich jedoch, das Fahrrad wieder herauszugeben. Herr Schnell lässt den Nachbarn durch Rechtsanwalt Klug schriftlich zur Herausgabe auffordern. Das Bike hat einen Verkehrswert von 3.000,00 Euro, der Liebhaberwert für Herrn Schnell beträgt 4.000,00 Euro.
   e. Vermieter Hust erhöht ab Mai die Miete von bisher 600,00 Euro Kaltmiete auf 700,00 Euro Kaltmiete. Die Nebenkosten werden monatlich in Höhe von 100,00 Euro gezahlt. Im Januar erfolgt jedes Jahr eine detaillierte Abrechnung, nachdem die genauen Verbräuche zuvor ermittelt wurden. Mieter Motzig schaltet wegen der Mieterhöhung Rechtsanwalt Dr. Smart ein.

11. Auslagen bei Geschäftsreise
   a. Wann liegt eine Geschäftsreise vor?
   b. Welche Auslagen können in diesem Zusammenhang abgerechnet werden?
   c. Rechtsanwalt Schlau mit Kanzleisitz in Mainz vertritt einen Mandanten in Hamburg. Er fährt deshalb montags um 17.00 Uhr von seiner Kanzlei mit dem privaten Pkw

500 km bis nach Hamburg. Er kehrt mittwochs um 16.00 Uhr in seine Kanzlei zurück. Eine Übernachtung im Einzelzimmer ohne Frühstück kostet 110,00 Euro. Welche Auslagen kann er geltend machen?

d. Dr. Klein fährt von seiner Kanzlei in Mainz 30 km an das AG in Worms, wo er Mandant A vertritt. Für den Mandanten B nimmt er am selben Tag einen Termin in Ludwigshafen wahr. Er fährt daher direkt von Worms aus 20 km weiter nach Ludwigshafen und abends fährt er die 50 km von Ludwigshafen nach Mainz zurück. Wäre er die Strecken einzeln und getrennt gefahren, wäre er 10 Stunden von seiner Kanzlei abwesend gewesen und hätte für Mandant A 5 Stunden und für Mandant B ebenfalls 5 Stunden benötigt. So waren es nur 9 Stunden. Verteilen Sie die Reisekosten sachgerecht gemäß Vorbemerkung 7 Abs. 3 VV RVG auf die beiden Mandate.

12. Berechnen Sie die Dokumentenpauschale:

a. Rechtsanwalt Dr. Streng fertigt aus der Akte der Staatsanwaltschaft 61 Schwarz-Weiß-Kopien und 15 Farbkopien.

b. Nach Aufforderung durch das Gericht wurden zur Mitteilung an den Gegner am 12. Juni 256 Schwarz-Weiß-Kopien gefertigt und am 13. Juni 67 Farbkopien.

3.3 Grundlagen zum Vergütungsanspruch und zur Vergütungsabrechnung

3.3.1 Vergütungsanspruch: Rechtsbeziehung zwischen Rechtsanwalt und Mandant

© MEV Verlag GmbH

Zwischen Rechtsanwalt und Mandant wird ein Rechtsanwaltsvertrag geschlossen, der seiner Grundstruktur nach ein Geschäftsbesorgungsvertrag ist, § 675 BGB. Je nachdem um welche Tätigkeit es sich handelt, kann es sein, dass eher Dienstleistungselemente, z. B. Vertretung eines Mandanten vor Gericht oder eher Werkleistungselemente, z. B. bei der Erstellung eines Gutachtens überwiegen. Sofern die Tätigkeit auf eine reine Dienstleistung gerichtet ist, entsteht die Vergütung erfolgsunabhängig, §§ 675, 611 BGB. Sofern eine Werkleistung im Vordergrund steht, so ist der Vergütungsanspruch erfolgsabhängig, §§ 675, 631 BGB. Im Außenverhältnis gegenüber Dritten benötigt der Rechtsanwalt für die gerichtliche oder außergerichtliche Vertretung eine entsprechende Vollmacht, §§ 80 ff. ZPO.

3.3.2 Vergütungsschuldner

Für die Rechtsanwaltsvergütung ist zunächst einmal der **Auftraggeber** (Mandant) der Vergütungsschuldner, da ihm gegenüber eine unmittelbare Anspruchsgrundlage aus §§ 675, 611 BGB besteht. Gemäß § 91 Abs. 1 und Abs. 2 ZPO kann der Auftraggeber die Erstattung der Kosten vom **unterlegenen Gegner** verlangen. Dies bedeutet im Umkehrschluss, dass der Mandant letztlich die Anwaltskosten selbst zu tragen hat, wenn der Gegner zahlungsunfähig ist. Sofern der Auftraggeber eine **Rechtsschutzversicherung** abgeschlossen hat, ist der Auftraggeber dennoch Vergütungsschuldner. Die Rechtsschutzversicherung zahlt die Vergütung dann im Namen und im Auftrag des Versicherten. In der Praxis rechnet der Rechtsanwalt jedoch direkt gegenüber der Rechtsschutzversicherung ab. Sofern eine **Haftpflichtversicherung** eintritt, bestellt diese auch den Rechtsanwalt und ist insofern auch Schuldnerin der Anwaltsvergütung. Sofern im **Prozesskostenhilfeverfahren** ein Anwalt beigeordnet wurde, rechnet dieser gemäß §§ 45 ff. RVG gegenüber der Staatskasse ab, das heißt, sie ist die Kostenschuldnerin. Auch bei gewährter **Beratungshilfe** erhält der Rechtsanwalt die Vergütung von der Staatskasse (Ausnahme: Nr. 2500 VV RVG 15,00 Euro Beratungshilfegebühr). Nach § 8 Abs. 2 BerHG darf der Rechtsanwalt bis auf eben zitierte Ausnahme, keinen Vergütungsanspruch gegen den Rechtsuchenden richten.

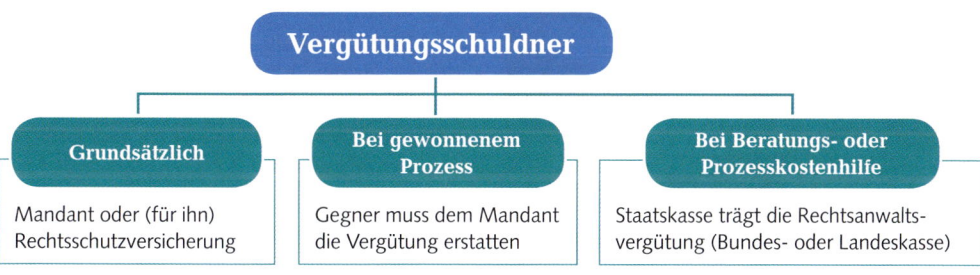

Vergütungsschuldner		
Grundsätzlich	**Bei gewonnenem Prozess**	**Bei Beratungs- oder Prozesskostenhilfe**
Mandant oder (für ihn) Rechtsschutzversicherung	Gegner muss dem Mandant die Vergütung erstatten	Staatskasse trägt die Rechtsanwaltsvergütung (Bundes- oder Landeskasse)

Abgrenzung zu Kostenschuldner

Die Begriffe Vergütungsschuldner und Kostenschuldner werden oftmals verwechselt. Für die Gerichtskosten ist nach § 22 Abs. 1 GKG derjenige der Schuldner, der das Verfahren beantragt hat. Ferner schuldet gem. § 29 Nr. 1 GKG die Kosten, wem durch gerichtliche oder staatsanwaltschaftliche Entscheidung die Kosten des Verfahrens auferlegt sind. Nach § 31 Abs. 1 GKG besteht bei mehreren Kostenschuldnern grundsätzlich gesamtschuldnerische Haftung. In dieser Vorschrift wird jedoch zugleich eine

© MEV Verlag GmbH

Unterscheidung in Erstschuldner, bei denen die Staatskasse zuerst ihre Kosten geltend machen soll und Zweitschuldner, die erst beansprucht werden sollen, wenn die Zwangsvollstreckung in das bewegliche Vermögen des Erstschuldners erfolglos geblieben ist, getroffen. Hieraus ergibt sich folgende Reihenfolge:

Kostenschuldner

Erstschuldner

> wem durch die gerichtliche Entscheidung, z. B. durch Urteil die Kosten auferlegt sind, § 29 Nr. 1 GKG i.V.m. § 308 Abs. 2 ZPO

> wer die Kosten für einen Vergleich zu übernehmen hat, § 29 Nr. 2 GKG

Zweitschuldner

> wer das Verfahren veranlasst hat, § 22 Abs. 1 GKG, z. B. der Kläger, Antragsteller

3.3.3 Vergütungsformen: Gesetzliche Gebühren und Vergütungsvereinbarung

Die gesetzliche Vergütung für die anwaltliche Tätigkeit, bestehend aus Gebühren und Anlagen, wurde unter Gliederungspunkt 3.2 Grundlagen zu Gebühren und Anlagen sehr ausführlich dargestellt.

© Bacho – shutterstock.com

Das Rechtsanwaltsvergütungsgesetz räumt dem Rechtsanwalt darüber hinaus die Möglichkeit ein, eine Vergütungsvereinbarung (Honorarvereinbarung) mit dem Mandanten zu treffen. Er kann dabei grundsätzlich eine höhere als die gesetzliche Vergütung verlangen. Bei der Bemessung der Höhe hat er die allgemeinen Regelungen des § 138 BGB zur Sittenwidrigkeit und des § 242 BGB Leistung nach Treu und Glauben zu beachten.

Die formalen Erfordernisse hierzu sind in §§ 3a, 4 RVG geregelt, insbes. in § 3a Abs. 1 RVG:

> **Textform** ist zwingend. Zu beachten ist § 126b BGB, im Gegensatz zur Schriftform ist die eigenhändige Unterschrift des Erklärenden nicht notwendig. Es genügt, wenn die Person des Erklärenden genannt und der Abschluss der Erklärung durch Nachbildung der Namensunterschrift oder anders erkennbar gemacht wird.

> **Bezeichnung Vergütungsvereinbarung** oder Bezeichnung in vergleichbarer Weise muss enthalten sein,

> sie muss von anderen Vereinbarungen mit Ausnahme der Auftragserteilung deutlich **abgesetzt** sein und

> sie darf **nicht in der Vollmacht enthalten** sein.

> Es muss ein **Hinweis** enthalten sein, dass der Gegner im Falle seines verlorenen Prozesses nur dazu verpflichtet ist, die gesetzliche Vergütung zahlen zu müssen.

Eine Vergütungsvereinbarung kann grundsätzlich für alle anwaltlichen Tätigkeiten geschlossen werden. Dies gilt nach § 3a Abs. 3 Satz 1 RVG jedoch nicht für die Tätigkeit des im Rahmen der Prozesskostenhilfe beigeordneten Rechtsanwalts. Eine fehlerhafte Vergütungsvereinbarung, z. B. wegen eines Formmangels, bedeutet nicht, dass der Rechtsanwalt gar nicht abrechnen darf, sondern er darf dies lediglich auf Basis der gesetzlichen Gebühren.

In der Vergütungsvereinbarung muss der Rechtsanwalt für den Mandanten nachvollziehbar die Höhe der Vergütung oder zumindest die Art und Weise ihrer Berechnung darstellen. Dies kann beispielsweise erfolgen in Form eines Pauschalhonorars, erhöhten Gebühren, höherer Auslagen oder Abrechnung auf Basis von sogenannten „Stundenhonoraren".

In der Vereinbarung kann es auch dem Vorstand der Rechtsanwaltskammer überlassen werden, die Vergütung nach billigem Ermessen festzusetzen, § 4 Abs. 3 Satz 1 RVG.

Grundsätzlich ist es unzulässig, **geringere Gebühren und Auslagen** zu fordern, als sie im RVG vorgesehen sind, § 49b Abs. 1 BRAO. Gemäß § 4 Abs. 1 RVG kann jedoch in außergerichtlichen Angelegenheiten eine niedrigere als die gesetzliche Vergütung vereinbart werden, z. B. Pauschalvergütungen, Zeitvergütungen. Diese niedrigere Gebühr muss jedoch in einem angemessenen Verhältnis zur Leistung, Verantwortung und Haftungsrisiko des Rechtsanwalts stehen, § 4 Abs. 1 RVG.

BEISPIEL

> Zuschlag zu den gesetzlichen Gebühren,
> Vereinbarung eines höheren Gegenstandswerts,
> höhere Auslagen,
> bei Rahmengebühren kann der obere Satz oder Eurobetrag vereinbart werden,
> feste Stundenhonorare.

Eine Sonderform stellt das **Erfolgshonorar** dar. Der Grundsatz lautet, dass Erfolgshonorare eigentlich unzulässig sind. Um jedoch Härtefälle zu vermeiden, ist es unter den in § 4a Abs. 1 Satz 1 RVG eng gefassten Voraussetzungen ausnahmsweise erlaubt, ein sogenanntes Erfolgshonorar zu vereinbaren.

Die Voraussetzungen im Einzelnen:

> Zulässigkeit nur ausnahmsweise im Einzelfall.
> Dies darf nur dann vereinbart werden, wenn der Auftraggeber aufgrund seiner wirtschaftlichen Verhältnisse bei verständiger Betrachtung ohne die Vereinbarung eines Erfolgshonorars von der Rechtsverfolgung abgehalten würde.
> Im gerichtlichen Verfahren darf dabei für den Fall des Misserfolgs vereinbart werden, dass keine oder eine geringere als die gesetzliche Vergütung zu zahlen ist, wenn für den Erfolgsfall ein angemessener Zuschlag auf die Vergütung vereinbart wird.
> Außerdem muss der Rechtsanwalt verschiedene Aufklärungs- und Hinweispflichten beachten, siehe § 4a Abs. 2, Abs. 3 RVG.

Durch das Gesetz zur Änderung des **Prozesskostenhilfe- und Beratungshilferechts** mit Wirkung vom 01.01.2014 kann der Rechtsanwalt ganz auf eine

Vergütung verzichten, wenn die Voraussetzungen für die Bewilligung von Beratungshilfe vorliegen.

Außerdem besteht für den Rechtsanwalt die Möglichkeit, auch mit Mandanten, die grundsätzlich der Beratungshilfe und der Prozesskostenhilfe unterfallen, ein Erfolgshonorar zu vereinbaren. Dies wird insbesondere die Fälle betreffen, in denen der Mandant mit einem größeren Vermögenszuwachs rechnet, z. B. im Rahmen eines Erbschaftsstreits.

Vergütungsvereinbarung

Zwischen

Frau/Herrn/Firma   …...

ggf. vertreten durch   …................................... (ggf. Vollmacht vom ….......)

– im Folgenden Auftraggeber genannt –

und

Herrn Rechtsanwalt/Frau Rechtsanwältin …......................................

(ggf. Gesellschaft, vertreten durch)

– im Folgenden Rechtsanwalt genannt –

wird folgende Vergütungsvereinbarung geschlossen:

1. Vergütung
Meine Vergütung für die außergerichtliche Vertretung in der Angelegenheit …......................... (Angelegenheit bezeichnen) berechnet sich nach einer Zeitvergütung in Höhe von …........ pro Stunde. Die Abrechnung von angebrochenen Stunden erfolgt minutengenau.

2. Auslagen
Eventuell entstehende Auslagen werden nach Teil 7 VV RVG gesondert in Rechnung gestellt, hierzu gehört auch die gesetzliche Umsatzsteuer.

3. Ausschluss von Anrechnungen
Eine Anrechnung der vereinbarten Vergütung auf später entstehende gesetzliche Rechtsanwaltsgebühren, die im Rahmen einer anschließenden Beauftragung entstehen, wird ausgeschlossen.

4. Vorschuss
Der Rechtsanwalt darf jederzeit einen angemessenen Vorschuss von seinem Auftraggeber verlangen.

5. Fälligkeit
Über die geleisteten Stunden wird der Rechtsanwalt dem Auftraggeber monatlich eine schriftliche Abrechnung vorlegen. Die Vergütung und die Auslagen sind mit Zugang der Abrechnung fällig.

6. Hinweise
Es wird darauf hingewiesen, dass die vereinbarte Vergütung höher ist als die sich nach den gesetzlichen Vorschriften ergebende Vergütung. Die gesetzlichen Gebühren berechnen sich nach dem Gegenstandswert, § 2 Abs. 1 RVG.

Sofern durch Dritte (Streitgegner, Staatskasse, Rechtsschutzversicherung) die Kosten für die anwaltliche Inanspruchnahme erstattet bzw. übernommen werden, erstrecken sich diese in der Regel auf die gesetzlich vorgesehene Rechtsanwaltsvergütung, was zur Folge haben könnte, dass die vereinbarte Vergütung unter Umständen nicht oder nicht vollständig übernommen wird. Es wird insbesondere darauf hingewiesen, dass im Falle eines Obsiegens die gegnerische Partei, ein Verfahrensbeteiligter oder die Staatskasse nur dazu verpflichtet ist, nicht mehr als die gesetzliche Vergütung zu erstatten.

Ort …................. Datum …............

….....................................   ….....................................
Unterschrift Auftraggeber   Unterschrift Rechtsanwalt
bzw. Vertreter

Muster einer Vergütungsvereinbarung zu einem Pauschalhonorar bei außergerichtlicher Vertretung

3.3.4 Vergütungsabrechnung

3.3.4.1 Entstehung, Fälligkeit und Verjährung der Vergütung

Der Zusammenhang ergibt sich aus folgendem Schaubild:

Entstehung des Anspruchs

Voraussetzung ist:
› Der Auftrag (= Mandat) und
› die Annahme des Auftrags durch den Rechtsanwalt,

auf dieser Basis wird der Rechtsanwalt für den Mandanten tätig, das heißt, der Anspruch entsteht.

Fälligkeit des Anspruchs, § 8 RVG

Der Rechtsanwalt darf die Vergütung von seinem Mandanten verlangen (sie ist fällig), wenn:
› der Auftrag erledigt ist oder
› die Angelegenheit beendet ist.
› Ist der Rechtsanwalt im gerichtlichen Verfahren tätig, wird die Vergütung fällig, wenn:
  – Kostenentscheidung ergangen ist oder
  – der Rechtszug beendet ist oder
  – das Verfahren länger als drei Monate ruht.

Verjährung des Anspruchs, § 8 RVG

Der Vergütungsanspruch des Rechtsanwalts unterliegt der normalen Regelverjährungsfrist von 3 Jahren, §§ 195 ff. BGB.

Die Frist beginnt mit Ablauf des Kalenderjahres, indem der Vergütungsanspruch fällig geworden ist, § 199 Abs. 1 BGB.

Hemmung der Verjährung, § 8 RVG

› Die Verjährung der Vergütung für eine Tätigkeit in einem gerichtlichen Verfahren wird gehemmt, solange das Verfahren anhängig ist. Die Hemmung endet mit der rechtskräftigen Entscheidung oder einer anderweitigen Beendigung des Verfahrens.
› Ruht das Verfahren, endet die Hemmung drei Monate nach Eintritt der Fälligkeit. Sofern das Verfahren weiter betrieben wird, beginnt die Hemmung erneut.
› Außerdem sei darauf hingewiesen, dass § 204 BGB einen langen Katalog von Maßnahmen enthält, die zu einer Hemmung durch Rechtsverfolgung führen, z. B. Erhebung einer Leistungs- oder Feststellungsklage, Zustellung des Mahnbescheids im Mahnverfahren.
› § 11 Abs. 7 RVG bestimmt, dass der Antrag auf Festsetzung der Vergütung wie durch Klageerhebung gehemmt wird.

3.3.4.2 Vorschuss

Nach § 9 RVG ist der Rechtsanwalt berechtigt, für seine entstandenen und voraussichtlich entstehenden Gebühren und Auslagen einen angemessenen Vorschuss vom Mandanten zu verlangen. Er ist auch berechtigt, die Übernahme eines Mandats von der Zahlung eines Vorschusses abhängig zu machen. Sofern der Mandant einen Vorschuss geleistet hat versteht es sich von selbst, dass dieser bei der endgültigen Gebührenabrechnung entsprechend zu berücksichtigen ist, sodass der Mandant dann nur noch eine Restzahlung zu leisten hat. Da bei Prozesskostenhilfe die Vergütung von der Staatskasse übernommen wird, darf der Anwalt vom Mandanten keinen Vorschuss verlangen, sondern muss diesen gemäß § 47 RVG gegen die Staatskasse richten.

LERNFELD 4

3.3.4.3 Inhalt und Aufbau einer Vergütungsrechnung

Nach § 10 RVG anzugebende Bestandteile in einer schriftlichen Vergütungsrechnung:

> **Gegenstandswert (Geschäftswert bzw. Verfahrenswert)** bei Wertgebühren,
> Bezeichnung des **Gebührentatbestands,** z. B. Verfahrensgebühr und bei Wertgebühren die **Höhe des Gebührensatzes,**
> **Nummern** im Vergütungsverzeichnis und **Paragrafen** für die Gebühren und Auslagen (die Paragrafen sollten ebenfalls angegeben werden, obwohl sie nicht ausdrücklich in § 10 RVG aufgeführt sind),
> die jeweiligen **Eurobeträge** der Gebühren und Auslagen,
> Bezeichnung der **Auslagen,**
> Bei Post- und Telekommunikationsdienstleistungen genügt die Angabe des Gesamtbetrags, § 10 Abs. 2 S. 2 RVG,
> **Vorschüsse,**
> außerdem, auch wenn nicht ausdrücklich in § 10 RVG genannt: vorgelegte Gerichtskosten und die in Rechnung gestellte Umsatzsteuer (letztere wird in Nr. 7008 VV RVG ausdrücklich bei den Auslagen aufgeführt),
> **Unterschrift** des Rechtsanwalts.

Wie eben dargestellt enthält § 10 RVG die für eine nach RVG wirksame Vergütungsabrechnung notwendigen Mindestbestandteile. Unabhängig von den nach § 10 RVG dargestellten Bestandteilen, sind aber auch die Vorschriften über die steuerrechtliche Wirksamkeit zu beachten. Sofern ein Unternehmer die Vorsteuer aus einer Rechnung geltend machen will, muss diese zwingend die formalen Rechnungsvorschriften des Umsatzsteuergesetzes erfüllen. § 14 UStG enthält einen langen Katalog von zwingend einzuhaltenden Rechnungsbestandteilen. §§ 14a, 14b, 14c UStG ergänzen diese ohnehin schon lange Vorschrift und regeln darüber hinaus die Aufbewahrungsfristen und die Handhabung bei unrichtigem oder unberechtigtem Steuerausweis.

Die **umsatzsteuerlichen Bestandteile** nach § 14 UStG im Einzelnen:

> Name und Adresse des **leistenden Unternehmers (= Rechnungsaussteller, Rechtsanwalt)**
> Name und Adresse des **Leistungsempfängers** (Mandant)
> **Steuernummer** oder **Umsatzsteuer-Identifikationsnummer** des leistenden Unternehmers
> **Ausstellungsdatum**
> fortlaufende **Rechnungsnummer**
> genaue Angaben über **Menge und Art der Lieferung oder Umfang und Art der sonstigen Leistung**
> **Zeitpunkt der Leistung**
> **Steuersatz, Steuerbetrag und Nettobetrag** (= Entgelt), aufgeschlüsselt nach Steuersätzen und evtl. Steuerbefreiungen; außerdem jede im Voraus vereinbarte Entgeltminderung

Bei sonstigen Leistungen im Zusammenhang mit einem Grundstück hat der Rechtsanwalt insbesondere gegenüber Nicht-Unternehmen auf die zweijährige Aufbewahrungspflicht für die Rechnung hinzuweisen, § 14 Abs. 4 Nr. 9 UStG.

> in bestimmten Fällen die Angabe „Gutschrift", § 14 Abs. 4 Nr. 10 UStG.

Aus § 10 RVG und § 14 UStG ergibt sich idealtypischerweise folgender Rechnungsaufbau:

Rechtsanwaltskanzlei
Erik Hauser

Rechtsanwalt Erik Hauser • Postfach 9 63 25 • 55122 Mainz **1**

Ihr Zeichen:
Ihre Nachricht vom:
Unser Zeichen:

Herrn
Herbert Klein
Hauptstraße 69
55122 Mainz **2**

Unsere Nachricht vom:

Name: **Herr Hauser**
Telefon: **06131 1234-56**
Telefax: **06131 1234-57**
E-Mail: **hauser@ra-hauser.de**

Datum: **23. Juli 20..** **4**

Vergütungsrechnung
Rechnung Nr. 123/20.. **5**

Sehr geehrter Herr Klein,

vielen Dank für Ihren Auftrag. Für meine Tätigkeit in dem außergerichtlichen Mahnverfahren Klein ./. Groß, wegen Kaufpreisforderung, berechne ich Ihnen:

Gegenstandswert: 1.500,00 € **6**

1.	1,3 Geschäftsgebühr **7** gem. §§ 2, 13, 14 RVGi. V. m. Nr. 2300 VV RVG **8**	149,00 € **9**
2.	Post- und Telekommunikationspauschale gem. Nr. 7002 VV RVG **10**	20,00 € **11**
3.	Zwischensumme	169,00 € **12**
4.	19 % Umsatzsteuer gem. Nr. 7008 VV RVG **13**	32,11 € **14**
5.	Gesamtsumme	201,11 €

Bitte überweisen Sie den Betrag bis 6. August 20.. auf mein Konto.

Freundliche Grüße

Rechtsanwaltskanzlei
Erik Hauser

Hauser

Hauser
Rechtsanwalt **15**

Kanzleiräume
Burgenweg 9
55122 Mainz

Kommunikation
Tel.: 06131 1234-0
E-Mail: info@ra-hauser.de
Internet: www.ra-hauser.de

Bankverbindung
XY Bank
IBAN DE23 5505 0000 1234 5678 91
BIC BYLADEW1TZU
Steuernummer: DE999999999 **3**

Erläuterungen zu den Bestandteilen nach § 10 RVG und § 14 UStG:

1 Der Name des leistenden Unternehmers, hier Rechtsanwalts, ist anzugeben gemäß § 14 Abs. 4 Nr. 1 UStG.

2 Name des Leistungsempfängers, hier der Mandant, muss angegeben werden gemäß § 14 Abs. 4 Nr. 1 UStG.

3 Die Angabe der UStIdNr (oder Steuernummer) ist anzugeben gemäß § 14 Abs. 4 Nr. 2 UStG.

4 Die Angabe des Rechnungsdatums ist zwingend gemäß § 14 Abs. 4 Nr. 3 UStG.

5 Die Angabe einer fortlaufenden Rechnungsnummer ist verbindlich gemäß § 14 Abs. 4 Nr. 4 UStG.

6 Die Angabe des Gegenstandswerts ist bei Wertgebühren verbindlich gemäß § 10 Abs. 2 RVG.

7 Die Angabe des Gebührentatbestands bzw. Gebührensatzes ist anzugeben gemäß § 10 Abs. 2 RVG.

8 Die angewandten Gebührenvorschriften, insbesondere die Nummern im Vergütungsverzeichnis, sind anzugeben gemäß § 10 RVG.

9 Die Eurobeträge für die Gebühren (und Auslagen) sind auszuweisen gemäß § 10 Abs. 2 RVG.

10 Die Bezeichnung der Auslagen ist anzugeben, § 10 Abs. 2 RVG.

11 Der Gesamtbetrag bei Post- und Telekommunikationsdienstleistungen ist anzugeben, § 10 Abs. 2 RVG.

12 Die Zwischensumme als Bemessungsgrundlage (= Entgelt) für die USt muss angegeben werden, § 14 Abs. 4 Nr. 7 UStG.

13 Der Umsatzsteuersatz ist anzugeben, § 14 Abs. 4 Nr. 8 UStG. Da die Umsatzsteuer in Nr. 7008 VV RVG aufgeführt ist, muss sie auch nach § 10 Abs. 2 RVG mit Angabe der Nummer im Vergütungsverzeichnis zitiert werden.

14 Der Umsatzsteuerbetrag ist auszuweisen, § 14 Abs. 4 Nr. 8 UStG.

15 Die (eigenhändige) Unterschrift des Rechtsanwalts, § 10 Abs. 1 RVG.

Hinweis: Manche der obigen Tatbestände fallen sowohl unter das RVG als auch das UStG. In diesen Fällen wurde bei obigen Erläuterungen nur die Vorschrift des RVG zitiert.

Die **Aufbewahrungsfrist** für Rechnungen beträgt gem. § 14 b Abs. 1 UStG 10 Jahre. Sie beginnt mit dem Schluss des Jahres, in dem die Rechnung ausgestellt wurde. Führt ein Rechtsanwalt eine Leistung an einen Unternehmer für dessen Unternehmen oder an eine juristische Person, die kein Unternehmer ist, aus, ist er verpflichtet, innerhalb von sechs Monaten nach Ausführung der Leistung eine **Rechnung auszustellen,** § 14 Abs. 2 Nr. 2 UStG. Gleiches gilt, wenn er eine sonstige Leistung im Zusammenhang mit einem Grundstück ausführt, § 14 Abs. 2 Nr. 1 UStG.

Wie oben dargestellt, ist eine fortlaufende Rechnungsnummer umsatzsteuerlich Pflichtbestandteil einer formal korrekten Rechnung im Sinne des § 14 UStG. Von der Rechnung nach § 14 UStG sind (bestimmte) Honorarberechnungen abzugrenzen. Bei letzteren entfällt die Verpflichtung zur Angabe der Steuernummer bzw. der UStIdNr. und zur Angabe der **fortlaufenden Rechnungsnummer.** Hierunter fallen u. a.

> Kostenfestsetzungsanträge gem. § 104 ZPO,

> Vergütungsfestsetzungsanträge gegenüber dem eigenen Mandanten nach § 11 RVG,

> Abrechnungen bzw. Festsetzungsanträge im Rahmen der Prozess- oder Verfahrenskostenhilfe,

> Abrechnung der Beratungshilfegebühren gegenüber der Staatskasse,

> Kostenberechnungen gegenüber Rechtsschutzversicherungen des Mandanten.

Im Gegensatz zu einer (Schluss-)rechnung bedarf der **Vorschuss** keiner besonderen Form. Sofern der Mandant allerdings vorsteuerabzugsberechtigt ist, benötigt er eine formkorrekte Rechnung im Sinne des Umsatzsteuergesetzes; auch mit laufender Rechnungsnummer. Wichtig ist allerdings, dass der Vorschuss nicht als (Schluss-)rechnung bezeichnet wird, sondern als Vorschuss. Der Rechtsanwalt würde andernfalls Gefahr laufen, bei Rahmengebühren (z.B. Geschäftsgebühr: 0,5 bis 2,5) an einen im Vorschuss niedrigeren Gebührensatz gebunden zu bleiben (z.B. 1,3 Geschäftsgebühr), auch wenn sich später herausstellt, dass die Tätigkeit äußerst umfangreich gewesen ist und einen deutlich höheren Satz in der Schlussrechnung gerechtfertigt hätte (z.B. 2,5 Geschäftsgebühr).

§ 10 RVG gilt nicht nur für die Abrechnung der gesetzlichen Gebühren. Er gilt auch grundsätzlich für **Vergütungsvereinbarungen.**

© Silval – Fotolia.com

Unabhängig von den oben dargestellten Einzelheiten liegt die Bedeutung des § 10 RVG insbesondere auch darin, als er im Absatz 1 Satz 1 ausdrücklich regelt, dass der Rechtsanwalt seine Vergütung nur auf der Basis einer von ihm unterzeichneten und dem Auftraggeber mitgeteilten Berechnung einfordern kann. Dies betrifft nicht nur die außergerichtliche Geltendmachung, z.B. in Form einer Mahnung, sondern auch die gerichtliche, wenn er z.B. einen Mahnbescheid beantragen oder seine Gebühren einklagen möchte. In jedem Fall benötigt er formal diese Berechnung.

LERNFELD 4

3.3.5 Zusammenfassung und Aufgaben

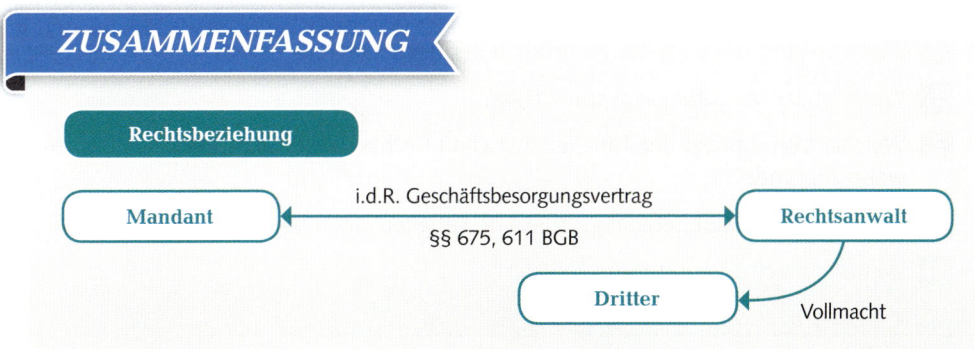

ZUSAMMENFASSUNG

Vergütungsformen

gesetzliche Vergütung	vertragliche Vergütung
Gebühren und Auslagen gem. VV RVG	schriftliche Vergütungsvereinbarung

Vergütungsschuldner ist

> der Mandant
> bei gewonnenem Prozess ist der Gegner zur Erstattung der Kosten verpflichtet.

Entstehung des Vergütungsanspruchs:
mit Auftrag, Tätigkeitsaufnahme

Fälligkeit und Verjährung des Vergütungsanspruchs:
> wenn Auftrag/Angelegenheit beendet ist; Kostenentscheidung ergangen oder Rechtszug beendet ist oder das Verfahren länger als drei Monate ruht,
> der Anspruch unterliegt der dreijährigen Verjährungsfrist.

Vorschuss:
Der Rechtsanwalt ist berechtigt einen angemessenen Vorschuss zu erheben.

Vergütungsrechnung

Formale Anforderungen richten sich nach § 10 RVG und § 14 UStG

AUFGABEN

1. Wann verjährt der Vergütungsanspruch des Rechtsanwalts?

2. Wann ist der Vergütungsanspruch fällig?

3. Welcher Vertrag liegt der Tätigkeit zwischen Rechtsanwalt und Mandant üblicherweise zugrunde?

4. Ist der Rechtsanwalt berechtigt, für seine Tätigkeit einen Vorschuss zu verlangen?

5. Wer ist zunächst Vergütungsschuldner?

6. Rechtsanwalt Schlau hatte Herrn Horst Schmitt e.K. in einer Angelegenheit beraten, die dessen Unternehmen betraf. Beim Ausdruck der Vergütungsrechnung war der Toner des Druckers fast aufgebraucht, was dazu führte, dass auf der Vergütungsrechnung der Steuersatz und die Nettozwischensumme nicht lesbar sind und somit fehlen. Welche rechtliche Konsequenz ergibt sich für den Mandanten, falls die Rechnung so zugeschickt würde?

7. Rechtsanwalt Schlau schloss mit einem Mandanten zwecks einfacher Beratung eine mündliche Vergütungsvereinbarung. Eigentlich wollte er diese noch schriftlich nachholen, vergaß es dann aber in der Hektik des Alltagsgeschäfts. Ist die Vergütungsvereinbarung dennoch gültig, begründen Sie kurz.

3.4 Allgemeine Gebühren

3.4.1 Allgemeine Vorbemerkung

Im Teil 1 des Vergütungsverzeichnisses werden solche Gebühren zusammengefasst, die unabhängig vom Vorliegen einer außergerichtlichen Tätigkeit oder einer Tätigkeit bei Gericht entstehen können. Anders ausgedrückt, sie können sowohl im außergerichtlichen als auch im gerichtlichen Verfahren entstehen. Es handelt sich dabei sowohl um eigenständige Gebühren, wie beispielsweise die Einigungsgebühr als auch um bloße Erhöhungstatbestände für Betriebsgebühren bei mehreren Auftraggebern nach Nr. 1008 VV RVG.

3.4.2 Einigungsgebühr

3.4.2.1 Inhaltliche Grundlagen zur Einigung

Sie entsteht für die **Mitwirkung** des Rechtsanwalts beim Abschluss eines **Vertrags,**

› durch den der **Rechtsstreit oder die Ungewissheit der Parteien über ein Rechtsverhältnis beseitigt** wird oder

› die Erfüllung eines Anspruchs durch den **Schuldner** zugesagt wird und der **Gläubiger** durch die Gewährung von **Ratenzahlung oder Stundung** entgegenkommt und gleichzeitig
 (1) **vorläufig auf die Titulierung verzichtet** oder
 (2) **vorläufig auf die Vollstreckung verzichtet.**

LERNFELD 4

© MEV Verlag GmbH

Der Begriff der Einigung ist weiter gefasst als der des Vergleichs nach § 779 BGB. Die Einigung setzt im Gegensatz zum Vergleich kein gegenseitiges Nachgeben voraus. Es ist bereits ausreichend, wenn ein Vertrag geschlossen wird, durch den die Ungewissheit über ein Rechtsverhältnis beseitigt wird. Dies muss auch nicht unbedingt ein Vergleichsvertrag nach BGB sein. Sie umfasst jedoch nicht ein Anerkenntnis oder einen Verzicht, da diese einseitig erklärt werden.

Der Rechtsanwalt muss an der Einigung **ursächlich mitgewirkt** haben, z. B. Beratung und Verhandlung über Einigung mit der Gegenseite, Konzeption eines Einigungsvertrages. Entscheidend für die Entstehung der Einigungsgebühr ist die Tatsache, dass die Einigung auch tatsächlich zustande kommt. Wird eine Einigung widerrufen und somit für ungültig erklärt, kann der Rechtsanwalt auch keine Einigungsgebühr abrechnen. Sie ist somit eine reine **Erfolgsgebühr.**

Die Einigungsgebühr kann für sich allein nicht entstehen, das heißt sie entsteht grundsätzlich nur zusätzlich neben anderen Gebühren. Es muss zusätzlich zumindest eine Betriebsgebühr ausgelöst worden sein. Dies kann die Geschäftsgebühr im außergerichtlichen oder die Verfahrensgebühr im gerichtlichen Bereich sein.

MERKE

Bei einer außergerichtlichen Einigung beträgt die Einigungsgebühr 1,5 gemäß Nr. 1000 VV RVG und bei einer Einigung im Klageverfahren 1,0 gemäß Nr. 1003 VV RVG.

Die **Höhe** der Einigungsgebühr hängt davon ab, ob der Einigungsvertrag außergerichtlich oder gerichtlich und dann wiederum in welcher Instanz er geschlossen wurde. Hierzu siehe folgende Zusammenstellung:

Art der Einigung/wo?	Gebührensatz
Außergerichtliche Einigung	1,5 gem. Nr. 1000 VV RVG
Sofern über den Gegenstand ein gerichtliches Verfahren anhängig ist, z. B. das **Klageverfahren,** das Mahnverfahren Hinweis: Im selbstständigen Beweisverfahren beträgt die Einigungsgebühr 1,5, beachte hierzu die Formulierung in Nr. 1003 VV RVG.	1,0 gem. Nr. 1003 VV RVG
Im Berufungs- oder Revisionsverfahren In **Nr. 1004 VV RVG** wird auch der Gebührentatbestand erfasst bezüglich › Verfahren über die Beschwerde gegen die Nichtzulassung der in Nr. 1004 und Anm. Absatz 1 zu Nr. 1004 genannten Rechtsmittel sowie › Verfahren vor dem Rechtsmittelgericht auf Zulassung eines Rechtsmittels.	1,3 gem. Nr. 1004 VV RVG

MERKE

Entscheidend ist worüber und nicht worauf man sich einigt.

Eine häufige Fehlerquelle in Prüfungen stellt die Ermittlung des **Gegenstandswerts** dar. Entscheidend für den Gegenstandswert ist der Wert, über den die Verhandlungen geführt werden, nicht das Ergebnis. Nebenforderungen bleiben unberücksichtigt.

Rechtsanwalt Schlau hatte Herrn Faul in einer durchschnittlichen Angelegenheit per anwaltlichem Aufforderungsschreiben außergerichtlich zur Zahlung eines Kaufpreisanspruchs über 2.000,00 Euro aufgefordert.

Herr Faul bietet daraufhin telefonisch die Zahlung von 1.700,00 Euro an. Nach Rücksprache mit seinem Mandanten gelingt es Rechtsanwalt Schlau, eine Einigung über 1.900,00 Euro zu erwirken.

Gegenstandswert: 2.000,00 Euro

1,3 Geschäftsgebühr gem. §§ 2, 13, 14 i.V.m. Nr. 2300 VV RVG	195,00 Euro
1,5 Einigungsgebühr gem. §§ 2, 13 i.V.m. Nr. 1000 VV RVG	225,00 Euro
Post- und Telekommunikationspauschale gem. Nr. 7002 VV RVG	20,00 Euro
	440,00 Euro
19 % USt gem. Nr. 7008 VV RVG	86,60 Euro
	523,60 Euro

Rechtsanwalt Schnell hat für seinen Mandanten Klage über 3.500,00 Euro eingereicht. Im Termin zur streitigen Verhandlung schließen die Parteien einen Vergleich, demzufolge der Beklagte 3.000,00 Euro an den Kläger zu zahlen hat. Es wird ein zweiwöchiger Widerrufsvorbehalt vereinbart, von dem jedoch niemand Gebrauch macht. Welche Gebühren kann Rechtsanwalt Schlau abrechnen?

Gegenstandswert: 3.500,00 Euro

1,3 Verfahrensgebühr gem. §§ 2, 13 i.V.m. Nr. 3100 VV RVG	327,60 Euro
1,2 Terminsgebühr gem. §§ 2, 13 i.V.m. Nr. 3104 VV RVG	302,40 Euro
1,0 Einigungsgebühr gem. §§ 2, 13 i.V.m. Nr. 1000, 1003 VV RVG	252,00 Euro
Post- und Telekommunikationspauschale gem. Nr. 7002 VV RVG	20,00 Euro
	902,00 Euro
19 % USt gem. Nr. 7008 VV RVG	171,38 Euro
	1.073,38 Euro

Sofern sich der Gegenstandswert im Prozess vermindert, beispielsweise, weil ein Teil der eingeklagten Ansprüche vom Beklagten anerkannt wird und über den weiterhin anhängigen Teil der Ansprüche eine Einigung erzielt wird, ist für den Gegenstandswert der Einigungsgebühr nur der Teil der Ansprüche maßgeblich, der durch die Einigung erledigt wurde.

BEISPIEL

Rechtsanwalt Schlau macht für seinen Mandanten in einer Klage einen Schadensersatzanspruch über 1.500,00 Euro und einen Kaufpreisanspruch über 2.000,00 Euro gegen Herrn Grün geltend. Er reicht die Klage über 3.500,00 Euro beim zuständigen Amtsgericht ein. Kurz nach Klageeinreichung erkennt der Beklagte den Kaufpreisanspruch an. Im danach folgenden Termin zur streitigen Verhandlung einigen sich die Parteien darauf, dass der Beklagte 1.000,00 Euro an den Kläger zahlt. Aus welchem Gegenstandswert wird die Einigungsgebühr gerechnet?

Im Termin zur streitigen Verhandlung ging es nur noch um die 1.500,00 Euro Schadensersatz, dies sind die Ansprüche, die durch die Einigung abgegolten wurden. Die Einigungsgebühr wird daher aus den 1.500,00 Euro gerechnet und nicht auf das Ergebnis der Einigung. Die 1.000,00 Euro sind für den Gegenstandswert unmaßgeblich.

Eine gebührenrechtliche Besonderheit entsteht, wenn in einem gerichtlich protokollierten Vergleich neben den rechtshängigen Ansprüchen auch nicht rechtshängige, das heißt nachträglich nachgeschobene Ansprüche mitverglichen werden. Hier entsteht die Einigungsgebühr für die rechtshängigen Ansprüche in Höhe von 1,0 und für die nicht rechtshängigen Ansprüche 1,5. Da die Einigungsgebühr mit zwei verschiedenen Gebührensätzen in der Vergütungsrechnung auftaucht, muss hier auch noch eine Überprüfung nach § 15 Abs. 3 RVG vorgenommen werden. Im Einzelnen siehe hierzu die Darstellung bei der **„Differenzverfahrensgebühr"** im Lernfeld 10.

Um eine außergerichtliche Streitbeilegung zu fördern, ist gem. § 796 a ZPO ein außergerichtlicher, für vollstreckbar zu erklärender Anwaltsvergleich möglich. Dieser muss von den Rechtsanwälten beider Parteien in deren Namen und in Vollmacht unterschrieben werden.

- - - - - - - - - - - - - - - - - - -

3.4.2.2 Zahlungsvereinbarungen

Der Anwendungsbereich der Einigungsgebühr umfasst auch den Bereich der **Zahlungsvereinbarungen,** Anm. Abs. 1 S. 1 Nr. 2 VV RVG zu Nr. 1000 VV RVG. Hierzu sind zwei Konstellationen im Gesetz aufgeführt:

(1) Vorläufiger Verzicht auf Titulierung

Dies betrifft die Fälle, in denen
> kein Streit (mehr) über den Bestand der Forderung besteht,
> die Forderung noch nicht tituliert ist,
> dem Schuldner die Forderung gestundet oder ihm Ratenzahlung eingeräumt wird,
> der Gläubiger vorläufig auf die Titulierung der Forderung verzichtet.

(2) Vorläufiger Verzicht auf Vollstreckung

Dies betrifft die Fälle, in denen
> kein Streit (mehr) über den Bestand der Forderung besteht,

> die Forderung bereits tituliert ist oder tituliert werden soll,
> dem Schuldner die Forderung gestundet oder ihm Ratenzahlung eingeräumt wird,
> der Gläubiger vorläufig auf die Vollstreckung der Forderung verzichtet.

Sofern eine **Ratenzahlungsvereinbarung** getroffen wird und die Hauptsache noch anhängig ist, entsteht eine 1,0 Einigungsgebühr. Nach Absatz 1 Satz 3 der Anmerkung zu Nr. 1003 steht das Verfahren vor dem Gerichtsvollzieher einem gerichtlichen Verfahren gleich. Wenn also der Gerichtsvollzieher einen Pfändungsauftrag erhalten hat und dann mit dem Schuldner eine Zahlungsvereinbarung schließt, entsteht für den Rechtsanwalt eine 1,0 Einigungsgebühr. Wie bereits ausgeführt, kann die Einigungsgebühr für sich allein nicht entstehen, das heißt, in diesem Fall würde auch noch eine 0,3 Verfahrensgebühr nach Nr. 3309 VV RVG abgerechnet. Ist die Forderung dagegen nicht oder nicht mehr anhängig und ist auch keine Vollstreckungsmaßnahme anhängig, beträgt der Gebührensatz 1,5. Die Einigungsgebühr entsteht nur in Höhe von 1,0, wenn zum Zeitpunkt der Einigung ein Vollstreckungsverfahren anhängig ist.

Gegenstandswert und Höhe des Gebührensatzes für die Einigungsgebühr bei Ratenzahlung:

Es besteht eine unstreitige Forderung und eine Zahlungs-/Ratenvereinbarung wird geschlossen und…	Einigungsgebühr, Gegenstandswert
vorläufiger Verzicht auf gerichtliche Schritte.	1,5 Einigungsgebühr, Nr. 1000 Abs. 1 Ziff. 2 VV RVG Gegenstandswert: nur die Hauptforderung, ohne Nebenforderungen, § 23 Abs. 1 S. 3 RVG, § 43 Abs. 1 GKG, davon nur 20 % gem. § 31 b RVG
es gibt bereits einen Vollstreckungstitel und einen Vollstreckungsauftrag, allerdings noch kein Vollstreckungsverfahren, z. B. nur die Androhung der Zwangsvollstreckung.	1,5 Einigungsgebühr, Nr. 1000 Ziff. 2 VV RVG Gegenstandswert: Hauptforderung mit Nebenforderungen, § 25 Abs. 1 Ziff. 1 Halbsatz 1 RVG (zählt bereits zur ZV), davon nur 20 % gem. § 31 b RVG
es gibt bereits einen Vollstreckungstitel, einen Vollstreckungsauftrag und ein Vollstreckungsverfahren; auf Vollstreckungsmaßnahmen wird noch verzichtet.	1,0 Einigungsgebühr, Nr. 1000 Abs. 1 Ziff. 2, 1003 VV RVG, Gegenstandswert: Hauptforderung mit Nebenforderungen, § 25 Abs. 1 Ziff. 1 Halbsatz 1 RVG, davon nur 20 % gem. § 31 b RVG

BEISPIEL

Rechtsanwalt Dr. Streng macht für seinen Mandanten (Gläubiger) in einer überdurchschnittlichen Angelegenheit eine Kaufpreisforderung von 5.000,00 Euro und 60,00 Euro Verzugszinsen geltend. Der Schuldner bestreitet die Forderung nicht, sieht sich aber momentan außer Stande, zahlen zu können. Daraufhin wird eine Vereinbarung getroffen, wonach der Schuldner die Forderung nebst Zinsen in monatlichen Raten tilgt und der Gläubiger auf eine Titulierung verzichtet, solange der Schuldner pünktlich zahlt. Wie kann Dr. Streng abrechnen?

Für die Einigungsgebühr wird gemäß § 31b RVG eine Quote von 20 % zugrunde gelegt (20 % von 5.000,00 Euro = 1.000,00 Euro) Zinsen und Kosten bleiben dabei außer Ansatz. Die erhöhte Geschäftsgebühr wird aus der Hauptforderung von 5.000,00 Euro gerechnet.

Gegenstandswert: 5.000,00 Euro

1,3 Geschäftsgebühr aus 5.000,00 Euro gem. §§ 2, 13, 14 i.V.m. Nr. 2300 VV RVG . .	393,90 Euro
1,5 Einigungsgebühr aus 1.000,00 Euro gem. §§ 2, 13 i.V.m. Nr. 1000 VV RVG	120,00 Euro
Post- und Telekommunikationspauschale gem. Nr. 7002 VV RVG	20,00 Euro
	533,90 Euro
19 % USt gem. Nr. 7008 VV RVG	101,44 Euro
	635,34 Euro

3.4.3 Mehrere Auftraggeber

3.4.3.1 Inhaltliche Grundlagen

© Kzenon – Fotolia.com

In der Praxis kommt es nicht selten vor, dass ein Rechtsanwalt für mehrere Mandanten in derselben Angelegenheit tätig wird. Es stellt sich somit die Frage, wie er diese Mehrbelastung bei seinen Gebühren abrechnen darf. Die Grundlagen hierzu sind in § 7 RVG und in Nr. 1008 VV RVG geregelt. In § 7 RVG wird bestimmt, dass der Rechtsanwalt für seine Tätigkeit in derselben Angelegenheit für mehrere Auftraggeber die Gebühren grundsätzlich nur einmal erhält.

Nach Nr. 1008 VV RVG darf der Rechtsanwalt allerdings bei bestimmten Gebühren, das heißt bei der Verfahrens- bzw. Geschäftsgebühr, eine Erhöhung vornehmen. Für diese Erhöhung müssen drei Voraussetzungen vorliegen:

› Der Rechtsanwalt wird in **derselben Angelegenheit** tätig. Dieser Begriff wurde bereits unter Gliederungspunkt 3.2.2.2 erklärt.

› Der Rechtsanwalt wird für **mehrere Auftraggeber** tätig.

› Bei Wertgebühren kommt als Voraussetzung zusätzlich hinzu, dass der Rechtsanwalt wegen **desselben Gegenstands** für diese Auftraggeber tätig wird.

Mehrere Auftraggeber können sowohl natürliche als auch juristische Personen sein oder auch eine Kombination aus beiden.

Sofern ein Rechtsanwalt für mehrere natürliche Personen tätig wird, ist zu klären, ob diese alle als Auftraggeber auftreten bzw. ob (wer) jemand von ihnen nur als gesetzlicher Vertreter fungiert. Sofern jemand nur als gesetzlicher Vertreter, nicht aber als Auftraggeber auftritt, darf er bei der Gebührenerhöhung nach Nr. 1008 VV RVG nicht mitgezählt werden.

BEISPIEL

Die allein sorgeberechtigte Frau Müller vertritt ihre beiden fünf und sieben Jahre alten Kinder wegen desselben Gegenstands. Frau Müller beauftragt Rechtsanwalt Dr. Recht außergerichtlich in dieser Angelegenheit tätig zu werden. Dieser hat somit die beiden Kinder als Auftraggeber, Frau Müller ist lediglich gesetzliche Vertreterin und wird bei der Anzahl der Auftraggeber nicht mitgezählt.

MERKE

Juristische Personen oder ihnen gleichgestellte Gesellschaften, die ebenfalls parteifähig sind, werden grundsätzlich als ein Auftraggeber gezählt. Dabei spielt es keine Rolle, ob sie von einem oder mehreren gesetzlichen Vertretern, z.B. Geschäftsführern, vertreten werden. Die gesetzlichen Vertreter werden auch hier nicht als weitere Auftraggeber gezählt.

BEISPIEL

Die Klein & Groß OHG, vertreten durch die Gesellschafter Herbert Klein und Gustav Groß, erteilt Rechtsanwalt Schlau den Auftrag, die XY-GmbH, vertreten durch ihren Geschäftsführer Günther Roth, zu verklagen.

Da die OHG parteifähig ist und Rechtsanwalt Schlau den Auftrag erteilt, wird er nur für einen Auftraggeber tätig. Die beiden Gesellschafter sind lediglich gesetzliche Vertreter, da die OHG weder geschäfts- noch prozessfähig ist. Würden die beiden Gesellschafter zusätzlich als Auftraggeber, das heißt als Kläger und nicht nur als gesetzliche Vertreter auftreten, so lägen drei Auftraggeber vor. Sofern die XY-GmbH wiederum einen Rechtsanwalt mit ihrer Verteidigung beauftragen würde, zählt die GmbH als parteifähige juristische Person und nur als ein Auftraggeber. Der Geschäftsführer würde als gesetzlicher Vertreter der GmbH nicht als weiterer Auftraggeber mitgezählt.

MERKE

Wird der Rechtsanwalt wegen **desselben Gegenstands,** das heißt wegen desselben Rechts oder Rechtsverhältnisses tätig, so ist Nr. 1008 VV RVG anwendbar, das heißt, es darf eine Gebührenerhöhung erfolgen.

LERNFELD 4

BEISPIEL

Die Eheleute Huber sind gemeinsame Eigentümer (Gesamtgläubiger i.S.v. § 428 BGB) eines vermieteten Hauses in Hamburg. Da der Mieter mit vier Mietzahlungen in Rückstand ist, erteilen sie beide Rechtsanwalt Dr. Smart den Auftrag, 4.000,00 Euro Mietrückstände gegen den Mieter einzuklagen.

Es handelt sich hierbei um denselben Gegenstand, nämlich die offenstehende Mietforderung in Höhe von 4.000,00 Euro. Außerdem liegen auch noch mehrere Auftraggeber und dieselbe Angelegenheit vor. Es findet eine Gebührenerhöhung nach Nr. 1008 VV RVG statt.

Sofern der Rechtsanwalt in derselben Angelegenheit für mehrere Auftraggeber tätig wird und nicht derselbe Gegenstand vorliegt, sondern jeder Auftraggeber seinen eigenen einfordert, findet eine Gebührenerhöhung nach Nr. 1008 VV RVG nicht statt. In diesem Fall werden die Ansprüche der Auftraggeber zusammengezählt und die Gebühren berechnen sich aus dem Gesamtwert.

BEISPIEL

Rechtsanwalt Schlau erhält von den Eheleuten Huber den Auftrag, Herrn Raser wegen eines von ihm verschuldeten Unfalls auf Schmerzensgeld zu verklagen. Für Frau Huber sollen 500,00 Euro und für Herrn Huber 800,00 Euro eingeklagt werden. Hier handelt es sich um verschiedene Gegenstände, da jeder der Ehepartner seinen eigenen Anspruch hat und diesen einfordert. In diesem Fall kann keine Gebührenerhöhung nach Nr. 1008 VV RVG stattfinden. Es entsteht mit Klageeinreichung vielmehr eine nicht zu erhöhende 1,3 Verfahrensgebühr aus einem Gegenstandswert von 1.300,00 Euro. Die einzelnen Ansprüche werden zu einem Gesamtwert zusammengefasst.

Schwieriger wird die Abrechnung, wenn mehrere Auftraggeber innerhalb desselben Auftrags einen Rechtsanwalt nicht nur damit beauftragen, denselben (gemeinsamen) Gegenstand einzufordern, sondern auch noch eigene Ansprüche, an denen der oder die anderen Auftraggeber nicht beteiligt sind. Nach Abs. 2 der Anmerkung zu Nr. 1008 VV RVG wird die Erhöhung dann nur nach dem Betrag berechnet, an dem die Personen gemeinschaftlich beteiligt sind. Der oder die Gegenstände, die einzeln mit geltend gemacht werden, werden nur mit der nicht erhöhten Geschäfts- bzw. Verfahrensgebühr abgerechnet.

BEISPIEL

Rechtsanwalt Schlau wird von den Eheleuten Klein beauftragt, gegen Herrn Grün Klage zu erheben. Für die Eheleute gemeinsam soll er 6.000,00 Euro einklagen und außerdem in derselben Klage für den Ehemann weitere 2.000,00 Euro. Im Termin zur mündlichen Verhandlung wird über beide Ansprüche streitig verhandelt. Danach ergeht Urteil. Die Vergütungsrechnung in Euro sieht wie folgt aus:

Gegenstandswert: 6.000,00/2.000,00 Euro	
1,6 Verfahrensgebühr aus 6.000,00 Euro gem. §§ 2, 13 i.V.m. Nr. 1008, 3100 VV RVG	566,40 Euro
1,3 Verfahrensgebühr aus 2.000,00 Euro gem. §§ 2, 13 i.V.m. Nr. 3100 VV RVG	195,00 Euro
Gebührenbegrenzung nach § 15 Abs. 3 RVG, max. 1,6 Verfahrensgebühr aus 8.000,00 Euro	729,60 Euro
1,2 Terminsgebühr aus 8.000,00 Euro gem. §§ 2, 13 i.V.m. Nr. 3104 VV RVG	547,20 Euro
Post- und Telekommunikationspauschale gem. Nr. 7002 VV RVG	20,00 Euro
	1.296,80 Euro
19 % USt gem. Nr. 7008 VV RVG	246,39 Euro
	1.543,19 Euro

BEISPIEL

Da beide Eheleute gemeinschaftlich an dem Gegenstand über 6.000,00 Euro beteiligt sind, erhöht sich in diesem Fall die 1,3 Verfahrensgebühr nach Nr. 1008 VV RVG um 0,3 auf 1,6. Die Verfahrensgebühr aus den 2.000,00 Euro wird nicht erhöht, da diese nur vom Ehemann geltend gemacht werden. Da die Verfahrensgebühr mit zwei unterschiedlichen Sätzen in der Vergütungsabrechnung auftaucht, muss eine Prüfung nach § 15 Abs. 3 RVG erfolgen. Die Terminsgebühr darf ohnehin nicht nach Nr. 1008 VV RVG erhöht werden. Da im Termin sowohl über die 6.000,00 Euro als auch über die 2.000,00 Euro streitig verhandelt wurde, beträgt der für sie maßgebliche Gegenstandswert 8.000,00 Euro.

3.4.3.2 Berechnung der Erhöhung

Nach Nr. 1008 VV RVG erstreckt sich die Erhöhung nur auf die **Geschäfts- bzw. die Verfahrensgebühr.** Sofern der Rechtsanwalt noch keinen Klageauftrag hat, führen mehrere Auftraggeber in derselben Angelegenheit zu einer Erhöhung der Geschäftsgebühr. Im Falle einer Klage wird die Verfahrensgebühr erhöht. Beide sollen, je nachdem ob Klageauftrag vorliegt oder nicht, das Vorbereitungsspektrum des Anwalts abdecken. Gemäß Vorbemerkung 2.3 Absatz 3 bzw. Vorbemerkung 3 Absatz 2 VV RVG entstehen beide für „das Betreiben des Geschäfts", sie werden daher auch als **Betriebsgebühren** bezeichnet. Dies erklärt, warum ausgerechnet diese beiden Gebühren erhöht werden. Die anderen Gebühren sind von dieser Erhöhung ausgenommen.

Die rechnerische Erhöhung bei den einzelnen Gebührenarten ist wie folgt in Nr. 1008 VV RVG geregelt:

› Wertgebühren

Die Geschäfts- oder Verfahrensgebühr erhöht sich hier für jeden weiteren Auftraggeber um 0,3.

BEISPIEL

Der Rechtsanwalt wird für die Eheleute Klein in einer durchschnittlichen außergerichtlichen Angelegenheit tätig. In welcher Höhe darf er die Geschäftsgebühr abrechnen?

Ausgangsgebühr	Erhöhung	Gebühr insgesamt
1,3 Geschäftsgebühr	Ein weiterer Auftraggeber bedeutet eine Erhöhung der Ausgangsgebühr um 0,3.	1,3 + 0,3 = **1,6** Geschäftsgebühr

Obergrenze:

Mehrere Erhöhungen dürfen einen Gebührensatz von 2,0 nicht übersteigen gemäß Absatz 3 der Anmerkung zu Nr. 1008 VV RVG.

LERNFELD 4

BEISPIEL

Der Rechtsanwalt vertritt 8 Auftraggeber außergerichtlich.

Ausgangsgebühr	Erhöhung (maximal 2,0)	Gebühr insgesamt
1,3 Geschäftsgebühr	7 weitere Auftraggeber bedeuten eigentlich eine Erhöhung der Ausgangsgebühr um 7 · 0,3 = 2,1. Ab dem 8. Auftraggeber darf maximal nur noch um 2,0 erhöht werden.	1,3 + 2,0 = **3,3** Geschäftsgebühr

Tipp zur Vorgehensweise:

› Klären Sie in einem ersten Schritt die zutreffende **Ausgangs- bzw. Betriebsgebühr** (sie wird für den ersten Auftraggeber gezählt).

› Klären Sie in einem zweiten Schritt die Anzahl der **„weiteren"** Auftraggeber und multiplizieren Sie deren Anzahl mit 0,3; dies ergibt die gesamte **Erhöhung.** Hierbei ist die 2,0 Obergrenze zu beachten.

› Addieren Sie in einem dritten Schritt die Ausgangsgebühr und die errechnete Erhöhung; sie erhalten somit die **Gesamtgebühr.**

MERKE

Nur die Erhöhungen werden ab dem achten Auftraggeber auf 2,0 beschränkt, nicht jedoch die gesamte (Ausgangs-)Gebühr zuzüglich der Erhöhungen.

Schreibweise:

In einer Vergütungsabrechnung gibt es grundsätzlich zwei Möglichkeiten, die Abrechnung einer erhöhten Geschäfts- oder Verfahrensgebühr darzustellen. In der Praxis wird teilweise in einer ersten Zeile die Ausgangsgebühr, das heißt die Geschäfts- oder die Verfahrensgebühr mit ihrem nicht erhöhten Gebührensatz und in einer zweiten Zeile „die Erhöhungsgebühr" gesondert angegeben. Da Nr. 1008 VV RVG nicht von einer gesonderten Erhöhungsgebühr, sondern nur von einer erhöhten Geschäfts- oder Verfahrensgebühr spricht, wird folgender Schreibweise, dargestellt im Beispiel bei einem Gegenstandswert von 1.300,00 Euro, der Vorrang gegeben:

Gegenstandswert: 1.300,00 Euro

3,3 Geschäftsgebühr gem. §§ 2, 7, 13, 14 i.V.m. Nr. 1008,
2300 VV RVG . . . .   379,50 Euro

+ Auslagen und Umsatzsteuer

> **Betragsrahmengebühren**

Hier werden der Mindest- und der Höchstbetrag für jeden weiteren Auftraggeber um 30 % erhöht.

Bei einem Betragsrahmen von 40,00 Euro bis 360,00 Euro wird die erhöhte Obergrenze bei 3 Auftraggebern gesucht.

Ausgangsgebühr	Erhöhung	Gebühr insgesamt
Obergrenze: 360,00 Euro	erhöht um („weitere" 2 · 30 % =) 60 % = 216,00 Euro	360,00 Euro + 216,00 Euro = 576,00 Euro

BEISPIEL

Abwandlung des Beispiels:
Gesucht wird die erhöhte Mittelgebühr.

Untergrenze:
40,00 Euro erhöht um 60 % = 40,00 Euro + 24,00 Euro =   64,00 Euro

Obergrenze:
360,00 Euro erhöht um 60 % = 360,00 Euro + 216,00 Euro =   576,00 Euro
                                  640,00 Euro

Mittelgebühr = 640,00 : 2 = 320,00 Euro

Anderer Rechenweg:
einfache Mittelgebühr $\frac{360 + 40}{2}$ = 200,00 Euro, diese erhöht um 60 %

                        = 320,00 Euro.

Die **Obergrenze für die Erhöhungen** beträgt nach dem Gesetzeswortlaut der Nr. 1008 VV RVG „das Doppelte des Mindest- und Höchstbetrags" oder einfacher ausgedrückt, sie beträgt ab dem achten Auftraggeber 200 %.

Beispiel bei 8 Auftraggebern:

Die Erhöhung würde eigentlich 7 · „weitere" 30 % = 210 % betragen, aber sie ist auf 200 % beschränkt.

BEISPIEL

Untergrenze:
40,00 Euro erhöht um 200 % =
40,00 Euro + 80,00 Euro =   120,00 Euro

Obergrenze:
360,00 Euro erhöht um 200 % =
360,00 Euro + 720,00 Euro =   1.080,00 Euro
                         1.200,00 Euro

Mittelgebühr: 1.200,00 Euro : 2 = 600,00 Euro

Ab dem achten Auftraggeber beträgt die **Erhöhung maximal 200 %.**

MERKE

LERNFELD 4

> **Festgebühren**

Die Festgebühren werden für jeden weiteren Auftraggeber um 30 % erhöht. Die Obergrenze für die Erhöhungen beträgt auch hier das Doppelte der Ausgangsgebühr oder anders ausgedrückt, sie beträgt auch hier 200 %.

BEISPIEL

Der Rechtsanwalt wird für 7 Auftraggeber nach Nr. 2503 VV RVG in der Beratungshilfe tätig. Die Geschäftsgebühr als Festgebühr beträgt hier 85,00 Euro.

Ausgangsgebühr	Erhöhung (maximal 200 %)	Gebühr insgesamt
85,00 Euro Geschäftsgebühr	6 weitere Auftraggeber bedeuten eine Erhöhung der Ausgangsgebühr um 6 · 30 % = 180 %	85,00 Euro + 153,00 Euro = **238,00 Euro**

MERKE

Ab dem achten Auftraggeber beträgt die **Erhöhung maximal 200 %.**

3.4.4   Hebegebühr

3.4.4.1   Inhaltliche Grundlagen

© igor – Fotolia.com

In der anwaltlichen Praxis kommt es vor, dass der Schuldner oder auch Dritte Zahlungen an den Rechtsanwalt leisten, die dieser wiederum an seinen Auftraggeber weiterzuleiten hat. Er übernimmt somit eine „Geld-Serviceleistung", die er auch gesondert abrechnen darf.

Nach dem Gesetzeswortlaut in Absatz 1 der Anmerkung zu Nr. 1009 VV RVG wird die Hebegebühr für die Auszahlung oder Rückzahlung von entgegengenommenen Geldbeträgen erhoben. Die Hebegebühr erstreckt sich nur auf Zahlungsvorgänge und entsteht somit unabhängig von vorausgegangenen oder noch weiterhin entstehenden Gebühren. Wurde sie durch einen Zahlungsvorgang ausgelöst, dann bleibt sie bestehen und wird nicht auf andere Gebühren angerechnet.

Für das **Entstehen** der Hebegebühr muss ein Auftrag zur Empfangnahme, Verwahrung bzw. Aus- oder Rückzahlung vorliegen. Dieser kann ausdrücklich in der Prozessvollmacht bereits aufgenommen sein oder auch gesondert vereinbart werden, gegebenenfalls sogar stillschweigend. Aufgrund der normalen Prozessvollmacht nach § 81 ZPO ist der Rechtsanwalt nicht berechtigt, die Streitsumme vom Prozessgegner oder von einem Dritten in Empfang zu nehmen, sodass diese ausdrücklich vereinbart werden muss.

Der Rechtsanwalt ist berechtigt, die Hebegebühr von dem an seinen Mandanten auszuzahlenden Betrag gleich abzuziehen. Bei der Hebegebühr spielt es keine Rolle, ob es sich um bare oder unbare Zahlungen handelt. Sofern das Geld in mehreren Beträgen gesondert ausgezahlt oder zurückgezahlt wird, ist die Gebühr von jedem Betrag besonders zu erheben. Die Hebegebühr entsteht ebenfalls, wenn Wertpapiere oder Kostbarkeiten wie etwa Schmuck in Empfang genommen und an den Mandanten weitergeleitet werden.

> **MERKE**
>
> *Die Hebegebühr ist nicht bereits mit der Entgegennahme des Geldes fällig, sondern erst mit dessen Auszahlung oder Rückzahlung.*

Nach Absatz 5 der Anmerkung zu Nr. 1009 VV RVG entsteht die **Hebegebühr** nicht,

> wenn der Rechtsanwalt nur Gerichtskosten im Auftrag des Mandanten bei Gericht einzahlt oder

> wenn er im Namen seines Mandanten Gelder an eine Behörde weiterleitet oder

> wenn der Rechtsanwalt von der Gegenseite festgesetzte Kosten einzieht und an den Mandanten weiterleitet, weil dieser die ihm entstandenen Gebühren und Auslagen bereits gezahlt hat oder

> wenn er erhaltene Gelder auf seine Vergütung verrechnet.

Zu beachten ist, dass die Hebegebühr im Rahmen der Zwangsvollstreckung anfallen kann, wenn der Rechtsanwalt Gelder als Sicherheitsleistung bei Gericht hinterlegt und anschließend wieder in Empfang nimmt und an den Mandanten auszahlt.

Bei der Hebegebühr können auch Auslagen für Post- und Telekommunikationsdienstleistungen anfallen, sodass die Auslagenpauschale nach Nr. 7002 VV RVG grundsätzlich angesetzt werden kann. Sofern allerdings in der Angelegenheit eine Vergütungsabrechnung ergangen ist, in der die Auslagenpauschale bereits angesetzt wurde, so kann diese für die Hebegebühr nicht noch einmal angesetzt werden. Vorbemerkung 1 VV RVG bestimmt ausdrücklich, dass die Gebühren des Teil 1 VV RVG neben den anderen Gebühren angesetzt werden dürfen. Anders ausgedrückt bedeutet dies, dass die Weiterleitung von Geldern an den Mandanten gebührenrechtlich keine eigene Angelegenheit darstellt und die Auslagenpauschale nach Nr. 7002 VV RVG für die Regelgebühren und die Hebegebühr insgesamt nur einmal gefordert werden darf.

Von der Entstehung und dem Anfall der Hebegebühr ist die **Erstattungsfähigkeit** durch den Gegner zu unterscheiden. Da es in vielen Fällen nicht unbedingt notwendig ist, einen Rechtsanwalt für die Weiterleitung von Geldern einzuschalten, entfällt auch die Notwendigkeit für den Gegner, für die

Hebegebühr aufkommen zu müssen. Somit müsste der eigene Mandant die Hebegebühr im Regelfall zahlen, sofern ein Anwalt nicht ohnehin auf deren Abrechnung verzichtet, was teilweise in der Praxis so gehandhabt wird.

Sie ist beispielsweise dann erstattungsfähig, wenn der Schuldner an den Rechtsanwalt des Gläubigers zahlt, ohne extra von ihm aufgefordert worden zu sein, um die Zwangsvollstreckung abzuwenden oder wenn der Gegner sich in einem Vergleich dazu verpflichtet hat, an den Rechtsanwalt zu zahlen.

3.4.4.2 Berechnung der Hebegebühr

Die Höhe berechnet sich nach Prozentsätzen gestaffelt:

> bis einschließlich 2.500,00 Euro 1,0 %

> 2.500,01 Euro bis 10.000,00 Euro 0,5 %

> ab 10.000,00 Euro 0,25 %

Der Mindestbetrag beträgt 1,00 Euro.

BEISPIEL

1. Der Auszahlungsbetrag beträgt 1.900,00 Euro
Die Hebegebühr beträgt:
1 % von 1.900,00 Euro = 19,00 Euro

---

2. Der Auszahlungsbetrag beträgt 8.500,00 Euro
Die Hebegebühr beträgt:

1 % von 2.500,00 Euro =	25,00 Euro
0,5 % von den übersteigenden 6.000,00 Euro (= 8.500,00 – 2.500,00)	+ 30,00 Euro
	= 55,00 Euro

---

3. Der Auszahlungsbetrag beträgt 13.000,00 Euro
Die Hebegebühr beträgt:

1 % von 2.500,00 Euro =	25,00 Euro
0,5 % von den übersteigenden 7.500,00 Euro (bis 10.000,00 Euro)	37,50 Euro
0,25 % von den 10.000,00 Euro übersteigenden 3.000,00 Euro	7,50 Euro
	70,00 Euro

Bei Beträgen über 2.500,00 Euro lässt sich die Berechnung wie folgt vereinfachen:

Beträge bis 2.500,00 Euro	Beträge über 2.500,00 Euro bis 10.000,00 Euro	Beträge über 10.000,00 Euro
1 % von 2.500,00 Euro = Hebegebühr maximal: 25,00 Euro	25,00 Euro + 0,5 % vom 2.500,00 Euro übersteigenden Betrag, max. 0,5 % von 7.500,00 Euro = 37,50 Euro = Hebegebühr (hier für 10.000,00 Euro)	25,00 Euro + 37,50 Euro + 0,25 % vom 10.000,00 Euro **übersteigenden Betrag** = Hebegebühr

Alternativ gibt es auch noch einen nicht unmittelbar aus dem Gesetzeswortlaut abgeleiteten schnelleren Rechenweg:

Beträge in Euro	Rechenweg
bis 2.500,00	1 % des Betrages
bis 10.000,00	0,5 % des Gesamtbetrages + 12,50 Euro
über 10.000,00	0,25 % des Gesamtbetrags + 37,50 Euro

3.4.5 Beweisgebühr als Zusatzgebühr

Die Zusatzgebühr nach Nr. 1010 VV RVG wird zwar bei den allgemeinen Gebühren aufgeführt, sie kann jedoch nur in Verbindung mit Gebühren des Teil 3 des Vergütungsverzeichnisses entstehen. Sie wird daher im Lernfeld 10 dargestellt.

3.4.6 Zusammenfassung und Aufgaben

ZUSAMMENFASSUNG

Einigungsgebühr

Höhe der Einigungsgebühr, Einigung erfolgt:
> außergerichtlich 1,5
> in der 1. Instanz oder im
> Verfahren vor dem Gerichtsvollzieher 1,0
> in der Rechtsmittelinstanz. 1,3

Gegenstandswert = voller Wert, des durch die Einigung geregelten Anspruchs.

Sie entsteht für die Mitwirkung beim Abschluss eines Vertrags, durch den die Ungewissheit über ein Rechtsverhältnis beseitigt wird.

Sie kann nur zusammen mit einer Betriebsgebühr abgerechnet werden.

Zahlungsvereinbarungen

Der Gläubiger verzichtet vorläufig auf gerichtliche Schritte.	1,5 Einigungsgebühr Gegenstandswert: 20 % ohne Nebenforderungen
Vollstreckungstitel und Vollstreckungsauftrag bestehen, allerdings noch kein Vollstreckungsverfahren, z.B. Zwangsvollstreckung wurde nur angedroht.	1,5 Einigungsgebühr Gegenstandswert: 20 % mit Nebenforderungen
Es gibt bereits einen Vollstreckungstitel im Vollstreckungsverfahren und einen Vollstreckungsauftrag, es wird davon abgesehen, ihn zu vollstrecken.	1,0 Einigungsgebühr Gegenstandswert: 20 % mit Nebenforderungen

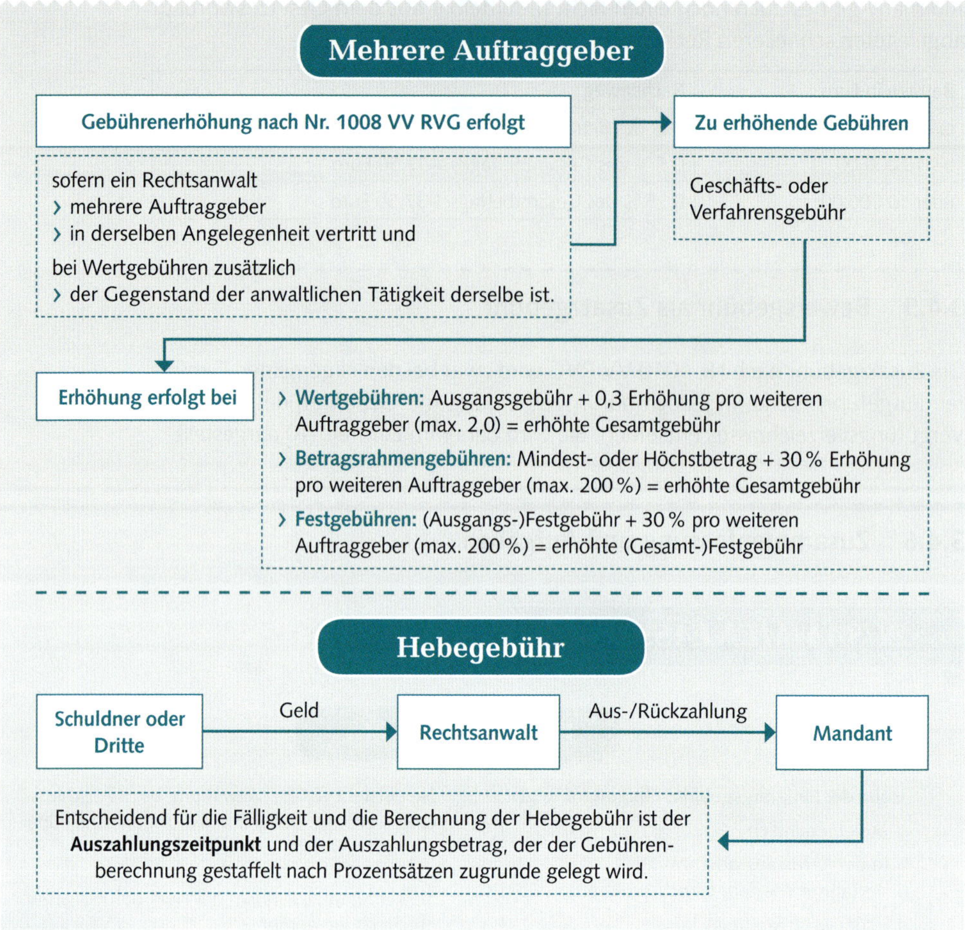

Mehrere Auftraggeber

Gebührenerhöhung nach Nr. 1008 VV RVG erfolgt

sofern ein Rechtsanwalt
> mehrere Auftraggeber
> in derselben Angelegenheit vertritt und

bei Wertgebühren zusätzlich
> der Gegenstand der anwaltlichen Tätigkeit derselbe ist.

Zu erhöhende Gebühren

Geschäfts- oder
Verfahrensgebühr

Erhöhung erfolgt bei

> **Wertgebühren:** Ausgangsgebühr + 0,3 Erhöhung pro weiteren Auftraggeber (max. 2,0) = erhöhte Gesamtgebühr

> **Betragsrahmengebühren:** Mindest- oder Höchstbetrag + 30 % Erhöhung pro weiteren Auftraggeber (max. 200 %) = erhöhte Gesamtgebühr

> **Festgebühren:** (Ausgangs-)Festgebühr + 30 % pro weiteren Auftraggeber (max. 200 %) = erhöhte (Gesamt-)Festgebühr

Hebegebühr

Schuldner oder Dritte → Geld → **Rechtsanwalt** → Aus-/Rückzahlung → **Mandant**

Entscheidend für die Fälligkeit und die Berechnung der Hebegebühr ist der **Auszahlungszeitpunkt** und der Auszahlungsbetrag, der der Gebührenberechnung gestaffelt nach Prozentsätzen zugrunde gelegt wird.

AUFGABEN

1. Rechtsanwalt Dr. Streng wurde von Herrn Huber ausdrücklich damit beauftragt, im Nachbarschaftsstreit wegen einer Schadensersatzforderung über 1.000,00 Euro eine tragbare Einigung zu erwirken. Nach zähen Verhandlungen mit dem Nachbarn einigen sich die Parteien außergerichtlich darauf, dass der Nachbar zur Abgeltung aller Ansprüche 800,00 Euro an Herrn Huber zahlen soll. Es wurde vereinbart, dass er dies in 4 Monatsraten zu jeweils 200,00 Euro tun kann. In dem Vergleich wurde ein Widerrufsvorbehalt mit einer Widerspruchsfrist von 2 Wochen aufgenommen. Nach 10 Tagen macht der Nachbar von dem Widerrufsrecht Gebrauch. Darf Dr. Streng für seine Tätigkeit die Einigungsgebühr abrechnen?

2. Geben Sie für die folgenden Fälle den Gebührensatz für die Einigungsgebühr (falls vorliegend) und den Gegenstandswert (in jedem Fall) an:

a. In einer außergerichtlichen durchschnittlichen Angelegenheit über 2.300,00 Euro vertritt Rechtsanwalt Dr. Specht Frau Schön. Nach Zusendung eines außergerichtlichen anwaltlichen Aufforderungsschreibens, ruft der gegnerische Anwalt an und schlägt einen Termin vor. In diesem folgenden Termin wird ein Vergleich über 1.200,00 Euro geschlossen.

b. Frau Klein erlitt durch einen von Herrn Raser verschuldeten Verkehrsunfall eine dauerhafte Beeinträchtigung. Sie schaltet daher Rechtsanwalt Schlau ein. Frau Klein fordert eine monatliche Rente in Höhe von 200,00 Euro von Herrn Raser. Rechtsanwalt Schlau formuliert ihre Ansprüche und macht sie außergerichtlich gegenüber Herrn Raser geltend. Da dieser sich seiner Schuld sehr wohl bewusst ist, akzeptiert er sofort.

c. Rechtsanwalt Schnell erhebt im Namen seines Mandanten Klage wegen 2.000,00 Euro Kaufpreisforderung nebst 56,00 Euro Verzugszinsen. Kurz vor Klageeinreichung ruft sein Mandant an und teilt ihm mit, dass er verzichten möchte. Die Klage wird nicht eingereicht.

3. Rechtsanwalt Schlau vertritt die in den folgenden Teilziffern aufgeführten Auftraggeber in einer jeweils durchschnittlichen außergerichtlichen Angelegenheit. Gehen Sie davon aus, dass es sich jeweils um dieselbe Angelegenheit handelt und der Gegenstand derselbe ist. Geben Sie an, wie viele Auftraggeber jeweils vorliegen und wie hoch der Gebührensatz der abzurechnenden Geschäftsgebühr ist.

a. KG, vertreten durch den Komplementär Olaf Müller.

b. AG, vertreten durch drei Vorstandsmitglieder

c. 11-köpfige Erbengemeinschaft

d. die Krankenhaus GmbH und den Chefarzt Dr. Schmerz, der Geschäftsführer Dr. Rot vertritt die GmbH

e. Paul und Max Müller, beide 7 Jahre alt, vertreten durch die Eltern

4. Herr Raser verletzte die Eheleute Klein bei einem Verkehrsunfall. Herr Klein fordert für sich ein Schmerzensgeld in Höhe von 500,00 Euro und Frau Klein in Höhe von 700,00 Euro. Rechtsanwalt Schlau vertritt die beiden in einer überdurchschnittlichen Angelegenheit, für die er eine Geschäftsgebühr als Ausgangsgebühr in Höhe von 1,7 vorsieht. Geben Sie die korrekte Höhe der Geschäftsgebühr und den zutreffenden Gegenstandswert an.

5. Berechnen Sie für die folgenden (weitergeleiteten) Auszahlungsbeträge die Hebegebühr:

a. 1.750,00 Euro   b. 3.600,00 Euro

c. 11.234,00 Euro   d. 125.000,00 Euro

6. Rechtsanwalt Dr. Streit hatte in einer außergerichtlichen Angelegenheit wie folgt abgerechnet:

Gegenstandswert: 450,00 Euro	
1,3 Geschäftsgebühr gem. §§ 2, 13, 14 i.V.m. Nr. 2300 VV RVG	58,50 Euro
Post- und Telekommunikationspauschale gem. Nr. 7002 VV RVG	11,70 Euro
	70,20 Euro
19 % USt gem. Nr. 7008 VV RVG	13,34 Euro
	83,54 Euro

In derselben Angelegenheit leitete er einen Geldbetrag von einem Dritten in Höhe von 2.500,00 Euro an den Mandanten weiter. Hierfür war es notwendig, mit dem Mandanten zu telefonieren und ihm die Auszahlung schriftlich, das heißt per Post, mitzuteilen. Nehmen Sie die Abrechnung vor.

3.5   Gebühren bei außergerichtlicher Tätigkeit

3.5.1   Beratungsgebühr

© Kzenon – Fotolia.com

In § 34 Abs. 1 RVG hat der Gesetzgeber eine Reihe verschiedener, außergerichtlicher Tätigkeiten zusammengefasst, für die der Rechtsanwalt die Vergütung außerhalb der im Vergütungsverzeichnis vorgeschriebenen Gebühren bestimmen darf. Allerdings hat er sich bei der Festlegung seiner Vergütung insbesondere an den Rahmenvorgaben der §§ 3a, 14, 34 RVG, der §§ 315, 316, 612, 632 BGB und des § 49b BRAO zu orientieren.

Begriffsbestimmungen zu den in § 34 Abs. 1 RVG genannten Tätigkeiten „Beratung, Gutachten und Mediation":

> Für einen Rat oder eine Auskunft im Sinne von § 34 Abs. 1 S. 1 RVG müssen drei Aspekte beachtet werden:
> - Es muss ein **Rat bzw. eine Auskunft (Beratung)** vorliegen. Ein **Rat** beinhaltet eine anwaltliche (Verhaltens-)Empfehlung im Hinblick auf eine bestimmte Lage. Eine **Auskunft** beinhaltet die allgemeine Beantwortung einer genauen rechtlichen Frage ohne direkt auf einen bestimmten Einzelfall bezogen zu sein. Rat oder Auskunft können grundsätzlich mündlich, telefonisch, schriftlich oder elektronisch erfolgen und sich auf alle Rechtsgebiete erstrecken.
> - Rat und Auskunft dürfen **nicht mit einer anderen gebührenpflichtigen Tätigkeit in derselben Angelegenheit zusammenhängen.** Sofern dies doch der Fall sein sollte, fällt dies bereits unter den Regelungsbereich einer anderen Gebühr. Dies ist z. B. bereits der Fall, wenn der Anwalt der Gegenseite ein

Aufforderungsschreiben oder ein einfaches Schreiben zusendet. Hier entsteht bereits die Geschäftsgebühr, diese Tätigkeit geht über einen bloßen Rat oder eine bloße Auskunft hinaus. Der Anwalt darf somit noch keinen Auftrag zur Geschäftsbesorgung haben.

– Der Rechtsanwalt muss den Rat oder die Auskunft **persönlich erteilt** haben.

› Ein **schriftliches Gutachten** grenzt sich von einem schriftlichen Rat in der Regel nicht nur durch seinen größeren seitenmäßigen Umfang ab, sondern insbesondere auch dadurch, dass der Anwalt bei einem Gutachten die Verantwortung dafür übernimmt, dass seine Ausführungen auch einer wissenschaftlichen Überprüfung standhalten. Bei einem Rat oder einer Auskunft stehen eher praktische oder taktische Überlegungen aus der Berufserfahrung des Anwalts im Vordergrund. Die Prüfung der Erfolgsaussichten eines Rechtsmittels fällt ausdrücklich nicht unter § 34 RVG, sondern wird ab Nr. 2100 ff. VV RVG gesondert im Vergütungsverzeichnis geregelt.

› Einer Tätigkeit als **Mediator** (unparteiischer Vermittler) liegt die Überlegung zugrunde, dass der Rechtsanwalt bei starken Interessengegensätzen die Beteiligten zu einer eigenverantwortlichen freiwilligen Einigung bewegen soll, ähnlich wie bei einem richterlichen Vergleichsvorschlag.

Für die endgültige Abrechnung seiner anwaltlichen Tätigkeit kommt es darauf an, ob der Rechtsanwalt mit dem Mandanten eine Gebührenvereinbarung getroffen hat oder nicht. Je nachdem kommen unterschiedliche rechtliche Regelungen zum Tragen.

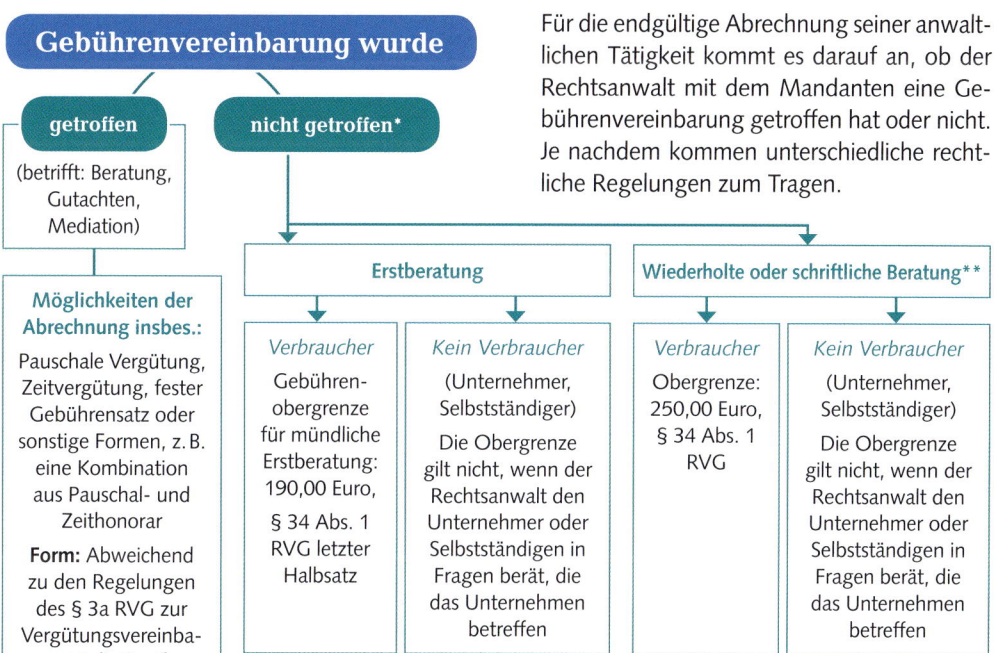

Gebührenvereinbarung wurde

getroffen (betrifft: Beratung, Gutachten, Mediation)

nicht getroffen*

Möglichkeiten der Abrechnung insbes.:
Pauschale Vergütung, Zeitvergütung, fester Gebührensatz oder sonstige Formen, z. B. eine Kombination aus Pauschal- und Zeithonorar

Form: Abweichend zu den Regelungen des § 3a RVG zur Vergütungsvereinbarung ist die Textform bei der Gebührenvereinbarung nach § 34 RVG nicht zwingend, § 3a Abs. 1 S. 4 RVG. Allerdings ist Schriftform aus Beweisgründen anzuraten.

Erstberatung		Wiederholte oder schriftliche Beratung**	
Verbraucher	*Kein Verbraucher*	*Verbraucher*	*Kein Verbraucher*
Gebührenobergrenze für mündliche Erstberatung: 190,00 Euro, § 34 Abs. 1 RVG letzter Halbsatz	(Unternehmer, Selbstständiger) Die Obergrenze gilt nicht, wenn der Rechtsanwalt den Unternehmer oder Selbstständigen in Fragen berät, die das Unternehmen betreffen	Obergrenze: 250,00 Euro, § 34 Abs. 1 RVG	(Unternehmer, Selbstständiger) Die Obergrenze gilt nicht, wenn der Rechtsanwalt den Unternehmer oder Selbstständigen in Fragen berät, die das Unternehmen betreffen

* Sofern keine Vereinbarung getroffen wurde, bestimmt § 34 Abs. 1 S. 2 RVG, dass die Vergütung nach den Vorschriften des BGB vorgeschrieben ist. Dies sind insbesondere die §§ 612 Abs. 2, 632 Abs. 2 BGB zur Bestimmung der „üblichen bzw. taxmäßigen Vergütung". Außerdem verweist § 34 Abs. 1 S. 3 RVG ausdrücklich auf § 14 RVG. Dies bedeutet, dass der Rechtsanwalt im Einzelfall, unter Würdigung aller in § 14 RVG aufgezählter Umstände, die „übliche Gebühr" nach billigem Ermessen bestimmt.

** Der Wortlaut des § 34 Abs. 1 S. 3 RVG besagt zwar, dass ein Rechtsanwalt für die Erstellung eines schriftlichen Gutachtens, ohne hierfür eine Vergütungsvereinbarung getroffen zu haben, auch nur maximal 250,00 Euro gegenüber einem Verbraucher abrechnen darf. Dies wird in der Praxis jedoch kaum vorkommen, da er für diese zeitaufwendige Tätigkeit eine Vergütungsvereinbarung schließen wird.

LERNFELD 4

> **MERKE**
>
> Verbraucher ist jede natürliche Person, die ein Rechtsgeschäft zu einem Zwecke abschließt, der weder ihrer gewerblichen noch ihrer selbstständigen beruflichen Tätigkeit zugerechnet werden kann, § 13 BGB.

Eine Gebührenvereinbarung zu § 34 RVG könnte wie folgt aussehen:

Gebührenvereinbarung gem. § 34 RVG

Zwischen

Frau/Herrn/Firma   ….................................……

ggf. vertreten durch   …... (ggf. Vollmacht vom ….......)

– im Folgenden Auftraggeber genannt –

und

Herrn Rechtsanwalt/Frau Rechtsanwältin …......................................

(ggf. Gesellschaft, vertreten durch)

– im Folgenden Rechtsanwalt genannt –

wird folgende Vergütungsvereinbarung geschlossen:

1. Vergütung
Für   ( ) die Beratung   ( ) schriftliches Gutachten   ( ) Tätigkeit als Mediator

in der Angelegenheit …........................ (Angelegenheit bezeichnen) berechne ich eine pauschale Vergütung in Höhe von ….......... Euro. Sofern über diese Tätigkeit hinaus in dieser Angelegenheit eine außergerichtliche Tätigkeit des Rechtsanwalts erforderlich wird, soll hierfür eine gesonderte Vergütungsvereinbarung geschlossen werden.

2. Auslagen
Eventuell entstehende Auslagen werden nach Teil 7 VV RVG gesondert in Rechnung gestellt, hierzu gehört auch die gesetzliche Umsatzsteuer.

3. Ausschluss von Anrechnungen
Eine Anrechnung der Beratungsgebühr nach § 34 Abs. 2 RVG wird ausgeschlossen.

4. Vorschuss
Der Rechtsanwalt darf jederzeit einen angemessenen Vorschuss von seinem Auftraggeber verlangen.

5. Fälligkeit
Die vereinbarte Pauschale und die Auslagen sind mit Zugang der Abrechnung fällig.

6. Hinweise
Eine gesetzliche Gebühr für eine anwaltliche Beratung ist in § 34 RVG nicht vorgesehen. Daher entspricht es der Intention des Gesetzgebers, dass der Rechtsanwalt nach Möglichkeit eine Gebührenvereinbarung mit dem Auftraggeber abschließt. Sofern keine Vereinbarung geschlossen wird, gilt nach § 612 Abs. 2 BGB bzw. für Gutachten nach § 632 Abs. 2 BGB die übliche Vergütung als vereinbart. Sofern keine Gebührenvereinbarung gegenüber einem Verbraucher getroffen wurde, dürfen für ein erstes Beratungsgespräch maximal 190,00 Euro abgerechnet werden. Bei wiederholter oder schriftlicher Beratung oder bei Ausarbeitung eines schriftlichen Gutachtens dürfen maximal 250,00 Euro gegenüber Verbrauchern abgerechnet werden. Wird keine Vergütungsvereinbarung getroffen, ist die Anrechnungsregelung des § 34 Abs. 2 RVG zu beachten, sofern eine weitere Beauftragung in dieser Angelegenheit erfolgt.

Der Auftraggeber wird darauf hingewiesen, dass die oben vereinbarte Vergütung unter Umständen die in § 34 Abs. 1 S. 3 RVG genannten Obergrenzen übersteigt. Sofern durch Dritte (Streitgegner, Staatskasse, Rechtsschutzversicherung) die Kosten für die anwaltliche Inanspruchnahme erstattet bzw. übernommen werden, erstrecken sich diese in der Regel auf die gesetzlich vorgesehene Rechtsanwaltsvergütung, was zur Folge haben könnte, dass die vereinbarte Vergütung unter Umständen nicht oder nicht vollständig übernommen wird. Es wird insbesondere darauf hingewiesen, dass im Falle eines Obsiegens die gegnerische Partei, ein Verfahrensbeteiligter oder die Staatskasse nur dazu verpflichtet ist, nicht mehr als die gesetzliche Vergütung zu erstatten.

Der Umfang und der Ausgang der anwaltlichen Bemühung sind ohne Einfluss auf die Höhe des Honorars.

Ort …................. Datum ….............

…...........................……   …......................................
Unterschrift Auftraggeber   Unterschrift Rechtsanwalt
bzw. Vertreter

Muster einer Vergütungsvereinbarung zu einer Beratung, § 34 RVG

Die Beratungsgebühr ist auf Gebühren für sonstige Tätigkeiten anzurechnen, die mit der Beratung zusammenhängen. Sofern sich nach der Beratung ein gerichtliches Verfahren anschließt, wird die Beratungsgebühr auf die Verfahrensgebühr angerechnet. Dies kann allerdings vom Rechtsanwalt in der Gebührenvereinbarung ausgeschlossen werden, § 34 Abs. 2 RVG. Die Gebühr für ein schriftliches Gutachten und die Gebühr für die Tätigkeit als Mediator sind nicht auf eine gegebenenfalls in einem anschließenden gerichtlichen Verfahren entstehende Verfahrensgebühr anzurechnen.

BEISPIEL

Rechtsanwalt Dr. Roth berät die Rentnerin Carla Rüstig in einem einstündigen Erstberatungsgespräch in seiner Kanzlei wegen einer Schadensersatzangelegenheit über 4.000,00 Euro. Dr. Roth rechnet eine Beratung üblicherweise mit einem Stundensatz von 300,00 Euro ab, eine Vergütungsvereinbarung wurde nicht geschlossen. Die Vergütungsrechnung sieht wie folgt aus:

Erstberatungsgebühr gem. §§ 14, 34 Abs. 1 S. 3 RVG	190,00 Euro
19 % USt gem. Nr. 7008 VV RVG	36,10 Euro
	226,10 Euro

Da Frau Rüstig offensichtlich Verbraucherin ist, darf der Rechtsanwalt in einer mündlichen Erstberatung nicht mehr als 190,00 Euro abrechnen. Die Auslagenpauschale nach Nr. 7002 VV RVG entsteht nicht, da die Beratung mündlich erfolgte.

BEISPIEL

Fortsetzung des obigen Beispiels: Nachdem Frau Rüstig die Vergütungsrechnung bereits bezahlt hat, bittet sie zwei Wochen später Dr. Roth erneut in derselben Angelegenheit um Rat. In einem längeren Telefonat berät er sie erneut und bestätigt den Rat auf Wunsch von Frau Rüstig anschließend schriftlich. Er rechnet wie folgt ab:

Beratungsgebühr (ggü. Verbraucher) gem. §§ 14, 34 Abs. 1 S. 3 RVG	250,00 Euro
– bereits gezahlte Erstberatungsgebühr	– 190,00 Euro
	60,00 Euro
Post- und Telekommunikationspauschale gemäß Nr. 7002 VV RVG	20,00 Euro
	80,00 Euro
19 % USt gem. Nr. 7008 VV RVG	15,20 Euro
	95,20 Euro

LERNFELD 4

Da Frau Rüstig nun nicht mehr nur eine einmalige mündliche Erstberatung, sondern mehrfach und zudem noch schriftlich eine Beratung von Dr. Roth beansprucht, erhöht sich die zu zahlende Obergrenze für Verbraucher auf 250,00 Euro. Die Auslagenpauschale in Höhe von 20,00 Euro entsteht, da der Rat schriftlich bestätigt wurde. Sie wird zudem auf die ausgelöste Gebühr in Höhe von 250,00 Euro gerechnet (20 % von 250,00 Euro = 50,00 Euro; max. 20,00 Euro) und nicht auf den saldierten kleineren Betrag in Höhe von 80,00 Euro.

Fortsetzung des Beispiels: Nachdem Frau Rüstig auch nach drei weiteren Wochen nicht zum gewünschten Ziel kam, erteilt sie Dr. Roth Klageauftrag über 4.000,00 Euro Schadensersatz. Dr. Roth reicht die Klage auftragsgemäß bei Gericht ein. Nach streitiger Verhandlung ergeht das Urteil. Dr. Roth rechnet wie folgt ab:

BEISPIEL

Gegenstandswert: 4.000,00 Euro	
1,3 Verfahrensgebühr gem. §§ 2, 13 i.V.m. Nr. 3100 VV RVG	327,60 Euro
– Beratungsgebühr gem. §§ 14, 34 Abs. 1 S. 3, Abs. 2 VV RVG	– 250,00 Euro
	77,60 Euro
1,2 Terminsgebühr gem. §§ 2, 13 i.V.m. Nr. 3104 VV RVG	302,40 Euro
Post- und Telekommunikationspauschale gem. Nr. 7002 VV RVG	20,00 Euro
	400,00 Euro
19 % USt gem. Nr. 7008 VV RVG	76,00 Euro
	476,00 Euro

Die Beratungsgebühr muss gemäß § 34 Abs. 2 RVG komplett auf die Verfahrensgebühr des anschließenden Klageverfahrens angerechnet werden.

- -

3.5.2   Gebühr für die Prüfung der Erfolgsaussichten eines Rechtsmittels

Diese Gebühr wird in LF 11 dargestellt, da in diesem Lernfeld der Schwerpunkt auf den außergerichtlichen, vorprozessualen Gebühren liegt. Diese Gebühr setzt jedoch einen bereits vorangegangenen Prozess voraus.

- -

3.5.3   Geschäftsgebühr

- - - - - - - - - - - - - - - - - - -

3.5.3.1   Inhaltliche Grundlagen

Die Geschäftsgebühr ist in der Vorbemerkung 2.3 Abs. 3 definiert: „Die Geschäftsgebühr entsteht für das **Betreiben des Geschäfts einschließlich der Information** und für die Mitwirkung bei der Gestaltung eines Vertrags." Sie macht demzufolge nicht an einer einzelnen, mitunter zeitlich kurzen Maßnahme fest,

z. B. Vertretung in einem Termin wie bei der Terminsgebühr oder der Mitwirkung an einer Einigung wie bei der Einigungsgebühr, sondern soll pauschal das Vorbereitungs- und Tätigkeitsspektrum des Rechtsanwalts im Zusammenhang mit einem Auftrag abdecken. Sie ist somit vergleichbar mit der Verfahrensgebühr im Klageverfahren, die das Vorbereitungs- und Arbeitsspektrum im Zusammenhang mit einer Klage abdecken soll. Beide werden daher als **Betriebsgebühren** bezeichnet.

© Michael Schindler – Fotolia.com

Die Tätigkeit des Rechtsanwalts beginnt mit der Entgegennahme der ersten Information. Diese kann auch nur in einem Telefonat bestehen. Ab diesem Zeitpunkt ist die Geschäftsgebühr bereits ausgelöst. Der Umfang der Tätigkeit ist also nicht entscheidend für die Frage „ob" die Gebühr entsteht, sondern lediglich für ihre Höhe. Als beispielhafte Tätigkeiten, die durch die Geschäftsgebühr abgegolten sind, können genannt werden:

> erste Kontaktaufnahme, Unterhaltung, Informationsaufnahme, Telefonat mit dem Mandanten,

> das Anlegen einer Handakte,

> Entwurf eines Schreibens, Übersendung an den Mandanten zwecks Überprüfung,

> Überarbeitung des Entwurfs und ggf. Rücksprache mit dem Mandanten,

> Reinschrift erstellen, unterzeichnen, an den Schuldner absenden,

> je nach dessen Reaktion ggf. mit ihm Gespräche oder weitere Korrespondenz führen,

> sofern anschließend eine Einigung zustande käme, würden sowohl eine Geschäftsgebühr als auch eine Einigungsgebühr entstehen.

Die Erteilung eines bloßen Rats oder einer bloßen Auskunft fällt nicht in den Regelungsbereich der Geschäftsgebühr. Hierfür rechnet der Rechtsanwalt eine Beratungsgebühr ab. Sobald der Rechtsanwalt Klageauftrag hat, fallen seine Tätigkeiten nicht unter die Geschäftsgebühr, sondern unter die der Verfahrensgebühr.

- -

3.5.3.2 Berechnung der Geschäftsgebühr

Nr. 2300 VV RVG eröffnet dem Rechtsanwalt einen weit gefassten Gebührensatzrahmen, er reicht von 0,5 bis 2,5. Hierdurch soll ihm die Möglichkeit gegeben werden, für seine geleistete Tätigkeit eine adäquate Gebühr zu bestimmen und abrechnen zu dürfen. Bei seinen Überlegungen, sozusagen seiner „ersten Grobeinschätzung", hat der Rechtsanwalt die Grundsätze des § 14 RVG zu beachten, siehe hierzu Gliederungspunkt 3.2.1 Gebührenarten. Vor diesem Hintergrund muss er zunächst einmal entscheiden, ob es sich um eine durchschnittliche Angelegenheit handelt oder nicht bzw. wie weit er bei einer einfachen Angelegenheit mit seinen Gebühren „nach unten" geht. Bei der Gebühreneinschätzung billigen die Gerichte ihm generell einen Ermessensspielraum von bis zu 20 % zu.

Wie bereits oben dargestellt, beträgt die mathematische Mittelgebühr 1,5. Nach der Anmerkung zu Nr. 2300 VV RVG darf der Rechtsanwalt allerdings nur dann mehr als eine **1,3 Geschäftsgebühr** verlangen, wenn die Tätigkeit **umfangreich oder schwierig** war. Für eine durchschnittliche Angelegenheit hat der Gesetzgeber somit einen „rechtlichen Mittelwert" eingeführt, das heißt eine Schwelle, die nur dann überschritten werden darf, wenn die Tätigkeit schwierig oder umfangreich war. Daher kommt auch der Begriff **Schwellengebühr** oder auch **Kappungsgrenze.** Wenn es also nur noch um die Frage geht, ob die 1,3 Kappungsgrenze überschritten werden darf, reduziert der Gesetzgeber die dabei zugrunde zu legenden Entscheidungskriterien auf „umfangreich oder schwierig". Die anderen in § 14 RVG genannten Kriterien, wie beispielsweise Bedeutung der Angelegenheit, Einkommens- oder Vermögensverhältnisse sind dann unmaßgeblich.

Bei der Bestimmung, ob eine Angelegenheit schwierig ist, steht die Intensität der Arbeit im Mittelpunkt. Bei der Entscheidung, ob sie umfangreich war, ist dies der zeitliche Aufwand. Gründe, die einen höheren Ansatz als 1,3 rechtfertigen können, sind beispielsweise ein Mandat in Verbindung mit einer Fremdsprache, Wahrnehmung eines oder mehrerer Ortstermine, Studium der Rechtsprechung oder des Schrifttums, kritische Auswertung eines Gutachtens oder etwa Anzahl und Umfang der Schriftsätze. In der Praxis wird häufig einfach die 1,3 Geschäftsgebühr angesetzt.

Bei mehreren Auftraggebern erhöht sich die Geschäftsgebühr für jeden weiteren Auftraggeber um 0,3. In diesem Fall kann auch über die 1,3 Geschäftsgebühr für eine durchschnittliche Angelegenheit hinausgegangen werden, da es sich um eine Erhöhung wegen mehrerer Auftraggeber handelt. **Mehrere Erhöhungen** dürfen nach Nr. 1008 VV RVG einen Gebührensatz von 2,0 nicht übersteigen.

BEISPIEL

Die Eheleute Huber beauftragen Rechtsanwalt Dr. Schnell in einer durchschnittlichen Angelegenheit, gegen ihren gemeinsamen Schuldner ein außergerichtliches Aufforderungsschreiben zu verfassen und ihm zuzuschicken. Der Rechtsanwalt darf hierfür eine 1,6 Geschäftsgebühr (= 1,3 + 0,3) berechnen.

3.5.3.3 Gebühren bei einem anwaltlichen Aufforderungsschreiben

Wie unter Gliederungspunkt 2.5.3 bereits dargestellt wurde, ist es für die Gebührenabrechnung entscheidend, welcher Auftrag dem Rechtsanwalt erteilt wurde. In der Regel läuft dies auf die Frage hinaus, ob der Rechtsanwalt bereits Klageauftrag hat oder nicht.

Aufforderungsschreiben ohne Klageauftrag

Da der Rechtsanwalt in diesem Fall noch keinen Klageauftrag, sondern lediglich den Auftrag hat, die Angelegenheit außergerichtlich zu erledigen, kann in diesem Fall nur eine Gebühr nach Teil 2 des VV RVG für außergerichtliche Tätigkeiten entstehen. Für ein außergerichtliches anwaltliches Aufforderungsschreiben erhält er eine Geschäftsgebühr nach Nr. 2300 VV RVG, die in einer durchschnittlichen Angelegenheit mit einem Gebührensatz von 1,3 abgerechnet wird.

© Felix Pergande – Fotolia.com

BEISPIEL

Herr Grün hatte seinen Pkw im Rahmen eines Privatverkaufs an Herrn Blau zu einem Preis von 5.600,00 Euro verkauft. Nachdem Herr Blau zum Fälligkeitstermin nicht zahlte und auch ansonsten nicht auf Zahlungsaufforderungen reagierte, erteilt Herr Grün Rechtsanwalt Dr. Recht den Auftrag, Herrn Blau außergerichtlich zur Zahlung aufzufordern. Es sind bereits 21,00 Euro Verzugszinsen aufgelaufen. Wie kann Dr. Recht abrechnen?

Gegenstandswert: 5.600,00 Euro

1,3 Geschäftsgebühr gem. §§ 2, 13, 14 i.V.m. Nr. 2300 VV RVG	460,20 Euro
Post- und Telekommunikationspauschale gem. Nr. 7002 VV RVG	20,00 Euro
	480,20 Euro
19 % USt gem. Nr. 7008 VV RVG	91,24 Euro
	571,44 Euro

Aufforderungsschreiben mit Klageauftrag

Da dem Rechtsanwalt hierbei bereits ausdrücklich Klageauftrag erteilt wurde, kann er seine Gebühren nur nach Teil 3 VV RVG, Gebühren bei gerichtlicher Tätigkeit, abrechnen. Dies bedeutet, dass nicht die Geschäftsgebühr, sondern die Verfahrensgebühr nach Nr. 3100 VV RVG in Höhe von 1,3 bzw. die Verfahrensgebühr nach Nr. 3101 VV RVG in Höhe von 0,8 zum Tragen kommt. Die Höhe des Satzes hängt davon ab, ob die Angelegenheit vor Klageeinreichung vorzeitig beendet ist, dann darf er nur eine 0,8 Verfahrensgebühr gemäß Nr. 3101 VV RVG abrechnen oder ob die Klage tatsächlich eingereicht wird. Dann bekäme er eine 1,3 Verfahrensgebühr nach Nr. 3100 VV RVG. Sofern die Klage eingereicht wurde und anschließend auch noch ein oder mehrere Termine stattfinden, in denen der Rechtsanwalt tätig wird, darf er zusätzlich zur 1,3 Verfahrensgebühr eine 1,2 Terminsgebühr nach Nr. 3104 VV RVG abrechnen. Die Details zur Berechnung der Verfahrens- und Terminsgebühr werden in Lernfeld 10 ausführlich dargestellt.

LERNFELD 4

BEISPIEL

Herr Rödiger erteilt Rechtsanwalt Schmitt wegen eines Zahlungsanspruchs über 1.200,00 Euro Klageauftrag. Als letzter Versuch, soll Rechtsanwalt Schmitt den Schuldner zunächst noch einmal schriftlich, außergerichtlich zur Zahlung auffordern. Nach Erhalt des anwaltlichen Schreibens zahlt der Schuldner sofort. Wie kann Rechtsanwalt Schmitt abrechnen?

Gegenstandswert: 1.200,00 Euro	
0,8 Verfahrensgebühr gem. §§ 2, 13 i.V.m. Nr. 3100, 3101 VV RVG	92,00 Euro
Post- und Telekommunikationspauschale gem. Nr. 7002 VV RVG	18,40 Euro
	110,40 Euro
19 % USt gem. Nr. 7008 VV RVG	20,98 Euro
	131,38 Euro

Abwandlung des Sachverhalts

Sachverhalt wie oben, allerdings reagiert der Schuldner nicht, sodass Rechtsanwalt Schmitt Klage erhebt. Nach streitiger Verhandlung ergeht Urteil. Wie kann Rechtsanwalt Schmitt abrechnen?

Gegenstandswert: 1.200,00 Euro	
1,3 Verfahrensgebühr gem. §§ 2, 13 i.V.m. Nr. 3100 VV RVG	149,50 Euro
1,2 Terminsgebühr gem. §§ 2, 13 i.V.m. Nr. 3104 VV RVG	138,00 Euro
Post- und Telekommunikationspauschale gem. Nr. 7002 VV RVG	20,00 Euro
	307,50 Euro
19 % USt gem. Nr. 7008 VV RVG	58,43 Euro
	365,93 Euro

Aufforderungsschreiben mit Auftrag zum Mahnverfahren

Bei den anwaltlichen Aufforderungsschreiben wird von der Praxisrelevanz her üblicherweise in solche mit und solche ohne Klageauftrag unterschieden. Natürlich kann es auch vorkommen, dass der Mandant den Rechtsanwalt damit beauftragt, einen gerichtlichen Mahnbescheid zu beantragen und zuvor aber noch einmal den Schuldner außergerichtlich zur Zahlung auffordern soll. In diesem Fall würde der Rechtsanwalt in seinem Aufforderungsschreiben damit schließen, dass er im Falle des Nichtzahlens, für seinen Mandanten das gerichtliche Mahnverfahren beantragen wird. Hierdurch gibt er zu erkennen, dass ihm der Auftrag für die Geltendmachung des Anspruchs im gerichtlichen Mahnverfahren bereits vorliegt. Die Gebühren entstehen somit nach Teil 3 des VV RVG in Höhe von 1,0 gemäß Nr. 3305 VV RVG oder in Höhe von 0,5 gemäß Nr. 3306 bei vorzeitiger Beendigung des Auftrags. Dies bedeutet, dass grundsätzlich auch eine Terminsgebühr entstehen kann, sofern hierfür die Voraussetzungen vorliegen, siehe hierzu Vorbemerkung 3.3.2 VV RVG. Dies könnte zum Beispiel der Fall sein, wenn nach Zusendung des außergerichtlichen Aufforderungsschreibens des Rechtsanwalts ein außergerichtlicher Termin zwischen den Parteien stattfindet, in dem eine auf Prozessvermeidung gerichtete Besprechung stattfindet, siehe hierzu Vorbemerkung 3 Abs. 3 S. 3 Nr. 2 VV RVG.

Herr Braun beauftragt Rechtsanwalt Schlau, einen Anspruch über 2.000,00 Euro im gerichtlichen Mahnverfahren geltend zu machen. Zuvor soll er die Gegenseite noch einmal anschreiben und zur Zahlung auffordern. Kurz nach Erhalt des Schreibens ruft der Schuldner bei Rechtsanwalt Schlau an und schlägt einen Termin vor, um die Sache aus der Welt zu bringen. Der Termin findet in der Kanzlei von Rechtsanwalt Schlau statt. In diesem Termin schließen die Parteien einen Vergleich, demzufolge der Schuldner 1.800,00 Euro an Herr Braun zahlen soll, was auch unverzüglich geschieht. Wie kann Rechtsanwalt Schlau abrechnen?

BEISPIEL

Gegenstandswert: 2.000,00 Euro	
0,5 Verfahrensgebühr gem. §§ 2, 13 i.V.m. Nr. 3305, 3306 VV RVG	75,00 Euro
1,2 Terminsgebühr gem. §§ 2, 13 i.V.m. Nr. 3104 VV RVG	180,00 Euro
1,5 Einigungsgebühr gem. §§ 2, 13 i.V.m. Nr. 1000 VV RVG	225,00 Euro
Post- und Telekommunikationspauschale gem. Nr. 7002 VV RVG	20,00 Euro
	500,00 Euro
19 % USt gem. Nr. 7008 VV RVG	95,00 Euro
	595,00 Euro

3.5.3.4 Anrechnung der Geschäftsgebühr

Ein Mandat beginnt in der Praxis nicht selten zunächst im außergerichtlichen Bereich. Der Rechtsanwalt hat sich bereits in die Angelegenheit eingearbeitet und oftmals auch schon Schriftverkehr mit dem Schuldner geführt bzw. hat ihn schriftlich zur Leistung aufgefordert. Sofern der Schuldner jedoch nicht leistet, bleibt oftmals nichts anderes übrig, als den Klageweg zu beschreiten. Wenn der Rechtsanwalt jetzt Klage erhebt, ist er bereits in den Streitstoff eingearbeitet, sodass die Mehrbelastung durch die Klageerhebung für ihn deutlich geringer ausfällt als für einen Anwalt, der sich erst durch den Klageauftrag in den Streitstoff einarbeiten muss.

Dieser Überlegung trägt auch der Gesetzgeber Rechnung. Deshalb hat er im Absatz 4 der Vorbemerkung 3 vorgeschrieben, dass ein Rechtsanwalt nicht die komplette 1,3 Geschäftsgebühr nach Nr. 2300 VV RVG für seine außergerichtliche Tätigkeit und zusätzlich die komplette 1,3 Verfahrensgebühr nach Nr. 3100 VV RVG für das Klageverfahren abrechnen darf. Geschäftsgebühr und Verfahrensgebühr entstehen beide „für das Betreiben des Geschäfts einschließlich der Information", das heißt, sie entstehen pauschal für ein ähnliches Tätigkeitsspektrum im außergerichtlichen bzw. im gerichtlichen Bereich. Um zu vermeiden, dass der Rechtsanwalt für im Grunde genommen eine Tätigkeit zwei Betriebsgebühren abrechnet, schreibt Absatz 4 der Vorbemerkung 3 VV RVG vor, dass die Geschäftsgebühr zur Hälfte auf die Verfahrensgebühr eines anschließenden Klageverfahrens angerechnet werden muss, maximal jedoch in Höhe von 0,75.

BEISPIEL

Rechtsanwalt Dr. Streit erhält von Herrn Mayer den Auftrag, Herrn Schneider wegen einer Kaufpreisforderung über 2.100,00 Euro außergerichtlich zur Zahlung aufzufordern. Es handelt sich um eine durchschnittliche Angelegenheit. Dr. Streit tut dies auftragsgemäß. Da der Schuldner nicht zahlt, wird Klage erhoben. Im Verhandlungstermin schließen die Parteien einen gerichtlich protokollierten Vergleich, demzufolge der Beklagte 1.950,00 Euro an den Kläger zahlt. Die Vergütungsrechnung(en) sieht wie folgt aus:

1. Vergütung für die außergerichtliche Tätigkeit
Gegenstandswert: 2.100,00 Euro

1,3 Geschäftsgebühr gem. §§ 2, 13, 14 i.V.m. Nr. 2300 VV RVG	261,30 Euro
Post- und Telekommunikationspauschale gem. Nr. 7002 VV RVG	20,00 Euro
	281,30 Euro
19 % USt gem. Nr. 7008 VV RVG	53,45 Euro
	334,75 Euro

2. Vergütung für die gerichtliche Tätigkeit
Gegenstandswert: 2.100,00 Euro

1,3 Verfahrensgebühr gem. §§ 2, 13 i.V.m. Nr. 3100 VV RVG	261,30 Euro
– 0,65 Geschäftsgebühr gem. Vorb. 3 Abs. 4 VV RVG	– 130,65 Euro
	130,65 Euro
1,2 Terminsgebühr gem. §§ 2, 13 i.V.m. Nr. 3104 VV RVG	241,20 Euro
1,0 Einigungsgebühr gem. §§ 2, 13 i.V.m. Nr. 1000, 1003 VV RVG	201,00 Euro
Post- und Telekommunikationspauschale gem. Nr. 7002 VV RVG	20,00 Euro
	592,85 Euro
19 % USt gem. Nr. 7008 VV RVG	112,64 Euro
	705,49 Euro

Die Auslagenpauschale darf zweimal abgerechnet werden. Bei der Einigungsgebühr sind nicht die 1.950,00 Euro als Gegenstandswert zu nehmen, sondern die Ansprüche, die durch den Vergleich abgegolten wurden und dies sind die 2.100,00 Euro. An diesem Beispiel wird auch deutlich, dass eine Einigungsgebühr für sich allein nicht „bestehen" kann, ihr liegen immer Tätigkeiten zugrunde, die zusätzlich eine Betriebsgebühr auslösen. Hier in diesem Beispiel ist es die Verfahrensgebühr.

Wie bereits dargestellt erhöht sich die Geschäftsgebühr nach den Grundsätzen der Nr. 1008 VV RVG für jeden weiteren Auftraggeber um 0,3. Dies bedeutet, dass eine Anrechnung der hälftigen Geschäftsgebühr auf die Verfahrensgebühr eines nachfolgenden Klageverfahrens auch beim Vorliegen mehrerer Auftraggeber maximal nur in Höhe von 0,75 angerechnet werden darf.

Rechtsanwalt Streng vertritt 7 Auftraggeber zunächst in einer durchschnittlichen außergerichtlichen Angelegenheit wegen desselben Gegenstandes gegenüber Herrn Gelb. Ihre gemeinsame Forderung lautet über 3.600,00 Euro. Anschließend legt Rechtsanwalt Streng auftragsgemäß Klage ein. Nach streitiger Verhandlung ergeht Urteil. Rechtsanwalt Streng rechnet wie folgt ab:

1. Vergütung für die außergerichtliche Tätigkeit
Gegenstandswert: 3.600,00 Euro

3,1 Geschäftsgebühr gem. §§ 2, 13, 14 i.V.m. Nr. 1008, 2300 VV RVG	781,20 Euro
Post- und Telekommunikationspauschale gem. Nr. 7002 VV RVG	20,00 Euro
	801,20 Euro
19 % USt gem. Nr. 7008 VV RVG	152,23 Euro
	953,43 Euro

2. Vergütung für die gerichtliche Tätigkeit
Gegenstandswert: 3.600,00 Euro

3,1 Verfahrensgebühr gem. §§ 2, 13 i.V.m. Nr. 1008, 3100 VV RVG	781,20 Euro
– 0,75 Geschäftsgebühr gem. Vorb. 3 Abs. 4 VV RVG	– 189,00 Euro
	592,20 Euro
1,2 Terminsgebühr gem. §§ 2, 13 i.V.m. Nr. 3104 VV RVG	302,40 Euro
Post- und Telekommunikationspauschale gem. Nr. 7002 VV RVG	20,00 Euro
	914,60 Euro
19 % USt gem. Nr. 7008 VV RVG	173,77 Euro
	1.088,37 Euro

- - - - - - - - - - - - - -

3.5.3.5 Einfache Schreiben

Sofern der Rechtsanwalt für einen Mandanten ein einfaches Schreiben, **ohne schwierige rechtliche Ausführungen oder ohne größere sachliche Auseinandersetzungen** verfasst, kann er hierfür eine 0,3 Geschäftsgebühr nach Nr. 2301 VV RVG abrechnen. Beispiele hierfür sind einfache Anfragen z.B. beim Einwohnermeldeamt, kurze Mahnungen oder schlichte Kündigungsschreiben.

Für die **Abgrenzung** gegenüber der Beratungsgebühr und der normalen Geschäftsgebühr nach Nr. 2300

© MEV Verlag GmbH

VV RVG ist somit der vom Mandanten erteilte **Auftrag maßgeblich.** Sofern dieser über das Abfassen eines einfachen Schreibens hinausgehend auch eine Beratung oder ein umfassenderes anwaltliches Aufforderungsschreiben mit rechtlicher Prüfung wünscht, ist Nr. 2301 VV RVG nicht anwendbar. Hier entstehen dann die Beratungsgebühr nach § 34 RVG oder die normale Geschäftsgebühr nach Nr. 2300 VV RVG. Wenn der Rechtsanwalt vom Mandanten ausdrücklich nur damit beauftragt wurde ein einfaches Schreiben abzufassen und zu verschicken, welches dann doch länger geraten ist als ursprünglich geplant, so ist auch hier der Auftrag des Mandanten maßgeblich. Dies bedeutet, der Rechtsanwalt darf in diesem Fall nur die 0,3 Geschäftsgebühr nach Nr. 2301 VV RVG abrechnen.

BEISPIEL

Rechtsanwalt Schlau wird von E. Schröder beauftragt, einen Darlehensvertrag mit einem Darlehensbetrag von 6.000,00 Euro gegenüber der Bank kurz und knapp schriftlich zu kündigen. Rechtsanwalt Schlau rechnet wie folgt ab:

Gegenstandswert: 6.000,00 Euro	
0,3 Geschäftsgebühr gem. §§ 2, 13 i.V.m. Nr. 2301 VV RVG	106,20 Euro
Post- und Telekommunikationspauschale gem. Nr. 7002 VV RVG	20,00 Euro
	126,20 Euro
19 % USt gem. Nr. 7008 VV RVG	23,98 Euro
	150,18 Euro

Der Vollständigkeit halber sei darauf hingewiesen, dass im Teil 2, Abschnitt 3 des Vergütungsverzeichnisses in Nr. 2302 VV RVG die Geschäftsgebühr in bestimmten sozialrechtlichen Angelegenheiten bzw. für Verfahren nach der Wehrbeschwerdeordnung mit einem Betragsrahmen von 50,00 Euro bis 640,00 Euro (die Mittelgebühr beträgt 300,00 Euro) und in Nr. 2303 VV RVG die Geschäftsgebühr in Güteverfahren mit einem Gebührensatz von 1,5 geregelt werden.

- -

3.5.4 Zusammenfassung und Aufgaben

ZUSAMMENFASSUNG

Beratungsgebühr

› Die Beratungsgebühr entsteht nur für die Erteilung eines Rates oder einer Auskunft, eine darüber hinausgehende Tätigkeit löst bereits eine andere Gebühr, z. B. die Geschäftsgebühr aus.

› Die Gebühr nach § 34 RVG entsteht auch für die Erstellung eines schriftlichen Gutachtens (außer der Prüfung von Rechtsmittelaussichten) oder bei einer Tätigkeit als Mediator.

> Wenn der Rechtsanwalt eine Vergütungsvereinbarung mit dem Mandanten schließt, kann er die Vergütung frei vereinbaren.

> Wenn der Rechtsanwalt keine Vergütungsvereinbarung schließt, ist er an die Maßgaben des BGB zur „üblichen bzw. taxmäßigen" Vergütung gebunden. Besonders geschützt sind in diesem Zusammenhang Verbraucher, hier muss der Rechtsanwalt bei einer Beratung die Obergrenze von 250,00 Euro bzw. bei einer mündlichen Erstberatung von 190,00 Euro beachten.

> Wenn nichts anderes vereinbart ist, ist die Gebühr für die Beratung auf eine Gebühr für eine sonstige Tätigkeit, die mit der Beratung zusammenhängt, zuzurechnen, § 34 Abs. 2 RVG.

Geschäftsgebühr

> Die Geschäftsgebühr entsteht für das Betreiben des Geschäfts einschließlich der Information und für die Mitwirkung an der Gestaltung eines Vertrages.

> Sie kann nur im außergerichtlichen Bereich entstehen. Ihr Satzrahmen nach Nr. 2300 VV RVG geht von 0,5 bis 2,5, wobei in einer durchschnittlichen Angelegenheit, ohne dass die Tätigkeit schwierig oder umfangreich war, eine 1,3 Geschäftsgebühr abgerechnet werden darf.

> Bei mehreren Auftraggebern erhöht sie sich nach den Grundsätzen der Nr. 1008 VV RVG.

> Bei einem auf die außergerichtliche Tätigkeit in derselben Angelegenheit folgenden Klageverfahren, ist die Geschäftsgebühr hälftig, maximal in Höhe von 0,75, auf die Verfahrensgebühr des folgenden Prozesses anzurechnen.

> Für einfache Schreiben erhält der Rechtsanwalt eine 0,3 Geschäftsgebühr nach Nr. 2301 VV RVG.

AUFGABEN

LERNFELD 4

1. Welchen Betrag darf der Rechtsanwalt für eine mündliche Erstberatung abrechnen, sofern es sich bei dem Ratsuchenden um einen Verbraucher handelt und keine Vergütungsvereinbarung geschlossen wurde?

2. Welchen Betrag darf ein Rechtsanwalt abrechnen, sofern er einen Verbraucher schriftlich berät, ohne dass hierzu eine gesonderte Vergütungsvereinbarung getroffen wurde?

3. Rechtsanwalt Thalaker erteilt in einer mündlichen Erstberatung einem Verbraucher einen Rat in einer Kaufpreisangelegenheit. Eine gesonderte Vergütungsvereinbarung wurde nicht getroffen. Nach zwei Monaten legt Rechtsanwalt Thalaker in derselben Angelegenheit Klage für ihn ein. Was hat Rechtsanwalt Thalaker bei seiner Gebührenabrechnung zu beachten?

4. Rechtsanwalt Huber rechnet eine Beratung üblicherweise mit einem Gebührensatz von 0,55 ab. In einer halbstündigen mündlichen Erstberatung in seiner Kanzlei erteilt er Frau Gründig einen Rat bezüglich einer privaten Schadensersatzangelegenheit über 2.500,00 Euro. Eine Vergütungsvereinbarung schließt er nicht. Erstellen Sie die Vergütungsrechnung.

5. Worin liegt der zentrale Unterschied für die Entstehung einer Beratungs- und einer Geschäftsgebühr?

6. Für welche Tätigkeiten entsteht die Geschäftsgebühr?

7. Wie hoch ist bei der Geschäftsgebühr die rechnerische Mittelgebühr und mit welchem Gebührensatz rechnet der Rechtsanwalt in einer durchschnittlichen Angelegenheit ab?

8. Wie hoch ist der Gebührensatz für die Geschäftsgebühr in einer durchschnittlichen Angelegenheit bei 9 Auftraggebern?

9. Rechtsanwalt Kleinz vertritt Herrn Schmal in einer durchschnittlichen, außergerichtlichen Angelegenheit wegen eines Kaufpreisanspruchs. Nachdem der Schuldner auf ein Aufforderungsschreiben von Rechtsanwalt Kleinz nicht reagiert hatte, erhebt dieser Klage. Nach streitiger Verhandlung ergeht Urteil.
   a. Welche gebührenrechtliche Besonderheit besteht im Hinblick auf die Betriebsgebühren?
   b. Welche Auswirkung würde sich ergeben, sofern nicht nur Herr Schmal allein, sondern die Eheleute Schmal Rechtsanwalt Kleinz (als mehrere Auftraggeber nach Nr. 1008 VV RVG) beauftragen würden?

10. Herr Schmitt wendet sich wegen einer Kaufpreisforderung über 1.750,00 Euro gegenüber Herrn Kunz an Rechtsanwalt Schlau. Da Herr Kunz bereits in der Vergangenheit mehrere Mahnungen ignoriert hatte, erteilt Herr Schmitt Rechtsanwalt Schlau sofort Klageauftrag. Allerdings wird vereinbart, dass Rechtsanwalt Schlau, den Schuldner zunächst noch einmal anschreiben und zur Zahlung auffordern solle, bevor endgültig Klage eingereicht wird. Kurz nach Erhalt des Aufforderungsschreibens zahlt Herr Kunz.

11. Frau Groß, Unternehmerin, wendet sich an Rechtsanwalt Dr. Streit wegen eines Werklohnanspruchs über 1.200,00 Euro und eines Schadensersatzanspruchs über 300,00 Euro gegenüber Herrn Trug. Sie erteilt Dr. Streit den Auftrag, den Schuldner außergerichtlich schriftlich aufzufordern, die Ansprüche endlich zu begleichen, was dieser nach Erhalt des Schreibens auch sofort tut. Es handelt sich um eine durchschnittliche Angelegenheit. Erstellen Sie die Vergütungsrechnung für Dr. Streit.

3.6 Gebühren in der Beratungshilfe

- -

3.6.1 Gebühren

Die inhaltlichen Voraussetzungen zur Gewährung von Beratungshilfe wurden unter Gliederungspunkt „2.4 Beratungshilfe" bereits ausführlich dargestellt.

Bei den Gebühren in der Beratungshilfe handelt es sich um Festgebühren. Im Einzelnen sind hier insbesondere aufzuführen:

Gebühren	Abrechnung/Vergütungsanspruch gegenüber:
Beratungshilfegebühr, Nr. 2500 VV RVG 〉 Höhe: 15,00 Euro, 〉 hierauf dürfen keine Auslagen gerechnet werden, 〉 auf die 15,00 Euro darf der Rechtsanwalt auch keine Umsatzsteuer rechnen, es handelt sich somit um eine Bruttozahl, in der die Umsatzsteuer bereits enthalten ist, 〉 es erfolgt keine Erhöhung bei mehreren Auftraggebern, bei mehreren ratsuchenden Mandanten in derselben Angelegenheit entsteht sie nur einmal.	Sie ist vom Mandanten an den Rechtsanwalt zu zahlen, er kann auch ganz oder teilweise darauf verzichten
Beratungsgebühr, Nr. 2501 VV RVG 〉 Höhe: 35,00 Euro, 〉 es handelt sich hierbei um einen Nettobetrag, auf den die Umsatzsteuer und Auslagen, z.B. die Post- und Telekompauschale, ganz normal gerechnet werden, 〉 der Rechtsanwalt erhält sie für einen Rat oder eine Auskunft, 〉 es erfolgt keine Erhöhung bei mehreren Auftraggebern, 〉 sie ist auf eine sonstige Tätigkeit, die mit der Beratung zusammenhängt, anzurechnen. **Geschäftsgebühr,** Nr. 2503 VV RVG 〉 Höhe: 85,00 Euro, 〉 hierauf werden Auslagen und Umsatzsteuer ganz normal gerechnet, 〉 sie erhöht sich für jeden weiteren Auftraggeber um 30 %, maximal um 200 %, die maximale Geschäftsgebühr beträgt demzufolge 255,00 Euro, 〉 sie wird in einem anschließenden Klageverfahren hälftig auf die Verfahrensgebühr angerechnet, gleiches gilt bei einem anschließenden behördlichen Verfahren. **Einigungsgebühr,** Nr. 2508 VV RVG 〉 Höhe: 150,00 Euro, 〉 hierauf werden Auslagen und Umsatzsteuer ganz normal gerechnet, 〉 die Nummern 1000 (= Grundlagen zur Einigungsgebühr) gelten auch hier zur inhaltlichen Bestimmung, wann eine Einigungsgebühr abgerechnet werden darf; außerdem gilt auch Nr. 1002 (Erledigungsgebühr im verwaltungsrechtlichen Verfahren), 〉 sie kann neben der Geschäftsgebühr entstehen.	Die Abrechnung erfolgt gegenüber der Landeskasse, von der der Rechtsanwalt gemäß § 44 RVG seine Vergütung erhält

Weiterhin ist zu beachten:

> Sofern die Bewilligung der Beratungshilfe aufgehoben wird, weil die persönlichen oder wirtschaftlichen Voraussetzungen nicht vorgelegen haben, kann die Staatskasse vom Rechtsuchenden die Erstattung des von ihr (Staatskasse) an die Beratungsperson (Rechtsanwalt) geleisteten und von dieser einbehaltenen Betrags verlangen, § 8a Abs. 3 BerHG.

> Sofern Beratungshilfe bei nachträglicher Antragstellung nicht bewilligt wird, kann der Rechtsanwalt vom Rechtsuchenden die Vergütung nach den allgemeinen Vorschriften verlangen, wenn er den Rechtsuchenden bei Mandatsübernahme darauf hingewiesen hat, § 8a Abs. 4 BerHG.

> Falls Beratungshilfe abgelehnt oder aufgehoben wurde, kann der Rechtsanwalt auch eine Vergütungsvereinbarung mit dem Rechtsuchenden abschließen. In diesem Fall schuldet der Mandant die Vergütung und nicht die Staatskasse.

> Nach § 4 Abs. 1 S. 3 RVG kann der Rechtsanwalt gegenüber dem Rechtsuchenden auch ganz auf eine Vergütung verzichten.

> Sofern der Gegner verpflichtet ist dem Rechtsuchenden die Kosten für die Wahrnehmung seiner Rechte zu ersetzen, hat er für die Tätigkeit des Rechtsanwalts die Vergütung nach den allgemeinen Vorschriften (§ 13 RVG) zu zahlen. Der Anspruch geht auf den Rechtsanwalt über. Der Übergang kann nicht zum Nachteil des Rechtsuchenden geltend gemacht werden, § 9 BerHG.

Wenn der Gegner also zur Kostenerstattung verpflichtet ist, kann der Rechtsanwalt im eigenen Namen folgenden Differenzbetrag vom Gegner einfordern:

      Wahlanwaltsgebühren nach § 13 RVG
   – Vergütung des Mandanten
   – Vergütung aus der Staatskasse
   = Differenzbetrag

BEISPIEL

Rechtsanwalt Ehrhard war im Rahmen der Beratungshilfe von Herrn Ballmann beauftragt, gegenüber Frau Schnell einen Schadensersatzanspruch in Höhe von 1.400,00 Euro einzufordern. Nachdem Rechtsanwalt Ehrlich sie angeschrieben hatte, zahlte sie den Betrag sofort.

Vergütung vom Mandant		Vergütung als Wahlanwalt (§ 13 RVG-Tabelle)	
Beratungshilfegebühr gem. Nr. 2501 VV RVG	**15,00 Euro**	Gegenstandswert: 1.400,00 Euro	
		1,3 Geschäftsgebühr §§ 2, 13, 14	
Vergütung aus der Staatskasse		i.V.m. Nr. 2300 VV RVG	149,50 Euro
Geschäftsgebühr gem. Nr. 2503 VV RVG	85,00 Euro	Post- u. Telekommunikationspauschale gem. Nr. 7002 VV RVG	20,00 Euro
Post- u. Telekommunikationspauschale gem. Nr. 7002 VV RVG	17,00 Euro		169,00 Euro
	102,00 Euro	19 % USt gem. Nr. 7008 VV RVG	32,11 Euro
19 % USt gem. Nr. 7008 VV RVG	19,38 Euro		**201,11 Euro**
	121,38 Euro		

$$
\begin{array}{r}
201{,}11\ \text{Euro} \\
-\ \ 15{,}00\ \text{Euro} \\
-\ 121{,}38\ \text{Euro} \\
\hline
=\ \ 64{,}73\ \text{Euro}
\end{array}
$$

Die 64,73 Euro kann Rechtsanwalt Ehrhard im eigenen Namen von Frau Schnell einfordern.

Antragsteller/in
(Stempel des Rechtsanwalts/der Rechtsanwältin oder sonstigen Beratungsperson)

Geschäftsnummer des Amtsgerichts
(Berechtigungsschein)

Amtsgericht _____

Postleitzahl, Ort

Eingangsstempel des Amtsgerichts

Ich habe Beratungshilfe gewährt Herrn/Frau | In der Zeit vom / am

Anschrift (Straße, Hausnummer, PLZ, Ort)

☐ Der Berechtigungsschein im Original oder ☐ der Antrag auf nachträgliche Bewilligung der Beratungshilfe ist beigefügt.

Über die in Nr. 2500 VV RVG bestimmte Gebühr hinaus habe ich Zahlungen von einem Dritten
☐ nicht erhalten. ☐ in Höhe von _____ EUR erhalten.

Ist der Gegner verpflichtet, die Kosten zu erstatten (§ 9 BerHG i. V. m. § 59 Absatz 1, 3 RVG)?
☐ nein ☐ ja; Name und Anschrift sowie die Begründung der Erstattungspflicht ergeben sich aus der Anlage.

Ist die Beratung oder die Vertretung in ein gerichtliches Verfahren / (weiteres) Verwaltungsverfahren in diesem Mandat übergegangen (Abs. 2 der Anmerkungen zu den Nummern 2501 oder 2503 VV RVG)?
☐ nein ☐ ja, und zwar bei (Gericht/Behörde, Ort, Aktenzeichen):

Ich beantrage, nachstehend berechnete Gebühren und Auslagen, deren Entstehung ich versichere, festzusetzen und auszuzahlen

durch Überweisung auf das Konto IBAN-Nr.: _ _ _ _ I _ _ _ _ I _ _ _ _ I _ _ _ _ I _ _ _ _ I _ _ _ _ I _ _

BIC: zum Geschäftszeichen _____

Ort, Datum | Rechtsanwalt / Rechtsanwältin / sonstige Beratungsperson

Kostenberechnung (nach RVG)			Dieses Feld bitte nicht ausfüllen.
Bezeichnung	**Vergütungsverzeichnis Nummer(n)**	**Betrag EUR**	**Festzusetzen auf EUR**
Beratungsgebühr	2501		
	2502		
Geschäftsgebühr Meine Tätigkeit bestand in:	2503		
Einigungs- und Erledigungsgebühr Inhalt bzw. Darstellung der Erledigung ergeben sich aus der Anlage	2508		
Entgelte für Post- und Telekommunikationsdienstleistungen	Einzelberechnung 7001		
	Pauschale 7002		
Dokumentenpauschale (Seiten à 0,50 EUR, Seiten à 0,15 EUR)	7000		
	Summe	0,00	
Umsatzsteuer auf die Vergütung	7008		
	Summe	0,00	
Abzüglich Zahlungen gemäß § 9 BerHG i. V. m. § 58 Absatz 1 RVG; § 55 Absatz 5 Satz 3 RVG			
zu zahlender Betrag		0,00	

HKR 119 Antrag des Rechtsanwalts auf Zahlung der Vergütung nach Abschluss der Beratungshilfe – gen. 01.2014 – JVA Geldern Preisklasse 12

Antrag auf Festsetzung der Vergütung bei Beratungshilfe

3.6.2 Zusammenfassung und Aufgaben

ZUSAMMENFASSUNG

Gebühren in der Beratungshilfe

In der Beratungshilfe werden folgende Festgebühren zugrunde gelegt:

› *Vom Mandanten an den Anwalt zu zahlen, ohne Auslagen und USt:*
  Beratungshilfegebühr in Höhe von 15,00 Euro

› *Von der Landeskasse an den Rechtsanwalt zu erstatten:*

  – **Beratungsgebühr** in Höhe von 35,00 Euro (ggf. komplette Anrechnung)

  – **Geschäftsgebühr** in Höhe von 85,00 Euro (ggf. hälftige Anrechnung)

  – **Einigungsgebühr** in Höhe von 150,00 Euro, sie kann nur zusammen mit der
    Geschäftsgebühr entstehen

AUFGABEN

1. Von wem erhält der Rechtsanwalt grundsätzlich hierbei seine Vergütung?

2. Welche vergütungsmäßigen Besonderheiten bestehen im Zusammenhang mit der Beratungshilfegebühr nach Nr. 2500 VV RVG?

3. Erläutern Sie kurz die Abrechnung der Kosten, sofern der Gegner dazu verpflichtet ist, dem Rechtsuchenden, dem Beratungshilfe gewährt wurde, die Kosten für die anwaltliche Tätigkeit zu erstatten.

4. Herr Arm wendet sich wegen einer rechtlichen Beratung an Rechtsanwalt Schlau. Dieser berät ihn in einem halbstündigen Gespräch in seiner Kanzlei. Die Voraussetzungen für die Gewährung von Beratungshilfe wurden zuvor geprüft, ein entsprechender Nachweis liegt vor. Welchen Betrag kann Rechtsanwalt Schlau insgesamt abrechnen? Gehen Sie dabei auch auf die Frage ein, von wem er seine Vergütung erhält.

5. Student Fröhlich hat an seinem Studienort ein zentral gelegenes Zimmer im Studentenwohnheim erhalten, sodass er alles bequem zu Fuß erreichen kann. Er verkauft deshalb sein Mountainbike für 600,00 Euro an einen Studienkollegen. Da der Studienkollege die Zahlungsaufforderungen ignoriert, schaltet Herr Fröhlich im Wege der Beratungshilfe einen Anwalt ein, der den Schuldner schriftlich zur Zahlung auffordert. Daraufhin reagiert der Studienkollege sofort. Mit Verweis auf die leicht defekten Bremsen einigen sich die Parteien darauf, dass der Studienkollege 500,00 Euro an Herrn Fröhlich zahlt. Erstellen Sie die Vergütungsrechnung gegenüber der Landeskasse.

Stichwortverzeichnis